Manuali Laterza

42

P. Benincà   M. Berretta   P.M. Bertinetto
M. Dardano   E. Magno Caldognetto
A.M. Mioni   B. Mortara Garavelli   P. Ramat
R. Simone   A.A. Sobrero

Introduzione all'italiano contemporaneo
Le strutture

a cura di Alberto A. Sobrero

Editori Laterza

Finito di stampare nell'ottobre 1993
nello stabilimento d'arti grafiche Gius. Laterza & Figli, Bari
CL 20-4309-2
ISBN 88-420-4309-5

Prefazione

Non si può certo dire che manchino libri e manuali dedicati alla lingua italiana. In questi ultimi anni, anzi, abbiamo assistito a una fortunata proliferazione di studi d'insieme, di grande valore. Per limitarci alle descrizioni sincroniche, sono usciti — e stanno uscendo — lavori fondamentali come la *Grande grammatica di consultazione* di Lorenzo Renzi e Giampaolo Salvi (Il Mulino, Bologna 1988 sgg.), la *Grammatik der Italienischen Sprache* di Christoph Schwarze (Niemeyer, Tübingen 1988), il volume IV del *Lexicon der Romanistischen Linguistik* curato da Günter Holtus, Michael Metzeltin e Christian Schmitt (Niemeyer, Tübingen 1988), la *Grammatica italiana* di Luca Serianni (UTET, Torino 1988). Anche il più recente *Italiano nelle regioni*, coordinato da Francesco Bruni (UTET, Torino 1992), pur privilegiando il taglio storico, dà largo spazio alla realtà linguistica contemporanea. E promettono di essere apertissimi alla sincronia anche il secondo e il terzo volume della *Storia della lingua italiana* Einaudi (curata da Luca Serianni e da Pietro Trifone), ormai imminenti.

Disponiamo inoltre di corpora ricchi, dai quali gli studiosi traggono e trarranno studi approfonditi, in particolare sull'italiano parlato — settore sul quale sappiamo in realtà ancora troppo poco: basta pensare al recentissimo LIP (*Lessico di frequenza dell'italiano parlato*) di De Mauro, Mancini, Vedovelli e Voghera (Etaslibri, Milano 1993), i cui dati sono stati trattati informaticamente e sono memorizzati su due dischetti, allegati al libro.

Persino sul versante dell'editoria scolastica, per scuole medie inferiori e superiori, il panorama delle grammatiche e dei materiali di lavoro sull'italiano si è notevolmente arricchito ed è qualitativamente migliorato grazie all'ingresso in campo di linguisti di valore, spesso attenti anche ai problemi didattici.

Coperti — ormai egregiamente, dopo ritardi notevoli — sia il
versante degli studi specialistici sia quello delle descrizioni di
base per uso scolastico, rimane però in gran parte scoperta una
fascia intermedia, che corrisponde a un'utenza in Italia generalmente trascurata: il lettore colto, curioso di fatti linguistici ma
non specialista (per lo più di formazione letteraria, o storica; ma
spesso anche scientifica), desideroso di informazioni aggiornate
sia sulle strutture attuali e sulle trasformazioni recenti della lingua italiana che sui rapporti fra i cambiamenti della lingua e i
cambiamenti della società contemporanea. Questo lettore — che
fra l'altro non ha a disposizione il tempo necessario per consul-
tare opere complesse e ponderose — è tipicamente alle prese con
problemi di norma: li avverte ma non riesce a risolverli. Da una
parte non si accontenta dell'integralismo dei puristi, ma dall'altra
intuisce che non si deve neppure spalancare la porta a qualunque
bizzarria linguistica venga in mente al primo capopopolo che
passa. E si rammarica di non avere il bagaglio culturale specifico necessario per affrontare i trattati di linguistica, che avverte
come opere esoteriche.

Un altro utente tipico di questa fascia intermedia — incomprensibilmente bistrattato, in Italia, dall'editoria — è lo studente
universitario, schiacciato fra le scarsissime competenze che gli ha
dato la scuola media (per giunta in anni ormai lontani da quelli
dell'Università) e la necessità — imposta dalla frequenza dei
corsi e dalla preparazione degli esami — di impadronirsi rapidamente di un gran numero di nozioni di base, sulle quali innesta-
re l'acquisizione di itinerari e metodologie di ricerca scientifica.

Questa *Introduzione all'italiano contemporaneo* (in sigla *IIC*)
è un tentativo di rispondere alle esigenze — o almeno, ad alcune delle esigenze — proprio di questa fascia intermedia di utenza. Non intende offrire un esame analitico ed esauriente della lingua: vuole piuttosto esplorare i vari aspetti dell'italiano (i suoi
livelli, le sue varietà d'uso) attraverso analisi specifiche e mira-
te, varie ma penetranti, e tra di loro facilmente integrabili, se non
addirittura complementari. Esplorazioni sistematiche, carotaggi
ravvicinati e profondi.

L'opera, insomma, ha per obiettivo un''istantanea' della lingua italiana contemporanea, articolata in due pose, che potremmo così caratterizzare: statica la prima, corrispondente al presen-

te volume, dinamica la seconda, che è realizzata nel volume parallelo *Introduzione all'italiano contemporaneo. La variazione e gli usi.*

In questo volume, dopo aver inquadrato l'italiano su due dimensioni fondamentali — le peculiarità 'di lungo periodo' dell'italiano rispetto al latino, e rispetto alle altre lingue d'Europa — lo si esamina attraverso i livelli d'analisi fondamentali: a quelli classici (fonologia, morfologia, sintassi, lessico e semantica) se ne aggiungono tre, ai quali la linguistica moderna attribuisce ormai la stessa importanza e lo stesso rilievo degli altri, quanto a potenzialità descrittive ed esplicative: ritmo e intonazione, retorica e strutture testuali, pragmatica.

L'analisi pragmatica, che conclude il primo volume, lo raccorda idealmente al secondo, dedicato alle varietà (diafasiche, diamesiche, diastratiche, diatopiche, settoriali) e agli usi particolari della lingua: i gerghi, le varietà giovanili, le lingue speciali, l'italiano degli stranieri in Italia e degli italiani all'estero, il rapporto con i dialetti e le lingue delle minoranze, ecc.

È noto che nessun metodo spiega esaurientemente e in modo soddisfacente tutti i fenomeni, gli aspetti, gli usi di una lingua: in questo libro a più mani sfruttiamo proprio questo punto di debolezza della teoria linguistica, applicando ogni approccio al settore nel quale esso è risultato più produttivo. I metodi e i punti di vista dunque sono diversi, in relazione alle specificità degli oggetti di studio. Ne deriva, per questo volume, una fisionomia sostanzialmente eclettica; anche se si noterà una certa prevalenza dell'approccio funzionale.

Il lettore non si aspetti dunque un'impressione di compattezza e di omogeneità: non era questo il nostro obiettivo. Anche perché un approccio puramente descrittivo, perseguito con la necessaria sistematicità, dà luogo a sistemazioni enciclopediche del sapere, tendenzialmente definitive; e qui si punta invece a un libro che dia informazioni aggiornate e rigorose ma che, soprattutto, suggerisca problemi, stimoli riflessioni, interesse, voglia di approfondimento, letture e interpretazioni sugli accadimenti linguistici che viviamo quotidianamente. Quasi un 'instant book' della lingua e della linguistica italiana.

È motivata da queste esigenze specifiche la scelta di una struttura particolare, che prevede per ogni capitolo la messa in evidenza (descrizione, analisi, interpretazione) dei 'punti caldi', dei fenomeni più rilevanti della lingua italiana contemporanea, in riferimento ai cambiamenti avvenuti negli ultimi venti-trent'anni. L'obiettivo è quello di identificare e studiare le parti più 'esposte' della lingua, quelle che oggi sono maggiormente sottoposte alle pressioni di agenti interni e soprattutto esterni al sistema lingua: la riorganizzazione della società, la redistribuzione della cultura, del potere economico, delle scale dei valori. Lo schizzo della lingua italiana contemporanea viene così tracciato in modo selettivo, con l'occhio al presente e, sullo sfondo, al futuro dell'italiano parlato.

Lo schema-tipo di ogni capitolo prevede: 1) generalità, 2) identificazione e descrizione dei fenomeni emergenti, 3) conclusioni/prospettive. Per ogni fenomeno si discute il peso dell'innovazione, le cause eventuali e le prospettive a breve e a medio termine.

Uno sforzo particolare è stato compiuto per rendere 'digeribile' la lingua di questi due volumi. Anche nei contributi più formalizzati, per rispetto al tipo di utenza al quale si accennava prima, si adotta una terminologia precisa e rigorosa, ma di base tradizionale, e se ne fa un uso essenziale: termini tecnici specialistici sono usati solo là dove sono ritenuti indispensabili, e in questi casi se ne cura l'ampia comprensibilità, o con spiegazioni ad hoc o con l'aiuto di un contesto 'amichevole'. Ciò non toglie naturalmente che alcuni capitoli, soprattutto per la ricchezza e la complessità terminologica del settore di cui trattano, siano più impegnativi di altri. Dal punto di vista lessicale, comunque, non ci sono termini che non siano reperibili in un buon dizionario della lingua italiana: ad esempio, nel recentissimo Palazzi-Folena, che è ricco, aggiornato e correttissimo proprio nella terminologia della linguistica.

Infine, dei termini specialistici residui si dà la definizione nel Glossario che conclude il volume.

I campioni di parlato, e in particolare di parlato dialettale, sono trascritti in alfabeto IPA semplificato, salvo in casi particolari — citazioni difficilmente traslitterabili — che sono di volta in volta segnalati esplicitamente.

ALBERTO A. SOBRERO

Introduzione all'italiano contemporaneo
Le strutture

Paolo Ramat

L'italiano lingua d'Europa*

1. Introduzione

Studiando le lingue amerindiane, specialmente lo hopi, l'etnolin-
guista americano Benjamin Lee Whorf coniò verso la metà degli
anni Trenta il termine «Standard Average European» (SAE). Con
questo egli intendeva il fatto che, mettendo a confronto da un lato le maggiori lingue europee, dall'altro famiglie linguistiche da
queste assai lontane per origine e struttura, le prime rivelano
chiaramente un'aria di famiglia e formano una specie di 'koinè',
nel senso che condividono caratteristiche fondamentali. Per esempio la distinzione basica tra nome e verbo non è valida in hopi
dove — dice Whorf — "onda", "fuoco", "lampo" sono verbi come ogni evento rapido e di breve durata:

> Le lingue indoeuropee e molte altre danno grande importanza a un
> tipo di frase che consiste di due parti, ciascuna costruita su una classe
> di parole — i sostantivi e i verbi — che queste lingue trattano diffe-
> rentemente in grammatica. [...] questa distinzione non è tratta dalla na-
> tura; è solo il risultato del fatto che ogni lingua deve avere una qualche
> struttura e queste lingue ne hanno una di questo tipo. I Greci, special-
> mente Aristotele, esaltarono questa differenza e ne fecero una legge del-
> la ragione. [...] Le lingue indiane mostrano che con una grammatica
> conveniente si possono avere frasi sensate che non possono essere scis-
> se in soggetto e predicato (Whorf 1970: 200 sg.).

Indubbiamente, guardando le cose da quello che rappresenta

* Molti colleghi hanno amichevolmente letto versioni preliminari di questo
scritto. Mentre delle inesattezze rimaste sono, ovviamente, io solo il responsabile, desidero ringraziare in particolare per le loro preziose osservazioni
Emanuele Banfi, Giuliano Bernini, Monica Berretta, Anna Giacalone Ramat,
Alberto A. Sobrero.

un buon punto di vista per il confronto interlinguistico, cioè la traduzione, è certamente più facile tradurre dall'inglese che non dal cinese — e questo non soltanto per una maggiore affinità culturale con l'Inghilterra che non con la Cina, ma proprio per una maggiore e più immediata trasponibilità nella nostra lingua delle strutture linguistiche inglesi rispetto a quelle cinesi (cfr. Lepschy 1971). Lepschy cita opportunamente la frase con cui inizia il *Canone della virtù del Tao* (*Tao Tê Ching*): *Dào kě dào féi cháng dào*, dove *dào* può essere interpretato come nome o come verbo; onde avremo, fra le altre possibili interpretazioni, "La Via che si può veramente considerare la Via [*dào* = sostant.] è diversa da una Via permanente", oppure "Il Tao che può essere percorso [*dào* = verbo] non è il Tao permanente e immutabile".

In una lingua «a topic» come il tagalog (Filippine) la frase è centrata sul termine che pragmaticamente si vuole enfatizzare nella comunicazione («reference-dominated languages»), mentre nelle nostre lingue SAE i singoli elementi sono incentrati sul ruolo sintattico che essi svolgono nella frase («role-dominated languages»; Foley-van Valin 1984: 123 sgg.):

(1)   *Ang   isda   'y b-in-ili-ø*   *ng lalake   sa palengke*
      PRP   pesce   *ay* PERF-compr-THF   A uomo   L mercato
      lett. "il pesce, l'uomo comprò al mercato"
      (ma in ital. dovremmo avere la ripresa, mediante il pronome
      anaforico *lo*, dell'oggetto topicalizzato a sinistra: "il pesce(,)
      l'uomo lo comprò al mercato").

      [PRP = «pragmatic pivot»; *ay* = particella fra il «topic» e il
      verbo; PERF = perfettivo; THF = «theme focus»; A = «actor»; L
      = locativo].

2. La prospettiva storica

Whorf non cercò mai di definire in maniera più precisa l'aria di famiglia del SAE, cioè quali fossero i tratti caratterizzanti tale 'koinè'. È attualmente in corso un vasto progetto di ricerca, detto «Eurotyp», sotto gli auspici della European Science Foundation (Strasburgo), nel quale un centinaio di linguisti stanno appunto cercando di stringere più dappresso le caratteristiche tipologiche delle lingue d'Europa su alcuni punti cruciali della strutturazione linguistica (p. es. i sistemi prosodici, subordinazio-

ne e complementazione, struttura del sintagma nominale, ecc.); i
risultati di nove distinti gruppi di ricerca dovranno produrre nove volumi monografici e a quel punto si riuscirà presumibilmente ad avere un'idea più chiara di ciò che costituisce caratteristica
linguistica europea — se si vuole un tipo linguistico 'esotico' rispetto ad altri gruppi linguistici quali ad esempio l'uto-azteco o
l'altaico [1].

Senza dubbio, vi sono delle differenze tra le varie lingue
d'Europa. L'italiano, ad esempio, non conosce un genere neutro
come il tedesco; viceversa, come nelle altre lingue romanze, c'è
un'opposizione nel sistema verbale tra imperfetto (*parlavo*) e
passato remoto (*parlai*) che manca nelle lingue germaniche; il sistema dell''aspetto' verbale è molto più grammaticalizzato in russo che non in italiano. Ma nel complesso si tratta di differenze
relativamente di scarso peso se confrontate con quelle che oppongono l'italiano a lingue come il giapponese o il tagalog prima ricordati. Si può dire che grosso modo valgono per le principali

---

[1] Per dare concretamente un primo esempio di tratti tipologicamente caratteristici del SAE si pensi alle costruzioni possessive col verbo transitivo «avere» (p. es. *ho un libro*; cfr. Dahl 1990: 7); si tratta di un costrutto non molto
frequente su scala mondiale e in qualche modo da connettersi anche con la funzione di «avere» come ausiliare del perfetto perifrastico (in ital. il 'passato prossimo' del tipo *ho mangiato*), come risulta anche dall'evoluzione diacronica del
tipo latino *certum habes* "tieni/hai per certo" → *probatum habes* "hai approva-
to". Per contro si veda come è formato un costrutto possessivo in latino:
liber mihi est
libro a me è > "io ho un/il libro"
o in cahuilla (lingua uto-azteca):
né?   *ne-cípatmal*   *qál*
io   mio-cesto   posto (verbo *qál* "to be placed, to exist")
"io ho un cesto" (Seiler 1983: 58)
o in giapponese (lingua altaica [?]):
zoo   *wa hana*   *ga*   *nagai*
elefante   TPC naso   SUBJ   lungo-è
letter. "quanto all'elefante, il naso lungo-è"; cioè "l'elefante ha il naso lungo"; cfr. Kuno 1978: 77
[N.B. TPC = «topic»; SUBJ = soggetto].
Le frasi inglese (*elephants have a long nose*), tedesca (*die Elefanten haben
eine lange Nase*), francese (*les éléphants ont un nez long*), spagnola (*los elefan-
tes tienen la nariz larga*), greca (*oi eléphantes échoun tē mýtē megálē*), si co-
struiscono esattamente come quella italiana. Russo (*u slonov dlinnyi nos* lett.
"presso gli elefanti lungo naso"), finnico (*norsuilla*PLUR. ADESSIVO *on* [(c')è] *pitkä*
["lungo"] *nenä*), ungherese (*az*ART. *elefántoknak*PLUR. DAT. *hosszú orr-a* [naso-suo]
van ["c'è", copula]) ecc. mostrano invece un'altra struttura.

lingue d'Europa come categorie grammaticali le 'partes oratio-
nis' (nome, verbo, aggettivo, avverbio, ecc.) già individuate da
Aristotele per il greco (cfr. la precedente citazione da Whorf).
Questo non è dovuto al caso: le principali lingue d'Europa (slave, romanze, germaniche) hanno (assieme alle celtiche, baltiche,
al greco, all'albanese) una comune origine indoeuropea e quindi
derivano tutte da uno stesso tipo linguistico — anche se, come
vedremo più oltre (§ 4), le più diffuse fra queste hanno subìto
importanti trasformazioni per quello che riguarda alcuni parametri tipologici fondamentali, come ad esempio l'ordine degli elementi nella frase.
    Si noterà che ho usato più volte l'espressione «le principali
lingue d'Europa». In effetti, nella prospettiva storica, il SAE
prende forma fondamentalmente sulla base di inglese e tedesco
(e olandese, oltre alle tre lingue scandinave), francese, italiano
(spagnolo e portoghese) — qualcosa, osserva Dahl (1990: 3), che
potrebbe in qualche modo e non a caso esser paragonato all'e-
speranto (nel senso che alla base di questa lingua artificiale stanno proprio le lingue suddette). In misura minore vi partecipano
le lingue slave, e ancor meno quelle celtiche, mentre restano
isolate le altre lingue pur parlate entro i limiti geografici
dell'Europa: le ugro-finniche, le caucasiche, il basco (il turco). In
sostanza si tratta quindi di una 'koinè' dell'Europa centro-occidentale con di volta in volta estensioni ad altre aree geolinguisti-
che (cfr. Bechert 1988, 1990). Ciò significa che il SAE si configura tipicamente come una 'lega linguistica' ('Sprachbund'); e
quindi, come è in generale il caso delle 'leghe linguistiche', quale risultato di un processo storico di contatti culturali interlinguistici, su un arco di tempo non indifferente.

2.1. SAE come 'lega linguistica'

In un classico articolo del 1944 dedicato a *I calchi* [*dal latino*] *e
il livellamento linguistico* [*dell'Europa*] *occidentale* Werner Betz
notava che Islanda, Scandinavia, Germania, Olanda e Inghilterra
rappresentano in ordine crescente cinque diversi livelli di progressiva europeizzazione delle lingue germaniche; anche le slave
sono state sempre più attratte nell'ambito dell'«abendländischer

Sprachkreis» (gruppo linguistico occidentale; ovvero, con altra terminologia, SAE: cfr. Betz 1944: 298 sg.) [2]. E Otto Jespersen, trattando dei «prestiti per traduzione» («Übersetzungslehn-wörter»), ricorda come già Charles Bally parlasse di una «mentalità europea» (Jespersen 1925: 197). In effetti, il fenomeno di affinità più macroscopicamente evidente fra le lingue d'Europa è costituito dal lessico intellettuale, dai termini astratti costruiti con varie tecniche sul modello greco-latino. Nell'esempio citato alla nota 1 abbiamo visto come la parola *elefante* ritorni uguale in greco, italiano, francese, spagnolo, tedesco, inglese — e a queste lingue si possono aggiungere l'irlandese *elefaint*, il lettone *elefants*, ecc. (ma non le lingue slave: russo, cèco, ecc. *slon*, dal turco *arslan* "leone"?). È questo il caso più semplice di influsso linguistico: una parola (greco-latina [3], nella fattispecie), che ha un referente esterno precedentemente ignoto (qui l'«elefante», certamente sconosciuto a Germani, Celti ecc.), viene presa di peso a prestito [4]. A questo modo si diffonde in Europa il lessico della cristianizzazione come, per citare un solo esempio, gr. *epískopos* → got. *aipiskaupus*, rum. *episcop*, alb. *pešpëk*, asl. *jepiskupŭ* (→ russo e cèco *episkop*, ecc.), lat. *(e)piscopus* donde ital. *vescovo* (ed *episcopale*, aggettivo cólto), spagn. *obispo*, basco *ipizkipu*, franc. *évêque*, ted. *Bischof* (bavar. → ungh. *püspök*), neerl. *bisschop*, basso ted. *bischop* (→ lett. *bĭskāps*), isl. *biskup*, norv.-dan., sved. *biskop, bisp* (→ finn. *piispu*), ingl. *bishop*, cimr. *esgop*.

Ma non si tratta solo di prestiti: buona parte del già ricordato lessico intellettuale europeo è costituito mediante il ben noto

---

[2] Si osservi che questo articolo costituisce una specie di lavoro preparatorio alla fondamentale dissertazione di Betz sopra i calchi dal latino nella *Regula S. Benedicti* dell'antico alto tedesco: Betz 1965.

[3] I Romani vennero a conoscenza di questo animale solo all'epoca delle guerre contro Pirro e il termine greco *élephas* (genit. *eléphantos*) si affermò dopo un tentativo di adoprare una parafrasi indigena: *Luca bos* (cfr. Varrone, *L.L.* 7,39). A sua volta *élephas* è un prestito dal camitico *eḷu*.

[4] Si osservi che got. *ulbandus*, aisl. *ulfaldi*, aat. *olbanta*, ags. *olfend* designano il cammello, con una trasposizione di significato piuttosto frequente quando i referenti esterni sono sostanzialmente poco conosciuti o addirittura ignoti (si veda il caso di *arslan*, citato nel testo!). Le forme moderne come ingl. *elephant*, ted. e sved. *Elefant*, ecc. sono prestiti cólti dal latino — esattamente come ital. e spagn. *elefante*, franc. *éléphant*, ecc. rispetto ad aital. *lio(n)fante*, ant. franc. *olifant*, prov. *olifan, aurif(l)an* (cfr. Ernout-Meillet, s.v. *elephantus*).

procedimento del 'calco', il quale riproduce con materiale linguistico indigeno la struttura della parola calcata, come negli esempi citati da Jespersen (1925: 197): sul modello del greco (neote-
stamentario) *syn-eídēsis* il gotico costruisce *miþ-wissei*, così come il russo dà *so-vest'* e il latino *con-scientia* (→ ital. *coscienza*, spagn. *conciencia*, franc. *conscience*, donde ingl. *conscience*);
dal latino a sua volta il tedesco costruisce *Ge-wissen*, che diviene poi il modello su cui calcare sved. *sam-vete*, isl. *sam-viska*[5].
L'importanza di questa prima comune esperienza linguistico-cul-
turale europea a base cristiana fu fondamentale.

Parlando del procedimento del calco ci spostiamo dal terreno
strettamente lessicale a quello della morfologia e della sintassi: la
traduzione dei Vangeli, inalterabile 'parola di Dio' dove, come
scrive Girolamo, anche l'ordine delle parole è fatto mistico («et
verborum ordo mysterium est»), introduce nelle varie lingue costrutti proprii della lingua di partenza. Si veda ad esempio l'uso
del pronome relativo quasi in funzione di dimostrativo nello slavo ecclesiastico: *iže*PRON. RELAT. *na krově, da ne sŭlazitŭ* traduce alla
lettera il greco *ho epì toû dṓmatos mḕ katabátō* (Matteo 24.17)
"colui che si trova sul tetto non scenda" (cfr. Belardi-Pagliaro
1963: 183). Lo stesso avviene in gotico, altra lingua la cui prima
(e pressoché unica!) attestazione è costituita da una traduzione,
sempre dal greco: *sa andnimands izwis mik andnimiþ* (Matteo
10.40) "chi accoglie voi accoglie me", con un participio preceduto dal dimostrativo *sa*; quindi, alla lettera, "l'accogliente voi accoglie me" esattamente come in greco: *ho dechómenos hymâs e-
mè déchetai*; ma il gotico pur possiede un pronome relativo autonomo: *s a e i galaubeiþ du mis aih libain aiweinon* (Giovanni
6.47) "colui che crede in me ha la vita eterna" che traduce sempre un costrutto participiale del greco: *ho pisteúōn eis emè échei
zoḕn aiṓ nion.* È evidente nel caso di Matteo 10.40 l'influsso della sintassi greca — quasi una specie di denominatore comune per
le lingue che tradussero le Sacre Scritture da questa lingua. (Si
noti che in tutti e tre gli esempi dai Vangeli il latino ha un pronome relativo: *et qui in tecto non descendat; qui recipit vos me
recipit; qui credit in me, habet vitam aeternam.*)

---

[5] Cfr. analogamente gr. *sym-pátheia* → russo *so-stradanie*, lat. *com-passio*
(ital. *compassione*) donde a sua volta ted. *Mit-leid* (→ sved. *med-lidande*).

Non è possibile seguire qui in dettaglio le varie e successive tappe del processo di europeizzazione delle singole lingue
d'Europa (e fra queste in particolare dell'italiano) poiché ciò
equivarrebbe evidentemente allo scrivere tante storie linguistiche
quante sono (state) le lingue nazionali del continente: ogni paese
o regione giunge a sviluppare la sua forma linguistica unitaria per
vie diverse, la Spagna con l'espansione del castigliano fino alla
'Reconquista' (1492) e oltre; la Francia con la monarchia accen-
trata su Parigi e successivamente con la politica linguistica della
Rivoluzione; l'Inghilterra per il prestigio della corte di Londra e
dei suoi centri culturali (Oxford e Cambridge); la Germania sulla base della varietà linguistica adottata nella Bibbia di Lutero; la
«Slavia orthodoxa» in seguito all'innesto delle singole tradizioni
linguistiche locali sulla base dello slavo ecclesiastico; l'Italia per
un fatto più propriamente letterario con le «tre corone» fiorentine: ma il denominatore comune è proprio che, alla fine, una lingua standard, norma per i parlanti, si costituisce nelle varie regioni d'Europa sulla base di aggregazioni socio-politico-cultura-
li, ed anche linguistiche, sempre più vaste. Se però confrontiamo
la situazione europea con quella di altre aree del globo, ci ac-
corgiamo subito che il costituirsi di forme (e norme!) linguistiche standard per vaste regioni non è affatto un dato 'naturale' e
ovvio.

Limitandoci ai momenti fondamentali del secolare processo
di europeizzazione delle varie lingue d'Europa, ricorderemo, dopo la prima essenziale tappa della cristianizzazione, i secc. XII-
XIII, quando il modello di grande prestigio per le corti e per
le élite intellettuali fu rappresentato dalla lingua della poesia cortese di Francia: sono di quest'epoca non solo espressioni che poi
si cristallizzarono in ogni lingua — come il ben noto *fare la corte*, *den Hof machen*, *fazer a corte*, *to make* (/*pay*) *court* dal franc.
faire la cour (originariamente "andare a corte per rendere omag-
gio al signore") — ma anche la diffusione di formanti come l'infinito *-ier* > ted. *-ieren* [p. es. *logier* > medio ted. *loschieren* (>
ted. *logieren*) "alloggiare"], o il suffisso *-îe* per nomi astratti
(femminili) come *profecîe*, *vilenîe*, onde in Chaucer troviamo
vileynye "villania", *prophecye* "profezia" (> ingl. *villainy*,
prophecy); e il suo ampliamento *-(er-)ie* per la serie *nunnery*
"convento di suore" (ant. franc. *nonnerie*), *nursery* (ant. franc.

nurice "nutrice"), *bak-ery* "panetteria", letter. "cuoc-eria" (come *macell-eria*, *latt-eria*, spagn. *lechería*, franc. *laiterie*, rum. *lăptărie*), ecc.; cfr. ted. *Bäck-er-ei*, *Metzg-er-ei* "macelleria", *Molk-er-ei* "caseificio" e anche come astratto "lavorazione del latte", ecc. Come è facile osservare dagli esempi, l'italiano è esposto al pari delle altre lingue occidentali all'influenza del francese: si veda ancora la fortuna del suffisso *-age* di *hommage*, originariamente il gesto feudale di inchinarsi davanti a colui che si riconosce come proprio signore, *béguinage* "comunità, convento di beghine" e simili: ingl. (e ital. ant.!) *damage* "danno" (oggi in franc. c'è *dommage*), *village*, ecc.; ital. *villaggio*, come *sondaggio* ecc., fino ai recentissimi *lavaggio* e *ingrassaggio*: il suffisso è rimasto produttivo sia in inglese che in italiano.

Si passa successivamente al Rinascimento, con le numerosissime creazioni linguistiche a base greca e/o latina degli umanisti quali *bibliofilo*, *scenografia* e simili: si tratta non solo di termini che hanno di per sé diffusione europea (si veda il lessico intellettuale europeo, già ricordato), ma soprattutto dell'introduzione di una tecnica di composizione — tanto con «prefissoidi» quanto con «suffissoidi» — che consente la creazione di una serie teoricamente aperta di composti: cfr. p. es. *biblio-mane*, *grafo-mane*; *cino-filo*, *estero-filo* e *steno-grafia*, *dattilo-grafia*, ecc.) nonché tutta la successiva terminologia scientifica, p. es. della medicina (*osteo-porosi*, *osteo-patia*, *adeno-patia*, ecc.).

Né va dimenticato che proprio durante il periodo umanista si avviarono i già accennati processi di standardizzazione normativa delle lingue nazionali — anche nella misura in cui una 'questione della lingua' si impose sulla scia dell'esempio italiano (Pietro Bembo) ai dotti di ogni paese, in forme non prive di rivendicazioni nazionaliste.

Va poi ricordato il periodo dell'Illuminismo, per il quale Folena (1983: 34) parla giustamente di «rivoluzione lessicale e derivativa [dell'italiano]» (nuovamente da un modello linguistico francese e quindi, in ultima analisi, ancora di stampo latino), con lessemi come *automatico*, *enciclopedico*, *ottimismo*, ecc. Dell'ultima fase di 'europeizzazione' ai nostri giorni (con la diffusione di moduli linguistici inglesi) si dirà più oltre (§ 2.2).

Non si vuole qui dare l'impressione di appiattire su un denominatore comune le peculiarità delle singole vicende linguistiche;

ed ha ragione Tavoni (1990: 184 sg.) a sottolineare che l'eman-
cipazione dalla tutela del latino per le lingue volgari avviene nel
Cinquecento in situazioni nazionali assai diverse dal punto di vista delle condizioni politiche, sociali, culturali, letterarie e anche
linguistiche; ho già del resto accennato più sopra alle diverse
condizioni che nei varii paesi hanno condotto al costituirsi di u-
na norma linguistica standard. Tuttavia ha indubbiamente ragione anche Aldo Scaglione quando scrive (1984: 19)

> When one attempts [...] to look comparatively and contrastively at
> the different histories of national languages, one finds that they draw
> light from one another: They show how rich and varied the options
> have been case by case, but also how constant the basic ingredients
> have been in each of them. (Cfr. anche Ramat 1990, Renzi 1990.)

Torniamo al lessico: la base del «lessico europeo comune» è
dunque costituita fondamentalmente da materiale greco e/o latino, vuoi per tradizione ininterrotta attraverso le lingue romanze,
vuoi per ripresa dotta di termini classici. L'italiano, data la sua
particolare vicinanza all'origine latina, si trovava in condizione
particolarmente privilegiata per poter sfruttare appieno la tradizione. E tuttavia si ricorderà la nota questione degli 'europeismi',
cioè dei termini comuni a tutte le lingue cólte d'Europa, «massime in politica e in filosofia», di cui discuteva Giacomo Leopardi
lamentando che «l'Italia [fosse] fuori da questo mondo e fuori
di questo secolo» (*Zibaldone*, 26 giugno 1821; cfr. Gensini
1984: 230). Si trattava tanto di quei termini propri della nuova
terminologia scientifica costruiti con materiale classico sebbene
non direttamente presi a prestito dalle lingue classiche, come p.
es. *aereonautica* (cui si affiancano oggi l'americano *astronaut* e
il russo *kosmonavt*, costruiti sullo stesso modello compositivo!),
quanto di quelli che sono entrati a far parte del patrimonio lessicale cólto comune quali *analisi*, *demagogo*, o anche *originalità*,
sentimentale, ecc. (cfr. Nencioni 1983a: 261-95). Le proposte di
Leopardi a favore di una 'europeizzazione' dell'italiano hanno
sostanzialmente vinto la partita, malgrado le resistenze ricorrenti
dei puristi e dei neopuristi, e l'Italia è inserita in quella che
Nencioni (1983a: 268) chiama una «realtà interidiomatica, di u-
na superlingua».

In questo processo plurisecolare il dato più importante dal
punto di vista linguistico è costituito dal fatto che il procedimento del calco fornisce alle varie lingue un mezzo formidabile per

costruire una serie aperta (potenzialmente illimitata) di neologismi, di volta in volta necessari ad esprimere nuove realtà. Negli esempi di *syn-eídēsis* e *sym-pátheia* il lat. *cum-*, il russo *so-* e il ted. *mit-* (o *ge-*) costituiscono degli equivalenti per così dire belli e pronti, secondo una stessa regola di formazione di parole, data anche la struttura di questi composti — di comune eredità indoeuropea, come si è detto — come 'preposizione' + sostantivo. Basti pensare al russo *so-vet* "con-siglio", *so-juz* "unione, alleanza" (< *juĝ* - del lat. *iugum*; quindi letteralmente ≡ *con-iugium*), ecc. È sostanzialmente quella che Peruzzi (1964: 96) chiamava la «trasponibilità meccanica» da lingua europea a lingua europea e-semplificandola felicemente col caso dell'espressione *dis-tensione inter-nazion-ale*, che non si potrebbe tradurre in latino con **distensio internationalis* — per quanto tutti gli elementi del sintagma italiano siano di chiara derivazione latina — ma che si può rendere benissimo in russo con *meždu-narod-naja raz-rjad-ka* o in greco moderno con *diethnḗs ekténōsis*.

Lo stesso discorso strutturale vale per i suffissi: il russo *so-strada-nie* ricordato alla nota 5 contiene un suffisso che serve a formare astratti (per lo più deverbali) ed è largamente produttivo (cfr. *izučenie* "apprendimento" [< *izučat'* "studiare"], *preobraženie* "trasformazione" [< *preobrazit'* "trasformare"], *issledovanie* "investigazione, ricerca" [< *issledovat'* "indagare"], ecc., così come in tedesco abbiamo rispettivamente *Erlernung* [< *erlernen* "apprendere"], *Veränderung* [< *verändern* "trasformare"], *Forschung* [< *forschen* "investigare, ricercare"], ecc. e in inglese, con suffissazione germanica, *learning* [< *to learn* "apprendere"] e, con suffissazione latina, *transformation*, *investigation*).

Come si vede dagli stessi esempi, l'italiano ha anch'esso un comodo mezzo di derivazione lessicale (in questo caso coi suffissi *-mento* e *-zione*) la quale rientra, appunto, nel quadro dell'arricchimento dei mezzi di formazione delle parole (e segnatamente del lessico astratto; cfr. Betz 1965: 31; Ramat 1985: 33):

secoli di incontri e di scontri [...] hanno creato uno stile linguistico europeo, che unisce tutti gli idiomi della moderna civiltà occidentale e li distingue da quelli di altre epoche o di aree culturali diverse (Peruzzi 1964: 97).

La prospettiva è quella puntualizzata da Folena con particolare riguardo al Settecento, dove si è verificato un

rinnovamento di moduli morfologici derivativi e compositivi [...] che
porta a una nuova «parentela» linguistica europea su basi non ereditarie ma culturali e in ambito non solo romanzo ma anche germanico (e
poi slavo, ecc.), (Folena 1983: 36, cfr. *ivi* la bibliografia sugli 'europeismi' alle note 50 e 51).

Infine un altro 'europeismo' evidente al livello delle strutture del lessico è costituito oggi dai cosiddetti «prefissoidi» quali
euro-, mini-, tele- e simili, pienamente produttivi anche in italiano (*euromercato, eurodeputato, eurocoppa...; minibus, minigonna, minimarket...; telescrivente, telecomunicazioni,* ma anche *telenovela, telegiornale,* ecc. nel senso di "x che viene trasmesso
in televisione"; cfr. quanto già osservato a proposito dei neologismi umanistici con *biblio-* o *-grafia*). Si tratta veramente di uno
'stock' di morfemi europei, che si applicano a referenti tipici della vita attuale (pertanto con diffusione anche extraeuropea) e rappresentano un tipo di composizione nominale molto agile, il quale era fondamentalmente estraneo alla struttura delle lingue romanze [6] ma si è poi affermato fortemente in anni recenti sotto la
spinta di modelli anglosassoni (*mini-skirt > mini-gonna* [7], *school-bus > scuola-bus*) fino a dar luogo alla possibilità di creare veri
e proprii composti ormai entrati nell'uso quali *viaggio premio,
soggiorno vacanza, borsa valori* [8], ecc., dove il rapporto tra i due
membri è di volta in volta da definire in base a criteri semantici e non formali: "premio che consiste in un viaggio", "soggiorno fatto per vacanza", "borsa dei valori", ormai esattamente co-

[6] Ricordiamo che il tipo *ferrovia*, calcato su *Eisenbahn*, con il primo membro del composto costituito da un nome, era del tutto eccezionale nelle lingue
romanze; in francese si ebbe infatti *chemin de fer* (< ingl. *railway;* cfr. ital.
dialett. *strada ferrata!*). Diverso è il caso di composti con prefissi avverbiali
come *inter-* o *infra-* che già esistevano nella tradizione italiana. Significativo è
il caso di *super-* che mostra una complessa stratificazione storica: abbiamo il
latinismo *super-* di *supernova, superuomo* (dal ted. *Übermensch*), *supermercato*
(o si tratta di un anglicismo da *supermarket?*) accanto al grecismo di *ipermercato* (franc. *hypermarché*, ingl. *hypermarket*), entrato dapprima nel linguaggio scientifico (cfr. *ipertrofia, ipermètrope*); si trovano inoltre forme di
tradizione ininterrotta e origine settentrionale con *sovra-* come *sovrattassa,
sovrappeso,* o di tradizione toscana con *sopravvento, soprammercato* (tutte con
raddoppiamento sintattico); e infine non mancano vocaboli (per lo più deverbali) in *sor-/sur-* dal(l'ant.) franc. e provenz. *sor-/sur-* quali *sorpasso* e
sorpresa, surgelato e *surplus.*
[7] Sulla fortuna di *mini-* in particolare cfr. Dardano 1978: 59 sg.
[8] Che si tratti di veri composti e non più di sintagmi nominali è provato
dalla loro indivisibilità: **borsa debole valori* è del tutto inaccettabile.

me avviene per i composti di tipo germanico: cfr. ted. *Kartoffelsuppe* "zuppa *di* patate", *Alpenflug* "volo *sulle* Alpi", *Nashorn* "naso-corno, [che ha] un corno come naso", cioè rinoceronte, ecc. (si ricordino anche creazioni estemporanee — specialmente nel linguaggio della pubblicità — come *la prova finestra* per "prova [della bianchezza del bucato fatta vicino] alla finestra", cioè in piena luce).

2.2. *La prospettiva sociolinguistica del SAE*

Abbiamo visto che la 'lega linguistica europea' e in particolare il 'lessico intellettuale europeo' si costituirono fondamentalmente sulle lingue nazionali standard, come fenomeno cólto, proprio più dello scritto che del parlato. Il processo di alfabetizzazione generalizzata, caratteristico dell'attuale situazione sociolinguistica europea, è un fatto relativamente recente. Ma l'esistenza di una norma per la lingua scritta diffusa tra le 'élites' intellettuali d'Europa risale al Medioevo (o, al più tardi, al Rinascimento). L'affermarsi di una tradizione scritta, e cioè di una fissazione anche grafica, comporta una riduzione del sistema spontaneo, con un impoverimento delle tecniche del sistema di comunicazione caratteristico dell'oralità, dove parlante e ascoltatore sono compresenti e si alternano nei due ruoli (cfr. Cardona 1985: 79 sg.). A questo livello più mediato e riflesso della lingua le influenze trasversali tra lingua di prestigio e lingua che tale prestigio subisce sono più facili. È pertanto evidente che l'apporto dei dialetti ad una lega linguistica a carattere letterario e scientifico è comprensibilmente sempre stato trascurabile — specialmente in Italia, dove una lingua letteraria sovraregionale si formò abbastanza presto (cfr. § 4.1).

Ma le diverse condizioni sociolinguistiche in cui si trova ad essere oggi usata la lingua nazionale rispetto al passato fanno sì che i tempi e i modi di diffusione dei termini europei a base anglosassone siano diversi da quelli con cui si erano prima diffusi gli europeismi degli umanisti, degli illuministi e — in fondo — anche della precedente cristianizzazione. Oggi i neologismi e i neosintatticismi entrano a far parte di una realtà linguistica di massa, non elitaria. Basti pensare al fulminante successo (forse di durata effimera) dell'espressione *la madre di tutte le battaglie*, internazionalizzatasi non certo nella sua forma araba originaria ma nella traduzione dell'americana CNN, ed estesasi poi a *la madre di tutte le parate*, ...*di tutte le sconfitte*, ecc.

Inoltre, sotto la pressione dei linguaggi tecnico-scientifici anglosassoni si verificano anche spostamenti di significato di parole già esistenti nel lessico italiano: è il caso di *consistente* nel senso di "coerente", *suggestione* nel senso di "suggerimento", *polluzione* nel senso di "inquinamento", ecc. (cfr. Petralli 1992: 74).

Un buon esempio delle conseguenze della fruizione di massa degli europeismi si trova nel campo della fonetica. Scriveva Machiavelli nel *Discorso o Dialogo intorno alla nostra lingua* (1515?):

le lingue non possono essere semplici, ma conviene che sieno miste con l'altre lingue. Ma quella lingua si chiama d'una patria, la quale convertisce i vocaboli ch'ella ha accattati all'uso suo, ed è sì potente, che i vocaboli accattati non la disordinano, ma ella disordina loro; perché quello ch'ella reca da altri lo tira a sé in modo, che par suo[9].

È così che un *beef-steak* diventa una *bistecca* e uno *stocvisch* "pesce seccato su un bastone" (medio olandese) uno *stoccafisso*, attraverso un adattamento alle caratteristiche fonotattiche della lingua italiana: è quello che si dice l'integrazione del prestito (cfr. Gusmani 1986: 23 sgg.). Ma l'ultima ondata di europeismi sembra aver modificato questo stato di cose. Come mostrano anche gli ultimi due esempi, la tradizione della fonologia italiana era quella di evitare parole terminanti in consonante (specialmente le momentanee):

Li Toscani fermano tutte le loro parole in su le vocali, ma li Lombardi e li Romagnuoli quasi tutte le sospendono su le consonanti, come è *pane* e *pan* (Machiavelli, *op. cit.*: 7 sg.).

Ma oggi abbiamo non solo *film*, *bar* e *sport* — che mostrano peraltro già un totale acclimatamento alla morfologia derivazionale dell'italiano (*film-are*, *bar-ista*, *sport-ivo*; cfr. ancora Gusmani 1986: 25 sgg.) — bensì anche *soft* e *hard* dell'informatica, *compact disk*, *rock*, *folk*, *pop* della terminologia musicale,

---

[9] Si cita dall'ediz. a cura di B.T. Sozzi, Einaudi, Torino 1976: 18.

ecc. che hanno diffuso il modulo delle parole terminanti in consonante; onde nel linguaggio della pubblicità troviamo non solo *telefonia cordless* per "telefoni senza fili", ma vengono addirittura creati neologismi dall' 'aria inglese' come *senza strapp* per vantare la bontà di un detersivo, perché così 'fa fino' e si spera in una migliore vendita del prodotto. Con buona pace dei (neo)puristi [10].

D'altro canto l'attuale maggiore permissività ed elasticità della lingua è il portato naturale proprio della sua maggiore diffusione e del suo maggiore impiego nei varii strati sociali rispetto a ieri: quanto più si allarga la comunità che parla una lingua (standard) tanto più tollerante ne deve diventare la codificazione. L'inglese, con la più assoluta liberalità nell'accettare prestiti stranieri, ne è l'esempio più evidente.

Ma torniamo ad esaminare fatti di natura più strettamente linguistica che non sociolinguistica.

3. *Alcune caratteristiche SAE nell'italiano*

Gli ultimi casi esaminati nel § 2.1 hanno progressivamente spostato il discorso sugli europeismi presenti in italiano dalla sfera del lessico a quella della morfosintassi, nella misura in cui le re-

---

[10] Non è questo il luogo per entrare nella sempiterna polemica del purismo. Mi limiterò a riportare da uno degli ultimi «Asterischi Laterza» (genn./febbr. 1992) un brano scherzosamente costruito da Tullio De Mauro secondo i canoni del più rigido purismo, vero esempio di 'italiano impopolare', alla stessa stregua di quello esemplificato più sotto alla nota 25: «La vendistica dell'editore Laterza va sempre più migliorando e parecchi tra noi autori sperano che i loro libri diventino dei vendissimi. Così potremo finalmente dedicarci ai nostri ubini. Io, per me, non avendo più problemi di guardabimbi, vorrei procacciarmi un velopattino e darmi arie di nocchiero trascorrendo così, fubbia permettendo, ogni intrèdima». Che, tradotto in italiano, vuol dire: «Il *marketing* dell'editore Laterza va sempre più migliorando e parecchi tra noi autori sperano che i loro libri diventino dei *bestseller*. Così potremo finalmente dedicarci ai nostri *hobby* [meglio che *hobbies*]. Io, per me, non avendo più problemi di *baby-sitter*, vorrei procacciarmi un *wind-surf* e darmi arie di *skipper* trascorrendo così, *smog* permettendo, ogni *week-end*». In realtà, come ha mostrato lo stesso De Mauro (1992), la frequenza statistica del 'barbaro dominio' (come lo chiamava Monelli ai tempi dello sciovinismo linguistico del fascismo, 1933), ovvero del 'morbus Anglicus' (come lo chiama Castellani nel 1987) non supera lo 0,1% ed è quindi ben lontana da mettere comunque a rischio le strutture della nostra lingua. Bisogna ascoltare mille parole per avere la possibilità di incontrare un esotismo.

gole di formazione delle parole (dei composti, nella fattispecie) riguardano la morfologia e la sintassi di una lingua. Se infatti precise ragioni storiche hanno avvicinato in modo particolare il lessico delle lingue d'Europa, le affinità non si limitano a questo livello — che è in effetti quello più superficiale, nel quale più facilmente possono verificarsi influssi da una lingua su un'altra. Ci spostiamo con ciò verso una prospettiva in cui tradizionalmente è invalso un approccio più spiccatamente tipologico (per un primo orientamento sulla tipologia linguistica si vedano Ramat 1987, Comrie 1989).

Abbiamo già accennato all'importanza della comune origine indoeuropea per le lingue che hanno dato vita al SAE, nel senso che categorie morfologiche e sintattiche, regole di formazione di parole ecc. erano in partenza comuni a molte delle più importanti lingue d'Europa. Senza poter ora dare un elenco esaustivo degli 'europeismi' SAE, ci limitiamo ad indicarne alcuni che ben si ritrovano in italiano.

3.1. L'ordine delle parole

Un primo tratto di grande interesse è l'ordine degli 'elementi basici' della predicazione: soggetto, verbo, oggetto [S,V,O: sul loro 'status' in una teoria generale delle lingue cfr. Ramat 1987: 8 sg.]. Mentre le lingue celtiche mostrano un ordine non-marcato VSO, le romanze, le germaniche e le slave, nonché le baltiche e il finnico, hanno normalmente SVO:

(2)   *Pierino* (S) *mangia* (V) *la/una mela* (O);

il basco ha SOV e così pure l'ungherese, quando O è indefinito: "una mela"; anche i dialetti ugro-finnici vicini agli Urali settentrionali (comi, votiaco) e il turco: si veda p. es. in turco *Bay Mehmet Erinç bir fincan kahve ısmarlıyor* "[il] signor M.E. una tazza [di] caffè ordina". L'ordine SVO è pressoché rigido nelle lingue nelle quali non esiste flessione nominale e la flessione verbale è nulla o estremamente ridotta, come in inglese o nelle lingue scandinave; è più flessibile in lingue come l'italiano che conservano la coniugazione verbale.

È noto che ad un determinato ordine degli elementi basici si accompagnano determinati ordini di altri elementi della frase (cfr.

Greenberg 1966; Hawkins 1983). Il tipo SOV ha nel 'sintagma preposizionale' posposizioni e non preposizioni ("la casa dentro"), un ordine 'genitivo'+ nome ("di Giovanni il padre") e aggettivo + nome ("la bianca casa", salvo in basco). Quest'ordine è esattamente l'inverso da quanto si trova in italiano (di tipo SVO)[11]. Ancora: nel tipo SOV la frase relativa precede la 'testa' (cioè il sintagma nominale [SN]) cui si riferisce:

(3)   *quas   mihi misisti   litteras   non accepi*
         la quale   a me mandasti   lettera   non ricevetti,

ma in italiano si deve dire "non ho ricevuto la lettera che mi hai mandato".

Senza entrare ora in ulteriori dettagli, si può dire in termini generali che le lingue di tipo SOV adottano una strategia determinante+determinato, quelle SVO la strategia opposta: in *il padre di Giovanni* il 'genitivo' posposto chiaramente determina di quale padre si stia parlando. Ciò è coerente con l'ordine OV e, rispettivamente, VO nel senso che nel sintagma verbale [p. es. *mangia la/una mela* in (2)] il determinante è O e il determinato è V (*la mela* è la determinazione dell'azione di "mangiare").

Ad esclusione dell'Irlanda, della Scozia e del Galles si viene così a configurare un'area europea SVO che contrasta fortemente con le aree finitime (cfr. le cartine in Bechert 1988): l'Africa settentrionale (arabo [classico]) è VSO; si è già detto del tipo SOV del turco come anche dei dialetti ugrofinnici; su ciò cfr. § 3.4.

3.2. Le relazioni fondamentali ('strutture attanziali'; cfr. Lazard 1990)

Ad eccezione del basco le lingue d'Europa sono di tipo nominativo/accusativo. Con ciò si vuol dire che esse trattano l'attante unico della frase intransitiva (*Pierino mangia*, lat. *Caesar*NOM. *moritur*) come il primo attante (l'agente) della frase transitiva (*Pierino mangia la mela*, lat. *Caesar*NOM. *hostes*ACC. *profligauit*). Il

---

[11] In ital. possiamo avere nome + aggett. come aggett. + nome. Questo secondo ordine è notoriamente obbligatorio nelle lingue germaniche. Una posizione particolare occupano tuttavia i possessivi; cfr. § 3.3.

basco invece è di tipo ergativo, dove l'attante unico della frase intransitiva viene trattato come il secondo attante (paziente, mèta) della frase transitiva (l'accusativo *hostes* nell'esempio latino).

Solo il soggetto grammaticale governa l'accordo del verbo (*I ragazzi*PLUR. *mangiano*PLUR. *la mela*, lat. *consules*PLUR. *hostem*ACC. SING. *profligauerunt*PLUR.). Per contro in basco la coniugazione del verbo è bipersonale, nel senso che il verbo si accorda sia con l'agente che con il paziente.

Anche il passivo (*la mela è mangiata* [*da Pierino*]) è una caratteristica delle lingue d'Europa che molte lingue del mondo non conoscono (p. es. le caucasiche, le algonchine). Pertanto il soggetto grammaticale (qui *la mela*) non coincide sempre con l'agente. Ed evidentemente anche in

(4)   *il fulmine abbatté il muro*

non possiamo considerare *il fulmine* come agente, pur comportandosi esso come soggetto grammaticale della frase. Molte lingue non possono avere in posizione di soggetto altro che un agente animato: cfr. anche in russo

(5)   *Stenu*ACC. *razbilo*TRANS. ATTIVO *molniej*STRUM. letteralmente "il muro abbatté col fulmine" (cfr. Ramat 1987: 55 sg.).

Se poi estendiamo lo sguardo al di fuori d'Europa vediamo che esistono ulteriori tipi di strutture attanziali che per contrasto fanno risaltare ancor più l'affinità tipologica delle lingue europee (fra cui l'italiano) e il loro 'esotismo' rispetto ad altri gruppi linguistici.

3.3. Altri europeismi

Harald Haarmann formulò nel 1976 una lista di 16 'europemi', cioè tratti caratteristici (impropriamente chiamati 'universali') delle lingue d'Europa — molti dei quali però sono formulati in maniera così generica da essere scarsamente qualificanti (si veda p.es. il 2° 'europema': il numero dei fonemi consonantici è in ogni lingua superiore a quello delle vocali; Haarmann 1976: 108). Ne diamo qui alcuni: 6° 'europema' «tutte le lingue distinguono singolare e plurale»; 7° «ogni lingua distingue funzionalmente tra nome e verbo d'azione»; 10° «tutte le lingue distinguono formal-

mente i seguenti tre modi: indicativo, imperativo, condizionale»;
12° «espressioni analitiche e sintetiche coesistono in ogni sottosistema delle lingue d'Europa». Come si vede facilmente, l'italiano partecipa appieno a queste proprietà, ma il loro valore caratterizzante risulta contrastivamente solo se contrapponiamo le lingue d'Europa ad altre e per noi più lontane lingue (si confronti
per esempio il 7° 'europema' con quanto notato all'inizio a proposito dello hopi).

Risulta più interessante osservare fenomeni più specifici, come ad es. la posizione dei modificatori possessivi rispetto al nome: *la mia casa* e, con enfasi, *la mia propria casa*. Nella maggioranza delle lingue d'Europa i modificatori possessivi sono collocati davanti alla testa nominale — anche in quelle di tipo SVO
(cfr. nota 11), dove pure ci aspetteremmo l'ordine inverso. Come
ha mostrato chiaramente Manzelli (1990: 70 sgg.), le lingue che
si comportano diversamente (tipo (*la*) *casa mia*, greco mod. *to
spíti mou*, rum. *casele mele*, plur. [letter. "case-le mie"]) o che
ammettono possessivo + nome e nome + possessivo (*la mia casa/
(la) casa mia*: gallese, cornico, albanese, turco, finnico) occupano aree europee marginali (di fronte al norv. *huset mitt* [letter.
"casa-la mia"] si ha infatti in danese *mit hus*). Si noterà che qui
l'ordine modificatore + testa non è congruente con l'ordine basico SVO e che i dialetti meridionali col tipo *mógliema* o il sardo
con *maridu méu* sono tipologicamente più coerenti (cfr. anche
tosc. arcaico *mámmata*, *signorso,* ecc.; Rohlfs 1968: II 124 sg.).

È questo un esempio evidente dell'incoerenza tipologica che
si riscontra in ogni lingua naturale; incoerenza dovuta a molteplic-
ci stratificazioni diacroniche (diastratiche, diafasiche) dal percorso tipologicamente tutt'altro che lineare (si veda più oltre al § 4.3
anche il caso della negazione). Il 'tipo linguistico', come correlazione di tratti caratteristici, è un costrutto teorico, un modello
astratto, cui le lingue reali si avvicinano con maggiore o minore
coerenza; e basti pensare in italiano alla compresenza di composti quali *fruttivendolo* vs. *schiacciasassi*, con ordine OV e, rispettivamente, VO; ovvero *manoscritto* "scritto a mano" vs. *capotre-
no* "capo del treno", con la determinazione equivalente a un 'sintagma preposizionale' (SP) anteposta e, rispettivamente, posposta
alla testa (in generale su questo punto si può vedere Ramat 1987:
6 sgg.).

Ma torniamo ai tratti tipologici che possono individuarsi come SAE. Un altro fatto significativo da questo punto di vista è la struttura del sintagma nominale (SN) (cfr. Bechert 1990): l'italiano, come le altre lingue romanze (ad eccezione del rumeno), è caratterizzato da un tema nominale (generalmente invariato), con distinzione tra singolare e plurale (*mel-a/mel-e*; tratto per lo più assente in francese) e un articolo preposto ad indicare i tratti [±maschile], [±singolare], [±definito] (*la/una mela*); le relazioni sintattiche del (sintagma del) nome con il resto della frase sono espresse da preposizioni (in 'sintagmi preposizionali': *con la/una mela*). È sostanzialmente la situazione che troviamo anche nel SN inglese, ad eccezione del numero (espresso solo nel nome, non nell'articolo) e del genere grammaticale (che compare però nel pronome anaforico con la triplice distinzione di maschile/femminile/neutro: *he/she/it*): *with an apple/with the apples*. Anche il tedesco ha un SN, però con articolo distinto per genere (masch./femm./ntr.) e numero (come l'ital.), e flesso per caso. C'è poi la possibilità di costituire SP da SN: *mit dem Apfel/mit den Äpfeln* (si noti la -*n* del nome: in buona parte il tedesco mantiene desinenze di caso anche nella flessione nominale!). L'olandese occupa una posizione intermedia tra inglese e tedesco: l'articolo ha una duplice opposizione di genere (masch. e femm./ntr.; ma solo al sing.), il nome non conosce casi (tranne un genit. sing.: *vaders* "del padre", come l'ingl. *father's*). Le lingue germaniche settentrionali divergono fortemente poiché hanno articolo posposto [12], mentre quelle slave addirittura non conoscono articolo. In compenso la flessione nominale è pienamente sviluppata sia nelle lingue slave che in quelle baltiche (oltre che nelle finniche).

Come si vede, l'italiano partecipa di tutta una serie di caratteristiche (numero, genere, articolo definito/indefinito, SP) che si addensano in un'area centro-occidentale d'Europa, lungo un continuum che va dall'Oceano agli Urali, e sono poi condivise — per lo meno in parte — anche dalle lingue balcaniche (cfr. greco mod. *o patéras* "il padre", *oi patéres* "i padri") [13].

[12] Si noti tuttavia che esiste normalmente la possibilità di avere un SP: dan. *er du kommet med toget?* "sei tu arrivato con treno-il?".
[13] Il greco possiede ancora tre casi della flessione del nome (nominativo, accusativo, genitivo), ma — come nel caso dell'ingl. *father's* sostituito da *of*

Questa prospettiva areale introduce il discorso del paragrafo seguente (e si veda § 4.1 per la prospettiva storica che corrisponde a questa distribuzione areale).

3.4. La distribuzione areale degli 'europeismi'

Le caratteristiche che abbiamo elencato nei §§ 3.1-3.3 si addensano in particolare nelle lingue indicate all'inizio: le germaniche (con una partecipazione ridotta delle scandinave), le romanze e le slave: l'area europea centrale — cui appartiene anche l'italiano — si configura indubbiamente come una 'lega linguistica'. Sembra anzi che affinando i parametri tipologici (p. es. non semplicemente il sintagma aggettivo + nome o nome + aggettivo ma in particolare modificatore possessivo + nome o viceversa) sia possibile delimitare aree più definite di europeismi.

Ciò pone non solo, come detto sopra (§ 2), un problema di contatti interlinguistici in termini storici (particolarmente evidenti al livello del lessico), ma anche un problema di eventuali sviluppi tipologici in parallelo (vuoi per ragioni endogene, vuoi per influssi provenienti dall'esterno).

4. L'evoluzione diacronica

Le lingue indoeuropee occidentali mostrano tutte (ad eccezione delle celtiche) la tendenza ad uno sviluppo SOV → SVO. È così anche nel passaggio dal latino (che purtuttavia, in quanto lingua fortemente flessiva, non aveva un ordine SOV rigido) al latino tardo e al protoromanzo; è così per il passaggio dal germanico comune alle singole lingue della famiglia. Ed è così, infine, anche per le lingue slave [14]. L'ordine non marcato della frase

---

the father (ted. *des Vaters* → *von dem Vater, vom Vater*) — vi è la tendenza a sostituire i casi con SP: accanto a *toù patéra*, genitivo, si trova *apó tón patéra* [*apó tón*, come l'ital. *de-il* (> *del*) *padre*], propriam. "(proveniente) dal padre". Si va verso una flessione bicasuale (al masch.): *patéras* — *patéra*, sostanzialmente non diversa da quella che si verificò in ant. franc. con un 'casus rectus' e un 'cas régime'.

[14] Per ragioni di spazio sono qui costretto a schematizzare un processo che in realtà fu molto più complesso, non privo di ripensamenti e contraddizioni. Si veda per una più approfondita discussione Ramat 1987.

dichiarativa semplice in ital. è dunque come in (2), che qui ripetiamo:

(2)   *Pierino* (S) *mangia* (V) *la/una mela* (O).

Ordini alternativi più o meno possibili come OVS, VOS, (?)OSV, (??)VSO, cui si accompagnano particolari intonazioni frasali (tratti sovrasegmentali), rispondono a particolari esigenze espressive della comunicazione (livello della pragmatica), come ad es. in *la méla* mangia Pierino *(e non la pera)*.

Il fissarsi di un ordine più o meno rigido degli elementi basici nella frase è connesso al progressivo indebolimento della flessione nominale, cui abbiamo già accennato per le lingue romanze parlando della flessione bicasuale (cfr. nota 13; ma il discorso vale anche per le lingue germaniche come l'inglese, che conosce solo un'opposizione *father/father's*) [15].

In *Il papà ama la mamma* solo la posizione dei due nomi nella frase indica chi è l'agente (il soggetto) e chi il paziente (l'oggetto).

Abbiamo visto in 3.1 che allo sviluppo SOV → SVO si accompagnano altri sviluppi tendenti ad affermare un ordine determinato + determinante: è così che in ital., come nelle altre lingue romanze e germaniche, si ha il comparativo *più bianco della neve*, con lo 'standard' *(neve)* posposto alla forma aggettivale, di fronte al latino che ha (tendenzialmente!) *niue candidior* (sullo sviluppo di forme analitiche di comparativo rispetto alle più antiche sintetiche cfr. *infra*) [16]. È così anche che un latino *inuitatum habes* (determinante + determinato: cfr. Ramat 1987: 144;152) diviene *hai invitato* (determinato + determinante) — an-

---

[15] Si osservi che ho parlato di connessione tra ordine rigido e indebolimento della flessione nominale, non di dipendenza. In effetti, osserva Roman Jakobson (1966 > 1976: 160), i bambini russi sono portati a intendere una frase quale *Papu*ACC. *ljubit Mama*NOM. come "il papà ama la mamma" assegnando al primo attante che compare nella frase, malgrado la chiara marca *-u* di accusativo, il ruolo di soggetto: l'ordine degli elementi sembra qui dominare sulle indicazioni morfologiche.

[16] Per uno sviluppo esattamente parallelo nelle lingue germaniche cfr. Ramat 1986a: § 7.1.3 (p. es. ant. alto ted. *dhemo neowiht nist suozssera* "a ciò niente non è più dolce" → ted. mod. *nichts ist süßer als dies* "niente è più dolce di ciò", con sviluppo anche di forme analitiche di comparativo tipo *mehr bewußt* "più consapevole", al posto del sintetico *bewußter*).

cora in pieno parallelismo con quanto si verifica nelle lingue germaniche. Risponde allo stesso principio la costruzione del sintagma preposizionale (SP: cfr. § 3.3) con l'ordine preposiz. (=determinato) + nome (=determinante) — che per la verità era già proprio del latino (salvo casi isolati come *vobiscum* "con voi", *exempli gratia*, ecc.) [17].

Per quanto concerne le strutture morfologiche, si è già implicitamente accennato al fatto che nel passaggio dal latino (fondamentalmente SOV) alle lingue romanze (fondamentalmente SVO), e anche in quello dal germanico comune alle singole lingue germaniche, si ha un aumento delle costruzioni analitiche rispetto a quelle sintetiche, di antica tradizione indoeuropea: *mater illius hominis* (tre parole) si trasforma in *(il)la matre de (il)lo homo* (cinque parole). In lingue fortemente flessive (come il latino) la singola parola reca già in sé l'indicazione dei suoi rapporti morfosintattici con le altre parti del sintagma o della frase; la parola è dotata di una forte autonomia. In epoca successiva si sviluppa la tendenza a sostituire all'autonomia della parola il gruppo sintagmatico. Si confronti il tipo sintetico latino con quello molto più analitico dell'ital.:

(6)   lat. *donor populo Romano*

(7)   ital. *vengo consegnato al popolo romano*

A un passivo sintetico si sostituisce una forma perifrastica; a un dativo semplice un SP. Se valori grammaticali sono espressi da parole funzionali avremo — come appunto è il caso per l'italiano — una certa abbondanza di verbi ausiliari (*vengo/sono* nel nostro esempio), di preposizioni (*a*), articoli (*il*) e anche di congiunzioni che introducono frasi subordinate anziché di forme nominali. Cfr.

(8)   lat. *uideo te uenientem*PART. PRES./*uenisse*INF. PRET.

(9)   ital. *vedo che*COMP *vieni/che sei venuto*;

(10)   lat. *Caesar, militibus confirmatis*ABL. ABS.*, hostes adortus est*

---

[17] Anche in questo caso il parallelismo germanico è forte: in ted. *der Krankheit wegen* è ormai un arcaismo rispetto a *wegen der Krankheit* "per via della malattia" (si osservi *wegen*, dat. plur. del sostant. *Weg* "via", come lat. *gratiā* è l'abl. sing. del sostant. che assume valore preposizionale!).

(11)   ital. *Cesare, dopo*CONGIUNZ. TEMPOR. *aver rincuorato i soldati, attaccò il nemico.*

[N.B.: COMP = complementatore, che introduce frase subordinata; ABL. ABS. = ablativo assoluto].

All'articolo viene spesso demandata nel sintagma nominale (SN) o preposizionale (SP) la funzione di indicare, mediante accordo, genere numero e caso della testa (*la torre* vs. *il ponte*; *col gorilla* vs. *con i* (> *coi*) *gorilla*). In questo senso l'italiano si avvicina al tedesco e allo spagnolo, molto più che al francese (dove l'opposizione di genere viene sospesa nel plurale: *les* [lɛ] "i, le") o all'inglese (dove addirittura esiste una forma unica di articolo: *the*). In inglese la sola funzione dell'articolo è quella di marcare il limite iniziale del sintagma nominale; tale funzione è comunque presente anche nelle altre lingue ora ricordate (*i soldati, i valorosi soldati, i valorosi soldati sconfitti da forze preponderanti*; cfr. *supra* § 3.3).

Ma le forme sintetiche non vanno completamente perdute. Le funzioni interne, non relazionali sul piano sintattico della frase, tendono in ital. ad essere espresse mediante determinazioni interne, paradigmatiche (di una flessione sintetica). Invece quelle esterne, relazionali sul piano sintattico, tendono ad essere espresse mediante determinazioni esterne, sintagmatiche, cioè perifrastiche (cfr. Coseriu 1980: 165). Abbiamo perciò numero e genere inerenti al nome (*tavolo/-i*; *tavola/-e*), al pronome (*questo/-i*; *questa/-e*) e all'aggettivo (*cattivo/-i*; *cattiva/-e*; cfr. § 3.3); e ciò serve anche ad esprimere chiaramente l'accordo (o congruenza): *queste cattive tavole*, secondo un tratto che era già proprio del latino [18]. Abbiamo per contro SP perifrastici per quello che attiene all'espressione delle relazioni del SN col resto della frase (*con queste tavole* [*costruiamo un ponte*]). Analogamente si hanno

---

[18] In questo senso non si può dire che genere e numero siano inerenti ad aggettivo e pronome come lo sono al nome, poiché il loro genere e numero sono appunto governati dalla testa del sintagma nominale. Ma è pur vero che pronomi e aggettivi compaiono necessariamente dotati di determinazioni interne paradigmatiche: non si può trovare un pronome **quest* o un aggettivo **cattiv*. Per il francese e l'inglese il discorso è molto più complesso e non può essere trattato qui in dettaglio. L'italiano e lo spagnolo si comportano in modo più simile al tedesco.

forme perifrastiche nella comparazione aggettivale, che è eminentemente sintagmatica (*più bianco della neve*; cfr. *supra*: e si veda l'opposizione tra *altissimo*, 'superlativo assoluto' di tipo sintetico, non relazionale, e *il più alto*, 'superlativo relativo', analitico, che mette in relazione l'elemento dichiarato «più alto» di una data classe con gli altri elementi della classe). Circa il verbo, si sviluppa un paradigma misto di forme sintetiche (*invitasti, invitarono, inviterebbe*, ecc.) e analitiche (*hai invitato, furono invitati, avrebbe invitato*, ecc.). Anche in questo caso l'italiano si comporta fondamentalmente come le altre lingue romanze e le germaniche (cfr. il 12° 'europema' cit. sopra). Avendo tuttavia mantenuto le marche morfologiche di persona e di numero (*invitasti*: II sing. indic. passato remoto attivo, con un cumulo di informazioni morfologiche caratteristico delle lingue flessive; e cfr. inoltre un paradigma come *invit-o, -i, -a; -iamo, -ate, -ano*) l'italiano non deve obbligatoriamente esprimere il pronome davanti al verbo: secondo questo parametro l'italiano — come lo spagnolo, il portoghese, ecc. — è una 'lingua PRO-drop' (cioè, appunto, che 'lascia cadere' il pronome); si veda per contro il francese, dove il pronome preverbale diventa obbligatorio quale morfema prefisso, anche con i verbi atmosferici con 'soggetto' (propriamente ARGOMENTO) = ø: *il pleut, il neige*; e, a livello sub-standard, anche *mon père il* (foneticamente [i]) *dit* (senza volontà di operare estraposizione del 'topic': cfr. § 4.1). Un verbo come *donner* "dare" ([do'ne] ha una sola forma fonetica: ['don(ə)] per I, II, III sing.; III plur. (e anche I plur., nella forma del parlato *on donne* ≡ *nous donnons*).

4.1. La prospettiva sociolinguistica dell'evoluzione diacronica

Nel passaggio dal latino (ancora essenzialmente una lingua dell'antico tipo flessivo indoeuropeo) all'italiano si sono dunque verificati mutamenti importanti, anche e principalmente sul piano tipologico, analoghi a quelli verificatisi nelle lingue germaniche (e in quelle slave): cfr. § 3.4.

   Naturalmente questi mutamenti non si sono realizzati dall'oggi al domani. Il costrutto con frase dipendente introdotta da un complementatore [cfr. (9)] si trova già nel I sec. a.C.:

(12)   *Dum haec geruntur legati* [...] *renuntiauerunt quod*_{COMP}
         Pompeium in potestate haberent (*Bellum Hisp.* 36,1);
         "mentre si fanno queste cose gli ambasciatori annunciano *che*
         avevano Pompeo nelle loro mani".

Il costrutto sembra essere particolarmente frequente in uno
stile medio o basso (cfr. Cuzzolin 1991):

(13)   *Ego illi iam tres cardeles occidi, et dixi quia*_{COMP} *mustela co-*
         medit (*Satyricon* 46,4)
         "una volta gli uccisi tre cardellini e (gli) dissi *che* (li) aveva
         mangiati la donnola".

Si apre qui il discorso particolarmente complesso che riguarda la dimensione sociolinguistica del mutamento. Prendiamo ad
es. la famosa formula testimoniale della Carta capuana (991):

(14)   *Sao ko* [*kelle terre*]_{OGG.} *per kelle fini que ki contene trenta an-*
         ni le possette [*parte Sancti Benedicti*]_{SOGG.}
         "So che quelle terre entro quei confini di cui qui si tratta le
         ebbe per trent'anni il convento di S. Benedetto".

Abbiamo qui la cosiddetta 'estraposizione a sinistra' del complemento oggetto, che costituisce il 'tema' (o 'topic') della frase,
ripreso anaforicamente col pronome *le* in posizione preverbale. Si
tratta di una costruzione tipica del parlato, che obbedisce a strategie pragmatiche tese a sottolineare l'enfasi della comunicazione (cfr. nota 21) — strategia della quale non mancano peraltro e-
sempi anche nella migliore tradizione letteraria: basterà ricordare
gli esempi manzoniani del tipo *Tonio e suo fratello, li lascerà en-*
trare che, nelle scelte stilistiche dell'autore volte verso un italiano meno letterario e più vicino all' 'uso medio', subentra nell'e-
dizione del 1840 al precedente *ella lascerà ben entrar Tonio e*
suo fratello (cfr. Sabatini 1987: 163 sgg.).
    La costruzione è possibile anche nelle altre lingue europee,
segnatamente in francese nel tipo

(15)   *Moi, le livre, à Pierre, je le lui ai donné*
         "io, il libro, a Piero, (io) gliel'ho dato"

con possibili inversioni nell'ordine di topicalità degli elementi e-
straposti (ma con ordine fisso dei pronomi che 'copiano' sul verbo gli argomenti della predicazione, come in italiano: **je lui ai*
le donné, **io l'ho gli dato*). Si veda p. es.

(16)   *Le livre, à Pierre, moi je le lui ai donné,*

tanto che si è potuto affermare che il francese sembra sulla via di diventare una lingua a tema (o 'topic'; cfr. Hagège 1978).

Ma tale sintassi si trova già in latino, ancora una volta a un livello medio-basso, tanto in epoca preclassica quanto in epoca tarda:

(17)   *ab arbore abs terra pulli qui nascentur* eos *in terram deprimito* (Cato, *de agric.*, 51)
        "i polloni che nascano da un albero dalla terra, (*quel*)*li* si conficchino in terra".

4.1.1. Francesco Sabatini (1985) ha elencato 35 tratti (fonologici, morfologici e sintattici) che, insieme ad altri di natura lessicale, caratterizzano oggi l'uso prevalentemente parlato — ma anche scritto — dell'italiano (tra cui rientra anche l'estraposizione del «tema» — a sinistra come nell'esempio manzoniano; a destra in *Lo conosco bene, io, quell'imbroglione*). Molti di tali tratti sono comuni all'«uso medio» e ai dialetti: valga per tutti l'uso della particella *ci* (veneto *gh(e)*, sicil. e calabr. *nd(i)*) col verbo *avere*: *c(i) hai ragione* (Sabatini 1985: 160 sg.). In generale, si assiste a una rivincita di forme stigmatizzate dalle grammatiche normative.

Si è già accennato all'odierna maggiore permissività della lingua (cfr. § 3.1). Si può dire che quanto più la lingua nazionale si integra, grazie soprattutto all'opera dei mass media, in una forma europea standard, tanto più si assiste contemporaneamente alla ripresa di forme linguistiche locali e particolari, anche con apporti di origine dialettale, come segno d'identità propria di una più ristretta comunità di parlanti, cioè di quella che si usa chiamare 'la piccola patria', in un complesso rapporto diastratico, diafasico e diamesico — oltre che, naturalmente, diatopico — cui qui posso solo accennare (cfr. Berruto 1987; e gli interventi raccolti in Telmon 1990 — in particolare Sobrero, 55-65). In questo l'Italia non rappresenta un caso particolare, poiché il fenomeno, in forme più o meno evidenti, si presenta in tutti i paesi europei dove esiste una forte tradizione di lingua nazionale standard.

D'altro canto molte delle forme stigmatizzate sono state da sempre presenti nella realtà della nostra tradizione linguistica (ivi compresi i dialetti!) e oggi riaffiorano dopo un 'percorso carsico' (cfr. D'Achille 1990, specialm. 16 sg., 346 sg., con riferimento alla precedente bibliografia).

È il caso del '*che* polivalente' che si incontra in

(18)   *Quel mio amico che gli hanno rubato la macchina,*

già abbondantemente presente nell'italiano antico:

(19)   *Accusome delu genitore meu et dela genitrice mia, et deli*
         proximi mei, ke ce *non abbi* ("che non ci ebbi > verso i qua-
         li non ebbi") *quela dilectione ke mesenior Dominideu com-*
         mandao (formula confessionale da Norcia, XI sec.).

È il caso anche dell'impiego dell'indicativo al posto del congiuntivo, come nel cosiddetto 'imperfetto ipotetico':

(20)   *Se me lo dicevi, ci pensavo io* (di fronte al più complesso e
         formale *Se me lo avessi detto ci avrei pensato io*),

per cui si può citare il precedente di Machiavelli:

(21)   *Braccio cercò di occupare il regno di Napoli e se non era rot-*
         to e morto all'Aquila, gli riusciva (*Istorie fiorent.*, cit. in
         Sabatini 1985: 167).

Carla Bazzanella (1990: 442) parla giustamente per questi
imperfetti ipotetici di «modalized inactuality», dove l'originario
valore di aspetto imperfettivo del tempo si è sviluppato verso
funzioni modali di controfattualità, cioè per esprimere un'ipotesi
data come irreale. (Si noti che in questo caso l'uso dell'imperfetto indicativo per il periodo ipotetico dell'irrealtà, che rappresenta — ripetiamo — un'indubbia semplificazione rispetto ai tempi
composti del condizionale [cfr. (20)], ha un riscontro nello standard di altre lingue europee come franc. *si j'avais de l'argent, je*
vous en prêterais, ingl. *if I were in good shape I would do a long*
walk).

E, per limitarci solo ad un terzo esempio di 'percorso carsico', è il caso anche del tanto riprovato *a me mi*, attestato tuttavia anche nel Manzoni (*a me mi par di sì*):

(22)   *A me non mi convince. A me non me la fai.*

Anche qui si tratta della strategia pragmatica di estraposizione a
sinistra, in posizione di 'topic', dell'esperiente (con *a* come nuova marca di oggetto; cfr. ?*Me non mi convince.* *Me non me la*
fai; si veda Berretta 1989).

4.2. Lingua e dialetti

È interessante osservare che questi costrutti si ritrovano anche nei dialetti: si veda p. es.

(23)   *lü al ma la dai a mi; mi a lo vist lü*

nel dialetto ticinese di Collina d'Oro (Spiess 1976); a livello letterario nel Belli:

(24)   *Ma a mmé me pare a mmé che ste parole...*

o, ancora, nel romanesco attuale del poeta Elia Marcelli:

(25)   *siccome nun ciò sordi da lassà...*

L'esemplificazione potrebbe essere facilmente ampliata.

Le forme proprie del parlato [ess. (18)-(22) e corrispondenti forme dialettali (23)-(25)] si allontanano dunque dal SAE più di quanto non facciano le forme standard. Se *a me mi piace* ha un diretto riscontro nello spagnolo *a mí me gusta* (così anche in portoghese e rumeno) e se il '*che* polivalente' ha anch'esso un riscontro nel relativizzatore generalizzato invariabile del neogreco *pou* [19], altre caratteristiche del parlato, come il *ci* davanti al verbo *avere*, risultano fenomeni privi di confronto in altre lingue. Lo stesso si può dire del superlativo formato come nei 'pidgin' mediante reduplicazione, assai frequente nel linguaggio parlato: *un borghese piccolo piccolo, una speranza grande grande.*

---

[19] E in entrambi i casi si tratta dello sviluppo di tendenze generali. Nel caso di *a me mi* abbiamo a che fare, come si è visto, con strategie pragmatiche tese ad evidenziare particolari elementi della frase; nel caso del *che*, con la tendenza diagrammatica a segnare univocamente la frase relativa mediante una marca unica di relativo — salvo specificare poi mediante altra forma pronominale (anaforica) il rapporto sintattico dell'elemento relativizzato col resto della frase: *e partorì una femmina* che *gli posono nome Cosa* (Cellini, *Vita*). Cfr. le lingue romanze occidentali (Bernini 1989 e 1991): p. es. francese *une femme* que *j'ai parlé à son mari*, secondo l'esempio di Ch. Bally [che giustamente Segre (1963: 442) considera come dovuto a tendenze analitiche più che all'influsso della 'sequenza progressiva' addotta dal Bally]; si veda anche il tedesco substandard *Der Mann, den* wo *ich gestern gesehen habe* "l'uomo che l'ho visto ieri" (cfr. Giacalone Ramat 1982: 284); il cèco *Muž, co ho tu děvče uhodilo* "l'uomo che [*co*, invariabile!] lui [*ho*] quella ragazza colpì", cioè "l'uomo che quella ragazza ha colpito" (Comrie 1989: 150); il serbocroato *čovjek* [nom. sg. masch.] *što* [invariabile!] *sam mu* [pron. III sg. acc. masch. clitico] *prodau auto* "l'uomo che sono lui venduto auto", cioè "l'uomo cui ho venduto l'auto" (van der Auwera-Kučanda 1985: 924), ecc. Si tratta di un fenomeno notevolmente diffuso.

Ma, considerando le cose da un più generale punto di vista, ancora una volta non siamo di fronte ad un fenomeno proprio soltanto dell'italiano. Prendiamo ad es. il costrutto possessivo del tipo

(26)   *dem Vater sein Haus*
       al padre sua casa
       "la casa del padre"

(vs. il costrutto standard *das Haus des Vaters/von dem Vater*): esso è proprio del tedesco colloquiale, oltre che di dialetti tedeschi (p. es. dello zurighese). Non ha più riscontro nelle lingue romanze e quindi non può essere considerato un tratto SAE[20]. Tuttavia esso risponde sempre alla stessa strategia pragmatica di estraposizione a sinistra dell'elemento topicalizzato (solitamente caratterizzato dal tratto semantico [+umano]), secondo uno schema che abbiamo visto esser proprio del parlato o comunque delle forme sub-standard[21].

Se si tiene conto di quanto osservato nei §§ 2.1 e 2.2 non deve stupire che le cose stiano in questi termini, poiché è la tradizione letteraria colta che in tutta l'Europa occidentale si è orientata sul latino, specialmente a partire dall'Umanesimo; e non il parlato o lo scritto più vicino ai moduli del parlato. Non c'è dubbio che la prosa di un grande narratore come Boccaccio presenti un periodare formatosi allo studio dei modelli classici, segnatamente ciceroniani[22]:

(27)   *il che udendo i fratelli e accorgendosene, avendola alcuna volta ripresa e non giovando, nascostamente da lei fecer portar via questo testo* ("vaso di coccio, lat. *testa*"); *il quale non ritrovandolo ella, con grandissima instanzia molte volte richiese* (*Decameron*, IV,5).

---

[20] Lo si incontrava invece in antico francese ed è presente nelle altre lingue germaniche: in inglese (nel tipo arcaico *the king of England his daughter*), in neerlandese (*mijn vader z'n huis* vs. *het huis van mijn vader*), dove la mancanza di flessione fa maggiormente risaltare il ruolo topicale del possessore; e poi in altre lingue non indoeuropee (cfr. Ramat 1986b).

[21] M. Berretta (in stampa) parla a questo proposito, con riferimento a lavori di Peter Koch, di «universali del parlato».

[22] Almeno per quello che riguarda ciò che Nencioni (1983b: 242) chiama «il canale circostanziale», vale a dire quello mediante il quale è veicolata l'informazione che non riguarda la narrazione dell'evento, ma l'esposizione delle circostanze in cui e per cui si verifica l'evento.

Si noterà in questo complesso periodo, dove i gerundi svolgono la stessa funzione degli ablativi assoluti in latino, la ripresa anaforica con il pronome relativo, secondo uno stilema anch'esso tipicamente latino. Questa sintassi latineggiante non è propria solo della prosa italiana, ma in maggiore o minor misura la si riscontra anche in altre tradizioni linguistico-letterarie d'Europa. Basterà citare qui un esempio, anch'esso dallo stile narrativo, l'anonima *Historia von D. Johann Fausten, beschreyten zauberer und schwartzkünstler* (1587):

(28)   *Wie obgemeldet worden, stunde D. Fausti Datum dahin, das zulieben, das nicht zu lieben war, dem trachtet er Tag und Nacht nach, [...] wollte alle Gründe am Himmel und Erden erforschen, dann sein Fürwitz, Freyheit und Leichtfertigkeit stache und reitzte jhn also, daß er auff eine zeit etliche zäuberische vocabula, figuras, characteres und coniurationes, damit er den Teufel vor sich möchte fordern, ins Werck zu setzen, und zu probieren jm fürname.*

"Come detto sopra, l'intenzione del Dr. Faust consisteva nel desiderare ciò che non si doveva desiderare; a questo mirava giorno e notte, [...] voleva ricercare tutte le ragioni in cielo e in terra, poiché la sua presunzione, la sua libertà, la sua sconsideratezza lo spingeva[no] e lo sollecitava[no] al punto che a un certo momento intraprese a porre in opera e a provare talune parole, figure, segni e scongiuri magici in modo che egli potesse evocare il diavolo davanti a sé".

Tornando ancora per un momento alle costruzioni relative c'è da ricordare che le attestazioni del '*che* polivalente' si riducono sensibilmente dopo l'esplicita censura del Bembo; e già prima il modello latino della declinazione del relativo ne aveva frenato la fortuna, almeno a livello dello scritto elevato (così D'Achille 1990: 345 sg.).

Le attestazioni confermano dunque anche diacronicamente che è proprio la lingua standard ad avvicinarsi maggiormente ad un modello interlinguistico unitario, a base latina anche dal punto di vista sintattico. In particolare, dal punto di vista dell'italiano come lingua d'Europa, si noterà che non è privo di significato il fatto che E. Lewy concludesse il suo tentativo di caratterizzazione tipologica dell'italiano, in verità abbastanza impressionistico, indicando la nostra lingua — beninteso, nella sua forma 'standard'! — come una sorta di 'lingua media'

('Normalsprache') europea, proprio per la sua più immediata im-
pronta latina, anche a livello della strutturazione sintattica: cfr.
Lewy 1942-43: 39-41. Ciò, in effetti, conferma sotto il profilo
morfosintattico l'aspetto 'più latino' dell'italiano rispetto alle altre lingue romanze, giustamente sottolineato da Segre sulla scia
di Matteo Bartoli, che aveva esaminato soprattutto il lessico
della latinità volgare: l'Italia, fortemente innovativa nel periodo
della tarda latinità e capace di esportare le proprie innovazioni
linguistiche — cfr. p. es. CUMINITIARE > *cominciare* e spagn.
comenzar, franc. *commencer*, rispetto al più antico INCIPERE
donde ancora rum. *începe* — cessò relativamente di rinnovarsi
quando divenne romanza; e fu allora la Gallia, da poco divenuta
Francia, a mostrare la maggiore vitalità linguistica (cfr. Segre
1963: 457-59).

4.3. Tendenze di sviluppo tipologico

Un esempio particolarmente interessante sotto questo punto di vista riguarda la negazione di frase (NEG).

È noto che diversi dialetti settentrionali dell'italiano hanno
NEG posposta al verbo (flesso):

(29)   piemont. *i l-aj n è n vist ël sò liber*
          "io non l'ho visto il suo libro" (cfr. Berruto 1990)

(30)   lomb. *mi so no*
          "io non so",

(comprese le molte forme con altra marca di NEG come *mica/mi-
ga*, *brisa*, *ren*, *pä*, ecc.: cfr. Bernini-Ramat 1992: 26 sg.), fino a
penetrare in forme di italiano sub-standard quali

(31)   *mio padre non lo voleva no* (cfr. Molinelli 1987).

Questo tratto tipico del settentrione è coerente con l'ordine
basico SVO, in cui il determinante (NEG) segue il determinato
(V), ed ha riscontro in aree finitime, dal francese colloquiale (*je
sais pas*) all'occitanico, al romancio, ecc. (cfr. Bernini 1987,
Ramat-Bernini 1990). Ad esso si oppone il tipo dell'italiano con
NEG preverbale: *io non so*.

Senza poter qui discutere i dettagli della complessa questione
(su cui cfr. Bernini-Ramat 1992, cap. III), si può dire che vi è
una tendenza 'naturale' a porre il verbo nello 'scope' della ne-

gazione, cioè a far precedere il verbo dalla marca NEG. Nell'italiano standard a base toscana e, come abbiamo visto alla fine del paragrafo precedente, storicamente più 'bloccato' sul latino, questa tendenza ha prevalso sull'evoluzione tipologica (da SOV a SVO); nei dialetti del Nord la tendenza verso la coerenza tipologica ha invece prevalso sull''ordine naturale'. E in questo caso sono dunque i dialetti ad avvicinarsi al tipo europeo centrale rappresentato dal tedesco (*ich weiß nicht*) e dalle altre lingue germaniche (compreso l'inglese, con NEG posposto all'ausiliare: *I do not know*).

Un secondo esempio in cui considerazioni tipologiche si intreccciano a problemi di diatopia e diastratia può essere quello del tipo *andar giù/su, metter giù, prender su*, e simili. Di fronte ai lessemi *scendere* e *salire, posare* o *deporre, sollevare*, di tradizione latina e non più analizzabili, *andar giù* e simili testimoniano ancora una volta di una tendenza ad espressioni analitiche, fortemente espressive nella loro trasparenza, tanto che sul loro modello possiamo avere anche *scender giù/salir su*, dove la determinazione locale è, a stretto rigore, pleonastica (cfr. ancora *entrar dentro, uscir fuori*, ecc.). Le forme analitiche appartengono ad una varietà della lingua indubbiamente più colloquiale rispetto ai lessemi di origine latina. In effetti simili forme analitiche s'incontrano nel «sermo cottidianus» del latino (cfr. Bergh 1948) e le 'preposizioni' in posizione postverbale sono coerenti con un ordine (S)VO in quanto determinanti del verbo [23]. Esso era ben presente in francese antico fino al XV sec., per poi declinare nell'epoca successiva, fino a lasciare solo qualche traccia nel francese letterario del XVII sec. (Buridant 1987: 183). Si veda ad es. dal *Roman de Renart*

(32)   *N'est rien, dist Tibert, se bien non:*
         mais montez sus, si mengeron (vv. 4987 sg.)
         Ce dist Renart: "Or n'i a plus:
         gitez en doncques ma part jus" (vv. 4997 sg.)

Questo costrutto ricorda evidentemente quello germanico con 'preposizioni' separate: *go down, go up*, o, per riprendere l'esem-

---

[23] Esse si comportano quindi come il *no* postverbale visto sopra. In questo senso mi sembra di dover dissentire da Buridant (1987: 183) che, per gli esempi dell'antico francese riportati più oltre, dice che fanno parte delle caratteristiche di lingue OV.

pio francese in tedesco, *steiget Ihr hinauf* e *werfet Ihr herunter*.
Un influsso del tedesco sull'antico francese (come sui dialetti
dell'Italia settentrionale [24] e sul romancio) non è in effetti da e-
scludere.

Come si vede da questi ultimi due esempi, la vicenda dell'i-
taliano — o meglio della tradizione linguistica italiana nel suo insieme — nel quadro europeo è notevolmente complessa e tutt'altro che lineare. Essa coinvolge problemi di sviluppo (tipologico)
sia endogeno che in parallelo con altre tradizioni linguistiche, come pure diretti apporti dall'esterno, in un intricato quadro le cui
linee sono ancora in gran parte da tracciare. In generale si può
affermare tuttavia che l'italiano, per secoli lingua scritta più che
parlata, presenta oggi dei punti di crisi soggetti a pressioni di vario ordine (strutturale, tipologico, di contatto interlinguistico, diastratico, diatopico, diamesico) che nel complesso mirano ad una
semplificazione del suo complicato sistema (cfr. Simone 1991) e
fanno riemergere tratti dell'italiano non letterario già presenti nel
passato.

Di fronte all'«italiano tendenziale», caratterizzato dunque
globalmente — malgrado i controesempi che si possono addurre
(cfr. Berretta, in stampa) — da una forte spinta verso la semplificazione grammaticale (p. es. il '*che* polivalente', ma anche la
riduzione del sistema dei pronomi personali, la crisi del congiuntivo, ecc.) e verso la diagrammaticità analitica (p. es. i verbi con
le 'particelle separabili'), sarebbe poi da ricordare la tendenza
opposta che potrebbe definirsi dell'«italiano demenziale», o
dell'«antilingua» secondo la felice espressione di Italo Calvino,
caratterizzata dal 'terrore semantico', cioè dalla paura della con-
cretezza, di dire le cose semplicemente come stanno. Ma questa
è materia per altri contributi del presente volume [25].

---

[24] Si veda ad es. il friulano, area direttamente confinante con l'elemento
germanico: *lâ-su* "salire", *lâ-jù* "scendere", *lâ-fûr* "uscire"; e anche con valori
semantici traslati, sviluppatisi da quelli originari: *saltâ-fûr* "interloquire", *meti-
sot* "interessare" [cfr. in ital. *metter sotto* (≠ *sottomettere*!), *star sotto* (≠ *sotto-
stare*!)].

[25] Mi sia consentito di citare un solo esempio, tra i moltissimi che ci si potrebbe divertire a ricordare: «I consumatori sono invitati ad utilizzare questo
sacchetto come contenitore di merci e quindi per i rifiuti domestici da conferire per lo smaltimento», istruzione sui sacchetti di plastica forniti dal Comune
di Venezia per i rifiuti.

36 *Introduzione all'italiano contemporaneo. Le strutture*

Bibliografia

Ahlqvist, A. (a c. di) (1982), *Papers from the 5th International Conference on Historical Linguistics*, Benjamins, Amsterdam.

Banfi, E.-Cordin, P. (a c. di) (1990), *Storia dell'italiano e forme dell'italianizzazione*. Atti del XXIII Congr. Intern. della Soc. di Linguist. Ital., Bulzoni, Roma (S.L.I. 28).

Bazzanella, C. (1990), *'Modal' uses of the Italian «indicativo imperfetto» in a pragmatic perspective*, in «Journal of Pragmatics», 14: 439-47.

Bechert, J. (1988), *Konvergenz und Individualität von Sprachen*, in Wagner, K.H.-Wildgen, W. (a c. di), *Studien zum Sprachkontakt* ("BLIcK" Bd.1), Bremen: 25-41.

Bechert, J. (1990), *The structure of the noun in European languages*, in Bechert-Bernini-Buridant 1990: 115-40.

Bechert, J.-Bernini, G.-Buridant, Cl. (a c. di) (1990), *Toward a Typology of European Languages*, Mouton de Gruyter, Berlin-New York.

Belardi, W.-Pagliaro, A. (1963), *Linee di storia linguistica dell'Europa*, Ediz. dell'Ateneo, Roma.

Bergh, L. (1948), *Moyens d'exprimer en français l'idée de direction*, Göteborg.

Bernini, G. (1987), *Germanic and (Gallo-)Romance negation: an area typology*, in Ramat 1987: 172-78.

Bernini, G. (1989), *Tipologia delle frasi relative italiane e romanze*, in Foresti 1989: 85-98.

Bernini, G. (1991), *Frasi relative nel parlato colloquiale*, in Lavinio-Sobrero 1991: 165-87.

Bernini, G.-Ramat, P. (1992), *La frase negativa nelle lingue d'Europa*, Il Mulino, Bologna.

Berretta, M. (1989), *Sulla presenza dell'accusativo preposizionale in italiano settentrionale: note tipologiche*, in «Vox Romanica», 48: 13-37.

Berretta, M. (in stampa), *Correlazioni tipologiche fra tratti morfosintattici dell'italiano 'neo-standard'*, in Holtus, G.-Radtke, E. (a c. di), Atti del «Romanistentag», 1991, sez. 'Sprachprognostik und das "Italiano di domani"' Narr, Tübingen.

Berruto, G. (1987), *Sociolinguistica dell'italiano contemporaneo*, Nuova Italia Scientifica, Roma.

Berruto, G. (1990), *Note tipologiche di un non tipologo sul dialetto piemontese*, in Berruto-Sobrero 1990: 5-24.

Berruto, G.-Sobrero, A.A. (a c. di) (1990), *Studi di sociolinguistica e dialettologia italiana offerti a Corrado Grassi*, Congedo, Galatina.

Betz, W. (1944), *Die Lehnbildungen und der abendländische Sprachausgleich*, «Beitr. zur Gesch. der deutschen Sprache u. Liter.», 67: 275-302.

Betz, W. (1965), *Deutsch und Lateinisch. Die Lehnbildungen der althochdeutschen Benediktinerregel*, Bouvier & Co., Bonn (2ª ed.).

Buridant, Cl. (1987), *Les particules séparées en ancien français*, in Cl. Buridant (a c. di), *Romanistique-Germanistique. Une confrontation,* Actes du Coll. de Strasbourg, 23-24 mars 1984. Publications près de l'Univ. de Strasbourg: 165-204.

Cardona, G.R. (1985), *Dall'oralità alla scrittura: la formazione delle lingue standard,* in Quattordio Moreschini 1985: 71-80.

Castellani, A. (1987), *Morbus Anglicus,* in «Studi Linguistici Italiani», 13: 137-53.

Comrie, B. (1989), *Language universals and linguistic typology,* 2ª ed., Blackwell, London. [Trad. it. della I ed. ingl. (1981), Il Mulino, Bologna 1983.]

Coseriu, E. (1980), *Der Sinn der Sprachtypologie,* in Thrane T., *et al.* (a c. di), *Typology and Genetics of Language,* Travaux du Cercle Linguist. de Copenhague, 20: 157-70.

Cuzzolin, P. (1991), *Sulle prime attestazioni del tipo sintattico «dicere quod»,* in «Arch. Glottol. Ital.», 76: 26-78.

D'Achille, P. (1990), *Sintassi del parlato e tradizione scritta della lingua italiana,* Bonacci, Roma.

Dahl, Ö. (1990), *Standard Average European as an exotic language,* in Bechert-Bernini-Buridant 1990: 3-8.

Dardano, M. (1978), *(S)parliamo italiano?,* Curcio, Milano.

De Mauro, T. *et al.* (1992), *Il lessico di frequenza dell'italiano parlato: LIP,* in *Linee di tendenza dell'italiano contemporaneo,* Atti del XXV Congr. Intern. della Soc. di Linguist. Ital. (Lugano 1991), Bulzoni, Roma: 83-118 (S.L.I. 33).

Folena, G. (1983), *L'italiano in Europa. Esperienze linguistiche del Settecento,* Einaudi, Torino.

Foley, W.A.-van Valin R.D. jr. (1984), *Functional syntax and universal grammar,* Cambridge University Press, Cambridge.

Foresti, F. *et al.* (a c. di) (1989), *L'italiano tra le lingue romanze,* Atti del XX Congr. Intern. della Soc. di Linguist. Ital., Bulzoni, Roma (S.L.I. 27).

Gensini, S. (1984), *Linguistica leopardiana,* Il Mulino, Bologna.

Giacalone Ramat, A. (1982), *Explorations on syntactic change (Relative clause formation strategies),* in Ahlqvist 1982: 283-92.

Greenberg, J.H. (1966), *Some universals of grammar with particular reference to the order of meaningful elements,* in Greenberg (a c. di) 1966: 73-113 (trad. it. in Ramat 1976: 115-54).

Greenberg, J.H. (a c. di) (1966), *Universals of language,* Mit Press, Cambridge (Mass.) (2ª ed.).

Gusmani, R. (1986), *Saggi sull'interferenza linguistica,* 2ª ed., Editr. «Le Lettere», Firenze.

Haarmann, H. (1976), *Grundzüge der Sprachtypologie,* Kohlhammer, Stuttgart.

Hagège, Cl. (1978), *Du thème au thème en passant par le sujet. Pour une théorie cyclique,* in «La linguistique», 14, 2: 3-38.

Hawkins, J.A. (1983), *Word order universals*, Academic Press, New York-London.

Holtus, G.-Radtke, E. (a c. di) (1985), *Gesprochenes Italienisch in Geschichte und Gegenwart*, Narr, Tübingen.

Jakobson, R. (1966), *Implications of Language Universals for Linguistics*, in Id., *Selected Writings*, Mouton, The Hague, vol. II: 580-92 (trad. it. in Ramat, 1976: 155-70).

Jespersen, O. (1925), *Die Sprache. Ihre Natur, Entwicklung und Entstehung*, Winter, Heidelberg.

Kastowsky, D.-Szwedek, A. (a c. di) (1986), *Linguistics across Historical and Geographical Boundaries*, Festschr. Fisiak, Mouton de Gruyter, Berlin-New York.

Kuno, S. (1978), *Japanese. A Characteristic OV Language*, in Lehmann 1978: 57-138.

Lavinio, C.-Sobrero, A.A. (a c. di) (1991), *La lingua degli studenti universitari*, La Nuova Italia, Firenze.

Lazard, G. (1990), *Caractéristiques actancielles de l'"européen moyen type"*, in Bechert-Bernini-Buridant (a c. di) 1990: 241-53.

Lehmann, W.P. (a c. di) (1978), *Syntactic Typology. Studies in the Phenomenology of Language*. University of Texas Press, Austin-London.

Lepschy, G.C. (1971), *Traduzione*, in *Enciclopedia*, Einaudi, Torino, vol.14: 446-58 (rist. in Lepschy 1989: 131-49).

Lepschy, G.C. (1989), *Sulla linguistica moderna*, Il Mulino, Bologna.

Lepschy, G.C. (a c. di) (1990), *Storia della linguistica*, vol. II, Il Mulino, Bologna.

Lewy, E. (1942-43), *Der Bau der europäischen Sprachen*, in «Proceed. of the Royal Irish Acad.», section C, 48: 15-117.

Manzelli, G. (1990), *Possessive adnominal modifiers*, in Bechert-Bernini-Buridant 1990: 63-111.

Molinelli, P. (1987), *The current situation as regards discontinuous negation in the Romance languages*, in Ramat 1987: 165-72.

Monelli, P. (1933), *Barbaro dominio. Cinquecento esotismi esaminati, combattuti e banditi dalla lingua con antichi e nuovi argomenti*, Hoepli, Milano (2ª ed. 1943).

Nencioni, G. (1983a), *Tra grammatica e retorica. Da Dante a Pirandello*, Einaudi, Torino.

Nencioni, G. (1983b), *Di scritto e di parlato. Discorsi linguistici*, Zanichelli, Bologna.

Peruzzi, E. (1964), *Una lingua per gli Italiani*, Ediz. ERI, Torino.

Petralli, A. (1992), *Si dice così in tutta Europa*, in «Ital. e Oltre», 7: 73-77.

Quattordio Moreschini, A. (a c. di) (1985), *La formazione delle lingue Letterarie*, Atti del Convegno della Soc. Ital. di Glottol. (Siena 1984), Giardini, Pisa.

Ramat, P. (a. c. di) (1976), *La tipologia linguistica*, Il Mulino, Bologna.

Ramat, P. (1984), *Linguistica tipologica*, Il Mulino, Bologna.

Ramat, P. (1985), *La formazione della lingua letteraria tedesca*, in Quattordio Moreschini 1985: 27-37.

Ramat, P. (1986a), *Introduzione alla linguistica germanica*, Il Mulino, Bologna.

Ramat, P. (1986b), *The Germanic possessive type* dem Vater sein Haus, in Kastowsky-Szwedek 1986, vol. I: 579-90.

Ramat, P. (1987), *Linguistic Typology*, Mouton de Gruyter, Berlin-New York [orig. ital. Ramat 1984].

Ramat, P. (1990), *Per una storia linguistica d'Europa: il caso Germania*, in Banfi-Cordin 1990: 21-29.

Ramat, P.- Bernini, G. (1990), *Area influence versus typological drift in Western Europe: the case of negation*, in Bechert-Bernini-Buridant 1990: 25-46.

Renzi, L. (1990), *Processi di standardizzazione e crisi nelle lingue romanze*, in Banfi-Cordin 1990: 31-40.

Rohlfs, G. (1968), *Grammatica storica della lingua italiana e dei suoi dialetti*, 3 voll., trad. it., Einaudi, Torino.

Sabatini, Fr. (1985), *L'"italiano dell'uso medio": una realtà tra le varietà linguistiche italiane*, in Holtus-Radtke 1985: 154-84.

Sabatini, Fr. (1987), *Questioni di lingua e non di stile. Considerazioni a distanza sulla morfosintassi nei 'Promessi Sposi'*, in *Manzoni, «l'eterno lavoro»*, Atti del Congr. Intern. sui problemi della lingua e del dialetto nell'opera e negli studi del Manzoni, Casa del Manzoni, Milano: 157-76.

Scaglione, A. (1984), *The rise of national languages: East and West*, in Id. (a c. di) 1984: 9-49.

Scaglione, A. (a c. di) (1984), *The emergence of national languages*, Longo, Ravenna.

Segre, C. (1963), *Le caratteristiche della lingua italiana*, Appendice a Ch. Bally, *Linguistica generale e linguistica francese*, trad. it., Il Saggiatore, Milano: 439-70.

Seiler, H. (1983), *Possession as an Operational Dimension of Language*, Narr, Tübingen.

Simone, R. (1991), *Why linguists need variation. Reflections on Italian 'troubled contexts'*, in «Riv. di Linguist.», 3: 407-19.

Spiess, F. (1976), *Di un'innovazione morfologica nel sistema dei pronomi personali oggetto del dialetto di Collina d'Oro*, in *Problemi di morfosintassi dialettale*, Pacini, Pisa: 203-12.

Tavoni, M. (1990), *La linguistica rinascimentale*, in Lepschy 1990: 169-312.

Telmon, T. (1990), *Guida allo studio degli italiani regionali*, Ediz. dell'Orso, Alessandria.

van der Auwera, J.-Kučanda, D. (1985), *Pronoun or conjunction-the Serbo-Croatian invariant relativizer «što»*, in «Linguistics», 23: 917-62.

Whorf, B.L. (1970), *Linguaggio pensiero e realtà*, raccolta di scritti a c. di J.B. Carroll (1956), trad. it., Boringhieri, Torino.

Raffaele Simone

Stabilità e instabilità nei caratteri originali dell'italiano *

1. Preliminari

Questo capitolo [1] si propone di illustrare i più importanti caratteri originali dell'italiano, cioè le proprietà che rendono questa lingua distinta dalle altre. Per metterli meglio in rilievo, si procederà confrontandolo con alcune delle lingue europee principali (specialmente quelle romanze) e con il latino, sua lingua madre, rispetto al quale l'italiano ha in parte conservato, in parte sviluppato proprietà autonome che lo rendono riconoscibile e specifico. Terremo in conto altre due dimensioni comparative, più interne: a tratti, confronteremo l'italiano di oggi con quello di diverse fasi del passato, e incroceremo i dati riguardanti l'italiano scritto con quelli sull'italiano parlato.

Una parte del ritratto che presenteremo sarà (per esprimerci in termini più tecnici) di natura 'tipologica'. La conoscenza tipologica di una lingua serve da una parte a permetterne una carat-

* Questo scritto si basa su un lavoro che ho pubblicato col titolo *I caratteri originali dell'italiano* presso l'Istituto della Enciclopedia Italiana, Roma 1990, che è stato qui rifuso, articolato e completamente rifatto. Ringrazio l'Istituto per avermi autorizzato ad adoperare il mio vecchio testo come punto di partenza per questo.

[1] Questo capitolo non dà una sintesi generale dell'italiano, ma si limita a presentare i principali fra i suoi "caratteri originali". Singoli aspetti dell'italiano sono esaminati nei capitoli seguenti di questo volume, ai quali quindi si rinvia. Per conseguenza qui non si indicano che alcuni lavori di analisi, relativi solo agli aspetti trattati. Come riferimenti generali menzioniamo soltanto i seguenti: una sintesi bibliografica di grande utilità è Muljačić (1991); la migliore grammatica descrittiva dell'italiano (in via di completamento) è Renzi (1988) e Renzi-Salvi (1991), in cui sono approfonditi numerosi dei temi che in questo lavoro sono solamente accennati.

terizzazione rispetto alle altre, a porne in luce aspetti altrimenti poco visibili; dall'altra a prevedere, in qualche misura, le vie che essa ha maggiore probabilità di seguire nel corso del tempo: a identificare le aree strutturalmente deboli, nelle quali è probabile che si verificheranno alterazioni, e quelle forti, che si può supporre resisteranno meglio al tempo senza modificarsi in misura notevole.

Quest'ultimo rilievo è particolarmente importante per l'italiano: come vedremo, questa lingua non è del tutto assestata dal punto di vista grammaticale, ma è sottoposta ad una varietà di sollecitazioni che promettono di alterarne l'organizzazione in versanti non marginali[2]. Usando una metafora abbastanza diffusa tra i linguisti, questo capitolo mira a presentare l'"architettura'[3] dell'italiano, la sua impalcatura essenziale, della quale metterà in rilievo le parti staticamente più solide e quelle invece meno stabilizzate[4].

2. L'italiano rispetto al latino

Se si studia l'italiano ad un livello evoluto, non è possibile ignorare che esso è una delle principali trasformazioni del latino, rispetto al quale presenta importanti somiglianze e insieme essenziali differenze. Per chiarire questo punto, occorre richiamare sommariamente le principali proprietà strutturali del latino[5] rispetto a cui l'italiano ha prodotto mutamenti.

[2] È indispensabile segnalare qui che la considerazione tipologica sull'italiano deve molto, non meno che alle elaborazioni moderne, alle riflessioni ottocentesche di Giacomo Leopardi, così come sono depositate nello *Zibaldone* e altrove (come nel poco conosciuto *Parallelo delle cinque lingue*). Pochi hanno colto il 'genio' dell'italiano (come allora si diceva) in maniera più profonda.

[3] Il termine è usato ad esempio in Berruto (1987: 20), che lo riprende dalla tradizione sociolinguistica tedesca.

[4] La nostra analisi si limita alla dimensione morfologica e sintattica dell'italiano, lasciando da parte quella fonologica, per la quale si rinvia al capitolo particolare in questo volume.

[5] Informazioni aggiornate sulla struttura del latino in Vincent (1988b) e in Vineis (1993). Molto utile è la penetrante sintesi sul latino classico e volgare nella loro continuità con l'italiano offerta da Durante (1981: 6 sgg.).

2.1. Morfosintassi

Dal punto di vista morfologico, la caratteristica più vistosa del latino è il suo sistema di casi, una complessa rete di suffissi indicanti la funzione del nome (ma anche dell'aggettivo e del pronome, che per molti aspetti si comportano come il nome) nella frase: ad esempio, il soggetto si distingue dall'oggetto essenzialmente per un diverso suffisso. Nel loro insieme, questi suffissi permettono di creare una rete di accordi anche molto complessa nell'ambito dell'enunciato. Disponendo di un sistema di casi abbastanza elaborato (a sei membri), il latino ha un mezzo efficiente e raffinato per segnalare gli elementi appartenenti ad uno stesso sintagma nominale: in linea di principio, infatti, le parole aventi lo stesso caso hanno buona probabilità di 'avere a che fare' sintatticamente l'una con l'altra, cioè di formare un sintagma.

Questo fenomeno, tipico delle lingue dotate di casi, conferisce al latino una caratteristica unica, che anche i dilettanti conoscono, la grande libertà di spostamento delle parole: siccome la funzione della parola nell'enunciato è indicata dal caso, le parole possono dislocarsi molto liberamente, perché i loro collegamenti reciproci non vanno comunque persi. A guardar la cosa in termini rigorosi, questa formulazione deve però essere temperata: ciò che è libero di spostarsi nella sequenza dell'enunciato latino sono singole parole entro i rispettivi sintagmi, mentre i sintagmi stessi occupano posizioni relativamente ben definite. Si può dire allora, più precisamente, che in latino le parole sono libere di spostarsi entro uno stesso sintagma (cfr. per questo Adams 1976). Ma, anche con questa correzione, resta vero che il latino è caratterizzato in generale da una larga mobilità degli elementi.

Le lingue romanze, e in particolare l'italiano, hanno perduto il sistema dei casi [6]. Ciò ha modificato le possibilità di spostamento: in latino è possibile dire senza troppa differenza *Marius*

---

[6] Bisognerebbe dire che lo hanno perduto 'quasi completamente', perché in queste lingue sopravvivono alcune aree isolate in cui si notano tracce di fenomeni di caso, come i pronomi personali o i pronomi relativi: in entrambi questi ambiti, per scegliere la forma giusta è indispensabile decidere se deve esprimere un soggetto, un complemento diretto o un complemento indiretto. Qualche argomentazione specifica su questo punto si trova più avanti nel testo.

Paulum amat oppure *Paulum amat Marius*, perché il significato
è sempre che Mario è colui che ama e Paolo colui che è amato;
nelle lingue romanze questa libertà di spostamento non è possibile, data la mancanza di casi. Quindi, in linea di principio, nelle lingue romanze la libertà di movimento degli elementi dell'e-
nunciato è molto minore. Nondimeno, come si vedrà meglio più
avanti, l'italiano ha conservato da questo punto di vista lo spirito profondo del latino: in italiano, infatti, la possibilità di spostare gli elementi dell'enunciato è pur sempre notevole, specie a
confronto con altre lingue (soprattutto quelle germaniche, dove
invece la libertà sintattica degli elementi nell'enunciato è più limitata).

2.2. *Tratti essenziali del verbo*

Il verbo latino è caratterizzato da due modi principali (l'indicativo e il congiuntivo) a cui si affianca una serie di forme collegate con l'infinito, che permettono di declinare l'infinito stesso come un nome: a questo servono le forme del gerundio, che hanno
gli stessi casi della flessione nominale, e operano infatti alla stregua di una flessione dell'infinito. Ad esempio:

nominativo	*amare*	"l'amare"
genitivo	*amandi*	"dell'amare"
ablativo	*amando*	"con l'amare"

Questa possibilità conferisce all'infinito del verbo una particolare vitalità e libertà di comportamento, e ne fa una risorsa mi-
sta, a cavallo tra le entità strettamente verbali e quelle nominali.
Periferiche rispetto al sistema verbale, ma molto usate di fatto, sono poi due forme collegate al verbo, gli aggettivi verbali,
che danno luogo alle cosiddette costruzioni perifrastiche: quella
attiva (*amaturus sum* "sono uno-che-amerà" = "sto per amare") e
quella passiva (*amandus sum* "sono uno-che-deve-essere-amato"
= "devo essere amato").
Senza alcun dubbio, tra i modi del verbo latino il carico funzionale maggiore spetta al congiuntivo, che svolge almeno le seguenti funzioni: a) nella clausola principale, opera con vari ruoli:
ottativo (*amet* "che ami", *amasset* "che avesse amato", ecc.), de-
siderativo, potenziale, ecc.; b) in clausole dipendenti, interviene

in un complicato e raffinato sistema di corrispondenze noto col nome di *consecutio temporum*.

La *consecutio temporum* è un meccanismo di corrispondenze formali tra clausola principale e subordinata, in base al quale la forma del verbo della principale comanda la forma del verbo della subordinata esplicita: ad esempio, se la principale contiene un verbo al presente o al futuro dell'indicativo, il verbo della subordinata potrà essere o al presente o al perfetto del congiuntivo, ma non in altre forme. Come vedremo, questa costruzione (che soffre di diverse deroghe anche in latino) verrà accolta almeno parzialmente in italiano. Dal punto di vista della flessione, inoltre, il verbo latino ammette praticamente solo forme semplici (non composte, prive cioè di verbo ausiliare).

2.3. Lessico

Quanto al lessico latino, l'aspetto che più ci interessa è la sua stratificazione. Il vocabolario latino, quale si presenta all'epoca della caduta dell'impero romano (quando cominciano a profilarsi le lingue romanze), è costituito da quattro strati diversi. Il primo è quello latino classico, formato dal lessico usato dai letterati e dai ceti colti nello scrivere e nelle occasioni formali. Il secondo è formato da elementi grecizzanti (particolarmente parole appartenenti al cosiddetto «lessico intellettuale»), entrati e acclimatatisi in latino soprattutto per l'influsso di scrittori come Cicerone (a questo strato appartengono parole come *philosophia*, *theatrum*, ecc.). Il terzo, quantitativamente poco rilevante ma storicamente molto significativo, proviene dalle lingue preromane dell'Italia antica, da cui il latino assorbì diversi elementi. L'ultimo, di grandissima importanza, è quello proveniente dal cosiddetto latino volgare, la lingua parlata dal popolo (ma anche dalla classe colta nelle situazioni informali), che lentamente scalza il latino classico e si installa al suo posto.

Entro questa stratificazione va tenuta d'occhio in particolare la relazione tra latino classico e latino volgare: è da quest'ultimo infatti, e non dal latino classico, che le lingue romanze ereditano una notevole parte delle parole che in esse operano come base di derivazione. Ecco alcuni esempi italiani:

LATINO CLASSICO	LATINO VOLGARE	ITALIANO
domus	*casa*	*casa*
equus	*caballus*	*cavallo*
ager	*campus*	*campo*

Quanto all'italiano, la mescolanza, in una stessa famiglia di parole, di elementi provenienti dal latino classico e da quello volgare, e la decisa intrusione di materiali latino-volgari non devono far pensare, però, che il fondo classico non sia operante. Al contrario, esso rimane vivace e produttivo[7], anche se oggi molte formazioni che si richiamano a quella fonte sono opacizzate e poco riconoscibili. Dalla parola latina classica *domus*, ad esempio (rifiutata, come tale, dall'italiano a vantaggio di *casa*), derivano parole italiane come *domicilio*, *domestico*, e indirettamente *domenica* e altre ancora[8].

Alla fine dell'impero, a questi strati lessicali se ne aggiunge un altro, costituito dal latino cristiano. Una varietà di parole, soprattutto di origine greca, entrano in latino attraverso la lingua liturgica dei cristiani, e da lì passano in italiano (e in altre lingue romanze): sono di questo genere *ecclesia, baptizare, episcopus*.

Alla base lessicale che abbiamo descritto in italiano si aggiungeranno col tempo altre stratificazioni, determinate dalle vicende della storia italiana nel suo complesso: parole germaniche (lascito delle invasioni cosiddette barbariche e di altre varie dominazioni), arabe (anche queste derivanti da dominazioni dirette oppure dalla mediazione dello spagnolo), francesi, spagnole, inglesi, e così via (Zolli 1976). Ma è bene ricordare che il fondamento storico del lessico italiano è all'incirca quello che la fine della latinità ha consegnato, e che su quella base si andranno innestando, col tempo, tutti gli altri contributi ulteriori. Inoltre, il fatto che i fondi lessicali dell'italiano siano numerosi e spesso interagenti ha un influsso profondo sull'organizzazione morfologica di questa lingua: in un certo senso, *idrico* (dal greco *hydor*) è in italiano uno dei derivati di *acqua* (dal latino *aqua*).

---

[7] Il latino classico (insieme al greco) resta attivo, tra l'altro, nel meccanismo di creazione di parole composte (principalmente di natura tecnica e settoriale), le cosiddette «forme neoclassiche» (ad es. *audioleso*).

[8] Il lessico italiano si può osservare dal punto di vista delle 'famiglie' di parole che lo compongono con l'aiuto del *DIR. Dizionario italiano ragionato*, D'Anna-Sintesi, Firenze 1988.

3. Conservazione e innovazione rispetto al latino

Una volta accennate le principali trasformazioni che le lingue romanze hanno subìto nei confronti del latino, non bisogna pensare che queste abbiano avuto tutte lo stesso dinamismo rispetto alla lingua madre. Ognuna si è sviluppata con ritmi propri e con esiti diversi. Per conseguenza, nell'ambito romanzo è possibile distinguere lingue più innovative e lingue più conservative.

Ciò si osserva chiaramente nel sistema verbale, dove le lingue romanze per certi versi semplificano, per altri complicano il sistema latino, e ciascuna in maniera specifica. Quanto alle complicazioni,

a) nell'architettura fondamentale, creano tutte un terzo modo di alto carico funzionale, il condizionale, che prende in parte le funzioni del congiuntivo latino. Il condizionale italiano, ad esempio, al pari del congiuntivo latino, opera anche nelle clausole subordinate, specialmente nel discorso indiretto (Pisacane-Pecoraro 1983-86): *credevo che non sarebbe arrivato in tempo*. Esso è, inoltre, una forma ancora non pienamente diffusa nell'area romanza (a causa della sua relativa 'modernità'), come si osserva anche nel fatto che i dialetti di alcune aree meridionali dell'Italia (p. es. in Campania e in Sicilia) non hanno sviluppato questa forma, e al suo posto adoperano il congiuntivo: vedi il napoletano *si o ssapisse t'o ddicisse* "se lo sapessi te lo dicessi", equivalente all'italiano *se lo sapessi te lo direi*;

b) creano una serie di forme composte del verbo (costituite da un verbo ausiliare più un participio passato del verbo lessicale: *ho fatto* invece di *feci*, *avessi letto* invece di *legissem*, ecc.), che si affiancano a quelle semplici tipiche del latino. A questa proprietà si collega la nascita di una distinzione essenziale fra tre diverse forme per designare il passato: il passato prossimo, l'imperfetto e il passato remoto dell'indicativo. Questa tripartizione è uno degli elementi distintivi delle lingue romanze, e comporta per l'italiano numerose conseguenze importanti.

Quanto alle semplificazioni, invece, le lingue romanze a) non riconoscono più la flessione dell'infinito: in tal modo il gerundio, liberato dal compito di operare come forma flessa dell'infinito, può assumere altre funzioni (diverse nelle diverse lingue: in spagnolo, p. es., il gerundio ha caratteri funzionali del tutto difformi da quelli italiani), che, specialmente in italiano, diventeranno numerose e importanti; b) rendono meno rigida la meccanica della *consecutio temporum*, consentendo una più libera sintassi della clausola dipendente; c) eliminano le forme perifrastiche del verbo ottenute mediante aggettivi verbali (anche se sviluppano altre forme perifrastiche, per le quali cfr. *infra*).

È difficile misurare con precisione la distanza di una lingua figlia rispetto alla lingua madre. Tuttavia, con qualche approssimazione, è legittimo dire che il francese è la lingua romanza che più si è allontanata dal latino, e quindi la più innovativa [9]. Le ragioni di questo fatto non possono essere illustrate qui nel dettaglio. Basterà citare un paio di dati a caso: a) la fonologia del francese è profondamente diversa da quella del latino (la presenza di vocali nasali ne è un esempio); b) la bassa corrispondenza che si ha, in francese, tra grafia e pronuncia rivela che il francese ha, in pratica, soppresso nella pronuncia una serie notevole di distinzioni morfologiche che vengono indicate solo nella scrittura: coppie di parole come *homme* e *hommes* "uomo" e "uomini" o come *chat* e *chats* "gatto" e "gatti" hanno infatti esattamente la stessa pronuncia. Questa asimmetria tra sistema fonologico e sistema grafico si registra anche nel verbo, in forme ancora più complesse: *faisait* e *faisaient* "faceva" e "facevano", graficamente molto distinti, si pronunciano allo stesso modo.

Italiano e spagnolo sono invece più prossimi al latino, anche se con importanti differenze reciproche. L'italiano, in particolare, è forse la più conservativa tra le lingue romanze (come aveva genialmente intuito Dante nel *De vulgari eloquentia* [10]), per una varietà di vicende legate alla sua storia esterna. Un solo esempio, che verrà ripreso più avanti: l'italiano ha una flessione (nominale e verbale) basata sull'alternanza di terminazioni (come il latino) — una tecnica che le altre lingue romanze non hanno adottato.

---

[9] Un eccellente ritratto sintetico delle lingue romanze si trova nei diversi capitoli di Harris-Vincent (1988).

[10] Perlomeno a prendere per buona la lettura dell'edizione Marigo: cfr. *De vulgari eloquentia*, I, x, 2: «magis videtur [scil. l'italiano] inniti gramatice que comunis est [scil. il latino]». Altri interpreti leggono *videntur*, riferendo questo verbo ad un soggetto plurale che non ha nulla a che fare con l'allusione all'«italiano».

La maggiore conservatività dell'italiano è dovuta presumibilmente soprattutto a ragioni esterne: esso è stato per secoli solo una lingua scritta, usata da un ceto di dotti che nel parlare adoperavano altri idiomi (i loro dialetti); per conseguenza non ha potuto sfruttare la spinta evolutiva del parlato, che è una tipica ragione di cambiamento. Per questo, alcuni studiosi notano nell'italiano una forte «costanza dell'antico» (Nencioni 1987), in quanto vi sopravvivono diversi tratti tanto del latino quanto dell'italiano dei primi secoli (D'Achille 1990).

4. Morfologia

Dal punto di vista morfologico, l'italiano fonde una dimensione moderatamente flessiva (ereditata dal latino) con una moderatamente analitica (tipica delle lingue romanze) (Schwegler 1990). Il fatto che sia una lingua parzialmente flessiva significa due cose: a) in uno stesso elemento morfologico (tecnicamente, uno stesso morfo) può trovare espressione più di una determinazione grammaticale; b) di norma, la parola si compone di più morfi, che possono essere scomposti. Ad esempio, la parola *libr-i* è composta di due morfi (separati, nella grafia che ne diamo, da un trattino), ove il secondo (*-i*) esprime al tempo stesso, indistinguibilmente, i valori grammaticali «maschile» e «plurale». In spagnolo, al contrario, in *libr-o-s*, il morfo *-o* esprime il maschile e il singolare, l'aggiunta di *-s* esprime il plurale (ma non il maschile). In questo senso l'italiano, pur avendo perduto i casi del latino, ne conserva in qualche misura la traccia, in quanto dà sotto forma flessiva più informazioni nello stesso tempo. Naturalmente il suo grado di flessività non è paragonabile a quello, enormemente più elevato, del latino, ma è dello stesso tipo, e stacca l'italiano dalle altre lingue romanze principali. La flessione si attua normalmente mediante l'alternanza della parte finale della parola. Ciò rende l'italiano diverso da spagnolo, francese e portoghese, tra le lingue romanze, o dall'inglese: tutte queste lingue di regola aggiungono terminazioni nuove alla radice per ottenere una flessione: spagnolo *libro* → *libros*, inglese *book* → *books*.

4.1. Derivazione

L'italiano ha un variegato e complesso sistema di derivazione
delle parole (Scalise 1983; Thornton 1990-91), nel quale si trovano sensibilmente modificate le proprietà del latino. Come si è
accennato, la derivazione è uno dei terreni in cui si avvertono di
più gli effetti della elaborata stratificazione del suo lessico, e in
particolare del fatto che in esso convivano materiali latini, latino-
classici, greci e di altre lingue. È proprio per questi fattori che a
volte il rapporto tra parole morfologicamente imparentate può
non essere facilmente prevedibile:

BASE	DERIVATO
casa	*domestico*
cavallo	*equestre/equino*
guerra	*bellico*

In questi esempi, il termine di base proviene da un determinato strato lessicale (nel caso specifico, dal latino volgare o,
nell'ultimo esempio, da una lingua germanica), i suoi derivati da
altri strati (negli esempi, dal latino classico). In taluni casi la situazione è resa ancora più complessa dal fatto che, se una parola ha più derivati, alcuni di questi possono provenire da una forma latina classica, altri da una latina volgare, altri ancora dal greco:

BASE	AGGETTIVI DERIVATI O AFFINI	
cavallo	latino classico	*equino*
		equestre
	latino volgare	*cavallino*
	greco	*ippico*

4.2. Profili di derivazione

A parte questa caratterizzazione generale, illustriamo alcuni singoli schemi di derivazione che si possono considerare tipici del-
l'italiano. Uno di questi sono i cosiddetti nomi deverbali (cioè
derivanti da verbi) a suffisso zero (detti tecnicamente *conversioni*):

BASE	NOME DEVERBALE
ammollare	*ammollo*
degradare	*degrado*
impiegare	*impiego*
incontrare	*incontro*
iniziare	*inizio*
inoltrare	*inoltro*
utilizzare	*utilizzo*

Molto produttivo è anche l'insieme dei derivati nominali costituiti da una forma femminile singolare del participio passato (quindi, una desinenza in *-ata* o equivalenti in altre coniugazioni): *telefonata, corsa, mangiata, guardata, camminata, chiamata, pensata, trovata*, e perfino *videata* (il contenuto dello schermo del computer), *letta* (una lettura rapida e sommaria: *a questo libro ho dato solo una letta*), *comparsata, studiata* (uno studio rapido e superficiale), ecc. Il significato generale di questo schema è "operazione breve e rapida" (e quindi anche "colpo": *testata, manata*), oppure "piccola quantità" (la mescolanza di questi due significati si osserva in parole come *cucchiaiata*, che vale sia "colpo dato col cucchiaio" sia "quantità di materiale contenuta in un cucchiaio"). Va però sottolineato che questo schema prende in alcune varietà informali di italiano anche altri sensi: *Giovanni ha una camminata molto strana* ("un modo di camminare"; in Dante con un valore diverso: *camminata di palagio*, "galleria", *Par.*, XXX), *Elsa ha una guardata che non mi piace* ("uno sguardo, un modo di guardare").

Un profilo per qualche aspetto somigliante al precedente è quello dei nomi derivati in *-istica*, usati per indicare "insiemi di oggetti e di procedure", o "insiemi di tematiche": *italianistica, oggettistica, anglistica, regalistica, tempistica* ("l'insieme delle procedure per il calcolo dei tempi di lavoro in azienda"). In questa accezione, *-istica* è molto produttivo e, messo insieme ad *-ata* di cui si è parlato prima, lascia supporre che l'italiano faccia un uso particolare di tipi derivazionali di forma femminile.

A guardar la cosa molto sinteticamente, tra i suffissi italiani ce ne sono alcuni particolarmente produttivi, altri via via meno, fino alla quasi completa cristallizzazione. Sembra cristallizzato e non più produttivo, ad esempio, *-ile* (come in *ovile*), mentre è estremamente produttivo (anzi, secondo alcune interpretazioni, il più produttivo di tutti) -*ista* come indicatore di agente o di strumento (Iacobini-Thornton 1992, che va considerato in relazione a quasi tutto questo paragrafo).

Benché della maggior parte dei fenomeni di flessione e di derivazione siano responsabili i suffissi, l'italiano adopera intensamente anche prefissi. La lista dei suoi prefissi supera il centinaio di elementi, alcuni dei quali sono produttivi; essendo possibile ritrovarla in qualunque opera di consultazione è inutile riportarla qui (cfr. Iacobini 1992). Comunque, particolari della lingua attuale sono dei quasi-prefissi come *petro-* (*petrodollari*), *narco-* (*narcotrafficanti, narcotraffico*), *mini-* (*miniriforma, ministereo*), *maxi-* (*maxistangata*), *mega-* (*megaateneo, megagalattico*), e perfino *calcio-* (*calciomercato, calcioscommesse*, ecc.). È indubbio, però, che forme come queste ultime non sono specifiche dell'italiano, ma gli sono state imprestate con ragionevole probabilità dallo Standard Average European, che si serve largamente dei profili corrispondenti (si veda il saggio di P. Ramat, in questo stesso volume).

4.3. Composizione

La composizione delle parole è particolarmente vitale. Oltre ai profili di composizione solitamente riportati nelle opere di consultazione, va segnalata la grande produttività di taluni profili che sono in parte propri di tutte le lingue romanze e in parte specificamente italiani. Complessivamente, però, l'italiano ha sviluppato modalità di composizione nettamente distinte da quelle del latino (per i composti nominali in questa lingua, vedi Oniga 1988), e in buona parte diverse da quelle delle altre lingue romanze. Ha perduto completamente, ad esempio, uno dei meccanismi latini più importanti di composizione nominale, quello basato sulla combinazione di nome + radice verbale: *corniger, armiger, ignifer*, ecc. Tra le forme specifiche, menzioniamo le seguenti:

a) nome + nome, che è probabilmente, oggi, il profilo più produttivo di tutti (anche per effetto dei linguaggi giornalistico, burocratico e pubblicitario, che se ne servono largamente). Va segnalato che in questo genere di parole il nome-testa (cioè quello che impone al complesso il suo comportamento sintattico) è il primo, e non (come in inglese) il secondo: *casa vacanza, legge truffa, porta finestra, ufficio stranieri, vacanze avventura*;

b) il profilo avverbio (o preposizione) + nome: *sottobicchiere, soprattassa*;

c) il profilo verbo (al modo imperativo di II persona singolare [11]) + nome, altamente produttivo: *cercapersone, copricostume, giranastri, mangiadischi, mangiapreti, portauovo, prendisole, sturalavandino, tornaconto*.

Va notato che quest'ultimo profilo di derivazione è un'essenziale innovazione romanza nei confronti del latino. Secondo alcune interpretazioni, esso è particolarmente 'naturale' dal punto di vista del parlante, perché gli risolve il problema di 'denominare' entità di cui non si conosce il nome con il semplice indicarne la funzione apparente [12]. Vanno ricordati anche, come specificamente italiani, i profili nominali composti dalla ripetizione di una stessa voce verbale, normalmente con valore di intensificazione: *arraffa arraffa, corri corri, fuggi fuggi, pigia pigia, piglia piglia*.

Un meccanismo in forte sviluppo è la cosiddetta determinazione a sinistra (Iacobini-Thornton 1992), cioè la tendenza ad aggiungere elementi non liberi con funzione di determinanti alla sinistra di basi di per sé libere: *audiocassetta, sottoprodotto, multiproprietà, non aggressione*, ecc.

Una singolare e importante proprietà dell'italiano è poi l'uso che esso fa di suffissi «espressivi» (detti «alterazioni» nella tradizione grammaticale), che si collegano soprattutto a nomi e aggettivi per indicare a) le dimensioni dell'oggetto in questione, b) l'atteggiamento del parlante nei confronti di esso o c) una inestricabile mescolanza dei tratti precedenti. Questi suffissi (considerati, giustamente, da secoli come una delle più tipiche proprietà della lingua [13]) sono in parte comuni allo spagnolo (che ne

[11] Per la verità, non tutti gli analisti sono convinti che la forma verbale inclusa in questo tipo di composti sia un imperativo; taluni suppongono che si tratti di una forma 'astratta' di radice verbale. Vedi per questo Scalise (1983).

[12] Lo Duca (1990) ha mostrato però, che, nell'acquisizione della morfologia derivativa da parte di bambini, questi tendono a preferire derivati deverbali e denominali, mentre i composti del tipo indicato nel testo si collocano all'ultimo posto. La produttività della lingua non coincide qui con quella del bambino.

[13] Cfr. ad esempio G. Leopardi, *Zibaldone*: «Una delle principali, vere, ed

fa comunque un uso parecchio diverso [14]), e sono comunque di uso molto complicato dal punto di vista del parlante. Ciò vale specialmente nel parlato, dove abbondano, influenzando in modo deciso il registro linguistico adoperato: infatti, molti suffissi alterati sono indizio sicuro di un registro familiare e altamente informale.

La ragione di questa complessità d'uso è che il significato di questi suffissi non è prevedibile in modo regolare, in quanto uno stesso suffisso alterato può conferire una sfumatura di significato diversa secondo la radice alla quale si collega: *casetta* "piccola casa", *donnaccia* "prostituta", *donnetta* "donna piccola e di livello modesto", *gridolino* "grido di modesta forza e intermittente", *ometto* "bambino che si comporta come un adulto" o "piccolo uomo", *ragazzaccio* "ragazzo maleducato", *storiaccia* "brutta storia, storia turpe". In taluni casi, questi suffissi esprimono sfumature di significato difficilmente analizzabili: *ragazzotto* "ragazzo grande per dimensioni e/o rozzo nei modi". Altrove, essi si presentano in coppia nella stessa parola: *libriccino*, *librettino*, *casettina*, ecc. Alcune parole formate con questi suffissi sono diventate col tempo entità autonome e non vengono più avvertite come derivazioni: *panino*, *panettone*, *salamino*, *salsicciotto*, ecc.

È facile vedere, al di là dei singoli esempi di dettaglio, come la tendenza dell'italiano a servirsi di diminutivi (specialmente negli usi informali) sia la continuazione di un'analoga propensione del latino, che anzi, per alcuni aspetti, era ancora più avanti su questa strada (*animula vagula blandula...*).

---

insite cagioni della vera e propria ricchezza e varietà della lingua italiana, è la sua immensa facoltà dei derivati, che mette a larghissimo frutto le sue radici» (ed. Pacella, Garzanti, Milano 1992: 1240-42 e *passim*). Il tema dell'abbondanza dei diminutivi e in generale dei derivati alterati in italiano era consueto sin dal Cinquecento, anche se a volte (come nell'abate Bouhours) sfruttato come argomento di critica.

[14] Lo spagnolo, ad esempio, a differenza dell'italiano può applicare questi prefissi anche ad avverbi: *ahorita* "adesso", lett. "adessino". Questa possibilità è particolarmente vistosa in alcune sue varietà locali (p. es. nello spagnolo del Messico).

4.4. Flessione del verbo

Quanto al verbo, sul piano della flessione esso presenta diverse particolarità, che si possono globalmente indicare dicendo che la flessione verbale italiana è, tra le lingue romanze, una delle più complesse per il numero delle forme a cui dà luogo (uguagliato forse solo da quella spagnola) e per l'imprevedibilità degli esiti formali. Per quest'ultimo aspetto, l'italiano manifesta la sua stretta contiguità col latino (come vedremo più avanti).

Il verbo italiano si presenta in tre coniugazioni, distinte per la caratteristica vocale tematica [15]: *a* (*am-a-re*), *e* (*ten-e-re*), *i* (*fin-i-re*). L'organizzazione morfologica del verbo è illustrata dalla tab. 1. Essa è disposta in modo da mettere in evidenza i cinque elementi (o morfi) che tipicamente compongono la voce verbale: radice, vocale tematica, marca di tempo/modo, marca di persona e numero. Le cifre indicano le persone (da 1 = I singolare, a 6 = III plurale).

A questa classificazione bisogna aggiungere alcuni dettagli. Anzitutto, tra i verbi in -*e*- vanno distinte due sottoclassi: nella prima l'accento è sulla radice (*prendere*, *tendere*, *credere*), nella seconda sul suffisso (*tenere*, *vedere*). Vanno riconosciuti anche due tipi di verbi in -*i*-: il primo ha l'aumento -*isc*- nelle persone 1, 2, 3, 6 del presente indicativo, l'altro è privo di questo tratto: *capire* dà *cap-isc-o* ma *sentire* dà *sent-o*.

Peraltro la classificazione della tab. 1 non fa vedere che le affinità tra i verbi in -*i*- e quelli in -*e*- sono molto più forti di quelle tra l'uno e l'altro e i verbi in -*a*-. Questa relazione è particolarmente evidente nelle forme 3 e 6 dell'indicativo presente (*crede* da *credere*, *sente* da *sentire*; *credono*, *sentono*), sicché è possibile sostenere (Vincent 1988a: 293) che in effetti le classi del verbo italiano sono due: quella in -*a*- e quella in -*e*-.

La classe in -*a*- è più regolare e stabile dal punto di vista dell'accento, e ha quindi uno statuto più solido. Ciò sembra avere riscontro nell'uso concreto del sistema verbale italiano: è più probabile che i verbi di nuova formazione appartengano alla classe

---

[15] La trattazione sull'organizzazione del verbo italiano segue in molti punti da vicino quella di Vincent (1988a: 292 sgg.). L'evoluzione diacronica delle forme verbali si segue attraverso Tekavčić (1972).

Tab. 1. Forme finite dei verbi regolari

	1	2	3	4	5	6
indicativo presente	{cant, tem, sent} -o	-i	{canta, tem, sent} -e	{cant, tem, sent} -iamo	{canta, teme, senti} -te	canta-no / {tem, sent} -ono / -no
indicativo imperfetto	{canta, teme, senti} -v -o	-i	{canta, teme, senti} -va -ø	-mo	-te	-no
congiuntivo presente	{cant, tem, sent} -i / -a	-i / -a	-i / -a	{cant, tem, sent} -iamo	-iate	{cant, tem, sent} -i / -a / -no
passato remoto	{canta, teme, senti} -i	-sti	cantò, temè, sentì	{canta, teme, senti} -mmo	-ste	-rono
congiuntivo imperfetto	{canta, teme, senti} -ss -i	-i	-e	-imo	{canta, teme, senti} -ste	-ss -ero
futuro	{canter, temer, sentir} -ò	-ai	-à	-emo	-ete	-anno
condizionale	{canter, temer, sentir} -ei	-esti	-ebbe	-emmo	-este	-ebbero

Fonte: N. Vincent, *Italian*, in B. Comrie (a c. di), *The World's Major Languages*, Croom Helm, London 1987.

Tab. 2. Verbi in «-a-», «-l-», «-e-»

verbi in -a-			
verbi in -i-/-e-	verbi in -e-	infiniti con l'accento sulla radice	infiniti regolari / infiniti irregolari
		infiniti con l'accento sulla desinenza	
	verbi in -i-	con l'aumento in -isc-	
		senza aumento in -isc-	

Fonte: N. Vincent, *Italian*, in B. Comrie (a c. di), *op. cit.*

in -a- che alle altre due. I verbi neologici, infatti, sono formati praticamente sempre secondo questo modello: dall'informatica, ad es., viene un verbo *scrollare* "far scorrere l'immagine sullo schermo" (dall'inglese *to scroll* "far scorrere, srotolare"). D'altro canto, alcuni verbi in -e- e in -i- vengono sostituiti nell'uso recente da rielaborazioni che danno come risultato verbi regolari in -a-: *stortare* invece di *storcere*, *spintonare* "spingere", *strattonare*, *posizionare* invece di *porre*, *direzionare* invece di *dirigere*, *movimentare* invece di *muovere*, ecc.

Va ricordato che un analogo processo di riorganizzazione delle classi verbali si è avuto in altre lingue romanze, a vantaggio della classe più prevedibile e con la sostituzione di verbi irregolari con altri resi forzatamente regolari. In spagnolo, ad esempio, già da molto si ha *solucionar* "risolvere" o *regresar* "regredire, tornare". In francese, dove pure forme come *progresser* "progredire" o *conceder* "concedere" (con flessione regolare, a differenza dell'italiano *concedere*) sono acquisizioni remote, ulteriori regolarizzazioni sono introdotte nella forma parlata: *solutionner* "risolvere" accanto a *résoudre*, *visionner* accanto a *voir* "vedere", *réceptionner* insieme a *recevoir* "ricevere" (Gadet 1992), o *rédiger* "redigere, scrivere" reso perfettamente regolare, diversamente da quel che accade all'italiano *redigere* (che ha forme come *redassi* o *redatto* ma che viene spesso forzatamente regolarizzato in *redarre*).

Una rappresentazione migliore della situazione del verbo italiano è costituita dalla tab. 2, che mette nella stessa categoria i verbi in -e- e quelli in -i-.

Numerosi verbi (i cosiddetti irregolari) non si conformano però a questi schemi, e sfuggono così alla classificazione che abbiamo riportato. Tralasciando di elencarne le forme (che si trovano in qualunque grammatica elementare), è utile notarne alcuni
aspetti costanti (Vincent 1988a: 296-97). Intanto, nessun verbo è
irregolare all'imperfetto indicativo (salvo *essere*, che fa un caso
a sé in tutte le forme). La maggior parte delle irregolarità si con-
centrano nel presente dell'indicativo e del congiuntivo, nel passato remoto e nel participio passato. Queste due ultime forme sono del resto strettamente collegate dal punto di vista morfologico: solo pochissimi verbi hanno regolare il passato remoto e irregolare il participio passato o viceversa.

Va inoltre ricordata, come caratteristica comune a tutte le lingue romanze, la già menzionata presenza di forme composte del
verbo, costituite da un verbo di appoggio 'vuoto' (l'ausiliare: in
italiano *essere* o *avere*) e dal participio passato del verbo lessicale. Questa serie di forme aumenta il numero delle opzioni possibili nel sistema verbale italiano, e pone la delicata questione della scelta degli ausiliari (per la quale vedi *infra*).

La tavola seguente illustra la combinazione di modi e tempi
dell'italiano:

INDICATIVO	CONGIUNTIVO	CONDIZIONALE	PARTICIPIO	INFINITO	GERUNDIO	IMPERATIVO
pres.	*pres.*	*pres.*	*pres.*	*pres.*	*pres.*	*pres.*
pas.	*pas.*	*pas.*	*pas.*	*pas.*	*pas.*	
imp.	*imp.*					
trapas.	*trapas.*					
pas. rem.						
trapas. rem.						
fut.						
fut. ant.						

Come ulteriore segnale del carattere 'conservativo' dell'italiano, va ricordato che il verbo manifesta nella sua flessione una
larga varietà di processi di variazione formale (tecnicamente, allomorfia). Questa era infatti una vistosa proprietà morfologica del
latino (*scribo* → *scripsi*, *tango* → *tetigi*). Ad esempio per ottenere talune forme del passato remoto si raddoppia la consonante finale della radice, caso unico tra le lingue romanze (*cado* →
caddi, *bevo* → *bevvi*, *muovo* → *mossi*, *rompo* → *ruppi*, *tengo* →

tenni, *ebbi*, ecc.). Un altro fenomeno tipico è l'alternanza di radici (modellata anche questa su uno schema latino) in diverse forme della flessione:

prendere	*prendo*
	presi
tenere	*tengo*
	tenni
correre	*corro*
	corsi
tendere	*tendo*
	tesi

Questa tendenza è talmente spinta in italiano da produrre casi estremi come *togliere*, che ha nella sua flessione non meno di quattro allomorfi: *tolgo*, *togli*, *tolsi*, *tolto*. Un altro, più sottile, fenomeno di allomorfia è lo spostamento dell'accento nella flessione di taluni verbi: *vièni* → *venìte*, *telègrafo* → *telegrafàte*, *àltero* → *alteriàmo*, ecc.

Il verbo permette anche alcune forme perifrastiche, che hanno la funzione di dare espressione a sfumature speciali (di 'aspetto' verbale [16]). Ad esempio, la durata di un evento, o la sua simultaneità con il momento in cui si emette l'enunciazione, è marcata da *stare* + gerundio: *Sto leggendo un libro*, *Stiamo lavorando da un pezzo*. Benché molto diffusa, questa forma (esteriormente identica allo spagnolo *estar* + *-ndo* o ad analoghe strutture portoghesi) non è affatto obbligatoria in italiano: infatti essa alterna liberamente con la corrispondente forma semplice (*stiamo lavorando da un pezzo* = *lavoriamo da un pezzo*), anche se è senz'altro di alta frequenza. Un'altra forma perifrastica tipica dell'italiano è *stare per* + infinito (*sto per partire*), che serve a esprimere un futuro immediato, e che si può considerare, almeno dal punto di vista del significato, l'erede del latino *-urus* + *esse* (*profect-urus sum* "sto per partire"). A queste si aggiungono altre strutture perifrastiche, con valore diverso, contenenti come verbo di appoggio un verbo di movimento: *vado dicendo*, *vengo incontrando persone*, ecc. L'uso di verbi di movimento per integrare forme perifrastiche è notoriamente una caratteristica romanza (si

---

[16] Si veda su questo problema Bertinetto (1990), con estesa bibliografia romanza.

veda lo spagnolo *voy a hablar* "sto per parlare, parlerò tra poco"), diffusa però anche in altre lingue. Una lista parziale delle strutture perifrastiche italiane è la seguente:

FORMA ED ESEMPI	SIGNIFICATO
stare + gerundio *Sto lavorando*	durativo

stare per + infinito
  Sto per uscire
  Stiamo per finire
	azione imminente

stare a + infinito *Siamo stati a lavorare tutto il giorno*	azione intensa
essere sul punto di + infinito *Siamo sul punto di lasciarci*	futuro prossimo
essere lì lì per + infinito *Siamo stati lì lì per romperci la testa* (= ma non ce la siamo rotta)	azione mancata

In conclusione, l'italiano, pur condividendo le innovazioni romanze nel sistema verbale, ha conservato numerosi modelli morfologici latini, sia pure rielaborandoli e qua e là opacizzandoli rispetto all'originale.

4.5. Funzioni del verbo

Alle considerazioni formali sul sistema verbale presentate nel paragrafo precedente bisogna aggiungerne alcune riguardanti la sua dimensione funzionale. Ciascuna forma verbale, infatti, serve a funzioni determinate, e per alcuni aspetti questa varietà di funzioni si distingue nell'ambito romanzo. Il problema di definire il sistema verbale italiano da questo punto di vista è però di tremenda difficoltà (ci si è esercitato in forma sistematica, con notevoli risultati, Bertinetto 1986) e non è possibile neppure sfiorarlo in un'analisi sommaria come questa. Per dare un'idea della gamma di complicazioni che si annidano sotto questa questione, accenniamo rapidamente al caso dell'imperfetto.

L'imperfetto occupa una posizione speciale in tutta l'area romanza, perché ha assunto, rispetto al suo corrispondente latino, una varietà di funzioni estremamente vasta e complessa. Esso serve infatti tipicamente come forma «imperfettiva» (Bertinetto 1986: 345 sgg.), in quanto esprime la abitualità (*Nell'80 andavamo al ristorante ogni settimana*), la progressività e la continuità (*Il bambino sbadigliava continuamente*) di un evento. Ma ha anche valori temporali importanti. Ad esempio, indica il passato prossimo o il futuro imminente (— *Che ha detto Luigi?* — *Arrivava subito*). Ha inoltre la possibilità, nelle narrazioni, di collocare nel passato gli eventi con una specificazione tipicamente perfettiva (dunque contraria alla sua vocazione propria): *Il 3 dicembre alle 8.30 succedeva [= successe] il finimondo*. Infine, ha una dimensione pragmatica molto notevole, in quanto serve come forma di cortesia (*Il signore desiderava?*), di simulazione (*Io facevo il dottore, tu il malato*), di narrazione 'onirica' (*Allora il vampiro mi si poggiava sul collo...*) (Bertinetto 1986; Bazzanella 1987).

Questa varietà di funzioni rende l'imperfetto una delle forme capitali dell'organizzazione verbale dell'italiano (e delle altre lingue romanze), che lo adopera (come vedremo sotto) anche come forma di trasposizione 'semplificante' di svariate altre forme verbali percepite come più complesse.

5. *La pressione dell'antico e del parlato: fenomeni di semplificazione*

L'italiano, pur appartenendo ad un tipo linguistico ben definito (piuttosto conservativo e per più aspetti prossimo al latino), non è una lingua perfettamente stabilizzata. In realtà, nessuna lingua può dirsi mai perfettamente assestata, perché questo significherebbe darla per fissata una volta per sempre, e rappresentarla quindi come morta. Ma in italiano i fenomeni di ristrutturazione sono per più aspetti in corso sotto i nostri occhi, e quindi particolarmente vistosi. Ciò è probabilmente dovuto al fatto che esso, dopo essersi sviluppato per secoli come lingua solamente scritta, solo da alcuni decenni è adoperato anche come lingua parlata, ma anche all'affiorare, nelle sue strutture, di aspetti tipici di taluni suoi dialetti. (La prima proprietà lo pone all'incirca nella stessa situazione in cui si trovò il latino nell'età classica e, più ancora, alla fine dell'impero: parlato da bocche diverse, che avevano per lingua madre un'altra lingua, dovette subire cambiamenti importanti, che ne modificarono l'impianto. La percezione di questo impaccio doveva essere molto viva, se una situazione del genere è descritta efficacemente già nel I sec. a.C. da Catullo in un suo famoso carme [il n. 84], in cui prende in giro Arrio che mette le *h* a sproposito, pronunciando *chommoda* invece che *commoda* e *hinsidiae* invece che *insidiae* — una peculiarità che faceva sembrare contadinesco il suo parlare.)

L'italiano non corre certo il rischio di alterarsi fino a dissolversi come il latino, ma certamente sta attraversando una serie di processi di riassestamento, anche drastici, che ne rimodellano i tratti in diverse aree, essenzialmente producendo semplificazioni. È difficile dire perché le aree colpite siano proprio quelle e non altre (vedremo subito di che cosa si tratta): non si direbbe che siano quelle di maggior conservatività (cioè più somiglianti alle strutture latine); forse il tratto che esse hanno in comune è il fatto di essere aree di alta complessità, e quindi di opporre (per così dire) una eccessiva resistenza all'uso (Simone 1991).

5.1. Il sistema verbale

Per cominciare, una volta offerta la tabella dei verbi che abbiamo illustrato prima (tab. 1), bisogna avvertire che essa è solo ideale [17]. Infatti, la gamma dei tempi verbali italiani è adoperata per intero soltanto in testi scritti di tipo particolarmente accurato: nella maggior parte degli usi correnti, anche in dipendenza della varietà sociolinguistica entro la quale ci si colloca, si usano solamente alcune delle forme elencate.

In particolare, nel parlato (specialmente quello di tipo familiare ed informale) il passato remoto è relativamente raro [18]: la designazione dei tempi passati è assicurata solo dall'alternanza tra

---

[17] Il sistema verbale italiano è studiato in Bertinetto (1986; 1991).
[18] Questa formulazione è semplicistica: in effetti, secondo gli usi locali, il passato remoto alterna con il passato prossimo. Grossolanamente si può dire che il primo è tipico dell'area meridionale, il secondo di quella centro-settentrionale.

imperfetto e passato prossimo, con funzioni aspettuali diverse (vedi Bertinetto 1986: capp. 6-7). Per questo, è assolutamente normale una frase come *ho comprato questa casa un anno fa*, o anche *dieci anni fa abbiamo visto Carlo per l'ultima volta*. Lo stesso processo è in atto in francese, dove la forma del *passé composé* copre quasi per intero (in opposizione al solo imperfetto) l'area del passato. In sostanza, le lingue romanze parlate, pur disponendo di due forme distinte per il passato (una loro innovazione rispetto al latino, a non contare l'imperfetto), ne usano una sola. Pressoché inutilizzato, nel parlato, è il trapassato remoto (*quando ebbi fatto...*), che comunque è raro anche nello scrivere, salvo che in alcune varietà particolarmente accurate. Il registro parlato tende a rifiutare inoltre il trapassato del congiuntivo (*se fossi stato...*), che sostituisce volentieri con l'imperfetto dell'indicativo, e in generale usa relativamente poco tutta la gamma delle forme del congiuntivo, che sostituisce con alcune forme dell'indicativo.

Quindi, la varietà delle forme che il parlato italiano corrente (anche quello delle persone istruite) adopera di norma è molto più semplice di quella riportata nella tab. 1 (Berruto 1985), e si può rappresentare come segue (lo schema si limita ai tre modi principali):

INDICATIVO		CONGIUNTIVO	CONDIZIONALE
Presente	*Pass. pross.*	*Presente Passato*	*Presente Passato*
Imperfetto	*Trapassato prossimo*	*Imperfetto*	
Futuro sempl.			

I fenomeni accennati significano che, nell'uso parlato, l'italiano ha subìto (e ancora subisce) un imponente processo di semplificazione, che ha l'effetto di alleggerire notevolmente il repertorio delle forme teoricamente possibili. Per questa ragione, è legittimo ritenere che il sistema verbale italiano sia teatro di un globale processo di riassestamento, che avrà l'effetto di portarlo allo stesso grado di organizzazione che, nel frattempo, hanno raggiunto il francese e lo spagnolo. Queste due lingue, infatti, hanno sistemi verbali che si possono considerare nell'insieme più semplici di quello italiano quanto alla varietà delle forme effettivamente adoperate. Un solo esempio tra i tanti possibili: in clau-

sola dipendente, tanto lo spagnolo quanto il francese adoperano
il condizionale solo nella forma del presente:

francese	*il dit qu'il viendrait*
spagnolo	*dijo que viniera*
	disse che verrebbe
	"Disse che sarebbe venuto"

L'italiano, dopo aver oscillato a lungo nella sua storia tra la
soluzione ...*che sarebbe venuto* e ...*che verrebbe* (adoperata normalmente, ad esempio, da Manzoni e anche oltre [19]), sembra oggi avere scelto la prima soluzione, più complessa e praticamente
isolata nell'area romanza (cfr. Nencioni 1987: 296; Durante
1981: 179).

Della semplificazione verbale che è in corso nell'italiano di
oggi si possono proporre diverse spiegazioni. La migliore è forse quella che l'attribuisce all'effetto della pressione del parlato,
che abbiamo evocato già più volte: diventando gradualmente lingua parlata dopo essere stata per secoli lingua solo scritta, l'italiano ha dovuto adattarsi alle esigenze di una più vasta massa di
utenti, ed ha così perduto un certo numero di proprietà che questi percepivano come eccessivamente complicate. Quale che sia
la natura reale del fenomeno (posto che ce ne sia una, e che sia
una sola), però, non è possibile negare che nel sistema verbale i-
taliano si registri una singolare discordanza: da una parte c'è la
varietà delle forme teoricamente possibili, dall'altra la scarsità di
quelle effettivamente adoperate dai parlanti. Questa discordanza
si può riscontrare anche in altre lingue, ovviamente, ma in italiano dà risultati particolari.

Da spogli recenti condotti su un campione di parlato (Voghera 1992), è risultato ad esempio che in clausole principali
l'uso dell'indicativo copre il 91,3% del totale delle forme verbali, seguito con enorme scarto dal condizionale (4%) [20]. Se guar-

---

[19] La questione è più complessa: il condizionale presente funziona nelle
completive oggettive; il condizionale passato nelle ipotetiche, specie se di valore ottativo: «Avrebbe dovuto parlar più chiaro, o chiamar me da una parte» (*I
promessi sposi*, cap. VII).

[20] Le indagini di Voghera di cui si dà conto nel testo espongono frequenze di forme, senza tener conto della varietà di funzioni che una stessa forma
può svolgere. Questa è una limitazione importante, che però non prendiamo qui
in considerazione.

diamo alle frequenze dei tempi dell'indicativo nelle principali, scopriamo ancora che il presente copre il 79,4% degli usi, seguito dal passato prossimo (10,4%); l'imperfetto indicativo, forma funzionalmente essenziale nell'organizzazione dell'italiano di oggi, espone un misero 5,7%, mentre le altre forme, a partire dal futuro, sono praticamente irrilevanti (Voghera 1992: 213 sgg.). Si potrebbe dire che, per parlare l'italiano usando solo clausole principali, sono sufficienti quasi solo il presente e il passato prossimo dell'indicativo!

La situazione cambia di poco se consideriamo, con l'aiuto dello stesso spoglio, la frequenza d'uso delle diverse forme verbali nelle clausole subordinate: è ancora l'indicativo a prevalere (62,9%), seguito dall'infinito (22,9%), mentre il congiuntivo e il condizionale (apparentemente, forme elettive per clausole dipendenti) ottengono rispettivamente il 4,5% e lo 0,7% (Voghera 1992: 236). Per tirare somme ancora più globali, possiamo dire che per parlare italiano usando anche clausole dipendenti serve poco di più dell'indicativo e dell'infinito.

Questi rilievi non possono essere applicati disinvoltamente a tutti gli usi dell'italiano. Il linguaggio scritto accurato si servirà di modi e di risorse molto più ricchi e variati, come sempre accade. Resta però il fatto che esiste una fortissima divergenza (almeno per quanto riguarda il sistema verbale; ma vedremo che la stessa osservazione si può applicare ad altri ambiti) tra le risorse messe a disposizione dalla lingua e quelle effettivamente adoperate dai parlanti, tra (come si può anche dire) la grammatica strutturale (molto più ricca di possibilità) e quella funzionale (molto alleggerita). Inoltre, da questi dati si osserva con chiarezza che forme funzionalmente essenziali e tipologicamente caratterizzanti, come l'imperfetto dell'indicativo, si rivelano relativamente marginali quanto a frequenza di uso.

La serie di semplificazioni rappresentata nella tabella a pag. seguente presenta interessanti regolarità: a) si risolve a netto vantaggio delle forme semplici dell'indicativo, e in particolare di indicativo presente, imperfetto e passato prossimo (più il trapassato prossimo con un ruolo marginale); b) osservando molto dall'alto le tendenze tipiche, si può dire con buona approssimazione che in italiano si va indebolendo di molto lo statuto del futuro, mentre si rafforza e si espande quello dell'imperfetto (e delle for-

FORMA CANCELLATA	FORMA CHE LA SOSTITUISCE	ESEMPIO
futuro	*indicativo presente*	Domani arrivo
passato remoto	*indicativo passato prossimo*	Due anni fa abbiamo comprato questa casa
congiuntivo presente	*indicativo presente*	Credo che hai torto
congiuntivo imperfetto	*indicativo imperfetto*	Credevo che avevi ragione
condizionale passato	*indicativo imperfetto*	Se ero giovane mi ero sposato

me affini, come il trapassato prossimo). Il futuro semplice, infatti, si usa soltanto nelle varietà accurate di lingua (*partirò domani*); in quelle parlate e informali, al pari di ciò che succede in una vasta gamma di lingue europee (dall'inglese allo spagnolo), il suo posto è preso dal presente dell'indicativo (*parto domani*). Analogamente, il futuro anteriore è di uso rarissimo e sempre di tono ricercato, con l'unica eccezione del suo impiego come forma di supposizione in frase principale (*sarà venuto qualcuno* = "suppongo che sia venuto qualcuno"). L'imperfetto, all'inverso, trova molto consolidato il suo ruolo soprattutto come forma di 'trasposizione' in clausole dipendenti, ed espande largamente le sue funzioni, fino a diventare una delle forme verbali più versatili e ricche di usi dell'italiano.

Un esempio tipico (che adoperiamo come illustrazione dell'intero fenomeno) del rafforzamento dello statuto dell'imperfetto indicativo è offerto dalla scelta del verbo in quelle specifiche forme del «periodo ipotetico» che tradizionalmente si chiamano «del secondo e del terzo tipo». Nel parlato informale o semi-formale si espungono completamente le forme del congiuntivo e del condizionale, sostituendole con quelle dell'indicativo:

Se ti vedessi subito, sarebbe meglio	Se ti vedo subito, è meglio
Se ti avessi visto subito, sarebbe stato meglio	Se ti vedevo subito, era meglio

Il processo di espansione funzionale dell'imperfetto non è però moderno, né limitato all'italiano. A riprova dell'idea di «costanza dell'antico» nell'organizzazione dell'italiano, è possibile trovarne esempi numerosi da Dante fino a Manzoni («Se Lucia non *faceva* quel segno, la risposta sarebbe probabilmente stata diversa»: *I promessi sposi*, cap. III) e altri numerosi autori di diverse epoche (cfr. Nencioni 1987: 295-96; Durante 1981; D'Achille 1990: 302 sgg.). Qualcosa di molto somigliante si registrò alcuni secoli fa nella clausola ipotetica francese: anche questa lingua, infatti, usa le forme dell'imperfetto nella protasi, in una posizione in cui il latino avrebbe usato forme diverse del congiuntivo (come l'imperfetto e il piuccheperfetto):

Si   je   savais   cela,   je   le   dirais
Se   io   sapevo   questo,   io   lo   direi
"Se lo sapessi, lo direi"

Esempi di questa semplificazione si trovano anche in italiano antico, sicché essa non si può considerare un'innovazione dell'italiano moderno, ma va vista come la ripresa di una solida tendenza, già affermata in tempi remoti. Sotto questo profilo, le lingue romanze si possono dire funzionalmente (se non quantitativamente) dominate dall'imperfetto, che prende una gamma di funzioni sempre più ampia, e, nel concedere sempre maggiore spazio a questa forma, l'italiano non fa che uniformarsi al tipo romanzo.

Se vogliamo vedere più chiaramente il senso di questo singolare e imponente fenomeno, dobbiamo spostarci per un attimo nella dimensione comparativa, specialmente in ambito romanzo. Nel rimodellarsi come si è detto, l'italiano in effetti non fa che riprendere uno sviluppo che francese e spagnolo hanno già attraversato a suo tempo. Infatti la semplificazione che il parlato impone alle forme teoricamente possibili del verbo si registra anche in queste lingue: come si è accennato prima, il francese sopprime, per designare il passato, il *passé simple* (*je fis* "io feci") a vantaggio del *passé composé* (*j'ai fait* "ho fatto"). Anche in spagnolo, d'altro canto, il passato nelle narrazioni è dominato dall'uso di una sola forma, stavolta però rappresentata da quella semplice (il *pretérito indefinido: amé*, corrispondente formalmente al passato remoto italiano, ma funzionalmente oscillante: "amai/ho amato").

5.2. *Il sistema pronominale*

Altri tipici e poderosi fenomeni di semplificazione colpiscono
un'area in cui l'italiano è molto ben definito rispetto ad altre lingue, cioè il sistema pronominale, specialmente per quanto attiene ai pronomi atoni (i cosiddetti «clitici»).

Vediamo per primo un processo che riguarda il regime dei
pronomi soggetto. Si sa che l'italiano ha pronomi specializzati
per operare come soggetto per le persone 1, 2, 3 e 6 (*io, tu, e-
gli/ella, essi/esse*), a cui si oppongono altri pronomi tonici che si
adoperano piuttosto come complemento (*lui, lei, loro*). Ha inoltre, alla persona 3, una distinzione tra alcuni pronomi soggetto
specializzati per designare persone (*egli/ella*) e altri specializzati
per designare non-persone (*esso/essa, essi*). La situazione è rappresentata in questo schema:

	PRONOMI SOGGETTO	
	PER PERSONE	PER NON-PERSONE
3 masch.	*egli*	*esso*
3 femm.	*ella*	*essa*
6 m./f.	*essi/esse*	*essi/esse*

Questo sistema è anche sensibile alla posizione del pronome
soggetto rispetto al verbo: prima del predicato, si adoperano i
pronomi indicati nello schema sopra riportato; dopo il predicato,
lui, lei e *loro* (*lo ha detto lui; sono stati loro*, ecc.).

Seguendo questa partizione, dovremmo avere enunciati come
egli ha messo il guinzaglio al cane ed è uscito con esso. Di fatto, però, un enunciato di questo genere non si incontrerà mai nel-
l'uso reale. Infatti, l'uso italiano tende a semplificare lo schema
riportato sopra, adoperando *lui, lei* e *loro* in tutte le posizioni
(prima e dopo il predicato) e in tutti i ruoli: come soggetto e come non-soggetto, per persone e per non-persone [21]. L'enunciato di
cui sopra, allora, in un registro informale sarebbe *lui ha preso il*

---

[21] La discussione su questo problema è una delle più antiche della tradizione grammaticale italiana. Se ne vedano i primordi nelle *Prose della volgar lingua* di P. Bembo (III, xvi sgg.; a pp. 209 sgg. dell'edizione a c. di C. Dionisotti,
UTET, Torino 1960).

cane ed è uscito con lui, una forma che può fare impressione ai temperamenti più prescrittivi, ma è assolutamente plausibile nell'uso.

Anche questa semplificazione (che riduce di molto il numero dei pronomi effettivamente usati, ed elimina le due distinzioni tra soggetto e non-soggetto e tra persona e non-persona e tra posizione pre-verbale e post-verbale) è un affioramento dell'antico: numerosi esempi se ne trovano da Dante a Manzoni e oltre, fino ad oggi, ad es. in Pirandello e in altri scrittori sensibili al parlato: «Lei deve già saperlo»; «Ora lei sta bene» (rispettivamente in *Prima notte* e *Scialle nero*, entrambi in *Novelle per un anno*).

Accanto a questo fenomeno, ne va registrato un altro affine. In italiano non c'è alcuno specifico pronome per riferirsi a soggetti e non-soggetti che siano insieme non-umani e non-animati: per richiamarsi a nominali astratti come *la cultura*, *la bontà*, *il capitalismo*, ecc., esiste la possibilità teorica di servirsi di *esso/essa*, ma di fatto queste forme si incontrano solamente nello scritto sorvegliato e anzi accademizzante. Nel parlato non particolarmente attento, a questi nominali si farà riferimento con *lui/lei*, mentre nella maggior parte di forme dello scritto si risolverà questa necessità di coesione semplicemente con altri mezzi. Ecco un esempio (prodotto dalla penna di un noto antropologo italiano, e tratto da un articolo del «Corriere della Sera» del 1991):

> È sbagliato ipotizzare l'unità della cultura italiana rifiutandosi di capire come, dietro di *lei*, si celino realtà variegatissime.

Non è certo una gran prosa, ma questo passo in ogni caso è significativo perché rivela un'incertezza radicata nell'uso delle forme pronominali, che fa da spia ad una virtuale lacuna nel sistema. In parole povere, le forme *lui/lei/loro* vanno allargando il loro ambito funzionale e si prestano (specialmente nel parlato, ma ormai, come si è visto, anche nello scritto) a operare come soggetto e non-soggetto, sia di natura umana che non-umana, sia animata che non-animata.

In questo senso, ancora una volta, l'italiano si ricolloca tra le lingue romanze (e in particolare vicino al francese), che hanno specializzato taluni pronomi per la funzione di soggetto, indifferentemente alla funzione che essi svolgono (così in francese *il*,

elle, *ils*, *elles*, che valgono per designare tanto persone quanto
non-persone; analogamente in spagnolo, dove *él*, *ella*, ecc. valgono sia per persone che per non-persone). La mancata distinzione
tra persona e non-persona alla persona 3, invece, sembra conforme agli usi romanzi generali, che anch'essi non la riconoscono
(così in spagnolo e in francese). Non si può neanche escludere
che questa generalizzazione della serie *lui/lei/loro* sia effetto dello Standard Average European (si veda *supra* P. Ramat), dove le
distinzioni che quella serie neutralizza sono abbastanza debolmente avvertite.

5.3. *Clitici*

Un'altra semplificazione imponente colpisce il complesso sistema
delle «particelle pronominali» atone (i clitici), richiamato nello
schema che segue:

1	2	3	4	5	RIFLESS.	3/6	IMPERS.	PARTITIVO
acc./ dat.	acc./ dat.	dativo			acc./ dat.	accus.		
mi	ti	gli/ le*	ci	vi	si	lo la li le	si	ne

* *Le* diventa *gli* quando è seguita da un altro clitico: *Mostrale la stanza* →
Mostragliela (= a lei); *Mostragli la stanza* → *Mostragliela* (= a lui).

Queste «particelle» costituiscono un microsistema unico tra le
lingue romanze, e probabilmente anche rispetto ad altre famiglie
— un vero carattere originale. Nessuna lingua romanza dispone
di una tale varietà di mezzi pronominali di coesione, e nessuna
ha tante regole alla base del loro funzionamento. I clitici italiani
infatti sono caratterizzati:

a) da notevoli fenomeni di variazione formale; così l'alternanza regolare tra *-i* ed *-e* in tutte le particelle che hanno una *-i*
finale: *ci ha parlato Carlo* ma *Carlo ce lo ha detto*; *vi racconto
la storia* ma *ve la racconto*;

b) da vistosi fenomeni di omofonia, per cui la stessa sequenza fonemica può riferirsi a entità completamente diverse (*ci* è pronome personale e avverbio locale, come *vi*; *gli* è articolo e pronome; *le* è articolo femminile, accusativo plurale femminile e dativo singolare femminile, ecc.);

c) da complessi meccanismi di ordinamento reciproco: *ve lo dico, diccelo, diccene una, mostraglielo*;

d) da una certa sensibilità (come ad altre lingue romanze) alle distinzioni di caso: *io* opera come soggetto, *me/mi* atoni come oggetto e complemento indiretto, *me* (tonico) con diverse funzioni.

A questa varietà di complicazioni si aggiunge il fatto, molto notevole, che la serie dei pronomi atoni è affiancata da una serie di pronomi tonici:

ATONI		TONICI	
mi, me	*ci, ce*	*me*	*noi*
ti, te	*vi, ve*	*te*	*voi*
lo, la	*li, le*	*lui, lei*	*loro*

Questa doppia serie ha una delicata giustificazione funzionale. La serie tonica serve a permettere manovre di messa in rilievo, che con quella atona sarebbero impossibili: *Carlo mi ha visto ~ Carlo ha visto me, non te* (**Carlo **mi** non **ti** ha visto*), ma costituisce una notevole complicazione nel microsistema dei pronominali.

A causa di questi fattori, che sono tutti elementi di disturbo strutturale e motivo di errore proprio a causa della quantità di opzioni che richiedono al parlante (vedi Berretta 1985, 1986; Simone in prep.), nell'uso il sistema dei clitici si è molto semplificato; in particolare:

a) la differenza tra *gli* e *le* come dativi singolari maschile e femminile tende ad annullarsi a vantaggio del solo *gli* (*gli ho detto* = "ho detto a lui" e "ho detto a lei"), seguendo un processo che il francese e lo spagnolo hanno già attraversato per proprio conto (fr. *lui*, sp. *le* = a lui/a lei); lo stesso fenomeno di fusione ha avuto luogo in queste due lingue anche al plurale (fr. *leur*, sp. *les* = a loro);

b) la differenza tra *gli* e (*a*) *loro*, come dativi rispettivamente singolare e plurale, tende ad annullarsi ancora una volta a vantaggio di *gli*, che opera come dativo plurale di tutti i generi (*ho visto i ragazzi e gli ho parlato* = ho parlato a loro);

c) l'uso di *ne*, nel parlato informale, tende ad attenuarsi fino a scomparire, salvo in casi ben definiti (essenzialmente frasi fatte, come *non ne so niente*, ecc.);

d) l'uso di *ci* avverbiale, nel parlato informale, tende ad espandersi al di là delle previsioni, fino a coprire una varietà di usi che altrimenti sarebbero risolti con pronomi tonici: accanto a *Ho visto Carlo e ho parlato con lui* è corrente *Ho visto Carlo e ci ho parlato*, invece di *Esco con Luisa e vado al cinema insieme a lei* si ha *Esco con Luisa e ci vado al cinema (insieme)*, ecc.;

e) nei complementi indiretti composti da pronome personale tonico + preposizione terminante con sillaba aperta, l'ordine normale è non (come ci si aspetterebbe) verbo + preposizione + pronome personale tonico (*Vieni dietro a me*; *Va' avanti a lui*), ma verbo + pronome personale atono + preposizione (*Vienimi dietro*; *Vagli avanti*), ecc. Si tratta di un carattere specifico dell'italiano, isolato nell'ambito romanzo eppure di antica tradizione. Lo si riscontra infatti già nell'italiano dei primi tempi (come nell'iscrizione romana di San Clemente, secolo XI: *Falite dereto co lo palo* "Fàgliti dietro col palo = Seguilo col palo"). In combinazione con il tratto indicato *sub* d), si ottengono così strutture complesse di notevole diffusione, come *Escici insieme* invece di *Esci insieme a lui/lei*. (Questa discussione permette di riprendere, e di correggere, la formulazione data prima a proposito dell'esempio *lui ha preso il cane ed è uscito con lui*: la forma parlata più plausibile non sarebbe questa, ma appunto *lui ha preso il cane e ci è uscito*.) Queste strutture sono di grande interesse strutturale perché postulano diverse manovre sintattiche e morfologiche: lo spostamento del pronome personale da prima a dopo il verbo, la sostituzione del pronome personale con *ci*, lo spostamento della preposizione.

5.4. Il "si"

Un caso del tutto particolare è il comportamento del *si*. Come è noto, questa 'particella' ha in italiano diversi usi (a parte quello riflessivo, come in *Carlo si lava* — che qui non consideriamo, perché è ovvia), come si vede dagli esempi seguenti:

Qui si parla [o: si parlano] italiano e spagnolo

Gli spaghetti si cuociono al dente
Si vendono giornali
Quando si è stanchi...

Come si osserva facilmente, i quattro casi sono profondamente diversi. Nel primo, *si* opera come soggetto del predicato verbale, che è al singolare; nel secondo il soggetto è visibilmente *gli spaghetti*, e il *si* opera come falso riflessivo (è il *si* «passivante» delle grammatiche tradizionali); nel terzo caso, affine al secondo malgrado le apparenze, *giornali* è soggetto, *si* è un falso riflessivo e per conseguenza il verbo è al plurale; nell'ultimo esempio, *si* è soggetto di un predicato nominale e, paradossalmente, la parte nominale del predicato (*stanchi*) è al plurale, pur avendo il verbo al singolare [22].

Non è possibile spiegare qui nei dettagli il funzionamento di *si* in italiano, che, come si avverte dagli esempi, costituisce un nodo di grande difficoltà strutturale tipico di questa lingua. Ci limiteremo a segnalare che le cose si complicano ancora in strutture più complesse. Quando ad esempio un verbo che ha *si* come clitico è accompagnato da una clausola completiva dipendente, si pone il problema dell'accordo del nome:

Si comincia a preparare i dolci *o*
Si cominciano a preparare i dolci?

Si finisce di studiare i libri *o*
Si finiscono di studiare i libri?

I giornali che si preferisce non leggere *o*
I giornali che si preferiscono non leggere?

L'incertezza che normalmente si registra nell'uso quanto alla scelta dell'accordo corrisponde ad uno statuto effettivamente oscillante del *si*. Un altro problema aperto è quello della combinazione di *si* con altri clitici. Per cogliere la complessità di questo punto basterà confrontare gli esempi seguenti: *Lo si racconta ~ Se lo racconta ~ Ce lo si racconta*.

Un altro terreno di semplificazione è la graduale riduzione dell'opposizione tra i due pronomi tonici di persona 3 di cui l'i-

---

[22] Dare ragguagli bibliografici su questa cruciale forma dell'italiano è impossibile data l'abbondanza dei lavori esistenti. Una sintesi molto utile in Lepschy-Lepschy (1981). Cfr. inoltre Cordin (1988).

taliano dispone: rispettivamente *lui/lei/loro* e *sé*. La distinzione si riferisce ad un'opposizione piuttosto delicata (e molto sensibile in latino), quella tra due persone 3: una generica e una coreferente con il soggetto (o l'attore) che si trova più prossimo nell'enunciato. Questo è un altro terreno su cui altre lingue romanze hanno già proceduto ad una semplificazione drastica (sopprimendo la distinzione e riducendola alla sola versione tonica del pronome di persona 3, secondo una linea, anche qui, di allontanamento dal latino: francese *lui/elle*; lo spagnolo e il portoghese sono invece organizzati come l'italiano, con due pronomi distinti, ma con forti incertezze nell'uso):

Carlo$_i$ ha incontrato Luigi$_k$ e ha parlato con lui$_k$ a lungo [23]
Carlo$_i$ ha incontrato Luigi$_k$ e lo$_k$ ha portato con sé$_i$

Il sistema dei pronomi di terza persona è intricato in sé, e ciò spiega come mai siano possibili casi indecidibili o comunque oscuri:

Carlo ha raccontato che ha incontrato Enzo, e che questo gli ha detto che doveva portare la figlia con sé

In un caso come questo, è difficile dire, sulla base di ragioni puramente sintattiche, se *sé* si riferisca a *Carlo* o *Enzo*. Ma, accanto a queste ragioni di intrinseca complessità strutturale, va ricordato anche che i parlanti tendono a neutralizzare del tutto la distinzione tra *lui/lei/loro* e *sé*, a vantaggio della sola prima serie. In questo modo, una opposizione di chiara origine latina va perduta, e l'italiano dell'uso rientra pienamente nel tipo romanzo: *Carlo$_k$ ha incontrato Luigi$_i$ e l'$_i$ ha portato con lui$_k$*.

5.5. «Pleonasmi» e «sgrammaticature»

Nella stessa gamma di problemi vanno menzionate due particolari forme di impiego di clitici, che vengono solitamente liquidate come marginali o erronee, e che invece sono sottili indicatori di processi di cambiamento in atto. Si tratta delle iterazioni pro-

[23] Si tralascia qui il fatto, che consegue da quanto è stato detto prima, che questo enunciato è abbastanza improbabile nel parlato, dove si troverebbe piuttosto *Carlo ha incontrato Luigi e ci ha parlato a lungo*.

nominali del tipo *a me mi* e di «sgrammaticature» del tipo *a me non convince*.

Nel primo caso, qualunque italiano alfabeta impara a scuola che sequenze come *a me mi* sono «pleonasmi», cioè forme sovrabbondanti in cui uno dei due pronomi è, a rigore, inutile. Enunciati come *a me non mi piace quello che stai dicendo* sono quindi trattati come errori puri e semplici da ogni maestra elementare che si rispetti. Questa veduta tralascia però alcuni fatti importanti, dei quali almeno due vanno riportati. Anzitutto, dal punto di vista comparativo, lo spagnolo tratta come del tutto accettabili sequenze perfettamente equivalenti: *a mí no me gusta lo que estás haciendo*, lett. "a me non mi piace quello che fai" (Cortelazzo 1984); anche in francese possiamo trovare degli analoghi di questa forma, in virtù della fortissima tendenza di questa lingua a dar rilievo ai sintagmi personali: *ça ne me plaît pas, moi*, lett. "questo non mi piace, me" o anche *moi, ça ne me plaît pas*, lett. "me, questo non mi piace". In un certo senso, quindi, l'italiano si trova già la strada tipologicamente aperta verso la piena legittimazione delle iterazioni pronominali.

Quanto invece alle «sgrammaticature» del tipo indicato sopra (*a me non convince*), si tratta propriamente di «accusativi preposizionali» (Berretta 1989; 1990), forme superficialmente analoghe all'accusativo (in quanto oggetto di verbi transitivi), ma costruite con *a*. (È chiaro che il fenomeno degli accusativi preposizionali può incrociarsi con quello delle iterazioni pronominali, come in *A me non mi persuade*.) A proposito di queste forme, è stato segnalato (nei lavori citati di Berretta e altrove) che sono frequenti nel parlato e rispondono ad analoghe strutture sia di altre lingue romanze sia di diversi dialetti dell'italiano.

La tradizione grammaticale italiana e (se si può dire così) la percezione delle persone colte hanno qualche riluttanza ad ammetterle come forme perfettamente plausibili. Ma, ancora una volta, il parlato milita contro queste posizioni esclusive: nelle varietà di parlato italiano (anche colte e relativamente sorvegliate) *a me non convince* è piuttosto a suo agio, se non proprio di alta frequenza. Esso serve in particolare nelle riprese a domande, per mettere a fuoco l'attore che è 'fonte' dell'opinione: *è a lei che non convince quest'idea?* Questo fatto si spiega con argomenti di varia natura. Anzitutto, queste forme compaiono quasi esclusivamente con verbi di opinione: in altri termini, verbi coi quali può essere necessario indicare con mezzi speciali la fonte dell'opinione stessa, specialmente se si tratta di metterla in opposizione (come in una conversazione) con le fonti di altre possibili opinioni. Come si è detto prima, la messa in rilievo di un sintagma pronominale non è possibile coi clitici, che sono privi di accento e perciò non si prestano alla messa in rilievo. L'unico modo di mettere in rilievo una posizione pronominale consiste nel riempirla con pronomi tonici, anche a costo di creare entità che sono, superficialmente, complementi indiretti.

Se queste interpretazioni sono corrette, possiamo trarne qualche conclusione generale. L'italiano tende a 'violare' le regole d'uso dei clitici in tutte le circostanze in cui questi debbano essere, per qualunque ragione, messi in rilievo: i particolari vincoli imposti dalla messa in rilievo vogliono che questa possa contare su una vocale tonica; il luogo più prossimo in cui trovarla è offerto dai corrispondenti pronomi tonici. Ancora più in generale, possiamo dire che l'italiano (parlato?) riempie con i pronomi tonici i vuoti lasciati dall'organizzazione dei corrispondenti clitici.

6. *Fenomeni sintattici*

La sintassi italiana è caratterizzata in forte misura da alcuni tratti, che possiamo formulare così, procedendo dal basso (il sintagma) verso l'alto (l'enunciato):

a) i sintagmi presentano una notevole mobilità nell'enunciato, molto più alta di quella di lingue come l'inglese o il tedesco, e somigliante a quella dello spagnolo o del francese; questa mobilità è — come si è accennato — una visibile eredità latina, e serve a funzioni espressive (o manovre enunciative) che verranno esaminate più avanti;

b) l'ordine dell'aggettivo rispetto al nome varia secondo regole specifiche (a differenza del francese, dove l'aggettivo tende a seguire il nome col quale forma sintagma, e dello spagnolo dove, sia pure in minor misura, la tendenza è la stessa del francese);

c) le clausole dipendenti sono in parte caratterizzate dall'uso di forme verbali come il congiuntivo e il condizionale, e possono combinarsi in sequenze complesse, alcune delle quali tipicamente italiane;

d) il soggetto non è obbligatorio; per conseguenza, quando viene usato, serve a rispondere a particolari manovre enunciative;

e) l'ordine del soggetto rispetto al predicato non è rigido (come in francese o in inglese, dove il soggetto sta prima del predicato — salvo che nelle clausole interrogative — e, se è costituito da un pronome personale, deve precederlo immediatamente); in italiano, quest'ordine è mobile, e varia secondo il tipo di enunciato e in particolare secondo le specificità semantiche del verbo che costituisce l'enunciato; inoltre, il soggetto può dislocarsi anche a notevole distanza dal predicato;

f) la coesione del testo è assicurata da un sistema di pronomi atoni, di tale complessità da costituire un caso unico tra le lingue romanze (vedi § 4.2.2.).

6.1. Il sintagma nominale

Uno dei problemi principali del sintagma nominale (il gruppo di parole che hanno come loro 'testa' un nome) è costituito dalla posizione dell'aggettivo. In italiano, infatti, l'aggettivo può trovarsi prima o dopo il nome secondo regole complesse (Nespor 1988), che costituiscono una tipica pietra d'inciampo per chi impara questa lingua. In ciò l'italiano differisce ad esempio dal francese, che tende a collocare l'aggettivo pressoché sempre dopo il nome a cui si collega (con qualche eccezione: *les beaux livres* "i bei libri" e non *les livres beaux*), dallo spagnolo che ha (sia pure meno spiccata) la stessa tendenza, e dalle lingue germaniche, che al contrario collocano di regola l'aggettivo prima del nome.

L'italiano distingue infatti tra la posizione pre-nominale e quella post-nominale, lasciando in ciò riemergere una proprietà tipica del latino: *un viaggio interessante*, *un bel libro*, *il pronto soccorso*, *il partito socialista*, *la letteratura russa*. Alcuni aggettivi possono stare tanto prima quanto dopo il nome a cui si collegano, cambiando significato nell'uno e nell'altro caso:

famiglie numerose	numerose famiglie
un vestito semplice	un semplice vestito
un'automobile nuova	una nuova automobile
diversi libri	libri diversi
un unico libro	un libro unico

Questo meccanismo viene sfruttato anche per costruire sintagmi fissi, che cambiano significato secondo la posizione dell'aggettivo:

un pover'uomo	un uomo povero
una buona donna	una donna buona
un tipico ristorante	un ristorante tipico

Talvolta le peculiarità di posizione dell'aggettivo si colgono nel fatto che è possibile porne uno prima e uno dopo il nome, con una disposizione che non può essere scambiata:

una breve visita turistica *ma non* una turistica visita breve
un vero partito socialista *ma non* un vero socialista partito
un grande romanzo russo *ma non* un grande russo romanzo

La differenza tra le due posizioni sta nella relazione di significato tra aggettivo e nome in seno al sintagma. Tendono a star dopo il nome gli aggettivi che limitino o restringano l'insieme indicato dal nome: *una visita turistica* (e non una *visita di affari*), *una collana preziosa* (e non *una collana di scarso valore*). Tendono invece a star prima del nome gli aggettivi che hanno un valore qualificativo, affettivo o retorico: *una grande casa* è una casa che viene percepita come «grande» da chi parla o chi ascolta, indipendentemente dalle sue dimensioni effettive.

Per questo, quando un sintagma contiene due o più aggettivi, essi tendono a disporsi prima o dopo del nome secondo la funzione che svolgono: *una rapida visita turistica, un vero romanzo russo*. In questi casi, l'aggettivo «restrittivo» deve restare dopo il nome, quello «qualificativo» può stare prima o dopo (*una visita turistica rapida* o anche *una rapida visita turistica*, ma non **una rapida turistica visita*). Peraltro, la posizione post-nominale sembra essere più neutrale di quella pre-nominale: due aggettivi di due diverse categorie possono infatti stare entrambi dopo il nome, ma non (salvo che nel linguaggio poetico e comunque ricercato) entrambi prima: *ho letto un romanzo russo vero*, ma non *ho letto un vero russo romanzo*.

La differenza tra le due categorie di aggettivi si vede dal fatto che i restrittivi non possono diventare superlativi, i qualificativi sì. Quindi possiamo dire *una rapidissima visita turistica*, ma non una *rapida visita turisticissima*; *un nobilissimo discorso socialista* ma non *un nobile discorso socialistissimo*. Per questa ragione, gli aggettivi indicanti nazionalità o appartenenza, essendo intrinsccamente restrittivi, tendono a star dopo il nome e a rifiutare il superlativo: *il popolo inglese* (e non *il popolo inglesissimo*). Questi aggettivi, però, possono essere usati anche come qualificativi, nel qual caso cambiano posizione e accettano anche il superlativo: *vestito di inglesissime lane*, oppure *un modo di pensare russissimo*. Questo meccanismo è accettabile anche con sintagmi «fissi», con tonalità, certo, scherzosa: *per cercare sigarette nel periodo di sciopero, ci siamo rivolti al mercato nerissimo* (da un giornale radio RAI dell'ottobre 1992).

Un altro aspetto tipico del sintagma nominale è costituito dal comportamento dell'articolo [24]. Oltre ai conosciuti articoli determinativi e indeterminativi, l'italiano ha un articolo zero (costituito cioè dalla mancanza di articolo) molto adoperato al singolare e al plurale (il simbolo 'Ø' indica la mancanza di articolo):

D'inverno metto Ø cappotto o pelliccia
Non dico Ø bugie
Ho fatto Ø lezione

Il fenomeno interessante dell'articolo zero è che esso, al plurale, alterna spesso con *dei/delle/degli*, ossia forme che sono apparentemente partitive ma che in effetti hanno un altro valore, perché indicano non un prelievo (come nei veri partitivi: *prendi del caffè*), ma un'entità indefinita:

Ho comprato delle calze pesanti
Mettiti dei guanti di lana
Prendi dei giornali

In questi casi, la serie di *del* si comporta effettivamente come il plurale dell'articolo zero. Il suo uso nel parlato è frequentissimo, e finisce per creare sequenze che sono normalmente considerate errate, ma che nondimeno sono assolutamente correnti, come ad es. *ho sentito parlare di delle storie preoccupanti, sono venuto con degli amici.*

---

[24] Una trattazione globale sull'articolo italiano in Renzi (1976). In particolare, sull'articolo zero, Renzi (1985).

6.2. Il sintagma verbale

Tra i numerosi complessi aspetti del sintagma verbale ne consideriamo solamente alcuni. Il sintagma verbale italiano è dominato dalla presenza del congiuntivo, che è spesso distintivo rispetto all'indicativo, e costituisce una difficoltà notevole tanto per gli italiani quanto per gli stranieri (Schmitt-Jensen 1970). Eredità del latino, il congiuntivo è più sviluppato in italiano che in tutte le altre lingue romanze (specialmente il francese), e svolge una varietà di funzioni che difficilmente può essere ridotta a regole semplici.

La differenza tra congiuntivo e indicativo si nota in particolare nelle clausole relative e nelle completive oggettive, come le seguenti:

RELATIVE

Voglio il pane che piace a mio marito
Voglio del pane che piaccia a mio marito

OGGETTIVE

Sono sicuro che Luigi è arrivato
Non sono sicuro che Luigi sia arrivato

Nella prima relativa l'indicativo allude al fatto che si sa già di quale pane si tratta, mentre nella seconda il congiuntivo indica che quel tipo di pane non si sa ancora quale sia. In altri termini, nel primo caso il significato della clausola relativa è presupposto come vero ("c'è del pane che piace a mio marito"), nella seconda no. Nella prima oggettiva, l'indicativo indica che la situazione riferita (l'arrivo di Luigi) è certa, mentre nella seconda il congiuntivo accentua la modalità di incertezza dell'evento riferito. Perciò, molto all'ingrosso, la funzione del congiuntivo nelle clausole dipendenti è quella di proiettare sull'evento riferito una modalità di incertezza o di dubbio.

Ciò non toglie che in numerosi casi (specialmente in dipendenza da verbi di credere) il congiuntivo sia semplicemente una marca di dipendenza: *Sono persuaso che il colpevole sia tu, Sono certo che stia piovendo*. In questi casi, esso non ha alcuna funzione specifica, e serve solamente a contrassegnare l'enunciato come «accurato». Proprio questa sua mancanza di funzione specifica lo rende debole: infatti, nell'uso corrente è assolutamente frequente trovarlo sostituito dall'indicativo (*Sono persuaso che il colpevole sei tu*), secondo una linea che scandalizza i puristi, ma che già dal Seicento è stata scelta dal francese (*Je suis convaincu que tu es le coupable*, con lo stesso significato) e dallo spagnolo. Può darsi, per questo insieme di ragioni, che il congiuntivo non-funzionale sia destinato a indebolirsi al punto di dileguare (come del resto si nota, oltre che nell'uso, in scrittori di tutti i tempi, da Dante fino a Moravia e Pirandello). Del resto, in tutta la storia dell'italiano si registrano numerose oscillazioni tra indicativo e congiuntivo (Durante 1981: 272-73). Come indizio ulteriore, si può ricordare che il congiuntivo in clausola dipendente è debolissimo nel parlato: dal campione di Voghera (1992: 237 e *passim*) risulta che in questa posizione il congiuntivo non supera mai il 9% del totale dei modi verbali e, in particolare, che è bassissima la percentuale delle clausole ipotetiche col congiuntivo (0,2%).

6.2.1.   Una delicata questione è costituita dalla natura degli ausiliari. Come è noto, il verbo italiano può prendere due diversi ausiliari (*essere* e *avere*, come accade in francese; in spagnolo, al contrario, il verbo ha come ausiliare soltanto *haber*) (Vincent 1982). Si possono avere allora tre casi diversi: a) verbi che prendono solo *avere* (come *prendere*, *credere*, ecc.), b) verbi che prendono soltanto *essere* (tutti intransitivi); c) verbi che prendono l'uno o l'altro variando significato in ciascun caso (*aumentare*, *correre*, *crescere*, ecc.).

La differenza tra una classe e l'altra non è del tutto arbitraria, ma sembra rispondere a regole sottili. Una possibile interpretazione (Vincent 1988a) sostiene che essa è dovuta alla natura della relazione semantica tra soggetto e predicato. Il verbo *avere* sarebbe necessario quando il soggetto designa l'agente oppure l'individuo sede dell'esperienza (*ho pensato*, *ho costruito una casa*, *ho creduto*, ecc.); il verbo *essere*, invece, quando il soggetto non è direttamente e attivamente implicato nell'azione indicata dal verbo (*sono entrato*, *sono arrivato*, ecc.). I verbi che possono avere entrambi gli ausiliari cambiano ausiliare secondo la natura del predicato: *ho corso molto*, ma *sono corso subito dopo essere stato avvertito* (non è possibile, al contrario, dire *sono corso molto* né *ho corso subito dopo essere stato avvertito*).

La questione è probabilmente più complessa, come mostra il fatto che in alcuni casi lo spostamento da un ausiliare all'altro comporta delicate differenze di aspetto. Ciò si osserva ad esempio con *chiudere*: *Il negozio è chiuso* (lo è in questo momento), *Il negozio ha chiuso* (ha chiuso per sempre); o con *volare*: *Son volato subito dagli Stati Uniti* contro *Ho volato per la prima volta sopra le Alpi*.

Nella questione della scelta dell'ausiliare si avvertono ancora segni di instabilità. È certo, infatti, che numerosi dialetti italiani hanno già da tempo optato per l'uno oppure l'altro ausiliare solamente (alla stessa maniera, in pratica, dello spagnolo); d'altro canto, può accadere che anche persone colte oscillino nell'attribuzione dell'ausiliare, ed è un fatto che nella sua storia passata l'uso degli ausiliari fosse per molti verbi l'inverso di quello attuale. Nell'area romanza, del resto, le lingue che non abbiano optato per un solo ausiliare (come hanno fatto lo spagnolo con *haber* e il portoghese con *ter*), presentano forti fenomeni di oscillazione. In francese (Gadet 1992: 55), l'uso parlato manifesta o incertezza tra *être* e *avoir* oppure tende a "razionalizzare" la distinzione tra l'uno e l'altro conferendole ancora una volta una qualche funzione aspettuale: in questo modo, *avoir* serve per indicare il processo dell'azione, *être* il suo risultato (*Il a divorcé* contro *Il est divorcé*). Per tutte queste ragioni, se forse è spropositato immaginare che, in un futuro più o meno prossimo, anche l'italiano finirà per adottare un solo ausiliare, non c'è dubbio che questo terreno sarà caratterizzato da sensibili cambiamenti.

6.2.2. Una delle risorse più interessanti del sintagma verbale italiano è la disponibilità del gerundio, che costituisce come si è detto un'essenziale innovazione rispetto alle lingue romanze e al latino (Ferreri 1983-86), a dispetto del marcato declino della sua frequenza nell'uso (Voghera 1992: 235-36; Solarino 1992). Esso forma una clausola dipendente da solo (lasciando da parte gli usi che ha in strutture perifrastiche del tipo di *stare* + gerundio: *sto prendendo il caffè*), e presenta la caratteristica di avere una varietà di funzioni.

Anzitutto, il gerundio esprime in forma condensata una serie di clausole dipendenti: *Impegnandosi al massimo si riesce* (= se ci si impegna al massimo...), *Arrivando ho incontrato Luigi* (= mentre arrivavo...). Sono però più interessanti i casi in cui è difficile ridurre il gerundio a una dipendente corrispondente:

È entrato sorridendo
Cammina zoppicando
Canta sgolandosi
Legge guardando la televisione

Questi ultimi casi sono particolari perché, a differenza dei precedenti, sopportano lo scambio di forma tra gerundio e verbo principale (*è entrato sorridendo = Ha sorriso entrando*; *Cammina zoppicando = Zoppica camminando*). Questa possibilità di scambio lascia pensare che il gerundio sia un comodo modo per esprimere un evento unico in forma «frazionata»: il verbo principale ne indica l'aspetto centrale, il gerundio ne indica invece una singola caratterizzazione: scegliendo l'aspetto dell'evento da esprimere col verbo principale scegliamo anche di dare maggior rilievo a quell'aspetto rispetto all'altro. In altri termini, la porzione di evento espressa da un gerundio è meno importante, nella gerarchia dell'informazione che convogliamo, di quella espressa dal verbo della frase principale. Infatti, mentre in *è entrato sorridendo* l'aspetto principale dell'evento è l'entrare, in *Ha sorriso entrando* l'aspetto principale è il sorridere.

6.2.3. L'italiano dispone distintivamente di un infinito pienamente nominale (il tradizionale «infinito sostantivato»), come in *Dal ridere siamo passati al piangere, Abbiamo finito col litigare, Nel suo continuo viaggiare si è danneggiata la salute* (Salvi 1985). Che quest'infinito sia 'pienamente' nominale significa che si comporta davvero come un nome: può prendere articolo, aggettivi e determinanti di varia natura, agire da soggetto e da complemento di ogni tipo e così via. (L'unico tratto nominale che gli manchi è la flessibilità morfologica.)

Questa speciale forma, benché sia tipica della lingua accurata, è interessante per più motivi. Anzitutto è abbastanza isolata tra le lingue romanze: ognuna di queste ha un certo numero di «infiniti sostantivati» (fr. *le devoir*, sp. *el deber* "il dovere"; fr. *le pouvoir*, sp. *el poder* "il potere"), ma ormai cristallizzati e formanti una lista chiusa. Perciò nessuna di esse può sostantivare in modo pienamente produttivo un infinito qualunque. In secondo luogo, questa risorsa discende con ogni probabilità dagli usi nominali dell'infinito latino, che, come abbiamo accennato all'inizio (§ 2.2.), aveva perfino una flessione. È, quindi, un ulteriore segnale del carattere conservativo dell'italiano.

Sotto quest'ultimo profilo, si può dire che le lingue romanze abbiano conservato in profondità il doppio carattere (nominale e verbale) dell'infinito latino, che continua a farsi avvertire in numerosi anche se poco studiati fenomeni. L'infinito nominale italiano è allora un vero e proprio sintomo, perché rinvia ad una struttura che è rimasta radicata nell'ambito romanzo. Per averne un'idea, basterà pensare all'"infinito personale" portoghese (che si flette per persona e numero), a certe forme isolate ma non infrequenti dell'infinito spagnolo con soggetto esplicito (*me agradeció por yo ayudarle* "mi ha ringraziato per io aiutarlo" = "per averlo io aiutato") o a forme affini dell'italiano (*L'aver noi fatto il liceo insieme ci ha reso amici*).

Dal punto di vista funzionale, l'infinito nominale ha un ruolo di rilievo: oltre che presentarsi come una possibile scelta di stile, interviene a colmare possibili lacune della derivazione. In altri termini, dove l'italiano non ha il derivato appropriato (specialmente quando si tratti di *nomina actionis*), l'infinito nominale è essenziale: l'esempio *Abbiamo finito col litigare* non potrebbe essere sostituito da *Abbiamo finito col litigio* o *con la lite*. In un certo senso, quindi, l'infinito nominale opera come 'quasi-derivato' di uso generale.

6.2.4. Come tutte le lingue romanze, l'italiano dispone di un insieme di risorse per il passivo. Tra queste, la più diffusa e conosciuta è la costruzione *essere* + participio passato del verbo lessicale (*Luigi è stato operato ieri*); ma sono praticate correntemente anche altre soluzioni, che complessivamente formano l'insieme più numeroso nell'ambito romanzo. Si possono creare in fatti strutture passive combinando un participio passato con *essere*, *venire* (*vengono diffuse strane voci*), con *andare* (*il latte è andato buttato*), o, in forma non perifrastica, con *si* (*così il vaso si romperà*) [25].

---

[25] È possibile il passivo anche con alcuni verbi intransitivi. Cfr. La Fauci (1985).

Ma, a parte le risorse superficiali, l'aspetto che meglio differenzia l'italiano dalle altre lingue romanze è costituito dalle funzioni che al passivo vengono assegnate. Questo, infatti, nelle forme con agente espresso serve a portare 'in primo piano' l'azione, lasciando in secondo l'attore; in quelle con agente inespresso serve a occultare del tutto l'attore, ed è quindi una risorsa importante dal punto di vista pragmatico (dove opera nelle forme di interazione delicata o riservata: *È stato comprato il latte? = Tu hai comprato il latte?*).

Rispondendo ad entrambe queste funzioni, l'italiano fa in effetti grande uso delle forme passive, sia nèl parlato che (e più ancora) nello scritto. In ciò è abbastanza isolato rispetto alle altre lingue romanze, che pur disponendo di questa risorsa la impiegano in misura notevolmente minore. Lo spagnolo, ad esempio, preferisce riorganizzare l'enunciato con l'aiuto di *se: Il bicchiere è stato rotto ~ Se rumpió el vaso*, il francese adopera analogamente un soggetto indefinito per accentuare l'azione: *On a rompu le verre.*

Come si vede dall'ultimo esempio, il tema del passivo si ricollega a quello, non meno caratterizzante, dei mezzi per indicare un soggetto indefinito, generico o ipotetico. Qui l'italiano è tra le lingue romanze con più mezzi. Benché le risorse più frequenti per indicare un soggetto generico siano principalmente due:

PERSONA 6 DEL VERBO SENZA SOGGETTO
Dicono che domani pioverà

SI SOGGETTO
Si dice che domani pioverà

vanno tenute in conto anche quelle che servono più specificamente a indicare un soggetto ipotetico o fittizio:

Uno: Se uno ti urta, tu che fai?
Tu: Se tu vuoi diventare ricco, devi avere gli amici giusti
Si: Se si vuol diventare ricchi, bisogna avere gli amici giusti

6.3. Soggetto: presenza e assenza, ordine rispetto al predicato

L'ordine degli elementi principali dell'enunciato, e in particolare quello di soggetto, verbo e complementi, presenta una serie di caratteristiche specifiche (Benincà *et al.* 1988). Esso non serve infatti a indicare le funzioni grammaticali, come in inglese, dove di regola il primo elemento della frase è il soggetto, e dove il soggetto tende (salvo che nelle clausole interrogative) a porsi prima del verbo. In italiano, invece, è possibile usare con uguale plausibilità enunciati come

Luigi ha parlato
Ha parlato Luigi
Mio figlio è partito
È partito mio figlio.

L'ordine degli elementi dipende piuttosto dalla relazione di significato che si crea tra il soggetto e il predicato. L'italiano, sotto questo profilo, eredita decisamente la libertà di movimento degli elementi nell'enunciato tipica del latino, che sottostà a regole piuttosto complicate e non ancora ben descritte.

Guardando la questione in generale, abbiamo due principali variabili: a) il soggetto può essere presente o omesso; b) quando il soggetto è presente, la sua posizione rispetto al verbo può cambiare. Quanto al primo punto, gli aspetti principali del fenomeno sono i seguenti:

a) il soggetto è omissibile, come in spagnolo, e diversamente da francese, inglese e tedesco (lingue in cui è rigidamente obbligatorio). Il soggetto è invece obbligatorio solamente quando occorre creare un contrasto con altri possibili attori, nel qual caso tende a porsi dopo il predicato: *Io penso che tu abbia torto* (*scil.*: a differenza di quel che pensano altri), *Lo faccio io, questo lavoro* (*scil.*: per evitare che lo faccia tu, o un altro, ecc.). Va peraltro sottolineato che nel parlato il soggetto sembra essere molto più frequentemente pieno che nello scritto, anche quando non svolge nessuna funzione di opposizione (Simone in prep.): ciò lascerebbe pensare che l'italiano sia una lingua a soggetto nullo solamente nella sua forma scritta;

b) il soggetto fittizio non è ammesso: l'italiano dice *piove* o *sembra* (senza soggetto), mentre francese, inglese, tedesco richiedono, con gli impersonali e simili, un soggetto fittizio.

Quanto al secondo problema, il soggetto (come si è accennato prima) non sta necessariamente prima del verbo, ma si sposta per svolgere una varietà di manovre enunciative. In particolare, si pospone al verbo nei seguenti casi:

c) per creare un contrasto (come si è detto al punto a);

d) per dare maggior rilievo ad un altro elemento dell'enunciato:

Io non bevo il latte   Il latte non lo bevo, io
                        Il latte, io non lo bevo

e) con alcune specifiche classi di verbi, ad esempio quelli indicanti eventi improvvisi e comunque di breve durata (= eventi puntuali): *È morto il re, Sono arrivati i tuoi figli, È stato rapito il droghiere*;

f) quando il predicato è tematico, cioè quando convoglia l'informazione principale dell'enunciato: *Domani partono i nostri figli* [26].

In clausole copulative, la possibilità di posporre il soggetto al predicato dà luogo ad una varietà di effetti di messa in rilievo: *Il colpevole sei tu, Il marito sono io, La bambina è quella, I primi arrivati siamo noi.*

6.4. Ordine degli elementi, non marcato e marcato

I problemi si accentuano se prendiamo in considerazione, oltre che il soggetto e il predicato, anche i complementi. Allora si vede che l'ordine degli elementi in italiano permette anche (come in francese e in spagnolo) una varietà imponente di manipolazioni sintattiche, note col nome di dislocazioni, topicalizzazioni e frasi scisse. La varietà delle manipolazioni ammissibili in italiano è talmente ampia che si può dire costituisca la sua principale caratteristica sintattica. Va detto che questa possibilità è accessibile anche ad altre lingue romanze (particolarmente il francese); sicché da questo punto di vista l'italiano rientra pienamente nel quadro tipologico romanzo. Rispetto al latino, invece, l'italiano opera un singolare rovesciamento di possibilità: mentre in latino l'ordine dei sintagmi era relativamente stabile, e quel che poteva cambiare posizione erano le parole entro il relativo sintagma (cfr.

---

[26] Lasciamo completamente da parte, dato il carattere di questa presentazione, la delicata e importante questione dei verbi detti 'inaccusativi', che comportano la posizione post-verbale del soggetto.

§ 2.2.), in italiano le parole sono relativamente stabili, mentre quel che cambia posizione attraverso le manovre accennate sono i sintagmi.

Queste manipolazioni hanno luogo a partire da un ordine considerato «normale», «basico», o, come si dice nel gergo della linguistica, «non marcato», costituito dalla sequenza soggetto-verbo-oggetto (l'italiano sarebbe dunque basicamente una lingua SVO). Dislocazioni, topicalizzazioni e frasi scisse alterano quest'ordine non marcato, e danno luogo a ordinamenti 'marcati', dotati cioè di particolari funzioni espressive.

Le dislocazioni sono strutture come le seguenti: *Il libro, l'ho letto* e *Il latte, l'ho comprato*, in cui l'oggetto è spostato dalla posizione post-verbale a quella pre-verbale e viene ripreso da un pronome clitico. Quelle esemplificate sono dislocazioni «a sinistra» (il senso dello spostamento dell'oggetto), ma esistono anche dislocazioni «a destra», dove l'oggetto resta dov'è, ma viene comunque anticipato da un clitico di ripresa: *L'ho comprato, il latte*. Nell'uno e nell'altro caso, il confine tra oggetto e predicato può essere contrassegnato da una pausa. Inutile dire che si può dislocare non solo un complemento oggetto, ma qualunque complemento: *Con la tua automobile, non ci vengo in viaggio*. L'effetto 'marcato' di queste soluzioni consiste teoricamente nel dar rilievo alla porzione di enunciato ripresa dal clitico. È anche possibile avere dislocazioni con posposizione del soggetto: *Il latte l'ho bevuto, io* o *La lezione non l'ha studiata, lei*. (Qui la virgola è il corrispondente grafico di una breve pausa; le frasi riportate sono infatti diverse da *Il latte l'ho bevuto io* e *La lezione non l'ha studiata lei*, senza pausa prima del soggetto posposto.) Queste frasi, di altissima frequenza nel parlato (ma correnti anche nello scritto), servono solitamente a) dal punto di vista pragmatico, a contrassegnare il registro linguistico come informale; b) a mettere in primo piano la porzione dislocata, cioè per porre enfasi su di essa.

L'importanza delle dislocazioni nella sintassi italiana è enorme. Si può dire anzi che l'italiano nasca storicamente con una dislocazione (Placiti cassinesi, anno 960: *Sao ko kelle terre, per kelle fini che ki contene, trent'anni* **le** *possette parte Sancti Benedicti*), quasi ad attestare una tendenza profonda e originaria; e del resto dislocazioni si possono reperire in quantità lungo tutto il suo sviluppo (D'Achille 1990: 135 sgg.). Ciò spiega in parte come la frequenza di uso di frasi dislocate sia molto elevata, al punto che esse, specialmente nel parlato, sono percepite ormai come forme non marcate o appena debolmente marcate. Per questo, non è del tutto illegittimo dire che l'ordine SVO in italiano attuale è, in effetti, fragilissimo, e che ad esso si affianca come quasi non-marcato l'ordine dislocato. Le dislocazioni infatti non sempre servono a mettere in evidenza un elemento della frase, ma sono percepite come normali (*Hai preso il giornale?* può essere considerato perfettamente identico a *L'hai preso il giornale?*).

Le frasi scisse sono della forma *È Carlo che ha comprato il giornale*, in cui, cioè, la frase è 'spezzata' (= scissa) in quanto un suo elemento viene inquadrato tra *è* (o in generale una forma di *essere*) e *che*. Questa struttura, frequentissima in tutte le forme di lingua, è molto diffusa tra le lingue romanze, ma particolarmente in italiano e in francese (cfr. Gadet 1992). La sua frequenza è tale che in italiano, in particolare, essa ha prodotto anche una forma negativa che possiamo considerare innovativa, molto frequente nel parlato: *Non è che verresti al cinema con me?* = verresti al cinema con me?

Tra le diverse interpretazioni offerte finora di questi fenomeni, la più accreditata sembra essere la seguente. Ogni enunciato è composto di due parti: una «data», che convoglia informazioni già note all'emittente e all'interlocutore, e una «nuova», che aggiunge informazioni ulteriori collegandole alle precedenti. Negli ordini normali (o non-marcati) l'elemento dato precede quello nuovo: l'ordine basico è quindi dato-nuovo. Le forme marcate, invece, rovesciano o comunque modificano questo ordinamento[27].

Se i complementi sono due o più di due, ad esempio, la loro collocazione è regolata dall'intento di modificare quest'ordine. Normalmente, in una clausola non-marcata i complementi seguono il predicato, lasciando sempre il complemento oggetto per primo: *Ho prestato il libro a tuo fratello*. Negli ordini marcati, invece, la posizione può essere cambiata: o con una dislocazione (*Il libro, l'ho prestato a tuo fratello*), o con uno spostamento di complementi (*Ho prestato a tuo fratello il mio libro*), e così via.

---

[27] Una trattazione più completa in Renzi (1988); una presentazione sintetica in Puglielli (s.d.).

6.5. Sulle clausole dipendenti

Quanto alle clausole dipendenti, l'italiano presenta una notevole complessità di fenomeni, alcuni dei quali ancora non studiati in modo approfondito (ma si vedano i lavori raccolti in Renzi-Salvi 1991). Nelle pagine che seguono non diamo una rassegna completa di questi fenomeni, ma ci limitiamo a segnalare alcune aree di maggiore delicatezza, anche dal punto di vista della 'instabilità' dell'italiano.

6.5.1. In dipendenza di clausole principali con un verbo di «dire» e simili (verbi di pensare, percepire, sperare, ecc.), il latino usava clausole completive con l'accusativo e l'infinito. A dispetto della sua frequenza, questa soluzione era molto inefficiente (Coleman 1988: 197), perché neutralizzava nella dipendente alcune distinzioni che erano invece perfettamente chiare nella forma indipendente: quella tra soggetto e oggetto, quella tra tempi e quella tra modi diversi. Le lingue romanze hanno modificato sensibilmente questi meccanismi elaborando soluzioni diverse.

In mezzo ad altri importanti mutamenti nella struttura delle completive (discussi in Vincent 1988a: 65 sgg.), esse continuano in due diversi modi la costruzione dell'accusativo con l'infinito: da una parte creano la soluzione 'esplicita' (con verbo finito: *Penso che verrò*), dall'altro quella 'implicita' (con verbo all'infinito: *Penso di venire*)[28]. Quanto alla scelta tra l'una e l'altra soluzione, esistono sensibili differenze tra le lingue romanze. Lo spagnolo, per esempio, manifesta una spiccata preferenza per la forma esplicita nelle clausole completive con verbi di opinione e di influenza, con i quali l'italiano usa invece la soluzione implicita[29]:

Chi credi di essere?
¿Quién te crees que eres?

Ti prego di uscire
Te ruego que salgas

---

[28] È possibile, per la verità, anche una forma più 'latina' ancora, come *Ha sostenuto essere questo discorso molto interessante*. Non ci occupiamo qui di questi fenomeni, data la loro rarità nell'uso.

[29] Se ne vedano alcune esemplificazioni a confronto in Carrera Díaz (1984: 359 sgg.)

L'italiano, invece, adopera tanto la soluzione implicita quanto quella esplicita, in parte secondo la natura del verbo principale, in parte con alternanza libera tra le due soluzioni (tralasciamo qui del tutto il fatto che, col variare della soluzione scelta, può variare l'indicazione del soggetto soggiacente della clausola completiva):

DIVERSO SIGNIFICATO

Luigi$_i$ mi$_k$ ha detto di venire$_k$
Luigi$_i$ mi$_k$ ha detto che viene$_i$

UGUALE SIGNIFICATO

Ha promesso di arrivare - Ha promesso che arriva
Spero di farcela - Spero che ce la faccio

La soluzione implicita, peraltro, è disponibile per una larga varietà di clausole subordinate; l'opzione tra l'una e l'altra è quindi notevolmente significativa. Se guardiamo ai dati quantitativi disponibili, verifichiamo che l'italiano sfrutta le due soluzioni in misura diversa secondo il mezzo di cui si serve: nel parlato, le esplicite hanno il 68,2% (Voghera 1992: 219 sgg.); quindi, due clausole esplicite su una implicita. Nello scritto, invece, le due classi sono all'incirca alla pari (esplicite al 53,3%, implicite al 45,8%): una esplicita su 1,2 implicite (Policarpi-Rombi ined.). Ciò permette di dire che l'italiano, pur avendo una varietà di soluzioni per le clausole completive, nel parlato tende a preferire le esplicite. Ciò accade probabilmente perché queste specificano l'attore, che nel parlato può essere difficile identificare.

6.5.2. L'italiano ha tre pronomi relativi diversi, distinti per la funzione che possono svolgere nella clausola: *che* opera come soggetto e come oggetto, la serie costituita da *quale* (*il quale*, *del quale*, ecc.) opera come soggetto e complemento indiretto, la serie di *cui* (*cui*, *a cui*, ecc.) solo come complemento indiretto (il pronome in forma assoluta, come dativo)[30]. Insomma, un sistema già complesso per l'abbondanza delle risorse che lo compongono è reso ancora più intricato dalla varietà di funzioni che queste risorse possono svolgere e dalla quantità di decisioni che richiede all'utente (Simone 1991).

---

[30] Si tralascia qui di esaminare la forma 'aggettivale' *cui* in usi come *questo è il bambino la cui madre è arrivata adesso.*

A dispetto di questa complessità, però, le relative sono di alta frequenza nell'uso: negli spogli dell'italiano parlato che abbiamo già citato, sono di gran lunga le subordinate più frequenti, con un 46,6% di occorrenze (Voghera 1992: 221). Questa particolarità si spiega forse con la loro maneggevolezza: non soltanto è possibile relativizzare pressoché qualunque costituente della clausola precedente e muovere la relativa in un'ampia varietà di posizioni nell'enunciato, ma il significato del pronome relativo è particolarmente generico.

Forse proprio a causa della sua complessità e della sua frequenza, la clausola relativa italiana è terreno di importanti fenomeni di variazione (Bernini 1989). Nell'uso parlato, ad esempio, è corrente incontrare un tipo speciale di clausola, caratterizzato da un pronome relativo non-soggetto (rappresentato sempre da *che*) e da un clitico di ripresa, come si vede nell'esempio:

È una situazione che non se ne può più
Questo è il libro che l'ho letto ieri
Ho visto la persona che me ne avevi parlato
È un ragazzo che conosco suo padre.

In casi come questi, l'informazione grammaticale è portata non da *che*, ma dal clitico di ripresa (o, nell'ultimo esempio, da un possessivo): è questo infatti che specifica a quale componente della clausola precedente bisogna collegare l'informazione della relativa. Dinanzi alla frequenza di questi fenomeni, è stato suggerito (Berruto 1987: 128 sgg.) che in italiano coesistano due schemi di clausola relativa: il primo è di tipo 'sintetico' (con il pronome relativo che cumula funzione e caso: *Questo è il libro del quale ti avevo parlato*), e corrisponde alle relative che la scuola ci insegna a considerare come 'corrette'; il secondo è di tipo 'analitico' (con un pronome relativo 'indebolito' che fa da connettivo generico, e un clitico di ripresa che specifica la funzione e il caso: *Questo è il libro che ci ho studiato*).

Analizzando un vasto corpus di dati, Berruto suppone anche che sia possibile disegnare un continuum delle relative, cioè una scala disposta tra due estremi: ad un lato sta la forma 'sintetica' perfetta (che adopera tutti i pronomi relativi disponibili, distinguendo quindi tra *che*, *il quale* e *cui*), che è propria dello scritto accurato; all'altro, sta invece una relativa estremamente 'indebolita', che usa solo il *che* senza alcun clitico, e che sarebbe propria dell'italiano popolare: *Ecco la ragazza che ti ho parlato* (= della quale ti ho parlato). Al centro del continuum sta la soluzione più interessante, propria secondo Berruto dell'italiano colloquiale, quella 'analitica' con *che* (come unico pronome possibile) + clitico di ripresa, di uso assai largo e probabilmente in via di diffusione. In ogni modo, la soluzione sintetica perfetta (quella cioè 'corretta') è per più aspetti minoritaria nell'italiano parlato, dato che la maggioranza delle analisi quantitative assegnano il rango più alto alla soluzione analitica, con *che* 'indebolito' con clitico di ripresa [31].

Tralasciando il caso estremo della relativa ridotta ad un puro *che* senza ulteriori informazioni, l'opposizione che interessa di più (perché sembra più ricca di futuro) è quella tra forma sintetica perfetta e forma analitica con clitico di ripresa. L'interesse di questo doppio schema sta nel fatto che esso, in verità, è attestato anche per fasi antiche dell'italiano (D'Achille 1990: 205 sgg.), come appare in uno dei primi testi (secolo XI, Formula di confessione umbra: *Accusome delu Corpus Domini, k'io indegnamente lu accepi*), ed esiste ugualmente in francese (Gadet 1992: 93 sgg.; Blanche-Benveniste 1990), in spagnolo (Lorenzo 1966: 239) e in portoghese. Si tratta quindi di un'opposizione diacronicamente e geograficamente molto diffusa: ciò può far pensare che essa rifletta una tendenza generale delle lingue romanze verso una sorta di 'indebolimento' globale della relativa.

A riprova di questa spinta verso l'indebolimento, sta la frequenza e la diffusione di un connettivo generico, del quale non è facile (o forse neppure possibile) dire se si tratti di un relativo o di una congiunzione. Chiamato usualmente «*che* polivalente», sarebbe forse meglio indicato come *che* «debole»: lo si osserva in esempi come *Nel momento che sei arrivato dormivo*, *Vieni che devo parlarti*, *No che non ti voglio vedere*, *L'ho lasciato che dormiva* o anche *Sono andato via che dormiva* e così via [32].

---

[31] L''indebolimento' del *che* (che lo riduce, di fatto, ad una pura congiunzione) secondo alcune ipotesi non è un caso particolare di un continuum, ma costituisce l'essenza stessa della clausola relativa. In altre parole il *che* relativo non è affatto un pronome, ma solamente una congiunzione generica. Una posizione del genere è rappresentata ad esempio da Cinque (1989: 463-65) a proposito dell'italiano.

[32] A queste forme, che tutti sarebbero concordi nel considerare 'corrette', se ne possono aggiungere altre, di uso più locale, come *È una persona che le-*

Questo *che* crea difficoltà solo ai linguisti, che non sanno definirne la natura, anche se sanno bene che rimonta alle fasi antiche
dell'italiano (come nel famoso verso di Dante *lo dì c'han detto
ai dolci amici addio*), e che è ancora una volta diffuso in diverse lingue romanze. Non crea alcuna difficoltà, invece, ai parlanti che lo adoperano con straordinaria frequenza e disinvoltura
(Nencioni 1987: 289-90).

7. Tra morfologia e lessico

Concludiamo la nostra analisi con alcune considerazioni a cavallo tra morfologia e lessico. Esaminiamo solo alcuni fenomeni
specificamente italiani della forma superficiale dei lemmi, rife-
rendoci in particolare ai verbi, che sembrano essere più fortemente caratterizzati. In pratica, nel lessico italiano esiste peculiarmen-
te, oltre alle voci composte dal solo lemma verbale, un certo numero di liste di voci verbali plurime, costituite dal lemma verbale e da altri elementi.

7.1. Verbi complessi

Unico tra le lingue romanze, l'italiano ha un fitto elenco di
verbi costituiti dalla voce lessicale + un elemento aggiuntivo.
L'elemento aggiuntivo può essere di tre tipi: a) il clitico *ci*, b) u-
no o due clitici del tipo di *-se+ne* o *-se+la* (o anche il solo *-la*),
c) un avverbio o una preposizione, normalmente esprimenti movimento o direzione. Queste voci verbali, di alta frequenza di u-
so tanto nel parlato quanto nello scritto, hanno la proprietà che il
loro significato non può essere previsto a partire da quello delle
parti che le costituiscono, ma deve essere memorizzato separatamente. In particolare, quelle che comprendono clitici (*-ci*, *-se+ne*,
-se+la, *-la*) registrano un fenomeno tutto particolare: in esse il
clitico non opera affatto come tale, in quanto non si ricollega a

---

vati (cioè: "da lasciar perdere", "da starne alla larga"), *È una persona che te la
raccomando*. Forme come queste, malgrado il loro carattere locale, sostengono
l'idea dell'indebolimento del relativo.

nulla entro il testo (dunque, non opera come sostituente di qualcos'altro). Malgrado la loro importanza, questi verbi non hanno neppure un nome preciso nella tradizione grammaticale italiana. Qui li chiameremo *verbi complessi*. Eccone alcuni esempi:

a) verbo + *-ci*: *averci* "avere"[33] (*Ci hai mezz'ora di tempo?*), *capirci* (*Non ci ho capito niente*), *entrarci* (*Quante persone ci entrano?, Questo non c'entra* = Non è pertinente), *esserci, farci* (*Che ci fai qui?*), *restarci* (*male*), *rimetterci* (*In questo affare, ci ho rimesso*), *sentirci* (*Con questo rumore, non ci sento*), *starci* "essere d'accordo" (*Non ci è stata!*), *volerci* "essere necessario";

b) verbo + *-la/-sela/-sene*: *andarsene, avercela* (*con*), *farcela* "riuscire", *fregarsene, prendersela*, ecc;

c) verbo + avverbio o preposizione di movimento, equivalenti a voci semplici: andar dietro "seguire", *andare indietro* "arretrare", *andar sotto* "immergersi/decadere", *andar su* "salire/aumentare", *andare avanti* "avanzare", *buttar giù* "buttare/scrivere rapidamente/deprimere", *far fuori* "uccidere/eliminare", *portare avanti* "sviluppare", *tirar su* "sollevare/confortare", ecc.

Le proprietà che abbiamo illustrato possono essere dovute all'affioramento di elementi dialettali in italiano (ciò vale specialmente per i verbi complessi). I verbi della lista c), in particolare, costituiscono una complicazione notevole, perché in buona parte il loro significato non può essere previsto a partire dalla loro forma. *Buttar giù*, ad esempio, può significare a) "buttare (qualcosa) in basso", b) "scrivere (qualcosa) frettolosamente" e c) "deprimere, affliggere". Come si vede, il funzionamento di questi verbi (che probabilmente derivano da forme corrispondenti di dialetti italiani settentrionali) è molto somigliante a quello dei *phrasal verbs* inglesi (*set up, set off, blow up, drop by*, ecc.). Questi verbi italiani sono infatti, come quelli inglesi, pienamente sintagmatici: solo in pochi casi è possibile sostituirli con la pura e semplice testa verbale (*Mi ha fatto fuori* ma **Mi ha fatto*); per lo più solo la coppia sintagmatica è possibile.

---

[33] *Averci* merita qualche osservazione a parte. Nel parlato, specialmente di tipo informale, prende spessissimo il posto del puro e semplice *avere*: *hai tempo?/ci hai tempo?* Questo impiego è tipico dell'italiano centro-meridionale, ma si incontra ormai sempre più spesso in tutte le aree d'Italia, specialmente nelle forme colloquiali. Per il problema di *ci* cfr. D'Achille (1990: 261 sgg.).

7.2. *Verbi con riferimento personale*

Una proprietà tipica dell'italiano dal punto di vista lessicale è la
possibilità di associare, praticamente a qualsiasi verbo transitivo,
un pronome clitico personale indicante la persona in rapporto alla quale l'azione descritta viene vista. Questo uso è percepito come tipico del parlato informale, ma è facile trovarne esempi anche in registri più accurati. Illustrare questo meccanismo teoricamente non è facile; è meglio farne qualche esempio:

FORMA SENZA RIFERIMENTO PERSONALE	FORMA CON RIFERIMENTO PERSONALE
Ho bevuto una birra	Mi sono bevuto una birra
Ho fatto un lungo viaggio	Mi sono fatto un lungo viaggio
Abbiamo visto un bel film	Ci siamo visto un bel film.

Negli esempi citati, il riferimento personale ha un significato
evidente, che è quello di indicare la persona a vantaggio o a
svantaggio della quale l'azione descritta viene compiuta. In questo senso, le forme di verbo con riferimento personale sono probabilmente un'eredità del cosiddetto «dativo etico» latino, che a-
veva approssimativamente la stessa funzione. Ma ci sono altri casi in cui il riferimento personale serve a dare espressione a relazioni più complesse:

FORMA SENZA RIFERIMENTO PERSONALE	FORMA CON RIFERIMENTO PERSONALE
Ha portato mio figlio a scuola	Mi ha portato il figlio a scuola
Ha portato mio figlio a casa sua	Mi si è portato il figlio a casa
Scrivi questa lettera al posto mio?	Mi scrivi questa lettera?[34]
Chiami un taxi per me?	Mi chiami un taxi?

In questa funzione più larga, i verbi con riferimento personale indicano, secondo i casi: a) una relazione di proprietà o di pos-
sesso, b) la persona al posto della quale viene compiuta una certa azione, c) la persona a vantaggio della quale l'azione è compiuta. In taluni casi, due di queste funzioni possono comparire
nello stesso enunciato; in questi casi, i clitici si presentano in
coppia:

---

[34] È facile vedere che questo esempio significa anche "Scrivi questa lettera *a me* [o: a mio vantaggio]?".

FORMA SENZA RIFERIMENTO
PERSONALE

FORMA CON RIFERIMENTO
PERSONALE

Porti mio figlio a casa sua
(al posto mio?)

Mi gli porti il figlio a casa?

Esempi come quest'ultimo paiono strani soltanto se li osserviamo nella loro forma scritta. In realtà, nel parlato, sono correnti. (Si tratta di una specificità dell'italiano, a quanto pare; se ne trovano analoghi in alcune varietà meridionali del francese, forse ancora per influsso italiano; e in tedesco.) È facile vedere che alcune forme di questo tipo sono fortemente ambigue; la loro interpretazione dipende quindi dal contesto: *Mi fai una telefonata?* può significare infatti sia "Fai una telefonata a me?", sia "Fai una telefonata al posto mio?", sia infine "Fai una telefonata a mio vantaggio (o: per farmi piacere)?". Soltanto nel primo senso, la frase si può considerare dotata di un clitico vero e proprio; negli altri due, siamo invece pienamente nell'ambito del riferimento personale.

Bibliografia

Adams, J.N. (1976), *A typological approach to Latin word order*, in «Indogermanische Forschungen», 81: 71-99.

Bazzanella, C. (1987), *I modi dell'imperfetto*, in «Italiano e Oltre», 2: 18-22.

Benincà, P. et al. (1988), *L'ordine degli elementi della frase e le costruzioni marcate*, in Renzi 1988: 115-225.

Berchert, J. et al. (a c. di) (1990), *Toward a Typology of European Languages*, De Gruyter, Berlin-New York.

Bernini, G. (1989), *Tipologia delle frasi relative italiane e romanze*, in Foresti et al. 1989: 85-98.

Bernini, G.-Giacalone Ramat, A. (a c. di) (1990), *La temporalità nell'acquisizione di lingue seconde*, Angeli, Milano.

Berretta, M. (1985), *I pronomi clitici nell'italiano parlato*, in Holtus-Radtke 1985: 185-223.

Berretta, M. (1986), *Per uno studio dell'apprendimento dell'italiano in contesto naturale: il caso dei pronomi personali atoni*, in Giacalone Ramat 1986: 329-52.

Berretta, M. (1989), *Sulla presenza dell'accusativo preposizionale in italiano settentrionale*, in «Vox Romanica», 48.

Berretta, M. (1990), *E a me chi mi consola?*, in «Italiano e Oltre», 5: 31-35.

Berruto, G. (1985), *Per una caratterizzazione del parlato: l'italiano parlato ha un'altra grammatica?*, in Holtus-Radtke 1985: 120-53.

Berruto, G. (1987), *Sociolinguistica dell'italiano contemporaneo*, La Nuova Italia Scientifica, Roma.

Bertinetto, P.M. (1986), *Tempo, aspetto e azione nel verbo italiano. Il sistema dell'indicativo*, Accademia della Crusca, Firenze.

Bertinetto, P.M. (1990), *Perifrasi verbali italiane: criteri di identificazione e gerarchia di perifrasticità*, in Bernini-Giacalone Ramat 1990: 331-50.

Bertinetto, P.M. (1991), *Il verbo*, in Renzi-Salvi 1991: 13-161.

Blanche-Benveniste, C. (1990), *Usages normatifs et non normatifs dans les relatives en français, en espagnol et en portugais*, in Berchert *et al.* 1990: 317-35.

Carrera Díaz, M. (1984), *Curso de lengua italiana*, vol. I: *Parte teórica*, Ariel, Barcelona.

Cinque, G. (1988), *La frase relativa*, in Renzi 1988: 443-503.

Coleman, R.G.G. (1988), *Latin and the Italic Languages*, in Comrie 1988: 180-202.

Comrie, B. (a c. di) (1988), *The World's Major Languages*, Croom Helm, London.

Cordin, P. (1988), *I pronomi riflessivi*, in Renzi 1988: 595-605.

Cortelazzo, M.A. (1984), *Perché "a mí me gusta" sì e "a me mi piace" no*, in Holtus-Radtke 1984: 15-28.

D'Achille, P. (1990), *Sintassi del parlato e tradizione scritta della lingua italiana*, Bonacci, Roma.

Durante, M. (1981), *Dal latino all'italiano moderno. Saggio di storia linguistica e culturale*, Zanichelli, Bologna.

Ferreri, S. (1983-86), *The evolving gerund*, in «Journal of Italian Linguistics», 8: 25-66.

Foresti, F. *et al.* (a c. di) (1989), *Sintassi e morfologia della lingua italiana d'uso. Teorie e applicazioni descrittive*, SLI 17, Bulzoni, Roma.

Franchi De Bellis, A.-Savoia, L.M. (a c. di) (1985), *Sintassi e morfologia della lingua italiana d'uso. Teorie e applicazioni descrittive*, SLI 24, Bulzoni, Roma.

Gadet, F. (1992), *Le français populaire*, PUF, Paris.

Giacalone Ramat, A. (a c. di) (1986), *L'apprendimento spontaneo di una seconda lingua*, Il Mulino, Bologna.

Giacalone Ramat, A.-Ramat, P. (a c. di) (1993), *Le lingue indoeuropee*, Il Mulino, Bologna.

Harris, M.-Vincent, N. (a c. di) (1988), *The Romance Languages*, Routledge, London.

Holtus, G.-Radtke, E. (a c. di) (1984), *Umgangssprache in der Iberoromania. Festschrift für H. Kroll*, Narr, Tübingen.

Holtus, G.-Radtke, E. (a c. di) (1985), *Gesprochenes Italienisch in Geschichte und Gegenwart*, Narr, Tübingen.

Iacobini, C. (1992), *La prefissazione in italiano*, tesi di dottorato inedita, Roma.

Iacobini, C.-Thornton, A.M. (1992), *Tendenze nella formazione delle parole nell'italiano del XX Secolo*, in *Linee di tendenza* (1992).

Italiani parlati (1987) = AA.VV., *Gli italiani parlati. Sondaggi sopra la lingua di oggi* (*Firenze, 29-3/31-5-1985*) presso l'Accademia della Crusca, Firenze.

La Fauci, N. (1985), *Passivo e intransitivi*, in Franchi De Bellis-Savoia 1985: 327-43.

Lepschy, G.C.-Lepschy, A.L. (1981), *La lingua italiana oggi*, Bompiani, Milano.

Linee di tendenza, (1992), *Linee di tendenza dell'italiano contemporaneo*, SLI 25, Bulzoni, Roma.

Lo Duca, M.G. (1990), *Creatività e regole. Studio sull'acquisizione della morfologia derivativa dell'italiano*, Il Mulino, Bologna.

Lorenzo, E. (1966), *El español de hoy, lengua en ebullición*, Gredos, Madrid.

Muljačić, Ž (1991), *Scaffale italiano. Avviamento bibliografico allo studio della lingua italiana*, La Nuova Italia, Firenze.

Nencioni, G. (1987). *Costanza dell'antico nel parlato moderno,* in *Italiani parlati* (1987: 7-25), rist. in Nencioni 1989: 281-99, da cui si cita.

Nencioni, G. (1989), *Saggi di lingua antica e moderna*, Rosenberg & Sellier, Torino.

Nespor, M. (1988), *Il sintagma aggettivale*, in Renzi 1988: 425-41.

Oniga, R. (1988), *I composti nominali latini*, Pàtron, Bologna.

Pisacane, C.-Pecoraro, W. (1983-86), *Indirect Speech in Italian*, in «Journal of Italian Linguistics», 8: 67-106.

Policarpi, G.-Rombi, M. (ined.), *Dati di frequenza su un campione di italiano scritto.*

Puglielli, A. (s.d. [ma 1992]), *Aspetti della sintassi italiana*, Istituto della Enciclopedia Italiana, Roma.

Renzi, L. (1976), *Grammatica e storia dell'articolo italiano*, in «Studi di grammatica italiana», 5: 5-42.

Renzi, L. (1985), *L'articolo zero*, in Franchi De Bellis-Savoia 1985: 271-88.

Renzi, L. (a c. di) (1988), *Grande grammatica italiana di consultazione*, vol. I, Il Mulino, Bologna.

Renzi, L.-Salvi, G.P. (a c. di) (1991), *Grande grammatica italiana di consultazione*, vol. II, Il Mulino, Bologna.

Salvi, G. (1985), *L'infinito con l'articolo*, in Franchi De Bellis-Savoia 1985: 243-68.

Scalise, S. (1983), *Morfologia lessicale*, Unipress, Padova.

Schmitt-Jensen, J. (1970), *Subjonctif et hypotaxe en italien*, Odense University Press, Odense.

Schwegler, A. (1990), *Analyticity and Syntheticity. A diachronic per-

spective with special reference to Romance languages, De Gruyter, Berlin.

Simone, R. (1991), *Why linguists need variation. Reflections on Italian in "troubled contexts"*, in «Rivista di linguistica», 3: 407-21.

Simone, R. (in prep.), S*tructures of the written language that spoken language does not accept (and vice versa)*.

Solarino, R. (1992), *Tra iconicità e paraipotassi: il gerundio nell'italiano contemporaneo,* in *Linee di tendenza* (1992).

Tekavčić, P. (1972), *Grammatica storica dell'italiano*, vol. II: *Morfosintassi*, Il Mulino, Bologna.

Thornton, A.M. (1990-1991), *Sui deverbali italiani in «-mento» e «-zione»*, in «Archivio Glottologico Italiano», 75: 169-207; 76: 79-107.

Vincent, N. (1982), *The development of the auxiliaries «habere» and «esse» in Romance*, in Vincent-Harris 1982: 71-96.

Vincent, N. (1988a), *Italian*, in Harris-Vincent 1988: 279-313.

Vincent, N. (1988b), *Latin*, in Harris-Vincent 1988: 26-78.

Vincent, N.-Harris, M. (a c. di) (1982), *Studies in the Romance verb*, Croom Helm, London.

Vineis, E. (1993), *Il latino*, in Giacalone Ramat-Ramat 1993: 289-348.

Voghera, M. (1992), *Sintassi e intonazione nell'italiano parlato*, Il Mulino, Bologna.

Zolli, P. (1976), *Le parole straniere*, Zanichelli, Bologna.

Alberto M. Mioni

Fonetica e fonologia

1. Quando gli italiani hanno imparato a pronunciare l'italiano e come?

Solo da pochi decenni l'italiano è la lingua parlata — in modo più o meno corretto e più o meno esclusivo — dall'assoluta maggioranza della popolazione del nostro paese[1]. Ma come lo hanno acquisito gli italiani e da chi? Quasi fino al nostro secolo, gli italiani di regioni diverse dalla Toscana riuscirono a imparare la lingua nazionale non con l'acquisizione spontanea in contesto naturale, ma soprattutto con un apprendimento nella scuola, mentre ora essa viene sempre di più appresa con l'interazione quotidiana. Imparare una lingua vuol dire impossessarsi di tutte le sue componenti: lessico, sintassi, morfologia e anche fonologia.

All'inizio, l'apprendimento dell'italiano era basato sulla fruizione di testi scritti con scarso intervento dell'uso orale,

[1] Si è molto discusso su quanti siano stati gli italiani che, nelle varie epoche, fossero in grado di parlare la lingua ufficiale del nostro paese. T. De Mauro stimava che gli italofoni al momento dell'unificazione politica del paese ammontassero al 2,5% della popolazione, A. Castellani considerò tale stima troppo bassa e contropropose l'8,77%. Indipendentemente dalla quantità iniziale, è certo che tale numero è andato crescendo negli anni col progredire dell'alfabetizzazione e con l'aumento delle comunicazioni interne (ferrovie e strade) e l'ampliarsi della diffusione e dell'accessibilità dei mass media. In tempi recenti abbiamo una qualche idea della consistenza quantitativa degli italofoni non dai censimenti nazionali, nei quali non si fanno da un pezzo domande sulla lingua d'uso dei censiti (tranne che nelle province di Bolzano, Gorizia e Trieste), quanto da rilevamenti campione effettuati dalla Doxa e, di recente, anche dall'Istat. Per un bilancio quantitativo rinviamo p. es. a Coveri-Maffei Bellucci 1987.

dato che era ritenuto innaturale parlare una lingua che non fosse quella materna (e le vere lingue materne della maggioranza degli italiani furono per lungo tempo lingue regionali/dialetti o lingue delle minoranze nazionali), mentre si riservava la lingua ufficiale alla comunicazione scritta. In molti contesti — specie rurali — i pochi modelli di italiano parlato erano quelli offerti dai maestri. Infatti, non necessariamente le persone istruite — come, poniamo, medico, farmacista, segretario comunale e parroco — ritenevano che l'uso quotidiano della lingua nazionale fosse per loro uno *status symbol* obbligatorio: al massimo, essi usavano le varietà socialmente più pregiate della parlata locale, p. es. un dialetto tendente verso quello della città più prossima o di un altro centro di prestigio. Spesso anche la predicazione era tenuta, in tutto o in parte, in dialetto (ho il ricordo d'infanzia di omelie totalmente dialettali, in zone rurali) e non erano tutte in italiano neppure le lezioni scolastiche (i maestri rispondevano frequentemente in dialetto alle richieste di spiegazione, specie alle elementari). I maestri erano quindi l'esempio più accessibile di pronuncia dell'italiano. Essi, a loro volta, avevano appreso tale pronuncia nell'Istituto magistrale (nei primi decenni del secolo chiamato ancora Scuola Normale), in cui solo alcuni degli insegnanti provenivano da regione diversa. In sostanza, dunque, la pronuncia dell'italiano che si è venuta formando nelle più diverse regioni non poteva che subire una forte interferenza della fonologia della parlata locale e più che essere una vera 'fonologia' fu — per parecchio tempo — solo una pronuncia, cioè una resa orale dello scritto.

Questa particolare storia del formarsi delle varie pronunce dell'italiano nelle diverse regioni del paese fu solo in parte modificata dalla presenza, anche in passato, di *media* orali (teatro, anche popolare — con il coinvolgimento attivo di parlanti dialettòfoni che spesso recitavano in italiano —, opera, ecc.), che potevano fornire dei modelli di pronuncia esterni alla regione. Si vennero pertanto formando dei modelli di pronuncia locali, esemplati sull'uso dei ceti alto- e medio-borghesi della regione. Queste pronunce erano in parte alternative alla pronuncia-modello a base fiorentina che veniva da molti additata come ideale, per due ragioni: o perché subivano gli influssi delle parlate locali, o, meno frequentemente, perché adottavano forme lontane dal dialetto anche quando questo era vicino all'italiano (ipercorrettismo); così, p. es., in ital. regionale salentino c'è chi dice *sta*[dz]*ióne*, anche se — o proprio perché — il dialetto dice *sta*[t:s]*iuni*, con una [ts] sorda e una vocale alta, che avrebbe dovuto facilitare una pronuncia di tipo ortoepico.

A queste diverse pronunce locali sottostanno dunque anche diversi sistemi fonologici, per cui risulta molto difficile definire una sola fonologia dell'italiano: ci troviamo in realtà di fronte a un insieme (in termini tecnici: un diasistema) di almeno una ventina di diverse fonologie dell'italiano. Qui useremo come punto di partenza la pronuncia ortoepica tradizionale, ma accenneremo ampiamente ai fenomeni più rappresentativi delle fonologie regionali. Il modello proposto a chi volesse acquisire una «corretta pronunzia» dell'italiano era in passato quello del fiorentino colto, depurato di alcune particolarità locali, come la «gorgia toscana»[2] e la resa fricativa con [ʃ] e [ʒ] di /tʃ/ e /dʒ/ in posizione intervocalica, cui accenneremo più avanti. In realtà si trattava di una idealizzazione, in quanto le persone colte fiorentine non si curano necessariamente di eliminare dalla loro pronuncia queste peculiarità locali. Tale pronuncia era quella consigliata dai manuali di ortoepia (tra tutti, basti citare Bertoni-Ugolini 1939, manuale ufficiale della radio dell'epoca fascista, che preconizzava un contemperamento tra pronuncia fiorentina e pronuncia romana; Camilli 1965), dai corsi di dizione (p. es. Fiorelli 1965, Tagliavini 1965), dai trattati di fonetica (p. es. Canepari 1979) e dai vocabolari. Invece l'ultima opera di Canepari (1992), scritta da un autore che precedentemente aveva adottato — se non altro come termine di raffronto — una posizione purista, ci presenta finalmente e con coraggio un quadro ampio e criticamente discusso di pronunce attestate e con diverso grado di accettabilità, a seconda del contesto comunicativo in cui esse debbano essere impiegate. Lepschy-Lepschy (1981) sostengono che il modello di pronuncia attualmente più prestigioso e quindi più imitato è quello settentrionale, a causa del peso economico e sociale del Nord e specialmente del triangolo industriale, e propongono anche che esso sia tenuto presente nell'insegnamento dell'italiano agli stranieri. Galli de' Paratesi (1984) mostra la caduta di prestigio delle pronunce fiorentina e romana, ma sostiene anche che il Nord sarebbe più standardizzato di Firenze e Roma, tesi che tuttavia dipende dalle variabili scelte dall'autrice come caratteristiche dello standard.

---

[2] Si chiama gorgia toscana quel fenomeno di lenizione secondo cui le consonanti occlusive sorde /p t k/ si indeboliscono tra sonoranti, riducendosi a delle fricative, rispettivamente [Φ], [θ] e [h], giungendo in alcune zone o stili fino al dileguo totale: si tratta quindi di forme come *la* [Φ]*i*[Φ]*a* (per *la pipa* e non per *la fifa*), *la* [h]*asa*, *Pra*[θ]*o* o, addirittura, *Prao*.

2. Esiste o dovrebbe esistere
una pronuncia standard dell'italiano?

Ormai l'italiano è diventato una lingua ampiamente parlata: anche se forse non è ancora la madrelingua della maggioranza degli italiani, è comunque una seconda lingua che si può quasi dovunque apprendere o rinforzare in contesto naturale. Non è quindi più la lingua dei toscani o delle persone con un alto livello di istruzione. Per questo, se in passato si poteva forse giustificare l'auspicio di una certa unità di pronuncia (sostanzialmente esemplata sulla parlata delle classi colte di Firenze, una volta depurata di alcune particolarità da considerare ormai come un fenomeno dialettale), tale uniformità — in un'epoca di italofonia più o meno generalizzata — non è più facilmente realizzabile, né tanto meno auspicabile. Infatti, se l'italiano è ormai di «tutti», ciascuno ha un certo ragionevole diritto ad avere un suo italiano, purché l'italiano da lui posseduto non lo discrimini socialmente e gli assicuri un buon livello di comunicazione. In un passato anche recente l'ideale additato dai manuali di ortoepia delle più diverse lingue europee era quello di una pronuncia «esente da inflessioni dialettali» e che non tradisse la provenienza regionale del parlante. Tale ideale si può ritenere ancora giustificato solo per i professionisti della parola (attori, annunciatori e giornalisti radiotelevisivi), mentre tutti gli altri possono limitarsi all'obbiettivo più ragionevole di avvicinarsi a un sistema fonologico che mantenga le opposizioni più importanti e che sia accettato dall'ambiente/dagli ambienti in cui si troveranno a comunicare. Pertanto, l'obbiettivo può cambiare a seconda della mobilità che la vita lavorativa impone ai singoli, facendoli lavorare in una zona geograficamente e dialettalmente ristretta, o richiedendo invece ampi contatti con molte persone di regione diversa. (Si vedano ulteriori considerazioni sull'argomento in Canepari 1992.)

Primo scopo di ogni produzione orale è quello dell'efficacia comunicativa: bisogna essere in grado di usare una pronuncia che sia comprensibile agli interlocutori. Pertanto, una pronuncia con forte coloritura regionale può essere impiegata senza impedimenti alla comunicazione solo con persone della stessa provenienza, mentre con persone di diversa regione i parlanti dovranno approssimarsi di più a una pronuncia ortoepica, imparando a identificare e a evitare quei tratti locali che possono rendere incomprensibile la propria pronuncia. Analogamente, dipende dalla situazione l'impiego di una pronuncia più o meno accurata, con maggiore o minore chiarezza di articolazione (stile diligente ∼ negligente). Nel corso della presente trattazione segnaleremo alcuni tratti regionali che — specialmcnte fuori del loro territorio d'origine — possono rendere inefficace la comunicazione, o provocare discriminazione sociale.

3. Cenni metodologici: pronuncia, fonetica e fonologia

La descrizione dei suoni di una lingua può assumere varie impostazioni, in dipendenza dallo scopo della trattazione e dall'impostazione teorica adottata, e cioè:

— *pronuncia*: se ci si ponga come obbiettivo quello di collegare il sistema grafico ufficialmente ìn uso per una data lingua — che può essere più o meno corrispondente allo stato presente della lingua stessa, oppure essere accurato o difettivo (cioè che non distingue graficamente tutte le opposizioni che nella lingua in questione sono distintive) — con i suoni che ciascun segno (lettera o *grafema*) o gruppo di segni (*digramma* o *trigramma*) trascrive. Un'impostazione centrata sulla grafia è frequente nella manualistica italiana: essa ha però il difetto di dare il primato al sistema grafico che è secondario rispetto alla fonologia della lingua parlata e ha rispetto a esso una certa autonomia. Ciò è particolarmente vero quando il sistema grafico sia fortemente storico e non tenga sufficientemente conto dei mutamenti fonetici avvenuti nella lingua dopo la fissazione della grafia stessa. Essa non permette inoltre di cogliere il sistema fonologico della lingua stessa, che è primario, mentre la grafia ne è una resa secondaria, spesso imperfetta[3]; pertanto qui accenneremo alle convenzioni ortografiche, soprattutto nei casi in cui l'ortografia stessa abbia problemi di resa di certe sequenze fonologiche;

— *fonetica*: si potrebbe fare una lista dei *foni* (cioè dei suoni articolati) di una lingua, senza preoccuparsi di raggrupparli in classi di suoni distintivi (*fonemi*), ma una tale lista non permetterebbe da sola di cogliere generalizzazioni importanti sul sistema che sottostà a tali suoni: l'impostazione qui adottata sarà quindi prevalentemente fonologica e vedrà i foni non tanto come unità indipendenti, ma in quanto realizzazioni concrete (*allofoni*) dei fonemi (introduzioni, pratiche alla trascrizione fonetica sono Canepari 1979 e Mioni 1984)[4];

[3] Molte grammatiche tradizionali al capitolo *Pronuncia*, nel tentativo di giustificare certe convenzioni dell'ortografia corrente, contengono delle vere aberrazioni fonetiche e/o fonologiche, al punto da sostanziare con spiegazioni pseudo-scientifiche delle differenze grafiche arbitrarie, la cui unica giustificazione è quella della storia. Ad es., dal punto di vista fonetico-fonologico, le sequenze scritte *qu* o *cu* davanti a una vocale sono foneticamente del tutto equivalenti [kw], contrariamente a quanto cercano invano di dimostrare molte grammatiche. Solo che l'italiano ha mantenuto la grafia latina con *qu* in parole come *quaderno, quattro, aquila*, mentre non l'ha estesa a parole come *cuoco* o *scuola*, in cui la dittongazione di /ɔ/ in /wɔ/ ha prodotto analoghe sequenze /kw/. Anche parole come *scienza, coscienza, sufficiente, superficie, igiene* preservano arbitrariamente una *i* della grafia latina del tutto inutile dal punto di vista dell'italiano, dato che tale *i* non si dovrebbe pronunciare. Ma riprenderemo il problema ai §§ 4.4 e 5.1.2.

Tali opere adottano tuttora scelte terminologiche di fonetica articolatoria o acustica che sono sì tradizionali, ma scientificamente infondate o superate. Così, in fatto di consonanti, le velari /k g/ sono definite *dure* o *gutturali* (questo secondo termine è un po' troppo vago in quanto la gola è un po' troppo ampia, mentre l'articolazione di queste consonanti consiste in un'occlusione ottenuta tra dorso della lingua e velo del palato, ma è almeno non impressionista) per distinguerle da [tʃ dʒ] che vengono definite *dolci* o *palatali* (questo secondo termine è vago, ma almeno non inesatto); ma il termine *dolce* è anche usato per distinguere la *s* sonora [z] dalla corrispondente sorda [s], definita tradizionalmente *aspra*. Vedremo analoghe denominazioni impressionistiche a proposito delle vocali (cfr. oltre, nota 22). Si deve tuttavia segnalare il fatto che nell'ultimo decennio sono uscite due grandi opere di riferimento (Serianni 1988 e Renzi 1988-93) e molte grammatiche scolastiche e manuali di italiano scritti da linguisti professionisti, che hanno adottato finalmente una rigorosa terminologia scientifica.

[4] In questa trattazione, dovunque siano necessarie trascrizioni fonetiche o fonologiche accurate, abbiamo adottato i simboli dell'alfabeto dell'Associazione Fonetica Internazionale (IPA = International Phonetic Association; ultima revisione: agosto 1989), ormai di ampio uso in Italia per trascrivere la fonetica di

— *fonologia autonoma*: studia i suoni come un sistema organizzato di classi di foni (fonemi) che hanno la funzione di distinguere tra loro parole, sia nella percezione che nell'articolazione (indipendentemente da considerazioni morfosintattiche, che sono proprie dell'impostazione seguente), basandosi su opposizioni dirette in coppie minime o su di una considerazione dei contesti (coincidenti o complementari) in cui i vari foni compaiono. Un esempio dell'applicazione di quest'ultimo metodo, detto della distribuzione, è dato più avanti al § 4.3.1, a proposito dello status di /ts/ e /dz/. Per il sistema delle coppie minime (detto prova di commutazione) ci basti citare la coppia *bachi* /'baki/ e *baci* /'batʃi/, che mostra come, commutando l'occlusiva velare sorda [k] con l'affricata postalveolare sorda [tʃ], abbiamo due parole differenti e quindi [k] e [tʃ] appartengono a due unità fonologiche diverse. In base a ulteriori confronti confermiamo il fatto che in italiano esiste un fonema che decidiamo di rappresentare — com'è d'abitudine — col simbolo del suo allofono più usuale /k/ e un altro fonema /tʃ/; è a tale livello di analisi che dedicheremo principalmente questa rassegna (ulteriore discussione in Muljačić 1971 e 1972, Mioni 1983 e Svolacchia in stampa);

— *fonologia sistematica*: iniziata soprattutto con la grammatica generativa, vuole scoprire il modo più economico per

lingue straniere e, di recente, anche per l'italiano: la usano p. es. Zingarelli (1988) e, con qualche innovazione personale, Canepari in tutte le sue opere (da ultimo: 1992). I valori di tale alfabeto sono spiegati ai §§ 4-5; si osservi, tuttavia, che [:] segnala che la V o C che precede è lunga, [·] che è semilunga, ['] e [‚] prima dell'inizio di una sillaba segnalano che essa porta un accento tonico, rispettivamente primario e secondario. Si osservino, inoltre, le seguenti convenzioni, usuali tra i linguisti: [ ] trascrizione fonetica, / / trascrizione fonologica, ‹ › o corsivo: trascrizione in ortografia corrente; * = forma non grammaticale o non attestata; C = consonante, V = vocale; ∼ (o *vs.*, abbreviazione di *versus*) indica opposizione; un punto in basso serve, secondo le convenzioni dell'IPA, come segno di divisione di sillaba (es. *con.ten.to*): useremo questa convenzione quando sarà utile differenziare la «divisione in sillabe» scientifica (fonetica o fonologica) da quella dell'ortografia corrente. In passato si usavano altri alfabeti fonetici detti «dei romanisti», basati sul principio di impiegare molti diacritici a modifica del segno-base, cercando di evitare segni nuovi; una scelta di questo tipo (sia pure con numerosi digrammi) è adottata in Migliorini-Tagliavini-Fiorelli (1969), nel Lessico Universale (1968-81) e nel Garzanti (1987).

collegare tra loro parole morfologicamente apparentate, mediante una rappresentazione fonologica astratta ('soggiacente') e un insieme di regole/processi che rendano conto della diversità delle forme superficiali. Ad es., di fronte a forme come *grato*, *gratitudine*, *grazia*, *grazioso*, ecc., si può postulare un morfema lessicale con la forma /grat-/, che in /grat + ia/ subisce una regola di affricazione ([ti] → [tj] → [tsj]) che si applica davanti ad alcuni morfemi derivativi inizianti per vocale; accenneremo solo brevemente ad alcune di queste regole in vari punti della nostra trattazione (quasi esclusivamente basati su questa impostazione sono Saltarelli 1970, ormai invecchiato, e Nespor 1993). Si tratta però piuttosto di una morfofonologia che di una fonologia in senso stretto: a nostro avviso i due tipi di fonologia possono coesistere, perché svolgono funzioni diverse e complementari.

4. Inventario dei fonemi: consonanti

4.1. Consonanti

Daremo qui di seguito l'inventario dei fonemi consonantici dell'italiano secondo il sistema fonologico teorico dell'italiano ortoepico nella sua forma più purista, con cenni ai punti in cui vi siano divergenze regionali o sociali.

L'italiano non si differenzia da altre lingue d'Europa (Mioni 1973) per quanto riguarda le classi (o serie) di consonanti che lo caratterizzano: occlusive, affricate, fricative, approssimanti (laterali, vibranti, semiconsonanti), secondo il seguente schema, che contiene (posti tra parentesi quadre) anche alcuni allofoni rilevanti, che si dipartono da quelli più usuali dei vari fonemi [5]:

---

[5] Dal punto di vista tipologico, ciò che caratterizza il consonantismo italiano rispetto a quello delle altre lingue moderne dell'Europa occidentale è la presenza di ben quattro affricate fonologiche /ts dz tʃ dʒ/, di fronte al francese e al portoghese che non ne hanno nessuna, allo spagnolo che ha solo /tʃ/, all'inglese che ha solo /tʃ dʒ/ e al tedesco che ha /pf ts/ (mentre [tʃ] è piuttosto da considerare una sequenza di due fonemi che un fonema unico); ricchi

Tab. 1. Consonanti dell'italiano

ordine → serie ↓	bilabiali	labioden-tali	dentali	alveolari	postalveo-lari	palatali	velari
occlusive	p b		t d				k g
affricate			ts dz		tʃ dʒ		
nasali	m	[ɱ]		n		ɲ	[ŋ]
vibranti				r			
fricative		f v		s [z]	ʃ [ʒ]		
laterali				l		λ	
approssimanti						[j]	[w]

4.2. Luoghi di articolazione

La tabella richiede qualche commento: osserviamo, innanzi tutto, che la nostra lingua presenta sette ordini di C per luogo di articolazione (colonne verticali della tabella): bilabiali, labiodentali, dentali, alveolari, postalveolari (o palatoalveolari), palatali e velari. Però, dato che non si dà mai il caso di opposizione distintiva rispettivamente tra bilabiali e labiodentali, tra dentali e alveolari, tra postalveolari e palatali, gli or-

sistemi di affricate si trovano invece nelle lingue slave e in ungherese; caratteristica è anche la presenza di tre palatali /ʃ λ ɲ/: mentre /ʃ/ è ampiamente diffuso nelle lingue d'Europa, /ɲ/ è condiviso con francese, portoghese e spagnolo e /λ/ con portoghese e spagnolo (in francese è invece passato a /j/ da un paio di secoli: es. *famille* pronunciato un tempo [fa'miλə], ma ora [fa'mij], rispetto all'it. *famiglia* [fa'miλ:a]); ampia incidenza di palatali si ha invece nelle lingue slave. Tipicamente italiana è anche la correlazione di lunghezza consonantica, rappresentata in Europa soprattutto da alcune lingue non indoeuropee (come finnico e ungherese), mentre gran parte delle lingue indoeuropee d'Europa hanno perso la lunghezza consonantica da sei a sette secoli, per cui le consonanti grafiche doppie o sono inutili o servono ormai ad altri scopi (nelle lingue germaniche e in francese segnalano piuttosto la qualità aperta della V che precede).

dini distintivi sono in realtà raggruppabili in quattro: labiale, coronale (dentale e alveolare), palatale e velare. Vediamo ulteriori considerazioni riguardanti il luogo di articolazione:

— /s z n l r/ sono di solito lamino-alveolari, ma hanno una realizzazione nettamente apicodentale [s̪ z̪ n̪ r̪ l̪] quando siano davanti alle dentali /t d ts dz/; questo nella pronuncia standard, ma vi è un'importante oscillazione nella resa di /s z/, più arretrata (cioè con la lingua spostata più indietro rispetto alla posizione alveolare considerata più standard) in regioni come Emilia-Romagna o Veneto. Più chiaramente dentale è la resa in molte parti dell'Italia centrale, al punto che i gruppi -ns-, -ls-, -rs-, spesso presentano una [t] di transizione, neutralizzando coppie minime come *s'alza* ~ *salsa*;

— la resa di /tʃ dʒ/ (si tratta di *c(i)* e *g(i)* dell'ortografia) varia molto da regione a regione e può essere più avanzata con perdita di fricatività, riducendosi a quella di occlusive palatalizzate con frizione scarsa o nulla [tʲ dʲ] che si ha in certe regioni rurali venete, oppure a una articolazione apicale piuttosto che laminale di tipo emiliano romagnolo [ts̺ dz̺], o invece a un'occlusiva palatale con lieve frizione [c ɟ]; la varietà ortoepica è di solito articolata con la lamina della lingua un po' dietro gli alveoli con un contemporaneo lieve arrotondamento labiale;

— /k g/ sono più o meno fortemente avanzate davanti alle V palatali /i e ɛ/.

Alcune regioni (centrali e meridionali) mantengono un'opposizione tra occlusive velari e palatali che probabilmente era presente anche in fiorentino antico: /k/ ~ /c/, /g/ ~ /ɟ/[6], per cui vi sono coppie minime come /secci/ ~ /sekki/ (essendo il primo elemento plurale di *secchio* e il secondo di *secco*): si tratta rispettivamente della resa di gruppi del latino volgare -*c(u)l*-, -*t(u)l/-g(u)l*-, che in toscano oscillava tra usi cittadini e rurali, per cui abbiamo *Figline/Figghine*, *addiaccio/ghiaccio*, o grafie come *mastio* per *maschio*, ecc.

---

[6] I segni /c/ e /ɟ/ notano una specie di [kʲ gʲ] molto avanzate, che uditivamente sembrano una via di mezzo tra [kj] e [tj] e fra [gj] e [dj].

4.3. Modi di articolazione

4.3.1. Classi articolatorie. Quanto alla suddivisione delle C
secondo il grado di restringimento dell'apparato fonoarticola-
torio (righe orizzontali della tabella), vi sono tre classi di plosive: occlusive orali, occlusive nasali e affricate (si tratta di
c(i) e *g(i)* e delle due *z* dell'ortografia corrente); abbiamo
poi le fricative o costrittive, una vibrante e le approssimanti,
che sono o approssimanti laterali o semiconsonanti.

Alcune considerazioni sui quattro fonemi *affricati*. Nonostante la loro natura fonetica composita, essi sono ciascuno
fonemi singoli e non sequenze di due fonemi; lo si può dimostrare partendo dalle sonore /dz/ e /dʒ/, in quanto la prima
appare in contesti in cui può comparire /d/, oppure un gruppo consonantico come /dr/, ma non può comparire /z/ (p. es.,
in posizione iniziale possiamo avere /d/, /dr/, /dz/, ma non
/z/; quest'ultima è la *s* sonora di *rosa* ['rɔːza]). Quindi /dz/ è
da considerare come un'unità inseparabile; ancora più facile è
la dimostrazione per /dʒ/, in cui [ʒ] non può mai comparire
da sola[7]; per simmetria di sistema si decide che anche le sorde /ts/ e /tʃ/ sono monofonematiche.

Si tratta poi di decidere se *affricate sorde e sonore* siano effettivamente *in opposizione* tra loro. L'opposizione /tʃ/ ~ /dʒ/ si
può facilmente dimostrare con coppie minime del tipo *celato* ~
gelato. Più complessa è la discussione per /ts/ ~ /dz/, in quan-

---

[7] [ʒ] (del francese *abat-jour*) è presente, oltre che nei prestiti dal francese o
da altre lingue, nel toscano come resa di /dʒ/ in posizione intervocalica (o tra
vocale e [j w]), come in *ragione* /ra'dʒone/, toscano [ra'ʒoːne]. Però nel sistema
toscano [dʒ] e [ʒ] si escludono mutuamente (sono in distribuzione complementare), dato che [ʒ] appare in posizione intervocalica e [dʒ] in tutti gli altri contesti.
Anche questo trattamento toscano (da non imitare nella pronuncia ortoepica) è
una buona prova che /dʒ/ è un solo fonema, per il principio secondo cui se due
foni affini tra loro foneticamente appaiono in distribuzione complementare, essi
sono allofoni di uno stesso fonema.

Uno stereotipo per prendere in giro la pronuncia dell'italiano nei veneti era
quello della loro incapacità di rendere correttamente le affricate /ts dz/, sostituite
dalle corrispondenti fricative [s z]: tale fenomeno si riscontra sempre meno frequentemente e solo fra le persone più anziane e meno istruite, anche se rimane
comunque difficile una resa corretta di una parola che contenga due affricate,
come *pazienza*, spesso resa [pa'sjentsa].

to vi sono poche coppie minime o subminime (la più nota è *ra*[t:s]*a* "stirpe" ∼ *ra*[d:z]*a* "tipo di pesce"; subminima è: *mózzo* "apprendista marinaio; mozzato" ['mots:o] ∼ *mòzzo* "parte centrale della ruota", almeno in alcune parlate toscane e centrali ['mɔdz:o], ma in altre ['mots:o]) e l'opposizione si vede piuttosto dalla non complementarità dei contesti in cui /ts/ e /dz/ possono comparire. In toscano abbiamo infatti la seguente distribuzione:

		iniziale	intervoc.	dopo -*r*-	dopo -*l*-	dopo -*n*-
	/ts/	+	+	+	+	+
	/dz/	+	+	+	+	+
Esempi:	/ts/:	zio	azione	forza	calza	danza
	/dz/:	zero	azzurro	verza	Bolzano	sbronza.

Il fatto che ambedue queste affricate possano comparire negli stessi contesti dimostra che in toscano esse sono in opposizione tra loro; nella fonologia dei vari italiani regionali, invece, /ts/ e /dz/ non hanno la stessa distribuzione, né rispetto al toscano, né tra di loro. Per es., [ts] non compare mai in posizione iniziale negli italiani regionali settentrionali; in italiano meridionale abbiamo spesso [dz], dopo /n l r/; in italiano settentrionale abbiamo spesso [ts] in posizione postconsonantica dove il toscano ha [dz]: es. *Bolzano* [-ts-], *romanzo* [-ts-], ma non risulta che nessuna varietà di italiano giunga a una totale complementarità di distribuzione di [ts] e [dz] in maniera da annullare totalmente l'opposizione. Essa però ha un basso rendimento funzionale, cioè è un'opposizione poco 'utile' o poco utilizzata; ciò dipende anche dal fatto che questi due fonemi sono tra i meno frequenti del nostro sistema; inoltre, vi sono poche coppie minime e non vi è la stessa distribuzione dei due fonemi negli stessi contesti nei vari italiani regionali. Per questo ogni italiano è pronto — se si rivolge a persone di altra regione — ad attendersi delle *z* diverse dalle sue. Il fatto che la grafia italiana abbia un solo grafema *z* per ambedue i fonemi ha impedito in passato che l'opposizione venisse appresa uniformemente secondo la distribuzione toscana; viceversa, l'unicità della grafia serve a dare un'apparente unità a un insieme di usi differenti. (Dei problemi di lunghezza connessi con le affricate discuteremo fra poco[8]).

I fonemi nasali /m n ɲ/ non si distinguono tra loro (la distinzione è 'neutralizzata') in posizione preconsonantica, dove la nasale prende di solito il luogo di articolazione della C seguente: sarà così bilabiale davanti a [p b], labiodentale davanti a [f v], dentale davanti a [t d ts dz], alveolare davanti a [s z], ecc., palatalizzata davanti a [tʃ dʒ], e velare [ŋ] davanti a [k g], ma in alcune regioni settentrionali abbiamo in questo contesto solamente una velare, di solito debolmente articolata.

Siccome non tutti i dialetti italiani possiedono l'intera serie delle C palatali /ʃ λ ɲ/, esse sono diversamente rese nelle forme popolari dei vari italiani regionali: in quelli settentrionali, rispettivamente da [sj lj nj], col primo elemento più o meno fortemente palatalizzato: questo fatto può portare a neutralizzazioni in coppie minime come *li taglia* ~ *l'Italia* [li'ta:lja] o *campagna* ~ *Campania* [kam'pa:nja] (un caso inverso è quello di *niente*, quasi ovunque nella pronuncia corrente ['ɲɛnte]); nell'Italia centrale e in Sicilia abbiamo invece [j] per /λ/, per cui coppie minime come *paia* ['pa:ja] ~ *paglia* ['paj:a] finiscono per distinguersi solo per la lunghezza della [j].

Quanto alle realizzazioni del fonema /r/, esse variano molto da regione a regione e da individuo a individuo: la realizzazione ortoepica è anche la più diffusa: si tratta di una plurivibrante alveolare (dentale davanti a C dentale), che si può ridurre a monovibrante [ɾ] in sillaba atona o nella parlata trascurata o a ritmo veloce. I vari tipi di «r moscia» (i due tipi principali sono l'approssimante labiodentale [ʋ], assai simile a una [v], e vari tipi di *r uvulare* «alla francese» [ʀ ʁ ʁ̞̥], che assomigliano a una [g] debole) sono sempre più frequenti e non sono più stigmatizzati come un tempo. Nelle parlate regionali dell'Italia meridionale estrema (Sicilia, Calabria meridionale, Salento) sono diffusi vari tipi di *r* più o

---

[8] I dizionari normalmente segnalano i valori toscani delle *z* grafiche ponendo un diacritico per segnalare il fonema sonoro: così il Devoto-Oli (1987) e il Palazzi-Folena (1992) segnano la sonora con *ẓ*, il Garzanti con *ʒ*; invece lo Zingarelli (1988) segnala la differenza con l'uso della trascrizione IPA con [ts] e [dz].

meno retroflessa e più o meno fricativa, che danno luogo a gruppi retroflessi nelle combinazioni *tr* e *dr*. Anche la /l/ ha varie oscillazioni: p. es., un colorito palatale in varie zone del Veneto e uno velare in Campania e in Piemonte, specie in fine di sillaba.

4.3.2. Sonorità. Le coppie sorde ∼ sonore sono riportate nella tabella riservando alle consonanti sorde la posizione di sinistra, alle sonore quella di destra. Si osservi che l'italiano sfrutta bene il tratto di sonorità nelle occlusive, affricate e fricative, nelle quali abbiamo sei coppie di C sorde forti (cioè pronunciate senza vibrazione delle corde vocali e con maggiore tensione muscolare) che si contrappongono ad altrettante sonore leni (con vibrazione delle corde vocali e minore tensione muscolare), e cioè:

sorde: /p t   k   ts tʃ f/
sonore: /b d   g   dz dʒ v/.

Invece [ʃ] non ha nella pronuncia standard una controparte sonora se non nei prestiti, ma vedremo che [ʒ] è la realizzazione toscana di /dʒ/ in posizione intervocalica; sullo status delle due *s* discuteremo fra poco. Solo sonore sono /m n ɲ l ʎ r/, dette *sonoranti* o *sonanti*, perché provviste di sonorità spontanea. Di [j w] discuteremo più avanti.

È tipica di tutta l'Italia centro-meridionale una resa delle sorde forti con minore energia articolatoria (di solito come sorde leni o, nella pronuncia romana, con voce laringalizzata), al punto che, all'orecchio di un parlante di altra regione, sembra che neutralizzi l'opposizione tra sorda e sonora, fatto che avviene effettivamente solo in pronunce molto trascurate. L'imitazione di tali pronunce è stata sempre sfruttata a scopi comico-satirici (si pensi alle prese in giro di politici come Leone o De Mita). Fortemente indeboliti nelle stesse regioni sono anche i gruppi di nasale + occlusiva o fricativa ([nt] > [nd], [nd] > [n:], ecc.), in corrispondenza con le evoluzioni dialettali; al contrario, in alcune regioni come la Calabria centro-meridionale e il Salento si ha un rafforzamento ipercorretto, per cui *quanto* e *quando* tendono a neutralizzarsi in una pronuncia ipercorretta ['kwanto].

L'opposizione tra le due *s* ([s] sorda e [z] sonora) è valida solo in toscano[9] e solo in contesto intervocalico, con un numero limitatissimo di coppie minime (cinque o sei, tra l'altro non osservate tutte da tutti i parlanti), come *chiese* "domandò" ['kjɛ:se] ∼ *chiese* "luoghi di culto" ['kjɛ:ze]; *fuso* "arnese per filare" ['fu:so] ∼ *fuso* "part. pass. del v. *fondere*" ['fu:zo] e poche altre. Per questo l'opposizione sussiste soprattutto per il fatto che in contesto intervocalico possano comparire ambedue incondizionatamente dal contesto (ad es. *inglese* [iŋ'gle:se], rispetto a *francese* [fran'tʃe:ze])[10]. Tutte le altre regioni d'Italia hanno invece un solo fonema /s/, anche se con rese foneticamente diverse (allofoni diversi) in posizione intervocalica: [s], più o meno lenito, al Centro-Sud e [z] al Nord. Si può dunque dire che questa opposizione fonologica è ormai da considerare, piuttosto che parte dello standard, una particolarità dell'italiano regionale di Toscana.

Negli italiani regionali settentrionali è tuttavia possibile la presenza di [s] (sorde!) intervocaliche in parole derivate o in gruppi clitici (di solito parola + enclitica), come in *ri*[s]*urrezione* o in *affitta*[s]*i*, in cui la [s] è in posizione iniziale di morfema (*ri + surrezione, affitta + si*); vi è tuttavia la tendenza a sonorizzare la [s] in [z], a causa di una sempre più frequente perdita della cognizione del confine di morfema, con pronunce sonore ormai generalizzate in parole come *pre*[z]*entimento, pre*[z]*umere* o assai frequenti come in *pre*[z]*ide* o *ri*[z]*olto*. Tale trattamento è in aumento tra le giovani generazioni e tra le classi sociali emergenti (De Nicolao 1992) dell'Italia settentrionale. Un'imitazione ipercorretta di esso (co-

[9] I dizionari normalmente segnalano i valori toscani delle *s* grafiche ponendo un diacritico per segnalare il fonema sonoro: così il Devoto-Oli (1987) e il Palazzi-Folena (1992) segnano la sonora con *ṣ*, il Garzanti con *ſ*; invece lo Zingarelli (1988) segnala la differenza con l'uso della trascrizione IPA con [s] e [z].

[10] Si noti come il suffisso di ambedue queste parole derivi dal latino *-ensis*, che avrebbe dovuto pertanto avere un unico esito [-ese]. La presenza di [z] intervocalica in fiorentino è spiegabile o con l'adozione di pronunce lenite di origine rurale, o meglio con contatti con l'Italia settentrionale che ha sempre [z] in tale posizione. Quindi abbiamo mescolanza dialettale con «dispersione lessicale», cioè con parole che partecipano o non partecipano al fenomeno senza una ragione apparente, senza che si riesca a trovare uno o più campi lessicali in cui le parole abbiano tutte un trattamento indigeno o uno settentrionale.

niugata alla tendenza alla lenizione consonantica propria di
queste regioni) spiega certe pronunce meridionali con generalizzazione di [z] intervocalica, in frasi come *la* [z]*ua* [z]*olita*
[z]*ituazione* (da me sentita al telegiornale in bocca a un an-
nunciatore meridionale).

La *s* preconsonantica (detta tradizionalmente 's impura')
è sorda o sonora a seconda della C che segue, a cui si assimila: è quindi [s] davanti alle sorde [p t k f] (e anche davanti a
[tʃ] nelle pronunce non toscane)[11] e [z] davanti alle sonore [b
d g v] e alle sonoranti [m n l r][12]:

[s]: *sparare, stupido, scovare, sfinito*;
[z]: *sbattere, sdegno, sgolarsi, svenire, smemorato, srotolare.*

Nell'italiano di varie regioni meridionali alcune o tutte
queste *s* preconsonantiche sono palatalizzate, rispettivamente
in [ʃ] e [ʒ], con rese del tipo [ʃpa'rare] e ['ʒbat:ere].

4.3.3. *Durata: consonanti lunghe e brevi.*

Per quanto riguarda
la loro *durata*, le consonanti italiane si dividono in tre diversi
gruppi:
— *con lunghezza distintiva*, cioè in cui la breve ('scempia')
e la lunga ('doppia') sono in opposizione tra loro: il fenomeno riguarda quindici C, e cioè /p b t d k g tʃ dʒ f v s m n l
r/; basti pensare a coppie minime come: *coppia* ~ *copia, cac-
cio* ~ *cacio, carro* ~ *caro*, ecc.;
— *lunghe, non distintivamente, in taluni contesti* (almeno
nella pronuncia toscana): si tratta delle affricate /ts dz/ e
delle palatali /ʃ ʎ ɲ/, che sono lunghe tra due V, o tra una
V e [j w], p. es. in parole come *figlio* ['fiʎːo], *ascia* ['aʃːa],
eccezione [etːʃeˈtːsjoːne], *cazzuola* [kaˈtːswɔla], *paziente*
[paˈtːsjɛnte], *azienda* [aˈdːzjɛnda][13]; questa lunghezza è di

---

[11] Si tratta di combinazioni tra una *s-* privativa e una parola che inizia per
[tʃ]: in toscano la combinazione [ʃtʃ] viene ridotta a [ʃ], mentre in altre varietà
regionali, specie settentrionali, è per lo più preservata: ad es. *scentrato* e *scervel-
lato* in toscano [ʃenˈtraːto], [ʃervelˈlaːto], altrove [ʃtʃ-].
[12] In questo l'italiano differisce p. es. dall'inglese, che davanti a sonorante
ha solo [s]: cfr. ingl. *smog* [smɒg], rispetto alla resa italiana di questa parola, come [zmɔg].
[13] La notazione della lunghezza delle affricate pone dei problemi nel

solito sistematicamente realizzata anche nelle pronunce centro-meridionali, mentre in quelle settentrionali lo è solo nei
casi in cui l'ortografia usi il grafema doppio: p. es. *vizzi*
['vit:si], pl. di *vizzo*, e *vizi* ['vi:tsi], pl. di *vizio*, nella pronuncia
ortoepica sono ambedue ['vit:si] (vi sono anche alcune pronunce meridionali che distinguono le due parole appena citate);

— *solo brevi* ('scempie'): è il caso di [z], [j] e [w] (sullo
status fonologico di questi foni discuteremo più avanti).

In gran parte delle pronunce meridionali, come in quella
romana, anche /b/ e /dʒ/ sono sempre lunghe in analoghi contesti intervocalici, neutralizzando così la distinzione tra parole come *aggio* "interesse" ~ *agio* "comodità" o *libbra*
"misura di peso" ~ *libra* "voce del verbo librarsi"; questo
particolare trattamento di /b/ e /dʒ/ trae probabilmente le
sue origini da ipercorrettismo: cioè, al fine di evitare pronunce indebolite con [β] e [ʒ] sentite come volgari, si è 'esagera-
to' rendendo questi fonemi con una pronuncia più forte.

È nota la difficoltà degli italiani settentrionali a rendere le
C lunghe, sia del primo che del secondo tipo. Ciò è dovuto
all'assenza della lunghezza consonantica in gran parte dei dialetti settentrionali, che ha interferito sulla pronuncia regionale
della lingua standard, per cui le C lunghe sono rese in modo
variabile, in dipendenza dal grado di formalità del discorso e
dal livello di istruzione del parlante, che portano a percentuali diverse di realizzazioni corrette. Quasi del tutto assente è in
questi parlanti la resa lunga delle lunghe non ortografiche[14].

---

sistema di trascrizione IPA, in quanto in una affricata lunga in realtà si allunga solo la durata del momento occlusivo, mentre il momento fricativo
rimane relativamente immutato: abbiamo perciò usato le convenzioni [t:s d:z
t:ʃ d:ʒ], che però non sono le uniche in uso; abbiamo invece usato le grafie [tts
ddz ttʃ ddʒ] nei casi in cui fosse necessario segnalare la natura ambisillabica delle affricate lunghe — che si distribuiscono tra la coda di una sillaba e l'attacco
della seguente — e per segnalare più chiaramente l'inizio della sillaba tonica.

[14] Per es., nell'osservare il mio comportamento personale (ho come madrelingua l'italiano regionale veneto e il dialetto come lingua seconda), ho riscontrato che non arrivo, neppure nelle situazioni più formali, a pronunciare pienamente lunghe il 100% delle C lunghe segnalate dalla grafia e mi situo, nelle situazioni più formali, attorno all'80-85%; la mia pronuncia più spontanea presenta invece solo il 60-65% di realizzazioni corrette.

Anche in parlanti settentrionali abbiamo, tuttavia, delle rese
lunghe di tali C in caso di enfasi (p. es. in esclamazioni come
ecce[t:s]*ionale!!*): questo non vuol dire che questi parlanti abbiano capito la regola e la padroneggino, ma solo che essi
hanno una vaga percezione che allungare queste C provoca
un innalzamento di stile o una maggiore espressività.

4.4. *Notazione delle consonanti nell'ortografia*

Si osservi che la nostra ortografia corrente è più aderente alla fonologia dell'italiano attuale rispetto a quella di molte lingue europee
(come svedese, danese, francese e, soprattutto, inglese; il tedesco ha
una grafia abbastanza fedele alla fonologia della lingua, ma è caratterizzato da numerose alternative grafiche — non tutte storicamente
giustificate — per notare una stessa vocale, specie se lunga), ma lo è
meno di quelle spagnola e portoghese.

L'italiano conserva almeno alcune caratteristiche di grafia storica,
tra cui ricorderemo:

1) mantenimento di grafemi inutili in taluni contesti, in quanto
conserva *grafie latineggianti* di per sé non giustificate dalla fonologia
attuale della lingua: è il caso della sequenza *qu* che nota [kw] quasi
esclusivamente nelle parole che avessero questa sequenza grafica in
latino, mentre non si estende alle nuove sequenze [kw] formatesi in
italiano, come in *scuola* ['skwɔ:la], e della *i* nelle sequenze *scie* e
cie, dove non ha alcuna funzione grafica; nelle forme *ho* e *ha* si
conserva la *h* etimologica latina per distinguere queste forme dal-

---

Particolarmente difficile per un parlante settentrionale è la pronuncia corretta di due C lunghe vicine (tende ad abbreviarsi quella delle due che precede la
sillaba tonica: così *attacco* è più frequentemente resa come [a'tak:o] che come
[at'tako]), quasi impossibile quando esse siano tre, come in *attaccammo*. Si osservi, tuttavia, che non è molto facile, senza l'aiuto di misurazioni strumentali e
senza decisioni arbitrarie sulla soglia temporale al di là della quale una C possa
considerarsi lunga, distinguere una C lievemente allungata o semilunga da una
vera C lunga.

Assai frequente è anche il fenomeno dell'ipercorrettismo, per cui i parlanti
settentrionali talvolta producono delle lunghe non presenti nello standard, specie
nei nomi propri (p. es. *Luca* reso come *Lucca*). Di origine ipercorretta è anche
l'allungamento delle C brevi, con corrispettivo abbreviamento della V precedente
che si ha nell'italiano regionale sardo (si pensi alla pronuncia di noti uomini politici come Berlinguer o Cossiga). Nell'italiano regionale romagnolo si ha spesso,
al posto dell'allungamento della C, un notevole abbreviamento e centralizzazione
della V precedente (si ascolti, p. es., la registrazione di un discorso di Mussolini).

la congiunzione *o* e dalla preposizione *a* (non si è affermata la sostituzione di queste forme con le soluzioni più coerentemente italiane *ò* e *à*, che erano ancora considerate come varianti possibili a tutti gli anni Cinquanta);

2) *pluralità dei valori fonetici* di alcuni grafemi, digrammi e trigrammi, in dipendenza del contesto, e cioè:

a) notazione dell'opposizione tra occlusive velari e affricate postalveolari: i grafemi *c* e *g* hanno come loro valore normale quello velare /k g/ davanti a V velare o centrale (/u o ɔ a/) o davanti a C, e quello postalveolare /tʃ dʒ/ davanti alle V palatali /i e ɛ/: la grafia adotta quindi i digrammi *ci* e *gi* (in cui la *i* non dev'essere pronunciata in quanto ha pura funzione di diacritico di palatalità) per notare delle postalveolari /tʃ dʒ/ davanti a V velare o centrale, come in *ciurma, bacio, faccia*, e *ch, gh* per notare /k g/ davanti a V palatale; vi sono poi dei residui storici di notazione *cie* con una *i* giustificata etimologicamente (vedi la grafia latina), che non dovrebbe essere pronunciata: cfr. i casi di *specie, superficie, cielo, sufficiente, igiene*, ecc. [15];

b) *sc(i)* vale /sk/ davanti a V centrale o velare, /ʃ/ davanti a V palatale; anche in questo caso vi sono tuttavia residui storici di notazione *scie* con una *i* giustificata etimologicamente (vedi la grafia latina), che non dovrebbe essere pronunciata, come in *scienza, coscienza*;

c) *gn*, che nota la nasale palatale /ɲ/, è normalmente non ambigua, dato che ha questo valore davanti a qualsiasi V (p. es. *spegni, agnello, cagna, gnomo*, ecc.); si noti tuttavia che dopo tale fonema sono cadute delle [j] un tempo pronunciate, p. es. in casi come *spegnamo* [speɲˈɲamo], per i quali alcuni usano ancora la grafia *spegniamo*, specie per il congiuntivo;

d) *gl(i)*, contrariamente al caso precedente usa la *i* diacritica anche davanti a *e* (es. *figli*, ma: *figlia, figlie, figlio*, ecc.); vi sono però numerosi casi in cui *gl* vale [gl], come in *glicine* o *anglicano*, e quindi il digramma è ambiguo [16].

---

[15] Questa convenzione crea dei problemi nella notazione delle postalveolari in caso di elisione della *i*: per notare la sequenza *ci ha* quando sia pronunciata [tʃa] è invalsa la grafia, peraltro ambigua, *c'ha*; analogamente, si ricordi che una sequenza come *gli occhi* vale in toscano (e in varie parti dell'Italia centro-meridionale) [ˈʎɔk:i], mentre i settentrionali non fanno l'elisione e pronunciano [ˈʎɔk:i] o [ʎiˈɔk:i].

[16] L'origine di queste convenzioni ortografiche va ricercata in alcuni casi (*c(i), g(i), sc(i)*) nella conservazione di una grafia latina nonostante il mutato valore fonetico; *ch* deve probabilmente la sua *h* a prestiti greci non palatalizzati (come *cherubino*; l'*h* viene poi estesa a *gh*); in latino tardo *gn* si

3) era, fin dalle sue origini, *difettiva* anche rispetto alla lingua che essa trascriveva (in sostanza, il fiorentino), in quanto non distingue quattro coppie di fonemi (z = /ts/ e /dz/, s = /s/ e /z/, e = /e/ ed /ɛ/, o = /o/ ed /ɔ/) e non distingue neppure [i] da [j] e [u] da [w], il cui status fonologico è assai discusso, ma la cui differenziazione avrebbe permesso di identificare meglio molte parole. Si ricordi che nel Cinquecento il vicentino G. G. Trissino aveva proposto segni speciali per tener conto nell'ortografia di tutte queste distinzioni. Il fatto che la grafia italiana non ne tenesse conto spiega come vi siano tipiche discordanze tra i vari italiani regionali nella resa di questi fonemi.

5. Inventario dei fonemi: vocali e dittonghi

5.1. Vocali

Come si vede dalla tabella 2, in italiano abbiamo sette fonemi vocalici, disposti secondo uno schema triangolare, in quanto il sistema prevede (contrariamente a inglese, francese aulico e tedesco, Mioni 1973) una sola *a* (centrale).

Tab. 2. Vocali dell'italiano

	anteriori (palatali)	centrale	posteriori (velari)
alte (chiuse)	i		u
medio-alte (semichiuse)	e		o
medio-basse (semiaperte)	ɛ		ɔ
bassa (aperta)		a	

pronunciava — almeno in Italia — [ɲ] indipendentemente dal contesto (i valori del latino classico dovevano essere stati prima [gn] e poi [ŋ:]), *gl* sembra aver copiato da *gn* l'uso di *g* come diacritico di palatalità.

Esse si possono così classificare:

— secondo il *luogo di articolazione* in tre ordini: palatali o anteriori, centrale (prevelare) e posteriori o velari, a seconda che la parte più alta della lingua, nell'articolarle, sia volta verso il palato duro o verso il velo del palato (la *a* ha una posizione intermedia tra le due)[17];

— secondo l'*altezza della lingua* (o l'*apertura*, cioè l'ampiezza dell'angolo intermascellare)[18] in quattro serie: alte (o chiuse), medioalte (o semichiuse), mediobasse (o semiaperte), bassa (o aperta).

L'opposizione tra le V medie e quelle alte e basse è dimostrabile con la seguente serie minima: *pizzo* ∼ *pezzo* [ε] ∼ *pazzo* ∼ *pozzo* [o] ∼ *puzzo*[19]; l'opposizione tra V medioalte e mediobasse si può vedere in coppie minime come le seguenti:

/e/ ∼ /ε/: *accétta* "ascia" ∼ *accètta* "voce del v. accettare"; *affétto* "taglio a fette" ∼ *affètto* "attaccamento; io ostento"; *vénti* "20" ∼ *vènti* "pl. di *vento*"; *céro* ∼ *c'èro*; *e* (congiunzione) ∼ *è* (verbo);

/o/ ∼ /ɔ/: *bótte* "recipiente per il vino" ∼ *bòtte* "percosse"; *cólto* "istruito" ∼ *còlto* "raccolto"; *vólto* "viso" ∼ *vòlto* "giro"; *pórci* "porre + -ci" ∼ *pòrci* "maiali", *o* (congiunzione) ∼ *ho* (verbo).

---

[17] L'italiano differisce pertanto dal francese e dal tedesco per il fatto di non avere delle V anteriori arrotondate come [y ø œ], che sono presenti però nei dialetti dell'Italia nord-occidentale.

[18] La linguistica recente preferisce privilegiare la classificazione delle vocali in termini di altezza della lingua, in quanto l'apertura sembra essere un tratto tutt'al più subordinato all'altezza. Per es., è normale che una [a] sia pronunciata con la bocca aperta, ma essa rimarrebbe ugualmente [a] se fosse pronunciata con la bocca più chiusa, purché la lingua resti abbassata; viceversa, una [i] rimarrebbe sempre una [i] anche se pronunciata con la bocca aperta, purché la lingua rimanga alzata verso la zona palatale.

[19] L'unica *serie minima* (cioè serie di coppie minime) che presenti tutti i sette fonemi vocalici italiani è quella proposta da G. B. Pellegrini: *pista* ∼ *p*[e]*sta* (voce del verbo pestare) ∼ *p*[ε]*sta* (it. antico per *peste*) ∼ *pasta* ∼ *p*[o]*sta* (part. pass. del v. porre) ∼ *p*[ɔ]*sta* (spedizione della corrispondenza) ∼ *puszta* ['pusta] (pianura ungherese), che comprende però una parola desueta e una straniera; ma si confronti l'affine serie subminima, che contiene solo parole dell'italiano contemporaneo: *piste* ∼ *péste* "orme" ∼ *pèste* "morbo epidemico" ∼ *póste* ∼ *pòste* ∼ *buste*.

Tuttavia, tale sistema a sette V vale solo in sillaba tonica: in sillaba atona esso si riduce a cinque, perché in tale contesto non sono mantenute le opposizioni tra V medioalte e mediobasse (cioè è neutralizzata l'opposizione rispettivamente tra /e/ ed /ɛ/ e quella tra /o/ ed /ɔ/): così *aff*[e]*ttato* può voler dire sia "tagliato a fette", sia "artificioso", una *botterella* è piuttosto una "piccola botta", ma potrebbe teoricamente valere anche come "piccola botte" (il discorso opposto vale per *botticina* e *botticella*, che di solito valgono "piccola botte").

Si osservi che vi è una lacuna di distribuzione delle V italiane: normalmente *u* ricorre — in parole italiane 'indigene' — in fine di parola solo tonica (*tribù*); viceversa, in posizione finale tonica non si ha /o/, ma solo /ɔ/: p. es. l'adattamento più frequente del nome di colore *bordeaux* derivato dall'omonima città francese è piuttosto /bor'dɔ/ che /bor'do/ (per l'omonimo vino sembrerebbe altrettanto frequente la pronuncia con /o/: ma si tratta di una scelta stilisticamente marcata, Canepari 1992).

Gli studiosi non sono d'accordo (ma forse non lo sono neppure i parlanti!) sulla resa effettiva di *e* ed *o* in posizione atona; vi sono tre diverse opinioni: 1) si avrebbero solo V medioalte [e o]; 2) si avrebbero delle realizzazioni medie, cioè intermedie tra [e] ed [ɛ] e tra [o] ed [ɔ]; 3) il timbro della V dipenderebbe da quello della V della sillaba seguente (realizzazione mediobassa se quest'ultima è mediobassa o bassa, medioalta se è medioalta o alta); si tratterebbe, pertanto, di un fenomeno di 'armonia vocalica'. Le sillabe con un accento secondario conserverebbero il loro timbro originario, ma anche questo non è definitivamente assodato. Si spera però che gli studi di fonetica sperimentale diano al più presto informazioni più copiose su ambedue i problemi.

Importantissimo è però il fatto che solo una metà delle pronunce regionali italiane ha l'opposizione tra le medioalte e le mediobasse in sillaba tonica, e quindi per molti parlanti le coppie minime sopra elencate non valgono. Ecco una tipizzazione dei vari sistemi vocalici degli italiani regionali (maggiori dettagli in Canepari 1980, da cui abbiamo ricavato gran parte delle nostre informazioni):

— sistemi con *sette fonemi vocalici*, ma con diversa distribuzione rispetto allo standard (in cui cioè medioalte e mediobasse non compaiono nelle stesse parole del fiorentino; si osservi che per molte parole vi sono differenze anche tra le città della Toscana centrale): si tratta di gran parte dell'Italia centrale, della Campania, della Basilicata e del Molise, nonché del Veneto, del Trentino e forse del Friuli; p. es., nel Veneto, una parola come *centotré* ha le V medie esattamente invertite rispetto al toscano: [tʃento'trɛ] rispetto a tosc. [tʃɛnto'tre]; sono note le differenze tra Firenze e Roma (*colónna* ∼ *colònna, lèttera* ∼ *léttera*);

— sistemi in cui si hanno sì *sette vocali fonetiche*, ma solo *cinque fonemi vocalici*, in quanto l'altezza delle V medie è condizionata dal contesto e non dà quindi luogo a opposizioni distintive: così in Lombardia, Piemonte, Emilia-Romagna e forse Liguria si tende ad avere V aperta (mediobassa) in sillaba chiusa e V chiusa (medioalta) in sillaba aperta. Così, p. es., a Milano si ha *biciclètta*, ma *béne*. Una situazione analoga vale anche per il sardo, dove però le V medie si armonizzano con la V della sillaba seguente[20];

— sistemi in cui vi sono solo *cinque vocali*, in cui quelle medie hanno valori intermedi tra medioalto e mediobasso: sono così i sistemi dell'Italia meridionale estrema e della Venezia Giulia.

Le realizzazioni concrete dei singoli fonemi variano molto da regione a regione: p. es. in Piemonte e nella zona di Napoli abbiamo una /a/ velare [ɑ], in Emilia-Romagna invece /a/ è piuttosto [æ], mentre è molto aperta la /ɔ/ [ɒ]; nelle parlate regionali meridionali non estreme abbiamo poi un notevole indebolimento e centralizzazione delle V atone, che in fine di parola spesso si riducono a una *e* indistinta [ə]. In questi sistemi /i u/ tendono ad essere più aperte, specie in sillaba atona (con timbri di tipo [ɪ ʊ]); il fenomeno è particolarmente evidente in siciliano.

5.1.1. Durata delle vocali. Il valore della durata delle V è condizionato dalla struttura della sillaba (per cui cfr. oltre, § 6) ed è basato sulla seguente regola: sono lunghe solo le vocali che siano a) toniche, b) finali di sillaba (in sillaba aperta), c) in sillaba non finale; tutte le altre vocali sono brevi.

Es.: (solo con V brevi) *porto, portò* ma *poro* (con la prima V lunga); il fatto che parole come *posto* abbiano la prima V breve ci mostra come la sillabazione fonetica reale sia *pos.to*[21]. (Per ulteriori approfondimenti rinviamo a Marotta 1985.)

---

[20] In ambedue i tipi di trattamento, però, il fenomeno non è totalmente sistematico e vi sono numerose eccezioni, di solito in direzione della pronuncia standard.

[21] Non sono ancora definitivamente appurati i valori di durata delle V toniche in terzultima sillaba (*pòpolo*) e sotto accento secondario (*,benedi'cen-*

5.1.2. Notazione delle vocali nell'ortografia. La grafia corrente italiana non distingue normalmente tra loro le V medie, a meno che non siano toniche, nel qual caso si usa l'accento acuto per le medioalte (*é, ó*), il grave per le mediobasse (*è, ò*), come in *perché, comò*. Si osservi però che:

— tale distinzione è impiegata correttamente solo dai tipografi più accurati; nella grafia manoscritta si suole evitare il problema usando un 'accento a barchetta', simile al segno metrico della breve (*ĕ, ŏ*); le altre V toniche sono tutte annotate, se necessario, con l'accento grave (*à, ì, ù*), anche se sarebbe più accurato usare l'acuto sulle V alte (*í, ú*) e il grave sulla bassa (*à*);

— qualora si segni l'apertura delle medie, si adottano usualmente i valori toscani: quindi *sé* e non *sè*, *perché* e non *perchè*.

L'ortografia corrente non distingue neppure le vocali piene dalle semiconsonanti e dalle semivocali, di cui parleremo nel successivo paragrafo.

5.2. Dittonghi

Abbiamo un dittongo quando due elementi vocalici siano presenti nella stessa sillaba: non essendo normalmente possibile avere una sillaba con un doppio apice, uno solo di essi fa da apice di sillaba, mentre l'altro perde la sua natura di elemento sillabico e ha un'articolazione più rapida e più chiusa; in italiano, almeno nella pronuncia lenta, solo [i] e [u] *possono* (non debbono: non abbiamo ancora uno studio esauriente del problema) perdere la loro sillabicità, prima o dopo un'altra V [22]. Avremo così:

te), per i quali sarebbero necessari studi sperimentali più ampi e approfonditi di quelli svolti finora.
[22] Le grammatiche tradizionali chiamano /i u/ vocali 'dolci' o 'molli' a causa di questa loro proprietà, mentre sarebbero 'aspre' o 'dure' le altre: tale terminologia non ha alcun fondamento scientifico (abbiamo già visto alla nota 3 come il termine 'dolce' sia impiegato in tali grammatiche con i significati più vari!). In realtà perdono più facilmente la loro sillabicità le V più alte o più basse, perché esse stanno al limite tra l'articolazione vocalica e quella consonantica.

— *dittonghi ascendenti*, come [ja] o [wa], in cui l'elemento a-sillabico (chiamato tradizionalmente «semiconsonante») è il primo, per cui vi è un progressivo aumento del grado di apertura e di intensità sonora;

— *dittonghi discendenti*, come in [au̯ ai̯], quando tale elemento (tradizionalmente «semivocale») sia il secondo, per cui vi è una progressiva diminuzione del grado di apertura e di intensità sonora.

Sia le vocali che le semivocali e le semiconsonanti appartengono alla classe fonetica delle *approssimanti* (realizzate con articolazione molto aperta), tuttavia le semiconsonanti sono più chiuse delle semivocali e quest'ultime più chiuse delle V che fanno da apice di sillaba; per questo qui abbiamo adottato anche una diversa notazione ([j w] nel primo caso e [i̯ u̯] nel secondo) [23].

L'inventario dei dittonghi italiani è il seguente (cfr. Muljačić 1972: 85-89):

[23] È un fenomeno recente dell'italiano quello di sentire sempre di più [j w] come delle consonanti (o addirittura C lunghe): questo spiega un certo imbarazzo nella scelta dell'articolo davanti a parole inizianti per [j w], non solo di origine straniera. Per [j] è sempre più frequente un trattamento consonantico: p. es. ci sono parlanti che stentano ad accettare forme elise come *l'iodio* e tendono a dire *lo iodio*, adottando cioè l'allomorfo dell'articolo che si usa davanti a gruppo consonantico o a C lunga e non *il iodio*, che sarebbe la forma che si adotterebbe davanti a una sola C; analoghe soluzioni si adottano per i prestiti: *l'yacht*, oppure *lo yacht*, ma non *il yacht*. Tale scelta è probabilmente da spiegare come un'estensione ad altri contesti della [j:] fricativa e lunga che si ha in molte varietà centro-meridionali di italiano come resa locale di /ʎ/. Quanto a [w], sembra che esso mantenga il suo trattamento 'vocalico' nelle parole italiane (tutti continuano a dire *l'uomo* e non *il uomo* o *lo uomo*), mentre il trattamento delle parole straniere oscillerebbe piuttosto tra il trattamento 'vocalico' e quello di C singola (*l'whisky/il whisky*, ma non *lo whisky*, *l'walkie-talkie/il walkie-talkie*, ma non *lo walkie-talkie*).
La nostra lingua ha già effettuato in passato delle semplificazioni di gruppi iniziali di sillaba contenenti [w], ma tale semplificazione (tipicamente toscana in origine) si è generalizzata dopo palatale (*spagnolo* e non più *spagnuolo*, *figliolo* e non più *figliuolo*, *gragnola* e non più *gragnuola*), mentre forme toscane come *nòvo* o *bòno* non si sono affermate. Si osservi anche che un trattamento consonantico per [w] è comprensibile nelle pronunce popolari emiliane e romagnole, che hanno una specie di *v* (l'approssimante labiodentale [ʋ]) sia per [w] che per [u̯], come in [ˈʋɔvo] per *uovo* e [auˈgusto] per *Augusto*.

V sillabica:	i	e	ɛ	a	ɔ	o	u
ascend. con [j]:	[—	je	jɛ	ja	jɔ	jo	ju]
ascend. con [w]:	[wi	we	wɛ	wa	wɔ	wo	—]
discend. con [i̯]:	[—	ei̯	ɛi̯	ai̯	ɔi̯	oi̯	ui̯]
discend. con [u̯]:	[—	eu̯	ɛu̯	au̯	—	—	—].

Esempi: *vecchietto* [je], *vieni* [jɛ], *bianco* [ja], *iodio* [jɔ], *ione* [jo], *fiuto* [ju];
qui [wi], *questo* [we], *guercio* [wɛ], *quattro* [wa], *buono* [wɔ], *affettuoso* [wo];
nei (prep. art.) [ei̯], *nèi* (pl. di *neo*) [ɛi̯], *ai* [ai̯], *tuoi* [ɔi̯], *noi* [oi̯], *cui* [ui̯];
Europa [eu̯], *feudo* [ɛu̯], *Augusto* [au̯].

Si osservi come non esistano i dittonghi [ji wu i̯i u̯u], che presenterebbero due timbri uguali. I dittonghi discendenti con [u̯] possibili sono attestati esclusivamente in prestiti (p. es. latinismi, grecismi), mentre non esistono [ou̯ ɔu̯ iu̯]. I discendenti con [i̯] possono oscillare in posizione tonica tra realizzazione monosillabica e bisillabica, come in *mai* ['mai̯] (una sillaba) o, sotto accento o enfasi, ['ma:.i] (due sillabe).

Vi sono in italiano anche rari casi di *trittonghi*, che possono essere o ascendenti discendenti (semiconsonante + V + semivocale), come in *tuoi* [twɔi̯], o ascendenti, costituiti da due semiconsonanti + V, come in: *sciacquiamo* [ʃak'kwja:mo] [24].

Nell'ambito dell'enunciato, specie se effettuato a tempo allegro, perdono di sillabicità anche le V medie, dando luogo a dittonghi fonetici e non fonologici (è il fenomeno che in metrica si chiama *sineresi* o *sinizesi*), come in *vado a casa*, pronuncia lenta: *va-do-ac-ca-sa*, ma veloce: *va-doac-ca-sa* (una sillaba in meno e un dittongo fonetico [o̯a]).

_____

[24] Molte trattazioni tradizionali considerano spesso 'dittonghi' o 'trittonghi' qualsiasi sequenza di due o tre grafemi vocalici: invece questi grafemi possono anche essere dei diacritici (in *ciao* ['tʃa:.o], *ia* non è un dittongo e *iao* non è un trittongo, dato che la *i* è un diacritico), o appartenere a due sillabe diverse, per cui non formano dittongo (come in *sciare* [ʃi.'a:re]).

Si è molto discusso se semiconsonanti e semivocali siano fonemi separati dalla V di cui sono la variante asillabica. Le regole che rendono conto della perdita di sillabicità di taluni suoni vocalici in italiano non sono totalmente appurate. Quello che è certo è che coppie come *spianti* [spi.'anti] "che spiano" ~ *(tu) spianti* ['spjanti] "voce del v. spiantare" o *li odio* [li 'ɔ:djo] ~ *l'iodio* ['ljɔ:djo] sono vere coppie minime solo se non si tiene conto delle frontiere morfologiche (*spi+ant+i, s+piant+i; li+odi+o, +iodi+o*), e cioè se si adotta una concezione molto concreta di fonologia, vicina ai fatti fonetici.

6. Struttura della sillaba

È solitamente definito *sillaba* il raggrupparsi di fonemi (in genere consonanti) attorno a un centro d'intensità sonora (di solito una vocale), detto "elemento sillabico" o "nucleo". Tuttavia, mentre è relativamente facile — almeno a un ritmo lento di enunciazione — contare le sillabe delle parole, lo è assai meno fissare in modo scientificamente fondato i confini tra le sillabe. I criteri per la cosiddetta "divisione in sillabe" usata nella grafia italiana per andare a capo non sempre coincidono con i risultati della linguistica recente. La principale discrepanza risulta quella del trattamento della cosiddetta 's impura' (*s* seguita da C), che nell'ortografia si assegna alla sillaba seguente, mentre foneticamente appartiene a quella precedente, come vedremo oltre.

La fonologia recente ha una concezione di sillaba strutturata gerarchicamente, secondo il seguente schema [25]:

---

[25] Tale concezione viene ripresa da posizioni di studiosi del passato, come l'americano K. Pike, ma è anche sostanzialmente coincidente con quella tradizionalmente usata dai grammatici cinesi. Nello schema traduciamo con "attacco" il termine inglese *onset*; Nespor (1993: 152) usa invece il latinismo *incipit*.

In epoca strutturalista e anche nel periodo del primo generativismo, il problema della fissazione delle frontiere di sillaba era invece affrontato con strumenti inadeguati, basati su di una concezione lineare della sillaba, parten-

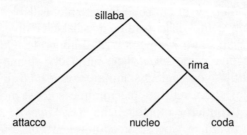

L'unico elemento strettamente obbligatorio perché si possa parlare di sillaba è il nucleo (che in italiano può essere solo costituito da una vocale), anche se la 'forma canonica' di sillaba più frequente in italiano è CV (attacco costituito di una sola C e rima costituita da una sola vocale/nucleo, senza alcuna coda consonantica).

Studi recenti hanno appurato che l'organizzazione della sillaba segue certe leggi preferenziali (cfr., p. es. il contributo fondamentale di Vennemann 1988, che riprende vari altri lavori dello stesso autore, come Vennemann 1986), secondo le quali si avrebbe un crescendo di intensità sonora nell'attacco e un decrescendo nella coda (o, viceversa, un decrescendo di forza consonantica nell'attacco e un crescendo nella coda): cioè, nel caso in cui si abbia un attacco ramificato costituito da due o più consonanti, quelle con minore intensità sonora precederebbero quelle con maggiore intensità sonora. Scale di intensità sonora (o, con valori opposti, di forza consonantica) sono state messe a punto da vari autori in tempi recenti, anche se analoghe proposte non sono certo mancate in passato (anche F. de Saussure, il fondatore dello strutturalismo europeo, ne aveva formulata una nel suo *Cours de linguistique générale*). Vennemann (da ultimo, 1988: 9) propone, p. es., la seguente (ampie discussioni anche in Vogel 1982: 89-102):

do da liste delle sequenze consonantiche che, nelle diverse lingue, possono comparire in posizione intervocalica.

plosive sorde	
plosive sonore	↑
fricative sorde	
fricative sonore	maggiore forza consonantica
nasali	
vibranti	
laterali	maggiore intensità sonora
vocali alte	
vocali medie	↓
vocali basse	

Queste teorie spiegano alcune restrizioni quanto ai gruppi consonantici che possono apparire nell'attacco e nella coda della sillaba (cfr. anche Svolacchia in stampa; Nespor 1993):

— se l'*attacco* consta di una sola C, essa può essere una qualsiasi delle C italiane; se esso è ramificato, comprende cioè più di una C, normalmente la seconda dev'essere una liquida (o /r/ o /l/, mentre /λ/ non può figurare in questa posizione, date le sue caratteristiche di C intrinsecamente lunga; un inizio /tl/ figura solo in parole greche e /dl/ non è attestato) o una semiconsonante [w] o [j]; sono anche possibili, ma solo all'inizio di parola, sequenze di /s/ + uno degli altri attacchi permessi (singola C o C + liquida); si osservi tuttavia che queste sequenze violano la scala di sonorità, quando si abbia /s/ più una occlusiva (in sequenze come /sk/ abbiamo /s/ che è più sonora di /k/ o in /skr/ l'intensità sonora decresce da /s/ a /k/ per poi risalire da /k/ a /r/); per questo lo status sillabico di /s/ è alquanto anomalo (gli studiosi recenti di fonologia parlano in questo caso di uno status «extrametrico» della /s/): per sanare questa anomalia, la /s/ tende a diventare coda della sillaba precedente quando, nel corpo di una frase, vi sia una parola iniziante con «s impura»: p. es. la sequenza *fa spavento* sarà sillabata come [fas.pa.'vɛn.to];

— la posizione di *coda* è normalmente ricoperta da una sola C che dev'essere o una nasale o una liquida, laterale o vibrante, oppure una *s*, oppure la prima parte di una C distintivamente lunga (una doppia o geminata) o intrinsecamente lunga (cfr. *supra* § 4.3.3): p. es. (nasale) *con-to*, (laterale) *col-to*, (vibrante) *corto*, (/s/) *cos-to*, (geminata) *cot-to*, (intrinsecamente lunga) *cozzo*[26].

Si osservi come nel caso di /s/ la divisione in sillabe grafica vada contro l'evidenza fonetico-fonologica: normalmente si spiega l'anomalia di questa convenzione col fatto che sequenze con «*s* impura» possono comparire anche all'inizio di parola. La grafia può invece tener conto dell'ambisillabicità delle C intrinsecamente lunghe solo nel caso in cui esse siano scritte doppie graficamente: quindi *coz-zo* mostra la reale divisione in sillabe che vale nelle pronunce centro-meridionali, mentre in *vi-zio* ['vit.tsjo], *fi-glio* ['fiλ.λo], *ca-gna* ['kaɲ.ɲa] non ne può rendere conto.

L'entrata nella nostra lingua di numerosi prestiti da altre lingue ha portato con sé la presenza di attacchi e code sillabiche non normali in italiano, perché violano la scala di sonorità o semplicemente perché contengono fonemi o sequenze non ammesse. Per es. parole (con morfemi di origine greca) come *psicologo*, *xilofono*, *pneumatico*, con attacchi sillabici che non violano la scala di sonorità, ma che sono inusuali in italiano, di origine latina, come *ex, (omni)bus*, *lapis*, o inglese come *boss*, *stop*, *top*, *box*, *sport*, *lord*, che presentano o code sillabiche impossibili in italiano o possibili solo all'interno di parola e a certe condizioni. In passato si ricorreva ad un adattamento alla struttura italiana (come ingl. *beefsteak* > it. *bistecca*), mentre ora si tende sempre di più a rispettare la struttura sillabica della lingua originaria, fatto che alla lunga potrà mutare la struttura della sillaba italiana.

La struttura sillabica è importante ai fini dell'assegnazione

---

[26] Alcuni problemi si pongono nell'analisi sillabica nel caso di dittonghi ascendenti — di cui abbiamo discusso sopra al § 5.2 — e discendenti, in cui non è chiaro se la semivocale debba essere considerata secondo elemento di un nucleo ramificato o essere invece attribuita alla coda: ad es., *au* è [aṵ] NUC. oppure [a] NUC. [ṵ] CODA? La seconda soluzione è quella più probabile, in quanto in italiano non sono affatto frequenti i dittonghi discendenti in sillaba chiusa, come in *caus.ti.co* (mentre invece *transeunte* ha la sequenza *eu* che non forma dittongo: *tran.se.unte*). Nei casi in cui la V nucleare sia lunga (abbiamo già visto i condizionamenti di questo fenomeno al § 5.1.1), si parlerà comunque di un nucleo ramificato, in cui ciascun ramo è occupato da una delle due parti (mòre) della V lunga.

dell'accento tonico: se la penultima sillaba è 'pesante' (cioè con rima ramificata) essa sarà di solito quella accentata, come in *contènto*, *rispósta*, *compàrsa* (le poche eccezioni a questa regola sono soprattutto costituite da toponimi centro-meridionali come *Tàranto*, *Òfanto*, *Fèrento*, *Òtranto*).

7. Raddoppiamento sintattico

È il fenomeno per cui — nelle pronunce toscane e centro-meridionali — nell'incontro tra due parole la C iniziale della seconda parola si allunga. In toscano il raddoppiamento sintattico o fonosintattico (detto anche rafforzamento s. o allungamento s., abbreviato in RS) si realizza alle seguenti condizioni (interpretazioni recenti del fenomeno in Vogel 1982, Nespor-Vogel 1986, Chierchia 1982 e 1986):

1) la prima parola deve essere una di quelle che provocano RS; si tratta soprattutto:

— delle preposizioni *a* (es. *a Roma* [ar'ro:ma]), *da*, *fra*, *su*, *sopra*;

— di alcune congiunzioni e avverbi: *e* (es. *Pietro e Paolo* [ˌpjɛ:tro e p'paolo]), *o*, *né*, *che*, *ma*, *già*, *se*, *come*, *dove*, *qua*, *qui*, ecc.;

— di alcune forme verbali monosillabiche: *ha* (es. *ha visto* [av'visto]), *ho*, *è*, *sta*, *sto*, *dà*, *fa*, *sto*, *può*, ecc.;

— di alcuni pronomi: *chi* (es. *chi vuole* [kiv'vwɔ:le]), *me* (ma non *mi*), *tu*, *qualche*, ecc.;

— di altri monosillabi, come *gru* (es. *gru* [k:]*oronata*), *Po*, ecc.;

— di tutte le parole tronche (cioè ad accento tonico finale), come p. es. tutte le terze persone tronche dei passati remoti: *portò* (es. *mi portò* [f:]*ortuna*), *caffè*, ecc. [27];

---

[27] Si noti che la parola *Dio* (in realtà *Iddio* < *il Dio*) ha la [d] sempre lunga nei contesti di RS. Si osservi poi anche *Spirito* [s:]*anto,* e *Ave* [m:]*aria*. L'origine del fenomeno è da vedere negli effetti di una antica C che, in basso latino, era presente in molte di queste forme, che si assimila alla C seguente dando luogo a una C lunga: *soprattutto* < *supra ad totum*. Il fenomeno si sa-

2) l'eventuale allungamento della C non deve produrre una sequenza di C impossibile: quindi *a correre* è, nelle varietà con RS, omofono di *accorrere* [ak'kor:ere], ma non c'è RS in *a sparare*, dato che provocherebbe la sequenza non ammessa [s:p], con la *s* lunga;

3) le due parole devono appartenere a una stessa unità sintattica o prosodica, il cui livello preciso non è ancora totalmente accertato (ma cfr. Nespor-Vogel 1986).

Il RS è presente in tutta l'Italia centro-meridionale, sia pure con modalità in parte diverse. Nell'Italia settentrionale è osservato solo quando i suoi effetti siano notati nell'ortografia, in forme come *soprattutto, davvero, eccome*, mentre non sono rese con la C lunga le forme separate *sopra tutto, e come*, ecc. Occasionalmente vi sono anche degli allungamenti espressivi che non seguono le regole sopra enunciate: in particolare i parlanti settentrionali hanno la sensazione che allungando le C iniziali di parola si innalzi lo stile, ma non hanno coscienza precisa delle regole che governano tale allungamento.

8. *Conclusioni generali*
sulle tendenze evolutive del sistema

Alla luce della nostra trattazione, vorremmo riprendere qui alcuni dei punti che erano stati sollevati ai §§ 1-2. Cosa si può dire del sistema fonologico dell'italiano e delle sue tendenze di sviluppo attuali? Abbiamo appena delineato un quadro del sistema tradizionale di riferimento a base toscana e delle modalità con cui gli italiani delle più diverse regioni si sono avvicinati ad esso. Essi sono partiti dalle basi dialettali più diverse (almeno una ventina di tipi principali), che agiscono ancora come substrato anche presso quei parlanti che non hanno più una competenza attiva del dialetto e sono monolingui nella lingua standard. A seconda della maggiore o minore somiglianza strutturale che es-

rebbe esteso per analogia ad altre forme in cui la C non c'è mai stata, o in contesti emotivo-espressivi (p. es. ha normalmente la [m] lunga *merda*).

so ha con l'italiano, il dialetto interferisce talvolta favorendo, talvolta ostacolando l'avvicinamento al modello standard, e vi è inoltre l'operare imprevedibile dell'ipercorrettismo.

Per giudicare i risultati ottenuti da questi parlanti, ci si deve porre il problema di quali *modelli di pronuncia* italiana (diversi da quelli del passato) siano stati a loro disposizione nel processo di apprendimento. Si sa che ogni acquisizione/apprendimento linguistico è innanzi tutto fortemente condizionato dalla lingua parlata in *famiglia*, ma è stato sottolineato da più parti che nell'infanzia il gruppo degli amici e dei *compagni* di scuola e di gioco può influenzare a tal punto la pronuncia che una persona può anche acquisire una fonologia totalmente diversa da quella insegnatagli a casa (e magari alternare tra le due).

Tuttavia, rispetto al passato, si nota una maggiore varietà dei modelli fonologici accessibili. Infatti, i parlanti non hanno più a loro disposizione un solo modello locale e l'informazione fonologica veicolata dall'ortografia, in quanto la diffusione generalizzata dei media audiovisivi ha portato in tutte le case esempi di pronuncia più o meno standardizzata, dapprima a base toscana, poi più variati (p. es. dopo la sostituzione, alla RAI, nei giornali radio e nei telegiornali, degli annunciatori con i giornalisti che non hanno necessariamente affrontato un addestramento alla dizione), e infine quelli più o meno fortemente regionali proposti dalle emittenti radiotelevisive locali. Anche se i modelli offerti da questi media non sono necessariamente fonte diretta di imitazione sistematica (di solito si tende a imitare la pronuncia delle persone di classe più alta con cui si ha contatto nell'ambiente), essi aiutano però a identificare quegli *stereotipi* o *shibboleth* che possono dare un'immagine sfavorevole di una persona, a causa di connotazioni regionali e/o sociali della sua pronuncia. Sentire come talvolta suonino ridicoli o siano ridicolizzati alla radio e alla televisione gli accenti dei corregionali può dare una qualche idea dei modi per correggere anche il proprio, se non altro nella direzione di uno stile più accurato di articolazione («stile diligente»), meno vicino alla fonologia dialettale: spesso si definiscono come tenuti in «dialetto stretto» discorsi che hanno magari morfosintassi e lessico in italiano, ma una fonologia così localizzata che non ci si accorge nemmeno che il parlante vorrebbe esprimersi in italiano. La tendenza generale alla standardizzazione porta non solo a rendere più generalmente comprensibile il proprio italiano, ma anche a eliminare persino nei dialetti certi tratti che non siano presenti in italiano, o ad abbandonare pronunce rustiche fortemente 'consumate' dall'uso degli stili negligenti. Infatti sono sempre più numerosi i parlanti che si rendono conto che, assieme all'impiego di parole e frasi idiomatiche di uso solo regionale, una pronuncia troppo locale può spesso compromettere la comprensione tra italiani di diversa regione, o talvolta, addirittura, della stessa regione, qualora il grado di standardizzazione adottato sia molto basso e si parli con un andamento allegro e uno stile negligente.

Non si deve tuttavia dimenticare che se i media sono certamente rilevanti nel creare atteggiamenti normativi, lo sono molto meno nel fornire modelli accessibili e direttamente imitabili. Per questo sono molto più importanti le *reti di interazione* quotidiana sempre più ampie e diversificate, che includono anche persone di altra regione con le quali si deve comunque istituire una comunicazione efficace. Tali contatti, soprattutto a parità di classe sociale, danno la possibilità di migliorare la propria lingua senza essere troppo intimiditi dalla paura dell'errore. I grandi movimenti di popolazione che hanno visto milioni di italiani inurbarsi o spostarsi nelle zone importanti per l'industria e per il terziario (quindi non solo verso il triangolo industriale, ma anche in direzione dei grandi centri amministrativi), ed inoltre l'accresciuta mobilità quotidiana per i più vari motivi, hanno portato a una densità e varietà di contatti fino a poco tempo fa impensabili[28].

Nell'apprendere una lingua seconda, anche a livello di fonologia, agiscono almeno tre diversi fattori: le strutture della lingua di partenza, quelle della lingua di arrivo, ma anche i processi di

---

[28] A tutto ciò si aggiunge il fenomeno recente della «città diffusa», che sfuma i confini tra le città italofone e le campagne dialettofone, dando luogo a un nuovo tipo di contatto linguistico i cui effetti futuri sono difficili da prevedere (diffusione capillare dell'italiano e/o ripresa del dialetto?).

apprendimento/acquisizione, che possono portare a semplificazioni e a generalizzazioni errate. Nella fonologia sembra più rilevante che in altri livelli della lingua il peso del sistema della lingua di partenza (nel nostro caso i vari dialetti o le forme di italiano regionale fortemente dialettali), ma è interessante osservare che il modello verso cui tendere è così composito da incoraggiare sia le semplificazioni dovute ai processi di apprendimento, sia, eventualmente, l'ipercorrettismo. Ci si domanda allora quale sia stato il risultato fonologico di tale apprendimento/acquisizione generalizzata dell'italiano da parte della maggioranza assoluta dei cittadini della nostra repubblica.

Ci pare di poter trarre la conclusione che, in linea di massima, quasi tutti quelli che in qualche modo parlano italiano tendono ad attuare tutte le *opposizioni segnalate dalla grafia* e in gran parte vi riescono. Tuttavia:

1) il risultato si può ottenere sia usando i foni più tipicamente standard, sia con sostituzioni locali (si pensi, p. es., alle rese sett. [sj] per /ʃ/ e [lj] per /ʎ/ e, più raramente [nj] per /ɲ/, o a quelle centro-meridionali di [jː] per /ʎ/);

2) le opposizioni fonologiche rilevanti nello standard sono in alcuni casi rese correttamente in modo categorico (cioè sempre, in tutti i contesti), in altri solo variabilmente. Per es., i parlanti settentrionali di solito si rendono conto che la loro pronuncia è caratterizzata da una resa non corretta delle consonanti lunghe notate dall'ortografia e che si tratta chiaramente di uno stereotipo che può discriminare le persone meno istruite; ma se si sforzano di pronunciarle correttamente, ci riescono solo in una percentuale di casi che varia a seconda del contesto, dello stile e degli interlocutori; si aggiunge poi la complicazione creata dai fenomeni di ipercorrettismo. Le C non distintivamente lunghe e non notate nell'ortografia e il rafforzamento sintattico passano inosservati all'attenzione normativa dei parlanti settentrionali, che seguono dei modelli fonologici locali che ne tengono conto solo in casi di pronuncia espressiva (quasi tutti i settentrionali pronunciano *ecce*[ts:]*ione*, almeno nei contesti enfatici, ma tendono anche a scrivere erroneamente *eccezzione).

Analogamente, moltissimi meridionali e centrali si rendono conto che la loro pronuncia indebolita (lenita) delle C sorde può

arrivare fino a neutralizzare la distinzione tra sorde e sonore e
perciò tentano (anche in questo caso variabilmente) di mantenere una certa distanza tra le due serie, mentre rimane limitata alla Calabria meridionale e al Salento la tendenza ipercorretta di
portare tutto a sorda.

Le *opposizioni non segnalate dalla grafia* sono osservate con
diverso grado nelle varie pronunce regionali, secondo le modalità a cui abbiamo accennato nella trattazione. Però:

1) le varie realizzazioni sono regionalmente marcate, con la
presenza di modelli locali (la pronuncia delle persone colte delle
rispettive regioni) anche alternativi a quello toscano;

2) l'abitudine a sentire rese anche molto diverse dalle proprie
in bocca a parlanti della stessa o di altra regione, finisce per ridurre opposizioni come /e/ ~ /ɛ/, /o/ ~ /ɔ/, /ts/ ~ /dz/, come
d'altronde aveva predetto Devoto (1953), a pure varianti stilistiche o regionali libere; a maggior ragione, ciò vale per la
perdita, ormai pressoché totale, dell'opposizione /s/ ~ /z/.

In conclusione, risulta sempre più difficile parlare di *un
solo* sistema fonologico italiano. Ci troviamo ormai di fronte
a un insieme di sistemi fonologici relativamente diversi tra loro (descrivibile in termini di *diasistema*), dato che la fonologia è la componente dell'italiano che ha avuto il più basso
grado di standardizzazione, a causa delle modalità storiche
con cui essa è stata imparata nelle varie regioni d'Italia. La
tendenza della fonologia italiana è certamente quella di un
ravvicinamento a un qualche tipo di standard: ma il vecchio
italiano ortoepico è un miraggio lontano. Tranne che per
i professionisti della parola, i modelli fonologici sembrano
piuttosto divisi per grandi regioni geografiche, con l'imitazione delle classi colte delle grandi città delle rispettive zone
(quindi non solo Firenze o Roma, ma anche Milano, Torino,
Venezia, Bologna, Napoli, Bari, Palermo, ecc.). Solo coloro
che hanno ampia mobilità riescono a temperare il loro accento e a farsi considerare per lo più non come «italiani senza
accento regionale», ma piuttosto come settentrionali o centro-meridionali «generici» (questi ultimi, forse, con qualche
spruzzata di settentrionalismi alla moda).

Vi è anche l'importante fenomeno dell'assimilazione fono-

logica dei figli degli immigrati o in parte degli immigrati stessi, che in taluni casi riescono a mimetizzarsi perfettamente tra
gli indigeni; ma ciò non significa necessariamente avere una
sola fonologia: la volontà di assimilazione può sempre essere
bilanciata da quella di una preservazione della propria identità, che per molti non può più essere rappresentata dalla conservazione del dialetto, quanto piuttosto dalla capacità di variare tra uno o più sistemi fonologici italiani regionali, quando di volta in volta sia o necessario, o utile, o desiderabile
compiere un «atto di assimilazione» o, invece, un «atto di
identità».

La riflessione normativa sulla forma fonologica standard
delle principali lingue d'Europa ha preso atto di tendenze
analoghe in tutti i paesi, di cui si rende conto nelle più recenti edizioni dei dizionari e dei manuali di pronuncia di
francese, inglese e tedesco (e ora, anche per l'italiano, in Canepari 1992). Una pronuncia standard di tipo tradizionale rimane un modello teorico accessibile a pochi: fra tale modello
rarefatto e la grande varietà delle pronunce fortemente regionali, rimane un'ampia area di soluzioni intermedie che conci-
liano una dose importante di unificazione con la conservazione (di solito inconscia, ma spesso anche deliberata e orgoglio-
sa) di tratti di specifica diversità locale o sociale.

Bibliografia

Bertoni, G.-Ugolini, F. (1939), *Prontuario di pronunzia e ortografia*,
   EIAR, Torino.
Camilli, A. (1965), *Pronuncia e grafia dell'italiano*, Sansoni, Firenze
   (nuova ed. a c. di Piero Fiorelli).
Canepari, L. (1979) [1991[6]], *Introduzione alla fonetica*, Einaudi, To-
   rino.
Canepari, L. (1980) [1986[3]], *Italiano standard e pronunce regionali*,
   Cleup, Padova.
Canepari, L. (1992), *Manuale di pronuncia Italiana*, Zanichelli, Bolo-
   gna.
Chierchia, G. (1982), *An autosegmental theory of «raddoppiamento»*,
   in Sells, P.-Pustejovsky, J. (a c. di), *Proceedings of the North-
   Eastern Linguistics Society,* 12, Amherst.

Chierchia, G. (1986), *Length, syllabification and the phonological cycle in Italian*, in «Journal of Italian Linguistics», 8, 1: 5-34.

Coveri, L. - Maffei Bellucci, P. (1987), *Linguaggio e contorno sociale. Varietà italiane, varietà toscane*, in AA.VV., *Educazione linguistica di base e programmazione*, Giunti & Lisciani, Teramo: 101-125.

De Nicolao, B. (1992), *Realizzazione di /S/ intervocalico in giuntura di parola a Padova*, in Cortelazzo, M.A.-Mioni, A.M. (a c. di), *L'italiano regionale*, Bulzoni, Roma: 209-18.

Devoto, G. (1953), *Profilo di storia linguistica italiana*, La Nuova Italia, Firenze.

Devoto, G.-Oli, G.C. (1987), *Nuovo vocabolario illustrato della lingua italiana*, Selezione dal Reader's Digest, Milano-Le Monnier, Firenze.

Fiorelli, P. (1965), *Corso di pronunzia italiana*, Radar, Padova.

Garzanti (1987) = *Il grande dizionario Garzanti della lingua italiana*, Garzanti, Milano.

Galli de' Paratesi, N. (1984), *Lingua toscana in bocca ambrosiana*, Il Mulino, Bologna.

Lepschy, A.L. e G.C. (1981), *La lingua italiana*, Bompiani, Milano.

Lessico Universale (1968-81) = *Lessico Universale*, Istituto Enciclopedia Italiana, Roma.

Marotta, G. (1985), *Modelli e misure ritmiche: la durata vocalica in italiano*, Zanichelli, Bologna.

Migliorini, B.-Tagliavini, C.-Fiorelli, P. (1969) [1981²], *DOP = Dizionario d'ortografia e di pronunzia*, ERI, Torino.

Mioni, A.M. (1973), *Fonematica contrastiva*, Patron, Bologna.

Mioni, A.M. (1983), *Fonologia*, in Croatto, L. (a c. di) (1983), *Trattato di foniatria e logopedia*, vol. II: *Aspetti linguistici della comunicazione*, La Garangola, Padova: 51-87.

Mioni, A.M. (1984), *Fonetica articolatoria*, in Croatto, L. (a c. di) (1984), *Trattato di foniatria e logopedia*, vol. III: *Aspetti fonetici della comunicazione*, La Garangola, Padova: 15-87.

Muljačić, Ž. (1971), *Fonologia generale e fonologia della lingua italiana*, Il Mulino, Bologna.

Muljačić, Ž. (1972), *Fonologia della lingua italiana*, Il Mulino, Bologna.

Nespor, M. (1993), *Fonologia*, Il Mulino, Bologna.

Nespor, M.-Vogel, I. (1986), *Prosodic Phonology*, Foris, Dordrecht.

Palazzi, F.-Folena, G. (1992), *Dizionario della lingua italiana*, Loescher, Torino.

Renzi, L. (1988-93), *Grande grammatica italiana di consultazione*, Il Mulino, Bologna.

Saltarelli, M. (1970), *A Phonology of Italian in a Generative Grammar*, Mouton, Den Haag-Paris.

Serianni, L. (1988), *Grammatica italiana*, UTET, Torino.

Svolacchia, M. (in stampa), *Fonologia dell'italiano*, Istituto Enciclopedia Italiana, Roma.
Tagliavini, C. (1965), *La corretta pronuncia italiana*, Capitol, Bologna.
Vennemann, Th. (1986), *Neuere Entwicklungen in der Phonologie*, Mouton de Gruyter, Berlin.
Vennemann, Th. (1988), *Preference Laws for Syllable Structure*, Mouton de Gruyter, Berlin.
Vogel, I. (1982), *La sillaba come unità fonologica*, Zanichelli, Bologna.
Zingarelli, N. (1988), *Vocabolario della lingua italiana*, Zanichelli, Bologna.

Pier Marco Bertinetto
Emanuela Magno Caldognetto

Ritmo e intonazione *

1. Premessa

È opportuno dichiarare fin dall'inizio che il nostro capitolo presenterà qualche difformità rispetto ai rimanenti che compongono
questa silloge. Mentre infatti il resto del libro è incentrato prevalentemente sulla descrizione delle linee evolutive più recenti
dell'italiano, ben poco di ciò trasparirà da queste pagine. La
ragione di questa anomalia sta nella natura stessa dei fatti descritti. Le caratteristiche ritmiche ed intonative, infatti, non subiscono mutamenti altrettanto rapidi quanto quelli che caratterizzano,
tipicamente, il lessico o (sia pure in minor grado) la morfosintassi. A ciò si aggiunga il fatto che tali fenomeni non ci sono
ancora perfettamente noti, a causa delle difficoltà che si incontrano nel tentare di descriverne con esattezza i connotati. Dicendo
questo, non intendiamo affatto escludere, si badi, che negli ultimi tempi si siano avuti dei mutamenti anche a livello di strutture ritmico-intonative. Ma se così è stato, dobbiamo comunque
riconoscere che gli strumenti a nostra disposizione non ci consentono di accertarlo.

In fondo, è già un'innovazione il fatto che si sia cominciato
a parlare di questi problemi anche in un'opera divulgativa come
la presente. Questo è il segno che qualche progresso, nonostante
tutto, è stato compiuto, e che i tempi sono maturi per presentare
al pubblico dei non specialisti alcuni risultati della ricerca avan-

---

* Per quanto concepito unitariamente dai due autori, il piano del lavoro di
questo capitolo è stato così ripartito: P.M. Bertinetto ha scritto i paragrafi 1-3,
E. Magno Caldognetto ha scritto i paragrafi 4-9.

zata. Non possiamo che rallegrarci di questo fatto, data l'obiettiva importanza che questa materia riveste a livello psico-sociolinguistico. Se consideriamo infatti i fenomeni ritmico-intonativi come una sorta di involucro che confeziona e rende pienamente fruibili gli strumenti lessicali e grammaticali (e su ciò ritorneremo con migliori e più rigorosi argomenti nei prossimi paragrafi), si può comprendere la rilevanza di questo particolare aspetto del linguaggio. I fatti ritmico-intonativi sono strettamente collegati alle intenzioni del locutore, e rispecchiano di volta in volta le modalità specifiche della sua interazione linguistica col destinatario. Siamo infatti generalmente in grado di comprendere di che natura siano le intenzioni di un parlante (amichevoli, autoritarie, ironiche, ecc.), anche se questi si esprime in una lingua a noi ignota. Basterebbe questa semplice considerazione per indicarci quanta informazione sia contenuta, e di quale primaria importanza, in queste manifestazioni del linguaggio apparentemente elementari, ma in realtà così ardue da descrivere.

Un'altra difformità rispetto agli altri capitoli di questo volume è data dal fatto che, in questo, saremo costretti a citare abbastanza spesso dati riguardanti studi condotti su altre lingue. Se dovessimo basarci esclusivamente sui lavori imperniati sull'italiano, dovremmo restringere di molto il campo delle osservazioni. Anche perché, crucialmente, una parte degli studi condotti sulle strutture ritmico-intonative è di carattere contrastivo. Il che si spiega facilmente, alla luce di quanto appena detto: è chiaro che, di fronte a fenomeni ancora non compresi a fondo, risulta utile tener presente l'orizzonte comparativo, per meglio inquadrare i fatti osservati, meglio definirne i contorni, insomma per meglio comprenderli.

In questo capitolo forniremo dapprima qualche nozione di basc per cogliere gli aspetti salienti di questo peculiare oggetto di studio, che rientra nel dominio dei fatti prosodici (§ 2); successivamente, cercheremo di illustrare alcuni elementi utili per tentare una classificazione dell'italiano rispetto alle sue proprietà ritmiche (§ 3); infine, renderemo conto dei principali studi condotti sull'intonazione dell'italiano e delle sue varietà, non senza toccare i connessi problemi della velocità di elocuzione e delle pause (§§ 4-9).

2. Gli aspetti prosodici del linguaggio

I fatti ritmico-intonativi rientrano, come si è detto, nel dominio della prosodia. Questa parola conosce anche un'accezione in campo metrico, ma in linguistica viene adoperata in un senso specifico, benché non irrelato rispetto all'accezione metrica. Per «prosodia» si intende, in linguistica, l'insieme dei fenomeni che si sovrappongono o si accompagnano all'articolazione primaria dei suoni. Per esempio, se pronunciamo la parola *cane* realizziamo una particolare sequenza di gesti articolatori, che producono riconoscibili conseguenze acustiche, facilmente classificate dai parlanti che conoscono l'italiano come i fonemi /k/, /a/, /n/, /e/, che nella successione data individuano un preciso lessema, ossia un'unità del lessico cui viene associato un significato. Ma la realizzazione di questi gesti articolatori è per l'appunto accompagnata da ulteriori informazioni, quali p. es.:

— un particolare schema accentuale: /'kane/ si differenzia infatti da /ka'ne/, che può costituire p. es. un cognome (esiste un noto tennista che fa Cané di cognome e Paolo di nome);

— un particolare schema intonativo: la suddetta parola può infatti essere pronunciata con intonazione neutra, oppure con intonazione interrogativa, magari con l'aggiunta di un senso di sorpresa o di fastidio (le possibilità di senso sono, ovviamente, molteplici: cfr. § 6).

Accento e intonazione appartengono al novero dei fenomeni prosodici, nel senso sopra indicato. Oltre ad essi, possiamo ricordare almeno i seguenti altri fattori, con i quali si completa l'elenco dei principali «tratti prosodici»[1]:

— la *quantità*: basti pensare alle opposizioni che si realizzano, in italiano, tra le consonanti geminate e le corrispondenti scempie (es. *fato* vs. *fatto*); e si rammenti che in molte lingue, tra cui il latino classico, tali contrasti riguardano anche il sistema

---

[1] In passato è stata usata anche l'etichetta di «tratti soprasegmentali» come sinonimo di prosodici. Il senso è abbastanza perspicuo: se con «segmenti» intendiamo i fonemi della lingua, gli elementi soprasegmentali saranno appunto ciò che ad essi si sovrappone. Oggi tale denominazione è caduta in disuso: è ancora molto usato, invece, il termine «segmentale», per indicare i fatti propriamente fonematici.

vocalico (cfr. *mălus* "cattivo" vs. *mālus* "melo; albero della nave");

— il *tono*: in molte lingue del globo, il fatto che una certa sequenza di fonemi sia realizzata su una frequenza fondamentale elevata oppure bassa non è privo di conseguenze. In cinese standard p. es. la sillaba *ma* può essere realizzata in quattro modi differenti, dando adito a quattro parole diverse:

[mā] 'madre', con tono alto
[má] 'canapa', con tono alto ascendente
[mǎ] 'cavallo', con tono basso discendente-ascendente
[mà] 'inveire', con tono alto discendente.

Il numero dei toni presenti in una determinata lingua varia: in cinese standard, come abbiamo visto, sono quattro, in vietnamita sei; è raro tuttavia che il numero ecceda questa cifra;

— la *sillaba*: le parole di ogni lingua sono costituite di sillabe (talvolta una sola, come accade tipicamente nelle lingue «isolanti», dette anche «monosillabiche»). Apparentemente, questo non ha nulla a che vedere con i fatti prosodici, così come li abbiamo definiti, in quanto non è a tutta prima evidente che la sillaba si sovrapponga all'articolazione dei suoni. La perplessità si dissolve, peraltro, se consideriamo che la sillaba (o meglio, l'insieme delle possibilità di sillabazione ammesse per ciascuna lingua) rappresenta una sorta di modello, cui deve conformarsi ogni sequenza fonematica. In italiano, p. es., non sono consentite sillabe inizianti per /kn/ (cfr. ted. *Knabe* "ragazzo"), o terminanti per /lms/ (cfr. ingl. *films*). Dunque, la sillaba può essere vista come un filtro che esclude, o rende comunque molto problematica, la realizzazione di sequenze fonematiche anomale; tant'è vero che, di fronte a prestiti di ardua pronuncia, i parlanti tendono a semplificarne la struttura. Inoltre, la sillaba è la sede deputata di alcuni tra i principali tratti prosodici, come l'accento e il tono, che hanno appunto bisogno, per potersi manifestare, di un nucleo vocalico, ossia di un 'centro' sillabico.

L'elenco di fatti prosodici qui riportato non è completo[2], ma è sufficiente per inquadrare la trattazione che seguirà, la qua-

---

[2] Per una trattazione più ampia e più variegata di questi problemi, cfr. Bertinetto 1981.

le verterà soprattutto sulle nozioni di intonazione e di ritmo. Quest'ultimo è un elemento prosodico *sui generis*, che risulta in effetti, come vedremo meglio nel prossimo paragrafo, dall'azione congiunta di molti fattori. Benché sia per il momento prematuro definire questa nozione, è comunque evidente che i parlanti hanno spesso una cognizione intuitiva delle proprietà ritmiche delle lingue, al punto di essere in grado p. es. di classificare con una certa precisione le lingue straniere ad essi sconosciute sulla sola base della propria percezione ritmica. Si può ricordare a questo proposito lo studio di Miller (1984), la quale ha chiesto a dei parlanti di classificare secondo certi criteri sette lingue assolutamente ignote a ciascuno di loro, ottenendo un quadro di risposte tutto sommato coerente, anche se non pienamente significativo sul piano statistico.

Prima di addentrarci nella trattazione, è utile ricordare un fatto non privo di importanza. L'insieme dei fatti prosodici si caratterizza, in raffronto al dominio fonematico o segmentale (cfr. nota 1), per una certa assenza di 'discretezza'. In altre parole, i diversi fonemi si oppongono l'uno all'altro per la diversa distribuzione dei «tratti distintivi»: p. es. /p/, che possiede il tratto [– sonoro], si oppone a /b/, che possiede il tratto [+ sonoro], per una diversa caratterizzazione di questo tratto distintivo, benché tutti gli altri tratti siano identici. È dunque possibile individuare, a livello fonematico, degli elementi minimi e discreti, che compongono e distinguono le diverse unità. A livello prosodico, invece, le cose si presentano in maniera diversa.

Si consideri il caso, relativamente semplice, della «quantità». Il fatto che una vocale sia lunga o breve è, apparentemente, una proprietà discreta. E così è, in effetti, nella coscienza dei parlanti allenati nell'uso di un sistema fonologico che possieda questa proprietà. Se tuttavia consideriamo le effettive realizzazioni dei parlanti, ci rendiamo conto che le cose non sono poi così semplici: a seconda della velocità di elocuzione, varia anche la durata dell'articolazione necessaria per segnalare la lunghezza vocalica. Insomma: non è possibile affermare semplicemente che le vocali sono lunghe qualora eccedano una certa durata, perché in concreto esiste un'ampia zona di confine in cui possiamo trovare, a seconda delle circostanze, sia vocali lunghe che vocali brevi. Il fatto quindi che i parlanti riescano a compiere, sul *con-*

tinuum del segnale linguistico, delle operazioni di discretizzazione, non costituisce una cosa ovvia, ma rappresenta invece uno dei tanti miracoli della percezione linguistica. Prova ne sia che, se vogliamo fissare dei criteri automatici per istruire un dispositivo dedicato al riconoscimento della voce umana, incontriamo notevoli difficoltà nell'esplicitare i criteri della distinzione. Il giudizio che il parlante emette con rapidità e sicurezza risulta alquanto arduo da emettere per la macchina, che dovrà trovare il modo di relativizzare le durate effettive alla velocità complessiva di elocuzione. Inoltre, il parlante sa svolgere questi compiti di discriminazione anche in presenza di segnali linguistici prodotti senza particolare precisione, perché è in grado di sfruttare tutte le informazioni disponibili, inclusa la ridondanza semantica del discorso, che rende prevedibili certe parole a scapito di altre, e dunque predetermina in una certa misura la risposta percettiva. Le macchine, al contrario (o quanto meno le macchine finora realizzate), non sono in grado di attivare livelli altrettanto raffinati di competenza, e devono necessariamente contare sul fatto che il segnale da analizzare sia eseguito con sufficiente accuratezza.

Queste ultime considerazioni ci fanno meglio comprendere quanto detto nel § 1, circa le difficoltà di analisi dei fatti prosodici. Questi ultimi ci appaiono in qualche misura sfuggenti, non solo (come abbiamo appena visto) per via del carattere non discreto (o imperfettamente tale) della loro manifestazione fisica, ma anche per quella tipica approssimazione della pronuncia che caratterizza spesso gli aspetti fonici del linguaggio. Ciò, beninteso, non accade solo a livello prosodico; ma se i due fattori si sommano (mancanza di discretezza e pronuncia approssimativa), allora si comprenderà quanto sia complicato il compito di misurarli.

I fatti prosodici differiscono inoltre dai restanti aspetti fonici per una loro fondamentale prerogativa. Oltre infatti ad esprimere funzioni propriamente linguistiche, essi possono venire impiegati per veicolare informazioni di carattere paralinguistico. Anche in questo caso ci spiegheremo con un esempio. Riprendiamo la parola *cane*, che già abbiamo utilizzato: essa ci trasmette una informazione lessicale, magari corredata dagli opportuni sensi figurati (come quando diciamo *sei un cane* per esprimere disprezzo nei confronti di qualcuno). Ma, come abbiamo in parte già visto, possiamo sovrapporre a queste informazioni 'neutre' una miriade di ulteriori intenzioni di senso. Per es., possiamo urlare questa parola in faccia ad un nostro nemico, aggiungendo alle normali connotazioni dispregiative anche quelle dell'ira, o di uno sdegnato sarcasmo; oppure, possiamo esprimere ironia, esitazione, e chi più ne ha più ne metta. Per far questo, ricorriamo a particolari moduli espressivi, ben noti a ciascun locutore, e quindi ben codificati, anche se non facili da esplicitare (si veda § 6). E nel farlo utilizziamo proprio quelle stesse manifestazioni acustiche su cui si fondano i fenomeni prosodici nelle loro manifestazioni più neutre: maggiore o minore intensità del suono, frequenza fondamentale, durata. In certi contesti enfatici, ad esempio, ci può capitare di assegnare una durata extralunga a una consonante normalmente breve, senza che ciò induca in errore i nostri destinatari. Si pensi a un'enunciazione come *bravvvvvo!,* pronunciata con intenzione ammirativa, o magari marcatamente ironica: nella circostanza, l'ascoltatore comprenderà immediatamente che le ragioni dell'allungamento di /v/ vanno cercate al di fuori del significato prettamente linguistico della parola, e dunque entro l'ambito delle intenzioni pragmatiche del locutore. Ciò rientra, appunto, nel dominio della paralinguistica.

3. Il ritmo

Si sente spesso affermare che le lingue possiedono un proprio ritmo. Ma in cosa consiste, realmente, questo ritmo? Cosa significa, ad esempio, l'affermazione (che ciascuno di noi potrebbe fare) secondo cui l'inglese possiede un ritmo diverso dall'italiano?

Messi brutalmente di fronte a questa domanda, restiamo interdetti. Siamo costretti a confessare che, di queste cose, non abbiamo che confuse intuizioni. Eppure, che le lingue dispongano di un proprio potenziale ritmico è del tutto evidente, se consideriamo che i sistemi metrici delle diverse tradizioni poetiche si fondano appunto sullo sfruttamento di questo potenziale. E, non a caso, tali sistemi si presentano con connotati spesso differenti, il che non può essere senza significato. Il sistema di versificazione tradizionale dell'italiano è di tipo «sillabico», nel senso che il verso appare ben formato qualora il numero delle «sillabe» metriche (che non necessariamente coincidono con quelle linguistiche)[3] rispetti una certa misura numerica. La disposizione degli accenti all'interno del verso è invece un fatto relativamente marginale, perché un endecasillabo tollera qualsiasi disposizione di accenti, a patto che la sua decima 'posizione' coincida con un accento lessicale (il che non esclude, peraltro, che i poeti siano sensibili a precise ragioni eufoniche, che inducono a preferire certe cadenze e ad evitarne altre). Il sistema di versificazione tradizionale inglese, per contro, è di tipo tonico-sillabico, e si fonda in misura cruciale sulla spaziatura degli accenti, anche se si osservano frequenti deviazioni dallo schema di base.

Il diverso assetto dei due sistemi di versificazione non è casuale, bensì trae la propria giustificazione dalle diverse prerogative ritmiche delle due lingue. Ma su cosa si fonda, in ultima analisi, la differenza? Ci soccorre qui una distinzione cui si fa spesso riferimento nella letteratura specialistica, quella tra lingue «ad isocronia sillabica» e lingue «ad isocronia accentuale» (o, come anche si dice, lingue «isosillabiche» e lingue «isoaccentuali»). Nella primitiva formulazione di questa dicotomia, si intendeva suggerire che esistono lingue in cui le sillabe tendono ad avere una durata pressoché uguale, e lingue in cui sono invece gli intervalli compresi tra un accento e il successivo che tendono ad essere uguali (il che comporta, com'è ovvio, una certa elasticità nelle durate delle sillabe atone). Questa concezione sembrerebbe perfettamente funzionale alle diverse prerogative metriche dell'italiano e dell'inglese, se ammettiamo di considerare l'italiano come una lingua del primo tipo, e l'inglese come una lingua del secondo. Purtroppo, le indagini sperimentali hanno ben presto rivelato che le cose sono assai più complicate: la formulazione 'ingenua' di questa fondamentale dicotomia viene ormai unanimemente abbandonata, anche se non si è rinunciato ad utilizzare questa terminologia. Si preferisce oggi concepire il proble-

---

[3] Per indicare la sillaba metrica, in effetti, si adopera per lo più il termine «posizione». Per una discussione degli aspetti metrici in rapporto ai fatti linguistici cfr. Bertinetto 1981.

ma entro una visione più ampia, che integra i fatti ritmici entro il complesso dei fatti fonologici, senza restringersi alle sole regolarità di durata [4].

Ciò non toglie che, già al livello delle durate, emergano alcune significative differenze. Continuando a prendere l'italiano e l'inglese come punto di riferimento (sia per ragioni di opportunità, data la mole di lavoro esistente sull'inglese, sia per le significative differenze ritmiche sopra richiamate), possiamo notare che una serie di ricerche condotte su queste due lingue ha messo in chiaro una fondamentale discrepanza. In inglese si tende, infatti, a riscontrare un forte accorciamento della vocale tonica, in relazione all'aumento del numero delle atone che la seguono; in italiano, invece, tale fenomeno è molto meno marcato (Fowler 1977; Farnetani-Kori 1983; Vayra *et al.* 1984; Marotta 1985). Occorre aggiungere che in inglese, oltre all'accorciamento progressivo della tonica, si osserva anche la tendenza a ridurre significativamente la durata delle atone al crescere del loro numero. Questo sembra dunque indicare che le sillabe dell'inglese possiedono, in generale, una maggiore elasticità, mentre in italiano prevale la tendenza opposta, che consiste nel conservare a ciascuna sillaba, in rapporto alla velocità di elocuzione adottata, una sostanziale rigidità (Farnetani-Kori 1990). Questa sembra essere in effetti una caratteristica saliente delle lingue che, per convenzione, si considerano isosillabiche, tra le quali si può annoverare anche il francese. Fletcher (1987), confrontando appunto il francese e l'inglese, ha notato che, al crescere della velocità di elocuzione, il francese presenta una netta resistenza all'accorciamento delle sillabe, e segnatamente di quelle atone, che mostrano invece una marcata disponibilità alla compressione in inglese. Bertinetto-Fowler (1989), dal canto loro, hanno mostrato che i parlanti italiani sono molto più sensibili dei parlanti inglesi agli accorciamenti artificialmente introdotti nelle vocali atone delle parole nelle rispettive lingue. Se p. es. si accorcia drasticamente (mediante opportune tecniche di laboratorio) la /i/ in un'enunciazione naturale di *canonico*, e si compie la medesima operazione nella vocale corrispondente di *canonical*, i par-

---

[4] Per maggiori dettagli si rimanda a Bertinetto 1989.

lanti inglesi non hanno difficoltà ad accettare la nuova versione, mentre i parlanti italiani mostrano una maggiore reattività. Il diverso grado di comprimibilità delle sillabe atone ha delle immediate conseguenze sul piano della percezione del ritmo. Se, infatti, la lingua tollera una forte comprimibilità delle sillabe atone, ciò significa che non si può fare troppo affidamento su di esse per la percezione dell'andamento ritmico di una produzione linguistica. Al limite, si potrà addirittura creare una situazione di incertezza circa il computo delle sillabe atone, così che gli unici punti fermi resteranno le sillabe toniche. Quando invece esiste un freno alla riduzione di durata delle atone, queste continueranno a costituire un punto di riferimento per l'articolazione del ritmo. E sono proprio queste le due diverse situazioni che si riflettono nei contrastanti sistemi metrici tradizionalmente adottati in inglese e in italiano, rispettivamente designati coi termini «tonico-sillabico» e «sillabico». Pensiamo infatti alla versificazione italiana: un istante di riflessione ci dice che non sarebbe possibile fondare il verso sul computo delle sillabe (o, più esattamente, delle «posizioni» metriche; cfr. nota 3) se queste non fossero dotate di una propria intrinseca percettibilità, al riparo da drastiche tendenze alla riduzione.

Questo significa allora che l'ormai classica dicotomia tra lingue isosillabiche e lingue isoaccentuali, benché insostenibile nella definizione originaria, possiede una validità di fondo, che ne consente una conveniente reinterpretazione. Possiamo assumere che le lingue isosillabiche siano, in ultima analisi, quelle che non consentono che un limitato grado di comprimibilità delle sillabe atone, mentre le lingue isoaccentuali sarebbero quelle che vanno al di là di questo limite. A prima vista, si tratta di una situazione piuttosto strana. Per quale motivo i parlanti di certe lingue sono disposti a ridurre drasticamente la durata delle sillabe (ossia, in ultima analisi, delle vocali) atone? Ebbene, questo ha a che fare con tutto un complesso di fattori, i quali agiscono entro quel sistema integrato di elementi che compongono la fonologia delle lingue naturali. Ma possiamo isolare in particolare un fattore, come maggiormente responsabile della situazione descritta. Alludiamo alla tendenza a ridurre il timbro delle vocali atone, che tendono a differenziarsi nettamente dalle vocali toniche, assumendo un timbro più o meno indistinto. Ciò è il frutto di complicati sviluppi diacronici, certamente diversi da lingua a lingua; ma dove questo fattore entra in gioco, si crea *ipso facto* una difformità tra vocali toniche e atone, da cui possono discendere ulteriori conseguenze, tra le quali la comprimibilità (a livello di durata) non è che la più vistosa, oltreché quella maggiormente pertinente dal punto di vista ritmico.

E c'è forse dell'altro. Si può infatti ipotizzare che la maggior propensione alla comprimibilità delle vocali atone, tipica delle lingue isoaccentuali, si accompagni a una predisposizione di tali lingue per le «compensazioni» articolatorie. Ci spieghiamo. In una successione di fonemi, le transizioni tra un suono e l'altro creano, per così dire, degli 'smussamenti', che addolciscono la difformità articolatoria dei suoni adiacenti. In effetti sappiamo che, a un livello fine di osservazione, la /k/ di *cane* è diversa dalla /k/ di *chilo*. Fin qui, niente di strano; in misura più o meno marcata, ciò accade in ogni lingua. È da notare peraltro che la forza, ossia l'intensità della coarticolazione, diverge da lingua a lingua. Nelle lingue isoaccentuali si osservano infatti delle forti coarticolazioni tra i foni adiacenti, col risultato di modificare sostanzialmente il gesto articolatorio con cui i singoli foni vengono prodotti. Questa strategia articolatoria è resa necessaria dalla particolare complessità sillabica che caratterizza tali lingue, dove possiamo p. es. incontrare sequenze fonotattiche come /strengths/, assolutamente sconosciute alle lingue isosillabiche quali l'italiano [5]. Ora, un maggiore livello di coarticolazione non corrisponde ad altro se non ad una maggiore *souplesse* nella pronuncia, mediante la quale il locutore riesce a legare meglio i suoni, anticipando in ciascuno di essi la pronuncia del successivo, e conservando in quest'ultimo traccia del precedente. È come se i vari suoni si compenetrassero l'uno nell'altro. Cosa comporta tutto ciò? Un istante di riflessione ci dà la risposta. Mentre un italiano, con le sue abitudini di pronuncia, non cambia quasi in nulla il gesto articolatorio di /i/ e di /l/ in *Mila* e *Milva* (che sono due possibili cognomi), un inglese produrrebbe, in casi analoghi, una vocale e una consonante diverse a seconda del contesto, perché

---

[5] E naturalmente vale anche l'inverso: una volta instauratasi questa modalità di articolazione, essa diventa a sua volta il motore che rende possibile il conseguimento di ulteriori livelli di complessità sillabica.

il grado di complessità sillabica è diverso nei due casi. Ciò è stato sperimentalmente dimostrato da Vékás-Bertinetto (1991). Insomma, la differenza fondamentale tra le lingue isoaccentuali e le lingue isosillabiche sembra, tutto sommato, risiedere nel fatto che queste ultime presentano una modalità di articolazione dei foni che subisce in minor misura il condizionamento del contesto fonico; dal momento che la struttura della lingua non lo impone, i parlanti di lingue isosillabiche si adeguano, e riservano a ciascun fono uno sforzo e una precisione articolatori più o meno identici. Da ciò dipendono, con ogni probabilità, le differenze ritmiche che percepiamo nei due tipi di idioma.

Se questa è la situazione dell'italiano, è ovviamente importante verificare il comportamento dei dialetti, nonché delle varietà regionali della lingua. Data la grande diversità delle parlate dialettali e regionali, ci si può infatti aspettare che da questa parte provengano interessanti osservazioni, capaci di rendere più vario e frastagliato il paesaggio fin qui descritto. Si consideri, del resto, il fatto che molti dialetti meridionali presentano chiarissimi indizi di riduzione timbrica delle vocali atone, il che ci riporta a una situazione affine a quella sopra descritta per l'inglese. Dunque, non è implausibile che si possa parlare, p. es., di dialetti meridionali isoaccentuali, contrapposti a quelli centrali (e all'italiano standard) isosillabici, con eventuali riflessi sulle varietà di italiano parlate nel Sud. Purtroppo, la situazione attuale degli studi non permette di fare affermazioni troppo precise al riguardo. Esistono tuttavia alcuni notevoli lavori su tale argomento, condotti da Trumper e collaboratori (Romito-Trumper 1989; Trumper *et al.* 1991; Mendicino-Romito 1991), che hanno preso in considerazione in modo particolare alcuni dialetti del Sud e le relative varietà di italiano, senza peraltro trascurare qualche sondaggio al Nord. In Trumper *et al.* (1991: 348) si afferma che vi sono chiari indizi di un diverso comportamento ritmico, che vede i dialetti pugliesi e quello di Matera spostati verso il polo isoaccentuale, mentre i dialetti veneti (oltre beninteso ai dialetti centrali) pendono decisamente verso il polo isosillabico. In mezzo a questi due estremi, si collocano vari dialetti che esibiscono caratteristiche intermedie, p. es. certi dialetti calabresi. Indagini di questo tipo promettono, in futuro, risultati di grande interesse, tanto descrittivo quanto teorico.

Un altro problema fondamentale, per ciò che riguarda il ritmo del parlato, consiste nel diverso grado di intensità degli accenti, nonché nella loro spaziatura. Esiste in proposito un'ipotesi autorevole, e rispettabilmente 'antica', secondo la quale l'italiano (sia a livello di parola che di contesto più ampio) non tollera né la giustapposizione di due accenti primari, né una sequenza di più di due sillabe atone (Malagoli 1949; Camilli 1965). Quando tali situazioni si verificano, verrebbero messe in atto delle strategie correttive, tendenti a declassare un accento da primario a secondario, o a promuovere ad accento secondario una sillaba atona. Per accento secondario si intende una prominenza percepibilmente più rilevata rispetto alla completa atonia, ma pur sempre inferiore al livello che contraddistingue l'accento di parola. Questa posizione è stata più volte ribadita, anche in tempi recenti (Nespor-Vogel 1989)[6], ma richiede in verità qualche precisazione, perché i dati sperimentali indicano una situazione parzialmente diversa.

Per quanto riguarda gli scontri di accenti, è indubbio che i parlanti mettono in atto delle opportune strategie per ridurne l'impatto. Indicando con A1 e A2, rispettivamente, la prima e la seconda sillaba accentata, avremo le seguenti procedure, in ordi-

---

[6] A detta di Nespor-Vogel (1979) gli scontri di accenti primari sarebbero medicati, in italiano, dalla ritrazione del primo accento. Per es., invece di *metá tórta* si avrebbe *méta tórta*. Va detto tuttavia che questa ipotesi, contestata da Bertinetto (1985), è stata successivamente abbandonata dalle due autrici, che hanno in seguito parlato per l'italiano di riduzione del livello accentuale, piuttosto che di ritrazione di accento (Nespor-Vogel 1989). Pertanto, nell'esempio citato si avrebbe una struttura del tipo *metà tórta*, dove il segno di accento grave marca l'accento secondario.

Degna di nota è anche l'ipotesi avanzata dalle due medesime autrici, secondo cui l'italiano standard e la varietà milanese sarebbero in distribuzione complementare per quanto riguarda, rispettivamente, il raddoppiamento fonosintattico e la ritrazione dell'accento. Per «raddoppiamento fonosintattico» s'intende, com'è noto, l'allungamento della consonante iniziale di parola, quand'essa sia preceduta da parola tronca o monosillabo accentato, ovvero da una parola appartenente al novero di quelle che sono idiosincraticamente in grado di innescare questa conseguenza, pur non essendo accentate sull'ultima sillaba. Così, nel caso sopra citato, in fiorentino si avrebbe necessariamente *metá [t]orta,* senza ritrazione (né attenuazione) di accento. Secondo il parere di chi scrive, l'ipotesi della complementarità tra raddoppiamento fonosintattico e ritrazione/attenuazione di accento, non essendo suffragata da chiare prove sperimentali, deve essere assunta al momento con tutta la necessaria cautela.

ne di frequenza: parziale deaccenzione di A1, allungamento della vocale su cui insiste A1, ritrazione (ma solo eccezionalmente) di A1 su una precedente sillaba della medesima parola. Quest'ultimo fenomeno tende a verificarsi soprattutto su un insieme ridotto di parole che si segnalano per la loro relativa mobilità accentuale (cfr. *finché* in *finché dura*, che può essere realizzato come /'finke'dura/).

Circa gli 'avvallamenti' accentuali, ossia le successioni di sillabe atone, è invece dimostrato che l'italiano tollera senza alcuno sforzo sequenze fino ad almeno quattro sillabe (De Mori 1980-81; Müller 1989; Farnetani-Kori 1990). Naturalmente, l'effettivo comportamento dei parlanti varia in funzione della velocità di elocuzione; più in fretta si parla, maggiore è la probabilità che gli avvallamenti si allunghino. Ma è comunque significativo che persino in uno stile di elocuzione formale e curato, quale quello messo alla prova nei lavori sperimentali appena citati, si possa agevolmente raggiungere l'ampiezza indicata. Il che non toglie che in stili di elocuzione particolarmente lenti si osservi una tendenza verso l'alternanza ritmica, che consiste nell'inserire prominenze secondarie atte a movimentare la progressione del parlato. Ma questa non è una proprietà dell'italiano: è stata osservata praticamente per ogni lingua, e costituisce a ben vedere un fatto assolutamente naturale [7].

---

[7] Questo particolare tipo di prominenze secondarie è stato denominato 'accento ritmico' in Bertinetto (1981). Lepschy (1992) preferisce invece riprendere il termine «controaccento». Va segnalato che il citato lavoro di Lepschy rappresenta il miglior tentativo finora esperito di sistematizzare questa materia. L'autore distingue i seguenti tre casi: a) composti il cui ultimo formativo sia una parola indipendente (cfr. *testacoda*); b) composti il cui ultimo formativo non sia una parola indipendente (cfr. *papirologia*); c) polisillabi monomorfemici (cfr. *caritatevolmente*). Il vero e proprio accento secondario compare soltanto nel caso a), mentre in b) e c) si ha l'accento ritmico, o contraccento. Le differenze fondamentali tra accento secondario e contraccento sono le seguenti: solo l'accento secondario conserva le opposizioni timbriche tra vocali aperte e chiuse, che sono rispettate in diverse varietà di italiano (es. /tɛsta'koda/); l'accento secondario ha una collocazione rigida, quella corrispondente alla posizione che occuperebbe l'accento primario qualora il formativo in questione si presentasse come parola autonoma, mentre il contraccento gode di una certa flessibilità, purché non si creino adiacenze con l'accento primario del composto (nei due casi citati si potrebbero p. es. avere, a seconda delle mutevoli esigenze del ritmo, almeno le seguenti possibilità: *papìrología* e *pàpiròlogía*, *càritatèvolménte* e *caritatèvolménte*).

4. Problemi metodologici e teorici nello studio dell'intonazione

Le caratteristiche prosodiche delle singole parole subiscono profonde modificazioni quando queste entrano a far parte di un enunciato. L'organizzazione sintattica delle frasi, la loro tipologia modale, le scelte pragmatiche del parlante che condizionano il tipo di atto linguistico, le attitudini e le emozioni dipendenti dal contesto situazionale determinano infatti complesse ristrutturazioni delle caratteristiche segmentali dei singoli foni, relativamente ai parametri di frequenza fondamentale, durata e intensità. All'interno di questa globale «struttura melodica» possono essere isolati (cfr. Crystal-Quirk 1964, Crystal 1969) diversi sistemi macroprosodici: l'andamento e l'estensione tonale, l'intensità, il tempo, il ritmo, la pausa e la tensione, le cui interazioni sono complesse e tuttora non definitivamente esplicitate. Il componente macroprosodico più sistematicamente studiato è quello dell'intonazione, intesa come funzione linguisticamente significativa della frequenza fondamentale (FO) a livello di frase (Lehiste 1970).

Anche con una limitazione così drastica del campo di analisi, lo studio dei fenomeni intonativi presenta molte difficoltà metodologiche e teoriche. Per quanto riguarda le prime, va ricordato che in qualsiasi enunciato spontaneo le caratteristiche intonative generate dalle strutture linguistiche si sovrappongono a caratteristiche *extralinguistiche* (i valori di FO determinati dalle caratteristiche biologiche del parlante) e *paralinguistiche* (le variazioni di FO attribuibili a emozioni, stati d'animo, attitudini del parlante)[8]. Così l'andamento di FO trasmette contemporaneamente tre tipi di informazioni, ciascuna con una diversa funzione e

---

[8] Da questa ricchezza informativa può dipendere il ruolo essenziale dell'intonazione nell'apprendimento del linguaggio (Crystal 1973 e 1979, Garnica 1977, Lieberman 1986, Fernald-Kuhl 1987). È stato dimostrato che i neonati riservano particolare attenzione agli andamenti intonativi del parlato materno, che essi imitano prima di essere in grado di produrre gli elementi segmentali. Secondo Whalen *et al.* (1991) le prime vocalizzazioni sono caratterizzate da andamenti di FO non solo correlati allo stato emotivo in cui si trova il bambino ma anche diversi a seconda della lingua con cui i parenti gli si rivolgono (cfr. per l'italiano D'Odorico 1984).

una propria organizzazione che dovranno essere individuate e analizzate separatamente.

Un secondo problema metodologico riguarda i sistemi di analisi e di trascrizione dell'intonazione. Di solito vengono contrapposti i sistemi uditivo-percettivi, applicati prevalentemente nelle descrizioni linguistiche tradizionali, e le tecniche sperimentali di registrazione e analisi della vibrazione delle corde vocali e/o del corrispondente segnale acustico. Il primo metodo mira all'identificazione del valore funzionale degli andamenti intonativi, ma non facilita il confronto tra più sistemi descrittivi; il secondo può rendere complessa l'interpretazione dei dati perché enfatizza la variabilità individuale e il dettaglio microprosodico, ma la presentazione del materiale sperimentale obbliga lo studioso a esplicitare i suoi criteri interpretativi. Per superare questa dicotomia, i dati fisico-acustici si possono sostituire con elaborazioni psicoacustiche degli andamenti di F0 che tengono conto delle caratteristiche di risposta del sistema uditivo periferico (t'Hart *et al.* 1990) o, meglio ancora, con elaborazioni psicofonetiche (Rossi 1971, 1978; Rossi *et al.* 1981; t'Hart *et al.* 1990) che tengono conto dei condizionamenti microprosodici di F0 — dovuti a qualità vocalica, classi consonantiche e coarticolazione (Di Cristo-Chafcouloff 1977) — e di quelli macroprosodici, per esempio le regole sull'interazione tra gli andamenti ascendenti o discendenti di F0 e le loro relative durate e intensità nella percezione dei toni dinamici (Rossi 1971, 1978; Rossi *et al.* 1981). Risultati molto interessanti si ottengono attualmente ricorrendo anche alle tecniche di sintesi del parlato (per l'italiano: Ferrero 1976, Avesani 1990a, De Dominicis 1992), che permettono di verificare la correttezza dei dati di analisi, di implementare sistemi di regole per la generazione degli andamenti intonativi, di controllare tramite test percettivi il ruolo di singole porzioni di tali andamenti, la significatività di variazioni graduali che si possono apportare a singoli parametri acustici, ecc.

Un terzo rilevante problema metodologico è il tipo di materiale che viene analizzato. Frasi lette o recitate — di cui viene controllato l'ordine delle parole, il numero delle sillabe, la struttura sintattica o addirittura costituite da sillabe reiterate — la cui corretta produzione viene sollecitata con domande o scenari adeguati (Magno Caldognetto-Fava 1972, Magno Caldognetto *et al.*

1978, Farnetani-Kori 1983, Avesani 1987 e 1990a, De Dominicis 1992), forniranno dati coerenti, confrontabili tra loro, ma corrispondenti a una produzione 'ideale' stereotipata.

L'analisi di enunciati spontanei (Cresti 1977, Sornicola 1981, Caputo 1992 e 1993) non solo risulta più complessa — poiché vi abbondano fenomeni intonativi dipendenti da particolari caratteristiche del parlato *on-line*: anacoluti, frasi interrotte, correzioni, esitazioni — ma evidenzia la necessità di affrontare le problematiche intonative con una teoria che integri le conoscenze sintattiche con quelle pragmatiche.

5. *Caratteristiche extralinguistiche di F0*

Sono quelle caratteristiche non volontarie, biologicamente determinate, dipendenti dal sesso, dall'età del parlante e dalla dimensione e forma dei suoi organi fonoarticolatori da cui dipende, in gran parte, la qualità della voce di un individuo (Crystal 1969, Laver 1980). I valori di F0 decrescono, sia per i maschi che per le femmine, nel passaggio dall'infanzia all'età adulta (20-25 anni); invece nella vecchiaia la F0 maschile risulta più elevata rispetto a quella dell'età adulta, mentre la F0 dei soggetti femminili si abbassa (Helfrich 1979). All'interno di ogni fascia d'età, tali caratteristiche possono essere considerate *permanenti* o a *lungo termine* e *idiosincratiche* di ogni singolo soggetto. Per questo sono considerate degli «indici individuali» (Abercrombie 1967) e la loro funzione è «espressiva» o «di presentazione» o «sintomatica» (Bühler 1934).

Comunque, quando si parla di voce «normale» o «neutra» o «modale» (Laver 1980, Childers-Lee 1991) si intende di solito la voce 'di petto' di un adulto maschio, che si estende tra 94 Hz e 287 Hz, mentre per le femmine si estende tra i 144 Hz e i 538 Hz. Gli studi sul valore etologico di F0 (Ohala 1983, 1984) hanno evidenziato che le voci caratterizzate da frequenze gravi sono considerate, sulla base di complesse associazioni sinestesiche tra suoni e dimensioni, segnali di autorità, aggressività e sicurezza, mentre le voci acute trasmettono segnali di sottomissione, gentilezza, mancanza di sicurezza. Secondo Ohala, questo dato non solo può fornire una spiegazione etologica al dimorfismo degli organi fonoarticolatori nel maschio e nella femmina, ma può anche essere connesso con la frequenza con cui nelle lingue compare, come vedremo, l'opposizione tra andamenti intonativi discendenti verso le basse frequenze, che caratterizzano le frasi enunciative, e andamenti intonativi ascendenti verso le frequenze acute, che corrispondono di solito a frasi interrogative.

Questa differenza di estensione frequenziale tra voci maschili e femminili rende obbligatoria la *normalizzazione* dei valori di F0 quando si debbano confrontare andamenti intonativi prodotti da parlanti di sesso e di età diversi o si debbano individuare i cosiddetti livelli per le analisi linguistiche (cfr. § 7). È ovvio che, per esempio, un picco di 200 Hz si colloca nelle regioni più elevate di una voce maschile, mentre si collocherà nelle regioni di bassa frequenza in una voce femminile.

Oltre alla voce «normale» [9], possono essere prodotti anche altri tipi di fonazione (Catford 1977, Laver 1980, Crystal-Quirk 1964, Childers-Lee 1991) che implicano modalità di affrontamento della glottide devianti dalla norma: il *falsetto* (o voce 'di testa', *head voice*, caratterizzata da valori elevati di F0: 275-634 Hz per i maschi, 495-1131 per le femmine), la *voce sussurrata* (*whispery voice*, in cui la vibrazione delle corde vocali è ridotta ed è prevalente la presenza di rumore), la *voce faringalizzata* o *laringalizzata* (*creaky voice*, caratterizzata da brevi vibrazioni seguite da lunghi intervalli di chiusura glottale, con una frequenza tra 24 e 52 Hz per i maschi e tra 18 e 46 Hz per le femmine), la *voce soffiata* (*breathy voice*, caratterizzata da incompleta chiusura glottale) e la *voce rauca* (*harsh voice*, caratterizzata da ampie variazioni di forma dei cicli vibratori).

Questi tipi di voce devianti dalla norma rientrano tra le caratteristiche extralinguistiche non volontarie qualora dipendano da stati fisiologici anormali, malattie o emozioni, ma possono essere anche prodotti volontariamente dal parlante per particolari scopi comunicativi. La voce sussurrata, per esempio, di solito è il sintomo di un disturbo fisiologico (una tracheite), ma può dipendere anche dalla scelta volontaria di un soggetto che parla

---

[9] Per l'influenza di particolari abitudini articolatorie sulla voce si veda Laver 1980.

in una situazione di cospirazione. Così pure la voce di falsetto può essere prodotta come indice paralinguistico delle emozioni di gioia o dolore (cfr. § 6) o in particolari situazioni, come nel dialogo con bambini (Sachs-Brown-Salerno 1976). La voce laringalizzata può avere il ruolo di caratteristica fonologica socio-linguistica (p. es. della classe lavoratrice a Norwich o di stato sociale elevato a Edinburgo, secondo Laver-Trudgill 1979), di indice di fine turno conversazionale o di indice paralinguistico nell'espressione di stati d'animo di noia o di rassegnazione. La voce rauca, oltre che essere il sintomo di un disturbo funzionale delle corde vocali, è correlata all'emozione di rabbia, in dipendenza da un'estrema tensione muscolare. Infine la voce soffiata ha frequenti utilizzazioni paralinguistiche poiché costituisce il segnale di un'attitudine di intimità o di familiarità.

6. Caratteristiche paralinguistiche di F0

Con il termine «paralinguistiche» (Crystal-Quirk 1964, Crystal 1969, Laver-Trudgill 1979, Laver 1980, Scherer 1982, Kappas *et al.* 1991) ci si riferisce a quelle modificazioni dei valori di F0 idiosincratici di un parlante che sono determinate dai suoi stati d'animo: *emozioni* (gioia, paura, tristezza, collera, disgusto, sorpresa sono le primarie) e *attitudini* (p. es. cortesia, impazienza, indignazione, insicurezza, ecc.).

Sono quindi degli indicatori psicologici «a medio termine», poiché la loro produzione dipende da situazioni o contesti particolari, ma possono diventare anche caratteristiche della personalità di un parlante (Scherer 1979) e risultare quindi «a lungo termine» (Laver-Trudgill 1979). La loro funzione non è solo «espressiva» o «di presentazione» (Bühler 1934, Jakobson 1963), in quanto permettono all'ascoltatore di individuare lo stato d'animo del parlante, ma anche «conativa» o «appellativa» (Bühler 1934, Jakobson 1963), poiché il parlante attraverso la loro produzione si prefigge di raggiungere determinati scopi o di modificare il comportamento dell'ascoltatore.

Anche se in qualche caso le emozioni, vissute in modo violento, possono determinare la produzione di segnali vocali non articolati, o «emblemi vocali», simili alle interiezioni (Poggi

1981), nella maggior parte delle situazioni comunicative l'informazione emotiva e attitudinale viene trasmessa contemporaneamente al messaggio linguistico. Questa cooccorrenza costituisce un fondamentale problema teorico ed è stata spiegata con due ipotesi alternative (Scherer *et al.* 1984, Ladd *et al.* 1985 e 1986): la teoria del «canale parallelo» sostiene che le due informazioni, linguistica e paralinguistica, codificate in modo indipendente, ciascuna secondo i propri pattern intonativi, si fondono in modo additivo. Nella teoria del «canale unico» emozioni e attitudini influiscono direttamente sull'elaborazione linguistica, cioè sulle scelte sintattiche, lessicali e quindi anche fonologiche, cosicché l'intonazione trasmette significati affettivi solo perché è unita a specifiche caratteristiche linguistiche del testo. Nel primo caso vengono ipotizzate delle configurazioni intonative specifiche per la trasmissione delle informazioni paralinguistiche, distinte da quelle linguistiche convenzionali, anche se non discrete (si veda il concetto di *espressema* in Léon 1971). Nel secondo caso, indici intonativi identici possono assumere significati diversi a seconda del messaggio linguistico con cui sono prodotti: in questo caso è evidente la necessità di una teoria linguistica che formalizzi regole per l'uso del linguaggio nelle varie situazioni comunicative (cfr. in questo volume il saggio di A. A. Sobrero).

In qualunque modo sia stata generata la complessa organizzazione intonativa finale dell'enunciato, mentre ogni parlante è in grado di cogliere e comprendere l'informazione paralinguistica, il compito descrittivo risulta difficile perché alle variazioni di F0 si accompagnano variazioni di velocità di eloquio, di produzione di pause e quindi della fluenza (cfr. § 9), e nella specificazione di F0 si dovrà tener conto della qualità della voce, dell'estensione della gamma tonale e dell'andamento globale del contorno intonativo (Scherer 1982, Fónagy 1989). Inoltre dovrà essere risolto il problema della discretezza o scalarità degli andamenti intonativi paralinguistici: se costituiscano, cioè, un sistema di opposizioni, come avviene nell'intonazione linguistica per gli andamenti discendenti della frase enunciativa contrapposti a quelli ascendenti della frase interrogativa (cfr. § 7), oppure se nella loro realizzazione si riscontri una gradualità, una scalarità parallela alle variazioni dell'intensità dell'emozione e dell'attitudine (Scherer *et al.* 1984, Ladd *et al.* 1985). Se si sceglie il metodo uditivo basato sull'individuazione delle deviazioni rispetto all'intonazione non marcata lungo tre dimensioni: tonalità, qualità fonatoria e qualità articolatoria (Crystal-Quirk 1964, Crystal 1969) e se questo viene applicato a enunciati in cui è presente una lessicalizzazione dell'emozione o dell'attitudine trasmessa come negli esempi seguenti tratti da Canepari (1985: 91-104):

— *felicità*: "Questo è certamente il periodo più bello della vita!" (tono espanso in alto, emissione ritmica)
— *cautela*: "procediamo con calma: non ho sufficienti elementi di giudizio" (tonalità compressa in alto, emissione ritmica)
— *intirizzimento*: "non mi sento più i piedi per il freddo che fa!" (tonalità compressa duplice, durata rapida, voce bisbigliata),

sarà difficile analizzare autonomamente l'intonazione paralinguistica ed eseguire confronti tra le lingue. A questo scopo si possono invece studiare o vocali isolate (Kori *et al.* 1981, Magno Caldognetto-Kori 1983, Kori-Magno Caldognetto 1991) o enunciati lessicalmente non emotivi (per l'italiano Anolli-Ciceri 1992, De Dominicis 1992) realizzati da attori, in contesti controllati, e sottoporre questo materiale non solo ad analisi elettroacustica, ma anche ad esperimenti di sintesi e a test percettivi (Ladd *et al.* 1986, Scherer *et al.* 1984; per l'italiano Magno Caldognetto-Kori 1983, Kori-Magno Caldognetto 1991, De Dominicis 1992).

Per gli andamenti intonativi dipendenti dalle emozioni è stato spesso sottolineato il carattere universale. Dato che le emozioni sono considerate delle reazioni del parlante alla situazione o all'ambiente (e in questo si avvicinano ai segnali vocali emessi dalle altre specie animali, da cui anche filogeneticamente dipenderebbero: cfr. Darwin 1872; Ohala 1983, 1984), è stato ipotizzato che esse comportino automaticamente delle conseguenze fisiche — come l'accelerazione del ritmo di respirazione, la secchezza della bocca, il tremore muscolare — che a loro volta modificherebbero direttamente l'F0. Infatti alle emozioni ad alto grado di attivazione, come gioia e paura, corrispondono andamenti molto dinamici di F0 con estensione verso le frequenze acute, mentre le emozioni a bassa attivazione, come la tristezza, sono caratterizzate da F0 a frequenze gravi e intonazione piatta (Scherer *et al.* 1984, Kappas *et al.* 1991).

Le emozioni non sono però semplicemente delle attivazioni stimolo-risposta, ma piuttosto complessi processi cognitivi di

valutazione dell'ambiente, regolazione del sistema, preparazione
all'azione, comunicazione dell'intenzione, riflessione e controllo
(Scherer *et al.* 1984; cfr. per una revisione del problema dal
punto di vista psicologico, D'Urso-Trentin 1988 e Anolli-Ciceri
1992). Inoltre la loro realizzazione vocale è soggetta, come
avviene per la trasmissione visiva delle emozioni, a regole culturali — quindi apprese — «di esibizione» (Ekman 1972), che prevedono effetti di intensificazione, deintensificazione, neutralizzazione e mascheramento, a seconda delle situazioni e del ruolo
sociale del parlante. Le ricerche sperimentali sulle caratteristiche
intonative delle emozioni hanno confermato, per l'italiano, la presenza sia di opposizioni universali tra andamenti intonativi dinamici e piatti, riconducibili, come abbiamo visto, alla diversità di
attivazione psicologica, sia delle specificità culturali, se confrontate per esempio con emozioni prodotte da giapponesi (Magno
Caldognetto-Kori 1983, Kori-Magno Caldognetto 1991), attribuibili in parte alle regole «di esibizione» sopracitate, ma anche,
probabilmente, alle interferenze con i diversi schemi prosodici
delle due lingue.

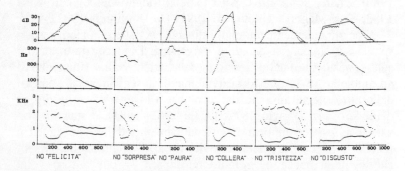

Fig. 1 *Curve di intensità (A), di F0 (B) e andamenti della prima, della
seconda e della terza formante della parola «no» pronunciata con emozioni di gioia, sorpresa, paura, collera, tristezza e disgusto.*

In fig. 1 sono riportati i dati spettrografici (curve dell'intensità, andamenti di F0, andamenti delle prime tre formanti) relativi alle sei pronunce emotive primarie (gioia, sorpresa, paura, col-

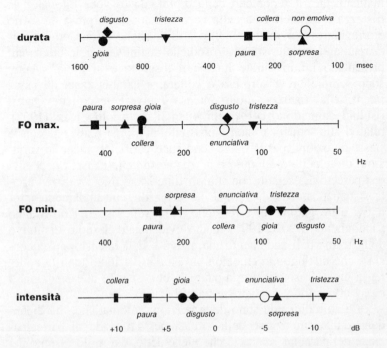

Fig. 2   *Valori medi di intensità, F0 massima e minima e di durata di vocali realizzate con emozioni di gioia, sorpresa, paura, collera, tristezza e disgusto (da Kori e Magno Caldognetto 1986).*

lera, tristezza, disgusto) della parola «no». Il grafico in fig. 2 propone i valori medi di intensità, di F0 minima e massima e di durata di vocali isolate realizzate con le stesse emozioni. Ambedue le serie di dati confermano che le emozioni di gioia, di collera, di paura e di sorpresa sono caratterizzate dai valori più elevati di F0, mentre i valori minimi sono tipici di disgusto e tristezza. L'estensione frequenziale compresa tra valori minimi e massimi di F0 è ridotta per le emozioni di tristezza e disgusto ed è ampia per gioia, sorpresa e collera. È anche importante la qualità della voce [10]: collera e paura presentano, anche se non siste-

_____
[10] Cooccorrono con queste caratteristiche di F0 anche delle variazioni della

maticamente, il fenomeno della diplofonia (o voce bitonale), la tristezza è caratterizzata dalla voce soffiata, la sorpresa da soffio d'aria ingressivo iniziale. Oltre all'F0, anche durata ed intensità risultano caratteristiche prosodiche distintive per le emozioni: presentano infatti durate lunghe il disgusto e la gioia, mentre sono sempre brevi sorpresa e collera; è caratterizzata da bassa intensità la tristezza, molto intensa è invece la collera. Questi risultati coincidono con quelli ottenuti da Anolli-Ciceri (1992), relativi alla sequenza «non è possibile, non ora» realizzata con le stesse emozioni, per la quale sono state verificate anche le variazioni di velocità di eloquio e la frequenza delle pause. Successivi test percettivi, eseguiti con stimoli sintetizzati in cui veniva variata sistematicamente la durata, la forma di sette andamenti intonativi e tre gamme di estensione di F0 (cfr. fig. 3; Kori-Magno Caldognetto 1990 e 1991) hanno evidenziato il ruolo distintivo della forma dell'andamento intonativo e dell'estensione frequenziale che distinguono emozioni ad alta attivazione quali la collera, la gioia, la sorpresa e la paura in opposizione alle emozioni a bassa attivazione, quali tristezza e disgusto.

Le attitudini non sono delle reazioni automatiche, ma dipendono dalla valutazione della situazione, dal grado di partecipazione del parlante verso ciò che viene detto, dal ruolo assunto nei confronti dell'interlocutore. In questo si avvicinano alla funzione modale linguistica (cfr. § 7) che permette di distinguere tra frasi dichiarative, interrogative o imperative, ma non coincidono con essa: basti pensare alla diversa realizzazione intonativa di una frase interrogativa e alla stessa frase interrogativa associata a un'attitudine di indignazione o incredulità o cortesia.

Le categorie modali linguistiche corrisponderebbero alle attitudini più generali, fondamentali nella comunicazione umana, che le lingue hanno scelto di trasmettere tramite strutture sintattiche e morfologiche (cfr. § 7) e che non risultano più marcate stilisticamente (Fónagy 1987). Comunque, mentre le categorie modali linguistiche sono in numero limitato in tutte le lingue, le attitu-

---

qualità dei segmenti vocalici, attribuibili a particolari atteggiamenti degli organi articolatori e in particolare delle labbra, come nella realizzazione del disgusto (Kori-Magno Caldognetto 1986).

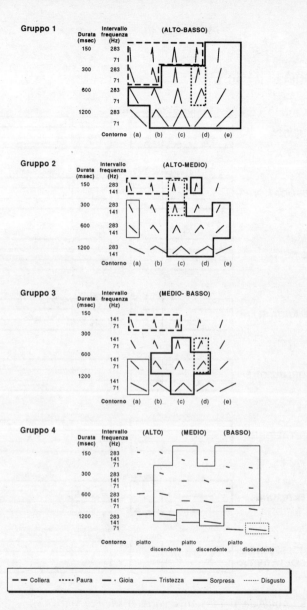

Fig. 3 *Risultati di un test di identificazione delle sei emozioni prima-*
rie su ottanta stimoli sintetizzati in cui variano la durata, la forma
dell'andamento e l'estensione frequenziale. Nel grafico sono evidenzia-
ti gli stimoli il cui punteggio di identificazione per una data emozione
supera il livello di significatività (p <.05) (da Kori e Magno Cal-
dognetto 1990 e 1991).

"mangia la pasta"

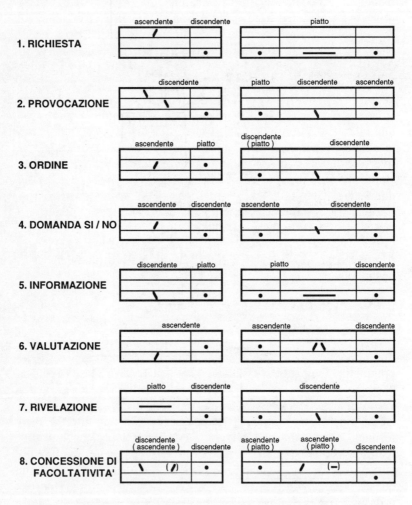

Fig. 4 *Andamenti intonativi caratteristici di otto diverse attitudini, relativi alla frase «mangia la pasta», ottenuti da test di sintesi associati a test di percezione, trascritti secondo Canepari (1983 e 1985). I tre livelli corrispondono alle seguenti estensioni frequenziali: livello alto superiore a 240 Hz, livello basso inferiore a 150 Hz, livello medio tra 150 e 240 Hz (da De Dominicis 1992, riprodotto con il permesso dell'autore).*

dini sono invece molto numerose, soggette a gradazioni estremamente sottili e a volte molto difficili da etichettare lessicalmente[11]. Le ricerche svolte da Scherer *et al.* (1984) e Ladd *et al.* (1986) su frasi interrogative con diverse sfumature attitudinali (di cortesia, impazienza, gentilezza, aggressività, insicurezza, ecc.), elaborate sinteticamente e sottoposte a test percettivi, hanno indicato la specializzazione dell'andamento di F0 per l'informazione linguistica (cioè per il riconoscimento della frase come interrogativa) e l'importanza della qualità della voce e della sua estensione frequenziale per la trasmissione dell'attitudine, ma anche una interazione con la struttura linguistica del testo. L'interessante e complessa ricerca condotta da De Dominicis (1992) — relativa alle intonazioni di richiesta, provocazione, ordine, concessione di facoltatività, informazione, valutazione, rivelazione, domanda totale — ha confermato per l'italiano che la discriminazione tra queste frasi avviene sulla base di fattori intonativi e non ritmici. Gli andamenti relativi, descritti secondo Canepari (1983, 1985; cfr. § 7), sono riportati in fig. 4 e costituiscono per il momento i soli dati descrittivi di intonazioni attitudinali per la nostra lingua.

7. Caratteristiche linguistiche di F0

Sono quegli andamenti intonativi determinati dall'organizzazione pragmatica, semantica e sintattica di una frase e che esemplificheremo partendo da una frase formata, nell'ordine, da soggetto, verbo e soggetto (SVO). Si tratta ovviamente di una semplificazione, giustificata però dal fatto che per questo tipo di frase 'ben formata' disponiamo del maggior numero di conoscenze e di formalizzazioni sui rapporti tra le strutture semantiche, quelle sintattiche e l'ordine delle parole (cfr. il saggio di P. Benincà, in questo volume). In realtà vi sono frasi costituite da molte parole o da una sola parola, e questa può essere costituita da più sillabe o da una sola sillaba, cosicché l'andamento tipico di un deter-

---

[11] Si veda in Canepari (1985: 92-104) un elenco di più di duecento «stati d'animo, situazioni e ruoli sociali e anche fisiologici».

minato tipo di frase può estendersi su un numero molto alto di parole o condensarsi anche su un'unica sillaba. Un caso particolare è quello delle *interiezioni* olofrastiche (Poggi 1981), che veicolano in modo stereotipato un intero atto linguistico in segmenti fonetici non lessicali caratterizzati da specifici profili intonazionali: *eeh?!* di incredulità; *eeh...* di dubbio, di preoccupazione; *eh?* di richiesta, ecc.

L'intonazione si rivela quindi un indice di coesione (cfr. la funzione integrativa in Rossi 1977, Di Cristo 1986) sia nel momento della produzione che deve essere pianificata unitariamente, sia nel momento della decodificazione, perché identifica quelle porzioni del parlato che devono essere elaborate come unità.

La prima importante funzione linguistica dell'intonazione nel dominio della frase è quella *modale*, cioè la differenziazione dei diversi tipi di frase (presentativa o enunciativa, interrogativa, imperativa o iussiva) che codificano l'atteggiamento del parlante nei confronti di ciò che dice e che dipendono dalle sue scelte pragmatiche (Simone 1991).

L'andamento di una frase enunciativa, con struttura SVO, è considerato non marcato e presenta un tipico andamento (Magno Caldognetto *et al.* 1978, 1983; Avesani 1987) caratterizzato da un picco di F0 sulla sillaba tonica di S, un abbassamento graduale dei valori di F0 sulle altre sillabe toniche e un forte abbassamento frequenziale sull'ultima sillaba di 0 (cfr. fig. 5).

Questo andamento finale discendente è comune alle frasi enunciative di gran parte delle lingue, tanto che è stato considerato un universale linguistico dipendente dalla riduzione della riserva d'aria alla fine della produzione di un enunciato (Lieberman 1967; ma si veda anche Ladd 1984). Ma tanto la pendenza quanto l'andamento del contorno precedente possono variare da lingua a lingua data la diversità di realizzazione dell'accento di parola (libero/fisso, d'intensità/melodico: cfr. § 3).

La frase interrogativa «totale» o «polare» o «sì-no», in cui il parlante esprime un dubbio o una richiesta di informazione relativa a tutta la frase, è caratterizzata invece da un andamento finale ascendente sulla sillaba finale della frase (fig. 5), che viene quantizzato come la differenza tra il valore di F0 finale di fra-

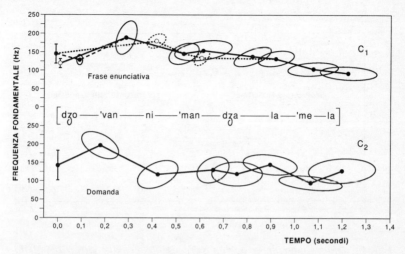

Fig. 5 *Andamento dell'F0 in una frase enunciativa e in una frase inter-rogativa con struttura SVO (da Magno Caldognetto et al. 1978).*

se e il cosiddetto *turning point*, cioè il minimo frequenziale da cui parte il contorno ascendente, prevalentemente collocato sull'ultima sillaba accentata (Magno Caldognetto *et al.* 1978, Kori-Farnetani 1983). A differenza di altre lingue, come il francese e l'inglese, che caratterizzano l'interrogativa totale non solo con l'intonazione, ma anche con marche morfologiche o sintattiche — quali l'utilizzazione di un verbo ausiliario o l'inversione tra soggetto e verbo —, l'italiano per differenziare la frase interrogativa dalla enunciativa usa esclusivamente l'andamento intonativo ascendente, dimostrando così che l'intonazione è parte essenziale, non opzionale, del nostro sistema linguistico e che consiste di un sistema di contrasti formali (Lepschy 1978, Salvi 1988, Canepari 1983, 1985, Benincà *et al.* 1988, Simone 1991) [12]. Comunque nella realizzazione in italiano dell'intonazione ascendente non vi sono conflitti come quelli possibili in lingue a toni, p. es. il giapponese, in cui su un tono finale basso si realizza l'andamento interrogativo (Canepari 1983: 54 sgg.; Kori 1984).

_____

[12] Si veda in Ferrero 1976 il test sulla percezione categoriale dell'andamento finale di frase.

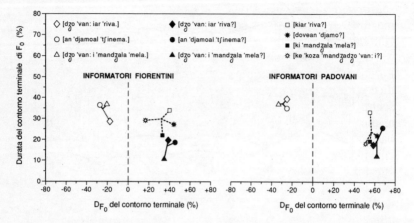

Fig. 6 *Diagramma della durata percentuale e delle variazioni della frequenza dell'andamento finale di frasi enunciative, interrogative totali e parziali, misurate tra il* turning point *e il punto finale della frase (da Magno Caldognetto* et al. *1978).*

A differenza delle interrogative «totali», si ritiene che quelle «parziali» (Lepschy 1978, Canepari 1983, 1985, Benincà *et al.* 1988, Simone 1991) o «aperte» o interrogative '-k' (cosiddette dal fonema iniziale dei pronomi *chi?, che cosa?* che le introducono) siano caratterizzate da un innalzamento intonativo sul pronome, che è l'elemento su cui verte l'interrogazione, e da un andamento finale discendente. In realtà anche nella varietà di italiano parlato a Firenze, oltre che in altri italiani regionali (cfr. anche Canepari 1983, 1985), l'andamento finale di F0 dell'interrogativa parziale è diverso da quello discendente dell'enunciativa e più simile a quello dell'interrogativa totale, anche se con valori inferiori di innalzamento (cfr. fig. 6).

Un altro tipo di frase modale, molto usato, è la frase imperativa o iussiva, che dal punto di vista intonativo è caratterizzata da un andamento velocemente discendente accompagnato da una riduzione della durata totale dell'enunciato e da aumento di intensità, ma che è segnalata anche da caratteristiche morfologiche, quali la flessione del modo verbale.

Oltre all'informazione relativa alla modalità, per la determinazione dell'andamento intonativo di una frase sono importanti la sua organizzazione sintattica e soprattutto la struttura dell'informazione (Cresti 1977, 1979; Lepschy 1978, Sornicola 1981, Halliday 1985, Salvi 1988, Benincà *et al.* 1988, Simone 1991).

In una frase infatti si deve distinguere un *tema* (o *topic*), l'argomento di cui si parla, e un *rema* (o *comment*), ciò che si dice a proposito del tema: questa suddivisione corrisponde alla scelta del parlante nell'organizzazione della frase. Ma si può anche distinguere, in funzione delle conoscenze dell'ascoltatore basate sul contesto, linguistico o extralinguistico, l'informazione considerata data o nota rispetto a quella nuova, di cui si presume che l'ascoltatore non fosse precedentemente a conoscenza.

Poiché in italiano l'informazione nuova si presenta alla fine della frase (Antinucci-Cinque 1977, Lepschy 1978, Benincà *et al.* 1988: ma cfr. per un'opinione diversa Delmonte 1992) in una frase SVO non marcata, quale «Adamo mangia la mela» (fig. 7, andamento A), il soggetto «Adamo» è tema e dato, il predicato «mangia la mela» è rema e nuovo.

Ma non è obbligatorio che, pur mantenendo lo stesso ordine SVO, vi sia sempre coincidenza tra struttura sintattica e struttura dell'informazione. Se si ricorre a delle domande contestualizzanti che determinano condizioni diverse di nuovo/dato, per esempio chiedendo «chi mangia la mela?», otterremo come risposta una frase in cui il soggetto «Adamo» sarà sempre tema, ma costituirà in questo caso l'informazione nuova, mentre il predicato «mangia la mela» sarà rema e dato, pur trovandosi in posizione finale di frase. Per attribuire il ruolo di informazione nuova a un elemento indipendentemente dalla sua posizione nella frase, in modo che risulti evidenziato per l'ascoltatore, il parlante ricorrerà a una focalizzazione prosodica, che in italiano ha come correlato principale un picco dell'intonazione (Magno Caldognetto-Fava 1972, Kori-Farnetani 1983), come è stato realizzato nell'andamento B fig. 7. Anche gli altri due andamenti presentano casi di focalizzazione del nuovo, corrispondendo l'andamento C alla domanda «che cosa fa Adamo?» e il D alla domanda «che cosa mangia Adamo?». La realizzazione del focus su parole finali di frasi enunciative e interrogative può cooccorrere con la produzione dell'andamento caratteristico tanto della frase enunciativa quanto di quella interrogativa, secondo le modalità individuate da Kori-Farnetani (1983) riportate in fig. 8.

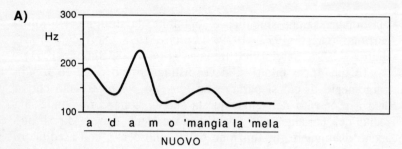

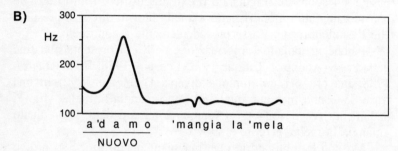

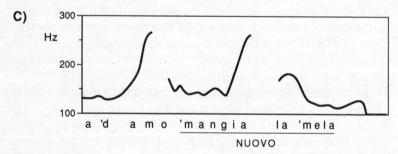

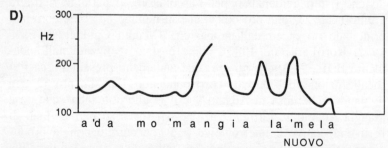

Fig. 7   *Andamenti intonativi della frase «Adamo mangia la mela»
determinati da diverse organizzazioni dell'informazione nuova/data.
L'informazione nuova risulta sottolineata.*

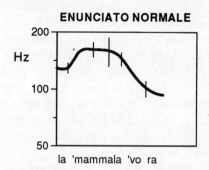

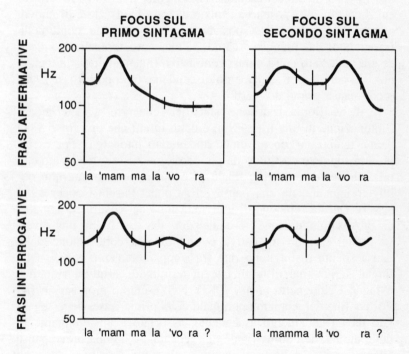

Fig. 8   *Andamenti intonativi di frasi affermative e interrogative con focus sul primo o sul secondo sintagma (da Kori e Farnetani 1983, riprodotto con il permesso degli autori).*

Ovviamente, per trasmettere informazioni di nuovo e di dato si possono realizzare anche frasi con ordine delle parole marcato (cfr. Benincà *et al.* 1988): per esempio, si può collocare a sinistra della frase, nella posizione iniziale tipica del tema e del dato, un costituente diverso dal soggetto, come nella frase «la mela, Adamo la mangia». Il costituente dislocato presenta, secondo Rossi (1990), un andamento intonativo ascendente di continuazione e viene seguito da una pausa, la cui presenza nella lingua scritta è indicata da una virgola. In caso di topicalizzazione (Benincà *et al.* 1988), invece, in cui il costituente spostato all'inizio di frase ha il valore di nuovo, mentre il soggetto viene spostato in posizione finale, come nella frase «la mela, mangia Adamo», l'elemento topicalizzato deve essere realizzato con l'enfasi contrastiva (intendendosi «la mela», non «la pera»), con andamento discendente (secondo Rossi 1990) e con pausa prima del verbo.

Anche l'organizzazione sintattica concorre a determinare l'intonazione di una frase. Non è detto infatti che una frase SVO venga realizzata con un unico andamento intonativo. Per esempio, un soggetto costituito da più parole può essere realizzato con un andamento intonativo finale ascendente, seguito, ma non obbligatoriamente, da una pausa (cfr. Cooper-Paccia Cooper 1980 e § 9). Questa funzione di individuazione dei costituenti sintattici, di 'disambiguazione', è evidenziata dai casi in cui una diversa organizzazione intonativa e una diversa collocazione della pausa silente distinguono due frasi apparentemente eguali nella lingua scritta, ma differenziate in termini di struttura sintattica (Magno Caldognetto *et al.*, 1983). Nell'esempio proposto in fig. 9 il confine del sintagma nominale della prima frase viene segnalato da un andamento ascendente, associato a un allungamento della durata, dell'atona finale di «vecchia», e da una breve pausa silente, mentre nella seconda frase gli stessi fenomeni vengono prodotti dopo «legge».

Passando infine da una frase isolata a più frasi connesse in un discorso, l'intonazione è chiamata a segnalare giunzione — con andamento di continuazione, ascendente, come nel caso di una frase relativa connessa alla principale o di una anafora —, disgiunzione — con un andamento conclusivo, discendente, come nel caso di un appellativo —, e gerarchizzazione tra le frasi (Di

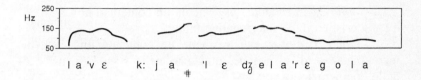

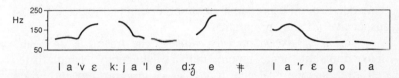

Fig. 9   *Esempio di disambiguazione sintattica tramite l'intonazione. Andamenti di F0 relativi alle frasi: «la vecchia # legge la regola» e «la vecchia legge # la regola».*

Cristo 1986, Rossi 1990) in cui la frontiera intonativa dovrebbe presentare gradazioni proporzionali alla profondità dei nodi nella struttura sintagmatica ad albero. Per descrivere queste funzioni Rossi propone per l'italiano una serie di sei intonemi, cioè andamenti intonativi discreti, con valore distintivo: un livello continuativo maggiore realizzato nel livello infra-acuto; uno continuativo minore, realizzato nel livello medio; uno conclusivo maggiore, collocato nel livello grave; uno conclusivo minore, caratterizzato da abbassamento tonale; un intonema continuativo e uno parentetico.

Questa complessa realtà intonativa è stata descritta con sistemi anche molto diversi tra loro: basterà ricordare l'opposizione tra le analisi che adottano una concezione «olistica» dell'andamento intonativo relativo a tutta una frase e quelle che sostengono un approccio analitico, di scomposizione dell'andamento intonativo.

Un esempio del primo approccio è il sistema utilizzato da Lepschy (1978; si veda anche Sornicola 1981), mutuato da Halliday (1970), articolato in cinque andamenti tonali o toni che rappresentano delle scelte discrete:

— *tono 1, discendente,* che trasmette un contenuto noto ed è caratteristico delle frasi dichiarative, delle interrogative parziali e di quelle retoriche;

— *tono 2, ascendente,* che veicola un contenuto non noto ed è caratteristico delle interrogative totali;

— *tono 3, piatto,* che trasmette un contenuto indeciso, di incompletezza, di esitazione, utilizzato nelle frasi sospensive e nelle enumerazioni;

— *tono 4, discendente-ascendente,* che trasmette un contenuto "apparentemente noto, ma in realtà ignoto", riservato alle domande-eco, all'espressione del dubbio, della sorpresa, alle frasi sospensive a carattere enfatico;

— *tono 5, ascendente-discendente,* che trasmette un contenuto "apparentemente ignoto, ma in realtà noto", caratteristico dell'affermazione energica, usato per contraddire e/o correggere affermazioni precedenti.

A seconda dei livelli tonali sfruttati nella loro realizzazione e della loro durata, questi cinque andamenti possono acquisire ulteriori significati emotivi e attitudinali, cioè valori convenzionali, anche se non discreti[13].

Un metodo di descrizione analitico è quello proposto da Canepari (1983 e 1985). All'interno della *intonia,* che è l'estensione intonativa dell'intero enunciato, vengono individuate la *protonia* e la *tonia*[14]. Quest'ultima descrive gli andamenti tonali finali realizzati sull'ultima sillaba accentata dell'enunciato e sulle eventuali sillabe atone seguenti, dette postoniche. Per specificare l'estensione frequenziale vengono utilizzati anche tre livelli di altezza tonale, alto-medio-basso, di cui il medio è il livello non marcato.

Secondo Canepari le tre tonie fondamentali dell'italiano (fig. 10) sono la *tonia conclusiva,* discendente, con postonica terminale nella parte inferiore del livello basso, con la quale il parlante comunica di aver terminato un enunciato; la *tonia interrogativa,* ascendente con tonica media, postonica interna media e postonica terminale alta, caratteristica delle interrogative totali, che comunica che il parlante aspetta dall'ascoltatore una risposta o un'azione; la *tonia sospensiva,* di tonalità media, utilizzata per

---

[13] Si veda nel paragrafo precedente il concetto di espressema.
[14] Per una suddivisione molto simile anche se vengono usati termini diversi (rispettivamente gruppo intonativo, precontorno e contorno), cfr. Di Cristo (1986) e Rossi (1990).

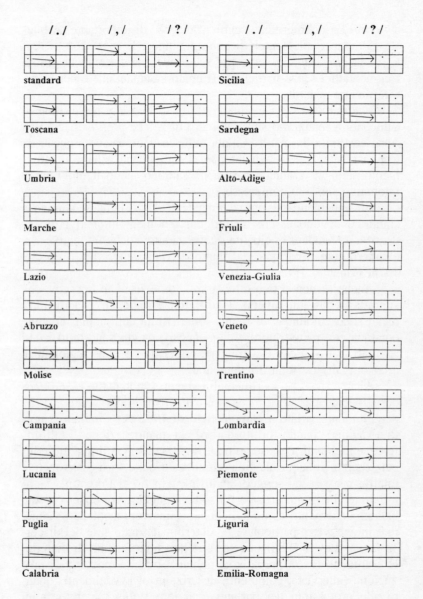

Fig. 10 *Schematizzazione delle tre tonie enunciativa, interrogativa e sospensiva nell'italiano standard e nelle principali varietà regionali di italiano (da Canepari 1983, riprodotto con il permesso dell'autore).*

avvertire l'ascoltatore che seguirà qualcosa di importante. A queste tre tonie fondamentali si può aggiungere la tonia non-marcata, detta *divisiva,* che serve per suddividere il discorso in gruppi
fono-sintattici senza particolari sfumature semantiche e per respi-
rare mentre si parla.

Naturalmente né i cinque contorni di Lepschy né le tonie di
Canepari si realizzano su un numero di sillabe prefissato. Su una
frase costituita da quattro sillabe tutte le componenti previste da
Canepari vengono evidenziate, se vi saranno più sillabe il movimento sarà più graduale, se ve ne saranno meno il movimento
intonativo sarà più compresso.

Gli andamenti intonativi dipendenti dal sistema semantico e
sintattico devono essere distinti dai fenomeni intonativi dipendenti dalla «cadenza» cioè da quelle caratteristiche intonative che
caratterizzano il parlante dal punto di vista geografico (Lepschy
1978, Canepari 1983).

Anche se non si può dimostrare, come sostiene Lepschy, che
si tratta di sistemi diversi, le differenze regionali o addirittura
locali sono comunque evidenti, come risulta dall'ampia indagine
condotta con metodi uditivi da Canepari, da cui sono tratti i dati
riportati in fig. 9 che illustrano le principali cadenze regionali in
relazione alle tre tonie fondamentali.

Alcune ricerche sperimentali (Magno Caldognetto *et al.* 1978
per l'italiano parlato a Firenze e a Padova, Maturi 1988 e 1989
per l'italiano parlato a Napoli, Schirru 1982 per l'italiano parlato a Cagliari) hanno fornito dati per la quantizzazione di tali differenze regionali. Per esempio la fig. 10 evidenzia il maggiore innalzamento frequenziale finale realizzato nelle frasi interrogative
totali e parziali dai soggetti padovani rispetto ai fiorentini.

Ricerche molto utili per la sociolinguistica potrebbero essere
quelle concernenti le caratteristiche — macroprosodiche in genere e intonative in particolare — determinate dallo stile del discorso (Johns-Lewis 1986) in relazione non tanto al tipo di materiale esaminato (letto, preparato, spontaneo) o alle modalità di produzione (intervista, commenti, descrizioni di avvenimenti) quanto alle professioni dei parlanti e ai loro status sociali (uomini
politici, religiosi, insegnanti, ecc.).

8. La declinazione intonativa

La molteplicità e la complessità delle problematiche implicate in una teoria dell'intonazione possono essere esemplificate dalle ricerche sul più semplice andamento di F0, cioè quello della frase enunciativa non marcata, che presenta (v. fig. 5) un abbassamento graduale dei picchi di F0 conosciuto con il nome di *declinazione* (Cohen *et al.* 1982, Ladd 1984; per l'italiano: Magno Caldognetto *et al.* 1978, Magno Caldognetto *et al.* 1983, Avesani 1987, 1990a, Vayra 1991, De Dominicis 1992). L'andamento di questa declinazione si ottiene congiungendo o i picchi di F0, e in questo caso si parlerà di *top line,* o i valori minimi di F0, ottenendo così la *bottom line.* Mentre i valori frequenziali finali evidenziano poche variazioni nella produzione di un singolo soggetto, i valori della frequenza iniziale del contorno di declinazione risultano, secondo Cooper e Sorensen (1981) e Cohen *et al.* (1982), più elevati in frasi lunghe rispetto a frasi brevi. Dal numero delle sillabe accentate e dalla differenza tra i valori d'inizio e di fine della declinazione dipende la regolarità della pendenza del contorno intonativo. Poiché l'andamento intonativo discendente è stato osservato nelle frasi enunciative di molte lingue, si è ipotizzato (Lieberman 1967) che si trattasse di un universale linguistico basato sul meccanismo fisiologico della respirazione: la progressiva riduzione della pressione dell'aria espiratoria, e quindi della sua velocità di passaggio attraverso le corde vocali alla fine del gruppo di respiro, determinerebbe automaticamente l'abbassamento della frequenza di vibrazione delle corde vocali. La declinazione di F0 sarebbe quindi una caratteristica involontaria della produzione del soggetto, che non dipenderebbe da regole linguistiche, ma che si troverebbe a cooccorrere con le caratteristiche linguistiche della produzione di F0 relative alla produzione dell'accento.

Secondo il modello di Fujisaki e Hirose (1982) l'andamento di una frase enunciativa è la combinazione additiva di due componenti: una componente intonativa di sintagma (*phrase component*), caratterizzata da un veloce innalzamento iniziale e da una successiva diminuzione esponenziale, e una componente che esplicita i comandi accentuali. Se questi fossero di eguale ampiezza, la linea che congiunge i valori dei picchi di F0 dovreb-

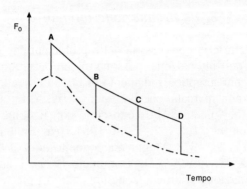

Fig. 11 *Schematizzazione della ipotetica sovrapposizione di comandi accentuali eguali alla linea di declinazione (da Fujisaki e Hirose 1982, modificato).*

be evidenziare la stessa riduzione esponenziale propria della componente di base (fig. 11). Se gli accenti presentassero valori diversi, si otterrebbero valori finali di F0 diversi a seconda dei valori della linea di declinazione. Nell'andamento di F0 di fig. 12 i picchi A e C presentano valori finali molto simili di F0 anche se il picco A corrisponde a un comando accentuale più 'piccolo' di quello che ha determinato il picco C, che si è sovrapposto però a un valore di F0 più basso lungo la linea di declinazione. Nella stessa figura, al contrario, i picchi B e C presentano valori di F0 diversi nel contorno intonativo finale, mentre sono attribuibili a due comandi accentuali simili, realizzati però a punti diversi della linea di declinazione.

Questo meccanismo di interazione tra due componenti ha delle conseguenze importanti anche per la percezione dell'intonazione: la valutazione dell'altezza di un picco di F0 dovrebbe cambiare infatti in relazione alla sua posizione nella frase, cioè rispetto alla linea di declinazione. Nell'andamento riprodotto in fig. 12, il picco C dovrebbe risultare più prominente percettivamente del picco A, anche se i valori assoluti di F0 sono simili, poiché C è più distanziato dalla linea di base. Invece i picchi B e C, pur risultando diversi come valori finali di F0, dovrebbero essere interpretati percettivamente come sillabe ugualmente prominenti, in quanto corrispondenti a comandi accentuali eguali, realizzati a punti diversi lungo la linea di declinazione.

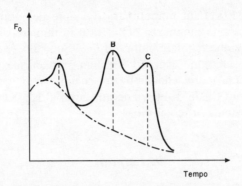

Fig. 12 *Schematizzazione della ipotetica sovrapposizione di comandi accentuali diversi alla linea di declinazione (da Fujisaki e Hirose 1982, modificato).*

Altri autori (Cooper-Sorensen 1981) ritengono invece che tutto l'andamento declinativo sia preprogrammato, grazie a un meccanismo di predizione che tiene conto della lunghezza della frase da pronunciare. Questa proposta, sviluppata nell'ambito dei modelli computazionali di pianificazione degli enunciati (Garrett 1980), richiede che tutto l'enunciato sia pianificato prima che inizi l'esecuzione articolatoria: per questo può risultare adeguato qualora si studi l'intonazione di frasi che vengono lette, mentre è difficilmente applicabile nella produzione del parlato spontaneo (Goldman-Eisler 1968). Secondo altri autori (Pierrehumbert 1980), la riduzione dei valori di F0 in una sequenza di accenti è una caratteristica «locale» che determina un abbassamento proporzionale prefissato di ogni accento rispetto al precedente. Anche in questo caso tutto l'andamento di F0 viene controllato dal parlante, ma non tramite una pianificazione eseguita in base al numero delle sillabe, bensì dalle realizzazioni gerarchiche del componente fonologico che raggruppano toni alti e toni bassi in strutture ad albero che a ciascuna diramazione determinano un abbassamento del registro tonale.

Per l'italiano l'ampia e accurata indagine condotta da Avesani (1987 e 1990b) su frasi lette e su parlato reiterato in cui venivano variati il numero delle sillabe nei costituenti, la complessità della struttura sintagmatica e l'incassamento frasale, ha dimostrato che non vengono confermate le previsioni di Cooper e Sorensen (1981) sul rapporto tra il valore del primo picco di F0 nella frase e la lunghezza della frase in numero di sillabe, né sulla declinazione regolare della *top line*. Secondo Avesani, i dati raccolti non sembrano coerenti con una prepianificazione globale, ma con una teoria che ipotizza accenti tonali locali, mentre l'abbassamento finale di F0 viene attribuito al rilassamento fisiologico del sistema articolatorio.

9. *Le pause*

Un fenomeno macroprosodico strettamente correlato all'intonazione, in quanto può cooccorrere con essa per segnalare la presenza di confini sintattici, è la *pausa*, quel periodo di silenzio, di durata variabile, prodotto di solito alla fine di un turno di conversazione, di una frase o di un sintagma.

Le ricerche sulla realizzazione delle pause silenti o vuote in testi letti (Cooper-Paccia Cooper 1980, Grosjean *et al.* 1979, Fant *et al.* 1991, Strangert 1991) hanno dimostrato che la loro distribuzione dipende sistematicamente dalla strutturazione sintattica dell'enunciato in clausole principali coordinate e subordinate. È proprio questa loro sistematica e importante presenza che viene prescritta dai diversi segni di punteggiatura nei testi scritti (punto, virgola, punto e virgola, puntini di sospensione, ecc.).

All'interno delle frasi, la produzione delle pause può disambiguare, in cooccorrenza con l'andamento ascendente di F0 (cfr. fig. 8) e con l'allungamento della sillaba prepausale, la struttura sintagmatica (Magno Caldognetto *et al.* 1983, Farnetani 1989, Avesani 1991).

Infine le pause possono essere prodotte anche all'interno dei sintagmi, in dipendenza dalla lunghezza dei costituenti sintattici, calcolata come numero di parole-contenuto o di sillabe, e anche dalla velocità di eloquio (Cooper-Paccia Cooper 1980, Gee-Grosjean 1983), variabili queste connesse anche con le esigenze fisiologiche della respirazione (Goldman-Eisler 1968).

Questa distribuzione così regolare, 'ideale', delle pause che si riscontra nei testi letti si ripresenta solo parzialmente quando si analizzano campioni di parlato spontaneo (Goldman-Eisler 1968, Barik 1979, Duez 1982, per l'italiano: Magno Caldognetto *et al.* 1983, Magno Caldognetto-Vagges 1991 e 1993). Nella produzione spontanea, infatti, anche nel caso di soggetti che parlano su argomenti ben conosciuti, sono frequenti momentanee difficoltà nei processi di elaborazione dell'informazione linguistica (Goldman-Eisler 1968, Garrett 1980), in particolare nelle operazioni di macropianificazione dell'enunciato (scelte semantiche e sintattiche) e di micropianificazione (scelte lessicali). Tali temporanee difficoltà di esecuzione sono segnalate da pause di esitazione che possono essere *silenti* o *vocalizzate* (trascritte in questo caso nei modi più vari: *hm, ehm, ah*) e che possono cooccorrere con altre disfluenze quali ripetizioni, false partenze, correzioni.

Queste pause, che non sono previste dalla struttura sintattica, cadono di solito all'interno dei sintagmi. Non tutte le pause realizzate in posizione non grammaticale corrispondono però a delle esitazioni: a volte possono essere prodotte in funzione stilistica, allo scopo di evidenziare una parola all'interno di un enunciato, come avviene frequentemente nei discorsi politici (Duez 1982, Magno Caldognetto-Vagges 1993) o comunque nei discorsi formali.

Non solo la distribuzione delle pause è importante, ma anche la loro durata. È stato infatti dimostrato che, tanto in testi letti quanto nel parlato spontaneo, la gerarchia della durata delle pause grammaticali corrisponde alla gerarchia dei costituenti, poiché sono più lunghe le pause realizzate alla fine delle frasi di quelle collocate tra costituenti maggiori, e queste ultime sono a loro volta più lunghe delle pause realizzate all'interno di questi costituenti. La durata delle pause di esitazione, invece, non evidenzia alcuna sistematicità, poiché i disturbi dei processi di pianificazione che ne sono all'origine possono dipendere da fattori idiosincratici e momentanei — quali le conoscenze linguistiche del soggetto, la difficoltà del compito, la situazione pragmatica — e quindi variano da parlante a parlante.

Una volta che si disponga di una serie di quantizzazioni sulle pause e sulle catene foniche (durata delle pause silenti, delle catene foniche, degli enunciati, del numero delle sillabe o delle parole prodotte, ecc.), è possibile elaborare degli *indici di fluenza* (Goldman-Eisler 1968) utilizzabili per differenziare, dal punto di vista quantitativo, soggetti normali da soggetti patologici, caratterizzare gruppi sociali, evidenziare stili diversi di elocuzione (Barik 1979, Duez 1982, Johns-Lewis 1986, Fant *et al.* 1991).

Per esempio, gli indici di *velocità del parlato* (*speech rate*, calcolato dividendo il numero delle sillabe per la durata dell'enunciato) e di *fluenza* (*fluency*, calcolato come rapporto tra numero delle sillabe e numero delle pause vuote) variano a seconda del compito cognitivo imposto al parlante (racconto spontaneo, intervista, descrizione, interpretazione di scenette, ecc.), delle scelte stilistiche (stile formale/informale) e del contesto situazionale (Goldman-Eisler 1968). Secondo questi indici, per esempio, soggetti italiani (Magno Caldognetto-Vagges 1991, 1993) sono risultati più fluenti nella produzione libera (producendo 4,1 sillabe/sec. e 11,88 sillabe/pause) che nel compito di descrizione (3,7 sillabe/sec. e 10,25 sillabe/pause).

La *velocità di articolazione*, invece, calcolata come numero delle sillabe prodotte diviso per la durata delle catene foniche, risente primariamente delle restrizioni anatomo-fisiologiche che regolano i movimenti degli articolatori, e si presenta quindi come un indice stabile e poco variabile a seconda delle lingue (Barik 1979). Questo indice, calcolato per soggetti italiani nei compiti di descrizione e di produzione spontanea sopra citati (Magno Caldognetto-Vagges 1991, 1993), è risultata rispettivamente di 5,2 e 5,7 sillabe/sec. e coincide quindi con la velocità di articolazione calcolata per parlanti francesi (5,29) e inglesi (5,17), in compiti simili, da Grosjean e Deschamps (1975).

Questi stessi indici possono essere utilizzati, anche per studiare le variazioni stilistiche (come ha dimostrato Duez 1982), confrontando discorsi politici ufficiali, interviste su argomenti politici e interviste su argomenti di vita quotidiana (v. anche Magno Caldognetto-Vagges 1993).

Anche le pause, dunque, si decidono in un crocevia di variabili (geo) (socio) (psico) linguistiche e stilistiche che tutti dovremo frequentare più assiduamente se vogliamo descrivere e comprendere le scelte fondamentali del parlante.

Bibliografia

Abercrombie, D. (1967), *Elements of general phonetics*, Edinburgh University Press, Edinburgh.

Anolli, L.-Ciceri, R. (1992), *La voce delle emozioni*, Angeli, Milano.

Antinucci, F.-Cinque, G. (1977), *Sull'ordine delle parole in italiano: l'emarginazione*, in «Studi di Grammatica Italiana», 6: 121-46.

Avesani, C. (1987), *Declination and sentence intonation in Italian*, in *Proc. of 11th International Congress of Phonetic Sciences* (Tallinn, 1-7.8), vol. III: 153-56.

Avesani, C. (1990a), *A contribution to the synthesis of Italian intonation,* in *Proc. Intern. Conf. on Spoken Language Processing*, (Kobe, 18-22.11), vol. 2: 833-36.

Avesani, C. (1990b), *Dalla parola al discorso. Verso un modello della «declinazione» intonativa in italiano*, tesi di perfezionamento, Scuola Normale Superiore, Pisa.

Avesani, C. (1991), *Indici prosodici e segmentazione del segnale vocale nel riconoscimento del parlato continuo*, in «Elaborazione del Segnale Vocale», a c. della Fondazione U. Bordoni, 16: 31-42.

Avesani, C.-Vayra, M. (1988), *Discorso, segmenti di discorso e un'ipotesi sull'intonazione*, in «Quaderni del Laboratorio di Linguistica», 2: 8-58.

Barik, H.C. (1979), *Cross-linguistic study of temporal characteristics of different types of speech materials*, in «Language and Speech», 20: 116-26.

Benincà, P.- Salvi, P.G.-Frison, L. (1988), *L'ordine degli elementi della frase e le costruzioni marcate*, in Renzi, L. (a c. di), *Grande grammatica italiana di consultazione*, Il Mulino, Bologna, vol. I: 115-225.

Bertinetto, P.M. (1981), *Strutture prosodiche della lingua italiana. Accento, quantità, sillaba, giuntura, fondamenti metrici*, Accademia della Crusca, Firenze.

Bertinetto, P.M. (1985), *A proposito di alcuni recenti contributi alla prosodia dell'italiano,* in «Annali della Scuola Normale Superiore di Pisa», serie III, 15: 581-644.

Bertinetto, P.M. (1989), *Reflections on the dichotomy 'stress- vs. syllable-timing'*, in «Revue de Phonétique Appliquée», n. 91/93: 99-130.

Bertinetto, P.M.-Fowler, C.A. (1989), *On sensitivity to durational modifications in Italian and English*, in «Rivista di Linguistica», 1,1: 69-94.

Bertinetto, P.M.-Vékás, D. (1991), *Controllo vs. compensazione: sui due tipi di isocronia*, in Magno Caldognetto, E.-Benincà, P. (a c. di), *L'interfaccia tra fonologia e fonetica*, Unipress, Padova: 155-62.

Bühler, K. (1934), *Sprachtheorie*, Fischer, Jena.

Camilli, A. (1965), *Pronuncia e grafia dell'italiano,* Firenze.

186   *Introduzione all'italiano contemporaneo. Le strutture*

Canepari, L. (1983), *Italiano standard e pronuncia regionale*, CLEUP, Padova.

Canepari, L. (1985), *L'intonazione. Linguistica e paralinguistica*, Liguori, Napoli.

Caputo, R.M. (1992), *Aspetti prosodici del processo di segmentazione nel parlato spontaneo*, in *Atti del XX Convegno Nazionale dell'A.I.A.* (Roma, 8-10.4.1992): 361-66.

Caputo, R.M. (1993), *Gradi accentuali nell'italiano parlato spontaneo*, in *Atti del XXI Convegno Nazionale dell'A.I.A.* (Praglia-Padova, 31.3-2.4.1993): 81-86.

Catford, J.C. (1977), *Fundamental problems in phonetics*, Edinburgh University Press, Edinburgh.

Childers, D.G.-Lee, C.K. (1991), *Vocal quality factors: analysis, synthesis and perception*, in «Journal of the Acoustical Society of America», 90: 2394-410.

Cohen, A.-Collier, R.-t'Hart, J. (1982), *Declination: construct or intrinsic feature of speech pitch?*, in «Phonetica», 39: 254-73.

Cooper, W.-Paccia Cooper, J. (1980), *Syntax and speech*, Harvard University Press., Cambridge (Mass.).

Cooper, W.-Sorensen, J. (1981), *Fundamental frequency in sentence production*, Springer-Verlag, New York.

Cresti, E. (1977), *Frase e intonazione*, in «Studi di Grammatica Italiana», vol. 6: 45-67.

Cresti, E. (1979), *L'intonazione come fenomeno linguistico,* in «Annali della Scuola Normale Superiore di Pisa, Classe di Lettere e Filosofia», serie III, vol. IX: 329-44.

Crystal, D. (1969), *Prosodic systems and intonation in English*, Cambridge University Press, Cambridge (Mass.).

Crystal, D. (1973), *Non-segmental phonology in language acquisition: a review of the issues*, in «Lingua», 32: 1-45.

Crystal, D. (1979), *Prosodic development*, in Fletcher, P.-Garman, M. (a c. di): *Language Acquisition*, Cambridge University Press, Cambridge (Mass.): 174-97.

Crystal, D.-Quirk, R. (1964), *Systems of prosodic and paralinguistic features in English*, Mouton, The Hague.

Darwin, C. (1872), *The expression of the emotions in man and animals,* London, Murray, The Hague.

De Dominicis, A. (1992), *Intonazione e contesto. Uno studio su alcuni aspetti del discorso in contesto e delle sue manifestazioni intonative,* Edizioni dell'Orso, Alessandria.

Delmonte, R. (1983), *Regole di assegnazione del fuoco*, CLESP, Padova.

Delmonte, R. (1992), *Relazioni linguistiche tra struttura intonativa e quella sintattica e semantica*, in *Storia e teoria dell'interpunzione, Atti del Convegno Internazionale di Studi* (Firenze 19-21.5.1988), Bulzoni, Roma: 409-41.

De Mori, F. (1980-81), *Sulla percezione di alcuni fenomeni accentuali in italiano*, tesi di laurea, Università di Torino.

Di Cristo, A. (1985), *De la microprosodie à l'intonosyntaxe*, Publications de l'Université de Provence, Aix-en-Provence.

Di Cristo, A. (1986), *Aspetti fonetici e fonologici degli elementi prosodici*, in Croatto, L. (a c. di), *Trattato di Foniatria e Logopedia*, vol. III, *Aspetti fonetici della comunicazione*, La Garangola, Padova: 267-321.

Di Cristo, A.-Chafcouloff, M. (1977), *Les faits microprosodiques du français: voyelles, consonnes, coarticulation*, in *Actes des 8èmes Journées d'étude sur la parole*, Aix-en-Provence, 147-58.

D'Odorico, L. (1984), *Nonsegmental features in prelinguistic communication: an analysis of some types of infant cry vocalization*, in «Journal of Child Language», 11: 17-27.

Duez, D. (1992), *Silent and non-silent pauses in three speech styles*, in «Language and Speech», 25: 11-28.

D'Urso,V.-Trentin, R. (1988) (a c. di), *Psicologia delle emozioni*, Il Mulino, Bologna.

Ekman, P. (1972), *Universal and cultural differences in facial expressions of emotions*, in Kole, J.K. (a c. di), *Nebraska Symposium of Motivation*, University of Nebraska Press, Lincoln.

Esser, J. (1988), *Comparing reading and speaking intonation*, Rodopi, Amsterdam.

Fant, G.-Kruckenberg, A.-Nord, L. (1991), *Some observations on tempo and speaking style in Swedish text reading*, in *Proc. ETRW "Phonetics and Phonology of Speaking Styles: Reduction and Elaboration in Speech Communication"* (Barcelona, 30.9-2.10), 23: 1-5.

Farnetani, E. (1989), *Acoustic correlates of linguistic boundaries in Italian: a study on duration and fundamental frequency*, in *Eurospeech '89: Conference on Speech Communication and Technology*, (Paris, 9) vol. II: 332-35.

Farnetani, E.-Kori S. (1983), *Interaction of syntactic structure and rhythmical constraints on the realization of word prosody*, in «Quaderni del Centro di Studio per le Ricerche di Fonetica», 2: 287-318.

Farnetani, E.-Kori, S. (1990), *Rhythmic structure in Italian noun phrases: A study on vowel durations*, in «Phonetica», 47: 50-65.

Fernald, A.-Kuhl, P.K. (1987), *Acoustic determinants of infant preference for motherese speech*, in «Infant Behavior and Development», 10: 279-93.

Ferrero, F. (1976), *Studio preliminare sulla classificazione percettiva di contorni intonativi sintetici come interrogativi/non interrogativi*, in *Atti del Convegno internazionale di studi di Fonetica e Fonologia* (Padova 1-2.10.1973), Bulzoni, Roma: 81-93.

Fletcher, J. (1987), *Some micro-effects of tempo changes on timing in French*, in *Proc. of the 11th International Congress of Phonetic Sciences* (Tallinn, 1-7.8), vol. III: 129-33.

Fónagy, I. (1987), *Semantic diversity in intonation*, in *Proc. of the 11th*

International Congress of Phonetic Sciences (Tallinn, 1-7.8), vol. II: 468-71.

Fónagy, I. (1989), *La vive voix. Essais de psychophonétique*, Payot, Paris.

Fowler, C.A. (1977), *Timing control in speech production*, Indiana University Linguistic Club, Bloomington.

Fowler, C.A. (1985), *Current perspectives on language and speech production: a critical overview*, in Daniloff, R.G. (a c. di), *Speech science. Recent advances*, Taylor and Francis, London: 193-278.

Fujisaki, H.-Hirose, K. (1982), *Modelling the dynamic characteristics of voice fundamental frequency with applications to analysis and synthesis of intonation*, Preprints of papers, Working group on intonation, *13th International Congress of Linguists*, Tokyo: 57-70.

Garnica, O.K. (1977), *Some prosodic and paralinguistic features of speech to young children*, in Snow, C.E.-Ferguson, C.A. (a c. di), *Talking to children: language input and acquisition*, Cambridge University Press, Cambridge (Mass.).

Garrett, M. (1980), *Levels of processing in sentence production*, in Butterworth, B. (a c. di), *Language production*, vol. 1: *Speech and talk*, Academic Press, London: 177-220.

Gee, J.P.-Grosjean, F. (1983), *Performance structures: a psycholinguistic and linguistic appraisal*, in «Cognitive Psychology», 15: 411-458.

Goldman-Eisler, F. (1968), P*sycholinguistics: experiments in spontaneous speech*, Academic Press, London.

Grosjean, F.-Deschamps, A. (1975), *Analyse contrastive des variables temporelles de l'Anglais et du Français: vitesse de parole et variables composantes, phénomènes d'hésitation*, in «Phonetica», 31: 144-84.

Grosjean, F.-Grosjean, L.-Lane, H. (1979), *The patterns of silence: performance structures in sentence production*, in «Cognitive Psychology», 11: 58-81.

Halliday, M.A.K. (1970), *Language structure and language function*, in Lyons, J. (a c. di), *New horizons in linguistics*, Penguin Books, Harmondsworth: 140-65.

Halliday, M.A.K. (1985), *An introduction to functional grammar*, E. Arnold, London.

Helfrich, H. (1979), *Age markers in speech*, in Scherer, K.R.-Giles, H. (a c. di), *Social markers in speech*, Cambridge University Press, Cambridge (Mass.): 63-108.

Jakobson, R. (1963), *Essais de linguistique générale*, Editions de Minuit, Paris.

Johns-Lewis, C. (1986), *Prosodic differentiation of discourse modes*, in Id. (a c. di), *Intonation discourse*, College Hill Press, S. Diego: 199-219.

Kappas, A.-Hess, U.-Scherer, H.R. (1991), *Voice and emotion*, in

Feldman, R.S.-Rimé, B. (a c. di), *Fundamentals of nonverbal behavior*, Cambridge University Press, Cambridge (Mass.): 200-38.

Kori, S. (1984), *F0 contour of interrogative utterances in Osaka forms and speech melodic curves*, in *Proc. First Meeting, Kinki Soc. Phon.*

Kori, S.-Bagno, F.-Magno Caldognetto, E. (1981), *Preliminary considerations on the acoustical and perceptual characteristics of emotions in Italian*, in *Proc. of the 4th FASE Symposium on Acoustics and Speech*, (Venezia 21-24.4): 119-21.

Kori, S.-Farnetani, E. (1983), *Acoustic manifestation of focus in Italian*, in «Quaderni del Centro di Studio per le Ricerche di Fonetica», 2: 323-28.

Kori, S.-Magno Caldognetto, E. (1986), *Caratteristiche elettroacustiche delle emozioni in italiano*, in «Rivista Italiana di Acustica», 10: 129-35.

Kori, S.-Magno Caldognetto E. (1990), *Indici acustici e percettivi delle emozioni*, in *Scritti in onore di Lucio Croatto*, Centro di Studio per le Ricerche di Fonetica del CNR, Padova: 141-52.

Kori, S.-Magno Caldognetto, E. (1991), *Cross-cultural perception of emotions through synthetic vowels*, in *Proc. of the 12th Intern. Congr. of Phonetic Sciences* (Aix-en-Provence 19-24.8), vol. III: 310-13.

Ladd, D.R. (1984), *Declination: a review and some hypotheses*, in «Phonology Yearbook» 1: 53-74.

Ladd, D.R.-Silverman, K.E.A.-Tolkmitt, F.-Bergmann, G.-Scherer, K.R. (1985), *Evidence of the indipendent function of intonation contour type, voice quality, and F0 range in signaling speaker affect*, in «The Journal of the Acoustical Society of America», 78: 435-44.

Ladd, D.R.-Scherer, K.R.-Silverman, K.E.A. (1986), *An integrated approach to studying intonation and attitude*, in Johns-Lewis, C. (a c. di), *Intonation in discourse*, College Hill Press, S. Diego: 125-38.

Laver, J. (1980), *The phonetic description of voice quality*, Cambridge University Press, Cambridge (Mass.).

Laver, J.-Trudgill, P. (1979), *Phonetic and linguistic markers in speech*, in Scherer, K.R.-Giles, H. (a c. di), *Social markers in speech*, Cambridge University Press, Cambridge (Mass.): 1-32.

Lehiste, I. (1970), *Suprasegmentals*, MIT Press, Cambridge (Mass.).

Léon, P. (1971), *Essays de phonostylistique*, in «Studia Phonetica», 4.

Lepschy, G.C. (1978), *Saggi di linguistica italiana*, Il Mulino, Bologna: cap. 10, *Note su accento e intonazione con riferimento all'italiano*: 111-26; cap. 11, *Appunti sull'intonazione italiana*: 127-42.

Lepschy, G.C. (1992), *Proposte per l'accento secondario*, in «The Italianist», 12: 117-28.

Liberman, M. - Sag, I. A. (1974), *Prosodic form and discourse function*, *Papers from the Tenth Regional Meeting*, Chicago Linguistic Society: 416-27.

Lieberman, Ph. (1967), *Intonation, perception and language*, MIT Press, Cambridge (Mass.).

Lieberman, Ph. (1986), *The acquisition of intonation by infants: physiology and neural control*, in Johns-Lewis, C. (a c. di), *Intonation in discourse*, College-Hill Press, S. Diego: 239-57.

Lyons, J. (1977), *Semantics*, Cambridge University Press, Cambridge (Mass.).

Magno Caldognetto, E.-Fava, E. (1972), *Studio sperimentale delle caratteristiche elettroacustiche dell'enfasi su sintagmi in Italiano*, in *Atti del VI Congresso Internazionale di Studi "Fenomeni morfologici e sintattici nell'italiano contemporaneo"*, Bulzoni, Roma 1974: 441-56.

Magno Caldognetto, E.-Ferrero, F.E.-Lavagnoli, C.-Vagges, K. (1978), *F0 contours statements, yes-no questions and wh-questions of two regional varieties of Italian*, in «Journal of Italian Linguistics», 3: 57-68.

Magno Caldognetto, E.-Ferrero, F.E.-Vagges, K.-Cazzanello, L. (1983), *Indici acustici della struttura sintattica: un contributo sperimentale*, in *Scritti linguistici in onore di G.B. Pellegrini*, Pacini, Pisa, vol. II: 1127-56.

Magno Caldognetto, E.-Kori, S. (1983), *Intercultural judgement of emotions expressed through voice: the Italians and the Japanese*, in «Quaderni del Centro di Studio per le Ricerche di Fonetica», 2: 342-63.

Magno Caldognetto, E.-Vagges, K. (1991), *Indici di fluenza, tipologia e distribuzione delle sillabe nel parlato spontaneo*, in *Atti del XIX Convegno Nazionale AIA* (Napoli, 10-12.4): 423-29.

Magno Caldognetto, E.-Vagges, K. (1993), *Le pause quali indici diagnostici per lo stile del parlato spontaneo*, in Trumper, J.-Romito, L. (a c. di), *Atti delle II Giornate di Studio del G.F.S. (A.I.A.), Teoria e Sperimentazione: parametri, tratti e segmenti*, Esagrafica, Roma: 97-106.

Magno Caldognetto, E.-Vagges, K.-Job, R. (1983), *Typology, distribution and duration of pauses in descriptions and interpretations of cartoons*, in D'Urso, V.-Leonardi, P. (a c. di), *Discourse analysis and natural rethorics*, CLEUP, Padova: 171-78.

Malagoli, G. (1946), *L'accentuazione italiana*, Firenze.

Marotta, G. (1985), *Modelli e misure ritmiche. La durata vocalica in italiano*, Zanichelli, Bologna.

Maturi, P. (1988), *L'intonazione delle frasi dichiarative ed interrogative nella varietà napoletana dell'italiano*, in «Rivista Italiana di Acustica», 12: 13-30.

Maturi, P. (1989), *Il ruolo dell'intensità nella strategia dell'interrogazione nella varietà napoletana dell'italiano*, in «Rivista Italiana di Acustica», 13: 43-49.

Mendicino, A.-Romito, L. (1991), «Isocronia» e «base di articolazio-

ne»: uno studio su alcune varietà meridionali, in «Quaderni del Dipartimento di Linguistica dell'Università della Calabria», 3.

Miller, M. (1984), *On the perception of rhythm,* in «Journal of Phonetics», 12: 75-83.

Müller, F. E. (1989), *Rhythmische Alternation im Italienischen. Modelle, Materialen und Fragestellungen,* KontRI: Arbeitspapier n. 10, Fachgruppe Sprachwissenschaft Universität Konstanz.

Nespor, M.-Vogel, I. (1979), *Clash avoidance in Italian,* in «Linguistic Inquiry», 10: 467-82.

Nespor, M.-Vogel, I. (1989), *On clashes and lapses,* in «Phonology», 6: 69-116.

Ohala, J.J. (1983), *Cross-language use of pitch: an ethological view,* in «Phonetica», 40: 1-18.

Ohala, J.J. (1984), *An ethological perspective on common cross-language utilization of F0 of voice,* in «Phonetica», 41: 1-16.

Pierrehumbert, J. (1980), *The phonology and phonetics of English intonation,* Ph. D. Dissertation MIT.

Poggi, I. (1981), *Le interiezioni: studio del linguaggio e analisi della mente,* Boringhieri, Torino.

Romito, L.-Trumper, J. (1989), *Un problema della coarticolazione: l'isocronia rivisitata,* in *Atti del XVII Convegno dell'Associazione Italiana di Acustica* (Parma, 12-14.4): 449-55.

Rossi, M. (1971), *Le seuil de glissando ou seuil de perception des variations tonales pour les sons de la parole,* in «Phonetica», 23: 1-33.

Rossi, M. (1977), *L'intonation et la troisième articulation,* in «Bulletin de la Société Linguistique de Paris», 1.

Rossi, M. (1978), *Interactions of intensity glides and frequency glissandos,* in «Language and Speech», 21: 384-96.

Rossi, M. (1990), *Ordre, organisation et intonation,* in *Scritti in onore di Lucio Croatto,* Centro Studio per le Ricerche di Fonetica, Padova, 211-26.

Rossi, M.-Di Cristo, A.-Hirst, D.J.-Martin, P.-Nishinuma, Y. (1981), *L'intonation de l'acoustique à la sémantique,* Klincksiek, Paris.

Sachs, J.-Brown, R.-Salerno, R.A. (1976), *Adults' speech to children,* in von Raffler Engel, W.-Lebrun, Y. (a c. di), *Baby talk and infant speech,* Lisse.

Salvi, G.P. (1988), *La frase semplice,* in Renzi, L. (a c. di): *Grande grammatica italiana di consultazione,* Il Mulino, Bologna, vol. 1: 29-13.

Scherer, K.R. (1979), *Personality markers in speech,* in Scherer, K.R.-Giles, H. (a c. di), *Social markers in speech,* Cambridge University Press, Cambridge (Mass.): 147-210.

Scherer, K.R. (1982), *Methods of research on vocal communication: paradigms and parameters,* in Scherer, K.R.-Ekman, P. (a c. di), *Handbook of methods in nonverbal behavior research,* Cambridge University Press, Cambridge (Mass.): 136-98.

Scherer, K.R.-Ladd, D.R.-Silverman, K.E.A. (1984), *Vocal cues to speaker affect: testing two models,* in «The Journal of the Acoustical Society of America» 76: 1346-56.

Schirru, C. (1981/82), *Analyse intonative de l'énonciation et de la question totale dans l'italien régional de Cagliari,* in «Bulletin de l'Institut de Phonétique de Grenoble», vol. 10/11: 169-84.

Simone, R. (1991), *Fondamenti di linguistica,* Laterza, Roma-Bari.

Sornicola, R. (1981), *Sul parlato,* Il Mulino, Bologna.

Strangert, E. (1991), *Pausing in texts read aloud,* in *Proc. of the 12th International Congress of Phonetic Sciences* (Aix-en-Provence, 19-24.8 1991), vol. 4: 238-41.

t'Hart, J.-Collier, R.-Cohen, A. (1990), *A perceptual study of intonation. An experimental phonetic approach to speech melody,* Cambridge University Press, Cambridge (Mass.).

Trumper, J.-Romito, L.-Maddalon, M. (1991), *Double consonants, isochrony and «raddoppiamento fonosintattico»: some reflections,* in Bertinetto, P.M.-Kenstowicz, M.-Loporcaro, M. (a c. di), *Certamen Phonologicum II,* Rosenberg & Sellier, Torino: 329-60.

Vayra, M. (1991), *Un'interfaccia tra fonetica e fonologia: «declination» intonativa e altre declinazioni nel parlato,* in Magno Caldognetto, E.-Benincà, P. (a c. di), *L'interfaccia tra fonologia e fonetica,* Unipress, Padova: 137-54.

Vayra, M.-Avesani, C.-Fowler, C.A. (1984), *Patterns of temporal compression in spoken Italian,* in *Proc. of the 10th International Congress of Phonetic Sciences* (Utrecht, 1-6.8) vol. II: 541-46.

Vayra, M.-Fowler, C.A-Avesani, C. (1987), *Word-level coarticulation and shortening in Italian and English speech,* in «Studi di Grammatica Italiana», 13: 249-69.

Whalen, D.H.-Levelt, A.G.-Wang, Q. (1991), *Intonational differences between the reduplicative babbling of French and English learning infants,* in «Haskins Lab. Status Report on Speech Research», 107: 31-40.

Monica Berretta

Morfologia

1. Premessa

In questa sede tratteremo, sotto l'etichetta di morfologia, sia problemi relativi ai paradigmi e alle singole forme che li costituiscono, sia aspetti relativi al valore dei paradigmi nel loro insieme e al significato delle singole unità al loro interno. La nozione di morfologia vi è intesa in senso lato: alla descrizione di forme, tradizionale per questo livello d'analisi, è unita una descrizione nozionale e strutturale, tale da evidenziare le categorie di significato che in italiano sono espresse nella grammatica e in particolare l'articolazione interna di tali categorie. In altre parole, cercheremo di delineare l'organizzazione del sistema, o meglio dell'insieme dei sottosistemi costituiti dalle nozioni espresse nella morfologia, prestando particolare attenzione (nel § 3) alle aree che mostrano ristrutturazioni in atto o in qualche modo prognosticabili nell'italiano neostandard (Berruto 1987) o 'tendenziale' (Mioni 1983, Berretta in stampa).

Nella descrizione delle linee generali del sistema (§ 2) faremo astrazione da problemi di variabilità, mentre nell'esposizione e discussione delle tendenze di sviluppo (§ 3) faremo riferimento all'italiano dell'uso medio (Sabatini 1985, 1990, e altrove), cioè all'italiano quale è parlato e scritto da persone non incolte, secondo regole largamente condivise in aree geografiche diverse. L'esemplificazione sarà tratta dalla varietà scritta di quotidiani e settimanali, da testi d'uso pratico, da corrispondenza e altri testi scritti non letterari, nonché dal parlato di persone colte e semicolte in situazioni sia formali (p. es. trasmissioni radiofoniche, riunioni, lezioni accademiche, interviste) che informali (fra amici, in famiglia). Salvo motivate eccezioni non ci occuperemo dunque né di varietà diastratiche basse (per le quali cfr. nel vol. *IIC. La variazione e gli usi* G. Berruto), né di fenomeni fortemente marcati in diatopia (per i quali si veda ivi il saggio di T. Telmon) e neppure di registri molto formali o di varietà speciali. L'uso medio non va comunque finto come totalmente omogeneo: include una certa gamma di variazione, nelle dimensioni diafasica, diamesica ed anche diatopica, e in vari casi sarà necessario esplicitare alcune distinzioni.

Dato lo scopo e i limiti di spazio di questo lavoro le parti descrittive non hanno alcuna pretesa di esaustività: si vuole dare solo un quadro molto generale della morfologia italiana (§ 2) e di sue aree in evoluzione (§ 3). Non riportiamo tavole con paradigmi ed elenchi di forme irregolari, reperibili in qualsiasi manuale. Per approfondimenti rinviamo a opere istituzionali quali Serianni 1988 e Dardano-Trifone 1985, utili anche al lettore che cerchi istruzioni per un 'corretto uso' dell'italiano; Renzi 1988 e Renzi-Salvi 1991, di taglio più teorico; nonché, per una impostazione storica, a Tekavčić 1972 [1980²] e Rohlfs 1949: il secondo è importante anche per la descrizione dei principali sistemi dialettali. Utili come rassegne sono anche Skytte 1988, Vanelli 1988 e Lepschy-Lepschy 1981 (parte V, *Profilo grammaticale*)[1].

2. Generalità

2.1. Confini della morfologia e 'tipo' morfologico

L'approccio nozionale che abbiamo scelto di privilegiare in questa sede implica, o implicherebbe, una precisa definizione di che cosa sia la morfologia e quali ne siano i limiti, che ci permetta di ritagliare quei significati che nel sistema della nostra lingua sono espressi appunto morfologicamente, rispetto a quelli che

---

[1] Ai titoli citati è da aggiungere almeno Schwarze 1988, utile per il lettore straniero assieme all'edizione inglese di Lepschy-Lepschy 1981 e, per una presentazione rapida, a Vincent (1988: 289-98). Per una presentazione e rassegna critica delle principali grammatiche dell'italiano (in particolare le tre 'grandi', pubblicate nel 1988: Serianni, Renzi e Schwarze), si vedano Berruto 1990 e Radtke 1991.

vengono codificati attraverso la sintassi e a quelli che sono rappresentati nel lessico (o che non sono affatto codificati linguisticamente). È noto che vi è in italiano un nucleo importante di morfologia flessiva (cfr. Skytte 1988), dove una gamma di valori è codificata in morfemi legati (tipicamente, desinenze), ovvero nella forma diversa assunta dalle parole. Qui non seguiremo però una definizione rigida, e non ci limiteremo a descrivere le sole categorie espresse con morfemi flessivi. Infatti vi è pure un'area, dai confini meno netti, di nozioni codificate in morfemi semiliberi o liberi, per i quali esiste anche una qualche libertà di scelta paradigmatica: ausiliari, articoli, preposizioni (si pensi al caso della definitezza dei nominali, che può essere espressa con l'articolo, ma anche con aggettivi dimostrativi — cfr. § 3.4), ma che sono comunque pertinenti in una descrizione globale del sistema morfologico dell'italiano.

In effetti, si tratta non tanto di definire confini precisi quanto di evidenziare un *continuum* fra categorie nozionali più strettamente morfologizzate in italiano — p. es., il numero dei nominali, che è espresso obbligatoriamente, senza scelte alternative e con morfi legati — ed altre invece debolmente morfologizzate — p. es., l'aspetto progressivo dei verbi: si cfr. qui § 3.2.6 —, per le quali la descrizione sconfina nell'ambito del lessico e della sintassi. Questo carattere di *continuum* risulta dall'applicazione dei criteri usuali nella bibliografia teorica sulla morfologia e sulla grammaticalizzazione [2], quali l'obbligatorietà della codificazione di una categoria in ogni contesto, l'assenza di scelte alternative e/o l'esistenza di paradigmi chiusi di forme, nonché la natura più o meno legata dei morfi.

In prospettiva storica la componente flessiva della morfologia della nostra lingua costituisce lo strato più antico, ereditato dal

---

[2] Sulla morfologia in generale cfr. Bauer 1988, Bybee 1985, Matthews 1974, Scalise 1984, Shopen 1985 (ivi in particolare Anderson 1985), nonché ora Carstairs-McCarthy 1992; ancora istruttivo è il vecchio manuale metodologico di Nida (1946), di impostazione rigorosamente descrittivista. Sui cicli di grammaticalizzazione cfr. Givón 1979, Lehmann 1982, 1985 e altrove, Ramat 1984, ora Traugott-Heine 1991, di cui è molto utile l'introduzione degli stessi curatori. In generale gli autori di impostazione più formale tendono a distinguere nettamente tra affissi, ambito della morfologia, e forme (semi)libere, ambito della sintassi; in una impostazione funzionalista, come quella qui adottata, si riconosce invece, anche in base a dati storici, una continuità fra i due ambiti.

latino, mentre la componente analitica è tendenzialmente più recente (Tekavčić 1972: 17-21 [1980²: 15-18]; ma sull'italiano in prospettiva tipologica cfr. il saggio di P. Ramat, in questo volume). Si pensi ancora, nella morfologia nominale, all'espressione del numero in contrasto con il sistema dell'articolo. Quando si abbiano espressioni alternative per la medesima nozione, l'una flessiva o sintetica e l'altra analitica, la seconda è in genere marcata, relativamente più bassa in diastratia/diafasia e/o semanticamente più forte e trasparente: si pensi p. es. a coppie quali *migliore* vs. *più buono, suo* vs. *di lui/di lei*, o anche (nei limiti in cui se ne accetta la quasi-sinonimia) a passato remoto vs. passato prossimo.

L'orientamento dell'italiano — come delle lingue romanze in genere — sembra andare nel senso di un aumento della componente analitica (cfr. qui § 4); ma è anche vero che, nella lunga durata, la componente sintetica e quella analitica costituiscono un normale ciclo storico (cfr. Schwegler 1990) nel quale, ad ogni momento del tempo, una lingua può collocare singole aree del suo sistema in punti diversi: così tra le forme e categorie verbali innovative rispetto al latino l'italiano ha sì per lo più forme analitiche (il passivo, i tempi composti), ma anche paradigmi sintetici come quelli del futuro e del condizionale, che pure sono passati attraverso una fase preromanza analitica.

2.2. *Le categorie espresse nella morfologia*

Passeremo qui in rapida rassegna le categorie codificate nella morfologia verbale (§ 2.2.1) e nominale (§§ 2.2.2 e 2.2.3), con una aggiunta sulla deissi personale e spaziale (§ 2.2.4); lasciamo a lato invece la morfologia derivativa, per la quale rinviamo in questo volume al saggio di M. Dardano. Di norma non daremo riferimenti bibliografici per ciascun punto: si rinvia in generale alle opere descrittive già citate, ed in particolare a Serianni 1988 [3].

---

[3] Serianni 1988 costituisce anche un ottimo repertorio bibliografico su singoli punti e problemi di morfologia dell'italiano; importanti per il taglio diverso e l'ampiezza sono anche le bibliografie di Renzi (1988: 697-744) e Renzi-Salvi (1991: 855-924).

2.2.1. L'italiano, come le altre lingue indoeuropee, codifica nella morfologia verbale — con suffissi legati alla radice e/o con ausiliari — le categorie di tempo, modalità, aspetto e diatesi; prevede inoltre che la persona e il numero (in parte, il genere) del soggetto siano ripresi sul verbo per accordo, quando il verbo stesso sia in forma finita. Tenendo conto dell'uso obbligatorio di modi diversi dall'indicativo in alcuni tipi di frasi dipendenti, possiamo inoltre dire che la morfologia verbale, attraverso il modo, codifichi parzialmente anche la dipendenza sintattica.

Il tempo come categoria deittica, facente cioè riferimento al momento dell'enunciazione, ha due principali dimensioni, presente e passato, che sono espresse in tutti i paradigmi, indipendentemente dal modo (hanno cioè un passato anche congiuntivi, condizionali, infiniti e gerundi; fa eccezione, per ovvi motivi interni di semantica, solo l'imperativo). Delle due categorie quella centrale è sempre costituita dal presente, semanticamente più ampio e formalmente non marcato da un morfema specifico.

Il presente può avere valore di presente in senso stretto, indicante coincidenza del momento dell'evento col momento dell'enunciazione (o, più spesso, inclusione del secondo nel primo; p. es.: *scrivo un lavoro sulla morfologia dell'italiano*), ma anche di presente abituale (*passo le vacanze in montagna*) e di atemporale o onnitemporale (*due più due fa quattro*; *il gatto è un felino*; e simili). Nel paradigma dell'indicativo il futuro ha una sua forma specifica (*presto finirò questo lavoro*), benché in molti contesti possa essere sostituito dal presente (*domani finisco questo lavoro*): in tutti gli altri modi invece il presente include anche il futuro. Nel presente non vi sono categorie d'aspetto la cui espressione sia obbligatoria; è tuttavia frequente per il presente deittico stretto, riferito al momento dell'enunciazione, l'uso della forma progressiva (*sto scrivendo...*).

Il passato serve per eventi precedenti al momento dell'enunciazione; all'indicativo è articolato a seconda dell'aspetto in una forma imperfettiva e in due forme perfettive, passato prossimo e remoto. L'imperfetto codifica eventi passati abituali (*andavamo a scuola a piedi*) o durativi (*mentre camminavamo, parlavamo*)[4]. Il

---

[4] L'imperfetto italiano ha anche un uso perfettivo (il tipo *Due secoli fa, nasceva a Bonn L. van Beethoven*), detto imperfetto narrativo, il cui uso è limi-

passato prossimo, unico dei tempi maggiori ad avere forma analitica con ausiliare e participio passato, esprime l'anteriorità di un evento mettendone a fuoco il risultato (*il bicchiere s'è rotto*), mentre il passato remoto codifica un evento concluso indipendentemente dal suo risultato (*il bicchiere si ruppe*): ma l'uso di queste forme passate è complicato da fattori sia linguistici che sociolinguistici (cfr. Serianni 1988: 396-98 e qui § 3.2.2).

Ai tempi deittici si aggiungono i tempi anaforici, con i quali si prende come riferimento non il momento dell'enunciazione bensì un altro momento di tempo, passato o futuro, espresso nel testo (o, in alcuni casi, ricavabile dal contesto): abbiamo così i trapassati, prossimo e remoto (*il bicchiere s'era rotto*; *si fu rotto*), ed il futuro anteriore (*quando avrò finito questo lavoro...*). Si tratta sempre di tempi composti con un ausiliare. Nei modi diversi dall'indicativo non si hanno forme distinte per gli usi anaforici, anche se questi sono ben possibili.

L'indicativo è il modo verbale che non esprime alcuna modalità, o se si vuole è il modo della certezza, dell'asserzione e, sintatticamente, il modo delle frasi principali. Fra i paradigmi finiti esprimono invece modalità tendenzialmente non-fattuale o controfattuale il congiuntivo e il condizionale.

Il congiuntivo è tipico dei contesti di dipendenza (e talvolta vale appunto solo da marca di dipendenza sintattica: si pensi ai casi di ellissi di *che*), p. es. *vuole che io cammini, si dice sia malato*, e simili; in frasi non dipendenti serve come imperativo formale o cortese (*si accomodi!*). Oltre al presente, ha due passati, uno con aspetto perfettivo ed uno non perfettivo, detto appunto imperfetto del congiuntivo (*abbia camminato, camminasse*)[5], ed un trapassato (*avesse camminato*).

Il condizionale, presente e passato, serve per esprimere modalità controfattuale, sia nelle principali che nelle dipendenti; si trova p. es. nella apodosi delle ipotetiche dell'irrealtà (*cammine-*

---

tato ad alcuni tipi di testo (cronache, biografie); cfr. Bertinetto (1986: 381-89; 1987).

[5] Ma la differenza fra congiuntivo presente e imperfetto in alcuni contesti non sembra temporale né aspettuale, bensì di grado di non-fattualità: cfr. *vuole che io cammini*, in dipendenza da un indicativo, con valore semplicemente non-fattuale, vs. *vorrebbe che io camminassi*, in dipendenza da un condizionale, con valore controfattuale.

rei/avrei camminato, se...) e nelle richieste, dove funge da attenuativo (*mi faresti un piacere?*; *vorrei...*). In contesti di dipendenza da verbi al passato, ed in particolare nel discorso indiretto, la forma composta indica il futuro rispetto al punto di riferimento, ovvero futuro nel passato (*ha detto che sarebbe venuto*).
Tra i modi finiti abbiamo poi ancora l'imperativo (solo presente), che esprime ordini ed esortazioni. Questo modo ha una
forma propria solo alla II persona singolare (*cammina, vieni*;
negativo *non camminare*); alla II pl. è distinto dall'indicativo
solo dalla posizione enclitica dell'eventuale pronome (*camminate, fatelo*; negativo: *non camminate, non fatelo* o *non lo fate*) e
per il resto si serve del paradigma del congiuntivo presente (*cammini* [III e II di cortesia], *camminino*).
Oltre alle categorie qui sopra elencate, in italiano il verbo —
se finito — esprime anche la persona e il numero del soggetto:
cammino, cammini, cammina, ecc. Nelle forme composte è
l'ausiliare a portare marca di persona e numero, mentre il participio passato esprime il numero, ed anche il genere, del soggetto (con ausiliare *essere*: *sono andato/a*) o in certi contesti
dell'oggetto (cfr. *ho mangiato una mela*, con oggetto nominale e
ausiliare non marcato, ma *l'ho mangiata*, con oggetto pronominale — clitico — e ausiliare marcato; con oggetti costituiti da
relativi o pronomi personali deittici l'uso oscilla: *la ragazza che
ho visto/a, mi ha visto/a*)[6].
Di regola nella formazione delle forme finite del verbo il
morfema di tempo/modo/aspetto si aggiunge direttamente alla
radice del presente completata con la vocale tematica, mentre il
morfema di accordo col soggetto chiude la parola (p. es.: *cam-
min-a-v-ano*), secondo l'ordine più diffuso nelle lingue del
mondo (Bybee 1985). La morfologia verbale è in italiano abbastanza trasparente e regolare, nel senso che casi di identità for-

---

[6] Nella varietà settentrionale è preferita in questi contesti la forma non marcata in *-o*, e tale non accordo sembra in espansione anche nell'uso medio. In
altre varietà l'accordo con l'oggetto è più diffuso, ed è accettato perfino con
oggetti nominali postverbali (almeno con verbi telici, indicanti processi finaliz-
zati al raggiungimento di una meta o risultato): cfr. *Francesco ha chiusa la
porta* (da Ramat 1984: 150); sull'argomento si vedano anche Serianni (1988:
391), con esempi letterari, Lepschy-Lepschy (1981: 169-71) e La Fauci (1988)
per una discussione tipologica.

male fra desinenze non sono frequenti (es.: *cammin-a* III sing. dell'ind. pres. o II sing. dell'imperativo; *cammin-i* II sing. dell'ind. pres. o I, II o III sing. del cong. pres.; ma si pensi a confronto all'opacità delle desinenze in morfologia nominale), ed anche nel senso che conoscendo una delle forme centrali di un verbo (p. es. *cammina, camminato*) è possibile prevederne l'intero paradigma; vi sono tuttavia parecchi verbi fortemente irregolari, con allomorfia (p. es. i verbi in *-sco*) ed anche paradigmi suppletivi (nei verbi più frequenti: *andare*; *avere* ed *essere*, che fungono anche da ausiliari).

Come si è accennato, esistono anche forme non finite del verbo, che mantengono solo l'opposizione presente vs. passato (o, più propriamente, l'opposizione tempo-aspettuale non-anteriore vs. anteriore) e perdono marche di modo e persona: si tratta dell'infinito e del gerundio (*camminare, aver camminato*; *camminando, avendo camminato*), che s'usano nelle dipendenti implicite. La riduzione morfologica dei verbi in tali dipendenti rispecchia il loro maggiore legame con la principale. L'infinito ha tuttavia anche altri usi, in particolare quale imperativo o forma generica di istruzione (*attendere*; *entrare*); entra anche in frasi esclamative o interrogative (in espressioni di desiderio, dubbio, e simili: *avere vent'anni di meno!*; *che fare?*); è inoltre per i verbi la forma di citazione.

Tra le forme non finite va citato anche il participio passato [7] isolato quale si usa nelle frasi dipendenti ridotte (del tipo: *arrivata a casa, Maria si mise in poltrona*; *fatte due partite a scacchi, si sentì stanca*): in quest'ultimo non vi sono forme temporali diverse, rimangono però la caratterizzazione aspettuale di anteriorità ed anche l'accordo di genere e numero col soggetto (o con l'oggetto: cfr. gli esempi citati).

Le forme non finite, e fra esse soprattutto gli infiniti, si comportano solo parzialmente come forme verbali; per alcuni aspetti hanno statuto di forme nominali. Per es. gli infiniti, come i

---

[7] Lasciamo qui a lato il participio presente, considerandolo forma ormai pienamente nominale (aggettivo; talvolta sostantivo); è vero tuttavia che in varietà formali — p. es. l'italiano burocratico — il part. pres. può ancora reggere un complemento diretto, il che testimonia un suo residuo valore verbale (es.: *gli esercenti arti e professioni* [istruzioni del mod. 740], di contro al tipo dell'italiano medio: *gli esercenti di arti e professioni*).

sostantivi, possono essere introdotti dall'articolo determinativo e da preposizioni: *l'aver camminato a lungo mi aveva stancato*; *nell'attraversare la strada fate attenzione* (si noti tuttavia che mantengono, a differenza delle forme pienamente nominali, reggenza verbale).

In italiano è marcata sul verbo anche la diatesi, attiva o passiva: nella prima, che è il caso non marcato, l'agente viene costruito come soggetto ed il paziente come oggetto; nella seconda, che si costruisce analiticamente con l'ausiliare *essere*, il paziente viene promosso a soggetto e l'agente viene o omesso o espresso appunto come complemento d'agente, introdotto da *da* (*il telefono è stato manomesso*; *la città·fu distrutta dal terremoto*): in questo modo il paziente viene portato a topic di frase e l'agente viene abbassato ('demosso') ad un rango sintattico marginale. La possibilità di costruzione passiva è presente in tutti i paradigmi sopra citati, finiti e non, salvo che nel participio passato isolato; nei tempi/modi più marcati (p. es. trapassato remoto) è tuttavia estremamente marginale.

Il passivo senza agente può essere costruito anche con il cosiddetto *si* passivante, con verbo alla forma attiva accordato con il paziente (*si vedeva un bel panorama*, *si vedevano bei panorami*); questo *si* tuttavia è in parziale sovrapposizione con il *si* soggetto impersonale, talché lo statuto sintattico del paziente in queste frasi non è del tutto chiaro. La costruzione è comunque ristretta a pazienti di III persona.

2.2.2. Nella morfologia nominale le categorie centrali sono genere e numero, che vengono marcate obbligatoriamente sia sulle teste che sugli altri costituenti dei sintagmi nominali, con morfemi flessivi (più precisamente, con morfi *portmanteau*, che codificano simultaneamente genere e numero). Sull'aggettivo è marcato inoltre il grado.

L'italiano conosce solo due generi, maschile e femminile (sui sistemi di genere, sua codificazione, fenomeni di accordo, ecc. cfr. Corbett 1991). Su sostantivi con referenti animati di regola si ha coincidenza del genere grammaticale col genere naturale (*maestro*, *maestra*; *gatto*, *gatta*), con altri referenti il genere è arbitrario (*il coltello*, *la forchetta*, ecc.). Nel numero si distin-

guono solo singolare e plurale (*maestri, maestre*; *gatti, gatte*)[8].
La forma di citazione è il maschile singolare, che serve anche da
arciforma, p. es. in contesti generici (*un colpo da maestro*).
I suffissi più frequenti sono, come negli esempi citati, -*o* per
m. sing. e -*i* per m. pl.; -*a* per f. sing. ed -*e* per f. pl.; molti
aggettivi (ed anche i participi passati dei verbi) si flettono secondo tale paradigma (*bravo/i/a/e*). Fuori da questo paradigma regolare è difficile prevedere il genere a partire dalla vocale finale,
talché si potrebbe dire che sui sostantivi il genere sia una categoria non marcata in superficie ('coperta'), che emerge solo su
altri costituenti del sintagma e nelle riprese anaforiche. Vi sono
infatti sostantivi in -*e/-i* sia maschili (*il fiore, i fiori*) che femminili (*la luce, le luci*); e parallelamente aggettivi in -*e/-i* ad
entrambi i generi (*gentile/i*); abbiamo anche sostantivi maschili
in -*a* (*il geometra*) e femminili in -*o* (*la mano*). D'altra parte
l'esistenza di paradigmi trasparenti come quello citato di *maestro* rende impossibile sostenere globalmente che il genere in italiano sia sui sostantivi una categoria coperta: piuttosto la sua
codificazione è talmente irregolare da risultare di fatto opaca.
Più in generale, tenendo conto anche del fatto che è assai difficile, partendo da un singolare, prevederne la forma plurale (si
pensi anche alle forme invariabili — *auto, crisi* — o ai nomi con
doppi plurali — *osso, muro*, ecc.), si può dire che la morfologia
nominale, benché codifichi un numero minore di categorie, è
meno trasparente e più irregolare di quella verbale. Più trasparente è ovviamente la morfologia derivativa: p. es. alcuni suffissi agentivi hanno una forma maschile usata per referenti maschi
o come arciforma, ed una forma specifica per il femminile: cfr.
direttore — direttrice e simili (ma si veda il saggio di M.
Dardano in questo volume).
   Sugli aggettivi è marcato anche il grado, con la forma analitica *più* seguita dall'aggettivo per il comparativo e il suffisso
-*issimo* per il superlativo assoluto (*bello, più bello, bellissimo*).
Forme suppletive residue di paradigmi latini sopravvivono con la

---

[8] Per i nomi di massa, di norma non numerabili, del tipo *latte, acqua, sabbia*, si ricorre a classificatori quali *bicchiere di latte, bottiglia d'acqua, granel-
lo di sabbia*; l'eventuale plurale viene marcato sul classificatore. Quando questi nomi siano direttamente pluralizzati: *?latti, acque, sabbie*, ecc., saranno da
intendere come "tipi diversi di latte, acqua, ecc.".

concorrenza di forme regolari, ed eventualmente assumono valori semantici separati (p. es. i superlativi come *ottimo* tendono a divenire elativi).

La morfologia nominale dell'italiano, coerentemente con il suo carattere flessivo[9], vuole che il genere e numero della testa nominale siano marcati su tutti i costituenti del sintagma nominale (p. es. *le nostre brave maestre*). Le stesse marche ritornano per accordo col soggetto su costituenti nominali dei predicati con ausiliare *essere*, come participi passati e aggettivi: avremo quindi p. es. *le nostre brave maestre si sono rese simpatiche*, con alta ridondanza: la *-e* di f. pl. ritorna su articolo, possessivo, aggettivo, participio e ulteriore aggettivo. In eventuali riprese transfrastiche genere e numero dell'antecedente determineranno la forma del pronome; così, proseguendo l'esempio: *le ricorderemo sempre*.

2.2.3. Il caso dei nominali non ha espressione morfologica in italiano: in particolare, non vi è alcuna marca che opponga soggetti e oggetti, mentre gli altri casi sono espressi davanti ai sostantivi con le preposizioni (*a, di, da, con, per, su,* ecc.) e, via via scendendo verso forme più lessicali, con locuzioni preposizionali (*davanti a, rispetto a,* e simili). L'unica area in cui si sia conservato un sistema di casi, sia pur minimo, è quella dei pronomi.

Nei pronomi personali tonici sono marcati persona, numero e caso, con opposizione binaria fra soggetto e altri casi; alla III persona è marcato anche il genere. Cfr. il paradigma standard del singolare: *io* vs. *me, tu* vs. *te, egli* e *ella* vs. *lui* e *lei*. Al plurale l'opposizione di caso si perde: *noi, voi,* salvo forse alla III pl. (ma cfr. più avanti § 3.3.1) *essi/esse* vs. *loro.* Come nei nomi, casi diversi da soggetto e oggetto sono espressi da preposizioni: *a me, di me, con me,* ecc., con l'eccezione del genitivo possessivo, che dispone del paradigma proprio di aggettivi/pronomi: *mio, tuo, suo, nostro* e *vostro,* che s'accordano in genere e numero con l'elemento posseduto, e *loro,* invariabile. I possessivi di regola non sono sostituibili con l'espressione analitica: abbiamo quindi *s'occupano di me* vs. *il mio libro*; solo alla III sing., per

---

[9] Sulle caratteristiche tipiche delle lingue flessive (o fusive), fra cui, oltre alla ridondanza, l'alta allomorfia, l'omonimia tra morfi diversi e la presenza di morfi *portmanteau* si vedano fra gli altri Comrie 1981, cap. 2, e Bauer (1988: 166-73).

enfasi e contrasto (in particolare, per distinguere il genere del possessore), la sostituzione è possibile, p. es. *i genitori di lei* vs. *di lui* [10].

Più ricco e complesso è il paradigma dei pronomi atoni (o clitici), soprattutto per le opposizioni di caso alle III persone. Come è noto, non vi sono pronomi atoni soggetto (se non nella varietà toscana), tranne il *si* soggetto impersonale. Per i casi diversi dal soggetto al singolare abbiamo *mi* e *ti* dativi e accusativi (per casi diversi si ricorre al pronome tonico preceduto da preposizione), poi alla III persona *gli* (m.) e *le* (f.) dativi, *lo* (m.) e *la* (f.) accusativi. Al plurale parallelamente: *ci* e *vi* dat. e acc., *gli* o lo pseudoclitico *loro* dativi (entrambi sia m. che f.), *li* (m.) e *le* (f.) accusativi. Ma nel paradigma entrano anche le particelle pronominali *ci* (locativo e altri casi marginali), *vi* (locativo) e *ne* (genitivo, partitivo, locativo di moto da luogo, e altro).

Le forme atone di I e II persona, sing. e pl., servono anche da riflessivi, sempre con neutralizzazione di dativo e accusativo; alla III persona, con neutralizzazione anche di numero, il riflessivo atono è *si* (con allomorfo *se* nei contesti detti più avanti), formalmente identico al *si* impersonale e passivante ma con diverso comportamento sintattico (*se lo vede*, rifl.; *lo si vede*, impers.) [11].

Il paradigma dei pronomi atoni è complicato dall'allomorfia che si ha nei nessi: davanti a *ne* e ad accusativi *si*, *mi*, *ti*, *ci* e *vi* diventano *se*, *me*, *te*, *ce* e *ve* (*se ne parla*, *ve lo dico*, e simili); nello stesso contesto tutti i dativi confluiscono nella forma *glie-* (legata al clitico successivo: *gliene si parla*, *glielo dico*, ecc.), con perdita delle opposizioni di genere e numero (ma al pl. è anche possibile conservare *loro*: *se ne parla loro*). Sequenze di due *si*, impersonale e riflessivo, danno luogo a *ci si*; si noti che aumenta così il tasso di omonimia della forma atona *ci*, già pronome di I persona pl. (acc., dat., rifl.) e particella pronominale di III persona.

---

[10] Al paradigma dei possessivi va aggiunto il possessivo-riflessivo di III persona *proprio*, che rinvia al soggetto della frase, e viene usato in particolare con soggetti indefiniti; es.: *chi è stato responsabile di una crisi rimane al proprio posto* (U. Eco in «la Repubblica», 19.9.92, cit. anche più avanti).
[11] L'opzione tonica del pronome riflessivo (*me stesso/a*, *te stesso/a*, *sé e se stesso/a*, ecc.) ha forti restrizioni d'uso: in particolare è incompatibile con verbi pseudoriflessivi (p. es. *svegliarsi*) e riflessivi 'inerenti' (p. es. *pentirsi*).

I paradigmi pronominali di III persona, soprattutto tonico ma
anche atono, sono carenti di forme specifiche per il riferimento a
non-persone: tenendo conto del fatto che la serie *esso/a/i/e* è
poco usata, risultano mancare soggetti neutri tonici (ma anche
neutri tonici non soggetto), cui si supplisce con dimostrativi (*ciò*,
questo, *quello*); fra gli atoni mancano forme neutre dative. Le
altre forme atone di III possono invece essere riferite a non-persone, anzi tale riferimento è il caso normale per le particelle pronominali *ci* e *vi*.

Un paradigma bicasuale si ritrova nei pronomi relativi, con le
due forme *che*, soggetto e oggetto, e *cui* per tutti gli altri casi. Il
sistema è quindi bipartito come quello dei pronomi personali di
I e II persona singolare, ma diversa è la collocazione dell'accusativo, unito al soggetto invece che agli obliqui. Anche qui i casi
obliqui sono differenziati da preposizioni: *a cui*, *di cui*, *per cui*,
ecc. (la forma dativa *cui* senza preposizione è rara, molto formale; poco frequente è anche *cui* genitivale: *l'autore X, la cui teoria discuteremo...*). La marcatura del caso è quindi anche qui in
gran parte affidata alle preposizioni; lo è del tutto con il relativo
il quale, più formale e raro (si ricordi fra l'altro che è usabile
solo nelle appositive) [12].

2.2.4. Parlando di verbi e di pronomi si è già citato il paradigma delle tre persone in cui è articolata la deissi personale: par-
lante/i, ascoltatore/i, e altro/i diversi da parlante e ascoltatore (cfr.
Anderson-Keenan 1985; Mühlhäusler-Harré 1990: cap. 4). Al
plurale la I persona ha interpretazione sia inclusiva (parlante/i e
ascoltatore/i) che esclusiva (parlante/i e altro/i escluso l'ascoltatore).

Il sistema delle II persone è complicato dalla dimensione
pragmatica della cortesia (Mühlhäusler-Harré 1990: cap. 6, e
bibliografia ivi citata): la normale II persona singolare, il «tu», è

---

[12] Quanto al caso su cui è costruita la relativa (mi riferisco alla gerarchia
di accessibilità di Keenan e Comrie; cfr. Comrie 1981: cap. 7; Bernini 1989),
va ricordato che in italiano possono essere costruite frasi relative anche su casi
di rango sintattico basso, perfino — sia pur raramente — sull'oggetto di comparazione (risolto con la preposizione *di*; es.: *è una gita sciistica sconosciuta
[...] Può costituire un ottimo diversivo al solito Tabor, di cui è un po' più
corta, ma non meno bella* [Mila: 216]).

confidenziale/informale, e come II persona di cortesia (non confidenza, deferenza, distanza) si impiega la III persona femminile, «Lei», usando metaforicamente la distanza come espressione della non intimità (marginale è invece l'uso del plurale «Voi» come II singolare di cortesia). Il parallelo plurale del «Lei», «Loro», è molto formale e scarsamente vitale.

Per l'impersonale si usa *si* con verbo alla III singolare (ma accordo plurale su costituenti nominali del predicato: *si è andati*; *si è stanchi*). Forme alternative, tutte informali, sono: la II sing. «tu» nell'uso appunto impersonale/generico; la III plurale generica; il pronome indefinito *uno*. Viceversa l'impersonale *si*, con verbo alla III singolare, viene usato nella varietà toscana per la I plurale «noi».

Il riferimento ad elementi noti è realizzato, oltre che con pronomi o con sola marca di persona e numero sul verbo, con nominali introdotti dall'articolo definito *il/lo/i/gli/la/le* o da dimostrativi. L'articolo è la forma più debole, e marca la mera definitezza, che può essere basata sul contesto di situazione (deissi), o su un riferimento precedente nel testo (anafora), o sull'enciclopedia (referenza omoforica: cfr. *il sole*), o può anticipare una specificazione che segue immediatamente il nome (p. es. *l'uomo che conosci*). I dimostrativi — aggettivi e pronomi — segnalano la collocazione spaziale del referente, secondo un sistema bipartito «vicinanza» — soprattutto al parlante — (*questo*) vs. «lontananza» (*quello*); la terza categoria «vicinanza all'ascoltatore» (*codesto*) è ormai estranea all'uso comune, molto formale/burocratica o regionale.

3. I fenomeni emergenti

3.1. Premessa

L'italiano contemporaneo, soprattutto nell'uso parlato, mostra una generale riduzione rispetto alla morfologia standard quale è descritta nelle grammatiche normative. Anzitutto, in alcuni sottosistemi — in particolare quello verbale, su cui ci soffermeremo più avanti — l'uso orale include solo un sottoinsieme delle possibilità previste dal sistema, con conseguente allargamento del

valore di alcune categorie. In secondo luogo vi sono semplificazioni nei paradigmi, in cui singole forme vengono usate in una
gamma di significati più ampia di quella prevista dallo standard,
a scapito di altre che scompaiono o sopravvivono negli usi più
formali e sorvegliati: in questi casi (frequenti, come vedremo, nel
sistema pronominale) si perdono nella codificazione linguistica
opposizioni (p. es. di numero, genere, o altro) altrimenti pertinenti al sottosistema.
    Infine vi sono tendenze al conguaglio analogico dei paradig-
mi, con riduzione dell'allomorfia nella flessione. Alcuni casi,
tipici delle varietà basse in diastratia, sono sporadici e poco
significativi: così è per il conguaglio in -o dei maschili singolari
nella morfologia nominale (p. es. *è mollo?* [detto di un cioccola-
tino; parlante incolta]) [13] e in simili metaplasmi tipicamente popolari (*geometro, moglia*, ecc.: cfr. il saggio di G. Berruto *Varietà
diamesiche, diastratiche, diafasiche* nel vol. *IIC. La variazione e
gli usi*). Questi fenomeni, che sono diffusi anche nell'italiano dei
bambini e nelle varietà di apprendimento degli stranieri (cfr. ivi
il saggio di A. Giacalone Ramat), testimoniano la preferenza
delle varietà basse per una morfologia regolare; non rappresentano però sviluppi in atto nella grammatica dell'italiano, sulla quale
caso mai hanno agito nel passato, e non ci soffermeremo su di
essi in questa sede.
    A lato, ricordiamo che il conguaglio analogico ha successo
non direttamente sul sistema bensì eventualmente sui singoli *items*
lessicali che nel sistema entrano (e per questa via, sulla lunga
durata, potrà avere un effetto sul sistema). Le parole nuove, pre-

---

[13] Gli esempi qui di seguito citati, tranne poche eccezioni, sono autentici,
tratti da trasmissioni radiofoniche (in genere dal terzo canale nazionale [RTre],
spesso dalla trasmissione *Prima Pagina* [PP] o da giornali radio [GRTre]), dal
parlato semiformale (p. es. interventi in riunioni accademiche) e informale di
persone colte (rispettivamente indicati dalle sigle: p.[arlato] semif. e conv.[ersa-
zione] inf.). Quando il parlante non sia colto (ovvero laureato, o al minimo studente universitario), viene specificato a seconda dei casi p.[arlante] semicolto
(con scolarizzazione almeno uguale all'obbligo, in relazione alla sua fascia
d'età) o p.[arlante] incolto. Le fonti scritte (quotidiani, settimanali, testi pratici,
guide, corrispondenza e simili) sono specificate di volta in volta; «Mila» indica frammenti da M. Mila, *Scritti di montagna*, Einaudi, Torino 1992 (resoconti d'ascensione, recensioni e simili); «Lombardo R.» indica L. Lombardo
Radice, *Introduzione*, in AA.VV., *Il favoloso Gianni*, Nuova Guaraldi, Firenze
1982: 1-11.

stiti da altre lingue o elementi lessicali di nuovo conio, vengono o direttamente assegnate ai paradigmi più frequenti (prima coniugazione per i verbi: *formattare, cliccare*, ecc.; paradigma con maschile in *-o/-i* ed eventualmente femminile in *-a/-e* per i nomi) o ad essi assimilate, eliminando le eventuali irregolarità; così nei composti vengono cancellati i plurali interni e si crea una marca di plurale in fine di parola: si pensi al vecchio *pomidoro* divenuto *pomodori*, o a innovazioni come *i capostazione* (GRTre 31.1.92), *i coprifuochi* («Il Venerdì di Repubblica», 19.4.91: 98), *girocolli* "maglie a girocollo" (scritta al mercato) e simili [14].

Più successo nel sistema sembrano avere invece innovazioni che non fanno che proseguire l'eliminazione di residui di flessione latina: per esempio nel grado degli aggettivi le forme suppletive del tipo *migliore, ottimo* e simili sopravvivono ma vengono sempre più interpretate come entrate lessicali separate (p. es. i superlativi divengono elativi, e si creano specializzazioni semantiche: *un pessimo maestro* vs. *un maestro cattivissimo*), mentre prevalgono paradigmi regolari con *più* + agg. e agg. *-issimo* (es. *Felice la mucca / più buono il latte / buonissimo lo yogurt* [scritta su confezione di yogurt, estate 1992]). Ma, insistiamo, si tratta qui non di innovazioni attuali, bensì della prosecuzione e completamento di storie evolutive antiche.

Ma la continuità è, più in generale, una caratteristica ricorrente delle 'innovazioni' che passeremo in rassegna: dall'allargamento d'uso di *gli*, alle relative con ripresa pronominale, alle strutture con pronomi ridondanti, si tratta di fenomeni in realtà già presenti in italiano antico, per i quali si può pensare ad una continuità nell'uso non letterario anche in fasi successive (oltre che, molto spesso, nei dialetti) e ad un riemergere sempre più aperto nell'italiano contemporaneo, prima popolare e poi anche neostandard, in parallelo con la diffusione della lingua nazionale presso i ceti bassi e negli usi informali (su questa linca di rifles-

---

[14] Questi tipi di innovazione, come i conguagli analogici, rispondono alle previsioni formulabili in base a criteri di morfologia naturale: cfr. Dressler 1985, Dressler *et al.* 1987. Lo stesso vale per le innovazioni effimere che si hanno nella formazione di parole (morfologia derivazionale), in cui si tende a generalizzare i morfemi tipici di ciascuna categoria derivazionale (p. es. *-mento* per i deverbali: *spaccamento* "spaccatura"), e a produrre derivati regolari in sostituzione di parole esistenti (*francobollo* > *francobollare* "affrancare"), ottenendo esiti trasparenti nella forma e nella semantica.

sione si vedano Vanelli 1976, Berruto 1983: 68-70, Nencioni 1987, nonché, con molti dati empirici proprio sui fenomeni citati, D'Achille 1990).

Lasciando piuttosto a lato problemi relativi a singole forme[15], nei paragrafi che seguono faremo una rassegna dei fenomeni emergenti più significativi dell'italiano contemporaneo, privilegiando fatti di articolazione nozionale dei sistemi e alcuni fenomeni di nascita di vere e proprie categorie nuove, importanti teoricamente ancorché marginali nell'uso. Ci soffermeremo sul sistema verbale, e in esso in particolare su usi innovativi di forme già esistenti (imperfetto e futuro modali: §§ 3.2.3 e 3.2.4); sul sistema pronominale, con particolare attenzione ai pronomi atoni (§ 3.3.2) e ai relativi (§ 3.3.4).

3.2. Il sistema verbale

Iniziamo dal sistema verbale, che come si è detto in 2.2.1 ha nello standard una gamma molto ampia di paradigmi temporali e modali. Nell'uso medio, e soprattutto nel registro informale, la suddivisione dei tempi è ridotta a un sistema di base costituito da presente, passato perfettivo (prossimo o remoto, o entrambi, a seconda delle regioni) e imperfetto quali tempi deittici, e trapassato prossimo quale tempo anaforico. Parleremo soprattutto dei tempi dell'indicativo, i più usati sia per frequenza di contesti ad essi adeguati sia per loro tendenza ad espandersi a contesti di altri modi.

3.2.1. Il presente è usato, oltre che come presente temporale (cfr. § 2.2.1), anche per il futuro semplice, con preferenza per i casi di referenza futurale prossima e/o eventi del cui accadimento si è certi (*stasera c'è un documentario*; *in luglio del novanta mi sposo* [detto due anni prima; sempre conv. inf.]). Emerge anche

[15] Non ci occupiamo in questa sede di fenomeni di pronuncia reale delle forme morfologiche, che interessano solo il parlato (p. es. caduta di -e finale degli infiniti nella varietà settentrionale — *far le gare* — e di -re nelle varietà centro-meridionali — *studià* "studiare"; riduzione degli articoli *il/un* a *'l/'n*; e così via). Rinviamo alla parte sui fenomeni di pronuncia veloce e trascurata (regole di 'allegro') nel saggio di G. Berruto *Varietà diamesiche, diastratiche, diafasiche*, nel vol. *IIC. La variazione e gli usi*.

in contesti di passato, come presente storico, per esempio nelle narrazioni autobiografiche, nei resoconti: *Partiamo in auto da C. alle 4,30 del mattino di domenica 14 novembre. Naturalmente è buio pesto* (Mila: 212-13). Presso parlanti semicolti o incolti settentrionali la scelta del presente storico può anche essere dovuta all'evitamento del passato remoto, da essi mal padroneggiato.

Entrambe queste possibilità sussistono sia nel parlato che nello scritto, ma nel parlato la frequenza di occorrenze è maggiore, soprattutto per il presente pro futuro: ad esempio in una breve ricerca empirica (Berretta 1991) su cento contesti con referenza temporale futura nel parlato sono emersi 64 presenti, nello scritto solo sette.

3.2.2. Tra i passati perfettivi la scelta tra passato prossimo e remoto è determinata sia da fatti linguistici — come la differenza aspettuale, la distanza temporale dell'evento e la sua rilevanza nel presente — sia dalla varietà regionale, dal tipo di testo e dal suo grado di formalità. Il passato prossimo, fortemente preferito nella varietà settentrionale, è anche più informale e semanticamente più trasparente; nell'italiano contemporaneo si sta espandendo, sia geograficamente che per tipi d'uso, a scapito del passato remoto, che pure resta vivo in varietà regionali centro-meridionali, nei registri formali e in testi narrativi come le favole.

Il passato prossimo è largamente usato, nella varietà settentrionale, per eventi passati sia recenti che non, e senza che l'aspetto abbia un peso evidente nella scelta (p. es. *abbiamo avuto una bella estate calda che è durata fino al 28 agosto* [scritto informale; il riferimento è alla stagione passata]; *quando ho potuto scegliere una tesi l'ho scelta nel settore degli orologi piezoelettrici* [parlato formale: divulgazione scientifica a RTre, 19.10.82; il riferimento è a decenni prima]). Il passato remoto nella conversazione spontanea e nello scritto informale non emerge quasi mai[16]; viene usato però da parlanti colti e semicolti in

---

[16] Emerge però, sia pure alternato a passato prossimo e presente storico, nelle narrazioni di lontane esperienze di guerra di anziani ex-combattenti incolti o semicolti (ess.: *E allora cominciarono a mandare delle truppe là e noi ci mandarono ad Asiago; Io ebbi la fortuna che un signore di Persiceto [...] mi dice* [Foresti-Morisi-Resca 1983: 11, 66]), dove le variabili pertinenti sono insieme la distanza temporale degli eventi e il tipo di testo narrativo, ma anche

contesti formali in riferimento ad eventi lontani: funge insomma in questi contesti da forma di registro alto [17]. In parlanti giovani, sempre settentrionali, il passato remoto è confinato a testi narrativi non autobiografici, tipicamente le favole, nei quali comunque è usato in modo instabile, ed è assai meno frequente che in testi analoghi di coetanei del Sud [18].

È possibile che nella scelta del passato prossimo abbia un certo peso anche la rilevanza dell'evento nel presente, in termini non tanto oggettivi quanto di salienza per il parlante e il suo discorso, con sovrapposizione quindi a fenomeni d'enfasi: cfr. *Quella Cima di Entrelor che non ho mai salito, prima perché non volevo, poi perché non potevo* (R. Chabod, *La Cima di Entrelor*, Bologna 1969).

Il passato remoto emerge invece nello scritto formale senza variabilità in diatopia. Si vedano i seguenti frammenti di scritto non letterario (dove si noti, a lato, l'insolita frequenza di passivi, indici anch'essi di formalità — cfr. § 3.2.7):

> *La carriera di Messner settimogradista fu, non dico interrotta, perché riprese in seguito, ma certamente rallentata dalla tragica avventura del Nanga Parbat, dove morì suo fratello ed egli [...] ne ebbe i piedi congelati.* (Recensione, Mila: 333.)

la situazione di intervista, che spinge i soggetti alle scelte più formali fra quelle a disposizione nel loro repertorio.

[17] Così presso parlanti settentrionali, anche colti, l'uso del passato remoto può risultare incerto, appunto perché non spontaneo, forzato dall'istruzione scolastica: si osservi, nel frammento narrativo che segue, il passaggio apparentemente immotivato dal passato prossimo al passato remoto in una sequenza di eventi tutti inquadrati in *ieri* quale riferimento temporale: *ieri han messo alle strette mia nipote... lei mise alle strette la sua amica, che finalmente confessò* (corrispondenza privata).

[18] Dati empirici a questo proposito, da soggetti padovani e baresi, sono in Lo Duca-Solarino 1992 e Solarino 1991: il passato remoto non compare, nei giovani settentrionali, nel racconto né di fatti autobiografici né di trame cinematografiche, mentre emerge nelle favole in una percentuale di circa il 9% dei contesti perfettivi (contro il 40% di passati prossimi e 51% di presenti storici); nei medesimi tipi di testo e contesti i soggetti baresi producono invece passati remoti nel 67% dei casi (episodi autobiografici), 6% (trame cinematografiche) e 70% (favole). Sempre a proposito delle favole si vedano anche i dati di Lavinio 1984, da cui emerge il peso della dimensione diamesica: il passato remoto emerge assai più nelle fiabe scritte che in quelle orali, dove si ha invece il presente. Nei dati di Voghera (1992: 208-12), tratti invece da testi non narrativi, il passato remoto — benché i parlanti siano «prevalentemente di provenienza centro-meridionale» — è del tutto assente, e suoi contesti possibili sono coperti dal presente storico.

A me, padre di bambini piccoli [...] venne dato un aiuto formidabile da Gianni Rodari. Noi volevamo appunto un'educazione civile adeguata ai valori della Resistenza e della Costituzione, e questo Rodari ci diede. [...] Fu una rottura e come tale, lo ripeto, fu sentita. (Lombardo R.: 4.)

Nell'uso comune (e soprattutto nel parlato conversazionale) il passato prossimo serve anche ad esprimere anteriorità nel futuro, ovvero sostituisce il futuro anteriore, in parallelo al presente pro futuro ma, rispetto a questo, con maggiore frequenza (es.: *se quando hai finito i tuoi esami, lunedì, mi presti i tuoi appunti...* [conv. inf.]).

In conclusione, il passato prossimo sembra destinato a guadagnarsi sempre più spazio, favorito dalla sua maggiore trasparenza e dall'alta frequenza del participio passato (come aggettivo, come verbo privo di ausiliare, come parte del trapassato prossimo), nonché per converso dallo statuto marcato che nel sistema ha il passato remoto, marcato in diatopia e in diafasia, ristretto ad una gamma limitata di testi e contesti e quindi meno frequente.

3.2.3. L'imperfetto indicativo, come si è detto, è usato come tempo del passato durativo; statisticamente (e semanticamente) l'aspetto imperfettivo è correlato con il carattere dell'azione stativo, quindi l'imperfetto è particolarmente frequente con verbi come *essere, avere, sapere* e simili (*lui aveva diciotto anni quando ha fatto la guerra del 15-18*; *era bravissimo a guidare, mio nonno* [conv. inf.]). In questo uso canonico l'imperfetto è spesso correlato all'informazione di sfondo nei testi: in quelli narrativi contribuisce a delineare il *frame* degli eventi veri e propri, che sono invece codificati con passati perfettivi (es.: *aspettavo, aspettavo la risposta alla mia [...] e non arrivava mai [...] ci stavo anche un po' male... ma ieri ho scoperto tutto il mistero* [corrispondenza privata]). La differenza aspettuale quindi contribuisce anche all'organizzazione dell'informazione del discorso.

L'imperfetto ha poi una gamma d'usi non canonici, modali più che temporali, nei quali esprime non-fattualità o controfattualità (cfr. Bertinetto 1986: 368-80, 1991: 80-84; Bazzanella 1990; anche Coseriu 1976: 129-69, per l'imperfetto modale in altre lingue romanze).

Fra questi usi modali il più noto è l'imperfetto delle ipotetiche dell'irrealtà, più spesso doppio (il tipo *se venivamo prima, trovavamo posto* — cfr. Mazzoleni 1992) ma anche solo nella protasi, in luogo del congiuntivo (*se venivamo prima, avremmo trovato posto*) o solo nell'apodosi, in luogo del condizionale (*se fossimo venuti prima, trovavamo posto*). Si tratta di una costruzione colloquiale e popolare, ormai piuttosto diffusa anche nell'uso medio; è coerente fra l'altro con la diffusione dell'indicativo a scapito del congiuntivo (cfr. § 3.2.5).

Queste ipotetiche hanno in genere referenza temporale passata, ma possono anche essere riferite al presente o al futuro, fermo restando il loro carattere controfattuale (es.: *se tu ti sposavi entro due mesi [...] andava bene + potevamo fare il contratto* "se ti sposassi/fossi sposata... potremmo fare il contratto [come prima casa]"). Simili all'uso nelle ipotetiche sono altri controfattuali, sia in frasi principali, del tipo *glielo portavo io* (il caffè; detto da un barista al cliente che si è servito da solo), sia in dipendenti, p. es. *io penso che questa decisione doveva essere presa in una maniera più ragionata* "avrebbe dovuto essere presa..." (RTre, PP, 25.5.83).

Noto è anche l'uso attenuativo, nel quale il valore di modalità non-fattuale serve appunto ad attenuare richieste (tipico è il caso di *volevo* in apertura) e affermazioni (*mi sembrava...*). Es.: *io avevo un pezzo... piccolino, però* (p. semif., studente a docente; detto porgendo il citato pezzo [di tesi] all'interlocutore).

In sovrapposizione con l'uso attenuativo, l'imperfetto entra in contesti futurali di intenzione o previsione, dove spesso sostituisce un condizionale. Ess.: *se ti interessa ti davo quei raviolini della moglie del L., che sono un capolavoro* (conv. inf.), in cui *ti davo*, riferito ad un incontro futuro, sta per "ti darei"; *facevo storia della lingua a giugno* (conv. inf.) "farei/vorrei fare [l'esame di]...", detto alcuni mesi prima.

Un'altra classe di contesti di imperfetto modale è data da frasi dipendenti da verbi di pensiero o di dire al passato, dove l'imperfetto funge da futuro nel passato (ess.: *avevo paura che andavano giù* [conv. inf., p. incolta] "...che [i vasi] cadessero"; *Haydn pensava che era lui [...] a morire* "sarebbe stato lui..." [RTre 25.11.90]). Da questi contesti, se la principale è omessa, emergono degli imperfetti di citazione ('quotativi'), che segnalano semplicemente discorso riportato, come nel seguente scambio: A:

G. è sparito? B: *andava a casa* "ha detto che andava/sarebbe andato..." (conv. inf.) [19].

Dal punto di vista del sistema verbale e della sua articolazione nozionale è importante notare che in quest'uso modale l'imperfetto è privo di restrizioni sia temporali che aspettuali, ovvero non è più né un passato né un imperfetto; assumendo valore modale diventa forma in cui le opposizioni altrimenti pertinenti nel sistema si neutralizzano, sembra cioè funzionare da arciforma — nella sfera della modalità non-fattuale — allo stesso modo in cui il presente si comporta in riferimento al reale (cfr. Berretta 1992: § 3).

Anche il trapassato prossimo, oltre al normale uso temporale anaforico, assume un valore modale controfattuale, in contesti del tipo *avevo già trovato la casa che faceva per me...* (conv. inf.): detto da una persona che sta cercando un appartamento, l'enunciato viene subito compreso come avente una prosecuzione negativa, "ma la cosa è andata male". Simili usi modali del trapassato, benché assai più rari di quelli dell'imperfetto, sono potenzialmente interessanti perché configurano nell'ambito della modalità una nuova coppia (imperfetto vs. trapassato modali) con opposizione tempo-aspettuale non-anteriore vs. anteriore, il che sarebbe coerente con la centralità della dimensione aspettuale di cui s'è detto a proposito di altri paradigmi verbali.

3.2.4. I futuri verbali, come è già emerso, non sono obbligatori per riferimenti ad eventi futuri: il futuro semplice è spesso sostituito dal presente, e ancor più spesso il futuro anteriore è sostituito dal passato prossimo; la referenza temporale è affidata ad elementi lessicali o al contesto (cfr. §§ 3.2.1 e 3.2.2). Di conseguenza le occorrenze di futuro sono globalmente scarse, soprattutto nel parlato.

La comparsa di futuri morfologici è favorita da sfumature modali epistemiche o deontiche, p. es. di previsione/dubbio o intenzione/volizione (*Che cosa accadrà, dunque, adesso?* [«L'Espresso», 24.2.91]; *me ne accerterò e le farò sapere* [RTre,

---

[19] Ai tipi qui citati sarebbe da aggiungere almeno l'imperfetto ludico infantile (*io ero... e tu eri...*) e l'analogo imperfetto 'fantastico' (del fantasticare, appunto) adulto; con entrambi il parlante costruisce mondi irreali. Esempi sono nella bibliografia citata.

PP, 25.5.83]; *sarò brevissimo*; *le risponderò brevissimamente* [RTre, PP, 13.8.82]). Nelle varietà più formali e nello scritto tuttavia non sono infrequenti anche futuri verbali per eventi prossimi e certi; es.: *la corsa di Giulio Andreotti per la formazione del suo settimo governo inizierà certamente oggi, quando dal Quirinale otterrà il nuovo incarico* («la Repubblica», 5.4.91).

Il futuro verbale compare poi anche in contesti non futurali, soprattutto nell'accezione detta epistemica (Bertinetto 1986: 491-98; 1991: 116-20), per esprimere una congettura o inferenza sul presente (f. semplice) o sul passato (f. anteriore). Ess.: *I meno giovani ricorderanno che non solo nelle scuole elementari, ma anche nelle scuole medie e superiori, bisognava fermarsi alla I Guerra Mondiale* (Lombardo R.: 2); *saranno cose di soldi?* (RTre, PP, 25.5.83); *Lei certo avrà studiato, è laureata* (RTre, PP, 31.6.82); si ricordi anche il *sarà* che è ormai formula fissa di dubbio.

Il futuro epistemico costituisce un uso non deittico bensì modale, non dissimile da quello sopra esposto dell'imperfetto; si perde in esso la caratterizzazione temporale, mentre con la coppia futuro semplice/fut. anteriore si conserva l'opposizione tempo-aspettuale di non-anteriore vs. anteriore (che nell'uso si sovrappone al nuovo valore temporale di presente vs. passato). Nel parlato gli usi non futurali [20] sono relativamente frequenti sull'insieme degli usi di futuro: rappresentano all'incirca un terzo delle occorrenze, in base a conteggi disponibili (cfr. Berretta 1991 e 1993; Bozzone Costa 1991b) [21], e prevalgono nettamente tra i futuri anteriori. Si ricordi infatti che i contesti di futuro anteriore futurale sono realizzati spesso, anche nella varietà media, con passati prossimi.

Coerentemente con la tendenza a sostituire con l'indicativo

---

[20] Tra gli usi non futurali sono da computare, oltre agli epistemici che ne costituiscono comunque la grande maggioranza, anche altri casi marginali, p. es. gli usi onnitemporali, che si hanno in affermazioni generali del tipo *quando l'emittente parla, dovrà usare un determinato mezzo di comunicazione* (parlato semif., interazione d'esame).

[21] Su un totale di 200 occorrenze di futuri verbali in un corpus di parlato 'medio', sia conversazionale che monologico, ho contato 135 (67,5%) usi futurali e 65 (32,5%) non futurali; dati paralleli ha rilevato Bozzone Costa (1991a, 1991b) nel suo corpus di parlato conversazionale di studenti universitari: su 174 occorrenze, 117 usi futurali e 57 (33%) non futurali.

altri modi, il futuro, sia futurale che non, entra in contesti possibili di congiuntivo nelle dipendenti (es. *Lei crede che il paese, l'Italia, potrà sperare in qualcosa di buono con la fauna politica che lo dirige?* [RTre, PP, 31.6.82]; cfr. inoltre qui § 3.2.5).

3.2.5. Fra i modi diversi dall'indicativo il congiuntivo appare il più fragile, sia nel suo paradigma (che è soggetto a conguagli analogici, come i noti *vadi, vadino* popolari) [22] sia e soprattutto negli usi in dipendenti completive, dove tende ad essere sostituito dall'indicativo soprattutto se l'evento si configura come reale (ess.: *e questo mi sembra che non era venuto fuori dalla tua relazione*; *però riteniamo che la nostra ignoranza è provvisoria* [p. semif.]). Quest'ultimo fenomeno è legato da un lato al valore meramente sintattico, di marca di dipendenza, dei congiuntivi in questi contesti, e dall'altro ad un trattamento delle subordinate come principali, o perché la principale è ridotta ad una mera formula, priva del valore sintattico di reggente (*mi sembra che, penso che* e simili paiono usati come *mi sembra* o *penso* incidentali), o perché il legame tra le due frasi è meno sentito.

La tendenza citata è panitaliana, ma è più forte nelle varietà centro-meridionali e nelle varietà diastratiche basse; p. es. nel parlato conversazionale di studenti universitari settentrionali il congiuntivo in dipendenti è abbastanza usato (*non mi ricordo esattamente in che cosa consista la sua filosofia*; *faceva pensare il fatto che fossero comparsi proprio adesso* [sempre conv. inf.]), e lo stesso vale a maggior ragione per il parlato monologico (*penso che in pochi campi della scienza si siano viste delle cose più pazze* [divulgaz. scientifica, RTre 19.10.82]) — a proposito della vitalità del congiuntivo nello scritto non letterario si veda Serianni (1986: 59-61, e 1988: 468-71).

In contesti di espressione di congettura o inferenza sul presente, e/o di deissi futurale, compare in luogo del congiuntivo (o dell'infinito in implicite), soprattutto nel parlato, anche il futuro (ess.: *se la magistratura ha emesso dei mandati di cattura ritengo che avrà degli elementi concreti* [RTre, PP, 31.6.82]; *credo che avrò sbagliato* "credo di avere sbagliato" [conv. inf., p. incol-

---

[22] Un esempio: al telefono, chiedo se posso sapere il numero di camera di una ricoverata; risposta: *oh no, signora, basta che vadi al sesto piano* (centralinista di ospedale, Torino).

ta]; *speriamo che il governo ci ascolterà* [on. Pannella, interv. a RTre, 24.9.92]). È da notare che, rispetto al presente indicativo, il futuro in questi contesti salva la componente modale (epistemica: dubbio, incertezza, ipotesi), anche se con l'indicativo comunque si perde la segnalazione sul verbo della dipendenza sintattica. Le medesime riflessioni valgono per l'imperfetto modale pro congiuntivo in contesti del tipo citato *avevo paura che andavano giù* e nelle ipotetiche (cfr. § 3.2.3) [23]: si salva la codificazione sul verbo della modalità, non quella della dipendenza.

Il medesimo fenomeno di comparsa dell'indicativo in luogo del congiuntivo si ha anche in dipendenti di altra natura, dove congiunzioni che appunto vogliono il congiuntivo (*sebbene, qualora*, ecc.) vengono usate con l'indicativo, tipicamente dai semicolti nello scritto, e talvolta anche da parlanti colti nel parlato trascurato (*per quanto poi giustamente L. sottolinea che...* [conv. inf.]), nonché — molto marginalmente — nello scritto (*Qualora il versamento è effettuato per conto di persone decedute* [...] [modulo per il versamento d'imposte, distribuito da banche italiane, estate 1992]).

Anche in quest'ultimo caso si può invocare a spiegazione la preferenza per una sintassi meno marcatamente ipotattica (e, nel parlato, la scarsa pianificazione del discorso), ma sembra palese l'esistenza di una tendenza diffusa ad abbandonare il congiuntivo, almeno nei contesti di dipendenza (si ricordi anche la costruzione con l'imperfetto nella protasi dell'ipotetica dell'irrealtà, per cui cfr. § 3.2.3). Nelle principali, dove serve soprattutto per gli imperativi di cortesia, sembra invece ben vivo (ma è la forma di cortesia nell'insieme ad essere aggredita dalla diffusione del «tu»: cfr. § 3.3.1) [24].

A paragone con il congiuntivo sembra più vitale il condizionale, la cui modalità è semanticamente più forte; anch'esso tuttavia è relativamente più vitale come forma verbale di frasi princi-

---

[23] Ancora a proposito delle ipotetiche dell'irrealtà non standard, va ricordato che nell'italiano popolare sono possibili altri casi di conguaglio dei due verbi, con doppio condizionale (cfr. qui nota 25) ed anche col doppio congiuntivo: quest'ultimo nella varietà meridionale, soprattutto siciliana.

[24] Ben vivo è anche il congiuntivo in principali modalizzate, p. es. ottative con l'imperfetto (*venisse il sole!*), dubitative (*che abbia sbagliato?*) e simili.

pali che nelle dipendenti. Abbiamo visto infatti che l'imperfetto modale ne insidia il ruolo di forma non- o controfattuale nelle completive (come futuro nel passato, il tipo *ha detto che veniva*), oltre che nell'apodosi delle ipotetiche dell'irrealtà [25].

Negli enunciati indipendenti il condizionale è molto usato come forma attenuativa nelle affermazioni (*le indagini potrebbero risalire fino ai mandanti del massacro* [«la Repubblica», 30.9.92: 1]) e nelle richieste (*un giorno mi presteresti tutti i tuoi appunti? quando puoi, quando vuoi* [conv. inf.]); si trova spesso coi verbi modali, di cui attenua il valore deontico o aumenta il valore epistemico di dubbio/incertezza, presa di distanza: cfr. *potrebbero* citato sopra, ed anche: *la contromanovra rilancia l'ipotesi del prestito forzoso. A quanto dovrebbe ammontare questo prestito?* («la Repubblica», 30.9.92: 3), domanda di intervista, vale "a suo/vostro parere..."; *Vorrebbero che la richiesta di autorizzazione a procedere venisse automaticamente respinta in caso di mancata risposta del parlamento entro venti giorni* (ivi: 6).

In alcuni tipi di testo, come la cronaca giornalistica, il condizionale segnala specificatamente modalità quotativa, ovvero quanto si riporta come detto da altri, formalmente senza prendere posizione (*Il penalista A. A. [...] avrebbe consegnato i verbali di interrogatorio ai fedelissimi del capoclan* [«la Repubblica», 30.9.92: 8]).

Fra i paradigmi che esprimono categorie modali abbiamo già citato l'imperativo e il suo complemento 'cortese', il congiuntivo (*vieni!*; *venga*). Il paradigma dell'imperativo sembra avere un punto debole nella opposizione, alla II singolare, fra l'esito in *-a* della prima coniugazione e quello in *-i* delle altre (*cammina* vs. *vieni*; si noti anche che il secondo è identico all'indicativo, il primo no). Parlanti incolti sembrano preferire la forma di prima coniugazione: cfr. p. es. *scriva* per "scrivi!" nei testi di Rovere (1977: 114, 162), mentre i bambini piccoli (e gli stranieri che imparano l'italiano) tendono a conguagliare in *-i*, coerentemente con l'antica diffusione della marca *-i* per la II sing. all'indicativo e all'imperativo (cfr. Rohlfs 1949: §§ 528, 605; Tekavčić

[25] In varietà diastratiche basse compaiono anche ipotetiche dell'irrealtà con doppio condizionale, marcate in diatopia (es.: *se in l'Italia andrebbe su il comunismo, sarebbe caduta tutta l'Europa* [Rovere 1977: 153]).

1972: §§ 937, 950, 1021 e *passim*): p. es. *schiacci lì* per "schiaccia", *sposti* per "sposta", detto da bambino ad adulto; si tratta comunque, nel sistema attuale, di fenomeni marginali. Più importanti sono le incertezze sulla forma cortese: si è già detto della sovraestensione dell'esito in *-i* del congiuntivo alla prima coniugazione, il tipo *vadi*; ma va aggiunta la generale difficoltà degli incolti ad usare la forma cortese, per cui non è raro che forme di imperativo vero e proprio emergano in contesti d'uso del «Lei» (*sciacqua il bicchiere* "sciacqui" [p. siciliana]; *guarda* "guardi" [p. valdostana]).

La modalità deontica del comando viene comunque espressa anche in modi diversi dall'imperativo: p. es. con infiniti (tipici delle istruzioni generiche; cfr. *impiegare dosi ridotte di detersivo* [istruzioni per l'uso della lavabiancheria]), modali (*devi* + infinito, o attenuato: *dovresti, dovrai*) e varie altre forme perifrastiche (cfr. § 3.2.6).

Quanto ai modi non finiti è importante ricordare l'alta frequenza dell'infinito, usato sia in contesti standard di dipendenza (con o senza preposizioni) che altrove, come nelle istruzioni or ora citate e in usi molto colloquiali, con ellissi di modali (*stasera, mangiare assolutamente poco* "voglio/devo..." [conv. inf.]), o con infinito a tema (*esserci ci sono* [conv. inf.]), e in altri vari casi (es. *passare al primo colpo gli scritti di lingua e non passare il tema, mi vien da piangere* [conv. inf.]), fra cui non vanno dimenticati gli usi in varietà semplificate rivolte a stranieri (es. *aspettare me, io tornare subito* "aspettami, torno subito"), da cui si comprende come i parlanti nativi percepiscano appunto l'infinito come forma semplice, perché non flessa, e centrale nel sistema. Molto meno centrale è il gerundio, usato sì spesso nella perifrasi aspettuale con *stare*, ma altrimenti poco frequente: ad esempio nei dati di Voghera (1992: 229-32), su un corpus di parlato colto solo l'11,1% delle dipendenti implicite è realizzato col gerundio, contro il 71,8% di infiniti (in particolare il gerundio composto è assai raro).

3.2.6. Nell'insieme dunque l'uso comune sottoutilizza, rispetto allo standard letterario, l'articolazione dei tempi, modi e diatesi, mentre cura — non sempre con gli stessi paradigmi — l'espressione della modalità. Ancora la modalità, e con essa l'aspetto, sono le nozioni più spesso codificate con perifrasi (Bertinetto 1990; 1991: 131-61; Squartini 1990).

Fra le perifrasi aspettuali la più diffusa e più grammaticalizzata è la forma con *stare* + gerundio, che esprime aspetto progressivo. Nell'italiano contemporaneo il suo uso sembra in diffusione, in particolare per quanto riguarda il carattere dell'azione dei verbi cui si applica (ess.: *io adesso sto vedendo mia sorellina, che è in seconda media* [conv. inf.]; *sai che non mi sto ricordando se io al lavoro ho lasciato i miei zoccoli* [conv. inf., p. semicolta]).

Accanto a questa vi è un'ampia gamma di altre perifrasi, variabili in diatopia e diafasia, esprimenti l'aspetto e, in parziale sovrapposizione con esso, la 'fase' dell'evento o azione (inizio, fine, ecc.), come *stare a* + infinito (aspetto progressivo: *stavo a stirare* "stiravo" [conv. inf.], ma anche valore negativo, p. es. *taccagni [...] stanno a guardare quello che mangi* [conv. inf.]; uso tipico: *non stare a* + inf. "è inutile che..."), *venire* o *andare* + gerundio (continuo, formale: *tutti coloro che in questi giorni sarò venuto sentendo* [dichiarazione del pres. Amato, 19.6.92]), *continuare a* + infinito (continuativo o frequentativo), *venire* + part. pass. (incoativo, popolare: *mio padre dopo è venuto ammalato* "s'è ammalato" [Rovere 1977: 111]) e altre.

Altre perifrasi esprimono modalità deontica: necessità, come *andare* + part. pass. (passivo: *va fatto*; da non confondere con l'identica formula sempre passiva ma non modale: *andar perduto* e simili), *esserci da* + infinito (es. *c'è da aspettare*), *avere* (+ nome) *da* + inf. (*ha da scrivere un articolo/ha un articolo da scrivere*), dat. di persona + *toccare* + inf. (*mi tocca andare*), *bisogna* + inf., *aver bisogno di* + infinito, ecc.; possibilità: *avere la possibilità di* + inf. (*il cittadino [...] ha la possibilità di esprimere la propria opinione col voto* [RTre, PP, 25.5.83]) e così via, sempre più allontanandosi dalla morfologia verso il lessico.

3.2.7. Accanto al sistema dei tempi verbali, anche l'opposizione di diatesi attivo/passivo sembra sottoutilizzata nell'italiano d'oggi: il passivo — che è comunque la forma marcata della coppia, e come tale meno frequente in generale — risulta statisticamente marginale, soprattutto nel parlato conversazionale.

Le esigenze comunicative che motivano il passivo — portare

a topic il complemento e viceversa abbassare di grado l'agente o cancellarlo (cfr. Duranti-Ochs 1979: 408 sgg.; Bazzanella 1991) — nell'uso medio sono soddisfatte per via sintattica, con la dislocazione a sinistra dell'oggetto, senza toccare la forma del verbo e con il vantaggio di non dover abbassare di rango sintattico agenti di I o II persona. Ess.: *la parola alla gente bisogna darla subito* («L'Unità», 24.5.83); *io il caffè lo voglio bello forte* (da Berruto 1985: 65 nota 6 e 73-74; cfr. anche Benincà-Salvi-Frison 1988; in questo volume il saggio sulla sintassi di P. Benincà, e qui § 3.3.2).

Fra le scarse occorrenze di passivo che si trovano nel parlato prevalgono comunque i passivi senza agente (es.: *se sarò lasciato solo, sarò fatto fuori* [RTre, PP, 13.8.82]; *io fui costretto a fare quasi un testacoda* [RTre, PP, 26.3.83]; ma anche *noi, poveri operai, siamo costretti dalla concorrenza dei nostri padroni a correre* [RTre, PP, 25.5.83]) [26] e sono assenti in particolare passivi con agente di I o II persona; viceversa, come si nota negli esempi appena citati, la I persona è quella più propensa ad essere promossa a soggetto di passivi.

La costruzione con ausiliare *essere* non è l'unica forma possibile di passivo: l'ausiliare può essere *venire* (solo ai tempi semplici), sempre seguito dal participio passato, con lieve coloritura aspettuale progressiva (es.: *le armi palestinesi che vengono rastrellate attualmente dall'esercito libanese* [RTre, PP, 16.10.82]); altre forme minori sono *andare* + participio passato, con modalità deontica (*l'unica domanda interessante va fatta a R.* [RTre, PP, 16.10.82]) o senza (*a. perduto, a. distrutto*, e simili); *da* + infinito in dipendenti implicite, nuovamente con modalità deontica (è *questo il punto da mettere in chiaro* [RTre, PP, 26.3.83]); va tenuto conto anche dei participi passati senza ausiliare, usati come aggettivi, che sostituiscono funzionalmente una relativa passiva (*gli accordi già presi* [RTre, PP, 25.5.83]), non-

---

[26] Per esempio fra i 200 futuri analizzati per altro scopo (Berretta 1991 e 1993) solo 8 sono passivi: la percentuale sarebbe dunque del 4% (ma fra i 174 futuri rilevati da Bozzone Costa 1991b, in un corpus solo colloquiale, non c'è alcun passivo). Si tratta sempre di passivi senza agente — ma su un numero così piccolo il dato è poco significativo. Data la correlazione che vi è fra passività e aspetto perfettivo, è immaginabile che i passivi siano un poco più frequenti fra i passati appunto perfettivi.

ché del già citato *si* passivante (evidente, per via dell'accordo col paziente portato a soggetto, solo alla III pl.: *si possono usare i fogli* [conv. inf.]) [27].

Una funzione analoga a quella del passivo senza agente viene svolta anche dai soggetti impersonali, *si* o la III persona plurale generica, quest'ultima tipica dei registri più informali (es.: *dell'Iran si è parlato in abbondanza* [RTre, PP, 16.10.82]; *lì avevano messo una mitraglia a livello dei cavalli* [Foresti-Morisi-Resca 1983: 13]).

Accanto al passivo si può far cenno alla diatesi media. Con l'uso dei riflessivi, che è assai frequente (ess.: *guardarsi allo specchio, farsi male, allacciarsi le scarpe* e simili), si codifica infatti una sorta di diatesi media, in cui lo stesso referente è agente e paziente (o beneficiario) di un'azione.

3.3. I pronomi

3.3.1. Il sistema dei pronomi personali subisce nell'italiano contemporaneo una ristrutturazione che è forse più forte di quella vista per il sistema verbale, sia perché include vari casi di neutralizzazione di opposizioni, sia e soprattutto perché, nel caso degli atoni, sembra preludere a un passaggio di categoria di un'intera classe di forme, che si avviano a perdere statuto pieno di pronomi indebolendosi a particelle grammaticali o parti di parole.

Sarà utile ricordare in primo luogo che nelle varietà meno formali i pronomi, tonici (dimostrativi inclusi) e atoni, sono più frequenti: la differenza è particolarmente netta in diamesia, fra parlato e scritto, ma è forte anche in diafasia [28]. La cosa dipende,

---

[27] Come si è detto in 2.2.1, *si* passivante e *si* impersonale sono in parziale sovrapposizione, e nell'uso diviene talora problematico individuare il ruolo sintattico del paziente, se soggetto o oggetto. Per es. in *[...] il Gipaeto, il quale in questi ultimi inverni lo si nota volare nei distretti rocciosi di questo parco alpino* [testo pubblicitario ciclostilato, s.d. (ma 1991)], *lo* indicherebbe una relativa costruita sull'accusativo (e quindi *si* soggetto impersonale), mentre *il quale* dovrebbe essere un soggetto (e quindi *si* sarebbe passivante).

[28] In un lavoro precedente (Berretta 1985a) ho confrontato le occorrenze di pronomi atoni in un corpus di parlato con quelle risultanti dai testi scritti spogliati per il LIF (U. Bortolini-C. Tagliavini-A. Zampolli, *Lessico di frequenza*

per il parlato, dal riferimento al contesto di situazione, che induce ad usare più elementi deittici, e in genere dalla ricerca di enfasi, che fa emergere più pronomi personali soggetto (*io* in primo
luogo: p. es. *se io compro una cosa che io non riesco a metter
dentro niente* [p. semif.]), più pronomi tonici (e dimostrativi)
anche negli altri casi, ed anche ridondanze pronominali (*a me mi*,
e simili), con le quali aumentano insieme le occorrenze di tonici
e atoni.

Quanto alla struttura interna dei paradigmi, vi sono vari casi
di semplificazione, con allargamento dell'uso di una forma a
scapito di altre e conseguente perdita di opposizioni nozionali.
L'area più interessata è quella delle terze persone, sia toniche che
atone. Fra i pronomi tonici di III le forme *lui*, *lei* e *loro* sono normalmente usate anche quali soggetti, a scapito di *egli*, *ella* e
essi/e, con neutralizzazione dell'opposizione di caso. In contesti
molto formali (scritto formale, parlato radiofonico, o ipercorretti:
p. es. in discussioni di tesi di laurea, da parte del/la candidato/a)
compare ancora *egli* (cfr. sopra in 3.2.2 il frammento di recen-
sione di Mila a Messner), ma è anche frequente in parlanti colti
l'evitamento di entrambe le forme, con omissione del soggetto o
sua resa lessicale (p. es., *l'autore*). La perdita di opposizione fra
forme soggetto e altri casi tocca anche la II singolare, nella quale
te compare quale soggetto nelle varietà colloquiali basse in diafasia e/o diastratia (nel Centro-Nord), p. es. nei dialoghi tra studenti (*te ti mettevi a tuo agio*; *al massimo telefoni te* [conv. inf.])
e nei testi narrativi di parlanti incolti — ma nella varietà romana emerge anche nel parlato sorvegliato di persone colte (p. es.,
in un seminario universitario: *questo lo usi solo te* [dai materiali
di Duranti-Ochs 1979: 410]). Come gli altri pronomi non soggetto promossi a soggetto, *te* "tu" è favorito da contesti focaliz-
zanti, quali la posizione postverbale o la contiguità con *anche*,
proprio, *solo*. Del tutto marginale è *me* soggetto, solo del parlato popolare interferito da dialetti (settentrionali) che a loro volta
hanno neutralizzazione fra «io» e «me».

---

della lingua italiana contemporanea, Milano 1971). Mentre nello scritto si avevano mediamente 22,7 pronomi atoni ogni mille parole, nel parlato ne risulta-
vano 38,9 come dato medio, con una variazione interna molto legata al grado
di formalità dei testi: nei monologhi espositivi il valore era 28,98, nei dialoghi
saliva a 47,5 (con una punta di 69,2 nella conversazione più informale).

Come si è già accennato in 2.2.3, l'assenza o rarità nell'uso delle forme *esso/a/i/e* fa mancare pronomi tonici adeguati per il riferimento ad oggetti ed eventi: si aggiunga che è relativamente raro anche il neutro standard *ciò*[29]. Entrano di conseguenza nel paradigma dei pronomi di III anche i dimostrativi *questo* e *quello*, nel ruolo di neutri (non raramente rafforzati con *qua* e *là*, es.: *questo qua stava qui, no?* [un libro; conv. inf.]), ma anche i pronomi personali veri e propri sono marginalmente usati per cose[30], in particolare dove l'emergere di un pronome sia forzato da contesti con *anche* o *proprio*[31]. Ess.: *E la finanziaria? Lei va, come la nave, verso chissà quale naufragio* (G. Bocca in «L'Espresso», 1.12.91: 5); *crestone [...], anche lui sempre pistato* (G. Bignami in «La Rivista del C.A.I.», lug./ag. 1991: 27). In questi casi possiamo dire che il genere grammaticale prevalga sulla semantica 'neutra' del sostantivo, ovvero che il sistema dell'accordo dei costituenti del sintagma (cfr. § 2.2.2) si estenda anche alle riprese anaforiche. Sempre come pronomi neutri, ma con referenza estesa (deittica o anaforica), ovvero come sostituti di *ciò*, troviamo oltre a *quello* (frequente *quello che* in apertura di pseudo-scisse) anche il quasi-relativo *il che*; si notino, nel brano che segue, *quello che* iniziale e *il che* dell'ultima frase:

> *Quello che è curioso nella gestione dell'Azienda Italia non è solo che chi è stato oggettivamente responsabile di una crisi rimane al proprio posto, il che potrebbe anche essere attribuito a un bisogno di quieto vivere. [...]* (U. Eco in «la Repubblica», 19.9.92.)

---

[29] Secondo Serianni 1986 *ciò* (assieme allo pseudoclitico *loro*) sarebbe vitale nello scritto, anche non letterario: effettivamente ve ne sono occorrenze, ma la frequenza del dimostrativo *questo* nella medesima funzione è ben maggiore.
[30] Viceversa i dimostrativi sono usati, nel parlato informale, anche in riferimento a persone, ma come forme marcate; p. es. *quella dice, «eh + cosa vuoi + quelli lì c'hanno i soldi [...] noi non ce li abbiamo»; io ho avuto la fortuna che questo signore che ha la casa lì [...] questo qui mi ha aiutato* (sempre conv. inf.); *e questi [= i camionisti] corrono come vogliono, noi vediamo che ci passano avanti a velocità folli* (RTre, PP, 25.5.83). Le forme di *quello* (*quella, quelli lì*) rinviano a persone verso le quali il parlante manifesta scarsa o nulla empatia, mentre *questo* (*questo qui, questi*) può anche essere connotativamente neutro o positivo (sull'argomento cfr. Duranti 1984).
[31] Mentre con *anche* la forma standard *esso* sarebbe possibile, con *proprio lui/lei* si ha un sintagma fisso: *già un paio di settimane fa qualcuno ha pensato di avere le allucinazioni vedendo il «9» in piazza Carducci. Invece era proprio lui, deviato in via Madama Cristina* («la Repubblica», 21.7.92, cronaca di Torino).

In connessione a quanto detto sui pronomi vanno ora aggiunti alcuni punti relativi all'uso delle persone, sia pronominali che verbali. Quasi tutte le persone hanno usi non canonici, con complicati intrecci sociolinguistici e pragmatici. La II singolare e la III plurale hanno anche valore impersonale/generico: in quest'uso la prima è frequentissima nella conversazione informale, la seconda compare piuttosto in varietà basse; es.: *ci hanno lasciato intendere che andavano i volontari, ma questo non è vero* (RTre, PP, 25.5.83); la III singolare non solo vale da II di cortesia, ma viene usata anche con asimmetria inversa, in riferimento ad un interlocutore bambino o ad esso assimilato (es.: *cosa sta combinando questo cattivo bambino?* [madre al figlio]) [32]; analogamente la I plurale viene usata, in una sorta di vera o falsa empatia, in riferimento all'interlocutore (p. es. *come stiamo?*, detto da medico a paziente); il *si* impersonale nella varietà toscana viene usato per la I plurale (cfr. *anche noi che votiamo, si possa dire la nostra opinione* [RTre, PP, 25.5.83]).

Infine un ultimo punto da citare è un progressivo minor uso dell'opposizione «tu»/«Lei» nella dimensione della cortesia (cfr. Berruto 1987: 93-94 e bibliografia ivi citata; in questo volume il saggio di A.A. Sobrero). Il «tu», forma più semplice e non marcata nel sistema, sembra star allargando i suoi confini d'uso a scapito del «Lei»: in negozi di abbigliamento come su sentieri di montagna è frequente ricevere — sino ad una soglia di età sorprendentemente matura — al primo approccio il «tu» e il corrispondente saluto *ciao*; la pubblicità preferisce la forma d'intimità; il sistema operativo del computer, con spirito linguistico inglese, chiede conferma con *sei sicuro?* e lo schermo del Bancomat dice confidenzialmente al cliente *inserisci la tua carta*. Si tratta in parte di una moda giovanile o giovanilista, in parte di una scelta di comodo presso parlanti incolti (l'uso di «Lei» è relativamente più complicato [33]; inoltre, non ha corrispondenti in

---

[32] Quest'uso è il più noto del *baby talk*, la varietà usata per rivolgersi a bambini piccoli; ma nella medesima varietà per l'interlocutore si usa anche la I plurale, mentre la III sing. può indicare anche il parlante (p. es. *e la mamma dove va?*, detto dalla madre al bambino in riferimento a se stessa).

[33] Tra i fattori che favoriscono l'allargamento dell'uso di «tu» mi paiono cruciali le difficoltà d'uso di «Lei». Benché la III sing. sia centrale nel paradigma verbale, il «Lei» pone problemi di deissi e di riprese anaforiche, in partico-

molti sistemi dialettali — cfr. Sobrero 1982: 158-60), in parte di
una scelta di stile (per la connotazione appunto d'intimità e solidarietà connessa con l'uso del «tu»), e certo anche di un effetto
di influenza dell'inglese.

3.3.2. Anche per le forme atone, come e più che per le toniche,
vale quanto si è detto sopra sulla maggiore frequenza nell'uso
medio. In questo caso tuttavia l'alto numero di occorrenze non è
dovuto direttamente a fenomeni di deissi o d'enfasi (benché la
deissi vi abbia pure un ruolo, almeno nel parlato conversazionale), ma è il riflesso della frequenza di strutture sintattiche non
canoniche, in particolare dislocazioni a sinistra e a destra e frasi
segmentate in genere, che portano un aumento di frequenza dei
pronomi atoni (ess.: *Su quei 4,5 milioni ora ci si pagherà il
12,5%* [«la Repubblica», 19.9.92: 3]; *non dirglielo alla nonna*
[conv. inf.]; *tutti i clienti che l'han provata gli è piaciuta tantis-
simo* [commessa a cliente, a proposito di una zuppa di pesce];
cfr. in questo volume il saggio di P. Benincà); si pensi inoltre
anche alle frasi relative non standard (cfr. § 3.3.4), anch'esse con
pronomi atoni usati come marche di caso. Contribuisce ad
aumentare le occorrenze dei clitici anche la frequenza di verbi
pronominali del tipo *andarsene, cavarsela, farcela* e simili, tipici della varietà colloquiale e sempre più usati nel registro medio.
In altre parole, gli atoni sono molto usati non tanto, o non solo,
perché siano scelti di per sé, quanto perché la loro comparsa è
effetto di scelte di altro livello, sintattico e lessicale.

Ora, è noto che un'alta frequenza d'uso provoca usura delle
forme linguistiche, che perdono di valore indebolendosi semanticamente. Così nel caso delle forme toniche per esempio i dimo-

lare per la possibilità di contrasto fra il genere dell'interlocutore e il femminile
morfologico di «Lei» (con referenti maschili l'accordo sui costituenti nominali
tende ad essere maschile: *Lei non è sincero* — da Serianni 1988: 226 —, mentre resta femminile con pronomi atoni — *La vedo stanco*). Inoltre la forma di
cortesia richiede che gli imperativi siano sostituiti da congiuntivi, forme notoriamente difficili per i parlanti incolti. Viceversa «tu» può essere favorito dalla
sua frequenza d'uso, nella conversazione informale, anche come impersonale (e
si ricordi che il medesimo «tu» impersonale, ove si scelga al «Lei» per l'interlocutore, dovrebbe o essere evitato o essere convertito anch'esso in «Lei»).
Infine si pensi a forme verbali come *senti, vedi, guarda* e simili, che inclinano
allo statuto di particelle di discorso e come tali tendono a divenire invariabili,
allargando di fatto i contesti d'uso di «tu».

strativi usati come pronomi (e come articoli: cfr. § 3.4) si indeboliscono perdendo il valore deittico forte, ripetendo l'inizio del ciclo storico che già ha portato alla formazione degli attuali articoli e pronomi atoni. Per i pronomi atoni, che già sono forme deboli, il fenomeno di usura è più avanzato. Quando sono usati obbligatoriamente con i verbi pronominali, benché mantengano il comportamento sintattico di morfemi semiliberi, divengono funzionalmente mere parti di parola. Gli stessi pronomi poi, usati per riprendere sul verbo elementi nominali dislocati, sembrano fungere da marca di accordo fra il verbo stesso e i nominali, e secondariamente da marca di caso di questi ultimi (nel citato *la parola alla gente bisogna darla subito* il clitico *-la* 'lega' il verbo *dare* al suo oggetto *la parola*, assegnandogli caso accusativo; in *non dirglielo alla nonna* analogamente *-glie-* lega *dire* a *alla nonna*, risegnalandone il caso dativo); in altre parole, sembrano acquisire lo statuto di morfemi verbali, perdendo il già debole statuto pronominale. Abbiamo così in italiano tracce, forse le prime tracce, di quella 'coniugazione oggettiva', o meglio polipersonale (perché il verbo avrebbe accordo di persona non solo col soggetto ma con più suoi complementi, cfr. Anderson 1985: 195-96), di cui si è molto discusso a proposito anche di altre lingue romanze (cfr. Berretta 1989, in stampa e bibliografia ivi citata, cui va aggiunto almeno Koch, in stampa).

Passando a questioni di paradigma e forme, sempre a proposito delle III persone, è da citare anzitutto la nota tendenza ad estendere la forma *gli* (m. s.) anche al plurale e al femminile, allargando a tutti i dativi la neutralizzazione di genere e numero che già compare nella forma legata *glie-*. Di fatto *gli* quale dativo plurale è la forma normale nel parlato di persone colte, mentre lo pseudoclitico *loro* è praticamente assente dall'uso medio (malgrado esempi citati in Serianni 1986: 58); talvolta però entrambe le forme sono evitate ricorrendo alla forma tonica *a loro*. L'estensione di *gli* al femminile singolare è meno frequente (p. es. in conversazioni informali tra studenti universitari si trovano sia *gli* che *le: ma tu sei matta + gli ho detto*; *a lei ha chiesto Galileo [...] però le ha dato ventisette*) e più marcata come bassa in diafasia/diastratia; in particolare nell'uso del «Lei» di II di cortesia viene mantenuta di norma la forma dativa *le*.

Il citato *gli* tende ad essere esteso anche a cose, a scapito di

ci (forse per ipercorrettismo; es.: *quello è l'ospedale oftalmico?
non glielo manderei, tuo papà* [conv. inf.]) [34], con ulteriore perdita di opposizione fra referenti personali e non. Effetto analogo nel sistema ha il fenomeno più noto, tipico delle varietà diastratiche basse, di estensione della particella *ci* a scapito di *gli*, come dativo sing. e pl., masch. e femm. (es.: *pagarci i studi alla figlia* [35] [Rovere 1977: 127]).

Per la III persona usata come II di cortesia, come si è detto, è ben vivo il dativo atono *le*, cui fanno concorrenza, in varietà basse, sia *gli* (*prenda quello che gli piace* [p. incolta]) che *ci* (solo popolare: *senta, volevo chiederci un piacere* [p. incolto]).

Fra le estensioni di valore di singole forme nei paradigmi pronominali, e quindi ancora a proposito della semplificazione di questi ultimi, va citato anche il caso del riflessivo di III persona *si* (si noti, già privo di opposizioni di numero e genere), che in varietà diastratiche basse tende ad essere usato anche per la I persona plurale, in luogo di *ci*. Questa sovraestensione pare favorita quando il riflessivo occorre con il verbo all'infinito (p. es.: *se domani abbiamo un momento per vedersi* [conv. inf.]), contesto in cui il pronome è più legato e più facilmente si opacizza a parte di parola [36].

Ancora a proposito delle III persone atone va citata infine la scomparsa dall'uso medio di *vi* locativo, sostituito in tutto da *ci*. Anche *ne* locativo compare solo legato a verbi (come *andarsene*) e quindi si può dire scompaia come forma pronominale; lo stesso *ne* nell'uso genitivale possessivo è raro nel parlato (ma per i valori ed usi di *ne*, che sono particolarmente complicati, cfr. Cordin 1988 e Serianni 1988: 217). Malgrado la sua alta frequenza anche la particella *ci* ha uno statuto dubbio, nel senso che

---

[34] Sul conflitto *gli/ci* alla III persona, e sulle sue implicazioni sull'intero sistema dei pronomi atoni, cfr. Berretta 1985b e la bibliografia ivi citata: l'uso di *gli* è un problema assai discusso in italianistica.

[35] Si noti in quest'esempio la forma dell'articolo in *i studi*: la riduzione dell'allomorfia dell'articolo determinativo, con allargamento dei contesti d'uso delle forme *il* e *i* a sfavore di *lo* e *gli*, è un tratto tipico della varietà popolare, ma solo di questa.

[36] Il fenomeno è frequente sia in dialetti italiani che in altre lingue romanze: Wunderli 1989 lo spiega come generalizzazione della forma non marcata del paradigma, con interpretazione analoga a quella qui avanzata per i casi simili di *gli* e *suo*.

molto spesso compare legata a verbi: *esserci* (in particolare la formula *c'è*), *volerci* "essere necessario", *averci* "avere [non ausiliare]", *entrarci* "essere pertinente", *vederci*, *sentirci*, e affini. Su questi verbi la particella, come il *ne* di *andarsene*, è congelata in un'unità lessicale nuova, e anche se mantiene il suo normale comportamento sintattico (salvo in *entrarci*, che è in realtà ormai *c-entrare*: cfr. *deve c'entrare* e simili, anche nel parlato di persone colte), ha funzione più di affisso derivativo che di particella pronominale.

Riassumendo, i punti centrali di ristrutturazione del paradigma degli atoni sono l'allargamento d'uso di *gli*, la perdita di *vi* locativo e di alcuni usi di *ne*; ma più importante è il progressivo scivolare dell'intero paradigma verso uno statuto di morfemi più legati al verbo. Quest'ultimo movimento era di fatto iniziato già con la tendenza dei pronomi deboli a fissarsi in posizione adverbale, forse in fase tardolatina prima che romanza (Durante 1981: 61). Anche le apparenti innovazioni formali hanno radici lontane: *gli* plurale e femminile era già nell'italiano antico, e i dialetti italiani mostrano in genere un sistema pronominale atono con una forma unica per tutti i dativi (come per i possessivi di III). L'allargamento d'uso di *gli*, la perdita di *vi* locativo e di *ne* pure locativo vanno ricondotti, in termini generali, all'alto grado di marcatezza dell'intero paradigma atono e in particolare delle forme oblique, forme che costituiscono per così dire un 'lusso' nel sistema.

3.3.3. La fragilità della categoria di numero che abbiamo evidenziato nei casi marcati del paradigma atono trova conferma nel paradigma dei possessivi. Troviamo infatti un'altra neutralizzazione fra singolare e plurale nei pronomi e aggettivi possessivi, dove nel parlato popolare (ma solo in questo, con rare occorrenze nel parlato trascurato di persone colte) *suo* viene usato anche al plurale: *nessuno le chiama col suo nome* (detto di prugne, al mercato; p. incolta); *io in casa mia e loro in casa sua* (Rovere 1977: 162). Anche in questo caso l'allargamento s'appoggia su analoghi sistemi dialettali ed è un fenomeno antico, che continua forse lo stesso sistema latino.

I genitivi possessivi hanno anche una costruzione enfatica, con il possessore (nominale o pronominale) al primo posto, in posizione topicale, e il posseduto marcato dal normale aggettivo: è la struttura tipicamente popolare del tipo *io la mia mania sono i vetri* (conv. inf., parlante incolta), di cui — come delle strutture a topic in genere — non mancano attestazioni nella lingua letteraria (*io la mia patria or è dove si vive* [Pascoli, *Romagna*]) e nel parlato colto.

Quest'ultima costruzione, peraltro poco frequente, è dovuta all'esigenza di portare a topic l'elemento tematico, che appunto spesso coincide col possessore (in particolare se umano): è la medesima tendenza generale che produce dislocazioni a sinistra e 'temi liberi'. È del tutto improbabile che si diffonda e si grammaticalizzi (cfr. sull'argomento Berretta, in stampa: § 4), anche perché in molti casi è a disposizione nel sistema la costruzione alternativa col possessore costruito come dativo etico e collocabile al primo posto senza effetto di anacoluto (es.: *a noi hanno rubato la macchina*).

3.3.4. Fra i paradigmi pronominali dell'italiano merita attenzione, oltre al paradigma personale, anche quello dei relativi, che è assai complesso per quantità di tipi diversi in concorrenza e per distribuzione sociolinguistica (cfr. sull'argomento Bernini 1989 e 1991; Berruto 1987: 128-34; Cinque 1988; Giacalone Ramat 1982; anche Lehmann 1984 per una rassegna tipologica generale). Dedicheremo qui un certo spazio a questo tema, che pure è in sovrapposizione con il livello sintattico (cfr. infatti in questo volume il saggio di P. Benincà), in virtù dell'interesse dell'argomento e del suo carattere esemplare delle tendenze di sviluppo della morfologia dell'italiano.

Nell'italiano contemporaneo convivono due strategie di base per la formazione della relativa: l'uso di *che* non flesso per tutti i casi, che corrisponde alla tendenza più nota delle varietà basse (*che* 'polivalente' dell'italiano popolare), e l'uso invece del paradigma standard con *che* e, nei casi diversi dal soggetto e dall'oggetto, *cui* preceduto da preposizione (*di cui, a cui*, ecc.). Con l'uso di *che* non flesso si perde l'espressione del caso del relativo, e tende anche a perdersi la caratterizzazione del pronome relativo in quanto tale (il *che* sfuma di valore verso una marca generica di subordinazione). Ma accanto sia al relativo flesso che a *che* non flesso, e marginalmente anche a fianco delle forme de *il quale*, sono disponibili, come strategia ulteriore, i pronomi atoni, che riprendono sul verbo il relativo segnalandone il caso — sostitutivamente, se a fianco di *che* non flesso, ulteriormente se a fianco dei relativi flessi.

Abbiamo quindi quattro possibilità principali di realizzazione del relativo, che elenchiamo qui di seguito con qualche esempio:

a) *che* invariabile senza ulteriori marche, con perdita delle opposizioni di caso; ess.: *c'era il san Giuseppe, che però le donne non potevano entrare* (conv. inf.); *c'era un treno che si è rotto il locomotore* (conv. inf.); *è un fabbricato che il proprietario è il comune di Roma* (RTre, 22.12.89);

b) *che* invariabile più clitici di ripresa, con codificazione separata della dipendenza (*che*) e del caso (clitici); ess.: *è una prassi che l'hanno seguita anche a Economia* (p. semif.); *è una cosa che ci tengo molto* (conv. inf.);

c) *che/di cui/a cui*, ecc., o più raramente *il quale/del quale/al quale*, ecc. [37], con codificazione sullo stesso elemento e della dipendenza sintattica e del caso (tranne, si noti, l'opposizione soggetto/oggetto diretto, neutralizzata nella forma *che*): è il tipo standard, che non richiede qui esemplificazione;

d) infine troviamo la somma dei paradigmi standard e dei clitici di ripresa, con doppia codificazione del caso (e recupero dell'opposizione soggetto/oggetto). Ess.: *F., che da tempo era impegnato a seguire l'intenso lavoro della Commissione rifugi di cui ne era direttore, aveva 35 anni* (testo di commemorazione, in «Monti e Valli» [C.A.I. Torino], dic. 1991: 3); *arriveremo all'Ottocento italiano, di cui sfortunatamente ne parliamo poco* (RTre, 3.9.92). Doppia codificazione emerge anche, sia pure marginalmente, con il paradigma de *il quale* e i clitici di ripresa: p. es. *è un segnale politico, del quale bisogna tenerne conto* (discorso politico, GRTre, 16.5.91).

La scissione dei due valori del pronome relativo, subordinatore e marca dell'elemento relativizzato (come per esempio nel caso b), permette anche di mantenere l'ordine normale dei costi-

---

[37] Va detto che il paradigma di *il quale* è piuttosto marginale, marcato come forma 'alta'. Non è usato nel parlato conversazionale (p. es., se ne è rilevata una sola occorrenza, in dieci ore di conversazione tra studenti), mentre emerge abbastanza spesso nel monologo espositivo, al cui ritmo lento è molto adatto, e nello scritto.

tuenti di frase, altrimenti potenzialmente sovvertito dalla posizione iniziale obbligatoria del relativo stesso.

Altre strategie analitiche di marcatura del caso, assimilabili al tipo b) per struttura, sono la resa del genitivo possessivo con *che* + *suo* (*io ho un'amica che sua figlia è effettivamente finita nell'armadio* [intervista, GRTre, 4.11.91]) e di casi obliqui con *che* + avverbi (cumulabili con i clitici; p. es.: *una parte, che non ci ho più messo le mani dentro* [conv. inf.]). Marginali (e assai marcate in diastratia/diafasia) sono le riprese di *che* soggetto con un pronome tonico (es.: *c'era un giocatore che si chiamava Cesarini, che lui all'ultimo minuto faceva sempre goal* [conv. inf.]; anche con dimostrativi: *c'è una signora nel paese, che questa li vende* [funghi; conv. inf.]). Una forma potenzialmente concorrente di *che* non flesso, del tipo a), è costituita dal relativo locativo *dove* sovraesteso a casi diversi, specie temporali (es.: *in una giornata dove la temperatura era improvvisamente salita* [«La Stampa», 18.2.92]); ma si tratta di una forma non molto frequente.

L'emergere dei diversi tipi elencati è determinato da un delicato intreccio di fattori sociolinguistici e linguistici. Ovviamente, ha un forte peso la varietà di lingua: i tipi con solo *che* (a) e con *che* più clitici (b) sono tipici dell'italiano degli incolti e del parlato colloquiale; il tipo standard (c) col pronome relativo flesso compare nello scritto, nel parlato più sorvegliato e in genere presso parlanti colti, ed è tuttora (col tipo *che/cui*) la forma più frequente e sociolinguisticamente meno marcata; il paradigma (d) con doppia marcatura di caso, sul relativo e con i clitici, emerge (quasi) solo nel parlato — formale e non — di soggetti colti.

Ma un ruolo importante nella selezione della forma del relativo è svolto da variabili specificamente linguistiche. Anzitutto, il tipo di relativa: la restrittiva favorisce tipi standard, mentre l'appositiva, assieme a varie strutture pseudorelative (*c'è... che* presentativo; frasi scisse e pseudoscisse; il sintagma *quello che*), favorisce tipi non standard. In altre parole le relative sintatticamente più coese preferiscono il pronome relativo vero e proprio, quelle meno coese alla principale accettano meglio uno statuto di dipendente generica. In secondo luogo, all'interno dei tipi non standard è rilevante il caso sintattico del relativo: la ripresa con clitici è più frequente all'accusativo e al dativo, mentre scendendo a ruoli sintattici di rango più basso diviene più probabile il solo *che* non flesso (si rivedano gli esempi citati sopra al punto a).

Importante è anche il predicato contenuto nella frase relativa, poiché alcuni verbi sembrano trascinare con sé il clitico per solidarietà sintagmatica, quasi costituissero con esso un'unica entrata lessicale: si rivedano, negli esempi citati, i casi di *tenerci, parlarne, tenerne conto* (e si ricordi quanto si è detto sopra, in 3.3.2, a proposito di pronomi atoni 'congelati' su verbi). Infine, la ripresa è più frequente quando fra il relativo e il verbo si frappone altro materiale linguistico, con eventuali confini strutturali nel caso di estrazione della relativa da un nucleo frasale dipendente; p. es.: *è un bambino che adesso avevano cercato di mandarlo all'asilo* (monologo: relazione di seminario).

Riassumendo, abbiamo dunque senz'altro nell'italiano contemporaneo una tendenza a semplificare il paradigma dei pronomi relativi sull'unica forma *che*, con valore piuttosto di subordinatore generico che non di pronome relativo [38] (si noti infatti che, dal punto di vista formale, questo *che* non è marcato da preposizioni, il che è un forte indizio della sua perdita dello statuto di forma [pro]nominale). Tuttavia questa tendenziale semplificazione è riequilibrata dall'emergere dei pronomi di ripresa, che esplicitano linguisticamente il caso del relativo, altrimenti neutralizzato: che vi sia una certa spinta a marcare il caso sembra mostrato dalla maggiore frequenza, citata sopra, del clitico di ripresa nei casi di rango alto (si ricordi che il pronome relativo occorre obbligatoriamente all'inizio della frase, il che faciliterebbe in assenza di altri segnali una sua interpretazione come soggetto); casi di rango basso sono più facilmente identificabili in base al contesto e all'enciclopedia (o, più precisamente: ai tratti semantici della testa nominale).

Naturalmente questa presenza dei pronomi atoni nelle relative va collegata al fenomeno generale, già citato, del loro forte legame col verbo e della loro alta frequenza globale; ma l'effetto specifico che essi hanno sul paradigma dei relativi è analogo a quel-

---

[38] Per Cinque (1988: 463-65) tutti i *che* che introducono relative non sono veri pronomi relativi, bensì congiunzioni; per la forma standard — vista nel suo paradigma, *che/cui* — mi sembra migliore la classificazione tradizionale, mentre il passaggio di categoria, da pronome a congiunzione, è evidente per *che* non flesso.

lo che andiamo evidenziando in più punti di questa rassegna: una struttura fortemente analitica, più o meno innovativa, tende a sostituire una forma più sintetica, con potenziale guadagno in trasparenza e allontanamento dal tipo morfologico flessivo.

3.4. Altri fenomeni: tra morfologia e sintassi

In vari punti si è già fatto cenno a fenomeni di confine tra morfologia e sintassi, fra cui l'accordo e le marche di definitezza, a cui dedichiamo qui qualche parola specifica, aggiungendovi un terzo argomento, l'accusativo preposizionale.

Nell'ambito degli accordi la generale tendenza a far prevalere la semantica sulla morfosintassi produce i noti fenomeni di concordanza a senso, in genere al plurale con riferimento ad un nominale formalmente singolare o indefinito. Nei sintagmi nominali il fenomeno è (quasi) solo popolare: *qualche parole* (conv. inf.); *nessune parti* (Rovere 1977: 107); più diffuso è invece l'accordo a senso fra soggetto e verbo (*la gente camminavano tutti piano* [RTre, PP, 25.5.83]), particolarmente frequente quando do vi sia un quantificatore morfologicamente singolare che modifica un plurale: *la metà di, la maggioranza di,* e simili: in questi casi anche nello scritto il verbo può essere al plurale. Il prevalere della semantica si fa più forte allontanandosi dall'antecedente: riprese transfrastiche a senso sono assai diffuse (*c'è gente del paese [...] questi vanno a colpo sicuro; se c'era poca gente che si laureava, li riunivano con quelli di economia* [conv. inf.]) [39].

Di natura analoga all'accordo a senso è il mancato accordo del verbo con soggetti posposti: questi ultimi hanno natura rematica, ovvero non hanno statuto pieno di soggetti a livello semantico. Questo fenomeno, anch'esso di antica tradizione nell'italiano e in alcuni dialetti (Durante 1981: 124-26), è meno diffuso del

---

[39] Analogamente, in relative riferite a nominali che a loro volta rinviano a I o II persone, l'accordo del verbo vien fatto talvolta in base al soggetto logico: *perché signora io sono una di quelle classiche persone italiane che vivo con la pensione* (RTre, PP, 31.6.82). Nei testi orali da accordi a senso si sfuma in fenomeni di deissi all'universo di discorso, con pronomi apparentemente senza antecedente (es.: *Ma fanno una chiamata, vedrai. Se lo trovano* [conv. inf. tra docenti universitari: *lo* vale "un candidato (alla chiamata)"].

precedente: è frequente solo nella varietà bassa settentrionale (ess.: *qui ci vorrebbe i guanti, è uscito l'estate* [conv. inf., p. incolti]), con sporadiche comparse nel parlato semiformale (*qui ci vuole degli enti esterni che siano interessati* [p. semif.]). Con la formula quasi fissa *c'è/c'era* tuttavia si riscontrano nel parlato colloquiale casi di assenza di accordo senza restrizioni diastratiche: *non c'è tante bestie, ce n'è tantissimi altri*, sempre nella conv. inf. di persone colte; *c'è tanti eroi* (pres. dell'Ordine dei medici, interv. al GRTre, 6.2.92), e perfino nello scritto: *non c'è Ande che tengano* (Mila: 150).

Ancora fra morfologia e sintassi si colloca la tendenza a sostituire l'articolo determinativo con forme più enfatiche, in particolare con il dimostrativo *quello* davanti a nomi modificati da relative (anche *questo*, ma con valore anaforico, per rinvii a elementi già citati, ovvero con mantenimento di un valore di "vicinanza")[40] o con la formula *quello che è* + nome. In questi contesti *quello* si riduce a semplice marca di definitezza, perdendo il valore di dimostrativo, mentre il sintagma *quello che è* sembra avere un lieve valore di quantificatore generico: "l'insieme di / tutto". Ess.: *per quei lavoratori del settore privato che ne abbiano fatto domanda* (GRTre, 29.9.92); *vogliamo con Lei ripercorrere un attimo quella che è la Sua storia* (RTre, conduttore di trasmissione musicale rivolto all'ospite, 10.9.92); *ha parlato di sé come laica in contrapposizione a quelli che sono i cattolici* (RTre, PP, 16.10.82). Il fenomeno non ha restrizioni diafasiche né diamesiche, anche se sembra più frequente nei testi monologici argomentativi, a cui forme enfatiche ben si confanno (es.: *bisogna avere la possibilità di mandare in pensione quei ministri, quei deputati che arrampicandosi sugli specchi ci vogliono far credere che le spese militari sono indispensabili* [RTre, PP, 25.5.83]). Nella varietà colloquiale la sostituzione dell'articolo *il* con *quello* avviene anche in contesti con *di* partitivo, dove non

---

[40] Più raro di *quello* in funzione non anaforica è *questo*, che suona come deittico all'universo di discorso o anche come un deittico 'egocentrico', legato cioè alle conoscenze del parlante (in ogni caso, sempre con valore di "vicinanza" e non di sola definitezza): cfr. *questo signore che ha la casa lì* (conv. inf., vedi qui nota 30), dove *questo* non è anaforico (il referente non era stato introdotto nel discorso precedente) ma equivale a un semplice *il* che anticipi la specificazione data dalla relativa.

c'è valore di definitezza né di deissi; il dimostrativo segnala qui enfasi (es.: *ho fatto di quegli errori così mongoli!* "ho fatto (degli) errori così stupidi" [conv. inf., stud. liceale]).

Infine, ai margini della morfologia, è da citare l'accusativo preposizionale, forma che ha una diffusione maggiore di quanto normalmente si giudichi. Si tratta di un costrutto noto per le varietà centro-meridionali e insulari, ma usato anche nella varietà settentrionale per oggetti topicali, soprattutto pronomi deittici, in posizione preverbale, e più spesso con verbi psicologici. Il fenomeno è più frequente nel parlato, senza restrizioni diastratiche (es.: *a me quelle carte non convincono* [conv. inf.] e simili), ma si ritrova anche nello scritto: *a voi fa ridere uno che dice [...]* (G. Bocca in «la Repubblica», 8.9.89): *A lui [...] questa conclusione lo spiazzò* (ivi, 15.5.92: 37); *a me l'abolizione del glorioso cappello alpino non mi riesce a commuovere* (Mila: 415; cfr. Berretta 1989, Zamboni 1991, e la bibliografia ivi citata). Si tratta di una forma incipiente di marcatura differenziale dell'oggetto (Bossong 1991), cioè di una marca che segnala come accusativi elementi che più spesso emergono nel discorso come soggetti e quindi richiedono marcatura esplicita quando emergono in un caso per essi inusuale (si noti appunto la frequenza maggiore con pronomi di I e II persona, in posizione topicale); è inutile dire che il fatto che la marca formalmente sia analitica non è pertinente a giudicarne la funzione. L'accusativo preposizionale costituisce un potenziale arricchimento della morfologia dell'italiano, che risponde, assieme all'uso dei clitici di ripresa nelle strutture dislocate e nelle relative, ad una rinnovata tendenza a segnalare morfologicamente l'oggetto (per la quale cfr. anche La Fauci 1988: 116).

4. Conclusioni

Vediamo ora di commentare globalmente quanto è emerso nei paragrafi precedenti a proposito degli sviluppi già in atto, o prevedibili, nella morfologia dell'italiano. Nel formulare previsioni possiamo far ricorso a criteri tipologici e a gerarchie di marcatezza: sono da considerare più probabili i fenomeni evolutivi che sono più frequenti nelle lingue del mondo e quelli che danno luogo a caratteristiche non marcate (basiche, più 'naturali'; sul mutamento linguistico e la sua prevedibilità, appunto in questa direzione, cfr., fra gli altri, Giacalone Ramat 1985, 1989; Lazzeroni 1989, 1990; Vennemann 1989). Ma è anche importante un criterio di coerenza diacronica, ovvero la coerenza che ogni nuova caratteristica (o nuova configurazione di caratteristiche) ha con il trend di sviluppo della lingua, quale si ricava sia dalla storia della singola lingua che delle altre lingue ad essa vicine: nel nostro caso, dialetti e altre lingue romanze.

A livello di forme e paradigmi singoli abbiamo visto una chiara tendenza al conguaglio analogico, che non fa che proseguire quella regolarizzazione e semplificazione che già ha agito nella storia dell'italiano: in singoli punti del sistema, come nei vari casi che interessano i pronomi (*lui/lei* soggetti, *gli* dativo), o i comparativi e i superlativi, sembra che la tendenza abbia successo. Non si vedono tuttavia in atto grandi mutamenti di forme, quale sarebbe per esempio l'abbandono dell'allomorfia data dalle classi flessionali nominali e verbali; in altre parole, i tipi *geometro* e *moglia* non paiono avere probabilità di successo (almeno nell'attuale situazione sociolinguistica: in uno scenario da '*the day after*' la prognosi sarebbe ben diversa). Casi macroscopici quali sono avvenuti in passato, come il passaggio da -*a* ad -*o* nella I singolare dell'imperfetto (*amav-a* > *amav-o*, sulla base di *am-o*) non sembrano prevedibili; d'altra parte neppure esiste nella morfologia dell'italiano moderno quella ricchezza di forme alternative che ha caratterizzato l'italiano antico ed ha richiesto appunto la successiva sistematizzazione. In sostanza, il mutamento di forme in atto mostra continuità e coerenza con la storia precedente della lingua, ma sembra di scarso peso sull'insieme della morfologia.

Più importanti sembrano gli spostamenti di valore di intere categorie, come gli usi modali dell'imperfetto e del futuro e per converso la riduzione del paradigma standard di categorie temporali e modali, con allargamento dei contesti d'uso dei paradigmi centrali: l'indicativo in generale e di esso il presente, il passato prossimo e l'imperfetto. Qui l'impressione è che vi sia effettivamente una tendenza alla semplificazione del sistema, con un progressivo concentrarsi della frequenza d'uso su poche forme centrali e progressiva emarginazione delle altre (anche se è ben

possibile che le forme collaterali sopravvivano nei registri alti).
Ciò che è chiaro da un punto di vista generale, e che accomuna
i conguagli formali citati sopra alla semplificazione del sistema
verbale, è l'agire di gerarchie di marcatezza: la perdita di opposizioni va a colpire le aree più marcate del sistema, e le forme e
categorie meno marcate sostituiscono quelle più marcate (cfr.
Mayerthaler 1981; Croft 1990: cap. 4 e in genere la bibliografia
sulla marcatezza, a partire da R. Jakobson).

Più difficile è dire se siano parimenti mutamenti 'non marcati' i casi di vera innovazione che abbiamo delineato, il possibile
evolvere dei clitici adverbali in marche di accordo del verbo con
l'oggetto e altri suoi complementi, il diffondersi di un nuovo tipo
di relativa introdotto da un *che* congiunzione subordinante con
eventuale marca sul verbo, sempre tramite pronome, del caso
dell'elemento relativizzato, ed il rinascere di una marcatura (differenziale) dell'oggetto tramite preposizione.

Nell'insieme, si tratta di arricchimenti della morfologia, ed in
particolare della sua componente analitica. Nel caso della relativa con *che* + clitico si tratterebbe della sostituzione di un tipo
flessivo indoeuropeo con una forma appunto analitica, il che è
del tutto coerente col trend romanzo; se l'esito fosse nel semplice *che* non flesso, senza segnacaso, si tratterebbe non di un mutamento in qualche modo conservativo, ma di una vera e propria
perdita della codificazione di una categoria. L'evolvere dei clitici in marche d'accordo è di per sé un processo noto in linguistica storica[41], anche se il possibile risultato, una coniugazione polipersonale, sarebbe un esito 'complessificante', e come tale marcato; d'altra parte la nuova morfologia costituirebbe il pendant
morfologico della libertà sintattica di cui gode l'italiano, talché si
ricreerebbe, pur con una morfologia diversa nella forma e nel
punto d'attacco (verbo anziché nome)[42], una situazione equilibra-

[41] La previsione qui avanzata per l'italiano non è tuttavia condivisa da alcuni autori: in generale chi enfatizza le caratteristiche formali dei pronomi atoni
invece che la funzione ne rifiuta lo statuto di affissi verbali. Ad esempio Renzi
(1989, e altrove) considera la relativa libertà sintattica dei clitici (risalite facol-
tative con alcuni complessi verbali dati da un reggente ed un infinito; posizione libera negli imperativi negativi) come una «profilassi» al loro evolvere in
affissi verbali.
[42] Lo spostamento di marche da elementi dipendenti alla loro testa sintattica (qui il verbo) rappresenta tuttavia, almeno secondo i dati comparativi e l'opi-

ta simile a quella di una lingua con marche di caso e senza ordine fisso dei costituenti. L'ultimo fenomeno, l'accusativo preposizionale come marcatura differenziale dell'oggetto, risponde ai medesimi criteri generali: la nuova marca si costruisce da un morfema semilibero (la preposizione *a*) che si grammaticalizza perdendo in specificità semantica e ampliando i suoi contesti d'uso, e risponde a una funzione sintattica, l'esplicita marcatura di oggetti atipici; l'esito è ancora una complessificazione, ma il tipo di fenomeno è ben noto e diffuso nelle lingue del mondo, lingue romanze incluse.

Riassumendo, la morfologia dell'italiano è sottoposta simultaneamente da un lato a tendenze di semplificazione, più evidenti, e sul cui statuto di mutamenti non marcati non vi sono dubbi, dall'altro a pressioni complessificanti, sulla cui natura e sulla cui prognosi il giudizio è più difficile, ma che possono essere meglio comprese se viste sullo sfondo di un equilibrio generale del sistema di sintassi e morfologia, e che d'altronde ben si inseriscono nello sviluppo generale sia della nostra lingua che delle altre lingue romanze.

Bibliografia

Ahlqvist, A. (a c. di) (1982), *Papers from the 5th International Conference on Historical Linguistics*, Benjamins, Amsterdam-Philadelphia.
Anderson, S.R. (1985), *Inflectional morphology*, in Shopen 1985: 150-201.
Anderson, S.R.-Keenan, E.L. (1985), *Deixis*, in Shopen 1985: 259-308.
Bauer, L. (1988), *Introducing Linguistic Morphology*, Edinburgh University Press, Edinburgh.
Bazzanella, C. (1990), *'Modal' uses of the Italian «indicativo imperfetto» in a pragmatic perspective*, in «Journal of Pragmatics», 14/3: 439-57.
Bazzanella, C. (1991), *Il passivo nella produzione scritta e orale: forme e funzioni*, in Lavinio-Sobrero 1991: 189-212.
Benincà, P. *et. al.* (a c. di) (1983), *Scritti linguistici in onore di Giovan Battista Pellegrini*, Pacini, Pisa.

nione di Nichols 1986, un'evoluzione verso un tipo non marcato — anche se ovviamente esotico ai nostri occhi abituati alle lingue indoeuropee, che riconoscono al solo soggetto possibilità di ripresa sul verbo.

Benincà, P.-Salvi, G.-Frison, L. (1988), *L'ordine dei costituenti della frase e le costruzioni marcate*, in Renzi 1988: 115-225.

Bernini, G. (1989), *Tipologia delle frasi relative italiane e romanze*, in Foresti-Rizzi-Benedini 1989: 85-98.

Bernini, G. (1991), *Frasi relative nel parlato colloquiale*, in Lavinio-Sobrero 1991: 165-87.

Berretta, M. (1985a), *I pronomi clitici nell'italiano parlato*, in Holtus-Radtke 1985: 185-224.

Berretta, M. (1985b), *'Ci' vs. 'gli': un microsistema in crisi?*, in Franchi De Bellis-Savoia 1985: 117-33.

Berretta, M. (1989), *Tracce di coniugazione oggettiva in italiano*, in Foresti-Rizzi-Benedini 1989: 125-50.

Berretta, M. (1991), *Parliamo del nostro futuro*, in «Italiano e Oltre», 6/3: 135-40.

Berretta, M. (1992), *Sul sistema di tempo, aspetto e modo nell'italiano contemporaneo*, in Moretti-Petrini-Bianconi 1992: 135-53.

Berretta, M. (1993), *Il futuro italiano nella varietà nativa colloquiale e nelle varietà di apprendimento*, in «Zeitschrift für romanische Philologie», 109.

Berretta, M. (in stampa), *Correlazioni tipologiche fra tratti morfosintattici dell'italiano 'neo-standard'*, in Holtus-Radtke in stampa.

Berretta, M.-Molinelli, P.-Valentini, A. (a c. di) (1990), *Parallela 4. Morfologia/Morphologie*, Atti del V Incontro italo-austriaco della Società di Linguistica Italiana, Narr, Tübingen.

Berruto, G. (1983), *L'italiano popolare e la semplificazione linguistica*, in «Vox Romanica», 42: 38-79.

Berruto, G. (1985), *"Dislocazioni a sinistra" e "grammatica" dell'italiano parlato*, in Franchi De Bellis-Savoia 1985: 59-82.

Berruto, G. (1987), *Sociolinguistica dell'italiano contemporaneo*, La Nuova Italia Scientifica, Roma.

Berruto, G. (1990), *Italiano «terra nunc cognita»? Sulle nuove grammatiche dell'italiano*, in «Rivista italiana di dialettologia», 14: 157-175.

Bertinetto, P.M. (1986), *Tempo, aspetto e azione del verbo italiano. Il sistema dell'indicativo*, Accademia della Crusca, Firenze.

Bertinetto, P.M. (1987), *Structure and origin of the 'narrative' imperfect*, in Giacalone Ramat-Carruba-Bernini 1987: 71-85.

Bertinetto, P.M. (1990), *Le perifrasi verbali italiane: saggio di analisi descrittiva e contrastiva*, in «Quaderni Patavini di Linguistica», 8-9: 27-64.

Bertinetto, P.M. (1991), *Il verbo*, in Renzi-Salvi 1991: 13-161.

Bossong, G. (1991), *Differential object marking in Romance and beyond*, in Wanner-Kibbee 1991: 143-70.

Bozzone Costa, R. (1991a), *Tratti substandard nell'italiano di giovani adulti*, in Lavinio-Sobrero 1991: 123-63.

Bozzone Costa, R. (1991b), *L'espressione della modalità non fattuale nell'italiano parlato colloquiale*, in «Quaderni del Dipartimento di

Linguistica e Letterature Comparate» (Università di Bergamo), 7: 25-73.

Brasca, L.-Zambelli, M.L. (a c. di) (1992), *Grammatica del parlare e dell'ascoltare a scuola*, Atti del V Convegno nazionale GISCEL, La Nuova Italia, Firenze.

Bybee, J.L. (1985), *Morphology. A Study of the Relation between Meaning and Form*, Benjamins, Amsterdam-Philadelphia.

Carstairs-McCarthy, A. (1992), *Current Morphology*, Routledge, London-New York.

Cinque, G. (1988), *La frase relativa*, in Renzi 1988: 443-503.

Comrie, B. (1981 [1989²]), *Language Universals and Linguistic Typology. Syntax and Morphology*, Blackwell, Oxford; trad. it. *Universali del linguaggio e tipologia linguistica*, Il Mulino, Bologna 1983.

Corbett, G. (1991), *Gender*, Cambridge University Press, Cambridge.

Cordin, P. (1988), *Il clitico "ne"*, in Renzi 1988: 635-41.

Coseriu, E. (1976), *Das romanische Verbalsystem*, Narr, Tübingen.

Coveri, L. (a c. di) (1984), *Linguistica testuale*, Atti del XV Congresso della SLI (Genova-S. Margherita Ligure, 8-10 maggio 1981), Bulzoni, Roma.

Croft, W. (1990), *Typology and Universals*, Cambridge University Press, Cambridge.

D'Achille, P. (1990), *Sintassi del parlato e tradizione scritta della lingua italiana. Analisi di testi dalle origini al secolo XVIII*, Bonacci, Roma.

Dardano, M.-Trifone, P. (1985), *La lingua italiana*, Zanichelli, Bologna.

Dittmar, N.-Schlieben Lange, B. (a c. di) (1982), *Die Soziolinguistik in romanischsprachigen Ländern / La sociolinguistique dans les pays de langue romane*, Narr, Tübingen.

Dressler, W.U. (1985), *Morphonology: The Dynamics of Derivation*, Karoma, Ann Arbor.

Dressler, W.U.-Mayerthaler, W.-Panagl, O.-Wurzel, W.U. (1987), *Leitmotifs in Natural Morphology*, Benjamins, Amsterdam-Philadelphia.

Durante, M. (1981), *Dal latino all'italiano moderno. Saggio di storia linguistica e culturale*, Zanichelli, Bologna.

Duranti, A. (1984), *The social meaning of subject pronouns in Italian conversation*, in «Text», 4/4: 277-311.

Duranti, A.-Ochs, E. (1979), *Left-dislocation in Italian conversation*, in Givón 1979: 377-416.

Fisiak, J. (a c. di) (1985), *Papers from the 6th International Conference on Historical Linguistics*, Benjamins, Amsterdam-Philadelphia.

Foresti, F.-Morisi, P.-Resca, M. (a c. di) (1983), *Era come a mietere. Testimonianze orali e scritte di soldati sulla Grande guerra con immagini inedite*, Comune di San Giovanni in Persiceto.

Foresti, F.-Rizzi, E.-Benedini, P. (a c. di) (1989), *L'italiano fra le lin-*

gue romanze, Atti del XX Congresso della SLI (Bologna, 25-27 settembre 1986), Bulzoni, Roma.

Franchi De Bellis, A.-Savoia, L.M. (a c. di) (1985), *Sintassi e morfologia della lingua italiana d'uso*. *Teorie e applicazioni descrittive*, Atti del XVII Congresso della SLI (Urbino, 11-13 settembre 1983), Bulzoni, Roma.

Giacalone Ramat, A. (1982), *Explorations on syntactic change (relative clause formation strategies)*, in Ahlqvist 1982: 283-92.

Giacalone Ramat, A. (1985), *Are there dysfunctional changes?*, in Fisiak 1985: 427-39.

Giacalone Ramat, A. (1989), *L'interazione di fattori interni e di fattori esterni nella predicibilità del mutamento linguistico*, in Orioles 1989: 167-84.

Giacalone Ramat, A.-Carruba, O.-Bernini, G. (a c. di) (1987), *Papers from the 7th International Conference on Historical Linguistics*, Benjamins, Amsterdam-Philadelphia.

Givón, T. (1979), *On Understanding Grammar*, Academic Press, London-New York.

Givón, T. (a c. di) (1979), *Syntax and Semantics*, Vol. 12: *Discourse and Syntax*, Academic Press, London-New York.

Holtus, G.-Metzeltin, M.-Schmitt, Ch. (a c. di) (1988), *Lexikon der Romanistischen Linguistik*, Band IV, *Italienisch, Korsisch, Sardisch*, Niemeyer, Tübingen.

Holtus, G.-Radtke, E. (a c. di) (1985), *Gesprochenes Italienisch in Geschichte und Gegenwart*, Narr, Tübingen.

Holtus, G.-Radtke, E. (a c. di) (in stampa), *Sprachprognostik und das 'italiano di domani'*, Atti della omonima Sezione del Romanistentag 1991 (Bamberg, 23-25 settembre 1991), Narr, Tübingen.

Koch, P. (in stampa), *Bildet sich im Italienischen eine Objektkonjugation heraus?*, in Holtus-Radtke in stampa.

La Fauci, N. (1988), *Oggetti e soggetti nella formazione della morfosintassi romanza*, Giardini, Pisa.

Lavinio, C. (1984), *L'uso dei tempi verbali nelle fiabe orali e scritte*, in Coveri 1984: 289-306.

Lavinio, C.-Sobrero, A.A. (a c. di) (1991), *La lingua degli studenti universitari*, La Nuova Italia, Firenze.

Lazzeroni, R. (1989), *Mutamento marcato e predicibilità del mutamento*, in Orioles 1989: 153-66.

Lazzeroni, R. (1990), *Strategie del mutamento morfologico*, in Berretta-Molinelli-Valentini 1990: 55-67.

Lehmann, Ch. (1982), *Thoughts on Grammaticalization*, Institut für Sprachwissenschaft der Universität Köln [akup 48], Köln.

Lehmann, Ch. (1984), *Der Relativsatz: Typologie seiner Strukturen; Theorie seiner Funktionen; Kompendium seiner Grammatik*, Narr, Tübingen.

Lehmann, Ch. (1985), *Grammaticalization: synchronic variation and diachronic change*, in «Lingua e Stile», 20/3: 303-18.

Lepschy, A.L.-Lepschy, G. (1981), *La lingua italiana. Storia varietà dell'uso grammatica*, Bompiani, Milano; ed. ingl.: *The Italian Language Today*, Hutchinson, London 1977.

Lo Cascio, V. (a c. di) (1990), *Lingua e cultura italiana in Europa*, Le Monnier, Firenze.

Lo Duca, M.G.-Solarino, R. (1992), *Contributo ad una grammatica del parlato: testi narrativi e marche temporali*, in Brasca-Zambelli 1992: 33-49.

Matthews, P.H. (1974), *Morphology. An Introduction to the Theory of Word-Structure*, Cambridge University Press, Cambridge; trad. it. *Morfologia. Introduzione alla teoria della struttura della parola*, Il Mulino, Bologna 1979.

Mayerthaler, W. (1981), *Morphologische Natürlichkeit*, Athenaion, Wiesbaden; trad. ingl. *Morphological Naturalness*, Karoma, Ann Arbor 1986.

Mazzoleni, M. (1992), *Se lo sapevo non ci venivo: l'imperfetto indicativo ipotetico nell'italiano contemporaneo*, in Moretti-Petrini-Bianconi 1992: 171-90.

Mioni, A.M. (1983), *Italiano tendenziale: osservazioni su alcuni aspetti della standardizzazione*, in Benincà *et al.* 1983: 495-517.

Moretti, B.-Petrini, D.-Bianconi, S. (a c. di) (1992), *Linee di tendenza dell'italiano contemporaneo*, Atti del XXV Congresso della SLI (Lugano, 19-21 settembre 1991), Bulzoni, Roma.

Mühlhäusler, P.-Harré, R. (1990), *Pronouns and People: The Linguistic Construction of Social and Personal Identity*, Blackwell, Oxford.

Nencioni, G. (1987), *Costanza dell'antico nel parlato moderno*, in AA.VV., *Gli italiani parlati. Sondaggi sopra la lingua di oggi*, Accademia della Crusca, Firenze: 7-25.

Nichols, J. (1986), *Head-marking and dependent-marking grammar*, in «Language», 62/1: 56-119.

Nida, E.A. (1946 [1949²]), *Morphology. The Descriptive Analysis of Words*, University of Michigan Press, Ann Arbor.

Orioles, V. (a c. di) (1989), *Modelli esplicativi della diacronia linguistica*, Atti del Convegno della Società Italiana di Glottologia (Pavia, 15-17 settembre 1988), Giardini, Pisa.

Radtke, E. (a c. di) (1991), *Le nuove grammatiche italiane*, Narr, Tübingen.

Ramat, P. (1984), *Linguistica tipologica*, Il Mulino, Bologna.

Renzi, L. (a c. di) (1988), *Grande grammatica italiana di consultazione*, vol. I: *La frase. I sintagmi nominale e preposizionale*, Il Mulino, Bologna.

Renzi, L. (1989), *Two types of clitics in natural languages*, in «Rivista di Linguistica», 1/2: 355-72.

Renzi, L.-Salvi, G. (a c. di) (1991), *Grande grammatica italiana di consultazione*, vol. II: *I sintagmi verbale, aggettivale, avverbiale. La subordinazione*, Il Mulino, Bologna.

Rohlfs, G. (1949), *Historische Grammatik der italienischen Sprache und ihrer Mundarten*, II: *Formenlehre und Syntax*, Francke, Bern; trad. it. *Grammatica storica della lingua italiana e dei suoi dialetti*, vol. II: *Morfologia*, Einaudi, Torino 1968.

Rovere, G. (1977), *Testi di italiano popolare. Autobiografie di lavoratori e figli di lavoratori emigrati*, Centro Studi Emigrazione, Roma.

Sabatini, F. (1985), *L'«italiano dell'uso medio»: una realtà tra le varietà linguistiche italiane*, in Holtus-Radtke 1985: 154-84.

Sabatini, F. (1990), *Una lingua ritrovata: l'italiano parlato*, in Lo Cascio 1990: 260-76.

Scalise, S. (1984 [1986²]), *Generative Morphology*, Foris, Dordrecht; trad. it. *Morfologia e lessico. Una prospettiva generativista*, Il Mulino, Bologna 1990.

Schwarze, Ch. (1988), *Grammatik der italienischen Sprache*, Niemeyer, Tübingen.

Schwegler, A. (1990), *Analyticity and Syntheticity. A Diachronic Perspective with Special Reference to Romance Languages*, Mouton de Gruyter, Berlin-New York.

Serianni, L. (1986), *Il problema della norma linguistica dell'italiano*, in «Annali della Università per Stranieri di Perugia», 7: 47-69.

Serianni, L. (con la collab. di A. Castelvecchi) (1988), *Grammatica italiana. Italiano comune e lingua letteraria*, UTET, Torino.

Shopen, T. (a c. di) (1985), *Language Typology and Syntactic Description*, vol. III: *Grammatical Categories and the Lexicon*, Cambridge University Press, Cambridge.

Skytte, G. (1988), *Italienisch: Flexionslehre. La flessione*, in Holtus-Metzeltin-Schmitt 1988: 39-51.

Sobrero, A.A. (1982), *Aspects linguistiques des migrations internes en Italie (avec un fragment de sociolinguistique contrastive)*, in Dittmar-Schlieben Lange 1982: 153-62.

Solarino, R. (1991), *Cambia il tempo?*, in «Italiano e Oltre», 6/3: 141-146.

Squartini, M. (1990), *Contributo per la caratterizzazione aspettuale delle perifrasi italiane «andare» + gerundio, «stare» + gerundio, «venire» + gerundio. Uno studio diacronico*, in «Studi e Saggi Linguistici», 30: 117-212.

Tekavčić, P. (1972 [1980²]), *Grammatica storica della lingua italiana*, vol. II: *Morfosintassi*, Il Mulino, Bologna.

Traugott, E. Closs-Heine, B. (a c. di) (1991), *Approaches to Grammaticalization*, Benjamins, Amsterdam-Philadelphia.

Vanelli, L. (1976), *Nota linguistica* alla trad. it. di L. Spitzer, *Lettere di prigionieri di guerra italiani 1915-1918*, Boringhieri, Torino: 295-312.

Vanelli, L. (1988), *Italienisch: Morphosyntax. Morfosintassi*, in Holtus-Metzeltin-Schmitt 1988: 94-112.

Vennemann, Th. (1989), *Language change as language improvement*, in Orioles 1989: 11-35.

Vincent, N. (1988), *Italian*, in Vincent-Harris 1988: 279-313.

Vincent, N.-Harris, M. (a c. di) (1988), *The Romance Languages*, Croom Helm, London.

Voghera, M. (1992), *Sintassi e intonazione nell'italiano parlato*, Il Mulino, Bologna.

Wanner, D.-Kibbee, D.A. (a c. di) (1991), *New Analysis in Romance Linguistics. Selected papers from the XVIII Linguistic Symposium on Romance Languages*, Benjamins, Amsterdam-Philadelphia.

Wunderli, P. (1989), *L'explication de «se» omnipersonnel dans les langues romanes*, in «Revue de Linguistique Romane», 53: 25-34.

Zamboni, A. (1991), *Postille alla discussione sull'accusativo preposizionale*, in «Quaderni dell'Istituto di Glottologia» (Università di Chieti), 3: 51-69.

Paola Benincà

Sintassi *

Una riflessione sulla sintassi dell'italiano deve prendere in considerazione i fenomeni della lingua a un livello astratto: mentre fonologia e morfologia trattano elementi che sono concreti e direttamente osservabili, la sintassi si occupa delle «relazioni» fra elementi della morfologia e del lessico, ovvero, fra le categorie grammaticali.

Allo stato attuale degli studi, non pare possibile indicare delle vere e proprie direzioni evolutive della sintassi dell'italiano: cercherò quindi di delineare alcune caratteristiche generali, apparentemente tipiche dell'italiano parlato spontaneo, e quindi presumibilmente indicative di una tendenza innovativa; tenterò di seguirle per uno spazio temporale relativamente esteso, confrontandole con quanto possiamo sapere sulla sintassi dell'italiano antico. Questo confronto ci consentirà alcune conclusioni, di tipo generale e alquanto intuitive, sul mutamento sintattico in corso dell'italiano moderno: costruzioni che sembrano tipiche dell'italiano parlato attuale, quindi adatte a fornire indicazioni sulla sua evoluzione futura, fanno parte di fenomeni che sono invece da vari secoli caratteristici della nostra lingua, se non delle lingue romanze nel loro insieme.

1. Quanto è stabile la sintassi dell'italiano?

A complicare in modo particolare l'osservazione dell'italiano interviene lo statuto non ben chiaro della lingua italiana come

* Ringrazio per utili osservazioni e annotazioni puntuali il curatore Alberto A. Sobrero e Monica Berretta, Patrizia Bologna, Guglielmo Cinque, Anna Laura Lepschy, Giulio Lepschy, Cecilia Poletto, Giampaolo Salvi, Laura Vanelli.

«lingua standard». Si tratta di questioni su cui si è scritto e dibattuto molto negli ultimi decenni, e che riprenderò soltanto in modo sommario e parziale, idealizzando la situazione.

L'italiano come lingua comune sta sopra a una stratificazione di varietà romanze in rapporto l'una con l'altra secondo una struttura piramidale di relazioni: alle varietà dialettali locali, valide in aree circoscritte e distinte da elementi caratteristici, si sovrappongono varietà di ambito via via più ampio, e di mano in mano più povere di specifiche connotazioni. Questo stato di cose è verosimilmente uno schema che si riproduce di continuo, in cui agiscono processi sincronici che consistono essenzialmente nel sottrarre ciò che è specifico, nell'eliminare le peculiarità, e che danno luogo a varianti linguistiche sovrapposte, con ambiti d'uso differenziati. In questa prospettiva, una parte del mutamento linguistico consiste nella 'morte' della varietà che sta al livello più basso della scala, quella con il più limitato livello di funzioni. Si tratta di un processo in teoria continuo, ma soggetto a fattori esterni alla lingua, sottoposto a forze di tipo sociale, che possono accelerarlo o frenarlo.

Coesistono quindi da una parte una variazione infinitesima — per cui dialetti distanti anche solo centinaia di metri hanno sottili differenze sistematiche — dall'altra forme linguistiche di più ampia circolazione, prodotte da un processo di sottrazione di regole, quella che comunemente si considera una «semplificazione» [1]; il toscano stesso, per poter essere lingua comune, ha dovuto rinunciare — fin dalla fissazione che ne hanno dato gli scrittori del Trecento — alle sue più particolari specificità. Quindi, come tendenza generale, uno standard, una 'koinè', una varietà comune a un insieme di dialetti, è una variante più vicina delle altre alla varietà sopraordinata. È in un certo senso una somiglianza casuale, non derivante cioè da diretta imitazione di strutture, ma derivante dall'eliminazione di ciò che è specifico. Questo è quanto è avvenuto per i dialetti nel loro progressivo avvicinamento all'italiano, come per le varietà regionali medie-

---

[1] Questo si ricava dal fondamentale lavoro di Trumper 1977 sulla formazione di 'koinai' linguistiche in Italia. Quello che abbiamo delineato, del resto, può essere visto come il corrispettivo reale o empirico di un costrutto altamente speculativo come il diasistema, concepito dallo strutturalismo per render conto della variazione linguistica.

vali che avevano invece come modello di riferimento comune il
latino.

Per stimolare la riflessione sul prestito linguistico e sugli
influssi possibili fra lingue in contatto, alla fine di questo lavoro
vedremo un esempio di calco di una struttura sintattica colto sul
nascere: il calco, si vedrà, è molto circoscritto. Si sa dalle osservazioni empiriche [2] che il contatto molto raramente apporta strutture o fatti sistematici nuovi: l'effetto più normale e sicuro del
contatto linguistico riguarda un influsso sulle parole, che può
essere in positivo, cioè risultare in un'aggiunta di parole nuove,
un mutamento del significato di parole preesistenti, ecc., o in
negativo, producendo un abbandono di parole peculiari. Sulla
grammatica in senso lato, si osserva solo un effetto negativo,
l'eliminazione progressiva di quello che produce risultati divergenti e peculiari, senza tuttavia cancellare del tutto gli indici
distintivi delle individualità linguistiche separate, senza arrivare
direttamente a una completa perdita di identità.

Si può sostenere che i dialetti muoiono, se con questo si
intende dire che, interrompendo l'osservazione, non li ritroviamo
più uguali a se stessi. Si potrebbe obiettare che in questo non differiscono in fondo dalle lingue, ma è anche vero che i dialetti
mutano in modo più spettacolare. Essi sostituiscono in realtà
molto lessico e morfologia, e queste perdite sono molto appari-
scenti. Lo stesso del resto avviene, in misura parallela e più
ridotta, anche alle varietà regionali di italiano: questo processo fa
sì che i dialetti a poco a poco «diventino» l'italiano, o meglio
uno dei tanti tipi di italiano, che in forma ridotta conserveranno
segni delle antiche o sottostanti frammentazioni.

Abbiamo, da un lato, la sensazione che la nostra lingua
materna sia in noi qualcosa di stabilmente acquisito, una conoscenza raggiunta a un certo punto del nostro sviluppo psicologico, uno strumento che possediamo fin da quando abbiamo ricordi: normalmente non abbiamo memoria di noi che non conosciamo la nostra lingua, non ricordiamo la fase dell'apprendimento
della parlata materna. Ma da una prima osservazione cosciente,
specialmente se parliamo come madre lingua un dialetto, ricavia-

---

[2] Il lavoro più sistematico e tuttora insuperato sull'argomento resta quello
di Weinreich (1953).

mo l'impressione opposta, che la lingua cambi molto: i nostri nonni usavano parole, che anche noi abbiamo conosciuto e usato, che ora i nostri figli non capiscono più. Anche per la lingua nazionale ci succede che, se non leggiamo il quotidiano per qualche giorno, troviamo poi termini nati durante l'intervallo di disattenzione, di cui non conosciamo l'esatto significato o l'origine, la motivazione o la fonte. Ma si noti: si tratta sempre di parole. Dai dialetti spariscono i nomi di oggetti che non esistono più o che non sono più importanti come un tempo, per cui si perde la necessità di certe distinzioni; spariscono anche i nomi di oggetti che in altre varietà hanno nomi diversi; nei dialetti e nella lingua entrano dunque nuove parole sia per oggetti nuovi sia per oggetti vecchi.

Talvolta, nei dialetti come nelle varietà regionali, l'innovazione riguarda una categoria particolare di elementi che si possono considerare in senso tecnico equivalenti a «parole», cioè le desinenze: alcune desinenze — per esempio di verbi — possono essere sostituite da altre desinenze, meno particolari, più vicine alla lingua comune, sia essa l'italiano, nazionale o regionale, sia essa la varietà regionale di dialetto. Questo punto è interessante e delicato: si dice che il prestito di elementi morfologici è indice di influsso profondo di una lingua su un'altra, d'altra parte è molto facile mettere insieme esempi di mutamento linguistico che consistono nell'abbandono di desinenze o suffissi morfologici in favore di altre desinenze o suffissi meno particolari[3]. Innanzitutto, come suggerivo sopra, gli elementi morfologici sono elementi — sia pur speciali — del lessico, e da questo punto di vista ci si può aspettare che abbiano una mobilità simile a quella degli elementi lessicali dotati di significato. Questa

---

[3] Un esempio potrebbero essere le vicende dei participi passati in -*esto* (*vignesto, tignesto, paresto, tazesto, piazesto*), diffusi da Venezia nell'area circostante, ora ridotti a Venezia a pochissimi relitti e rimasti vitali solo in aree appartate del Veneto.

La mia nonna, che parlava il dialetto cittadino di Padova, usava ancora la prima persona dell'imperfetto indicativo in -*(v)a* (*ko gera zovane, sortiva de kaza sempre koi guanti*), una desinenza conservativa, esito regolare dalla forma latina, che lei stessa, oscillando nell'uso, già alternava con la desinenza -*(v)o*. Ora -*va* non esiste più, certamente per influsso dell'italiano, ma non vi è dubbio che questo influsso è stato sostenuto dallo stesso dialetto, in cui la prima persona in -*o* si inseriva in una corrispondenza analogica con le prime persone degli altri tempi.

mobilità sarà più ampia fra lingue geneticamente vicine: la sostituzione di elementi morfologici non comporterà quei problemi che diventano gravi fra lingue molto diverse tra loro. In lingue geneticamente affini è più facile identificare e isolare elementi morfologici paralleli, in quanto la loro funzione potrà essere molto simile nelle due lingue, e la sostituzione non creerà reazioni rilevanti nel sistema della lingua ricevente: per esempio, quanto più simile è il sistema dei tempi verbali in due lingue in contatto, tanto più semplice sarà individuare le corrispondenze e sostituire, magari una desinenza alla volta, gli elementi contrastanti della coniugazione.

Sembra più facile che vengano sostituiti elementi del paradigma dei verbi che non le desinenze dei nomi; e nei nomi, le desinenze che appartengono alla flessione (cioè, che servono alla formazione del plurale, o delle distinzioni di genere) sembra siano molto più stabili — quindi, meno soggette a mutare per contatto — che non gli elementi morfologici appartenenti alla derivazione. I suffissi derivativi sono in effetti più informativi di quelli flessivi, e questo deve avere una relazione con la loro mobilità: pensiamo a diminutivi, accrescitivi, ecc., che cambiano anche profondamente il significato della parola, oppure ai suffissi che cambiano la categoria e fanno per esempio di un verbo un nome d'agente, come *caccia-tore*, da *caccia-re*. I suffissi appartenenti a queste categorie sarebbero quelli più simili alle 'parole' vere e proprie, che sono gli elementi più facilmente soggetti al prestito: ma tutto questo è ancora molto poco conosciuto, soprattutto sul piano descrittivo.

Quando passiamo a osservare la stabilità della lingua su livelli meno concreti, per esempio riguardo al genere delle parole[4], o a determinate proprietà morfologiche delle categorie lessicali, se la nostra riflessione si fa cioè più astratta, riceviamo l'impressio-

---

[4] Ho ricavato questa convinzione sulla resistenza del genere che si acquisisce con la lingua materna osservando il mio stesso comportamento. Nel mio dialetto materno (padovano) molte parole hanno genere diverso dall'italiano: i corrispettivi di «ombrello» e «spinaci», per esempio, sono femminili. Se parlo in italiano, ovviamente uso il genere che i termini hanno in italiano, ma solo quando adopero la parola esplicitamente: se uso un pronome, mi succede molto spesso di accordarlo al genere che i termini hanno nel dialetto; dell'ombrello, senza nominarlo, posso dire che *la sto cercando*, degli spinaci, che *le ho cotte*.

ne opposta: il mutamento riguarda soltanto il modo in cui le proprietà grammaticali si realizzano; le proprietà stesse sono al contrario incredibilmente stabili.

Ricordare a questo punto che i dialetti e l'italiano derivano da varianti regionali di latino, può dare profondità alla prospettiva. Certo è conseguenza di questa inerzia degli elementi più astratti della lingua la sostanziale stabilità delle aree linguistiche italiane: dicevamo sopra che i dialetti non muoiono, ma diventano qualcos'altro; detto altrimenti, le differenze perdono la loro evidenza immediata, ma sono rintracciabili su altri livelli della lingua. Almeno dall'epoca preromana a oggi — non possiamo sapere ancora per quanto — i confini linguistici fra le varietà romanze dell'Italia sono rimasti stabili in un modo che stupisce e emoziona. La forma superficiale, e in molti aspetti anche profonda, di queste varietà è, naturalmente, molto cambiata: sia il lessico che la morfologia, la fonologia e la sintassi, si sono evolute e, in molta parte, anche avvicinate le une alle altre, ma hanno fatto questo mantenendo sostanzialmente costante la relazione di differenza o di appartenenza delle singole varietà, cambiando la forma di entità che hanno mantenuto le stesse relazioni. Nei termini di una analisi grammaticale, questo si può interpretare come una grande stabilità di elementi molto semplici e astratti della lingua, che si rivestono di forme via via diverse per adattarsi agli eventi della storia, senza cancellare mai del tutto qualcosa di molto profondo e peculiare.

È stato notato e studiato un fenomeno che riguarda il comportamento linguistico individuale, cioè le reazioni fra individui che parlano lingue diverse [5]: l'analisi di quanto si può direttamente osservare in una interazione di questo tipo può rappresentare una sorta di modello di quanto si verifica fra popolazioni che comunicano, ma che hanno varietà linguistiche diverse, in situazioni di contatto linguistico. Si può ipotizzare un effetto di rilie-

---

[5] Si veda Labov 1972: 308-14. Questo meccanismo è talmente forte che agisce anche se ci si trova in una situazione di bilinguismo o diglossia in cui una delle due lingue in contatto è socialmente svantaggiosa: anche in questo caso il parlante della varietà socialmente inferiore, pur tendendo a imitare la varietà del suo interlocutore, socialmente più prestigiosa, non rinuncerà completamente alle caratteristiche linguistiche che rendono distinta e riconoscibile la sua varietà.

vo di un comportamento individuale sull'evoluzione linguistica
dovuta a contatto e standardizzazione. L'evoluzione dell'italiano
va vista come il risultato di lingue in contatto, per la particolare
situazione linguistica che caratterizza l'Italia da sempre. Due
individui che parlano varietà diverse ma reciprocamente comprensibili, quando interagiscono mostrano un comportamento
ambivalente: modificano la loro lingua avvicinandola a quella
dell'interlocutore (eliminando in maniera irriflessa aspetti caratteristici e distintivi della propria varietà), ma non la adattano fino
al punto da eliminare completamente ogni diversità e rendere la
propria varietà identica a quella dell'interlocutore. Questo fatto è
stato osservato sperimentalmente in varietà linguistiche diverse
dall'italiano, ma può essere notato su noi stessi in molte occasioni. Non si tratta di incapacità di imitare perfettamente l'interlocutore: qualcosa ci trattiene dal 'tradire' la lealtà verso la nostra
lingua materna e dall'adottare completamente quella di chi ci
parla. Non indagheremo oltre le motivazioni profonde di un comportamento come questo, o le ragioni che ne hanno fatto un meccanismo evidentemente vantaggioso nella selezione naturale; se
lo immaginiamo moltiplicato per l'infinità di occasioni di contatto linguistico, possiamo riconoscerlo come il responsabile della
inerzia di alcune strutture molto astratte nella distribuzione areale delle varietà linguistiche, e della sostanziale immobilità di una
lingua dalla storia mutevole e tormentata come l'italiano.

1.1. L'ordine delle parole nella storia dell'italiano

Per acquistare una visione prospettica, e capire la tendenza
dell'italiano moderno da un punto di vista che permetta un orizzonte più ampio, che dia modo di calcolare meglio la direzione
del suo movimento, andiamo almeno fino agli antichi testi italiani, non solo fiorentini.
    È opinione corrente che l'italiano sia cambiato molto poco
dalla sua fase medievale a quella moderna: si ritiene che un lettore di media cultura possa capire, senza particolare istruzione, la
lingua degli scrittori del Trecento, diversamente da quanto succede a un lettore francese o inglese per gli scritti della stessa
epoca nelle rispettive lingue. Questo giudizio si basa sul fatto che
un aspetto sistematico dell'italiano e dei dialetti è cambiato

pochissimo, cioè la fonologia [6]. Per questo gli elementi lessicali che non sono stati sostituiti (e sono moltissimi) sono ancora perfettamente riconoscibili, perché la loro veste fonologica è rimasta intatta, non solo nel toscano e in quelle varietà che hanno una fonologia ancora molto vicina a quella latina, ma anche in dialetti, come quelli dell'area padana e alpina, che hanno subito rispetto al latino mutamenti violenti nella struttura della sillaba e quindi della parola. Dopo il primo mutamento, non si sono avuti altri sconvolgimenti, diversamente da quanto è successo per il francese e ancor più per l'inglese. A parte la sostituzione di desinenze, in particolare verbali — fenomeno, come abbiamo detto, di tipo lessicale che per questo può produrre difficoltà di comprensione — la morfologia come componente sistematica della lingua non ha avuto mutamenti che incidano sulla comprensione del testo: i relitti di flessione casuale, che sono presenti in francese e in inglese almeno fino al 1300, erano scomparsi nelle varietà italiane già al tempo dei primi testi scritti, anche nelle aree che si suppone li abbiano conservati in epoca volgare.

Se concentriamo poi il confronto sulla sintassi per stabilire dei punti che ci permettano di costruire una curva capace di proiettarsi sul nostro futuro, ne ricaviamo impressioni contrastanti. I cambiamenti sono sottili e solo raramente danno luogo a difficoltà di interpretazione: per molti aspetti caratteristici l'italiano e le varietà romanze italiane appaiono immobili dal Medioevo a oggi, per alcuni altri aspetti si sono avuti in quest'area cambiamenti importanti, che danno luogo però a differenze minime sulla superficie della lingua.

È cambiata la sintassi della frase semplice. Mi è sembrato molto istruttivo l'ascolto delle letture radiofoniche del *Decameron*: è proprio la sintassi che presenta le maggiori difficoltà di comprensione. Alcuni dei bravissimi attori che leggevano i brani del testo di Boccaccio, sbagliavano a volte le intonazioni, per esempio quelle dei costituenti spostati. C'era già al tempo di

---

[6] Gianfranco Contini ha mostrato, nella sua analisi di *Tanto gentile e tanto onesta pare*, come l'impressione che la lingua non sia cambiata da allora, e che *gentile, onesta, pare* siano parole rimaste immutate fino a oggi, sia molto ingannevole: in realtà, l'effettivo significato della lingua del Trecento ci resta tanto lontano quanto per un inglese la sua lingua della stessa epoca, anche se per motivi diversi.

Boccaccio — e come diremo, anche molto prima — quella caratteristica che ancora distingue il dominio linguistico italiano da
altri domini linguistici romanzi: la grande ricchezza di possibilità
per spostamenti di costituenti. Mentre il francese e lo spagnolo
hanno tuttora possibilità più limitate, l'italiano mostra già nelle
attestazioni più antiche varie costruzioni che permettono di ante-
porre costituenti estratti dalla frase spostandoli all'inizio, in una
specie di 'territorio libero'. Come vedremo, questi procedimenti
non sono in realtà del tutto liberi, ma comportano sottili fenomeni di adattamento e interpretazione, e sono appunto questi che
sono mutati dal Medioevo a oggi, in concomitanza con un mutamento della sintassi della frase. Una caratteristica che era tipica
delle varietà medievali, e che ora è rimasta solo in alcuni membri della famiglia romanza, permetteva l'anteposizione di un
complemento oggetto diretto senza doverlo 'copiare' con un pronome clitico e senza doverlo contrastare con l'intonazione: nei
contesti in cui oggi noi diciamo

(1)   a Ti porterò il libro domani

oppure, anteponendo l'oggetto,

(1)   b Il libro, te lo porterò domani

la lingua antica diceva preferibilmente

(1)   c Il libro ti porterò domani [7]

Nella lingua moderna, un oggetto anteposto senza copia pronominale è possibile solo se è contrastato, sia semanticamente
(cioè, messo in relazione con altri oggetti diversi) che intonativamente. La frase (1c) sarebbe oggi possibile quindi solo con
questo valore:

(1)   d IL LIBRO, ti porterò domani (non altre cose)

I lettori del *Decameron* radiofonico a volte contrastavano
intonativamente un oggetto anteposto, perché, essendo senza

---

[7] Forse questa proprietà è da connettere con la forza pronominale della flessione verbale, che in italiano antico poteva esprimere non solo il soggetto ma
anche l'oggetto definito, se erano possibili, in italiano antico come in latino,
frasi come *Amai tua figliola ed amo ed amerò sempre* (Boccaccio, *Decameron*,
giorn. 2, nov. 6), dove un oggetto 'zero' ha un'interpretazione definita, ricavabile dal contesto. Questa possibilità è perduta per l'italiano moderno.

ripresa pronominale, lo interpretavano alla luce della sintassi della lingua moderna.

In una serie di contesti ben precisi, fra cui la posizione iniziale assoluta di una frase assertiva, i pronomi clitici dovevano essere posposti al verbo (*dicevan-gli, portava-lo*), come oggi succede solo con i tempi non finiti del verbo (*dicendo-lo, portarglielo*) o con l'imperativo (*prendi-lo*), e in genere indipendentemente dalla struttura sintattica in cui appaiono[8]. Sia l'enclisi dei pronomi clitici al verbo flesso (*dicevan-gli*) sia la possibilità di avere un oggetto anteposto senza copia (*il libro ti porterò domani*), sono spariti più o meno contemporaneamente, assieme a alcuni altri fenomeni: erano forse il riflesso superficiale di un'unica caratteristica molto astratta, che l'italiano condivideva con le altre lingue romanze, e che è sparita in quasi tutte circa fra il XIV e il XV secolo; ne rimangono tuttora tracce considerevoli in portoghese, nel ladino centrale e nel romancio svizzero (cfr. Benincà 1986 e 1989).

1.2. *L'obbligatorietà del soggetto e il congiuntivo presente*

Secondo il principio per cui lo studio del passato può illuminare il presente, guardiamo altre caratteristiche della lingua antica, per valutare l'attendibilità delle previsioni che si possono fare riguardo alla direzione che prenderà una lingua.

Consideriamo una tipologia ben studiata e descritta dalla teoria sintattica di questi ultimi decenni, quella che riguarda la 'forza pronominale' del verbo flesso. Una lingua a soggetto nullo è una lingua in cui il verbo flesso può da solo essere sufficiente a esprimere anche il soggetto pronominale: così era il latino, così è l'italiano o lo spagnolo. Forme verbali come *camminiamo, arriverete, andrò* sono perfettamente autonome e costituiscono delle frasi complete: sono necessarie solo conoscenze specifiche del contesto della situazione per interpretarle correttamente. Lingue

---

[8] Fino all'Ottocento, una negazione anteposta al gerundio o all'infinito rendeva possibile la proclisi. In Manzoni troviamo *non c'essendo* (*Della lingua italiana*, quinta redazione, cap. IV; esempi di Leopardi sono citati in Vitale 1992: 89, dove è notato anche un caso diverso, *non so che mi fare*). La proclisi è tuttora ammessa, se non preferita, nelle varietà centro-meridionali per l'infinito preceduto da negazione nell'imperativo negativo, *non lo fare!*, ecc.

come il francese, o l'inglese, o alcuni dialetti settentrionali italiani, devono aggiungere un elemento pronominale; se manca un soggetto referenziale, il verbo flesso non è sufficiente. Si dice che queste lingue sono a soggetto obbligatorio. L'italiano scritto, fino a quando ha mantenuto i contatti con la varietà di Firenze, può essere visto sia come una lingua a soggetto nullo con forti tendenze a diventare una lingua a soggetto obbligatorio, sia, all'opposto, come una lingua a soggetto obbligatorio con elementi che mostrano una evoluzione in atto verso una lingua a soggetto nullo: così è tuttora il dialetto parlato di Firenze, così era ancora all'inizio del secolo il dialetto di Pisa [9], ultime propaggini verso sud del tipo sintattico proprio delle varietà romanze dell'Italia settentrionale.

Molte varietà romanze italiane, fra cui il toscano, sono fin dal Medioevo in una posizione intermedia fra questi due tipi: costruendo una 'curva' di tendenza a partire dal latino si sarebbe potuto ragionevolmente prevedere che il toscano avrebbe completato la sua evoluzione arrivando alla stessa conclusione del francese, una lingua a soggetto obbligatorio; si sarebbe potuto prevedere un progressivo ulteriore impoverimento del valore pronominale delle desinenze del verbo, con il trasferimento di queste proprietà su elementi pronominali autonomi, su clitici soggetto. Un osservatore del Medioevo avrebbe potuto fare questa previsione, osservando la 'tendenza' che il toscano mostrava nei confronti delle caratteristiche del latino: «La lingua una volta aveva dei bei verbi ricchi di valore pronominale, ora non sono più i verbi di una volta, la gente non dice più "mangi, camminano, correrà", ma, in certi contesti, senza nessuna necessità, dice "tu mangi, essi camminano, egli correrà"; dove andremo a finire, di questo passo in pochi anni in tutti i casi in toscano, come nelle lingue dei barbari, si sarà perduta la coscienza del valore dei verbi e si aggiungerà un pronome, senza rendersi conto della ridondanza. Certo questo è il risultato dell'influsso delle lingue straniere sulla nostra bella lingua, ecc.». Invece così non è stato, e poiché le frasi immaginarie che ho riportato non sono state scritte da nessuno all'epoca, non possiamo supporre che ciò non

[9] Se ne trovano ancora tracce consistenti nell'AIS (p. es., vol. II, cc. 366, 372, 377, con i verbi meteorologici).

sia avvenuto perché gelosi custodi vigilavano sulla purezza della lingua. È difficile dire perché le cose siano andate così, ma in ogni caso l'italiano si è distaccato dal fiorentino parlato in direzione di una lingua compiutamente a soggetto nullo: la flessione ha recuperato i suoi tratti pronominali, rendendo agrammaticali, o irrimediabilmente connotate come regionali, frasi come le seguenti, parafrasi letterali di italiano antico:

(2)   a Tu hai detto che **tu** verrai
       b La formica è più saggia, perché **ess**a accantona l'estate ciò
          che **ess**a consuma l'inverno
       c Vuoi **tu** andare?

Alcune tracce compaiono ancora in questo secolo, in scrittori toscaneggianti, e si limitano a un pronome soggetto non referenziale (impersonale), come in

(3)   a **Gli** è che è tardi
       b A chi **la** tocca **la** tocca

Il mutamento linguistico in una lingua di cultura ha sì aspetti che vanno valutati con principi di linguistica interna, cioè alla luce di una teoria del linguaggio, ma ha anche molti aspetti che risultano da sostituzione di una grammatica con un'altra: di norma, in questi casi, le due grammatiche sono molto simili. Il tipo italiano a soggetto nullo non è necessariamente da considerare l'evoluzione naturale del tipo toscano a soggetto parzialmente obbligatorio: gli influssi di un modello linguistico più legato alla grammatica del latino, anche senza interventi espliciti di grammatici normativi, avranno spinto l'italiano in una direzione che il toscano, che ne è la base, forse non avrebbe preso naturalmente [10].

D'altra parte l'italiano conserva un ultimo segno della sua originaria caratteristica di lingua a soggetto parzialmente obbligatorio, un fatto — notato originariamente da Laura Vanelli — che fra l'altro si inserisce armoniosamente nelle implicazioni di fatti relativi al soggetto obbligatorio nelle varietà settentrionali, fra cui va compreso il fiorentino, come s'è detto. In questo territorio dell'Italia dialettale, se una varietà ha un solo clitico sog-

----

[10] Un punto di vista analogo è stato sviluppato, con argomenti diversi, da Durante 1981.

getto, questo è un clitico di II persona singolare, e quindi nessuna varietà settentrionale ha un qualsiasi clitico soggetto se non ha
almeno quello di II singolare [11]. L'ultimo resto di obbligatorietà
del pronome soggetto in italiano, di qualsiasi livello stilistico,
riguarda proprio il pronome soggetto di II singolare *tu*, che deve
essere obbligatoriamente espresso con il congiuntivo presente:

(4)   a Pensano che tu sia in grado
      b Credono che tu sappia
      c Ritengono che tu legga troppo

Se in una frase come queste non si realizza anche il pronome
soggetto, (e si noti che il pronome deve essere *tu*, non *te*, anche
nelle varietà che hanno *te* come soggetto) la frase continua a
essere grammaticalmente corretta, ma il congiuntivo non può
essere interpretato come una II singolare: è possibile intenderlo
come una I o una III persona singolare. È stata proposta per questo fenomeno una spiegazione funzionale, che chiama in causa il
fatto che il congiuntivo non distingue formalmente le diverse persone con desinenze distinte, ma questa spiegazione non può essere sufficiente. L'ambiguità infatti resta: il verbo è ancora ambiguo fra I e III singolare, ma l'aggiunta del pronome in questo
caso è necessaria solo se la frase risulta oscura, quando il contesto non basta a chiarire la persona verbale. Nel caso di I e III
sing. la spiegazione funzionale è adatta a spiegare i fatti: il pronome soggetto è facoltativo, e viene inserito solo se necessario a
ottenere una comunicazione non ambigua. Per la II sing. abbiamo invece un fenomeno di tipo grammaticale: anche se la frase
non è ambigua, il pronome deve essere aggiunto. Si confrontino
le frasi seguenti: nelle stesse condizioni contestuali, solo il congiuntivo di II sing. è agrammaticale senza pronome soggetto:

(5)   a Quanto a me, pensano che debba partire domani
      b *Quanto a te, pensano che debba partire domani
      c Quanto a lui, pensano che debba partire domani

C'è un caso in cui l'omissione di questo pronome — in stili
non tanto colloquiali quanto trascurati [12] — parrebbe dovuta alla

---

[11] Si veda lo studio complessivo e le generalizzazioni relative alle lingue
romanze in Renzi-Vanelli 1983.
[12] Una fonte di dati sull'italiano trascurato sono i dialoghi dei teleromanzi
a puntate, che vengono doppiati molto in fretta (e straordinariamente bene, se

eliminazione dell'ambiguità: le seguenti frasi (6a, b), in cui il congiuntivo di II singolare è accompagnato da un clitico riflessivo, non sono infatti agrammaticali quanto le precedenti o quanto (6c), pur non essendo perfette:

(6)   a ?Bisogna che ti vesta in fretta
        b ?Spero che ti penta delle tue parole
        c *Bisogna che vesta te stesso

Si noti però che la presenza del riflessivo elimina l'ambiguità sia nella frase (6b) che nella frase (6c), ma (6c) resta agrammaticale. D'altra parte la frase (6a) resta ambigua (potrebbe essere infatti interpretata anche attribuendo al congiuntivo un valore di prima persona e considerando il clitico come non riflessivo, cioè come "bisogna che io ti vesta"), ma ciononostante l'accettabilità di (6a) non è diversa da quella di (6b). Abbiamo visto, del resto, che anche in altri casi i contesti che eliminano l'ambiguità di interpretazione del congiuntivo non sono sufficienti a eliminare l'agrammaticalità della frase se il congiuntivo non ha il pronome soggetto. Quindi in (6a, b) la presenza di un clitico riflessivo — non di un riflessivo qualsiasi — va considerata un mezzo puramente sintattico che permette di salvare, anche se non del tutto, l'interpretazione della forma verbale in assenza del pronome soggetto di II sing.

La spiegazione dell'obbligatorietà del pronome soggetto in questo preciso contesto, delineata in modo informale, può andare nella seguente direzione: la II sing. è la persona che ha bisogno di un maggior numero di «tratti semantici» per essere identificata; i tratti semantici del soggetto sono portati da elementi morfologici, che sintatticamente si attaccano al verbo, o sotto forma di desinenza o sotto forma di pronomi di qualche tipo, a seconda delle lingue. L'italiano ha per tutte le persone elementi

---

si tien conto di questo). Qui emergono tendenze, non controllate da una sufficiente riflessione, che possono essere molto interessanti, non solo per il mutamento in atto, ma anche per evidenziare strutture marginali — anche dello stile alto — che difficilmente emergono alla riflessione conscia. Per es., una frase come

(i) **Non** posso **più** amare **che** te

non è del tutto grammaticale, probabilmente perché la negazione non può assegnare 'polarità negativa' a più di un elemento. Gli elementi *più* e *che* acquistano polarità negativa dallo stesso operatore *non*, che invece non è in grado, nella lingua accurata, di controllarli ambedue.

sufficienti nella desinenza del verbo: è, come abbiamo detto, una lingua a soggetto nullo. Ma la desinenza del congiuntivo presente singolare è una desinenza di per sé povera di elementi morfologici, tanto che diventa insufficiente per identificare un soggetto di II sing. In questo singolo caso l'italiano ha un comportamento di lingua a soggetto obbligatorio, un resto della sua sintassi più antica.

Tentiamo di vedere quale sia, per questo aspetto sintattico, la direzione del mutamento in atto. Il fenomeno appena descritto è presente in tutte le varietà di italiano, anche in quello colloquiale; tuttavia i suoi effetti sono affievoliti, pcr un motivo fondamentale: il congiuntivo è evitato fin dove è possibile nell'italiano colloquiale. Non si può sostenere che questo sia l'effetto dell'influsso dei dialetti, almeno per quanto riguarda l'italiano settentrionale, perché i dialetti settentrionali hanno un uso del congiuntivo molto preciso, con regole di selezione contestuale chiaramente fissate. Né si può cercare di questo fatto una causa dovuta a prestigio di lingue straniere: anche se l'inglese ha, notoriamente, un uso ridottissimo del congiuntivo presente, questo dato non è accessibile a parlanti italiani su larga scala. Si tratta quindi di un fenomeno di semplificazione, che consiste, con tutta probabilità, nell'impoverire ulteriormente a livello astratto il valore del presente indicativo, e nel renderlo una forma meno marcata, cioè compatibile con un numero maggiore di 'valori': questo tempo verbale già può sospendere le caratteristiche di tempo, per esempio diventando un 'atemporale' come nelle frasi proverbiali: «l'ozio è il padre dei vizi»; esso è già compatibile con un valore di futuro in un gran numero di contesti. Gli si permetterebbe in questo modo di svolgere le funzioni del modo congiuntivo, la cui caratteristica distintiva astratta è riducibile, per alcuni aspetti, al fatto che esso non è autonomo, ma, in modo analogo all'infinito, deve 'rimandare' ad attributi del verbo che lo regge (la specificazione di tempo, per esempio).

Quindi, per una serie di motivi, in italiano colloquiale si dice

(7)   a Pensano che parti domani
      b Pensano che parte domani
      c Pensano che parto domani

e per questo le occasioni di vedere attiva la restrizione sul soggetto del congiuntivo diventano molto rare. Inoltre, la seconda persona del congiuntivo presente è distinta dalla persona corrispondente dell'indicativo solo nella seconda e nella terza coniugazione (verbi in *-ere* e *-ire*), mentre nella prima le due forme sono identiche, tranne che per l'obbligatorietà del soggetto pronominale nel congiuntivo. Questo fatto riduce ulteriormente le occasioni di distinguere il congiuntivo dall'indicativo in italiano e può contribuire a una progressiva perdita della sensibilità alla distinzione stessa dei due modi verbali: le funzioni semantiche del congiuntivo sono affidate a altri elementi (p. es. la semantica del verbo reggente), e nulla va perduto, se non (parzialmente) l'esplicita marca morfologica che distingue questo modo verbale.

Se cerchiamo ora un'origine alla tendenza a eliminare il congiuntivo nell'italiano colloquiale, possiamo notare che, se essa è — come abbiamo detto — assente nei dialetti settentrionali, è invece più forte in alcuni dialetti centro-meridionali. Si potrebbe allora indicare un influsso delle parlate centro-meridionali come causa della tendenza. Ma questa soluzione apparente sposta soltanto il problema: Leone-Landa (1984: 72) riscontrano già in testi siciliani del XIV-XV secolo indizi che preannunciano una perdita del congiuntivo presente, in favore dell'indicativo o del congiuntivo imperfetto (per il congiuntivo esortativo). Il fenomeno sembra avere quindi cause endogene, difficilmente individuabili con certezza per il momento.

Riassumendo, quindi, il congiuntivo nei tempi semplici è un modo anaforico, che esprime la non-anteriorità al tempo della reggente e si accorda (presente o imperfetto) con il tempo della reggente. Ha un contenuto povero, che non influisce sul contenuto semantico del verbo. La sua perdita nelle lingue romanze ha caratteri di un mutamento spontaneo, ma va tenuto presente che varietà come il veneto, il lombardo, il friulano, ecc. lo mantengono molto saldamente, e d'altra parte gli stessi parlanti che lo usano con molta appropriatezza in dialetto lo trascurano nell'italiano colloquiale. Forme come *bisogna che tu vada subito* hanno un effetto di poca spontaneità nel parlato settentrionale, laddove in un dialetto come il padovano *bisogna che te ve subito* (indicativo) è addirittura agrammaticale.

Tornando alla linea principale di ragionamento, concludiamo che per quanto il congiuntivo possa essere poco usato, quando lo si usa non si può omettere il pronome soggetto nella II persona

singolare, e questo è il resto di una caratteristica molto antica del
verbo nelle lingue neolatine, la perdita della proprietà pronominale della flessione verbale: le implicazioni osservate mostrano
infatti che la perdita di valore pronominale nella flessione ha
effetto innanzitutto sulla II singolare. La proprietà astratta di questa persona verbale, responsabile del fenomeno, sembra essere
attiva nell'italiano standard, con effetti quasi impercettibili.

In questa piccolissima area della grammatica abbiamo cercato di cogliere un mutamento in atto, che coinvolge due proprietà,
la perdita del congiuntivo e le proprietà pronominali della flessione verbale: è un mutamento in corso da secoli, e non abbiamo
modo di dire con certezza se esso si completerà, se regredirà o
se resterà ancora in bilico per altri secoli.

2. I pronomi clitici e gli argomenti del verbo

2.1. Spostamenti di costituenti

Una frase come

(8)   a   Io speriamo che me la cavo

tratta da uno scritto scolastico proveniente da un'area depressa
dell'Italia, è stata scelta come titolo di un fortunato libro che è
diventato anche un film, molto probabilmente perché considerata
rappresentativa della sconnessione grammaticale dell'italiano parlato, una sintesi di degradazione economico-culturale e linguistica. Ma vorrei osservarla con attenzione, confrontarla con altre
strutture, e mostrare che ha anch'essa un sottile ordito per cui
può aspirare a essere posta alla stessa altezza di altre, legittime
costruzioni dell'italiano.

Nella variante più accurata

(8)   b   Speriamo che (io) me la cavi

avremmo un congiuntivo al posto dell'indicativo, variazione che
rientra nella tendenza già sommariamente definita. Ma quello che
dà più di tutto un'impressione di sintassi sconnessa è certamente
il pronome (soggetto) *io* anteposto alla frase e seguito da un
verbo che non è accordato con esso.

Esempi di questo genere, con elementi nominali anteposti e senza relazione sintattica evidente col verbo della frase che segue, sono molto ben attestati in tutta la storia dell'italiano. Messi nella grande categoria degli anacoluti, o considerati più precisamente varianti di *nominativus pendens* o soggetto assoluto, gli esempi di questo tipo sintattico si trovano sia in testi non letterari, nel qual caso vengono attribuiti all'incultura degli estensori, sia anche costantemente nella prosa letteraria, da Boccaccio a Machiavelli a Galilei a Manzoni, nel qual caso sono indicate come audacie da non imitare.

Questa costruzione sarà da mettere in relazione con la particolare libertà che ha l'italiano di spostare costituenti, una libertà che è connessa con almeno due sue proprietà generali: da una parte la flessione personale del verbo, che esprime di per sé, anche sintatticamente, il soggetto, dall'altra il suo ricco paradigma di pronomi clitici che sono in grado di costruire efficaci connessioni fra gli elementi spostati e le posizioni della frase dove vengono assegnate le funzioni grammaticali. La frase risulta, grazie a ciò, perfettamente connessa, anche quando nessun argomento si trova al suo posto.

Esempi paralleli alla nostra frase (8a) possono essere i seguenti, il primo tratto dal *Decameron* (2, 10) di Boccaccio, il secondo dall'Introduzione della *Cronica* di Giovanni Villani:

(9)   a Tu non pare che mi riconoschi
        b Io, Giovanni Villani, cittadino di Firenze [...], mi pare [...]

L'esempio di Boccaccio è più simile al nostro, il secondo si adatta meglio a quanto diremo più avanti.

La frase (8a) si analizza quindi come la frase di Boccaccio, con un soggetto staccato dal suo verbo e anteposto a un verbo con cui non è accordato. Anche la frase di Boccaccio si potrebbe 'raddrizzare', o mettendo il soggetto accanto al suo verbo (*non pare che tu mi riconosca*), ovvero sollevando davvero il soggetto al verbo reggente, che sarà allora accordato con esso (*tu non pari riconoscermi*). Tenendo da parte l'uso del modo indicativo per il congiuntivo, una notazione stilistica, la frase in esame è una variante con spostamento di

(10)   Speriamo che io me la cavi

che equivale perfettamente, come significato ma non come effetto globale, alla (8a), che è ottenuta mediante l'anteposizione del tema della frase; il pronome *io* corrisponde a un più ampio e più esplicito *quanto a me*.

Ma della frase (8a) si può costruire una parafrasi corrispondente, ottenuta sottraendo un altro tratto che la connota emotivamente. La parafrasi potrebbe essere:

(11)   Spero di cavarmela

La I persona plurale in (8a) come in (8b) e in (10), non ha infatti un valore referenziale, non si riferisce cioè effettivamente a un gruppo di persone che comprende chi parla: la speranza espressa riguarda solo il parlante, ma si usa in casi analoghi una I plurale, per presupporre un coinvolgimento corale che comprende anche l'ascoltatore. Nel caso in cui si rinunci a questo espediente retorico, e ci si limiti alla prima persona, scatta una restrizione riguardo al modo della dipendente, la quale non può stare al congiuntivo: o resta all'indicativo (*Spero che me la cavo, che me la caverò*) o deve passare all'infinito. **Spero che io me la cavi*, cioè la variante al congiuntivo, è agrammaticale in conseguenza di una restrizione — probabilmente universale — che riguarda l'impossibilità per un pronome di riferirsi a un altro elemento nominale nella stessa frase semplice, a meno che il pronome non sia un riflessivo. Per questo motivo, in una frase come *Mario lo vede*, non è possibile intendere *lo* come riferito a *Mario* e, se si vuole ottenere questo significato, il pronome deve diventare riflessivo: *Mario si vede* [13]. Il congiuntivo, a sua volta un modo anaforico, fa di due frasi, la reggente e la dipendente al congiuntivo, un'area sintattica unica in cui vale la restrizione: il

---

[13] Riferita al successo di una terza persona, la frase sarebbe
(i) Mario speriamo che se la cava(/cavi)
e appare più corretta se dopo *Mario* si mette una virgola. Molti esempi di «italiano popolare», o di normale italiano parlato trascritto da registrazioni, appaiono sconnessi se non incomprensibili perché i trascrittori si vietano, per un eccesso di 'positivismo', di inserire qualche segno di punteggiatura nei punti appropriati. È vero che non sempre alla virgola corrispondono pause vere e proprie nella catena parlata, tuttavia, se qualche indice della strutturazione della frase non esistesse realmente — magari impercettibile agli strumenti utilizzati per la rilevazione, ma percettibile all'orecchio di chi ascolta — il parlato ci sembrerebbe sconnesso, se non incomprensibile, anche all'ascolto, non solo quando lo leggiamo trascritto.

soggetto del congiuntivo, anche se espresso solo con la flessione verbale, entra in conflitto di referenza col soggetto (anche se sottinteso) della reggente; diventa per questo impossibile interpretare come coreferenti i due soggetti in una frase come *Mario pensa che ci vada domani*. Se invece si usa l'indicativo (*Mario pensa che ci va domani*) le frasi diventano due territori autonomi, e i soggetti possono essere coreferenti senza problemi. La restrizione può essere evitata anche in un altro modo, cioè mettendo il verbo della dipendente all'infinito: non avendo questo modo verbale una flessione personale, la frase non contiene un elemento pronominale che provochi il conflitto di referenza col pronome soggetto della reggente.

Queste ragioni motivano quindi l'impossibilità di una variante come (12a) rispetto a (12b) o rispetto a (11):

(12)   a *Spero che me la cavi
         b Spero che me la cavo

Abbiamo interpretato l'anteposizione di *io* in (8a) come un esempio di «tema sospeso»; in realtà la costruzione è indistinguibile in questo caso da una «dislocazione a sinistra»[14]. In altri casi le due costruzioni possono essere distinte, in quanto la loro differenza fondamentale è la seguente: il tema sospeso antepone il nominale senza i segni della sua funzione grammaticale, la dislocazione a sinistra antepone un nominale completo dei suoi indicatori grammaticali. Gli indicatori possono essere le preposizioni: se l'elemento spostato ha la sua preposizione, sarà una dislocazione a sinistra, se non ce l'ha, sarà un tema sospeso, come nell'esempio seguente:

(13)   a A Mario, (glie)ne parlo io (disloc. a sinistra)
         b Mario, gliene parlo io (tema sospeso)

In (13a) la ripresa pronominale è facoltativa, in (13b) è obbligatoria. Se si sposta un pronome, la dislocazione a sinistra presenterà la forma marcata con caso, il tema sospeso solo quella non distinta per caso. Va forse notato, a questo proposito, che in italiano c'è un'interessante asimmetria nei valori del pronome di I e II singolare: *io*, originariamente un nominativo, risulta essere non marcato, mentre *me* è marcato come caso retto, quindi con

[14] I criteri per distinguere le due costruzioni sono descritti in Benincà 1988.

funzioni di 'non-nominativo' attribuite da verbi o preposizioni; al contrario, la II persona ha una forma non marcata *te*, che è possibile, nella lingua parlata, sia come forma retta che come soggetto, e una forma *tu* che è solo nominativo (si confronti *ci andrò io/*ci andrò me* rispetto a *ci andrai tu/ci andrai te*). Dicevamo che la dislocazione a sinistra si distingue chiaramente dal tema sospeso quando si sposta un sintagma che dovrebbe avere una preposizione; con i pronomi, invece, quando troviamo anteposto *io* che va riferito a un soggetto, non è possibile decidere se si tratta della forma non marcata per caso oppure della forma del nominativo, rispettivamente quindi di un tema sospeso o di una dislocazione a sinistra.

Prendiamo di nuovo un esempio di dislocazione a sinistra di un sintagma preposizionale, da (14a) formiamo (14b):

(14)   a Speriamo che non capiti niente a Mario
          b A Mario, speriamo che non (gli) capiti niente

C'è una possibilità di scelta, che varia regionalmente, fra mettere oppure no la ripresa pronominale: la relazione sintattica del sintagma anteposto con gli altri elementi della frase è sufficientemente espressa dalla preposizione, unitamente alle proprietà di selezione semantica del verbo, in sostanza le nostre conoscenze riguardo ai complementi che quel verbo può reggere [15].

Quindi, la frase che abbiamo voluto esaminare può essere interpretata come una dislocazione a sinistra o come un tema sospeso, riguardanti ambedue il soggetto del verbo della frase dipendente. Due costruzioni con precedenti di tutto rispetto: la frase di Boccaccio (9a) è ambigua come la nostra, perché è spostato il soggetto della dipendente, la frase di Giovanni Villani è chiaramente un tema sospeso, perché il pronome spostato all'inizio corrisponde a un obliquo, che se fosse completo dovrebbe essere retto dalla preposizione *a* (*a me*).

Come per il soggetto, anche l'anteposizione di un oggetto diretto non può essere attribuita all'una o all'altra di queste due

---

[15] Con il tema sospeso invece non c'è scelta, un pronome di ripresa è obbligatorio, ed è ammesso inoltre che il pronome di ripresa sia un pronome tonico:
(i) Mario, parleremo a lui volentieri/gli parleremo volentieri (tema sospeso)
(ii) *A Mario, parleremo a lui volentieri (dislocazione a sinistra)
(iii) A Mario, gli parleremo volentieri (disloc. a sin.).

costruzioni, in quanto manca la preposizione che funziona da elemento diagnostico, a seconda se è presente o assente [16].

Spostando all'inizio di frase un oggetto diretto si può scoprire invece un'altra costruzione, che si rivela dalla mancanza del pronome clitico di ripresa. Come aveva notato molti anni fa un acuto glottologo, Piero Meriggi, che aveva corredato le sue osservazioni con dati ottenuti da strumenti di analisi del suono, l'oggetto anteposto non ha la ripresa pronominale se è contrastato intonativamente. Il contrasto intonativo comporta un valore semantico particolare, per cui l'elemento spostato viene messo in contrasto con qualcosa che è stato detto o che viene presupposto. Come si è già accennato, questa proprietà è relativamente recente nell'italiano, e non è probabilmente estesa ugualmente in tutte le varietà regionali [17]. Quindi per avere frasi come

(15)   a Giovanna, vedrò domani
        b I libri, compro volentieri

è obbligatorio contrastare intonativamente l'elemento spostato: chiamiamo questa costruzione «topicalizzazione contrastiva».

Sfuggono a questo requisito alcuni particolari elementi, appartenenti alla categoria degli «operatori»: si tratta di elementi (pro)nominali, che si trovano nel lessico di ogni lingua, i quali fanno riferimento non a oggetti o a individui reali o fittizi, ma a caratteristiche di tipo logico che questi elementi devono avere. Operatori sono fondamentalmente i pronomi *qualcuno*, *nessuno*, *tutti*, *molti*, i numerali, ecc.; le lingue usano poi questi pronomi

---

[16] Può dare risultati distinti nelle varietà regionali che hanno l'oggetto diretto preposizionale, ma le differenze risultano molto sottili: le due frasi
(i) A Mario, non l'ha visto nessuno,
(ii) Mario, non l'ha visto nessuno
dovrebbero esemplificare rispettivamente (i) una dislocazione a sinistra, (ii) un tema sospeso. Se è così, dovrebbe essere impossibile una ripresa con un pronome pieno o un epiteto pronominale, qualora l'oggetto anteposto sia preceduto dalla preposizione: sia l'epiteto che il pronome tonico sono riprese possibili solo col tema sospeso:
(i) A Mario, nessuno l'ha visto
(ii) Mario, nessuno ha visto ancora a quel perdigiorno
(iii) *A Mario, nessuno ha visto ancora a quel perdigiorno.
[17] Una pragmatica diversa si osserva in Sicilia e Sardegna; molto simili all'italiano antico sono le caratteristiche dell'anteposizione nelle varietà parlate nelle valli dolomitiche di Badia, Gardena e Marebbe (ladino centrale) (cfr. Benincà 1986).

anche come aggettivi, modificando in certo qual modo la loro
funzione, e includono nella categoria degli operatori anche gli
elementi interrogativi e relativi (sui quali torneremo più avanti),
sulla base di una analogia di valore logico e semantico e di somiglianza di comportamento sintattico. Gli operatori dunque, se
possono essere spostati, non ammettono normalmente in italiano
la ripresa pronominale, come esemplificato nelle frasi seguenti:

(16)   a Qualcosa penso che (*la/*lo) farò
        b Qualcuno certamente (*l')incontrerò
        c Molto (*l')ho fatto ma molto ho ancora da fare (/*farlo)
        d Tutto, non (*lo) si può fare [18]

La proprietà di questi operatori non è limitata all'oggetto
diretto: anche gli altri complementi preposizionali vengono spostati senza copia pronominale. Si confrontino le seguenti frasi,
con spostamenti di complementi dello stesso tipo: se il complemento è costituito da un operatore, non si trova il clitico di ripresa; se il complemento è costituito da altri tipi di nominali la
ripresa non è obbligatoria, ma possibile (dà solo un effetto di
ridondanza):

(17)   a A qualcosa (??ci) pensava
        b A qualcuno (??gli) ha certamente detto la verità
        c Di molte cose non (??ne) ha parlato
        d A tutto, non (??ci) ho pensato

(18)   a Al marito, (gli) ha detto la verità
        b Di soldi, non (ne) parla volentieri
        c A Maria, (ci) pensa ancora

Nelle frasi (17) il clitico di ripresa è inserito fra parentesi con
due punti di domanda: la sua introduzione sembra in realtà inaccettabile, nella lingua accurata, ma è molto frequente nel parlato.
Una possibile ragione potrebbe derivare dalle caratteristiche sintattiche dei dialetti, alcune delle quali potrebbero passare nella
varietà regionale di italiano colloquiale: nella gran parte dei dialetti settentrionali un verbo che regge il dativo ha sempre un cli-

---

[18] Vanno tenuti distinti i casi in cui *tutto* è predicativo di un oggetto pronominalizzato (e non ripreso) con il clitico, come in (iii), che è da derivare da
(i, ii):
(i) Non ho letto tutto il libro
(ii) (Il libro) non l'ho letto tutto
(iii) Tutto, non l'ho letto.

tico dativo, anche se il suo complemento è espresso da un elemento lessicale senza spostamento: obbligatoriamente in questi dialetti abbiamo il corrispettivo di

(19) a Gli ho dato la lettera a Giorgio
     b Non gli darò la lettera a nessuno
     c A chi gli darai la lettera?

Quando il complemento dativo è dislocato a sinistra, il clitico dativo resta: esso non è quindi un clitico che riprende un complemento spostato, in quanto è comunque presente, anche se il complemento non è spostato; possiamo chiamarlo, informalmente, raddoppiamento del dativo. Ma se vogliamo connettere questa proprietà dei dialetti con la comparsa di riprese inattese in frasi come (18) o (17) e (16), diciamo che non è sufficiente a spiegarle: il raddoppiamento clitico dei dialetti vale per il dativo, la ripresa osservata nell'italiano colloquiale vale invece per tutti i complementi che hanno un clitico corrispondente; questo indebolisce quindi l'ipotetica connessione. Un curioso fenomeno che dovrebbe essere in relazione con questi casi, e che non ha ricevuto alcuna spiegazione finora, è il fatto che il clitico dativo, anche in varietà di italiano che non presentano il raddoppiamento clitico del dativo, è molto accettabile e naturale con verbi che reggono due complementi (oggetto diretto e oggetto indiretto) se l'oggetto diretto è pronominalizzato. Molti parlanti di varie regioni sono d'accordo sul seguente giudizio, che distingue nettamente la grammaticalità dei due casi di raddoppiamento: mentre (20a) è giudicata o agrammaticale o trascurata, (20b) risulta non avere particolari connotazioni:

(20) a (?)*Gli ho dato il libro a Giorgio
     b Gliel'ho dato a Giorgio

La relazione fra questo fatto e quelli visti precedentemente risulta peraltro del tutto oscura. Quindi, riguardo ai fenomeni illustrati con le frasi (16-17), concluderemo per il momento dicendo che si assiste a una tendenza nell'italiano a trascurare le proprietà degli operatori logici che dovrebbero spostarsi senza una copia pronominale. Di questa stessa tendenza ritroveremo un riflesso nelle costruzioni relative.

Alcuni verbi appartenenti a una classe ben definita presentano una particolare tendenza a essere usati con l'anteposizione di un argomento: sono i verbi di percezione e di attività psicologiche il cui soggetto logico (cioè il soggetto che è interessato all'attività psichica) è espresso con un complemento preposizionale, apparentemente un dativo. In questi verbi, il complemento preposizionale che esprime il soggetto logico viene preferibilmente anteposto, o con una dislocazione a sinistra (cioè completo di preposizione) o, nel parlato spontaneo, con un tema sospeso. La stessa costruzione viene generalizzata a verbi «psicologici» in cui il soggetto logico prende la forma di un oggetto diretto [19].

Prendiamo alcune semplici frasi come forme di base:

(21)   a   questo piace a Giorgio
        b   questo sembra opportuno a Giorgio
        c   questo diverte Giorgio
        d   questo convince Giorgio
        e   questo preoccupa Giorgio
        f   questo soddisfa (a) Giorgio
        g   questo stupisce Giorgio
        h   questo commuove Giorgio

Alcuni di questi verbi (21a, b) reggono un complemento preposizionale che semanticamente costituisce il soggetto animato che sperimenta la sensazione (lo chiameremo, come si usa, l'«esperiente»); altri realizzano lo stesso tipo di argomento con un complemento diretto, altri (21f) sembrano ammettere tutti e due i complementi (anche se la variante senza preposizione sembra quella accurata). Per tutti questi verbi, la struttura di una frase pragmaticamente non marcata, quella cioè che si adatta a un contesto in cui non ci sono particolari conoscenze da presupporre, è quella in cui il soggetto semantico esperiente compare in prima posizione, e molto facilmente preceduto dalla preposizione *a*, anche per un oggetto diretto; la ripresa pronominale eventuale corrisponderà alla reggenza reale, *lo* o *gli*, a seconda del verbo reggente, ovvero, per la I e II persona, sarà la forma indistinta di «non soggetto» *mi, ti, ci, vi*:

(22)   a   Mario, lo preoccupa il viaggio
        b   A Mario, (lo) preoccupa il viaggio
        c   Mario, non lo convince il colore

---

[19] Cfr. Benincà 1988: 133-35, e Berretta 1990.

   d A Mario, non (lo) convince il colore
   e Mario, gli piacciono i gelati
   f A Mario, (gli) piacciono i gelati

Le varianti (22a, c, e) non sono agrammaticali, ma sembrano da interpretare pragmaticamente come temi sospesi [20]. È molto comune, almeno nell'Italia settentrionale, eliminare la ripresa pronominale oggetto diretto che abbiamo messa tra parentesi nelle frasi (22b, d), in particolare se l'esperiente è di I o II persona singolare o plurale (*a me/a noi*/ecc. *preoccupa il viaggio*).

La grande mobilità degli argomenti nominali, di cui abbiamo mostrato qualche esempio, potrebbe essere interpretata come una tendenza dell'italiano a accostare gli argomenti del verbo quasi senza una vera sintassi, lasciando alla semantica — e a una specie di accordo morfologico rappresentato dai clitici di ripresa — il compito di ricostruire le relazioni grammaticali, di rimettere ordine in base alla verosimiglianza e alla plausibilità. Ma osservando da vicino i fatti e cercandovi indizi minuziosi, si vede che non si ha un disfacimento del tessuto della frase, nella quale si mantengono saldi i legami fra gli elementi. Questo è rivelato da precise restrizioni che riguardano sia i possibili clitici di ripresa — i quali sono talvolta facoltativi, ma spesso obbligatori o proibiti — sia le relazioni reciproche fra i tipi diversi di anteposizione, che non possono coesistere liberamente.

Per sgombrare il campo dall'idea che queste costruzioni appartengano a una tendenza dell'italiano moderno, osserviamo la più antica frase in volgare italiano, scritta nel 960 in area centro-meridionale: «Sao ko kelle terre per kelle fini que ki contene trenta anni le possette parte Sancti Benedicti».

---

[20] Il giudizio è, purtroppo, del tutto soggettivo e difficilmente controllabile con questi verbi, che hanno restrizioni particolari: non si può avere un tonico o un epiteto in posizione argomentale senza forzare violentemente il senso e la plausibilità delle frasi. Negli esempi seguenti gli epiteti e i pronomi preposti al verbo danno frasi naturali se l'argomento spostato (Mario) è un tema sospeso (i, iii):
(i) Mario, a quello stupido/a lui piace la pasta
(ii) *A Mario, a quello stupido/a lui piace la pasta
(iii) Mario, quello stupido non lo convince il colore
(iv) *?A Mario, a quello stupido non lo convince il colore
    Ma lasciando i costituenti al loro ipotetico posto nella frase l'effetto è particolarmente innaturale:
(v) *A Mario, il colore non convince quello stupido/lui;
(vi) ??Mario, il colore non convince quello stupido/lui.

Gianfranco Folena in occasione del millesimo anniversario di
questo documento (Folena 1960) notava che vi si osservano già
i caratteristici fenomeni d'ordine dell'italiano moderno, alcuni di
quelli che abbiamo appena visti: il soggetto finale e tre costituenti prima del verbo; l'oggetto diretto, che è tematizzato e non
è adiacente al verbo, è ripreso da un pronome clitico [21].

Sarà utile tener presente l'esistenza — nell'italiano fin dalle
sue origini — di queste costruzioni che permettono l'anteposizione di un argomento della frase, per comprendere alcune caratteristiche, anche marginali, della frase relativa, che fa parte —
con l'interrogativa e l'esclamativa — delle strutture interessate da
fenomeni obbligatori di movimento.

3. Costruzioni con movimento di operatori

3.1. Frase interrogativa

Gli operatori sono considerati nella logica elementi che «legano
delle variabili». Abbiamo visto che quando un operatore si sposta lascia preferibilmente vuota la sua posizione di partenza: sup-
poniamo che nella posizione vuota si trovi una variabile. Il parallelo più chiaro fra sintassi delle lingue naturali e logica in questo ambito è rappresentato da una categoria di operatori costituita dai pronomi interrogativi, che non si trovano nella posizione
che dovrebbero occupare in base alla loro funzione sintattica, ma
in posizione iniziale di frase: da qui 'legano' una variabile, un
elemento invisibile che assegna loro la funzione grammaticale. In
una frase come

(23)   Chi hai incontrato ieri?

il pronome interrogativo si trova all'inizio di frase e da qui lega
una variabile nella posizione di oggetto diretto, da cui riceve la
funzione di oggetto diretto del verbo *incontrare*.

Si può immaginare che il pronome interrogativo si debba
muovere dalla posizione argomentale (in questo caso, quella di

---

[21] In base a quello che sappiamo della lingua antica, possiamo presumere
che l'oggetto anteposto, se si fosse trovato in posizione direttamente adiacente
al verbo, non avrebbe avuto la ripresa.

oggetto diretto) e debba collocarsi in una posizione specifica all'inizio della frase (più precisamente, una posizione nella struttura della frase che corrisponde normalmente in superficie all'inizio di frase). Il movimento di un pronome interrogativo è un caso molto evidente di movimento di costituente in italiano: strettamente connessi a questo, anche se meno evidenti, sono fenomeni osservabili nelle relative, indirettamente legati a movimenti di operatori.

Quando il movimento riguarda un costituente che è un pronome interrogativo, vediamo dunque un argomento del verbo (un complemento o un soggetto) che non occupa la sua posizione ma è necessariamente all'inizio della frase. Questa definizione va qualificata meglio, perché non corrisponde in modo semplice ai fatti osservabili. Il pronome interrogativo può essere infatti preceduto da altro materiale, che andrà però considerato in un territorio ancora più esterno della frase. Di norma, il pronome interrogativo è seguito dal verbo flesso, e fra i due elementi non può interporsi materiale consistente; possono cioè inserirsi pronomi clitici, modificatori dell'interrogativo come *mai*, *dunque*, la negazione, incisi come *più di X*, *meglio di X*, ecc., ma non, a esempio, il soggetto del verbo (indicherò con *t* il punto nella frase da cui il complemento è stato spostato, il posto che pertiene alla sua relazione grammaticale e nel quale si colloca la variabile):

(24)   a Chi mai potremmo invitare *t*?
         b Chi più di lui vorremmo *t* qui con noi?
         c *Chi Carlo vorrà invitare *t*?

I pronomi interrogativi utilizzati in queste frasi hanno la funzione di oggetti diretti, ma non possono mai occupare la posizione canonica dell'oggetto, che è dopo il verbo [22], se non in par-

---

[22] In dialetti dell'area trevisana e bellunese, i pronomi interrogativi possono non muoversi in prima posizione e restare quindi nella loro posizione di argomenti del verbo; avremo quindi *Hai visto che?*, *Sei andato dove?*, *L'hai dato a chi?* Questa particolarità permette di notare una differenza nella posizione 'di partenza' del soggetto a seconda se il verbo è della classe degli inaccusativi — distinti dall'ausiliare *essere* — o dei non inaccusativi — transitivi e intransitivi con ausiliare *avere*. Abbiamo infatti: *È arrivato chi?* ma soltanto *Chi ha dormito? Chi ha mangiato la torta?*
La possibilità di lasciare l'elemento interrogativo nella posizione argomentale è presente nel francese colloquiale, e si riscontra in inglese nelle interrogative multiple, che vedremo in seguito.

ticolari domande, dette «domande eco», strettamente condiziona-
te da un contesto di ripetizione; un contesto di questo tipo, dal
punto di vista pragmatico, può comportare meraviglia, o riprova-
zione:

(25)   a   Potremmo invitare CHI?!
         b   Vorremmo CHI vicino a noi?!

Gli elementi o sintagmi che possono trovarsi dopo l'interrogativo in una normale frase interrogativa (p. es. *mai, dunque, più
di X, meglio di Y*) non possono occupare la stessa posizione in
una domanda eco.

Si può, con una certa semplificazione, descrivere il processo
supponendo che il verbo deve spostarsi in una posizione adiacente all'interrogativo, anch'esso al margine sinistro della frase: questo processo ha la conseguenza di 'liberare' gli argomenti, i quali
compaiono in ordine sparso in una specie di terra di nessuno alla
destra del verbo. Questo fenomeno è stato osservato in Antinucci-
Cinque (1977), e chiamato «emarginazione»: i complementi emarginati possono essere ripresi oppure no con un clitico:

(26)   a   Quando è andato, Mario, con Carlo, a Roma/a Roma,
             Mario, con Carlo, ecc.
         b   Quando (lo/glielo) porta, Mario, il libro, a Carlo/il libro a
             Mario, Carlo, ecc.

Questa generalizzazione implica, come si è detto, che il soggetto non può apparire davanti al verbo, come mostra già l'esempio (24c); si noti inoltre che esso non può apparire neppure fra
ausiliare e participio passato, diversamente da quanto si osserva
nella lingua antica. Il soggetto fra ausiliare e participio si trova
solo in interrogative con forte intonazione retorica: *Chi abbiamo
noi danneggiato? Quando sarebbe Andreoli giunto alla determinazione del delitto?*
In una interrogativa quindi il soggetto (naturalmente, se non
è l'interrogativo) si trova nella zona destra della frase, nell'area
dove finiscono, come abbiamo detto, anche gli altri argomenti.
Per questo la seguente frase è totalmente ambigua e non può
essere disambiguata neppure dall'intonazione: essendo sia l'interrogativo che il nominale due entità animate, sono ambedue can-
didati allo stesso grado a essere soggetti del verbo, e non essen-
doci complementi preposizionali, ambedue possono essere il complemento oggetto diretto del verbo:

(27)   a Chi ha visto Mario?
        b Chi ha invitato Maria?

Si noti che, pur essendo spostato, l'argomento che è costituito da un pronome interrogativo non è in nessun caso ripreso da
un pronome clitico:

(28)   a *Chi l'hai visto *t*?
        b *A chi gli hai parlato *t*?

Da questo deriva che un modo di disambiguare una delle due
possibili letture delle frasi (27) è disponibile se *chi* è il soggetto,
e consiste nel riprendere l'oggetto 'emarginato' con un clitico:

(29)   a Chi l'ha visto, Mario?
        b Chi l'ha invitata, Maria?

La topicalizzazione contrastiva che abbiamo vista al paragrafo
precedente può essere utilmente confrontata con la frase interrogativa, notando le seguenti analogie fra le due costruzioni: anche
l'elemento contrastato deve trovarsi adiacente al verbo, anch'esso
non può essere ripreso con un pronome clitico.

(30)   a MARIO, hanno visto *t* i miei amici, ieri, da Carlo
        b UN LIBRO, vorrebbe regalare *t*, a suo fratello, Maria, ecc.

Ma nella frase con topicalizzazione contrastiva il requisito di
adiacenza al verbo è meno netto, come indichiamo nel contrasto
seguente: le frasi (31), interrogative, non ammettono fra interrogativo e verbo né un soggetto (31a, b) né un elemento dislocato
a sinistra (31c); le frasi (32), con topicalizzazione, sono meno
restrittive contro l'inserzione di un soggetto (32a, b), ma sono
altrettanto rigide nell'escludere l'inserzione di un elemento disloc-
cato a sinistra (32c):

(31)   a *Chi io incontrerò?
        b *Che cosa Carlo faceva?
        c *Chi, Mario, lo potrebbe invitare?

(32)   a ?MARIO, io incontrerò
        b ?UNA TORTA, Carlo faceva
        c *NOI, Mario, lo potremmo invitare

Alcune notevoli differenze regionali appaiono in un altro tipo
di interrogative, quelle sì/no, o «polari» (cioè non introdotte da
un pronome interrogativo): nell'italiano delle isole e presumibilmente di altre aree meridionali, in queste frasi viene anteposto un

elemento della frase al verbo. Non sono stati fatti studi sistematici, ma sembra che venga anteposto il costituente che occuperebbe la posizione finale della frase non marcata, il costituente 'nuovo' per la struttura informazionale:

(33)   a (it. sett.) Hai comprato *un libro?*
         b (it. mer.) *Un libro* comprasti?

Andrebbe indagata nei particolari la relazione, in queste varietà, fra posizione dell'elemento nuovo nella frase assertiva o enunciativa e l'interrogativa sì/no. Da dati discontinui e non sistematici risulta che quello che nell'italiano settentrionale occupa la posizione finale della frase, la posizione che risulta automaticamente nuova senza contrasti intonativi, nell'italiano delle isole può (o deve) venire spostato in posizione preverbale, senza ripresa e senza contrasto, con una struttura che ricorda ancora l'italiano antico.

3.2. *La frase esclamativa*

Consideriamo solo alcuni esempi dell'esclamazione che verte sulla quantificazione o qualificazione di un elemento nominale, per osservare le analogie con le interrogative. Le esclamative di questo tipo sono costruite con un introduttore che appartiene allo stesso paradigma degli interrogativi e sono caratterizzate da fenomeni molto simili a quelli tipici della frase interrogativa diretta.
   Se l'esclamazione riguarda il solo nome, si può avere come introduttori *che* (invariabile) o *quanto, quale* (accordati col nome); il nome obbligatoriamente si sposta in posizione adiacente al quantificatore:

(34)   a Quale tristezza mi fa!
         b Quanta/che tristezza (che) mi fa! [23]
         c *Quanta (che) mi fa tristezza!

---

[23] Non ci sono studi descrittivi sulle esclamative nelle varietà regionali o nei dialetti; per l'italiano v. Battye 1983: 199-242 e bibliografia. Direi che l'inserzione di *che* in queste strutture è piuttosto tipico dell'Italia settentrionale, o per lo meno che non è altrettanto generalizzato nel toscano e in genere nell'Italia centro-meridionale. L'inserzione di *che* dopo l'esclamativo *quale* sembra invece esclusa anche nelle varietà settentrionali.

L'operatore *quanto* è di uso colloquiale solo se si riferisce a quantità (quindi se è usato con nomi numerabili al plurale, o con nomi non numerabili al singolare); *quanto* con un nome numerabile singolare è antiquato e vale "quanto grande" (cfr. 35a, b). *Quale*, riferito a qualità, è piuttosto formale, mentre *che* è la sua variante colloquiale (35c):

(35)   a Quale/che/?quanta impresa ha compiuto!
        b Quali/quante/che imprese ha compiuto!
        c Quali/che scherzi facevamo a tuo fratello!

Se l'esclamazione verte su un aggettivo che fa parte di un sintagma nominale, l'aggettivo con tutto il sintagma nominale deve spostarsi assieme al quantificatore:

(36)   a Che bella casa (che) aveva *t* Giorgio!
        b *Che bella (che) aveva (la) casa Giorgio!

L'intonazione è molto diversa da quella della frase interrogativa, ma le caratteristiche relative all'ordine delle parole, per quanto riguarda in particolare gli elementi della frase non interessati dal sintagma esclamativo, sembrano molto simili. Il soggetto e altri eventuali argomenti vengono preferibilmente emarginati:

(37)   a ??Che bella casa (che) Giovanni ha comprato!
        b Che bella casa (che) ha comprato Giovanni!
        c ??Quanti libri (che) Guglielmo tiene in camera sua!
        d Quanti libri (che) tiene, in camera sua, Guglielmo!

Copie pronominali del nominale spostato, nei casi pertinenti, sono del tutto impossibili.

(38)   a Che bella casa (che) ti sei fatto! /*(che) te la sei fatta!
        b Che bambino simpatico (che) hai! /*(che) ce l'hai!

3.3. La frase relativa

Dopo questa introduzione ai principali fenomeni di spostamento, possiamo osservare alcuni aspetti della frase relativa, una delle aree più interessanti della grammatica italiana e romanza, anche per quanto riguarda l'evoluzione delle strutture. Le proprietà della frase relativa sono strettamente dipendenti dal fatto che la sua struttura logica appartiene alla stessa famiglia delle strutture

interrogative già in latino, e d'altra parte dal fatto che tutta l'area
romanza ha semplificato, o mostra antiche e perduranti tendenze
a semplificare, il paradigma dei pronomi relativi, se non l'insieme stesso delle proprietà della struttura relativa, più di quanto
non sia avvenuto con l'interrogativa e con l'esclamativa. Confrontando le due strutture, si vede facilmente che abbiamo a che
fare con lo stesso tipo di movimento a sinistra:

(39)   a A chi hai parlato *t*?
       b Il ragazzo [a cui hai parlato *t*] è Mario
       c A chi sei andato a parlare *t*!

Nell'italiano accurato abbiamo apparentemente un paradigma completo di pronomi relativi: *che* [24], senza distinzione di caso nominativo o accusativo, corrisponde a sintagmi nominali
«nudi», senza preposizioni, quindi al soggetto, all'oggetto diretto
e al complemento di tempo; *cui* e *il quale* preceduti da preposizioni sono i pronomi relativi per tutti gli altri complementi (*cui*
da solo può svolgere anche la funzione del dativo, nell'italiano
formale o arcaizzante, oltre a quella di relativo possessivo, come
vedremo meglio). Parallelamente alle interrogative, alle esclamative, alle topicalizzate, come in tutti i casi di movimenti che lasciano una variabile nella posizione di partenza, non abbiamo
pronomi di ripresa. Ma tutto questo vale solo per l'italiano accurato e formale; se usato nell'italiano colloquiale, questo modello
ideale risulta spesso forzato e innaturale.

Innanzitutto, *che*, come è stato dimostrato da analisi molto
accurate, non è in effetti un pronome relativo, bensì lo stesso
elemento che introduce altri tipi di subordinate, esattamente come
il corrispettivo francese *que/qui* e inglese *that*. Tutti questi elementi, di per se stessi inerti, diventano operatori in grado di legare variabili: acquisiscono queste proprietà in modo indiretto, da
elementi del contesto sintattico su cui non ci soffermeremo. Ma
tenendo presente questo, diventa più comprensibile il fatto che

---

[24] *Il quale* non è affatto sostituibile a *che* in tutti i casi, diversamente da
quanto si legge in molte grammatiche, anche scolastiche. *Il quale* può essere
soltanto il soggetto della relativa non restrittiva (cfr. Cinque 1988): si confrontino per es. (i) e (ii):
(i) Mario, il quale non vuole accettare l'incarico...
(ii) *?Il ragazzo il quale non vuole accettare l'incarico.

la caratteristica di *che* di essere un puro indicatore di subordinazione si estende e si generalizza nel parlato informale: vedremo che questo processo non è affatto recente nella sintassi dell'italiano.

La frase relativa nel parlato informale è introdotta invariabilmente da *che*, non solo per il soggetto, il complemento oggetto, il complemento di tempo (che non hanno preposizioni), ma per tutti i complementi. Nella frase relativa, la funzione grammaticale da attribuire al pronome relativo può essere espressa da un pronome clitico o da un pronome tonico (eventualmente preceduto da preposizione), oppure può essere ricostruita in base all'interpretazione semantica. La scelta fra queste soluzioni non è completamente libera, anche se non sono state formulate generalizzazioni soddisfacenti riguardo al tipo di complementi che possono essere relativizzati col semplice *che* senza un clitico accordato per caso; con un dativo il complemento è preferibilmente espresso con un pronome clitico, come nell'alternativa (40b):

(40)   a Un amico a cui avevo prestato dei soldi, non s'è più fatto
             vivo
         b Un amico che gli avevo prestato dei soldi,...

Con i locativi, la scelta sembra dipendere dall'obbligatorietà del complemento: in (41b), che contiene un verbo con complemento locativo obbligatorio, è preferita la versione con il clitico; in (42b), il cui verbo non ha un locativo obbligatorio, si può più facilmente eliminare il clitico *ci*:

(41)   a Il cassetto in cui ho messo le mappe è il secondo
         b Il cassetto che ci ho messo le mappe...

(42)   a Un ristorante in cui si mangia bene è «da Oreste»
         b Un ristorante che (ci) si mangia bene...

Per i locativi e i temporali esistono elementi relativi-interrogativi meno formali che per altri complementi, *dove* e *quando*, che sopravvivono come ultimi resti del paradigma anche nei dialetti o nelle varietà regionali che hanno perso completamente gli altri relativi. Tuttavia, anche questi tipi di pronomi sono molto spesso sostituiti da *che* ed eventualmente un pronome clitico; sembra esserci una ulteriore differenza a seconda se la relativa è restrittiva (43a) o appositiva (43b); nell'appositiva appare preferita la versione con il clitico di ripresa:

(43)   a Questo è il paese in cui/dove/che (ci) ho conosciuto Maria
        b Castellino, che ci ho conosciuto Maria, è un posto orribile

Nel parlato, la ripresa del locativo con *ci* è frequente non solo
se si usa l'indeterminato *che*, ma anche in presenza di *dove*, o
addirittura dell'ancor più esplicito *in cui*.

Come abbiamo detto sopra, *cui* forma il possessivo relativo
prendendo l'articolo definito accordato con l'elemento nominale
a cui si riferisce; *cui* ha in questo caso valore di genitivo: il sosti-
tuto colloquiale è di nuovo *che* e l'aggettivo possessivo, senza differenze chiare fra relative restrittive (44a, b) e appositive
(45a, b).

(44)   a L'uomo la cui auto aveva provocato il guaio, si trovava a
           disagio
        b L'uomo che la sua auto aveva provocato...

(45)   a Mario, la cui auto aveva provocato...
        b Mario, che la sua auto,...

In particolare la relativa appositiva (almeno in varietà di italiano settentrionale) si distingue dalla restrittiva perché ammette
un pronome della serie tonica come ripresa (46), anche per soggetto e oggetto; questo tipo di ripresa è impossibile nelle relative restrittive (47):

(46)   a Mario, il quale non può venire a Terontola, manderà un suo
           uomo di fiducia
        b Mario, che lui non può venire a Terontola,...
        c Mario, che hanno proposto per la carica di direttore,...
        d Mario, che hanno proposto lui...
        e Mario, di cui non parla più nessuno,...
        f Mario, che di lui non parla più nessuno,...

(47)   a *Il ragazzo che lui non può venire è Mario
        b *Lo scrittore che di lui non parla più nessuno è Righetti

La possibilità di usare la strategia con *che* e pronome di ripresa, così caratteristica della lingua colloquiale, aumenta le possibilità della lingua, in quanto dà modo di costruire delle relative
che non sarebbero possibili seguendo la strategia rigorosa con
movimento di pronome interrogativo che lascia una traccia.

A esempio, se vogliamo relativizzare un nome che fa parte
di una coordinazione di sintagmi nominali, non possiamo farlo
secondo la strategia di movimento (48a), ma solo con la strategia di ripresa (48b), sia pure limitatamente allo stile colloquiale:

(48)   a *Mario, il quale [*t* e suo figlio] sono partiti per Andorra,...
          b Mario, che lui e suo figlio sono partiti per Andorra,...

Estrarre un relativo da un nominale complesso è pure impossibile con la strategia di movimento, ma molto usuale con la strategia di ripresa:

(49)   a *L'unica persona alla quale [l'incarico di telefonare *t*] mi emoziona è Piva
          b L'unica persona che l'incarico di telefonargli mi emoziona...

Supporre che le 'licenze' che abbiamo brevemente illustrato indichino delle tendenze dell'italiano moderno sarebbe sbagliato: il *che* per un relativo preposizionale, con o senza ripresa, si trova nel *Decameron* in abbondanza: cito esempi messi in evidenza nel 1857 da Adolfo Mussafia nel suo famoso commento all'edizione del Fanfani (ora in Daniele-Renzi 1983: 70-71):

(50)   a ad ora che veduto non poteva essere ("in un'ora in cui non poteva essere veduto")
          b per farmi far cosa che io non sarò mai lieta ("cosa della quale")
          c aggrappatosi per parti che non vi si sarebbono appiccati i picchi ("parti in cui")

Ma se ne trovano molte attestazioni anche in Petrarca, riportate come esempi da non imitare (quindi presumibilmente molto vitali all'epoca) nella grammatica di Moise (1878: 306):

(51)   a E io son un di quei che 'l pianger giova (canzone *Sì è debole il filo*)
          b Questa vita terrena è quasi un prato che 'l serpente tra i fiori e l'erba giace (sonetto *Poi che voi*)

Possiamo esemplificare il relativo con *che* e ripresa con un esempio di Leopardi, citato da Vitale (1992: 95) assieme a esempi di dislocazioni a sinistra di nominali:

(52)   Che dolore ha da essere quello del quale, chi lo prova, non se ne accorge?

La frase

(53)   un paesuccio che non ci si fa vita a male

è tratta da G. Giuliani (*Del vivente linguaggio della Toscana*, Firenze 1865) e riportata da Serianni (1990: 171n) come esempio di anacoluto.

Per quanto riguarda Manzoni, riporto un solo esempio dal suo trattato *Della lingua italiana* (edito in Poma-Stella 1974) che mi sembra particolarmente interessante come esempio di linguaggio scientifico non formale:

(54)   cose, ripeto, che una lingua le deve avere, e quelli che è la loro lingua, saperle (l.I, C.I. della quinta redazione).

In quest'ultima frase, la prima e la seconda delle tre relative sono normali relative su un oggetto, nelle quali il *che* non acquista tratti di operatore ma resta semplice congiunzione subordinante, per cui è necessaria la ripresa dell'oggetto; la seconda relativa contiene a sua volta una relativa impossibile, in cui il possessivo non può essere relativizzato per ragioni di *focus*: in una possibile variante con movimento (*cose che quelli di cui è la lingua dovrebbero sapere*) il possessivo infatti non è più asserito.

Osserviamo infine che questo complesso di soluzioni possibili fa sì che si producano, nel parlato non meditato, anche di persone relativamente colte, strutture relative in cui si sommano la strategia a movimento e la strategia con ripresa clitica:

(55)   a È un argomento *di cui* tutti *ne* parlano
         b Mario, *a cui gli* ho raccomandato di tacere, non sa più come comportarsi
         c Questo è il paese dove/in cui ci ho incontrato Maria

Va notato che questo risultato è in linea di principio diverso da quello della dislocazione a sinistra: il pronome relativo vero e proprio, come nei casi esemplificati, dovrebbe avere con il verbo la stessa relazione che ha un pronome interrogativo, quindi la posizione propria del complemento del verbo dovrebbe essere in superficie vuota di elementi lessicali (e di conseguenza, non dovrebbe essere disponibile per pronomi clitici); come in una frase interrogativa, dovrebbe restare vuota per permettere l'interpretazione della variabile legata dall'operatore interrogativo o relativo. Nella dislocazione a sinistra invece, l'elemento dislocato non è un operatore ma un normale sintagma nominale o preposizionale: dobbiamo supporre che i casi esemplificati in (55) rappresentino un'interpretazione del relativo che lo equipara a un elemento dislocato a sinistra, senza caratteristiche di operatore, anche se esso deve conservare valore anaforico, deve cioè continuare a rimandare al nominale a cui è legato: in (55a), *cui* rimanda anaforicamente ad *argomento*, in (55b) rimanda a *Mario*, ecc. Abbiamo notato sopra la stessa tendenza a perdere le caratteristiche di operatore in alcuni casi di anteposizioni di quantificatori: va notato che un effetto analogo in una frase interrogativa diretta o in una esclamativa con movimento appare invece escluso anche nello stile più informale o trascurato.

4. Riflessioni su un calco sintattico
«statu nascenti»

4.1. Il calco sintattico e il prestito di regole

Il fatto che si siano riconosciuti calchi sintattici come influsso da una lingua a un'altra va distinto dalla possibilità che una lingua possa prestare a un'altra, per contatto, regole sintattiche o strutture sintattiche produttive. Allo stesso modo, l'influsso di una lingua su un'altra potrà introdurre un modo di pronunciare un fono, ma non pare possa introdurre una regola fonologica o una struttura morfologica. Il termine «calco sintattico» è in effetti ambiguo: può indicare la trasmissione di uno scheletro sintagmatico i cui elementi lessicali passano tradotti nella lingua ricevente: a questo tipo appartengono i noti casi registrati in aree in contatto con il tedesco, come *comprare libero* "riscattare", calcato sul tedesco *loskaufen*, o *lasciare in* "far entrare", calcato su *einlassen*; dello stesso tipo sono gli esempi ben noti di calchi dal francese (colpo di fulmine, luna di miele, notizia del giorno, mettere in scena), citati come esempi di calchi sintattici in Serianni (1989: 24). Mi sembra che si tratti sempre di calchi di elementi lessicali, legati in un sintagma che è fisso, mentre riserverei il termine «calco sintattico» piuttosto a un altro tipo, che comporta la trasmissione di uno schema strutturale produttivo. Così intendeva a esempio Tagliavini (1963: I, 482) utilizzando il termine per formule come «È con molto piacere che...». Su questo va però osservato che la trasmissione di una struttura sintattica produttiva è sempre molto incerta, e che ogniqualvolta si analizza in profondità un caso veramente produttivo, si scopre che la struttura era preesistente nella lingua ricevente, e che il contatto non ha fatto che rinforzarla e estenderla[25].

4.2. L'interrogativa multipla

A quanto pare possiamo cogliere sul nascere un calco sintattico dall'inglese, ammesso che esso nasca davvero. Tenerlo d'occhio potrà essere utile per giudicare di altri casi che saremmo portati a considerare calchi sintattici senza averne potuto cogliere i primi segni di vita.

Nel mondo anglosassone esiste da molti anni un repertorio periodicamente aggiornato di schede biografiche relative a personaggi di una certa notorietà: il suo titolo è *Who's Who?*, che potrebbe essere tradotto con "Chi è chi?", ovvero, meno ambiguamente ma altrettanto incomprensibilmente, "Chi è che cosa?". La frase contiene due interrogativi, quindi due operatori e due variabili: la prima si riferisce al soggetto che, nel caso in esame, è costituito dall'entrata del dizionario (poniamo, *Charles Fillmore*), la seconda al predicato, cioè al contenuto della scheda biografica (poniamo, «linguista, nato a St. Paul, Minnesota, ecc.»). Quest'opera è divenuta nota in Italia nel dopoguerra, e ha ispirato tra l'altro rubriche giornalistiche di informazione; nella traduzione italiana il titolo dell'opera diventò *Chi è* (*Il "chi è" della moda*, ecc.), sfruttando il fatto che l'italiano può non esprimere il soggetto; in questo modo il significato della frase, che contiene due operatori, viene in parte perduto e, come vedremo subito, non si conserva una corrispondenza con la struttura della costruzione inglese.

Che il primo *who* sia il soggetto non è chiaro per un parlante inglese, nel caso specifico di questa frase. L'interpretazione che adotto dipende dalle proprietà grammaticali condivise da tutte le strutture con doppio (o triplo) interrogativo in inglese.

La possibilità di costruire frasi con due o più pronomi interrogativi è normalmente utilizzata in inglese e dà luogo a frasi che non è possibile rendere in modo semplice in italiano: quindi è

---

[25] Questo vale per la frase scissa riportata nell'esempio di Tagliavini, considerata anche da Rohlfs un francesismo sintattico, così come per la struttura della frase con verbo in seconda posizione nelle parlate ladine dolomitiche, considerata diretto influsso del tedesco (cfr. Benincà 1986).

un'area in cui un prestito linguistico si troverebbe incoraggiato
dalle ben note precondizioni per il prestito, che prevedono che un
prestito sia favorito laddove la lingua presenta una lacuna. In una
interrogativa con pronome interrogativo (prescindendo dalle possibili utilizzazioni pragmatiche o retoriche, naturalmente) si chiede di riempire un argomento della frase, espresso appunto con il
pronome interrogativo: in *Chi ha comprato il libro* si richiede
l'identificazione del soggetto della frase, in *Che cosa hanno comprato* si richiede l'identificazione dell'oggetto del verbo, ecc.
L'interrogativa con più pronomi interrogativi, o interrogativa
multipla, dà modo di costruire una domanda in cui viene richiesto di accoppiare i membri di due o più insiemi di elementi —
che possono essere già noti a chi fa la domanda, oppure no — i
quali hanno la funzione di argomenti del verbo. È possibile chiedere il corrispettivo di *Chi ha comprato che cosa?*: possiamo
immaginare una situazione in cui si sa che due o più persone
hanno comprato due o più oggetti e si chiede di accoppiare i
membri dei due insiemi, rispondendo ad esempio «Mario (ha
comprato) un carillon, e Maria una cravatta». Oppure, altrettanto
bene, potremmo avere una domanda corrispondente a *Che cosa
abbiamo comprato dove?*, in un contesto in cui si siano fatti degli
acquisti durante un viaggio, e si tenti di ricordare in quale città
si è comprato un cappello da gondoliere e in quale altra città una
torre pendente di alabastro. Questo tipo di frasi ha restrizioni sintattiche molto precise, che sono state studiate in Pesetsky (1982).
La più evidente riguarda l'interrogativo che si sposta in prima
posizione: in teoria potremmo avere sia tutti gli interrogativi in
prima posizione, sia uno solo ma uno qualsiasi, ecc.; p. es. con
due argomenti si può ipotizzare *Chi ha comprato che cosa?*, *Chi
che cosa ha comprato?*, *Che cosa chi ha comprato?* L'unica frase
corretta è la prima: uno solo dei pronomi interrogativi si sposta
in prima posizione, e se uno dei pronomi è il soggetto sarà solo
quello a spostarsi in prima posizione; se nessuno dei pronomi è
un soggetto, la scelta sarà libera dal punto di vista sintattico, cioè
uno qualsiasi dei pronomi andrà in prima posizione. Quindi tra-
ducendo *Who's who* con *Chi è* si rende di fatto la frase come se
in prima posizione si fosse spostato non il soggetto ma il predicativo: essa vale, infatti, come uno schema aperto del tipo
«(sapete, o volete sapere) chi è Tizio?», in cui *Tizio* è il sogget-

to e *chi* si riferisce al predicato. *Who's who* ha invece l'ordine
opposto degli argomenti: il primo *who* deve essere il soggetto, il
secondo il predicato.

Un famoso lavoro del sociolinguista J. Fishman era intitolato
Who speaks what language to whom and when? "Chi parla quale
lingua a chi e quando?": a parte l'ultimo interrogativo, che è
coordinato, la frase è una triplice domanda, con tre interrogativi,
uno dei quali, il soggetto, è in prima posizione. Il dialettologo
Lorenzo Coveri l'ha, per così dire, citata nel titolo di un suo
lavoro: tradotta letteralmente la frase sarebbe risultata incomprensibile, e giustamente Coveri l'ha soltanto riecheggiata, nel
suo titolo, facendone una serie di interrogative coordinate: *Chi
parla dialetto, a chi e quando in Italia?*

Ma da qualche decennio compaiono in settimanali ogni tanto
rubriche di informazione giornalistico-mondana che traducono
direttamente la struttura: «L'Espresso» aveva per esempio una
rubrica di informazione editoriale, che si intitolava *chi fa che
cosa* (senza punto di domanda). Dopo qualche tempo titolo e
rubrica scomparvero. Un settimanale di moda di questi giorni ha
una rubrica di aggiornamento sulle mondanità dal titolo *chi fa
che cosa*, sempre senza punto di domanda.

Ho provato a testare la comprensibilità di queste strutture con
soggetti grammaticalmente non sofisticati, fra cui alcuni sedicen-
ni con conoscenze di inglese: nessuno ha mostrato di capire frasi
come queste. Dopo una illustrazione del loro significato, i soggetti hanno facilmente capito frasi in cui uno dei due sintagmi
interrogativi è retto da preposizione (per esempio: «chi parla con
chi? chi scrive a chi?»); queste frasi risultano più comprensibili
di quelle in cui gli interrogativi sono soggetto e oggetto. A questo punto i ragazzi riescono anche a produrre frasi nuove, sosti-
tuendo i verbi e cambiando argomenti. In questo modo abbiamo
artificiosamente accelerato, quasi in laboratorio, un possibile percorso che potrebbe essere seguito da una struttura sintattica che
entra in un'altra lingua. Ma anche così addestrato, nessuno dei
miei soggetti è stato capace non solo di produrre, ma neppure di
capire, una struttura più complessa, come la seguente, che è invece perfettamente naturale in inglese:

(56)   Chi ha detto dove ha comprato che cosa?

5. Conclusioni

La possibilità, che si presenta piuttosto raramente, di osservare casi come quello illustrato nell'ultimo paragrafo, deve farci riflettere e indurci a attente considerazioni, quando saremmo indotti a trattare una struttura sintattica, o una regola fonologica, come risultato di un prestito. Una spiegazione di questo tipo è doppiamente infelice in quanto, oltre a non essere fondata, blocca ulteriori ricerche di spiegazioni di tipo grammaticale, interne alla lingua; talvolta vi si ricorre sulla base della semplice evidenza, ma l'evidenza non è sufficiente. Il contatto culturale non trasferisce strutture complesse e produttive, ma al massimo 'eccita' strutture e regole preesistenti: altrimenti, non può che trasferire schemi inerti e molto circoscritti.

Nel concludere queste riflessioni sulla sintassi dell'italiano contemporaneo, potremmo forse dire che l'italiano in effetti non si sta muovendo in modo evidente in qualche direzione precisa. La sua variazione grammaticale sincronica non mostra di aver subìto cambiamenti importanti da vari secoli a questa parte. Le caratteristiche sintattiche che lo distinguono da altre lingue romanze appaiono già nelle più antiche attestazioni; i fenomeni che condivide tuttora con le altre lingue romanze, come l'evoluzione del paradigma relativo e della stessa struttura relativa con movimento, hanno una evoluzione molto lenta i cui primi segnali sono di nuovo molto antichi. Il grande mutamento che l'italiano ha subìto intorno al XV secolo, la struttura della frase semplice con verbo in seconda posizione, ha di nuovo una storia che è comune alla maggior parte delle lingue romanze.

Se invece vogliamo guardare a fenomeni più minuti, allora in ogni regione, in ogni centro, troveremo differenze particolari, anche queste però con una lunga storia. Come qualsiasi lingua — per la sua struttura sociolinguistica e dialettologica, forse ancor più di altre lingue — l'italiano ha le caratteristiche di un organismo vivo e multiforme: la sua sintassi ha un'ampia area periferica mobile e apparentemente molto instabile; ma quelli che sembrano mutamenti incipienti risultano dall'affiorare di effetti provenienti da un nucleo di base che, nelle sue linee generali, è molto stabile e si evolve con estrema lentezza.

Bibliografia

AA.VV. (1983), *Studi linguistici in onore di Giovan Battista Pellegrini*, Pacini, Pisa.

Antinucci, F.-Cinque, G. (1977), *Sull'ordine delle parole in italiano: l'emarginazione*, in «Studi di Grammatica Italiana», 6: 121-46.

Battye, A.C. (1983), *Aspects of 'Wh-movement' and 'Wh-structures' in Contemporary Standard Italian*, tesi di PhD, University of Wales.

Benincà, P. (1986), *L'interferenza sintattica: di un aspetto della sintassi ladina considerato di origine tedesca*, in *Atti del XIV Convegno di Studi dialettali Italiani* (Ivrea 1984), Pacini, Pisa: 229-39.

Benincà, P. (1988), *L'ordine degli elementi della frase e le costruzioni marcate*, in Renzi 1988: 129-94.

Benincà, P. (1989), *L'ordine delle parole nelle lingue romanze medievali*, in Lorenzo 1989.

Berretta M. (1990), *Sull'accusativo preposizionale in italiano*, in Berretta-Molinelli-Valentini 1990: 179-89.

Berretta, M.-Molinelli, P.-Valentini, A. (a c. di) (1990), *Parallela 4. Morfologia/Morphologie*, Narr, Tübingen.

Cinque, G. (1988), *La frase relativa*, in Renzi 1988: 443-503.

Daniele, A.-Renzi, L. (a c. di) (1983), A. Mussafia, *Scritti di filologia e linguistica*, Antenore, Padova.

Durante, M. (1981), *Dal latino all'italiano moderno*, Zanichelli, Bologna.

Folena, G. (1960), *I mille anni del placito di Arechisi*, in «Il Veltro», 4, 3: 49-56.

Labov, W. (1972), *Sociolinguistic Patterns*, University of Pennsylvania Press, Philadelphia.

Leone, A.-Landa, R. (1984), *I paradigmi della flessione verbale nell'antico siciliano*, Centro di Studi Filologici e Linguistici Siciliani, Palermo.

Lorenzo, R. (a c. di) (1989), *Actas do XIX Congreso Internacional de Lingüística e Filoloxía Románicas* (Santiago de Compostela, 1989), Fundación Pedro Barrié de la Maza, A Coruña.

Meriggi, P. (1939), *La ripresa dell'oggetto in italiano*, in «Volkstum und Kultur der Romanen», 11: 1-30.

Moise, G. (1878), *Grammatica della lingua italiana*, seconda edizione corretta e accresciuta, Tipografia del Vocabolario, Firenze.

Pesetsky, D. (1982), *Paths and Cathegories*, tesi di PhD, MIT, Cambridge (Mass.).

Poma, L.-Stella, A. (a c. di) (1974), A. Manzoni, *Della lingua italiana*, Mondadori, Milano.

Renzi, L. (a c. di) (1988), *Grande Grammatica Italiana di Consultazione*, vol. I, Il Mulino, Bologna.

Renzi, L.-Vanelli, L. (1983), *I pronomi soggetto in alcune varietà romanze*, in AA.VV. 1983: 120-45.

Serianni, L. (1989), *Storia della lingua italiana. Il primo Ottocento*, Il Mulino, Bologna.
Serianni, L. (1990), *Storia della lingua italiana. Il secondo Ottocento*, Il Mulino, Bologna.
Simone, R.-Vignuzzi, U. (1977), *Problemi della ricostruzione in linguistica*, Atti del convegno SLI (Pavia 1975), Bulzoni, Roma.
Tagliavini, C. (1963), *Introduzione alla Glottologia*, Pàtron, Bologna.
Trumper, J. (1977), *Ricostruzione nell'Italia settentrionale: sistemi consonantici. Considerazioni sociolinguistiche nella diacronia*, in Simone-Vignuzzi 1977: 259-310.
Vitale, M. (1992), *La lingua della prosa di Giacomo Leopardi: le «Operette morali»*, La Nuova Italia, Firenze.
Weinreich, U. (1953), *Languages in Contact*, Mouton, The Hague [trad. it. *Lingue in contatto*, Boringhieri, Torino 1974].

Maurizio Dardano

Lessico e semantica

1. Premessa

Le vicende politiche, economiche, sociali e culturali sono riflesse in modo più o meno diretto nel lessico, che per adeguarsi ai bisogni comunicativi affermatisi in situazioni e in tempi diversi può seguire tre vie fondamentali: il mutamento semantico (cfr. §§ 3.3, 4.4), la formazione delle parole (§ 4.5) e il prestito linguistico (§ 4.6). Saranno questi i tre temi della nostra analisi, dedicata ai cambiamenti avvenuti nel lessico italiano durante gli ultimi cinquant'anni [1]. Gli esempi riportati nella ricerca sono stati ricavati per lo più dalla stampa (l'indicazione precisa delle fonti ricorre soltanto in casi particolari) e dalla competenza dello scrivente. Quella dei giornali è una lingua di riuso che, pur avendo caratteristiche peculiari, si propone essenzialmente di approntare ai fini dell'uso scritto modalità discorsive e materiali lessicali ripresi sia dalla lingua comune sia da settori specialistici (Dardano 1987); nel complesso si tratta di una varietà che ben documenta l'attuale fase evolutiva della nostra lingua. Poiché ci proponiamo di dare un quadro complessivo della situazione, l'analisi prende come punto di riferimento la lingua della stampa per estendersi in più occasioni ad altri settori: la lingua dei politici, della pubblicità, dello sport, delle tecniche e delle scienze, il parlato (sul quale cfr.: Holtus-Radtke 1985; *Italiani parlati* 1987; Voghera 1992). Per quei temi che sono soggetti a trattazioni specifiche in altri saggi di quest'opera ci siamo limitati a sviluppare alcuni elementi di raccordo con il quadro tracciato in questo saggio.

---

[1] Per un quadro della situazione cfr.: De Mauro 1979, Devoto-Altieri Biagi 1968, *Italiano d'oggi* 1974, Albano Leoni-De Blasi 1981, *Lingua in movimento* 1982, Cortelazzo 1983, Berruto 1987, Moretti-Petrini-Bianconi 1992.

All'aspetto semantico (in genere trascurato nelle ricerche riguardanti il nostro lessico) sono dedicati due paragrafi: un'introduzione a problemi generali (§ 2) e un esame di aspetti e fenomeni di base (§ 3), presentati con esempi tratti dall'italiano contemporaneo: si vedano in particolare (1)-(11). Nella parte successiva, dedicata ai rapporti tra il lessico e la società, dopo aver tracciato il panorama della situazione sociolinguistica (§ 4.1) ed aver illustrato la posizione dei vocabolari settoriali (§ 4.3), sono presi in esame i tre ordini di fenomeni che abbiamo già indicato. Seguono delle rapide conclusioni (§ 5) riguardanti le linee di tendenza e alcune prospettive future di studio.

Il fatto di essere il livello della lingua più immediatamente a contatto con la realtà extralinguistica induce a pensare che il lessico "riproduca" in modo immediato i caratteri del reale. Ma il rapporto tra i segni linguistici e i referenti è radicalmente arbitrario, nel senso che ciascuna lingua storico-naturale impone una propria griglia interpretativa alla realtà, attuando prospettive, suddivisioni e differenziazioni che non coincidono con quelle attuate dalle altre lingue; nell'ottica del parlante italiano al fr. *bois* corrispondono quattro referenti che noi indichiamo con parole distinte: *bosco, legno, legna, legname*; ai due vocaboli dell'inglese *time* e *weather* rispondiamo con il nostro unico *tempo*.

Il lessico è considerato spesso come un settore spurio dello studio linguistico, al quale sembra difficile applicare quel rigore metodologico che è proprio della fonologia e della morfosintassi. Tale pregiudizio dipende da tre motivi: 1) il contatto con la realtà extralinguistica rende il lessico un difficile soggetto di analisi, soprattutto per quanto riguarda il significato; 2) il lessico non presenta principi di strutturazione chiari ed evidenti come quelli che si ritrovano in altri livelli di analisi; 3) nel mondo delle parole il giudizio del parlante comune si manifesta con maggior forza e pertanto viene più spesso a conflitto con le dichiarazioni e le teorie degli specialisti. Le riserve e i dubbi espressi nei riguardi di indagini, attente a elencare e descrivere, con metodi tradizionali, fenomeni che per la loro stessa natura non sembrano adattarsi a considerazioni di carattere sistematico, hanno indotto a studiare il lessico anche nel quadro della pragmatica della comunicazione e dell'organizzazione testuale (Kalverkämper 1982, Stati 1986).

2. Distinzioni e obiettivi

2.1. La parola e il lessema

Della «parola», intesa come l'unità di base della lingua, si danno
in genere varie definizioni, ispirate a diversi criteri, ma non del
tutto soddisfacenti (Carter 1987: 3). In generale si è d'accordo
nel riconoscere alla parola alcuni caratteri fondamentali: l'autonomia discorsiva, la permutabilità esterna, le restrizioni che regolano la separabilità dei costituenti interni, il fatto di possedere
una funzione sintattica minima. Altri criteri di classificazione
dipendono dal fatto che le parole si distinguono secondo le categorie grammaticali e secondo la loro struttura interna: semplici,
monomorfematiche, prefissate, suffissate, composte, ecc.

Il linguista distingue tra la «parola» e il «lessema», un'unità
lessicale più generale, comprendente sia i singoli elementi sia le
«unità lessicali superiori», vale a dire gli insiemi di elementi che,
dal punto di vista del contenuto, hanno la stessa funzione delle
parole semplici: *ferro da stiro, indice di gradimento, macchina
da scrivere, sistema esperto, uccello mosca, aver timore, dare per
scontato, all'improvviso, di sana pianta.* Secondo un concetto
estensivo di lessema, rientrano in tale categoria anche le espressioni idiomatiche (del tipo *tirare le cuoia* 'morire', *prendere un
granchio* 'sbagliare', *fare la cresta* 'rubare sulla spesa'), che
hanno un significato non deducibile dai significati dei propri
costituenti, diversamente da quanto accade nei sintagmi liberi,
formati secondo le regole della sintassi e della semantica combinatoria. Inoltre i lessemi si devono considerare come unità del
lessico, le forme di base (p. es. *andare*), distinte dalle varie forme
attualizzate: *vado, andiamo, andai, andassi,* ecc.; tra le prime e
le seconde esiste la stessa differenza che corre tra parole virtuali
e parole reali (cfr. fr. *mots virtuels - mots actuels*; ingl. *system
words - text words*)[2]. Concluderemo dunque col dire che il lessema è l'unità di base dell'analisi del lessico.

[2] Consideriamo due aspetti della questione. Le forme *vado, andiamo, andai,
andassi* sono dette comunemente "parole" diverse, anche se dal punto di vista
semantico esse sono varianti della stessa unità sottostante, cioè dello stesso lessema. Se chiamiamo tali varianti "parole", con quale termine indicheremo l'unità
ad esse sottostante? Appare incongruo affermare che queste quattro parole sono
differenti forme della stessa parola. Al tempo stesso il vocabolo "parola" è inser-

2.2. *Lessico e grammatica*

Creare una nuova unità lessicale rappresenta il mezzo più semplice ed economico per identificare oggetti del mondo fisico e contenuti mentali: ciò appare chiaramente in quel processo centrale dell'evoluzione linguistica che è la neologia (cfr. § 4.4). In tale ottica i lessemi appaiono come il risultato di un processo di condensazione e di abbreviazione che trasforma spezzoni di enunciato in sintagmi e questi ultimi in unità lessicali: p. es. neologismi come *fascicolatore* e *videocitofono* rappresentano l'evoluzione di sintagmi del tipo: *apparecchio che raccoglie in fascicoli fogli di carta* (e particolarmente *fotocopie*), *citofono collegato a un impianto televisivo a circuito chiuso*. In tale processo, che è condizionato dalle strutture della lingua, intervengono, in modo più o meno accentuato (a seconda del particolare settore del lessico), fattori pragmatici e culturali.

Affrontando l'analisi dei costituenti della parola, osserviamo che nella forma *cantava* si distinguono: una «base lessicale» o «semantema» (*cant-*), che è una forma "libera", e un elemento grammaticale o «grammema» (*-ava*), che è una forma "legata". Le forme libere costituiscono un inventario aperto e flessibile, che in effetti può crescere quasi senza limiti proprio perché deve adattarsi di continuo al mutare della realtà extralinguistica e delle prospettive con cui essa è riguardata. Invece le forme legate (desinenze, suffissi, prefissi, preposizioni, articoli, pronomi, congiunzioni, ecc.) costituiscono un inventario chiuso: le modificazioni avvengono di solito soltanto in tempi lunghi e in genere rivelano un cambiamento profondo delle strutture linguistiche.

Tra il lessico e la grammatica di una lingua esistono dei collegamenti nella dimensione sincronica e in quella diacronica. Innanzi tutto il lessico, che possiede un'organizzazione grammaticale dei suoi componenti (distinti in nomi, verbi, aggettivi, avverbi, ecc.), non può essere studiato indipendentemente dalla sua struttura grammaticale; la formazione delle parole è il settore in cui il lessico e la grammatica interferiscono più intensa-

---

vibile per designare sia le cosiddette "unità lessicali superiori" (cfr. § 2.1 e Dardano 1982) sia le espressioni idiomatiche; infatti nell'uno come nell'altro caso abbiamo singole unità di significato, costituite da due o più parole.

mente (cfr. § 4.5). D'altra parte accade che elementi del lessico siano usati con funzioni grammaticali (cfr. le locuzioni preposizionali *a causa di, ad opera di, da parte di*) e che, viceversa, determinate costruzioni grammaticali sostituiscano parole semplici (*fare uso = usare, prendere la fuga = fuggire*). Inoltre, come abbiamo già osservato (§ 2.1), sintagmi del tipo *di lontano, d'un tratto, all'improvviso, di sana pianta, ad onor del vero* si sono lessicalizzati, passando alla condizione di unità lessicali; anche delle forme grammaticali (p. es. il participio presente *cantante*, l'infinito *piacere*, la forma del congiuntivo *vaglia* "valga") hanno subìto la stessa evoluzione, diventando dei sostantivi. Il processo contrario è la «grammaticalizzazione», che comporta il passaggio da una parola piena a strumento grammaticale: le odierne preposizioni *durante* e *mediante* provengono dagli antichi participi presenti dei verbi *durare* e *mediare*; il sostantivo lat. MENTE, ablativo di MENS, MENTIS, si è trasformato nel suffisso avverbiale *-mente*: AEQUA MENTE > *equamente*[3]. Queste tendenze sono ancora vive nella lingua di oggi: si pensi alla lessicalizzazione di alcuni sintagmi: il *fai-da-te*, un *prezzo chiavi in mano, rasoio usa e getta, una vita alla grande*; e si pensi anche alla grammaticalizzazione del vocabolo inglese *gate*, divenuto nel linguaggio giornalistico, una sorta di suffissoide "negativo": *Watergate, Irangate, Iraqgate, Irpiniagate*[4].

2.3. Lessico e vocabolario

È opportuno distinguere il «lessico», che è la totalità dei lessemi di una lingua, dal «vocabolario», che rappresenta invece un settore del primo. Ciascun vocabolario (p. es. quello di un gruppo sociale, di una scienza o tecnica, di una determinata epoca stori-

---

[3] Una grammaticalizzazione di questo tipo è rappresentata dal suffisso tedesco *-schaft*, originariamente un nome che significava 'natura, indole'; da qui si è sviluppato il significato di "collettività": p. es. *Ritterschaft* 'cavalleria'; la stessa origine ha il suffisso inglese *-ship* di *friendship*.

[4] Qualcosa di simile è accaduto con *Tangentopoli* (che ha generato gli occasionalismi: *Mazzettopoli, Mercatopoli, Mondezzopoli, Ospedalopoli, Parcheggiopoli, Terremotopoli, Vesuviopoli*, ecc. ecc.), con *-mat* (*Bancomat*), *-matic* (*spandimatic, sicurmatic*) e con il suffisso *-ette* (*sleepette, superette*); i tre ultimi tipi si ritrovano nel linguaggio commerciale e pubblicitario.

ca, di un testo, di un autore letterario) possiede un insieme circoscritto di lessemi attualizzati in un contesto definito [5]. Ai giorni nostri la moltiplicazione delle conoscenze e delle tecniche, così come la grande suddivisione delle attività lavorative, attiva di sempre nuovi vocabolari, i quali nascono dalla suddivisione e specializzazione delle vecchie entità o come aggregazione-ristrutturazione di campi e di domini lessicali debolmente gerarchizzati.

È difficile invece definire l'ampiezza di un lessico. Quanti lessemi possiede una lingua di cultura come l'italiano? Anche se sono stati fatti alcuni calcoli, secondo i quali la nostra lingua possederebbe tra i 300mila e i 500mila vocaboli (di questi circa 100mila sarebbero quelli di uso non specialistico), non sembra possibile rispondere con precisione a tale domanda. I confini di un lessico mutano sensibilmente a seconda della prospettiva in cui si pone l'oggetto della ricerca e del punto di vista adottato dall'osservatore. Consideriamo due aspetti del problema. La creatività lessicale è praticamente infinita: possiamo arricchire di giorno in giorno il patrimonio lessicale della nostra lingua mediante il mutamento semantico, la formazione delle parole e il prestito linguistico. D'altra parte la scelta dei vocaboli da inserire in un dizionario (il cosiddetto «lemmario») è un'operazione preordinata a determinati fini: dimensione e finalità dell'opera, pubblico a cui ci si rivolge, criteri di scelta dei neologismi, delle forme antiquate, delle varianti. Date queste premesse, solo a certe condizioni si può considerare il dizionario come testimone dell'ampiezza del lessico di una lingua.

Del resto va tenuto ben presente che non tutte le parole hanno la stessa importanza comunicativa: esse si distinguono per la diversa frequenza di uso e per l'essere conosciute con diversa gradualità dalle varie categorie di utenti. I primi posti (ranghi) sono occupati dai lessemi più frequenti e da quelli più disponibili. E' stato calcolato che i vocaboli più importanti della nostra lingua sarebbero circa 7000, di cui 2000 formerebbero il voca-

---

[5] Nell'uso comune *dizionario* e *vocabolario* sono denominazioni tra loro intercambiabili. Sarà bene invece usare il primo termine per indicare la raccolta in un volume (o eventualmente in un altro supporto) delle unità lessicali di una lingua (cfr. il fr. *dictionnaire* e l'ingl. *dictionary*) e riservare a *vocabolario* il valore ora definito.

bolario fondamentale (Sgroi 1981); è stato anche calcolato che
con 2000 parole si può capire circa l'85% di un testo non tecnico. Il nostro lessico più usuale appare nel complesso molto conservativo: esso è infatti «nella fase postunitaria, ancora per oltre
l'80% costituito da lessemi risalenti alla fase delle origini, inte-
grati in misura rilevante dalle neoformazioni rinascimentali» (De
Mauro 1979: 219). Sono attualmente disponibili alcuni utili strumenti di ricerca: due lessici fondamentali dell'italiano (Sciarone
1977, De Mauro 1989) e un lessico di frequenza della lingua
parlata (De Mauro-Mancini-Vedovelli-Voghera 1993), il quale,
affiancandosi all'opera analoga apparsa oltre venti anni fa e dedicata alla lingua scritta (Bortolini-Tagliavini-Zampolli 1971), permette un confronto tra queste due varietà della lingua. Infine
occorre ricordare che la «lessicografia», la tecnica di composizione dei diversi tipi di dizionari (dell'uso, storico, specialistico
— cioè riservato a un particolare settore del lessico — etimologico, ecc.), ha avuto negli ultimi decenni un notevole incremento di esperienze e di metodi[6].

2.4. La lessicologia

La lessicologia è lo studio scientifico del lessico in sincronia e in
diacronia: la distinzione tra queste due prospettive, pur corrispondendo a un'esigenza metodologica fondamentale, viene di
fatto superata quando si devono spiegare, o più semplicemente
classificare, alcuni fenomeni[7]. La distinzione tra le «parole popolari», p. es., *pieve*, *vezzo* (lat. PLEBEM, VITIUM), e le corrispondenti
«parole colte» o «latinismi» (*plebe*, *vizio*) si fonda sia su un criterio formale e tipologico sia su un criterio storico (Migliorini
1973: 215-26). È vero che, nella grande maggioranza dei casi, i
latinismi si riconoscono per il fatto che conservano maggiormente l'assetto formale del latino e appartengono in genere a settori
del lessico colto; tuttavia questi criteri sono talvolta limitati dal

    [6] Cfr. Hartmann 1983, Massariello Merzagora 1983, Landau 1989. In que-
sta sede non mi è possibile fare alcun cenno sulla produzione lessicografica italiana degli ultimi decenni; pertanto rinvio alle utili rassegne di Duro 1977 e
Pfister 1992.
    [7] Come introduzione ai problemi e agli aspetti della lessicologia si veda
Schwarze-Wunderlich 1985.

conservatorismo fonologico dell'italiano. P. es. *imperatore* (lat.
IMPERATOREM) è riconosciuto come un latinismo in base a considerazioni storiche: formalmente avrebbe potuto essere anche una
parola popolare; invece il fr. *empereur* (ãprœr), con la riduzione
sillabica, rivela la sua natura di parola ereditaria. Tale conservatorismo ha due importanti conseguenze: 1) aumenta il grado di
trasparenza dei derivati rispetto alla base: cfr. *acqua - acquoso*
con il fr. *eau - acqueux*; 2) facilita l'assimilazione di latinismi sia
direttamente dal latino sia tramite altre lingue europee[8]. Dal confronto della prospettiva sincronica e di quella diacronica risalta il
rapporto dialettico tra lo sviluppo sociale e i mutamenti che
avvengono nel mondo delle parole; si scoprono le cause e le circostanze che muovono il lessico ad adeguarsi ai nuovi bisogni
comunicativi.

È opportuno fare due osservazioni. La lessicologia e la semantica, due discipline che negli ultimi anni hanno avuto un
notevole sviluppo anche nell'ambito teorico (Wunderli 1990,
Schifko 1992), trovano nella «lessicologia semantica» (cfr. § 3.1)
un naturale terreno d'incontro, dove è possibile ricercare la soluzione di vari problemi posti dall'analisi lessicale. Le varietà funzionali (diatopiche, diastratiche e diafasiche: Coseriu 1973: 32-
37) rappresentano un fattore di dinamicità particolarmente rilevante al livello lessicale, anche perché esse, a seconda dei tempi
e delle situazioni, possono mutare statuto e funzioni: p. es. regionalismi di varia provenienza sono stati e sono tuttora interpretati, in diverse situazioni e contesti, come varianti di stile e di registro (cfr. § 3.8). Di qui discende la preminenza della situazione
rispetto alle qualità "oggettive" dei materiali lessicali.

3. Lo studio del significato

3.1. La lessicologia semantica

In questo paragrafo si individuano tre nuclei fondamentali di
interessi sui quali ci soffermeremo con esempi e illustrazioni tratti dalla lingua contemporanea: 1) la teoria della significazione; 2)

---

[8] Per il Settecento ricordiamo i franco-latinismi: *concorrenza, duttile, importante, industria*, e gli anglo-latinismi: *adepto, colonia, esibizione, inoculare.*

la definizione del semema e del sema (quindi l'analisi semica, con i relativi problemi dell'omonimia e della polisemia); 3) le macrostrutture: i campi semantici, le relazioni paradigmatiche (iponimia e iperonimia, sinonimia, antonimia), le relazioni sintagmatiche.

Il contenuto semantico di un segno è costituito dall'insieme dei tratti semantici, o «semi» (cfr. § 3.2), che lo costituiscono [9]. Tale insieme, detto l'«intensione» del segno, è in rapporto inverso rispetto all'«estensione», il complesso degli oggetti che sono indicati da quel segno: quanto maggiore sarà la prima tanto minore sarà la seconda. Per es. il «semema» (cfr. § 3.2) "veicolo" ha più estensione del semema "automobile": infatti esistono molti veicoli che non sono automobili; ma poiché sono necessari più tratti semantici per individuare il semema "automobile", si dirà che esso possiede una maggiore intensione del semema "veicolo". Questo tipo di analisi, ben noto ai filosofi, sembra adattarsi al carattere delle odierne terminologie che comportano una precisa gerarchizzazione dei propri costituenti.

L'ambito di riferimento di un segno comprende non soltanto il mondo reale, ma anche tutti i mondi possibili e i loro universi discorsivi: ciò equivale a dire che anche lessemi come *unicorno*, *drago*, *cyborg* hanno i loro referenti. La teoria della referenza fa parte della teoria della significazione; ma la seconda non si identifica con la prima: altrimenti dovremmo ammettere che lessemi come *uomo*, *fratello*, *costui*, *corridore*, *impiegato*, *padre*, tutti riferiti allo stesso individuo, hanno la stessa significazione e che pertanto sono sinonimi. Allo stesso modo *comunista* e *rosso* sono sinonimi soltanto in certe condizioni e in certi contesti.

La buona riuscita del percorso che porta a denominare con esattezza un referente consiste nell'attuare un processo di successive precisazioni, distribuito su più piani: dalla *langue* (inventario di unità minime che hanno carattere di segni) alla norma (inventario delle unità lessicali cui ha accesso il parlante); dalla norma alla *parole* (intesa come insieme di unità lessicali mono-

---

[9] Altri studiosi non parlano di tratti semantici, ma di tratti sintattici, «concernenti le possibilità combinatorie della parola», e di tratti pragmatici, cioè «di carattere stilistico e/o sociolinguistico concernenti le modalità d'uso della parola in termini di stile, di registro espressivo e di adeguamento alla situazione comunicativa» (Berruto 1976: 8).

semiche, adatte a un certo tipo di contesto), fino alla *parole* inserita in un contesto e in una situazione reale. Così, p. es., dall'unità generica della lingua *idraulico* si giunge, per tappe successive, all'uso concreto di *idraulico*, riferito all'individuo determinato che mi sta davanti: p. es. Giovanni, il mio idraulico, l'operaio di cui sono da tempo cliente e che è situato in un tempo e in una situazione concreti; quindi non un altro idraulico, che possa avere per caso lo stesso nome, una certa somiglianza nell'aspetto fisico, ecc. Lungo tale percorso l'espressione si disambigua progressivamente diventando un indicatore preciso e univoco; si passa cioè a un riferimento, pragmaticamente determinato, collegato a determinati punti della realtà extralinguistica.

3.2. *L'analisi semica*

Il «semema» è il significato di base di un lessema (quando quest'ultimo è descritto sulla base dei semi): più precisamente si tratta della parte minima, invariante, univoca, ricorrente e sistematica del significato, la quale viene attualizzata in un atto comunicativo concreto; il semema si può scomporre in semi, gli elementi minimi del significato [10]. Ponendosi come avvio di un trattamento strutturale del lessico, questa che è detta «analisi semica» o «componenziale» è considerata la via maestra per giungere a una semantica scientifica.

Come il fonema si scompone in tratti distintivi, così il semema si scompone in semi: /p/ e /b/ hanno in comune i tratti [consonante] [occlusiva] [orale] [bilabiale], ma si distinguono per il tratto [sorda] / [sonora]; allo stesso modo i sememi /uomo/ e /donna/ hanno in comune i semi [umano] e [adulto], ma si distinguono per il sema [maschio] / [femmina]. Ciascun semema si compone di uno o più semi e differisce da tutti gli altri sememi della stessa lingua perlomeno in un sema. Ispirata a un principio di economia e dotata di un carattere esplicito, questa analisi riduce un numero indefinito di sememi a un numero circoscritto di semi, organizzati in modo ricorsivo e gerarchico. Sorgono a que-

---

[10] Stati (1979: 14): «Le sémème n'est pas un faisceaux de sèmes homogènes et indépendants, mais un ensemble structuré, hiérarchisé, de sèmes liés entre eux par des relations diverses et de différents types».

sto punto vari problemi; ne ricordiamo soltanto due. Innanzi tutto
non è sempre facile distinguere tra ciò che è semanticamente rilevante (vale a dire dipendente da fattori concettuali) e ciò che corrisponde a informazioni pragmatiche o extralinguistiche: p. es.
un'analisi strutturale del dominio dei trasporti in italiano, come
quella compiuta da Becks 1981, deve tener conto necessariamente di informazioni extralinguistiche. Inoltre lo stesso contenuto
può figurare, a seconda dei casi, come sema oppure come semema: p. es. "uomo" 'essere umano' è il sema comune ai due sememi "uomo" 'essere umano adulto di sesso maschile' e "donna"
'essere umano adulto di sesso femminile'; in una disposizione
gerarchica d'inclusione l'ingl. *animal* può apparire a tre livelli: in
quello più alto è in opposizione con *vegetable*, e comprende
uccelli, pesci e insetti; in quello medio è in opposizione con
uccello, *pesce* e *insetto*, comprendendo esseri umani (*humans*) e
bestie (*beasts*); in quello più basso contrasta con *human*. Si chiama «arcilessema» il lessema che riassume tutti i tratti del suo
campo semantico (cfr. § 3.10): p. es. "uomo" 'essere umano'. Un
problema teorico fondamentale consiste nel chiedersi se i semi
siano tratti universali inerenti alla mente umana e/o ai referenti
stessi (per il dominio degli aggettivi Stati 1979: 15 ammette l'esistenza di semi panromanzi e forse universali) o siano piuttosto
propri di ciascuna lingua e pertanto radicalmente arbitrari
(Wunderli 1990: 104). Si consideri ancora il fatto che uno stesso
lessema può appartenere a più sistemi lessicali dotati di semi
diversi: a seconda del contesto il semema "animale" si analizzerà
come: [+ maschile] / [– maschile]; [+ domestico] / [– domesti-
co]; [+ commestibile] / [– commestibile].

I risultati cui perviene l'analisi componenziale non devono
tuttavia far dimenticare l'esistenza di una variabilità sociale in
virtù della quale una stessa comunità si suddivide in gruppi
diversi dotati di diversi sistemi. Non è data un'unica analisi della
realtà, ma piuttosto analisi particolari ciascuna corrispondente a
una determinata situazione e attività. La conoscenza e l'uso del
lessico risultano non omogenei in una comunità linguistica: infatti quegli stessi lessemi che appaiono come termini tecnici al parlante comune sono invece arcilessemi per lo specialista. Le strutturazioni del campo semantico mutano nei diversi strati sociali in
rapporto al grado di conoscenza e alla divisione del lavoro.

3.3. Omonimia e polisemia

Consideriamo le seguenti frasi:

(1)   a   *L'*era *volgare comincia con la nascita di Cristo*
          a'   *Giovanni* era *venuto all'appuntamento*
          b   *La* saliva *è prodotta da alcune ghiandole*
          b'   *Maria* saliva *lentamente la scala.*

In a- e in a'-, come in b- e b'-, uno stesso significante presenta due significati distinti: *era* ed *era* sono «omonimi»; si tratta di due diversi lessemi appartenenti a due diverse categorie grammaticali; la stessa cosa vale per *saliva* e *saliva*. Si può avere omonimia anche in una coppia di lessemi che hanno la stessa base lessicale ma differiscono nella categoria grammaticale: *avvio* (verbo) e *avvio* (nome); cfr. anche *sveglia* (verbo) e *sveglia* (nome); invece nel caso di *gozzo* 'ingluvie' / *gozzo* 'barca', *lama* (del coltello) / *lama* (animale) si ha la stessa categoria grammaticale ma sememi diversi. Widłak (1974: 82) distingue tra: 1) omonimi lessicali, appartenenti alla stessa categoria grammaticale; 2) omonimi grammaticali, appartenenti a diverse categorie grammaticali; 3) omonimi lessico-grammaticali, che sono il risultato di una conversione (*potere* da verbo a nome, *forte* da aggettivo ad avverbio); 4) omonimi paradigmatici o morfologici, che consistono nell'identità di diverse forme di una sola parola, nell'identità di forme corrispondenti di parole diverse o nell'identità di una o più forme di una parola con una o più forme di un'altra parola.

A parte poche eccezioni, in italiano gli omonimi sono al tempo stesso omofoni e omografi; ciò rende possibili tra l'altro vari giochi di parole. Gli omonimi che sono omografi ma non omofoni dipendono da alcune imperfezioni del nostro sistema grafematico, che non distingue, p. es.: la vocale chiusa dalla vocale aperta, cfr. *pesca* 'il pescare'/'peska/ - *pesca* (il frutto) /'pɛska/; la sibilante sorda dalla sonora, cfr. *fuso*, participio passato di *fondere* /'fuzo/ - *fuso* 'arnese per filare' /'fuso/; l'affricata dentale intensa sorda dalla sonora, cfr. *razza* 'stirpe' /'rattsa/ - *razza* (pesce) /'raddza/. Rari sono i casi di non omografia: *ha* / *a, la / là, cieco / ceco, Cantiano* (toponimo) / *kantiano* 'di Kant'. La distanza rispetto ad altre lingue appare notevole; cfr. ingl. *site, sight, (to) cite* [sait], fr. *tant, tan, taon, temps, (je) tends* [tã].

L'omonimia risultante dalla convergenza fonetica non è certo ignota alla nostra lingua (cfr. *era*, lat. AERA(M) / *era*, lat. ERAT; *atto*, lat. APTUS / *atto*, lat. ACTUS; cfr. anche, su un piano diverso *appunto*₁ "annotazione", deverbale di *appuntare* / *appunto*₂, avverbio, lat. AD PUNCTUM e *spigolare*₁ / *spigolare*₂: cfr. § 4.5.3), ma è frequente soprattutto in quelle lingue (come il francese e l'inglese) che hanno subìto un'evoluzione fonetica più intensa. Nella nostra lingua l'omonimia dipende soprattutto dal prestito linguistico: *ratto*, lat. RAPIDUS / *ratto* 'topo', germ. *rato*; *diligenza* 'zelo', lat. DILIGENTIA(M) / diligenza 'veicolo', fr. *diligence* (che è dal lat.); cfr. anche gli esempi già cit. di *lama* e *gozzo*. Questa tendenza è confermata da alcuni recenti neologismi: *testare* 'fare il test' (ingl. *to test*) / *testare* 'fare il testamento', *listare* (informatica, ingl. *to list*) / *listare* 'fare l'orlo'; cfr. anche due «occasionalismi» (vale a dire due lessemi nati in occasioni particolari e probabilmente destinati a scomparire in breve tempo: cfr. § 4.4): *gayezza* 'la condizione del gay' e *scannare* 'fare lo scanning'. Questi ultimi esempi rientrano nell'omonimizzazione di prestiti per influenza di forme indigene (Widłak 1974: 84): la traduzione approssimativa del forestierismo avviene in una forma che coincide con una parola già esistente in italiano. Tale fenomeno era diffuso anche nella fase antica della nostra lingua e riguardava nomi sia comuni che propri: *giustacuore* / fr. *justecorps*, *cerchiello* / fr. *cercueil*, *Giovanni Acuto* / ingl. *John Hawck*. Appaiono piuttosto circoscritti gli effetti della cosiddetta "doppia derivazione": *invitare* (da *invito*) / *invitare* (da *vite*); *scoppiare* (da *coppia*) / *scoppiare* (da *scoppio*) (Widłak 1974: 89). Osserviamo qualche esempio di omonimia presente nel linguaggio pubblicitario:

(2)   Se bevi NERI NE RI*bevi*.

        L'UNITÀ COMPATTA DIFENDE IL CAPITALE («Sette», suppl. del «Corriere della Sera» 8.4.93: 51)[11].

        Benvenuti in CENTRO / Centro: lo scooter con le ruote alte[12].

---

[11] Nella didascalia si legge: «CLC10 è insieme copiatrice, stampante e scanner [...] A un prezzo accessibile e con la garanzia della qualità Canon. Il capitale è salvo». L'omonimia è con «l'Unità», già organo del Partito comunista italiano; l'effetto-sorpresa consiste nel fatto che tale giornale difenderebbe "in modo compatto" il capitalismo.
[12] Vale a dire: lo scooter permette di circolare nel centro della città.

A differenza dell'omonimia, fenomeno piuttosto particolare e risultante sia da fattori diacronici sia dal contatto linguistico, la «polisemia», vale a dire la presenza di più significati nello stesso lessema, è un fenomeno onnipresente e centrale nella semantica delle lingue storico-naturali. La polisemia, che in genere va di pari passo con la frequenza (i lessemi più frequenti sono quelli potenzialmente più polisemici), è un fenomeno di grande importanza nella strutturazione del lessico per almeno due motivi: 1) attua una notevole economia di lessemi (cfr. l'estensione del cosiddetto *transfert*: § 4.3.1); 2) aiuta la memorizzazione delle unità lessicali (Schifko 1992: 139b). Consideriamo ora alcune frasi in cui ricorre il verbo *passare*:

(3)   a) *il ladro passa per la finestra* 'penetra, attraversa';
        b) *Mario passa a casa di Piero* 'va';
        c) *la pasta passa di cottura* 'eccede il giusto limite';
        d) *l'alunno passa (ad) un esame* 'è promosso';
        e) *il tempo passa* 'trascorre';
        f) *il raffreddore passa* 'finisce';
        g) *quell'incosciente passa in curva* 'sorpassa';
        h) *la spada lo passa da parte a parte* 'trafigge'.

In questi sememi, che hanno semi in parte comuni in parte distinti, si potrebbero forse individuare delle invarianti di significato in base alle quali raggruppare alcuni degli esempi ora citati. Ciò equivale a dire che in ogni lessema c'è un significato stabile, la sua invariante, e un significato contestuale variabile, determinato dal suo contorno sintagmatico, discorsivo e situazionale. Altri studiosi distinguono tra significato concettuale, connotativo, affettivo, collocativo (Berruto 1976: 43-46); si tratta di aspetti diversi che dovrebbero essere tenuti distinti dal ricercatore; accade invece che nel corso dell'analisi fattori contestuali siano spesso proiettati sui singoli lessemi. Un aiuto limitato può essere offerto dal dizionario, che assegna i significati piuttosto secondo gli usi della lingua che secondo principi semantici; inoltre si tenga presente che la definizione dizionaristica dei lemmi è in parte determinata dai caratteri e dalla finalità dell'opera: tra l'altro è più o meno estesa in rapporto alle dimensioni del dizionario. L'analisi deve riguardare sia la dimensione paradigmatica (dal momento che l'unità da analizzare rientra in un campo di parole al quale appartiene) sia la dimensione sintagmatica, ricer-

cando tutti i sensi contestuali che il verbo *passare* può assumere
(Pegolo 1987: 25); si osserveranno quindi le possibilità combinatorie di tale verbo: l'uso transitivo o intransitivo, le costruzioni
con diverse preposizioni, la presenza di un soggetto [+ animato]
o [– animato]. Il progresso tecnologico può aver modificato i
componenti lessicali: p. es. eliminando il tratto [+ umano] in
nomi come *lavapiatti* (elettrodomestico) e *memoria* (del computer) oppure modificando la struttura di sottocategorizzazione:

(4)   *l'uccello vola* [+ nell'aria] [+ con forza propria]
          Mario è volato a Parigi [+ nell'aria] [– con forza propria]
                                    [+ interno]
          la freccia vola [+ nell'aria] [– con forza propria] [+ esterno]
          il cavallo vola [+ sulla terra] [+ con forza propria].

Come appare, il progresso tecnico è in effetti un fattore della
polisemia: dalla *penna* dell'uccello alla *penna* per scrivere, dalla
freccia 'arma' alla *freccia* 'indicatore di direzione per autoveico-
li', un tempo a forma di sbarretta, ora consistente in un lampeg-
giatore. La polisemia porta talvolta lontano: tra *albero* 'pianta' e
albero (del motore) sembrano esserci soltanto due tratti comuni
riguardanti la forma: [+ lunghezza] [+ sagoma cilindrica]; potremmo considerarli due omonimi; la stessa cosa vale per *penna*$_1$
e *penna*$_2$, per *freccia*$_1$ e *freccia*$_2$.

In effetti la distinzione tra omonimia e polisemia pone qualche problema [13]. In genere il lessicografo considera omonimi lessemi: 1) che hanno diversa etimologia (*appunto*$_1$ / *appunto*$_2$,
lama$_1$ / *lama*$_2$); 2) che hanno diversa categoria grammaticale
(*cantare* verbo / *cantare* nome 'genere letterario'); 3) che, pur
avendo la stessa origine, hanno significati molto diversi (*asta*
'bastone' / *asta* 'vendita all'incanto', *fioretto* 'sacrificio' / *fioretto* 'arma', *vita* 'il vivere' / *vita* (parte del corpo umano), *radio*
'osso' / *radio* 'elemento chimico' / *radio* 'apparecchio trasmit-
tente') [14].

---

[13] È curioso il fatto che in Zing. 1983 *imposta* 'sportello girevole' e *imposta* 'parte di ricchezza dovuta allo Stato' costituiscano un unico lemma. Mutamenti nella struttura lemmatica si verificano nel tempo con il progresso della
ricerca etimologica: p. es. in Zing. 1983 si distingue tra *accatastare*$_1$ 'disporre
a catasta' e *accatastare*$_2$ 'iscrivere un immobile nel catasto'; due verbi che
costituiscono un unico lemma nel *Dizionario della Minerva*, 1827.
[14] Secondo Widłak (1974: 80) si tratterebbe di omonimi "semantici", i quali

Il lessicografo fa rientrare nella polisemia significati tra loro lontani, come risulta da qualche esempio tratto dalla terminologia automobilistica: *candela* (di cera) / *candela* (dell'auto), *sterzo* (dell'aratro) / *sterzo* (dell'auto); cfr. ancora *mascherina, marmitta, scarico*; la differenziazione è ottenuta spesso mediante l'aggiunta di un determinante: *albero di trasmissione* (*a camme*), *marmitta catalitica* (cfr. anche la *cappa* del tradizionale camino con la moderna *cappa aspirante*); o mediante la suffissazione (*carrozza/carrozzeria*). In particolari contesti il valore dell'aggettivo si modifica sia perché esso risulta dalla cancellazione di un enunciato complesso (*un appartamento miliardario, comando vocale*) sia per effetto di una trasposizione (*la neonata azienda*).

Una delle fonti principali della polisemia è la metafora, figura retorica fondata sull'identità parziale dei significati in base alla quale si ha «una "condensazione" o fusione di concetti» (Mortara Garavelli 1988: 164); una figura retorica che è stata di recente analizzata come strumento della conoscenza piuttosto che come forma linguistica (Lakoff 1986 [1991]). Il carattere espressivo del *tenor* di molte metafore usate nel linguaggio giornalistico dipende dall'intento di ottenere un'animazione del discorso, come appare negli esempi che seguono:

(5)   *braccio di ferro, un buco di mille miliardi, corsia preferenziale, disgelo, il gioiello della holding, la maratona parlamentare, polverone giornalistico, la punta dell'iceberg, il sottobosco politico, tamponamento di auto*; consideriamo anche alcuni verbi ed espressioni verbali: *decollare* (detto di un'industria), *picconare* (e *picconatore*: con riferimento a istituzioni e a persone da abbattere), *varare* (detto di una legge,

provengono da una sola parola, ma i cui significati si sono talmente allontanati l'uno dall'altro da non mostrare alcuna connessione sul piano sincronico. Come prova di omonimia Stati (1986: 39) considera anche «la capacità di derivazione», in base alla quale si distinguono due paradigmi: *partire₁* → *partita, partito, partitore, partita; partire₂* → *partenza*. La prassi lessicografica mostra notevoli incertezze: p. es., non è facile capire perché si considerino casi di polisemia (e si pongano pertanto nello stessa lemma): *lingua* 'organo anatomico' e *lingua* 'sistema grammaticale e lessicale' (per una diversa proposta di ordinamento cfr. Wunderli 1990: 106); *dispensa* 'distribuzione' - 'stanza' - 'mobile' - 'atto del dispensare' - 'fascicolo'; *quadro* 'pittura su tavola' - 'dirigente aziendale'. Utili confronti si possono istituire con altre tradizioni lessicografiche: p. es. con il trattamento di un lessema polisemico come il ted. *Bezug*: 'rivestimento' (e quindi 'copertura', 'federa') - 'acquisto di merci' - 'ordinazione' (e quindi 'abbonamento ad un giornale').

di una riforma), *dare luce verde al dibattito, all'iter parlamentare, firmare* (o *siglare*) *un gol, innescare una reazione, insabbiare un'inchiesta; limare gli utili, muoversi in sintonia, sfoltire il programma, ribattezzare qualcuno o qualcosa* [15].

Alcune di queste metafore sono nate negli ambienti politici, ma noi intendiamo riferirci all'uso e all'ampliamento che esse subiscono nel linguaggio dei media. Si può porre una differenza tra la metafora rappresentata da un solo nome (*il toro* 'borsa in rialzo') e da un nome provvisto di un determinante (*la locomotiva tedesca*, l'economia di quel Paese che è in pieno sviluppo). Caratteristica è l'espansione dei campi metaforici: dall'immagine della circolazione del sangue si sono ricavati traslati lineari, come *emorragia di voti* (o *di capitali*), e traslati più estesi: *Trentin: non faremo i donatori di sangue* («Corriere della Sera», 15.3.93: 3). Nel linguaggio comune la metafora scade per ripetitività e usura, si brucia invece rapidamente per la superficialità degli intenti e delle situazioni nel linguaggio pubblicitario: qui infatti le figure retoriche hanno una funzione conativa, non interpretativa (come accade nei testi letterari) e pertanto «agiscono solo a livello di sovrastrutture» (Corti 1973: 120).

La polisemia può essere prodotta dai meccanismi della metonimia sia con scambi lineari (*manca la luce* 'la corrente elettrica', *clergyman* 'abito sacerdotale', in ingl. 'sacerdote') sia con i trasferimenti della sinestesia, come accade sovente nel linguaggio pubblicitario:

(6)   *freschezza profonda* (ingl. *deep*) di un prodotto; *gusto morbido, luce morbida* (ingl. *soft*); *il biondo aroma del tè, il dolce che sa di primavera*; (l'amaro che è) *un concerto d'erbe.*

Sono evidenti le connessioni implicite in queste scelte lessicali, talvolta suggerite da modelli alloglotti; a proposito dell'espressione *prodotti ricchi di sole* Corti (1973: 132) ricostruisce la catena metonimica "sole = calore = giusta maturazione = bontà e genuinità del prodotto"; Cardona (1974: 68) osserva che uno slogan del tipo *sbuccia la tua aranciata* riesce a fondere

---

[15] Nella lingua media e in altri settori si sono sviluppati particolari tipi di metafore; p. es. gli animali sono ben rappresentati a vari livelli: *leone, coniglio, volpe, lucciola* (prostituta), *maggiolino* (tipo di auto), *Vespa* (ciclomotore), *tigre di carta*. Su questo tema cfr.: Ferrario 1990; Guiraud 1967: 50-63.

«in uno due momenti percettivi diversi». Non è dunque l'ardire e la potenzialità impressiva che manca a tali immagini, quanto piuttosto la serietà di intenti e la concentrazione, che sono qualità proprie del discorso artistico. Tali caratteri degli slogan ritornano anche nel linguaggio dei media, dove si parla p. es. di *cocktail di terrore e di sangue* (a proposito di un attentato) e di *carniere di immagini* (quello che si riporta dalla visita di una riserva naturale), contrapposto al *carniere di cadaveri* del cacciatore[16].

La polisemia può essere prodotta dalla sineddoche (*flipper* in luogo di *pinball machine*; si ricordino ancora le denominazioni del tipo "pars pro toto": *caschi blu, colletti bianchi, feluche* 'diplomatici'. Sono all'origine di nuovi significati anche: la generalizzazione (iperonimo in luogo di iponimo: *macchina* 'automobile'), la specializzazione (iponimo in luogo di iperonimo: come accade nell'uso di nomi commerciali in luogo di nomi comuni)[17], e ancora quelle abbreviazioni sintagmatiche che si verificano al livello divulgativo dei linguaggi tecnici: *auto catalitica* (dotata di marmitta catalitica), *cristalli elettrici* (mossi da un dispositivo elettrico), *auto integrale* (con trazione integrale sulle quattro ruote), *una tutto avanti* (un'auto in cui il motore e la trazione sono nella parte anteriore).

Poiché un segno polisemico possiede sememi simili, si pone la questione del suo significato principale (o di base), il quale può essere una sorta di denominatore comune a tutti i sememi oppure può coincidere con uno dei sememi (il più generale, il meno marcato, quello che si presta di più ad essere la base degli altri). Nella ricerca semantica si può procedere secondo due direzioni: partendo dal significante si analizzano tutti i contenuti presenti in un segno; è il percorso seguito dalla «semasiologia», con la quale tuttavia si ottengono spesso risultati parziali e troppo frazionati. Parte invece dai contenuti o dai referenti extralinguistici l'«onomasiologia», con la quale si hanno maggiori possibilità di cogliere le diverse situazioni comunicative e le relative dimensioni pragmatiche.

---

[16] Per i caratteri della lingua della pubblicità si vedano i saggi raccolti in Bandini 1987 e in Chiantera 1989.
[17] Cfr. *borotalco, ferodo.* Come risulta dalle dichiarazioni premesse ai moderni dizionari, i nomi commerciali, per i loro risvolti legali, possono rappresentare una preoccupazione per il lessicografo.

3.4. Le strutture del lessico

Fino a tempi relativamente recenti si era pensato che, a differenza della fonologia e della morfologia, il lessico fosse un livello della lingua quasi del tutto privo di strutture. In seguito queste ultime sono state dapprima individuate nelle zone continue del lessico (lo spettro dei colori) o in quegli insiemi di unità discrete che dipendono sia da condizioni reali (le relazioni di parentela), sia da strutturazioni razionali (il vocabolario intellettuale) [18]. Oggi molti linguisti condividono il parere che questo tipo di analisi, considerato l'unico mezzo per individuare strutture specifiche di una lingua storica-naturale, non debba limitarsi a settori particolari del lessico (Geckeler 1971 [1979]: 162). L'analisi strutturale del lessico deve seguire i seguenti principi:

1) i valori linguistici sono di natura concettuale e si possono definire sulla base delle loro opposizioni e del loro funzionamento, non sulla base di criteri dipendenti dall'osservazione della realtà extralinguistica; pertanto si devono considerare i dati linguistici (cioè codificati), non i dati extralinguistici, che sono fondati sulla conoscenza enciclopedica del parlante e sulle proprietà specifiche del referente; p. es. sono analizzabili lessemi trasparenti come *copritovaglia, pollo arrosto, pizza al pomodoro*, ma non i corrispondenti, formalmente analoghi, ma opachi: *coprifuoco, pollo alla diavola, pizza capricciosa*;

2) lo studio delle strutture linguistiche funzionali, che riguarda l'analisi dei rapporti tra i significati, non tra i segni linguistici e i referenti (designazione), può avvenire soltanto nella dimensione che è propria della sincronia e del sistema della lingua, escludendo pertanto: la diacronia, la considerazione del metalinguaggio e del cosiddetto "discorso ripetuto" (le espressioni idiomatiche: cfr. § 2.1);

3) non si può tener conto delle differenziazioni di carattere diatopico, diastratico e diafasico, né della dimensione discorsiva, né di quella imposta dalla norma linguistica (Geckeler 1971 [1979]: 141-50);

4) escludendo i livelli sociale ed espressivo, si deve tener pre-

---

[18] È fondamentale per il tema qui affrontato Coseriu 1973; un quadro complessivo della ricerca è tracciato da Berruto 1976: 69-115.

sente soltanto il livello descrittivo del significato (cfr. Lyons 1977 [1980]: 53), il quale: a- rappresenta il fattore centrale della comunicazione linguistica; b- è caratterizzato da principi di opposizione e di strutturazione interna (fondati sulla combinazione e selezione dei segni); c- possiede un'organizzazione analoga a quella presente nella fonologia e nella sintassi e appare quindi dotato di strutture linguistiche funzionali.

Nella prospettiva sincronica, partendo dalla tesi propria dello strutturalismo secondo la quale il significato di un parola dipende dalla posizione che essa occupa nel sistema della lingua, la lessicologia studia soprattutto l'organizzazione interna del lessico lungo i due assi, tra loro complementari, della combinazione (rapporti sintagmatici) e della selezione (rapporti paradigmatici); in tale duplice prospettiva si creano delle costellazioni di segni.

3.5. I rapporti sintagmatici

Le strutture del lessico sono alterate profondamente dall'ordine alfabetico che il dizionario impone ai lessemi; questi infatti appaiono distanziati quando sono invece in stretto rapporto tra loro, come accade p. es. nelle relazioni oppositive: *alto / basso*, *maschio / femmina*, *vivo / morto* (cfr. 3.6). La correlazione tra i lessemi dipende dai legami semantici, che uniscono tra loro i componenti di un enunciato (rapporti sintagmatici), e dai legami semantici che collegano ciascun componente ai suoi possibili sostituti (rapporti paradigmatici). Un esempio del primo tipo: dato un enunciato incompleto come *il — emise un forte nitrito*, il parlante italiano è capace di integrare la parola omessa con *cavallo*. Un esempio di rapporto paradigmatico si ha invece in questo scambio di battute: «*Carlo è presente?*» «*No, assente*», dove la sostituzione dell'aggettivo con il suo antonimo (cfr. § 3.6) provoca un cambiamento di significato. I vari tipi di rapporti di senso sono alla base della semantica di una lingua e costituiscono il fondamento della teoria dei campi semantici. Nell'espressione *la casa grande*, l'aggettivo *grande* è correlato sintagmaticamente all'articolo definito *la* e al nome *casa*; tutti e tre i componenti appartengono a parti del discorso le cui possibilità combinatorie sono determinate dal sistema linguistico. L'espressione

la casa grande fa parte di una serie di sintagmi: *la casa piccola,
la casa vecchia, la torre antica, il muro grigio,* ecc., ciascuno dei
quali è un «sintagma nominale» con la struttura "articolo + nome
+ aggettivo". Il fatto che l'espressione *la casa grande* sia una
collocazione semanticamente accettabile (mentre **il bicchiere
drammatico* e **la sfera quadrata* non lo sono) dipende dal significato associato ai lessemi che costituiscono il sistema linguistico.

   I lessemi si richiamano l'un l'altro secondo modi prevedibili
dal parlante: *nitrire* richiama *cavallo,* come *abbaiare* richiama
cane, biondo richiama *capelli* oppure un essere "umano"; si tratta di cooccorrenze abituali di lessemi che rientrano nell'ambito
dei rapporti semantici sintagmatici (Lyons 1977 [1980]: 283).
L'analisi componenziale evidenzia anche casi di incapsulazione:
si dice, p. es., che i significati "con i denti" e "con i piedi" sono
incapsulati nei significati di "mordere" e, rispettivamente, "scal-
ciare". In effetti «nel contenuto di molte parole la specificazione
delle possibilità combinatorie ("valenze") sintattico-semantiche è
indispensabile, cfr. il tratto "cavalli" nella definizione di *nitrire*»
(Stati 1988: 83). Un'estensione della collocazionalità dei lessemi
è alla base di neologismi semantici del tipo: *orchestrare una
campagna elettorale; stadio blindato per la partitissima di domenica, tempesta monetaria* (cfr. §§ 3.3 e 4.4).

   Se *nitrire, abbaiare, biondo* sono lessemi che hanno una collocazione ristretta, *andare, suonare, bianco* possono cadere in
molteplici contesti, la cui predicibilità è piuttosto vaga; le parole
vuote (articoli, preposizioni, affissi) hanno restrizioni di collocazione soltanto categoriali, non semantiche. Nelle espressioni
idiomatiche di norma non si può cambiare nulla: *fare la cresta,*
ma non **fare le creste, *far cresta.* Vi sono anche collocazioni
formali, non semantiche: il fatto che in *libro bianco* 'raccolta di
documenti e testimonianze', *verde età* 'giovinezza', *fondi neri*
'illeciti', *terno secco, pulcesecca* 'pizzico molto serrato' l'acco-
stamento dei componenti non abbia alcuna base referenziale
dimostra che la collocazione è altra cosa rispetto all'associazione
di idee. In ogni modo appare evidente che nell'analisi semantica
dei lessemi il contesto ha un'importanza fondamentale: serve
infatti a differenziare i sememi in caso di polisemia o omonimia
(funzione di monosemizzazione o disambiguazione): *dispensa*

'locale' s'incontra per lo più tra lessemi come: *cibi, alimenti, provviste, conservare, temperatura*, ecc., mentre *dispensa* 'fascicolo' richiama naturalmente lessemi come: *lezioni, corsi universitari, studenti, professori, scrivere, studiare, leggere* [19]. È noto che i contesti imprevedibili informano più di quelli prevedibili: ma i primi possono essere creativi (come accade nel linguaggio poetico) oppure mirati a finalità pratiche (come accade con l'effetto-esca nei titoli dei giornali e negli slogan pubblicitari).

Esiste una complementarità tra le dimensioni paradigmatica e sintagmatica: le prove di commutazione devono essere integrate con prove di combinazione per far constatare compatibilità, incompatibilità (restrizioni di selezione) e solidarietà; in questo modo i semmemi possono essere identificati [20].

3.6. Antonimia

Prima di affrontare il tema delle macrostrutture conviene soffermarsi su alcune relazioni di senso che sono alla loro base. L'«antonimia», che assume un'importanza preminente nell'ambito dei rapporti di senso [21], prevede che i semmemi possano trovarsi in relazione oppositiva tra loro: *alto / basso, maschio / femmina, vivo / morto* sono detti contrari o antonimi; la proprietà di un semema di avere un antonimo è detta «polarità». Se i contrari (*alto / basso*) non possono essere entrambi veri, ma possono essere entrambi falsi, i contradditori (*alto / non alto*) non possono essere entrambi veri e non possono essere entrambi falsi.

---

[19] Sull'importanza fondamentale del contesto ai fini dell'analisi semantica dei lessemi, i quali sono sempre inseriti in relazioni sintagmatiche, cfr.: Schifko 1992: 143; Tabossi 1993; per un caso particolare di specializzazione semantica avvenuta in diacronia v. Zannino 1990. L'attualizzazione dei lessemi è studiata in particolare dalla lessicologia testuale (Stati 1986).

[20] Questo obiettivo può essere raggiunto mediante due percorsi: 1) immettendo le relazioni paradigmatiche nella dimensione sintagmatica con frasi del tipo: «se non mangiano digiunano»; 2) parafrasando semmemi con frasi nelle quali ricorrano parole il cui contenuto è identico a quello dei presunti semi: p. es. "spegnere" = "fare che qualcosa cessi di bruciare" (Schifko 1992: 20).

[21] «L'antonimia riflette o determina quella che sembra essere una tendenza umana generale a categorizzare l'esperienza in termini di contrasti dicotomici» (Lyons 1977 [1980]: 301). Per una messa a punto dei problemi riguardanti l'antonimia cfr.: Stati 1979: 38-55; Dings 1986.

Un'altra distinzione si fa tra antonimi «bipolari» (*maschio / femmina, vivo / morto*) e antonimi «graduabili» (*alto / basso, caldo/ freddo*), che esprimono una gradazione e che talvolta contengono un termine medio lessicalizzato: *caldo / tiepido / freddo*; si tratta di aggettivi che ammettono la presenza di determinanti avverbiali come *molto, assai, poco, più, troppo, eccessivamente, abbastanza*, ecc. (Stati 1979: 57-66); in talune terminologie create di recente si inseriscono termini medi: v. p. es.: *liquido / semidenso / denso, vedente / ipovedente / non vedente* [22]. Antonimi «conversi» sono detti quelli che, scambiandosi i rispettivi argomenti, indicano lo stesso significato: *figlio / padre, comprare / vendere*. Talvolta per rappresentare una coppia si assume soltanto il termine positivo di essa: *quanto è alto?*, non **quanto è basso?*; *quanto è grande?*, non **quanto è piccolo?* Quale semema di una coppia sia il termine neutro, quale sia il polo negativo o positivo di una coppia dipende da fattori contestuali e pragmatici. In *Luisa è più femmina di Carla* un antonimo bipolare è reso, con un uso traslato, graduabile.

Gli antonimi si neutralizzano in particolari situazioni: gli aggettivi *bello, bravo, furbo* possono diventare per antifrasi gli equivalenti ironici di *brutto, incapace, stupido*; cfr. *bella roba!, sei stato proprio bravo!, sei proprio furbo...* La ricerca di un termine tecnico come il bisogno di espressività spingono alla creazione di coppie di antonimi mediante l'uso di prefissi (*nucleare* → *antinucleare, stabilizzare* → *destabilizzare*) e di suffissi. Nel vocabolario politico l'esigenza di distinguere tra schieramenti e prese di posizione diverse fa sì che nascano continuamente coppie di antonimi bipolari (formati con i prefissi *anti-, extra-, neo*: cfr. Junker 1958; Dardano 1986a: 362) e coppie di antonimi graduabili, formate, p. es., con l'alternanza di un diverso suffisso: *riformatore / riformista, autorità / autoritarismo, unanimità / unanimismo* (Dardano 1986a: 161; Bonnafous-Honoré-Tournier 1985: 48). Nelle formule pubblicitarie del tipo *Non chiedete una x, chiedete un y; non è un x, è un y* «la *x* rappresenta il nome generale, mentre la *y* rappresenta il nome specifico 'brevettato'»

---

[22] I procedimenti della graduabilità sono numerosi; si pensi all'uso del superlativo e alla determinazione mediante un aggettivo particolare: *ubriaco / ubriaco fradicio, ricco / ricco sfondato, furbo / furbo matricolato*.

(Folena 1964 [1989]: 109); l'antitesi, che qui ha una finalità conativa, costituisce anche la base di numerosi slogan:

(7)   *"Nordica": il duro che calza morbido.*
       La più alta qualità, i prezzi più bassi.
       Costa meno perché dura di più.
       Investite i vostri liquidi in qualcosa di solido.
       "Innocenti", molto di più niente di meno.

Agli antonimi formalmente irrelati, detti anche «antonimi lessicali» (*buono / cattivo, bello / brutto*), la creazione neologica sembra preferire la ripresa o la creazione di coppie correlate da un legame morfologico, i cosiddetti «antonimi grammaticali»: *applicato / inapplicato, influente / ininfluente, omogeneo / disomogeneo, educare / diseducare, vedente / non vedente, violenza / non violenza* (Dardano 1978a: 128); anche in questo caso la lingua moderna va verso la trasparenza e al tempo stesso verso l'"irreggimentazione": cfr. § 4.5.3 e (17)[23]. La fissazione degli antonimi, i quali non sono mai perfetti (vale a dire dipendono da vari condizionamenti extralinguistici), avviene in particolari situazioni: «*analogico / digitale*, nel contesto del calcolo, o dell'orologio; *convenzionale / nucleare*, nel contesto delle centrali elettriche, o dell'armamento; *rosso / bianco*, nel contesto del vino; *rosso / verde*, nel contesto del traffico (i colori del semaforo)» (Dings 1986: 342). Dalla poliantonimia contestuale va distinta la poliantonimia che proviene dalla polisemia: così p. es. il fatto che *celibe* abbia in *nubile* e *coniugato* due diversi antonimi dipende soltanto dal contesto.

3.7. Iponimia

Se consideriamo i rapporti che intercorrono tra i sememi: "pianta" / "albero" / "platano", osserviamo che "albero" include "platano", vale a dire è l'iperonimo di "platano", il quale a sua volta è incluso in "albero": è il suo iponimo. A sua volta "albero" è l'iponimo di "pianta": nella catena dei significati un iponimo può essere a sua volta un iperonimo. Dal punto di vista dell'estensio-

---

[23] Sull'opposizione parole trasparenti / parole opache cfr. Ullmann (1962 [1966]: 131-86).

ne la classe degli "alberi" include tutti i "platani"; dal punto di
vista dell'intensione la situazione è invertita: infatti "platano"
contiene tutti i semi di "albero" e un sema in più. Come appare, il rapporto tra iperonimia e iponimia è quello che intercorre
tra il *genus proximum* e la *differentia specifica*. La negazione
dell'iperonimo comporta necessariamente la negazione dell'iponimo (qualcosa che non è un "albero" non può essere un "platano"); l'inverso non è valido. La relazione di inclusione è irrifles-
siva ("platano" non può essere il suo proprio iponimo e iperonimo), asimmetrica (il fatto che gli "alberi" includano i "platani"
implica necessariamente che i "platani" non includono gli "alberi") e transitiva (se le "piante" includono gli "alberi" e gli "alberi" includono i "platani", necessariamente le "piante" includono i
"platani"). Rispetto a "platano", "albero" comprende un numero
inferiore di semi: pertanto è semanticamente meno specifico;
"albero" può sostituire "platano", ma non accade il contrario;
invece l'opposizione "platano" / "quercia" è equipollente; i due
sememi differiscono non per la presenza di uno o più semi, ma
per il fatto che a un nucleo generale comune viene aggiunto perlomeno un sema diverso. Nelle moderne terminologie tecniche si
sono sviluppate catene di iponimi che non sempre sono note nella
loro interezza all'uomo della strada:

(8)   *aeromobile / aerodina / aeroplano / aereo a reazione (jet)*
        veicolo / autoveicolo / automobile / automobile da turismo -
        automobile da corsa - (automobile) utilitaria - (a.) fuoristra-
        da - (a.) integrale, ecc.

La relazione di iponimia-iperonimia, che è la più generale e
la più importante nella strutturazione del lessico, costituisce il
fondamento di tutte le classi semantiche: conseguentemente può
servire di base alla definizione lessicografica. Si possono distinguere due tipi di iponimi: il primo possiede una denominazione
distinta e senza rapporto di forma rispetto all'iperonimo (p. es.
mobile / tavolo, sedia, armadio); il secondo invece replica l'iperonimo aggiungendovi un determinante: *tavolo / tavolo da cuci-
na, tavolo da disegno*; *gatto / gatto siamese* (o *siamese*), *gatto
soriano* (o *soriano*) (Kleiber-Tamba 1990: 24); come appare, il
determinato talvolta può cadere.
    Le esigenze connesse allo sviluppo della vita moderna spin-
gono a un uso di iperonimi più intenso rispetto al passato: *agen-*

ti atmosferici, accessori, aeromobili, contenitori, ingredienti, involucri, veicoli sono lessemi divenuti oggi più frequenti nella lingua di ogni giorno perché coprono la molteplicità di referenti particolari, soddisfacendo al tempo stesso quell'esigenza di astrattezza e genericità che è richiesta in varie situazioni comunicative. Nel linguaggio sindacale la preferenza per l'iperonimo *lavoratori* in luogo di più specifiche denominazioni corrisponde all'intento di porre sullo stesso piano diverse categorie; cfr. anche l'astrattezza di certe circonlocuzioni, cui è connessa anche la ricerca dell'eufemismo (cfr. § 4.2): *personale docente / personale non docente, operatore ecologico.*

Con la formazione delle parole si ottengono degli iperonimi, che sono usati come collettivi soprattutto nei linguaggi burocratico e giornalistico: *emittente* → *emittenza* 'l'insieme delle emittenti televisive', *esercente* → *esercenza* 'l'insieme degli esercenti'; in determinati contesti gli astratti *presidenza* e *utenza* sono preferiti a *presidente* e *utente.* Talvolta l'attribuzione di un iperonimo ha il carattere della convenzionalità: Arcaini (1968: 180) attribuisce alla serie *pacco / pacchetto / mazzo / confezione* l'iperonimo "insieme di oggetti". Berruto (1976: 72) ricorda gruppi di aggettivi costituenti (secondo l'intuizione del parlante) dei campi semantici, a ciascuno dei quali tuttavia, in mancanza di un iperonimo lessicalizzato, possiamo attribuire soltanto un sintagma sovraordinato esterno e metalinguistico:

(9)   *bello - grazioso - carino - piacevole - gradevole - meraviglioso,* ecc. / "aggettivo di bellezza"; *caldo - bollente - rovente - tiepido - fresco - freddo - gelido* / "aggettivo di temperatura"; *vecchio - anziano - adulto - giovane* / "aggettivo di età".

3.8. Sinonimia

Sono detti «sinonimi» due o più lessemi che hanno lo stesso significato fondamentale; in effetti la sinonimia è una relazione riflessiva, simmetrica e transitiva, da non confondere con la similarità, che è necessariamente transitiva. Anche se l'identità semantica è la relazione analizzata più frequentemente e la più dibattuta, si ammette che sinonimi veri e propri non esistono; si fa talvolta eccezione per varianti di una stessa forma (*devo -*

debbo) e per talune alternanze tra vocabolo comune e termine
tecnico: *tronco - ossitono*, *leone - Felis leo*. Tuttavia in quest'ultimo esempio la differenza situazionale ed espressiva è evidente. Nel giudicare se due forme linguistiche sono o no sinoni-
me si deve tener conto del contesto: i lessemi *faccia, viso, volto*
sono intercambiabili soltanto se è presente il tratto [+umano]; cfr.
*il volto del cubo, *il viso del cubo. Si può parlare di sinonimia
parziale (due o più semèmi hanno semi in comune e uno o più
semi diversi) nel senso che lo scambio può avvenire soltanto in
alcuni contesti.

   Più specificamente la definizione della sinonimia può essere:
1) referenziale (a- e b- sono sinonimi perché denotano lo stesso
oggetto); 2) distribuzionale (a- e b- sono sinonimi se hanno lo
stesso significato nello stesso contesto); 3) segnica (a- e b- sono
sinonimi se hanno gli stessi semi e questi sono ordinati nella
stessa struttura). Osserviamo che la definizione 1) comporta un
legame indissolubile tra referenza e significato; per quanto riguarda 2) ci domandiamo se hanno veramente lo stesso significato due frasi come: *mi dolgono i piedi* e *mi fanno male le fette*
(la sinonimia è qui denotativa, ma non connotativa); per quanto
riguarda 3) si può affermare che una sinonimia assoluta (denotativa e connotativa) si ha nel campo della *parole*, non della *langue* e della norma. In effetti due forme linguistiche possono dirsi
sinonimiche soltanto se hanno in comune: 1) i tratti di contenuto, 2) la possibilità combinatoria con altre forme linguistiche, 3)
la situazione diacronica, 4) la frequenza statistica, 5) il registro
particolare. Poiché semèmi che coincidono in tutti gli aspetti
(denotazione, distribuzione, connotazione, frequenza) sono molto
rari, ci si limita per lo più all'aspetto denotativo e cognitivo:
insomma, pur designando la stessa classe di referenti, due sememi possono variare per altri aspetti. Bisogna distinguere tra identità di significato e identità di riferimento: il fatto che *lasciami la
guida* e *lasciami il volante* esprimano, in una situazione data, lo
stesso ordine non vuol dire che *guida* e *volante* abbiano lo stesso significato.

   La sinonimia costituisce una buona prospettiva per osservare
variazioni non denotative temporali (gli arcaismi: *sorella / siroc-
chia, uccello / augello, vedo / veggo*), regionali (*adesso / ora,
scordare / dimenticare, cocomero / anguria*), di registro (*denaro /*

*soldi / grana, gatto / micio, sciocchezze / cavolate, imbrogliare /
infinocchiare, mettere in difficoltà / inguaiare*), di grado di tec-
nicità (*emicrania / mal di testa, cassette recorder / mangianastri,
telefono cellulare* o *radiotelefono / telefonino*). Per le fasi passate della lingua assume una particolare importanza la cosiddetta
ipertrofia sinonimica: *alloro / lauro, ruscello / rivo / rio, sponda /
riva / ripa*; mentre nella fase odierna sono notevoli tra l'altro i
"doppioni burocratici": *utenza / utente, dirigersi / andare, usu-
fruire / usare, effettuare / fare* (Stati 1988: 9).

Le varietà regionali di italiano appaiono ancora oggi differenziate soprattutto in alcuni settori del lessico non esposti allo
sviluppo tecnologico e al progresso sociale: i «geosinonimi» o
sinonimi regionali sono vocaboli ed espressioni riguardanti il
mondo rurale (termini relativi all'agricoltura, all'allevamento del
bestiame, all'ambiente naturale), gli usi e i costumi locali, le attività domestiche, i prodotti tipici delle regioni, l'alimentazione (p.
es. i tagli della carne), l'espressività popolare quale si realizza in
particolari situazioni e circostanze. Grazie all'azione dei media,
tale differenziazione, se risulta ancora nel complesso un fattore
caratterizzante, si è andata attenuando negli ultimi anni: significativo è il caso dell'italiano regionale di Sicilia, sempre più pene-
trato da varianti che provengono da ogni parte d'Italia (Ferreri
1983). Per una trattazione del fenomeno si rimanda al saggio di
Tullio Telmon, nel vol. *IIC. La variazione e gli usi;* qui ricordiamo soltanto le linee generali del tema e alcuni esempi.

I regionalismi assumono valenze stilistiche negative (l'uso
comico di meridionalismi) e, più raramente, positive: è il caso del
settentrionale *anguria*, che a Roma (dove è presente *cocomero*) è
usato come variante elevata (*melone* o *mellone* sono le forme
meridionali); *cacio* toscano e meridionale si oppone a *formaggio*
settentrionale e proprio dello standard. Taluni regionalismi possono avere corrispondenza nella fase antica dell'italiano letterario
(l'attuale e meridionale *scostumato* 'maleducato' è già presente
nel Boccaccio: cfr. *Decameron* 9,3,3) o nell'italiano standard di
oggi, dove hanno un diverso significato: *posteggiatore* 'custode
delle automobili nei posteggi' vale a Napoli 'suonatore girova-
go', a Roma 'venditore che occupa un determinato posto in mer-
cati e sim[ili], pagando il relativo posteggio' (Zing. 1983). Si noti
che nella varietà toscana *sciocco* vale 'che sa poco di sale', nella

varietà romanesca un *macello* è un 'disastro', in Sicilia la *stagione* è la 'primavera'.

Accanto ai regionalismi propri di ciascuna delle quattro grandi varietà d'italiano regionale (settentrionale, toscana, romana, meridionale), ve ne sono altri circoscritti ad aree di minore estensione. Nella varietà lombarda troviamo, p. es., *barbone* 'mendicante' e *sberla* 'schiaffo': il primo di questi due vocaboli è entrato da tempo nello standard grazie alla stampa, il secondo è stato diffuso ampiamente da una fortunata trasmissione televisiva; invece *michetta* 'panino' è di uso regionalmente circoscritto; hanno rilevanza non soltanto lessicale l'uso di verbi composti (*portar su, portar giù, prender su*) e la negazione del tipo *crede mica* '(egli) non crede'.

Varianti diatopiche acquistano valore diafasico: così il parlante può scegliere tra parole neutre come *schiaffo, mendicante*, da una parte, e le corrispondenti parole espressive, dall'altra: *sberla, sventola, sganassone*; *barbone, pezzente, straccione*. L'interscambio lessicale tra lingua comune e dialetti è stato attivo in ogni momento della nostra storia linguistica: *arsenale, birichino, brughiera, grissino, pernacchia, zattera* sono antichi dialettismi che fanno parte da tempo del lessico italiano (Zolli 1986).

Finora è stata scarsamente studiata la relazione "parte-tutto", quale appare, p. es., nella coppia di semantemi *tetto / casa* e ancora in serie di «meronimi» (lessemi che esprimono referenti che sono parti di un insieme): *unghia - dito - mano - braccio*, ecc. / *corpo, corridoio - anticamera - soggiorno - camera da letto*, ecc. / *casa*. È opportuno ricordare la differenza che corre tra l'inclusione e la relazione "parte-tutto"; si confronti a tale proposito la frase *il gatto fa parte dei felini; il gatto è un felino* con la frase *lo schermo fa parte del televisore; *lo schermo è un televisore*.

Ricordiamo infine la relazione causativa, che riguarda coppie di verbi come *apprendere / sapere*. Se confrontiamo due frasi come *la signora apprende la notizia* e *la signora sa la notizia*, possiamo dire che *apprendere* è la "versione" causativa del verbo *sapere*.

3.9. Macrostrutture

Tenendo presenti i principi di analisi e le strutture semantiche finora esaminati passiamo a trattare delle «classi lessicali» e dei «campi lessicali». Per quanto riguarda la prima di queste due macrostrutture, osserviamo che, facendo uso di alcune categorie logiche (intensione ed estensione: § 3.1, identità, inclusione ed esclusione: § 3.7, riflessività, simmetria e transitività), è possibile individuare tra i sememi delle relazioni paradigmatiche ricorsive (cioè esistenti tra molte classi semantiche) e tali da caratterizzare la struttura di tutto il lessico. «Una classe è l'insieme dei lessemi che, indipendentemente dalla struttura del campo di parole, sono tenuti insieme da un comune tratto distintivo semantico» (Coseriu (1967 [1971]: 305). Esempi di classi sono: "essere umano" / "essere non umano", gli aggettivi positivi e negativi, i verbi transitivi e intransitivi. Il «classema» è il tratto semantico con cui è definita una classe: [+ umano] / [– umano]; [positivo] / [negativo]. I lessemi che appartengono alla stessa classe (ma che sono compresi in campi semantici diversi) manifestano uno stesso comportamento grammaticale e lessicale. Nella frase *gli studenti leggono i libri* sia il sostantivo che il verbo contengono il classema [+ umano] o [essere intelligente]. I classemi sono fondamentali per la costituzione di classi semantiche e per determinare le restrizioni di selezione, riguardanti il comportamento sintagmatico dei sememi: è possibile la frase *gli studenti leggono i libri*, ma non **i gatti leggono i libri*. Il progresso tecnico ha fatto sì che *leggere* abbia acquisito anche un significato particolare nell'ambito dell'informatica:

(10)   *leggere*: "prelevare dati da un certo tipo di supporto o di memoria (p. es. schede perforate) per trasferirli a un altro (per es. la memoria principale di un elaboratore)" (Zing. 1983). Cfr. anche *lettore* "apparecchio o dispositivo per 'leggere', nei vari sign. tecnici" (Duro 1986): *il laser legge il codice a barre*; dove *laser* ha il tratto [– umano].

I classemi si distinguono dai semi che operano a un livello specifico e nell'ambito di un particolare campo semantico: il semema "automobile" si identifica in base ai semi: (veicolo) "mosso da un proprio motore", "trasporto su strada", "per passeggeri", ecc. Le classi non sono soltanto costruzioni teoriche, ma corrispondono a realtà cognitive: costituiscono infatti quel fondo di associazioni dal quale i parlanti possono selezionare elementi per determinati fini comunicativi.

I sememi delle parole *sedia*, *poltrona*, *sgabello*, *canapé*, *pouf* contengono il sottoinsieme comune "oggetto per sedersi munito di zampe", il quale è detto «arcisemema» ed è incluso in ciascuno dei detti sememi. Questi ultimi costituiscono una classe, vale a dire un insieme contrastante di sememi che conservano tra loro una relazione di coiponimia e sono "intensionalmente" inclusi dallo stesso arcisemema, che nel caso particolare ha una realizzazione lessicale nel lessema *sedile*. Quest'ultima circostanza non si verifica sempre; talvolta in luogo di un iperonimo lessicalizzato si può ottenere soltanto un sintagma sovraordinato esterno (cfr. § 3.7).

Un tipo particolare di classi semantiche è costituito dalle «tassonomie», le quali comprendono diversi livelli gerarchici fondati sulla relazione di inclusione (come accade p. es. nelle classificazioni delle scienze naturali). Tra i sememi di una classe tassonomica complessa esistono soltanto due tipi di relazione: l'inclusione (diretta o indiretta) e l'esclusione. Diversamente dalla gerarchia, che opera su una sola dimensione, nella tassonomia «il grado è rilevante, per cui la posizione nell'ordine di ciascun termine, esprimibile come la distanza in numero di gradi da uno dei due estremi, è una caratteristica che serve a definire quel termine» (Halliday 1976 [1987]: 122). La struttura rigida delle tassonomie presenta due svantaggi: mancanza di sinonimi e assegnazione fissa di un solo posto a ciascun semema.

Un campo lessicale «è, nella prospettiva strutturale, un paradigma lessicale, che scaturisce dalla segmentazione di un *continuum* lessicale di contenuto in diverse unità, che nella lingua si presentano alla stregua di parole: queste unità si dispongono in opposizioni immediate tra loro in forza di semplici tratti semantici distintivi» (Coseriu 1967 [1971]: 304). I componenti di un campo semantico sono sememi tra loro simili aventi in comune perlomeno un sema, il quale rappresenta la base definitoria della classe (Schifko 1992: 139): si tratta dell'arcisemema (cfr. § 3.9), presente con una forma lessicalizzata oppure con un sintagma sovraordinato. I sememi del campo appartengono di norma (ma non necessariamente) alla stessa categoria grammaticale: si veda p. es. l'analisi componenziale dei verbi di movimento, compiuta da Pegolo 1987; invece nell'analisi di Becks 1981, relativa al dominio dei trasporti, appaiono verbi, nomi e aggettivi. La scelta dei semi e delle costellazioni costituisce il problema fondamentale di questo tipo di ricerche; ma naturalmente anche l'impostazione metodologica ha una notevole importanza. In Italia, dove non sono mancati studi di semantica storica (sull'evoluzione dei significati di parole come *classe, democrazia, artista, arte* cfr. De Mauro 1971: 163-91; per il vocabolario politico della fine del XVIII sec. v. Leso 1991; la storia di *catastrofe* è tracciata in Tesi 1992-93), si è riscontrato finora uno scarso interesse per la semantica descrittiva, soprattutto se considerata in una prospettiva strutturale (Stati 1988: 84), tanto che ancora a metà degli anni Settanta l'autore di un pionieristico e aggiornato manuale di semantica dichiarava di aver approntato innanzi tutto «un repertorio di nozioni» (Berruto 1976: 1). Partendo dalla convinzione che le definizioni di un dizionario possano costituire una base per le definizioni in tratti, M. Alinei (1974) si è proposto di descrivere ottocento lessemi del dominio "cavallo", nonché i lessemi del dominio "suono del cane". Questa ricerca (la quale è ispirata da tre principi: 1) nessuna unità lessicale resta isolata, 2) un ordine gerarchico domina l'intero lessico, 3) i significati lessicali sono scomponibili in tratti binari in virtù delle opposizioni tra i lessemi e della gerarchia dei domini e dei sottosistemi) ha punti di contatto con quell'analisi componenziale che, sviluppata in una prima fase dagli antropologi americani, è stata poi ripresa, con diverse accentuazioni, dai generativisti e da alcuni strutturalisti europei: L. Hjelmslev, B. Pottier, E. Coseriu (Berruto 1976: 24-25, 90-92). L'intento comune è quello di descrivere i significati lessicali come combinazione di tratti distintivi (semi), trasformando le classi aperte del lessico in classi chiuse (come quelle della fonologia e del lessico). Fondata sulle definizioni lessicografiche è anche l'analisi componenziale degli aggettivi delle lingue romanze condotta da Stati 1979, nella quale appaiono categorie semiche come la polarità, lo spazio di designazione tra i due poli, la graduabilità, la valorizzazione, ecc.

Un'applicazione dell'analisi componenziale in chiave generativista al lessico italiano appare anche in Parisi-Antinucci 1973; qui tuttavia i componenti del significato di una parola hanno la stessa organizzazione dei componenti di una frase: si tratta di una

configurazione di tratti semantici, vale a dire di proprietà e relazioni assegnate a cose ed espresse con indicatori del tipo: "cambia", "coincide", "causa", "aggiunta", "negazione"; una parte del
significato lessicale è costituita dall'"enciclopedia", analizzabile
anch'essa in termini di configurazioni di componenti. È evidente
il carattere logico di questa ricerca, nella quale i predicati semantici sono ben diversi dai tratti distintivi di Alinei 1974.

Un incontro di diversi campi (o microparadigmi) semantici si
ha in alcuni titoli "metaforici" della stampa:

(11)   *Eni, dove i partiti facevano il pieno* («la Repubblica», 13.3.
       93: 11) può essere analizzato come l'incontro di due catene di
       significati: *Eni* [= Ente nazionale idrocarburi] - *benzina* - *fare
       il pieno / fare il pieno* "prendere denaro quanto più possibile
       (mediante le cosiddette tangenti)" - *partiti politici*

       Senato, curva sud... («la Repubblica», 11.3.93: 1) I tumulti
       avvenuti al Senato sono paragonati a quelli che avvengono nel
       settore più turbolento dello stadio romano del calcio.

Titoli-esca di questo genere presuppongono da parte del lettore una conoscenza precisa degli avvenimenti e un rapporto continuativo con il medium tale da generare un particolare sistema
di attese (Savarese 1991: 184). Del resto la spiegazione degli
eventi è affidata ad altre parti della titolatura (sopratitolo, sotto-
titolo, sommario, ecc.).

4. Il lessico e la società

4.1. Nuove situazioni

A partire dall'ultimo dopoguerra si sono affermate nuove fonti di
lingua e nuove modalità di trasmissione e di ricezione dei messaggi; i testi letterari hanno perduto parte del loro prestigio a
favore dei testi tecnico-scientifici; il gioco delle presupposizioni
si è fatto più complesso; il contesto (interno ed esterno) ha visto
aumentare la sua importanza nel determinare il significato dei
lessemi [24]. Alla maggiore rilevanza del contesto si associano due

---

[24] Per rendersi conto della qualità dei testi prodotti dai media del nostro
tempo è necessario un confronto con i testi composti in periodi precedenti: per
un rapido *excursus* nella stampa italiana dal 1881 ai nostri anni Sessanta si veda
Dardano 1978b: 13-52.

altri fenomeni: l'accresciuta mobilità dei vari settori del lessico e l'intensificarsi dei rapporti tra i diversi vocabolari e tra le diverse strutture testuali. Negli ultimi decenni molti vocaboli ed espressioni sono usciti dai loro ambiti originari; termini specifici, perduta la loro marcatezza, sono passati in campi diversi assecondando un moto di continua riformulazione dei messaggi: «i fenomeni di contatto, interferenza, reciproco influsso e mescolanza nei sistemi e nell'uso [...] hanno conosciuto dimensioni nuove e macroscopiche, dato il profondo rivolgimento delle abitudini linguistiche e la forte espansione della lingua standard in tutti gli ambiti d'impiego sotto la spinta dei mutamenti sociali, politici, economici, culturali del nostro secolo» (Berruto 1989).

Questo moto linguistico non è specificamente italiano, ma proprio dell'attuale fase di sviluppo delle società evolute e consumistiche, nelle quali i linguaggi tecnico-scientifici si mescolano con i linguaggi istituzionali (Steger 1984: 189), tanto che i confini tra i vari tipi testuali, un tempo abbastanza definiti, non sono più rispettati (Kalverkämper 1982; Burger 1990: 51); tale fenomenologia «ha numerosi riflessi sul piano del lessico, dove si intensificano fenomeni di trasferimento, di adeguamento e di sviluppo analogico» (Dardano-Giovanardi-Pelo-Trifone 1992: 333). La lingua italiana di oggi partecipa a condizioni che sono comuni alle altre lingue dell'Europa occidentale (p. es. la diffusione più orale che scritta dei linguaggi settoriali), ma se ne differenzia per modalità proprie, dipendenti da specifiche condizioni di partenza (caratterizzazione diatopica più forte che in altri paesi), e per le soluzioni particolari adottate (soprattutto per quanto riguarda le condizioni e le modalità in cui avviene il prestito linguistico: cfr. § 4.6).

La novità riguarda anche le situazioni comunicative e i contenuti del parlare e dello scrivere: infatti il giudizio su quello che si deve o non si deve dire in pubblico ha seguito il mutamento dei costumi e delle abitudini. Linguisti e sociologi hanno descritto i nuovi rapporti sociolinguistici che si sono affermati mediante nuovi usi della lingua; usi che, anche quando sono ispirati a una certa formalità, dimostrano, rispetto al passato, una valutazione positiva nei riguardi dei toni colloquiali e del parlato. Bruni (1984: 239) ha sottolineato che un fattore essenziale del cambiamento linguistico consiste nella ridefinizione dei rapporti tra le

varietà coesistenti nella lingua: in effetti si attenuano i contrasse-
gni di inferiorità socioculturale e di subalternità; al tempo stesso
un alone di prestigio si estende a varietà considerate un tempo
"inferiori" e "meccaniche".
   Gli ultimi decenni hanno portato anche un mutamento del
punto di vista. Il fatto che oggi si ammettano, anzi si ricerchino,
le varietà della lingua (che un tempo era esaltata per la sua unità)
condiziona fortemente le scelte lessicali, nel senso che la selezione di vocaboli e di espressioni che entrano a far parte di un
testo avviene con criteri innovativi, talvolta sperimentali, imprevedibili rispetto al passato; anche se, in alcune circostanze, il fissarsi di stereotipi e di modelli denuncia la presenza di una nuova
retorica. Di fronte a questa situazione, indagata per tempo da
varie prospettive (Mioni 1983; *Lingua in movimento* 1982), si
sono espressi dapprima giudizi positivi: l'italiano è «una gamma
di varietà», le quali nel loro insieme compongono una «architettura» complessa e variamente stratificata (Berruto 1987); oppure
si sono usate etichette neutre, come quella di «linguaggi di riuso»
(Dardano 1987). Ultimamente sono cresciute le preoccupazioni,
anche da parte di non puristi, per l'eccessiva dispersione della
nostra lingua, che appare «frammentata in micro-sistemi, interdi-
pendenti ma differenziati, un po' incrociati, un po' sovrapponibi-
li, spesso intercambiabili» (Sobrero 1992).
   Esempi estremi di questo mescolamento di forme, di tale
«incessante riciclaggio degli avanzi linguistici», si osservano nel
politichese usato dai tifosi negli stadi e dagli addetti alla pubblicità (Coveri 1992), e ancora nel singolare incontro tra i testi in
inglese della musica rock e alcuni dei nostri dialetti. Sullo sfondo di questi fenomeni c'è una perdita di marcatezza da parte di
varietà linguistiche un tempo ben definite; una perdita denuncia-
ta dalle nuove funzioni assegnate al gergo, che ha visto annullare la sua funzione criptica ed esaltare invece quella di segnalazione di gruppi sociali (sulla degergalizzazione del linguaggio
giovanile si veda il saggio di Edgar Radtke nel vol. *IIC. La variazione e gli usi*).
   Ripercorrendo il periodo storico successivo all'ultimo dopoguerra possiamo evidenziare quattro aspetti fondamentali del-
l'evolversi della situazione linguistica:
   1) la progressiva (e variamente graduata nelle diverse regio-

ni) sostituzione dei dialetti da parte degli italiani regionali (cfr. il saggio di Corrado Grassi, ivi);

2) la formazione di una lingua media (parlata e scritta) non soggetta ai modelli letterari e capace di esprimere i contenuti, le situazioni e i rapporti sociali affermatisi nei nostri anni;

3) la penetrazione di lessemi tecnico-scientifici nei livelli medi e medio-alti della lingua (cfr. § 4.3.2);

4) l'adozione di prestiti linguistici (soprattutto dall'inglese e dall'angloamericano) in vari settori della lingua (cfr. § 4.6).

Si tratta di fenomeni tra loro collegati. La formazione di una lingua media è in stretto rapporto con l'italianizzazione dei dialetti (De Mauro 1979, Devoto-Altieri Biagi 1968, Cortelazzo 1983). Lo sviluppo dei linguaggi settoriali e la progressiva diffusione dei tecnicismi anche nei livelli medi della lingua vanno di pari passo con l'arricchimento del lessico mediante forestierismi puri e adattati (Nencioni 1989). La lingua italiana è diventata dunque più popolare e più moderna: più popolare perché il suo uso reale si è esteso notevolmente nella fascia del proletariato; più moderna, perché il lessico si è adeguato al progresso sociale e allo sviluppo tecnico-scientifico. Al tempo stesso una sintassi più agile tende ad evidenziare i rapporti e le successioni, a semplificare lo svolgimento del periodo. Fenomeni conseguenti sono lo sfruttamento più intenso della formazione delle parole e un uso più esteso dello stile nominale.

4.2. Due poli

La circolazione di conoscenze promossa dai mezzi di comunicazione di massa e dallo sviluppo sociale del nostro paese ha fatto sì che molti regionalismi siano entrati da tempo nella lingua comune, affermandosi come varianti espressive: parole come *barbone*, *bustarella*, *fregare*, *intrallazzo*, *pappagallo* 'corteggiatore da strada e molesto', *scippare* (con *scippo* e *scippatore*) sono diventate negli ultimi decenni comuni in tutta Italia. Una certa diffusione nell'ambito dell'espressività hanno ottenuto anche vocaboli provenienti da varietà marginali: *femminiello* 'prostituto giovanissimo', *smandrappato* 'mal ridotto' (Devoto-Oli 1990) *sgarrupato* 'degradato, fatiscente', *vu cumprà* 'venditore am-

bulante proveniente dal terzo mondo' (Bencini-Citernesi 1992).
Il maggiore sviluppo industriale del Settentrione ha fatto sì
che alcuni settentrionalismi, diffusi dal linguaggio pubblicitario,
siano entrati da tempo nella comune terminologia commerciale:
scocca, che originariamente indicava una parte della carrozza,
significa oggi 'l'insieme dell'ossatura e dei rivestimenti esterni
dell'automobile'; *lavello* (in particolare il lavello in acciaio inos-
sidabile) si è diffuso come denominazione specifica del lavandino delle cucine moderne, soppiantando i concorrenti regionali
acquaio, lavatoio, lavabo, versatoio, lavandino. Lurati (1988)
ricorda inoltre quelle espressioni, di provenienza lombarda, che si
riferiscono «alle nuove esigenze del vivere associato»: p. es. *base
industriale* (1977) e *gabbia sindacale* (1969).
Alla valutazione positiva della varietà popolare e del parlato-
parlato si accompagnano, quasi per un tentativo di compensazione, fenomeni di segno contrario: la ricerca del tecnicismo fine a
se stesso, l'aspra formalizzazione (spesso inutile) del discorso, il
precisionismo e la tendenza a puntualizzare. Anche in tale occasione è il linguaggio ufficiale a fare la prima mossa: la «Gazzetta
Ufficiale» del 23.1.1990 ha sostituito improvvidamente denominazioni chiare e funzionali con astruse circonlocuzioni: i *cuochi*
sono diventati gli *addetti specializzati nell'alimentazione*, mentre
gli *addetti ai servizi ausiliari e di anticamera* hanno sostituito i
commessi di un tempo. La causa di tali cambiamenti (la cui penetrazione nella lingua comune non si può ancora definire con esattezza) è eufemistica e al tempo stesso gerarchizzante: la sistemazione puntigliosa delle sempre nuove specializzazioni e mansioni
nella società di oggi comporta lo sviluppo di neologismi, schemi
classificatori e iperonimi. I centri di potere producono di continuo eufemismi. Nella sua raccolta di denominazioni di nuovi
mestieri e nuove professioni Proietti (1991) documenta lo sviluppo dei seguenti tipi di sintagmi: *"addetto a + N"* (26 casi), *"assistente a (di) + N"* (43 casi), *"esperto di (in) + N"* (49 casi); si
noti che il determinante è talvolta costituito da un anglicismo:

(12)   *addetto agli acquisti "lo stesso che buyer", addetto al recupero crediti, addetto al reporting, addetto stampa; assistente agli
anziani, assistente commerciale, assistente di volo, assistente
operatore, assistente per l'infanzia, assistente sviluppo franchising; esperto climatizzazione, esperto di franchising, esperto in gestione dati, esperto sviluppo prodotti.*

Un mutamento importante riguarda il campo della disfemia (cfr. Galli de' Paratesi 1964, Ferrero 1991): negli ultimi decenni l'uso delle "parolacce" si è esteso a contesti e a situazioni un tempo impensabili tanto che, secondo alcuni, lo stesso concetto di turpiloquio non esiste più. In compenso si è affermata una sensibilità sociale che spinge le stesse categorie interessate a preferire eufemismi come *non vedenti* per *ciechi*, *non udenti* per *sordi*, *collaboratori familiari* (o *colf*) in luogo di *domestiche* o *cameriere*.

Ai giorni nostri il discorso pubblico appare sotteso tra i due poli del parlato-parlato e del formalismo tecnologico: il primo rappresenta una sorta di rito collettivo di livellamento e di gratificazione; il secondo ha sostituito, nella scala del prestigio sociale, l'italiano letterario, insegnato nella scuola. La maggior parte del pubblico considera alte quelle varietà che sono invece soltanto specialistiche (Dardano 1986a: 452-53). Negli ultimi anni il favore (eccessivo) del pubblico per il cosiddetto "iperparlato" della televisione ha creato nuove prospettive: a questa tendenza di fondo vanno ricondotti alcuni tratti regionali affermatisi nella formazione delle parole (cfr. § 4.5.2) e vari lessemi che sono risaliti dall'italiano più informale (italiano popolare) a livelli medi di lingua: *appioppare*, *balla*, *beccare* 'prendere', *casino* (o *casotto*) 'confusione', *far fesso*, *fifa*, *filarsela*, *inguaiare, macello* 'disastro, grave disordine', *mollare* 'dare' (o usato intransitivamente 'desistere'), *tribolare* 'patire, penare'.

4.3. *I vocabolari settoriali*

Nei suoi scambi comunicativi l'odierna società tecnologica e consumistica ha bisogno di denominazioni univoche (in relazione a contesti ben determinati), inserite in una sintassi semplice e di carattere modulare. Dovendo convivere con il progresso tecnico-scientifico e con le nuove esigenze istituzionali, l'uomo della strada deve uscire dalla vaghezza della lingua ordinaria, senza tuttavia cadere in un gergo specialistico.

Negli ultimi decenni, conseguentemente sia alla specializzazione sempre più spinta delle tecniche e delle scienze sia alla suddivisione del lavoro, sono nati nuovi linguaggi settoriali, i quali si sono aggiunti a quelli già esistenti formando una tipolo-

gia molto varia e complessa[25]. A tale proliferare di sottocodici si
è accompagnato un mutamento di prospettiva di cui possiamo
considerare quattro aspetti principali:

1) esiste oggi la consapevolezza, diffusa non soltanto tra i linguisti ma anche nel mondo della scuola (si vedano i saggi
raccolti in Guerriero 1988 e, inoltre: Cortelazzo M.A. 1990,
Dardano in stampa), che ciascun linguaggio settoriale possiede
più piani comunicativi: discorsi tra specialisti, tra operatori,
discorsi diretti alla didattica o alla divulgazione (di vario livello),
discorso pubblicitario che serve a dare autenticazione scientifica
a un prodotto (Altieri Biagi 1965); a tali piani corrispondono
diverse realizzazioni linguistiche e pragmatiche;

2) si è rivelato piuttosto illusorio il concetto di un'assoluta
monosemia dei vocabolari tecnici, i quali invece possiedono
gradi diversi di polisemia;

3) oggi si sottolinea con maggiore insistenza il fatto che i
vocabolari settoriali attingono largamente al lessico comune mediante i due meccanismi della differenziazione semantica (specializzazione e metaforizzazione), che sono alla base del fenomeno del *transfert* (cfr. § 4.3.1);   .

4) la maggiore attenzione con cui si considerano oggi gli
aspetti morfosintattici e testuali dei linguaggi settoriali (Fluck
1985: 50-56, 240-42, 268-70; Schweickard 1987: 77-100; Cortelazzo M.A. 1990, Gotti 1991, Dardano in stampa) ha evidenziato i seguenti tratti: particolari procedimenti di morfologia derivativa, uso ridotto del verbo (circoscritto nei tempi, nei modi e
nelle persone), frasi brevi e di struttura lineare, ripetizione delle
parole per usi anaforici, particolari strutture e suddivisioni del
testo, ricorso a formule.

Le caratteristiche proprie dei diversi linguaggi settoriali hanno
suggerito differenti percorsi di ricerca. La convinzione che non

---

[25] I vari linguaggi settoriali possono: 1) avere sottocategorizzazioni ricche o
povere (corrispondentemente al fatto che le discipline si suddividono in molte
o poche specializzazioni); 2) orientarsi prevalentemente verso i campi nozionali o verso gli ambienti socio-professionali; 3) avere, nella comunità nazionale,
una circolazione estesa oppure limitata; 4) avere carattere internazionale o
nazionale; 5) intrattenere rapporti stretti oppure allentati con la lingua comune;
6) chiudersi in apparati formali specifici; 7) sviluppare o no stilizzazioni dotate di valori connotativi; 8) essere attivi in uno o più canali di diffusione (Dardano 1987: 141).

esista un vocabolario politico definito a priori per il suo senso («tous les mots peuvent devenir politiques s'ils sont employés dans une situation politique») ha spinto A. Prost (1969) a concentrarsi sull'organizzazione tematica e tipologica di tale settore, nel quale l'idea di una stratificazione appare in ogni caso produttiva, soprattutto se la ricerca si accompagna a un'analisi del discorso e delle sue condizioni di produzione (Guespin 1971).

Per quanto riguarda la situazione dell'italiano, è stato osservato (Dardano 1986a: 157-64) che a un fondo di vocaboli permanenti — in parte comuni al lessico di base, ma distinti da esso mediante procedimenti di pertinentizzazione — si sovrappone uno strato di elementi variabili, nel quale si manifestano i particolarismi delle situazioni e degli ambienti (parlamentare, partitico, sindacale, ecc.), le differenze ideologiche e le diverse fisionomie dei partiti e degli uomini politici; al di sopra si ritrova un altro strato di lessemi più legati alla contingenza del momento storico e corrispondenti a finalità conative (parole d'ordine, slogan, appelli agli elettori) ed espressive (discorso polemico, difensivo, ecc.). In una dimensione diacronica la possibilità e la frequenza dei mutamenti aumenta nel passaggio dal fondo permanente di lessemi ai due strati superiori.

Un'organizzazione tematica dei vari componenti lessicali sembra invece proponibile per alcuni vocabolari scientifici. Per quanto riguarda la formazione del vocabolario biologico nel francese tra Otto e Novecento, Cottez (1985) sceglie il metodo del "racconto" del progressivo costituirsi di nuclei concettuali e linguistici riguardanti, p. es., l'evoluzione, la teoria dei microbi, il binomio "riproduzione ed eredità"; l'analisi, che si avvale di considerazioni strutturali comprese nella teoria dei campi semantici e che potrebbe utilmente essere estesa alla nostra lingua, si fonda sulla convinzione che la lessicologia delle scienze e la storia delle scienze sono indissociabili.

Gli usi particolari cui sono soggetti i vocaboli nello slogan pubblicitario derivano dalla specifica intenzione persuasiva di un linguaggio che, integrandosi per lo più con immagini (anch'esse di natura persuasiva), si sviluppa «al punto di incontro fra la lingua comune, gli specifici apporti linguistici di svariate tecniche e le strutture formali della retorica persuasiva» (Corti 1973: 119).

Nella fase odierna di formazione di alcuni vocabolari settoriali assumono particolare rilievo fenomeni trasversali come la
preminenza della situazionalità, la frequenza della riformulazione
e dei procedimenti di parafrasi (Dardano-Giovanardi-Pelo 1988).
Ciò avviene anche in un tipico linguaggio di riuso, come quello
giornalistico (Dardano 1987), nel quale si ritrovano inoltre fenomeni particolari: p. es. il riciclaggio dei titoli dei film, inteso
come un normale ingrediente di scrittura (un utile repertorio di
tale fenomenologia si trova in Medici-Cappelluzzo Springolo
1991).

I criteri validi per la delimitazione dei vocabolari scientifici
sono di due ordini: da una parte possiamo considerare la situazione di comunicazione e la comprensione reciproca tra addetti ai
lavori, dall'altra ci riferiamo alla denominazione e alla definizione della tecnica particolare riguardata (Laurian 1985: 157). In
questa sede dobbiamo chiederci quali scelte abbiano compiuto i
linguaggi settoriali di nuova formazione rispetto ai tre metodi
basilari di sviluppo e di arricchimento del lessico (§ 1).

4.3.1. Rispetto a quanto avviene nella lingua media, i linguaggi
settoriali applicano i tre procedimenti dell'arricchimento lessicale secondo procedure particolari e con diversi indici di frequenza. Per quanto riguarda il mutamento semantico notiamo che la
rideterminazione di un lessema della lingua comune avviene
spesso mediante l'aggiunta di un aggettivo (o di un sintagma
aggettivale) specifico: *campo* (*di forze, magnetico, gravitaziona-
le, vettoriale*); *nave* (o *navetta*) *spaziale, capsula spaziale, navigatore spaziale, volo orbitale.* I neologismi di questo tipo sembrano essere più numerosi di quelli formali (Laurian 1985: 171).

I vocabolari tecnici già costituiti forniscono le basi lessicali a
vocabolari di nuova formazione: per il francese Guilbert (1967)
ha descritto accuratamente il passaggio di termini della navigazione marittima nel vocabolario dell'aeronautica e dell'astronau-
tica; lo stesso fenomeno si è verificato nella nostra lingua: *navi-
gare, navigazione, navigatore spaziale, nave spaziale* o *astrona-
ve, pilota, equipaggio, traversata, crociera, cabina, convoglio,
sonda spaziale, abbordare* (Dardano 1986a: 204-6). Osserviamo
che la metafora della navigazione per mare è stata ripresa di
recente anche nei discorsi riguardanti l'ipertesto (Scavetta 1992).

Il transfert dall'uno all'altro sottocodice rappresenta il fattore di
base del riuso linguistico (particolarmente nei linguaggi scientifici: Groult 1988); in tal modo si attua un'economia di elementi
all'interno del lessico e possono svilupparsi determinati rapporti
connotativi.
    Si consideri un altro esempio significativo. Date le sue origi-
ni recenti, si comprende facilmente come il linguaggio sindacale
abbia trasferito nel proprio ambito termini ed espressioni che
appartengono al sottocodice giuridico e, in particolare, a un settore privilegiato di tale sottocodice: i rapporti di proprietà. La
«tutela reale del posto di lavoro» e la «reintegrazione nel posto
di lavoro» sono formule che riecheggiano palesemente la «tutela
reale della proprietà» e la «reintegrazione nella proprietà» (Dardano 1986a: 454-55). Il fenomeno del transfert linguistico è presente in altre epoche della nostra storia linguistica: si pensi alla
politicizzazione dei vocabolari culturale, morale, religioso e della
sfera affettiva alla fine del Settecento (Leso 1991: 99-166).
    Negli ultimi decenni i linguaggi settoriali vecchi e nuovi
hanno seguito sostanzialmente le vie di sviluppo del passato [26];
tuttavia le esigenze della divulgazione hanno accentuato il carattere misto di alcuni vocabolari; al tempo stesso la supremazia
tecnologica degli Stati Uniti si manifesta con una generale diffusione di anglicismi (cfr. § 4.6.1). La simultanea presenza di tecnicismi formali e di vocaboli della lingua comune rideterminati
semanticamente, pur essendo un fenomeno diffuso in vari linguaggi settoriali, ha assunto una particolare fisionomia nel
mondo dell'informatica, dove anglicismi come *bit*, *chip*, *software*, *hardware*, *floppy disk* convivono con vocaboli italiani quali
applicazione, *finestra*, *memoria*, *programmi*. Quella certa disinvoltura nell'attribuire a vocaboli comuni, talvolta scherzosi, accezioni tecniche riflette spesso abitudini anglosassoni. Per quanto
riguarda gli anglicismi non adattati, ricordiamo che essi costituiscono una sorta di secondo strato in quei linguaggi scientifici che

---

[26] L'ambiente e la tradizione che vedono nascere un linguaggio settoriale ne
determinano i caratteri formali: il vocabolario della medicina è formato in gran
parte di grecismi e latinismi; al contrario il vocabolario della fisica, grazie
all'iniziativa di Galileo, è costituito per lo più di parole della lingua comune
(Migliorini 1960: 439); il vocabolario dell'informatica, date le sue origini, conserva un gran numero di angloamericanismi.

possedevano da tempo un diverso carattere: p. es. nel linguaggio della medicina al fondo latino e greco [27] si sono aggiunti, soprattutto nei settori di nuova formazione, vocaboli come *by-pass*, *pace-maker*, *retro-virus*; nel linguaggio della fisica, costituito tradizionalmente da vocaboli della lingua comune, sono entrati negli ultimi decenni anglicismi come *range*, *scattering*, *spin*. L'odierna complessità dei vocabolari settoriali dipende anche dal fatto che all'interno di ciascuna disciplina si sviluppano particolari specializzazioni, ciascuna dotata di forme e di significati particolari.

4.3.2. I diversi vocabolari settoriali possiedono gradi diversi di specificità e coerenza in rapporto ai caratteri dei relativi campi di conoscenza. De Mauro (1988) ci ricorda che, diversamente da una tecnica, una scienza rende espliciti i criteri di definizione dei termini e la scelta del piano di riferimento. Diverse sono inoltre le scelte operate dalle scienze "dure" e dalle scienze "molli": le prime (la matematica, la fisica), fondate su assiomi, si servono per lo più di lessemi della lingua comune ripresi con accezioni particolari; le seconde (la giurisprudenza, l'economia, le scienze del linguaggio) si servono di termini propri, sconosciuti alla lingua comune. Tali procedure sono rimaste sostanzialmente invariate negli ultimi decenni.

Si ritiene che i caratteri che distinguono una parola comune da un termine tecnico siano i seguenti: 1) alla polisemia della prima corrisponde la monosemia del secondo; 2) la specificità del termine si definisce in virtù della sua appartenenza a un campo terminologico ben definito nei suoi confini e nella sua struttura; 3) ciascun termine tecnico si trova in opposizione bilaterale o multilaterale con gli altri termini tecnici che compongono un

---

[27] La lingua greca presenta due vantaggi: offre una costruzione sintetica che evita giri di parole; gode di una tradizione consolidata nelle lingue di cultura. Si noti che la maggior parte dei composti greci usati nei vocabolari tecnico-scientifici sono creazioni moderne, nelle quali la forma e il significato delle parole del greco antico subiscono per lo più delle modifiche corrispondenti alle necessità semantiche delle terminologie e ai caratteri delle lingue in cui tali composti sono nati (Janni 1986). Consideriamo soltanto due aspetti di tale fenomenologia: 1) *anemodinamometro* è composto di tre elementi (*anemo-* 'vento', *-dinamo-* 'forza', *-metro* 'misura'), contrariamente alla regola di composizione del greco antico che prevedeva soltanto composti di due elementi; 2) *aeronave*, *elettromotrice*, *altimetro*, *burocrazia*, *filmoteca* sono composti ibridi, nei quali il greco si compone con il latino, il francese e l'inglese.

determinato vocabolario scientifico; 4) il termine tecnico ha un legame privilegiato con la cosa denotata (Guilbert 1969, 1973).

Secondo questa interpretazione il vocabolario scientifico si presenta ben definito dal punto di vista formale e semantico: i termini sono univoci; l'interferenza sinonimica è controllata e ridotta al minimo; il significato è staccato il più possibile dalla situazione comunicativa e da condizioni di espressività. Come si è detto (cfr. § 4.3), a una più attenta analisi questi caratteri si rivelano piuttosto ideali: più che corrispondere a situazioni reali sembrano esprimere, per così dire, un'aspirazione a linguaggi che si vorrebbero perfetti. Tuttavia tale perfezione è stata messa in dubbio in base ai valori del contesto interno ed esterno e della situazione espressiva, fattori che condizionano la comprensione del testo scientifico. Si noti inoltre che, contrariamente a quanto accade nella lingua comune, il carattere specifico di un linguaggio settoriale aumenta nella misura in cui diminuisce il numero dei suoi utenti. D'altra parte l'importanza di un termine tecnico non dipende dalla sua frequenza, ma piuttosto dal suo grado di specializzazione, essendo quest'ultima inversamente proporzionale alla prima (Müller 1975 [1985]: 188).

4.3.3. La divulgazione dei termini tecnici avviene soprattutto nella stampa (i media non alfabetici sembrano avere effetti più circoscritti). La lettura e la rilettura di un tecnicismo, inserito in un contesto sufficientemente ampio e accompagnato da una glossa o da una perifrasi esplicativa, rendono possibile la comprensione e l'apprendimento da parte dei non specialisti (Dardano-Giovanardi-Pelo 1988). Poiché svolgono un'efficace opera di divulgazione (anche mediante inserti settimanali di notevole estensione), i quotidiani italiani rappresentano uno dei principali luoghi di acclimatamento dei termini tecnici e scientifici, i quali per tali vie penetrano nella lingua comune.

La presenza di tali termini in un dizionario dell'uso testimonia che essi sono conosciuti anche al di fuori dei recinti specialistici: l'aumento nel tempo del grado di conoscenza si può misurare, entro certi limiti, confrontando tra loro due edizioni di uno stesso dizionario (Zing. 1970 con Zing. 1983). Per attribuire un significato metaforico a un tecnicismo è necessario che il suo significato primario sia sufficientemente noto: in altre parole il

grado di diffusione di un tecnicismo si misura anche osservando
il suo impiego in usi traslati. Consideriamo il trattamento che
hanno subìto nel linguaggio giornalistico alcuni termini ed
espressioni tecniche: *la radiografia della situazione economica,
la diagnosi della situazione, il bypass delle informazioni, il riciclaggio degli insegnanti* (il loro aggiornamento, la loro riqualifi-
cazione), *l'interfaccia fra la direzione dell'azienda e il·sindaca-
to* (il collegamento), *la messa in orbita di una riforma.* La scelta del traslato in luogo del lessema comune corrisponde alla
ricerca di una connotazione prestigiosa, continuamente inseguita
dai media.

4.4. Neologia e neologismi

Nell'ambito della neologia rientrano propriamente tutte le parole
nuove che si affermano in un determinato spazio cronologico e
sociale, prestiti linguistici compresi. Tuttavia volendo privilegiare la zona centrale della creatività linguistica, sembra opportuno
comprendere nell'ambito della neologia soltanto la formazione di
nuovi lessemi partendo da basi già esistenti nella lingua (neologia sintattica o di combinazione) e il mutamento di significato di
lessemi già esistenti (neologia semantica). Questa prospettiva
(applicata allo studio del francese da Guilbert 1971, 1974, 1975,
e allo studio dell'italiano da Dardano 1978b: 56-58) si fonda sul
presupposto teorico dell'equivalenza tra un derivato e una frase
sottostante; conseguentemente la neologia lessicale è considerata
come la possibilità di creare nuovi lessemi mediante le regole
comprese nel sistema lessicale. Dal quadro di riferimento ora
descritto restano esclusi pertanto sia il prestito linguistico, fenomeno che per i suoi caratteri richiede una trattazione a parte (cfr.
§ 4.6), sia altri fenomeni particolari: l'onomatopea, la creazione
dal nulla e i vari procedimenti della formazione di sigle [28].

---

[28] Tra i casi particolari consideriamo i neologismi che hanno come base i
nomi propri (si ritrovano tra l'altro nel linguaggio pubblicitario: cfr. Lintner
1974: 280). Per i nomi pubblicitari del tipo *Sidol, Odol, Gardol, Veronal, Mobil*
v. Calabrese 1974 [1989]: 166. Sulle sigle nelle lingue moderne (e in partic. nel
francese) Calvet 1980; sui nomi brevettati v. Folena 1964 [1989]: 110.

Lo studio dei fenomeni ora presentati consiste nel raccogliere un insieme di neologismi apparsi in un determinato periodo della vita di una comunità linguistica, riportandoli alla storia del lessico e quindi alla storia della società, cercando di identificarne le fonti (individui, gruppi sociali, istituzioni). Pertanto la creazione lessicale, che è un atto volontario e che avviene in tutti gli ordini di parlanti (il letterato, il tecnico, l'uomo della strada, perfino l'analfabeta, tutti creano neologismi), si oppone alla trasformazione fonetica e al mutamento grammaticale che provengono in modo indistinto dalla collettività.

La facoltà di creare parole nuove è inerente all'attività linguistica; è un processo infinito, che riflette i mutamenti continui del lessico: si pensi soltanto alla possibilità di trarre dei derivati da nomi propri (Schweickard 1992: 40-50, 85-90; per il francese cfr. Bonnafous-Honoré-Tournier 1985: 57-60) e di trasformare nomi propri in nomi comuni (Migliorini 1968). Mediante determinati neologismi s'indicano con maggiore precisione nuovi referenti, si esprimono diverse sfumature del pensiero, si realizzano particolari connotazioni e prospettive del discorso. Si devono distinguere due momenti: l'atto di creazione (per lo più istantaneo) e l'entrata del neologismo nell'uso; quest'ultima è una fase compresa in uno spazio di tempo più o meno esteso. I neologismi, che si definiscono per opposizione ai lessemi "normali", hanno diverse condizioni di accettabilità in rapporto ai gruppi sociali e alle generazioni; ciò equivale a dire che essi possiedono diversi gradi di prestigio e di rilevanza ideologica: p. es. la particolare stilizzazione presente in talune novità le rende particolarmente gradite al linguaggio giornalistico. La competenza neologica non ha un carattere generale, ma è variamente distribuita in diversi settori e livelli, in rapporto alla specializzazione delle conoscenze e alla suddivisione del lavoro.

Esiste anche una differenziazione *in re*: alcune nozioni nuovamente scoperte richiedono e ottengono subito denominazioni precise; le quali invece stentano ad affermarsi nell'uso oppure mancano del tutto in altri settori. Nella sua fase costitutiva un vocabolario settoriale "duro" tende a organizzarsi come una tassonomia, vale a dire ricerca termini precisi che vengono successivamente inseriti in un sistema gerarchizzato; ma in tale percorso possono apparire fattori di disturbo e differenziazioni, spesso notevoli, tra i vari livelli di uso (doppioni espressivi, perifrasi, glosse). In determinati momenti dell'evoluzione di un lessico si riscontrano punti di accumulo di neologismi (corrispondentemente all'affermarsi di nuovi ruoli sociali e professioni), destinati a convivere in periodi di tempo più o meno estesi: p. es. negli anni in cui si è formato il linguaggio cinematografico appare significativa la presenza di più denominazioni di 'regista' sia in italiano che in francese (Raffaelli 1978; Laurian 1985: 163-64).

Soprattutto ai giorni nostri, per le condizioni in cui si diffondono i messaggi, i neologismi presentano spesso un carattere di assoluta provvisorietà: sono occasionalismi destinati a un'esistenza effimera. Negli ultimi anni, in accordo con le tendenze della nuova didattica e in netto contrasto con quelle istanze di difesa della purezza linguistica affermate dal fascismo (Klein 1986), sono apparsi sia dizionari (Zing. 1983; Devoto-Oli 1990) sia raccolte di neologismi del tutto privi di pregiudizi puristici, propensi anzi ad accogliere occasionalismi nati da mode effimere e già scomparsi dopo la registrazione lessicografica[29].

La datazione dei neologismi comporta delicati problemi di metodo ed è soggetta a continue revisioni (Cortelazzo M.A. 1987). Innanzi tutto bisogna tener conto che significanti e significati non sempre appaiono in uno stesso tempo: tale sfasatura si rivela tra l'altro nel dominio della tecnica, dove le denominazioni possono affermarsi più tardi dei concetti e delle cose (Laurian 1985: 171). Non è rara la circostanza che vede riemergere nella lingua comune neologismi già affermatisi in particolari settori del lessico; inoltre «la memoria linguistica dei parlanti» tende a modificare la prospettiva storica attribuendo erroneamente al presente delle "novità" che appartengono invece a epoche precedenti (D'Achille 1991). D'altra parte bisogna considerare che l'accettabilità di un neologismo ha un carattere graduale: dipende spesso dalla qualità della base, dal livello di lingua e dal contesto. Il purismo, nelle sue varie forme e scuole, è la forza che si oppone alla neologia (cfr. § 4.6.1).

---

[29] I repertori di neologismi sono per lo più fondati su criteri soggettivi e su basi documentarie piuttosto casuali (la raccolta dei dati non avviene su ampia scala; l'analisi comparativa dei dizionari muove soltanto i primi passi); in genere i neologismi sintattici sono privilegiati rispetto a quelli semantici: mancano p. es. *polverone* 'comportamento che mira a confondere la situazione' e *teorema* 'dimostrazione capziosa'.

In Italia le ricerche riguardanti i neologismi hanno una lunga tradizione, alla quale tuttavia non ha corrisposto sempre una riflessione sui metodi e sulle procedure di analisi (per questo aspetto si tengano presenti Guilbert 1974, 1975). Un punto di riferimento è rappresentato dagli studi condotti, a partire dagli anni Trenta, da B. Migliorini (v. ora Migliorini 1990); cfr. poi: Junker 1955, 1958; Dardano 1978b: 55-72; Scotti Morgana 1981; Marri 1988-89; un discorso a parte meritano le numerose raccolte di neologismi: dal *Dizionario* del Panzini, con l'appendice di *Parole nuove* composta dal Migliorini (Migliorini 1963), fino ai più recenti repertori: Quarantotto 1987, Cortelazzo-Cardinale 1989 (ai quali tuttavia Stammerjohann 1989 rimprovera una certa casualità nei criteri di raccolta), Vassalli 1989, Lurati 1990, Bencini-Citernesi 1992. In generale va detto che i dizionari non sono una fonte attendibile per la ricerca dei neologismi; infatti i suffissati più vitali non hanno un'adeguata accoglienza da parte dei lessicografi, che eliminano per lo più i lessemi "possibili" (p. es. gli alterati, i derivati in *-bile*, *-bilità*, *-zione*), considerandoli o neoformazioni facilmente comprensibili (e quindi tali da non richiedere una glossa) oppure occasionalismi che non devono essere compresi nel lemmario.

I neologismi sintattici o di combinazione comprendono sia lessemi semplici, risultanti dai procedimenti della formazione delle parole (suffissati, prefissati e composti: cfr. § 4.5), sia le unità lessicali superiori, le quali si possono classificare mediante criteri morfologici (tipo di giunzione) e sintattico-semantici, vale a dire secondo la struttura della frase sottostante (cfr. §§ 2.1 e 4.5.4).

La neologia semantica, che è un caso particolare di polisemia (§ 3.3), comporta la modifica di almeno un tratto sintattico di selezione (cfr. p. es. le espressioni *clima politico*, *diagnosi della situazione economica*, *insabbiare un'inchiesta*, *inquinare le prove*) e dipende dalle modalità di inserzione del nuovo segno nella frase o nel sintagma (cfr.: § 3.5; Bastuji 1974; Calabrese 1974 [1989]: 163). Due procedimenti fondamentali regolano la produzione di neologismi semantici: la specializzazione e la metaforizzazione. Esempi del primo tipo sono: *apparecchio* 'aereo', *macchina* 'automobile', *sterzo* (di un'auto); si ricordi la frequente pertinentizzazione ottenuta mediante un determinante: *campo magnetico*, *movimento di sinistra*, *nave spaziale*, *lettore ottico* (cfr. § 4.3.1). Esempi di metaforizzazione sono: *balestra*,

candela, *marmitta* (dell'auto), *giraffa* 'carrello mobile con microfono', *pappagallo* (nei significati di: 'chi corteggia le donne
molestandole', 'recipiente per orinare', 'pinza'; il significato di
'persona che ripete meccanicamente qualcosa' sarà piuttosto un
caso di differenziazione). Vi sono referenti particolarmente adatti a tali procedimenti: p. es. il corpo umano e le sue parti, gli animali (Ferrario 1990). A parte denominazioni correnti come *corvo*
'autore di lettere anonime' (dal fr. *corbeau*) e *talpa* 'spione',
ricordiamo che "gatto" è al centro di un campo morfo-semanti-
co, dove si ritrovano numerose immagini e metafore; citiamo soltanto due significati lontani dal semema di riferimento: *gatto
delle nevi* 'veicolo cingolato' e *gatto selvaggio* (v. la nota 53);
tali sviluppi metaforici incontrano il favore del linguaggio giornalistico.
    Le redazioni dei giornali, gli studi pubblicitari, il mondo poli-
tico e sindacale sono tra i principali produttori di neologismi
semantici; ne diamo alcuni esempi scelti tra i più significativi. Il
verbo *modulare*, proprio dell'arte del canto e della musica (già
usato dai fisici nell'espressione *modulazione di frequenza*), è
entrato nella lingua dei giornali con il significato generico di
'variare, graduare': *i sindacati hanno imparato a modulare le
loro richieste*: nel primo caso abbiamo una specializzazione del
significato, nel secondo caso un uso "metaforico" (Dardano
1978b: 56). Ancora un'espressione tratta dal vocabolario della
fisica è *essere* (o *entrare*) *in sintonia con qualcuno*. Veniamo ai
verbi *orchestrare* e *digitare*. Il primo, che in senso proprio vuol
dire 'scrivere le parti dei vari strumenti musicali che compongono un'orchestra', si trova anche in espressioni del tipo *orchestrare una campagna elettorale* (cioè organizzarla prevedendone
i tempi e le modalità di svolgimento). Il secondo, che all'origine
vale 'fare la diteggiatura in un testo musicale', con l'avvento
dell'informatica ha assunto anche un significato divenuto comune: 'agire con le dita sulla tastiera del computer o della macchina da scrivere'. Si noti ancora il nuovo significato di *infiltrato*,
usato come sostantivo: 'persona infiltratasi furtivamente e per lo
più con disegni occulti in un ambiente' [30]; si pensi ancora ai signi-

---

[30] Cfr. Duro 1986, *sub voce*, ma presente già in Zing. 1983 con l'esempio:
«gli infiltrati della polizia nella sinistra extraparlamentare»; il verbo *infiltrare*

ficati recentemente acquisiti, sul modello dell'inglese, da *intriga-re* (e *intrigante*) 'interessare, attrarre particolarmente' (cfr. anche *coinvolgere, coinvolgente* in Devoto-Oli 1990) e dagli aggettivi *galoppante, strisciante*: *una storia intrigante, un amore coinvolgente, inflazione galoppante* (o *strisciante*). Possiamo aggiungere ancora qualche esempio tratto dal linguaggio pubblicitario (dove sono frequenti trasposizioni del tipo *delicato con i colori, gusto morbido*) e dal linguaggio economico-finanziario (*limare, limature, stangata fiscale, serpente monetario, tempesta* o *tormenta monetaria*); anche in questi casi l'inglese funge per lo più da modello. Nel campo degli aggettivi si hanno conversioni del tipo *la neonata azienda, l'appartamento miliardario* 'che vale uno o più miliardi'; si hanno anche usi compendiosi come *auto catalitica* (provvista di marmitta catalitica), *auto integrale* (o assolutamente *integrale*), cioè fornita di trazione sulle quattro ruote, *cristalli elettrici* (mossi da un motorino elettrico), *dieta computerizzata*, cioè determinata mediante l'uso del computer), *pirati elettronici* (di software e di informazioni riservate). Consideriamo infine due titoli di giornali: *Retata 'eccellente' a Bari* («la Repubblica», 18.3.93: 10), cioè di personaggi "eccellenti", di notabili; *Vita spericolata e sieropositiva* («Corriere della Sera», 8.4.93: 30), cioè di un sieropositivo. Si hanno casi di «passaggio di una qualificazione a l'atto di designazione autonoma» (Bonnafous-Honoré-Tournier 1985: 53) sia nel linguaggio politico (*l'Internazionale*) sia nella lingua dei giornali: *il sociale, il nucleare, il politico* (cfr. § 4.5.3).

4.5. La formazione delle parole

4.5.1. Nella prospettiva lessicalista la formazione delle parole è vista come quell'insieme di regole grazie alle quali il parlante, disponendo di un lessema di base e avendo la competenza dei meccanismi della lingua, può comprendere e creare un'intera serie di nuovi lessemi (propriamente neologismi combinatori o sintattici); s'intende che nell'uso effettivo esistono soltanto alcu-

---

(intr. pron.) è usato talvolta come transitivo (in rapporto a *infiltrazione* del linguaggio medico), ma i dizionari non riportano questo uso. *Infiltrato*, assente in Quarantotto 1987 e in Cortelazzo-Cardinale 1989, appare in Devoto-Oli 1990.

ne forme, le altre sono mere possibilità del sistema [31]. Secondo la dimensione paradigmatica (inerente allo studio del lessico) si osserva lo sviluppo di intere serie di lessemi: di conseguenza al centro dell'attenzione è la produttività delle basi e dei procedimenti di derivazione. La dimensione sintattica privilegia invece un altro aspetto: il fatto cioè che la creazione di un segno vada di pari passo con la creazione di una frase e che pertanto suffissazione, prefissazione e composizione siano considerate come tre modalità di un unitario processo di trasformazione. Comune alle due dimensioni è l'intento di analizzare in prima istanza i formati trasparenti (quelli cioè che il parlante di oggi considera come motivati rispetto a una base), trattando a parte i casi in cui la derivazione comporta un sensibile mutamento della base (per l'intervento di un allotropo latineggiante) e i casi di lessicalizzazione. I formati trasparenti si producono e sono analizzabili secondo due modalità fondamentali:

(13)   paradigma a ventaglio

$$
lavorare \begin{cases} lavoro \\ lavoratore \\ lavorante \\ lavorazione \\ lavorio \\ lavorativo \\ lavorabile \end{cases}
$$

(14)   paradigma a cumulo

forma → *formale* → *formalizzare* → *formalizzazione*

I due paradigmi si possono combinare tra loro:

(15)

$$
forma \rightarrow formale \rightarrow \begin{cases} formalizzare \rightarrow \begin{cases} formalizzazione \\ formalizzabile \end{cases} \\ formalista \rightarrow formalistico \end{cases}
$$

---

[31] Il quadro teorico e l'architettura complessiva cui si ispira questa analisi si ritrovano in Guilbert 1971: XXXII-LXXXI, Guilbert 1975, Dardano 1978a: 3-19, Dardano 1988.

Cfr. ancora:

(16)   *lotto* → *lottizzare* → *lottizzazione* → *lottizzatore*

Partendo da ciascun componente di (16) un parlante italiano può creare una serie di possibili neoformazioni, del tutto trasparenti per chi ha la competenza della nostra lingua:

(17)   *lotto*: *neolotto, superlotto*; *lottizzare*: *delottizzare, rilottizzare, superlottizzare*; *lottizzazione*: *delottizzazione, rilottizzazione, autolottizzazione, antilottizzazione, pseudolottizzazione*; *lottizzatore*: *superlottizzatore, antilottizzatore*.

Alcuni di questi derivati sono soltanto delle possibilità offerte dai meccanismi di formazione delle parole[32]. Il passaggio all'uso effettivo dipende da vari fattori: la necessità e la funzionalità della neoformazione, la sua trasparenza e analizzabilità, la conformità a modelli già stabili nella lingua, il prestigio dell'individuo o del gruppo sociale che ha prodotto l'innovazione, il giudizio di persone qualificate, la moda, la situazione. Di solito i neologismi creati dalla pubblicità non sono accolti nella lingua comune perché colpiti da un giudizio di estraneità[33]. In caso positivo si ha dunque il passaggio dalla potenzialità all'occasionalismo effimero e da quest'ultimo al neologismo più o meno stabile. Nei vocabolari settoriali i procedimenti di suffissazione, prefissazione e composizione sono sfruttati più intensamente per ottenere denominazioni univoche e una struttura sintattica più compatta[34]. I rapporti tra i componenti di una famiglia di parole

---

[32] Per alcuni concetti e problemi di base ("parola possibile", blocco della derivazione, condizioni e restrizioni relative alla formazione delle parole) si veda Scalise 1988 [1990] e Rainer 1989: 2-85; entrambi questi saggi seguono metodi del tutto diversi da quelli seguiti nel presente articolo. Per la nozione di produttività cfr. Iacobini-Thornton 1992: 32-34.

[33] La neologia pubblicitaria — considerata da Calabrese (1974 [1989]: 161) una fonte autonoma di creazione lessicale — adotta gli stessi procedimenti della formazione delle parole presenti in altri settori della lingua: cfr., p. es., i denominali *scarpare, nivearsi, giovanire* (Cardona 1974: 51). La differenza consiste piuttosto nell'estraneità della situazione in cui si producono tali novità, condizione che pregiudica l'accoglimento dei neologismi pubblicitari nella lingua comune.

[34] Si eliminano molte preposizioni, si riduce l'uso delle perifrasi, si fa prevalere la coordinazione sulla subordinazione. Gli affissati e i composti nuovi sostituiscono perifrasi e giri di frasi che ricorrono nella lingua letteraria tradizionale.

possono modificarsi nel tempo per l'emergere di nuovi referenti.
Nella lingua di oggi *sindacale*, *sinducalismo*, *sindacalista*, così
come il derivato *sindacalizzare*, non si riferiscono a *sindaco*
'capo dell'amministrazione comunale', né al *sindaco* di una
società azionaria, né al verbo *sindacare* 'controllare', bensì al
sindacato con il significato di 'organizzazione di lavoratori'; questa è infatti la base viva dei quattro derivati (indipendentemente
dal fatto che i primi tre sono dei francesismi); invece nella
Firenze medievale *sindacato* era detto il rendiconto che i magistrati facevano del proprio operato.

Esistono dei limiti alla formazione delle parole; si tratta del
cosiddetto "blocco", che ha modalità di attuazione diverse: p. es.
da *lavare* si ha *lavaggio*, *lavatura*, *lavata,* ma non **lavazione*,
*lavamento (che sono arcaismi); l'esistenza di un lessema può
bloccare la formazione di un altro lessema semanticamente o
anche formalmente simile (così *manetta* 'piccola leva' blocca un
possibile omonimo alterato di *mano*); ma in altri casi si hanno
basi diverse: *ladro* è connesso con *rubare* (*rubatore* è disusato).
Un caso particolare di blocco è quello relativo alle basi polise-
miche: l'aggettivo *pieno* ha un derivato nominale soltanto se è
usato in senso traslato: *il presidente ha i pieni poteri* → *la pienezza dei poteri del p.*; ma *il bicchiere è pieno* → **la pienezza
del b.*; *popolare* ha il corrispondente prefissato come aggettivo
qualificativo, non come aggettivo di relazione: *un attore popolare - un attore impopolare*, ma *l'ira popolare - *l'ira impopolare*
(Rainer 1989: 8-9).

In un ambito comparativo è possibile definire più precisamente i caratteri dell'italiano. Secondo Dauzat (1946) il francese,
più povero di procedimenti derivativi, ha rimediato a tale difetto
con lo sviluppo del suppletivismo colto; è stato tuttavia precisa-
to che la suddetta carenza riguarda la lingua comune, non le terminologie tecniche, nelle quali anzi gli aggettivi di relazione si
sono sviluppati costantemente (Gawełko 1977). Rispetto all'inglese, la vitalità dei parasintetici dell'italiano dimostra un carattere tipico della nostra formazione delle parole: *accecarsi / to go
blind*; *azzoppare* (o *azzopparsi*) / *to go lame*, *impazzire / to go
mad* (Dardano 1978a: 37).

4.5.2. La vitalità della formazione delle parole si manifesta anche con lo sviluppo, nel linguaggio dei media, di derivati dotati di particolari connotazioni; si tratta di:

1) sostantivi denominali con suffisso *-aro* (in luogo di *-aio* della lingua standard) tratti dall'italiano regionale di Roma: *palazzina* → *palazzinaro* 'costruttore edile privo di scrupoli', *metallo* → *metallaro*, *rock* → *rockettaro* o *rocchettaro* (con interfisso) 'suonatore o appassionato di musica rock' (cfr. ingl. *rocker*), *panchina* → *panchinaro* 'giocatore di riserva', anche con usi metaforici (Marri 1989: 72; Vassalli 1989: 85); cfr. anche *bomba* → *bombarolo* e *tomba* → *tombarolo*, due regionalismi, della stessa provenienza, accolti per lo più nei dizionari di oggi (Zolli 1986: 115); *paninaro* è invece, anche nozionalmente, tutto milanese;

2) suffissati marcati; p. es. un uso particolare di A-*oso*: *comodosa*, *scattosa*, *risparmiosa* (detto di un'auto, nel linguaggio pubblicitario);

3) alterati come *battutaccia*, *giochino* 'inganno'; *governicchio* 'governo debole'; alterati lessicalizzati: *fustino*, *pacchetto* (di proposte), *parlamentino* 'organo, composto di molti rappresentanti, di partiti, sindacati, ecc.', *patentino*, *decretone* 'decreto del governo concernente molte materie', *tormentone* 'sorta di slogan ripetuto di continuo';

4) derivati con connotazione negativa; cfr. p. es. A-*izio*: *correntizio* (da *corrente* dei partiti), (prassi o mania) *decretizia* (da *decreto* del governo), *pattizio* (da *patto* tra opposte fazioni o partiti), *tangentizio* (da *tangente* 'somma estorta');

5) verbi parasintetici di carattere espressivo: *casino* → *incasinare*, *gomma* → *sgommare*.

Anche i neologismi sintattici oscillano talvolta tra modelli colti e popolari: da una parte si affermano i composti del tipo "determinante + determinato" formati con elementi greci; dall'altra si usano composti analizzabili ed espressivi (*giradischi*, *mangiadischi*, *mangianastri* in luogo della vecchie denominazioni *fonografo*, *grammofono*) e diminutivi: *testina* (del giradischi), *baracchino* 'piccolo apparecchio ricetrasmettitore per radioamatori'[35].

---

[35] *Testina* in Diz. Enc. 1961; *baracchino*: questo significato, assente in Zing. 1970, appare — con la qualifica di "gergale"— in Zing. 1983.

4.5.3. La creazione di nuovi derivati secondo moduli e serie facilmente prevedibili ha indotto i puristi a parlare di "irreggimentazione" della lingua (Fochi 1966). Ma, come è stato osservato, tale fenomeno, che ha piena corrispondenza nello sviluppo odierno delle lingue dell'Europa occidentale, segna una fase di riassestamento dell'italiano moderno che, per tale via, acquista regolarità e analiticità. Di questa tendenza evolutiva descriviamo gli aspetti principali, per alcuni dei quali si dovrà certo tener conto dell'influsso, diretto o indiretto, dell'inglese e del francese. I verbi denominali e deaggettivali sono in continua espansione: *biografia* → *biografare, commissario* → *commissariare, criminale* → *criminalizzare, movimento* → *movimentare* (Marri 1992: 114), *spigolo* → *spigolare* 'appoggiare lo sci sulla neve lungo il suo spigolo' (e quindi omonimo di *spigolare* 'raccogliere le spighe rimaste sul campo dopo la mietitura': cfr. § 3.3), *spintone* → *spintonare, visuale* → *visualizzare*; se consideriamo i corrispondenti deverbali si ottengono dei microparadigmi: *commissariamento, commissariabile; criminalizzazione, criminalizzabile; visualizzazione, visualizzabile*. Nel linguaggio pubblicitario osserviamo che dal nome proprio *Vespa* si è avuto *vespare* e l'imperativo *vespizzatevi* (1950); un precedente lontano è *Odol* → *odolizzarsi* (1915). Si hanno anche derivazioni da sigle (*I.R.I.* > *irizzare*, cfr. *irizzazione*) e da basi inglesi: ingl. *to test* > *testare* (cfr. § 4.6.1) [36].

L'uso di un neologismo nato da un processo di nominalizzazione ha spesso conseguenze sulla sintassi frasale: si confronti il tipo di costruzione nominale, preferito nel linguaggio giornalistico e in quello burocratico, *dichiarare l'inammissibilità di un candidato* con il tipo verbale, proprio dell'italiano letterario, *dichiarare che un candidato non può essere ammesso*. In effetti la stampa (e spesso anche i dizionari più recenti) danno spazio a neologismi come: *affidabile* → *affidabilità* (ingl. *reliable, reliability*), *governabile* → *governabilità, vivibile* → *vivibilità* [37]. Si con-

---

[36] Questi neologismi si sono formati in periodi diversi; p. es. *irizzare* e *irizzazione* appaiono già in Migliorini 1963, mentre *sponsorizzare* è documentato nel 1977 (cfr. Cortelazzo-Cardinale 1989).

[37] A proposito dell'influsso inglese nella formazione delle parole si noti che ai suffissi inglesi N-*ness*, N-*ing*, privi di corrispondenti formalmente analoghi

sideri anche la formazione di microparadigmi come: *mutua* →
mutuare → *mutuabile* 'ciò che può essere corrisposto dall'ente
mutualistico', *pensione* → *pensionare* → *pensionabile* 'che ha
raggiunto i limiti di età e di servizio necessari per avere diritto a
una pensione' (anche 'che può essere computato ai fini della pensione').

I suffissati che favoriscono la semplificazione della frase
sono numerosi e appaiono spesso registrati nei dizionari o nei
repertori di neologismi: *rottame* → *rottamare* → *rottamazione*[38],
terzomondo → **terzomondizzare* → *terzomondizzazione*, *volanti-
nare* 'distribuire volantini' → *volantinaggio*, *garantire* → *garan-
tismo*; per gli iperonimi usati come collettivi soprattutto nei linguaggi burocratico e giornalistico cfr. § 3.7. Dipende dall'influsso dell'inglese la grande diffusione del suffisso aggettivale *-ale*,
presente in vari settori: *decisionale, nutrizionale, promozionale,
residenziale, zonale*. Aggettivi deverbali *-ante, -ente* si sono sviluppati in vari settori: *abbronzante, attivante, brillantante, deter-
gente, idratante, rassodante* (Lintner 1974: 299-301). Tra i casi
di nominalizzazione con suffisso zero è da ricordare il notevole
incremento di aggettivi usati come sostantivi astratti: *il carcera-
rio, il nucleare, il pubblico, il privato, il sociale* (Dardano 1978a:
66). Nel linguaggio commerciale ritroviamo nuovi locativi con
suffisso *-erìa*: *spaghetti* → *spaghetteria, jeans* → *jeanseria* (o
genseria). Particolare rilievo assume la recente diffusione di neologismi formati con vari prefissi (*de-, non-, pre- post-*): *decodificazione, deindustrializzazione, deforestare, deindicizzare*; *non
violenza, non fumatore, non udente, non vedente*; *prepagato, pre-
negoziato, prepensionamento*; *postfazione, postmoderno* (Cortelazzo-Cardinale 1989).

in italiano, la nostra lingua risponde con i suffissi più adatti alla struttura delle
basi: *discreteness / discretizzazione, pervasiveness / pervasività, sequencing /
sequenziamento*. Quando il calco di un nome deverbale inglese riempie una
casella vuota del nostro lessico, il suffisso italiano prescelto è analogo nella
forma oppure è scelto tra quelli di più alta frequenza: come traduzione di *avoidance* si propongono i neologismi tecnici *evitazione* (nel vocabolario dell'etno-
logia) e *evitamento*.
[38] Zing. 1983: «attività consistente nel recupero di qualsiasi materiale metal-
lico e nella sua preparazione per le fonderie»; in GDG 1987 da *rottamazione* si
rinvia a *rottamaggio*: «raccolta e selezione di materiali da riutilizzare; il relativo commercio». Si noti che nel caso di *rottamazione* esiste il verbo *rottamare*,
mentre *terzomondizzazione* (fr. *tiers-mondisme*) si riferisce al composto *terzomondo* (fr. *tiers monde*), non a un verbo.

Nel particolare settore dei prefissoidi e dei suffissoidi si sono avuti nuovi sviluppi, per lo più secondo le modalità già delineatesi all'inizio degli anni Trenta (per tale periodo cfr. Migliorini 1990: 121-45). Ricordiamo soltanto alcuni fenomeni:

1) l'omonimia tra *auto-* avverbio (*autocontrollo, autobloccante*) e *auto-* 'automobile', che può avere il tratto [+ mobilità] (*autoambulanza, autoemoteca*) oppure il tratto [– mobilità] (*autoscuola, autostop*);

2) la polisemia di *tele-* 'a distanza' (*telecomando, televisione, teleguidare*), 'televisione' (*telefilm, teleabbonato*), 'teleferica' (*telecabina*), 'telescrivente' (*teleborsa* 'telescrivente usata nella Borsa'); cfr. anche: *foto-* 'luce' (*fotosintesi*), *foto-* 'fotografia' (*fotocopia, fotomontaggio*);

3) la riduzione a prefissoidi di elementi della composizione *bio-, euro-, immuno-, servo-, termo, video-*: *biodegradabile, bioenergia, bioetica*; *eurocomunismo, eurodeputato*; *immunodeficienza, immunoterapia*; *termofusione, termosaldare*; *servofreno, servoassistito*; *videocitofono, videoconferenza*. Si sviluppano serie di suffissoidi: *audioleso, cranioleso, motuleso*.

4.5.4. È viva la tendenza (ispirata spesso da modelli inglesi e francesi) a ridurre il primo elemento di determinati composti: *agrindustria* (o *agroindustria*), *petro(l)dollaro, narcotrafficante*. Simili neoformazioni hanno diversi gradi di diffusione nella lingua di oggi: accanto a *cantautore*, vocabolo ormai comune, *cattocomunista* (da *cattolico + comunista*) e *tintolavanderia* (da *tintoria + lavanderia*) si possono considerare più propriamente come degli occasionalismi. Vediamo poi altri composti del tipo V + N (usati come N o come A) e del tipo V + Avv, nati per lo più nel linguaggio della pubblicità e di qui diffusisi in altri ambiti:

(18)   *acchiappafantasmi* (Bencini-Citernesi 1992), *aiutamamma* (pannolini per bambini), *ammazzasentenze* (Bencini-Citernesi 1992), *ammazzasete* (bevanda), *azzeccaregalo, cacciaffanni, mangiasporco* (detersivo), (benzina) *salvapotenza, salvaroma* (sigillo per confezioni di caffè), *sfidapioggia* (ombrello), *strappalagrime* (D'Achille 1991), (economia) *strappasorriso, struggicuori, pulilucido, spruzzamorbido* [39].

---

[39] Cfr. Cardona 1974: 50 e 62, Corti 1973: 123, Lintner 1974: 309, Calabrese 1974 [1989]: 164-65, Iacobini-Thornton 1992: 36. Consideriamo

Sempre più frequente è l'uso di acronimi del tipo *Autosole* (da *Autostrada del sole*), *Palasport* (da *Palazzo dello sport*)[40]; nei linguaggi settoriali appaiono formazioni come *indario* (da *industria + terziario*), *monetica* (da *moneta + informatica*), *agronica* (da *agronomia + elettronica*). In progressiva espansione sono le unità lessicali superiori (cfr. §§ 2.1 e 4.5.4), classificabili in base a criteri morfologici (tipo di giunzione) e sintattico-semantici (struttura della frase sottostante):

(19)   *aereo a reazione, area di parcheggio, cassa integrazione, comunicazione di garanzia, direzione artistica, offerta di lancio, ripresa in diretta, servizio pubblico, sistema operativo, tempo pieno.*

In tale settore si hanno sviluppi di serie provviste di un elemento comune (sia esso il determinato che il determinante). Nei composti nominali in cui l'elemento determinante è rappresentato da un nome si distinguono i due tipi fondamentali *uccello mosca* (dei semi che compongono "mosca" si ritiene solo quello dimensionale) e *busta paga* ('la busta è della paga': Dardano 1978a: 182-85). Si formano delle intere serie che hanno lo stesso determinante, il quale finisce per apparire quasi come un elemento suffissale: *stato guida, partito guida, ruolo guida, uomo guida*[41]. Il tipo N + N risulta talvolta un calco di espressioni inglesi: *effetto serra* / ingl. *greenhouse effect*, *banca dati* (o *base dati*) / ingl. *data base*, *conferenza stampa* / ingl. *press conference*; se il composto *cassa integrazione* (con il suo derivato *cassaintegrati* o *cassintegrati*) è entrato nell'uso, vi sono poi varie creazioni più o meno effimere del linguaggio commerciale e pub-

anche altri fenomeni: il tipo "V + V": *digestimolare*; l'uso come nomi di *semprebuono* e *fuoripasto*; acronimi del tipo *puliziotto*.

[40] Sono da ricordare a tale proposito due composti nominali analoghi: *autoferrotranvieri* e *metalmeccanici*. Per altri tipi presenti nel linguaggio pubblicitario non sarà da sottovalutare l'influsso di acronimi angloamericani del tipo *docudrama* da *documentary + drama*, *infotainment* da *information + entertainment*, *spacelab* da *space + laboratory*.

[41] Si noti una diversa interpretazione del fenomeno data dai dizionari di oggi. Per es., Zing. 1970 evidenzia l'aspetto morfologico introducendo la qualifica grammaticale: «*guida*: in funzione di aggettivo invariabile, posposto al nome»; seguono gli esempi: *fossile guida, livello guida, orizzonte guida, stato guida, partito guida*. Così anche in GDG 1987. In Duro 1986 invece l'innovazione morfologica è compresa in un'accezione del vocabolo.

blicitario: *casacittà, fondotinta, modamaglia, pescetonno.* Sono
da notare ancora: 1) sequenze del tipo *rapporto prezzo-dividendi*;
2) ibridi come *industria leader* (cfr. l'ingl. *leading industry*),
droga party (cfr. § 4.6.3); 3) sintagmi che hanno funzione di
aggettivi: *prezzo chiavi in mano, rasoio usa e getta.*

La pressione esercitata dai composti allogeni fa sì che l'ordine "determinante + determinato" sia presente non soltanto in occasionalismi pubblicitari (*Casaidea* "idea per la casa", *Dieto-
guida* 'guida per la dieta') o scherzosi (*De Mita-pensiero, Tan-
genti-story*), ma anche in neologismi presenti nei media (*calciomercato, Cantagiro, nullatenente, sieropositivo, tossicodipenden-
te*) e nel linguaggio commerciale (*elettroforniture, illuminotecni-
ca, vibropressato*); appartengono alla scienza composti come
penicillino-resistente, virus-epatite, retro-virus.

4.6. Il prestito linguistico

4.6.1. Dagli esordi della nostra lingua fino all'epoca contemporanea il prestito linguistico ha contribuito in modo sostanziale
alla formazione del lessico italiano [42]. I metodi per individuare,
inventariare, analizzare, distinguere secondo tipologie, ricondurre
al loro ambiente storico e sociale questo insieme cospicuo di grecismi, germanismi, arabismi, gallicismi, iberismi e anglicismi
(per citare soltanto i filoni principali di una corrente sempre
vigorosa) si sono perfezionati negli ultimi decenni (Gusmani
1981-83, Castellani 1985, Holtus 1989, Zolli 1991). Concetti
operativi come interferenza, transferenza, diglossia, *code switching* (elaborati anche in altri settori di studio), interagendo con
tematiche più tradizionali (nozione di prestigio linguistico, processi e modalità di integrazione e assunzione), hanno chiarito
ulteriormente i meccanismi del prestito, le situazioni e i processi
di sviluppo, nonché taluni aspetti marginali ma non meno significativi di tale campo di fenomeni: ci riferiamo al cosiddetto "italiese", di cui parleremo tra poco (cfr. § 4.6.3). Tra i non molti
studi riguardanti particolari settori del prestito in epoca moderna

---

[42] Cfr. i paragrafi destinati a questa tematica da Migliorini 1960, da integrare con Zolli 1991.

è da segnalare Peter 1969, concernente l'origine e i caratteri della nostra terminologia ferroviaria, e per il mondo dei media Guţia-Senes-Zappieri-Cabasino 1981. Esistono piuttosto ricerche particolari e alcuni tentativi di sintesi: per i contatti con l'inglese cfr.: Klajn 1972, Dardano 1986b, Fanfani 1991-93; per i russismi Orioles 1984. Più studiati sono stati vari momenti della nostra storia linguistica; in questa sede ci limitiamo ad alcuni rinvii, meramente esemplificativi, riguardanti: i germanismi (Castellani 1985), i rapporti con il greco (Cortelazzo 1970), con l'arabo (Pellegrini 1972), con le lingue orientali (Mancini 1992), con il francese nel XVIII sec. (Folena 1983, Giovanardi 1987, Dardi 1992), con lo spagnolo (Beccaria 1968). Non è possibile neppure citare ricerche particolari concernenti etimologie e singole storie di vocaboli (ma si vedano i rinvii essenziali in Pfister 1992); i risultati di tale attività sono confluiti nei nuovi dizionari etimologici: Cortelazzo-Zolli 1979-88 riguarda la lingua standard e comprende una breve storia di ciascuna parola; nella sua ricchissima documentazione il monumentale LEI contiene anche la testimonianza dei dialetti e stabilisce confronti con le altre lingue romanze.

Negli ultimi cinquant'anni è avvenuto progressivamente un cambio della guardia: l'inglese ha sostituito il francese come lingua straniera più conosciuta e più influente in Italia; questo mutamento (che ha subìto un'accelerazione a partire dagli anni Sessanta) è comune ad altri paesi europei e dipende dall'affermarsi degli Stati Uniti come paese guida dell'Occidente. La corrente di prestiti dal francese si è affievolita, ma conserva tuttora una notevole importanza (Cabasino 1981, Mara 1984). Si tratta infatti di parole chiave della vita moderna (*informatica, riciclare* e *riciclaggio, terziario* e *terziarizzazione*), di vocaboli del linguaggio politico (*alternanza, gruppuscolo, marginalizzazione, non proliferazione, paesi in via di sviluppo, parcellizzazione, quadro* "dirigente", *terzo mondo* e *terzomondismo*) [43]; notevoli sono anche alcuni prestiti non adattati: *bidonville, boutique, engagé* (reso spesso con *impegnato*), *nouvelle vague, prêt-à-por-*

---

[43] Cfr., in Gilbert 1985: *informatique, informatiser, informatisation; recyclage, recycler; alternative; groupuscule; marginalisation, marginaliser; non prolifération; parcellisation; cadre.*

ter (Rüfe 1981). Nell'ultimo dopoguerra il francese ha visto ridursi il suo ruolo di tramite di anglicismi [44], sempre più introdotti direttamente dall'Inghilterra e dagli Stati Uniti.

L'influsso della lingua inglese, che va studiato in un ambito internazionale (Filipović 1982, Viereck-Bald 1986) e nel
suo spessore sociolinguistico (Higa 1979, Viereck 1980, Cicioni
1991), rappresenta il fattore più rilevante della seconda europeizzazione dell'italiano (Dardano 1986b); la prima, che era stata
promossa dal francese nel corso del Settecento, aveva riguardato
prevalentemente i piani alti della lingua. Ai giorni nostri invece,
grazie allo sviluppo dei mezzi di comunicazione di massa, l'interferenza riguarda anche i piani medio-bassi e bassi dell'italiano (p.
es. addetti alla manutenzione, musica rock, giovani non accultu-
rati, tifoseria sportiva). Occorre tener conto di due aspetti: il rapporto tra anglicismi adattati e non adattati si è modificato sensibilmente a favore di questi ultimi; gli anglicismi sono accolti
nella maggior parte dei casi attraverso il parlato (sono resi con
una pronuncia approssimativa di quella inglese e con realizzazioni fonetiche che variano dall'uno all'altro strato sociale) e non
attraverso lo scritto come accadeva un tempo: cfr. la "vecchia"
pronuncia italiana di *tunnel* e *watt*. Piuttosto isolata appare la
posizione dei puristi che combattono la loro battaglia contro il
prestito non integrato, proponendo sia sostituzioni (*big bang -
gran botto*, *black out - abbuio*, *marketing - vendistica*, *meeting -
incontro*, *smog - fubbia*, *spray - spruzzo*) sia adattamenti: *beat -
bitto* o *bittone*, *computer - computiere*, *standard - standaro*)
(Castellani 1987).

L'influsso dell'inglese riguarda sia il lessico colto sia alcuni
settori e livelli della lingua comune, scritta e parlata: gli scambi
economico-commerciali, l'informazione scientifica e tecnologica,
le mode (soprattutto giovanili) sono i settori in cui il fenomeno si manifesta con maggior rilievo (cfr. Guţia-Senes-Zappieri-
Cabasino 1981). Per molti riguardi la stampa quotidiana e settimanale, comune e specialistica, svolge una funzione molto
importante: il testo scritto permette l'apprendimento mediato di

---

[44] Per es. *boom, holding, lobby, turn over* sono entrati in francese tra la fine
dell'Ottocento e i primi anni del nostro secolo (Bonnafous-Honoré-Tournier
1985: 55).

anglicismi puri e adattati (Dardano 1986b: 485-94). Si tenga conto che in Italia non esiste alcun organismo delegato alla difesa della lingua, come accade in Francia, dove le autorità impongono di sostituire, nella lingua ufficiale, gli anglicismi con vocaboli ed espressioni francesi (Fantapié-Brulé 1984). I termini *software* e *hardware*, conservati in italiano (anche se il primo è reso spesso con *programma, programmi, pacchetto di programmi, applicazioni*), sono stati sostituiti nella lingua ufficiale con *logiciel* e *matériel*. Un'istanza puristica diffusa nella nostra lessicografia consiste nel considerare di formazione italiana vocaboli che sono in realtà riprese di anglolatinismi e di anglo-grecismi[45].

Alcuni linguaggi scientifici preferiscono per lo più il prestito adattato: p. es. si usano le varianti italianizzate *processore* e *trasduttore* in luogo di *processor* e *transducer*; nella lingua comune invece *transistor* prevale di gran lunga su *transistore*. La tolleranza dei lessicografi nei riguardi degli anglicismi non adattati — soprattutto nel caso di terminologie di nuova formazione — è cresciuta negli ultimi anni[46]. La formazione di derivati italiani da basi inglesi è un fenomeno che ha avuto un notevole sviluppo: *bar* → *barista, budget* → *budgetario, flipper* → *flipperista, handicap* → *handicappato, manager* → *manageriale, film* → *filmare* (per altri derivati v. Raffaelli 1978: 177-97), *dribbling* → *dribblare, to map* → *mappare* (anche *mappizzare*) "fare una mappa", *to sniff* → *sniffare* "fiutare cocaina", *to sponsor* → *sponsorizzare, to test* → *testare*.

La preferenza per l'anglicismo non integrato dipende da varie cause. Nelle agenzie di stampa e nelle redazioni dei giornali la fretta impedisce spesso la ricerca di lessemi italiani equivalenti; in altri ambienti saranno fattori determinanti il prestigio e la

---

[45] Duro 1986 non dichiara l'origine inglese di *agitazione* "politica" (*agitation*), *autodeterminazione* (*self-determination*), *autoinduzione* (*selfinduction*), *autosufficiente* (*self-sufficient*), *costituzionale* e *costituzionalismo* (*constitutional, constitutionalism*), *geoponica* (*geoponics*).

[46] A parte Zing. 1983, incline ad accogliere ogni sorta di anglicismi, notiamo, p. es., che il *Secondo Supplemento* 1984 del Diz. Enc. registra puntualmente vari termini dell'informatica: non soltanto quelli più comuni come *bit, buffer, chip,* ma anche *bus, flag, shift* (nelle accezioni particolari); dell'ultimo termine sono dati anche gli adattamenti italiani *shiftare* e *sciftare*. Cfr. *by-passare* (anche *bypassare, baipassare*) in Quarantotto 1987, Cortelazzo-Cardinale 1989.

necessità di disporre di tecnicismi. Un termine come *imprinting* non ha trovato finora una valida traduzione italiana [47]. I sostantivi inglesi con preposizione finale sono considerati portatori di una particolare e apprezzabile connotazione; li ritroviamo sia nella lingua comune: *check up*, *count down* (accanto a *conto alla rovescia*), *drive in*, *fall out* (accanto a *ricaduta* o *pioggia radioattiva*), *flash back*, *sit-in*; sia in particolari domini: *acting in*, *acting out* (psichiatria), *crossing over* (genetica) [48], *turn-over* (linguaggio sindacale), *top-down*, *bottom up* (informatica) [49]. In una prima fase del contatto linguistico l'affermazione di un anglicismo non integrato può essere contrastata da uno o più equivalenti italiani. A *design*, prestito di ritorno da *disegno*, si opponevano negli anni Cinquanta le espressioni *disegno per l'industria* e *disegno industriale* (Cartago 1981).

La stampa ha contribuito efficacemente a diffondere sigle, siano esse di origine straniera o italiana: si tratta di nozioni tecniche (*AIDS*, *REM*, *TAC*) oppure di referenti comuni come: *pm* "pubblico ministero", *tg* o *tiggì* "telegiornale", *tv* o *tivù*, *tivvù*; le sigle entrano in sintagmi del tipo: *il leader dc*, *il convegno pci*. Diffusi sono anche i sintagmi misti come *bit di informazione* e *cellule helpers*; soprattutto i linguaggi tecnici esibiscono il sintagma "*sindrome* + N proprio"; ma anche nella stampa è presente tale sequenza: *sindrome-Saddam* (Bencini-Citernesi 1992).

Nella stampa gli anglicismi non adattati che compaiono più frequentemente sono quelli che appartengono al linguaggio eco-

---

[47] «*Imprinting*: forma rapida e limitata di apprendimento» (Zing. 1983); «processo precoce di apprendimento» (GDG 1987); «In etologia, particolare forma di apprendimento precoce [...]. Il termine è talvolta tradotto in italiano con *impressione*, o, più raramente, con *conio*» (Duro 1986); ivi appare il rinvio da *impressione*, ma non da *conio*. Gli stessi sostituti sono proposti nel *Secondo Supplemento* 1984 del Diz. Enc.: «Termine (tradotto talvolta con *impressione* o *conio*) usato in psicologia per indicare una particolare forma di apprendimento precoce».

[48] Rispetto ad altri dizionari dell'uso pubblicati negli ultimi anni, Duro 1986 appare piuttosto ostile agli anglicismi. Per es., nel caso di *count down* si dice soltanto: «espressione corrispondente all'italiano *conteggio alla rovescia* o *all'indietro*»; dopo la definizione di *crossing over* si aggiunge: «con termine ital., *scambio* o *intercambio*».

[49] «*Top-down* (*design*, etc.), (progetto, etc.) dall'alto verso il basso, discendente (in opposizione a *bottom-up*)» in Guingay 1979, alla voce *top*. Ivi (alla voce *bottom*) *bottom-up design* «progetto dal basso verso l'alto, progetto ascendente».

nomico-finanziario (*deregulation*, anche *deregolamentazione*, *dumping*, *fiscal drag*, anche *drenaggio fiscale*, *fixing*, *holding*, *insider trading*, *joint venture*, *leasing*, *marketing*, *merchant bank*, *prime rate*, *stagflation*, *warrant*) e a quello sportivo: oltre a vecchi anglicismi come *goal* (o *gol*), *corner*, *dribbling*, se ne possono ricordare altri entrati o recuperati negli ultimi anni: *forcing* («pseudoanglicismo foggiato in francese» [Rando 1987], dapprima presente nel pugilato poi nel calcio), *jogging*, *pole-position*, *pressing* (altro pseudoanglicismo nato in francese), *stretching*, *team*, *training*, *trekking*; alcuni di questi vocaboli sono penetrati, con accezioni diverse da quelle originarie, anche in altri settori del lessico [50].

4.6.2. Klajn 1972 distingue tra «calchi», neologismi formati con materiale italiano sul modello straniero, e «prestiti semantici»; nell'una come nell'altra categoria l'interferenza è promossa sia dall'omonimia (cfr. § 3.3) che dalla sinonimia (cfr. § 3.8). Si hanno allora calchi omonimici, fondati cioè sulla somiglianza del significante (*abolizionismo / abolitionism*, *pressurizzare / to pressurize*) [51], e calchi sinonimici (*fuorilegge / outlaw*, *grattacielo /*

---

[50] Fenomeno ricorrente è il passaggio di anglicismi dall'uno all'altro sport. Per es. *assist* "passaggio smarcante" e *pressing* del linguaggio del calcio provengono dal gioco della pallacanestro. Negli sport più elitari, come il tennis e il golf, gli anglicismi appaiono nel complesso più numerosi: ma anche qui non mancano sinonimi italiani, come p. es. *game / gioco*, *lob / pallonetto*, *smash / schiacciata*, *set / partita*. Il fatto che quello dello sport sia un linguaggio mescidato è provato dall'esistenza di molti sinonimi che rappresentano nozioni fondamentali: *goal* (o *gol*) */ rete*, *record / primato* (cfr. anche *recordman / primatista*), *basket* 'basket-ball' */ pallacanestro*. Due antichi vocaboli, *allenamento* e *allenatore*, ripresi col nuovo significato sportivo, fronteggiano con successo *training* (che in italiano appare sovente in altri contesti) e *trainer* (detto anche *coach* o *mister*).

[51] Esempi di calco omonimico sono i sostantivi: *abolizionismo*, *acculturazione*, *assenteismo*, *automazione*, *cibernetica*, *contraccettivo*, *editoriale*, *fissione*, *idroponica*, *impatto*, *imperialismo*, *interferenza*, *isolazionismo*, *non senso*, *ostruzionismo*; i verbi: *contattare*, *minimizzare*, *vulcanizzare*. Si ricordi anche il composto nominale del tipo: *Nord America*, *nordamericano*. A questi vocaboli, entrati in italiano talvolta tramite il francese, se ne possono aggiungere altri più recenti: *elicitare*, *implementare* (e *implementazione*), *intermediazione*, *ottimizzare* (e *ottimizzazione*). Anche se non è sempre facile tracciare confini precisi, Dardi (1992: 79) obietta che l'affinità tra l'inglese e l'italiano — come del resto tra il francese e l'italiano — è tale che la possibilità di operare la suddetta scelta sembra a volte negata: «è raro che ad un'uguaglianza di significato non cor-

sky-scraper); si hanno prestiti semantici omonimici (*classe* con il significato di 'distinzione, eleganza' proviene dall'ingl. *class*; *assumere*, accanto al significato it. di 'prendere su di sé', riproduce dall'ingl. *to assume* il significato di 'supporre') [52]; sono invece esempi di prestito semantico sinonimico: *colomba, falco* 'fautore della pace' e rispettivamente 'della guerra' / *dove, hawk, stella* (del cinema) / *star, vertice* 'incontro fra i massimi rappresentanti' / *summit* (v. anche Bombi 1989-90: 101); si hanno calchi di locuzioni sia omonimici (*lenti a contatto* / *contact lenses*) [53] sia sinonimici (*alta fedeltà* / *high fidelity*). Bombi 1989-90 distingue tra calchi sinonimici perfetti (*alta fedeltà, nuova frontiera* / *new frontier*) e imperfetti, sia per il mutato ordine dei costituenti (*arrampicatore sociale* / *social climber*) sia per il diverso grado di analiticità (*lavaggio del cervello* / *brain washing*).

Gusmani (1981-83, II: 8-9) sottolinea il fatto che si ha un prestito quando si identifica il significante e il significato del modello, senza tener conto della «motivazione all'interno del sistema linguistico cui appartiene»; si ha invece un calco quando si ha «una parola 'trasparente', dunque motivata ed articolata nella sua struttura»; pertanto «il calco presuppone un grado di bilinguismo molto più avanzato del prestito ed ha quindi un carattere gene-

---

risponda anche un'uguaglianza di forma». Bombi (1987-88: 43-44) rileva la difficoltà «di tracciare un confine netto tra i veri calchi di derivazione (ad es. *colonizzazione* e *evoluzionismo*, calchi sull'ingl. *colonization* e *evolutionism*) e i prestiti camuffati o semplicemente adattati (ad es. *abolizionismo* e *proibizionismo*, sull'ingl. *abolitionism* e *prohibitionism*)».

[52] Sulla tipologia del calco si veda Bombi 1987-88. Vediamo altri esempi di prestito semantico omonimico: *evidenza* 'prova, testimonianza'/ *evidence, occorrenza* 'frequenza' o anche 'occorrimento' / *occurence, santuario* 'rifugio'/ *sanctuary*.

[53] Alcuni esempi di calco omonimico di locuzioni sono: *cartone animato* / *animated cartoon, pubbliche relazioni* / *public relations* (di quest'ultima espressione l'italiano conserva l'anticipazione dell'aggettivo), *obiettore di coscienza* / *conscentious objector, visita di Stato* / *State visit* (in luogo di *visita ufficiale*). Si noti come negli ultimi due esempi il determinante, passando dall'inglese all'italiano, abbia mutato la sua forma. Si sono riprese espressioni inglesi fondate su traslati: *prezzi congelati* / *frozen prices, inflazione strisciante* o *galoppante* / *creeping - galloping inflation*. Dal calco di espressioni inglesi, talvolta mediate dal francese, dipendono le nuove valenze semantiche di alcuni aggettivi: *guerra fredda* / *cold war, linea dura* / *hard line*, (*sciopero*) *gatto selvaggio* / *wildcat strike*.

ralmente colto». Secondo lo studioso si ha un «calco strutturale» se del modello si riproduce sia la motivazione formale sia quella semantica; se si riproduce soltanto quest'ultima si ha un «calco semantico».

4.6.3. Sanga (1981: 106) ha affermato che l'italiano anglicizzato possiede un prestigio maggiore rispetto all'italiano letterario ed è usato dalle classi alte. Si tengano tuttavia presenti due punti: tra italiano anglicizzato e italiano burocratico i rapporti sono attivi e danno luogo a reciproci scambi; anglicismi e forme anglicizzanti sono presenti anche nei livelli medi e medio-bassi della nostra lingua. Il cosiddetto "italiese" è più diffuso di quanto si possa pensare: parole popolari sono certamente *boom*, *flipper*, *jeans*. Caratteristici sono gli ibridi, cui abbiamo già fatto cenno (cfr. § 4.5.4) e che appaiono o sono apparsi, in vari periodi, non soltanto nel linguaggio dei giovani, ma anche nella stampa e nella pubblicità: *cippettone* 'persona che per quanti sforzi faccia rivela un'assoluta mancanza di gusto' (dall' ingl. *cheap*: Pittàno 1987), *fricchettone* (denominazione, ricorrente negli anni Settanta, di un tipo di contestatore non violento, dall'ingl. *freak*: Cortelazzo-Cardinale 1989), *gayezza* (cfr. § 3.3), *sboom* 'il contrario di *boom*', *slurpone* 'giovane aitante' (dall'ingl. *to slurp*). Rientra nello standard lo pseudoanglicismo *no autostop*, corrispondente all'ingl. *no hitchhiking allowed*.

Lo studio del cotesto e del contesto in cui cadono i prestiti linguistici appare come uno dei percorsi più promettenti in questo campo di ricerche. Per vari anglicismi è possibile individuare gli ambiti d'uso privilegiati: *baby*, *black-out*, *boom*, *gap*, *killer*, *look*, *pool*, *sexy*, *test* sono usati frequentemente dalla stampa: la brevità (e quindi la possibilità di farne uso nei titoli), il potere connotativo e talvolta il valore eufemistico sono le cause del loro successo. Vi sono anglicismi che non hanno traduzioni adeguate nella nostra lingua: Ragazzini (1986) evita di tradurre vocaboli ben consolidati nell'uso come: *cocktail*, *jogging*, *pick-up* (nel significato di 'fonorivelatore'), *sit-in*, *spoiler* 'dispositivo che migliora l'aerodinamicità di un veicolo'. Altri anglicismi di largo uso hanno equivalenti italiani: *bar - caffè*, *camping - campeggio*, *computer - elaboratore*, *jeep - camionetta*, *timer - temporizzatore*. In questi casi sembra di poter affermare che l'anglicismo è usato più frequentemente nella lingua di ogni giorno; invece il corrispondente vocabolo italiano ha maggiori occasioni di manifestarsi in una varietà più formale di lingua.

La monosemia dei forestierismi e l'alterazione del significato originario sono fenomeni comuni nel prestito linguistico: *bar* ha in inglese molti significati, ma in italiano vale soltanto 'locale pubblico', *girl* ha il significato di *chorus girl*; cfr. ancora: *hostess* 'assistente di volo', *jack* 'spina con un solo perno', *miss* 'vincitrice di un concorso di bellezza' (in passato il significato prevalente era 'istitutrice'). Un caso particolare di restringimento del significato si ha in *boss*, che in italiano è usato per lo più per indicare il capo di un'organizzazione criminale. Uno spostamento del significato per metonimia si ha in *clergyman* (cfr. § 3.3) e in *flirt* 'relazione sentimentale superficiale e breve' (in ingl. vuol dire 'donna dai molti amori'); una denominazione del tipo "pars pro toto" si ha in *flipper*, che equivale all'ingl. *pinball machine*. In Italia si usano anglicismi che hanno significati del tutto diversi da quelli presenti nei corrispondenti vocaboli inglesi: *golf* 'maglione', *pullman* 'torpedone'. *Clip*, vocabolo già usato da noi con il significato di *paper-clip*, ha preso di recente il significato di 'breve sequenza di film' (Cortelazzo-Cardinale 1989); in luogo di *clip* si usano anche *videoclip* e *video*; quest'ultimo è uno pseudoanglicismo, che (per un fenomeno di reinterpretazione in cui il determinante è scambiato con il determinato) elimina la "testa" del composto: cfr. l'italiese *night* e *lift*, corrispondenti all'ingl. *night-club* e *lift-boy*. Giova qui ricordare alcuni pseudoanglicismi di uso corrente: *dancing* / ingl. *dance hall*, *smoking* / ingl. *dinner jacket* (per il successo dei N-*ing* cfr. *forcing* e *pressing*: § 4.6.1), *recordman* (v. nota 50) / ingl. *record holder*, *tight* / ingl. *morning dress*.

Abbiamo già ricordato (§ 4.5.4) gli ibridi *industria leader* (determinato + determinante) e *droga party* (determinante + determinato); citiamo altri esempi: *partner-concorrente*, *presidente-manager*, *bar-tavola fredda*, *spettatori-detective*, *film-inchiesta*, *tasche-container* 'molto grandi', *box-auto*, *teatro-ring* (composto di generi teatrali contrastanti), *palla-gol*, *palla-break* (nel tennis), *match-spareggio*, *villaggio-vip*, *esenzione-ticket*, *staff Berlusconi*, *uomini-radar*, *baby-ricattatore*, *chitarra-rock*, *stile cowboy*, *play-off scudetto*, *Tiburtina Valley*, *tangenti story*, *baby-*

killer, *comune-crack* (determinante-determinato), *trasmissioni spot* 'spot più lunghi del normale e simili a trasmissioni'. La maggior parte di questi composti rientra certamente nell'ambito degli occasionalismi; tuttavia tali creazioni effimere testimoniano una tendenza di fondo dell'italiano di oggi: la contrazione del discorso in formule e in sequenze semanticamente pregnanti.

4.6.4. I caratteri stessi del termine tecnico (cfr. § 4.3) facilitano l'ingresso di molti anglicismi non adattati in vari sottocodici. Infatti «la terminologia tecnica è quella più spoglia di elementi connotativi nella stessa lingua di origine ed è pertanto quella meno condizionata dal sistema lessicale in cui si trova inserita» (Gusmani 1981-83, I: 104). Indipendentemente dal loro contesto, in italiano vocaboli come *chip*, *spin*, *hardware*, *big bang* hanno un valore tecnico (anche se talvolta il linguaggio giornalistico non rinuncia ai soliti traslati: cfr. *il big bang dei socialisti*).

In genere gli anglicismi non adattati hanno maggiori possibilità di entrare in una disciplina e in una tecnica di nuova formazione. Invece le discipline e le tecniche che esistono da tempo e che possiedono terminologie già sperimentate e stabili preferiscono la via del calco (omonimico e sinonimico). Tuttavia a determinare queste scelte possono intervenire altre cause: le circostanze e le condizioni d'uso dei termini, le mode, le scuole e i gruppi socioprofessionali, il fattore generazionale. Vi sono di fatto dei linguaggi (medicina, fisica) meno esposti all'ingresso di anglicismi non adattati; ma, come abbiamo visto, si deve fare un'eccezione per i settori di nuova formazione di queste discipline.

È diminuita la tendenza a conservare immune da forestierismi non adattati il vocabolario intellettuale. Rispetto al passato si può dire che il contatto con l'inglese produce oggi una situazione di non omogeneità all'interno di alcuni settori specifici del nostro lessico, in particolare nei vocabolari settoriali. Si è abbreviato il tempo che intercorre tra la "citazione" (p. es. l'anglicismo riferito soltanto a un referente anglosassone) e il prestito vero e proprio.

Indicazioni di metodo possono venire dall'analisi di altre situazioni di interferenza: il rapporto inglese-dialetti (Zamboni 1988), lo studio dell'angloamericano e, più in generale, delle varietà di italiano parlato dai nostri immigrati nei paesi anglofoni (Menarini 1947: 145-208; Saltarelli 1986; Rando 1984; Haller 1993). Le diverse situazioni comunicative producono una varia tipologia dei fenomeni di adattamento: nel caso di varietà dialettali e popolari la paretimologia e l'ibridismo si manifestano con maggiore intensità [54]. Il vario esito degli anglicismi in diversi contesti sociolinguistici prospetta nuovi problemi nel campo della semantica e della strutturazione dei lessici misti. In effetti lo studio del prestito ripropone in una prospettiva particolare la complessa tematica delle condizioni di produzione del discorso pubblico.

5. Conclusione

Negli ultimi anni con l'evolversi dei modelli linguistici lo studio del lessico ha visto svilupparsi sempre più l'interpretazione strutturalistica, mediante la quale il mondo delle parole ha conquistato relazioni interne proprie, diverse da quelle che organizzano la frase; in un certo senso la sintassi è diventata più leggera e il lessico più pesante: vale a dire alcune relazioni che un tempo erano espresse più frequentemente al livello sintattico hanno lasciato il posto a relazioni rese sia dalla componente lessicale sia dal livello semantico. Le critiche mosse all'analisi componenziale sono state motivate dall'abbandono, da parte di molti studiosi, di tutto ciò che non riguarda le strutture della lingua: aspetti sociolinguistici e pragmatici, interazione sociale, variazioni di registro, ecc. Di qui è nata l'esigenza di avvicinare la pragmatica alla semantica: si tratta di una tendenza che si è sviluppata fino al punto che per alcune tematiche specifiche e presso alcuni ricercatori le due discipline tendono ormai a sovrapporsi: si pensi ai problemi dell'illocutività, dell'indessicalità e della competenza comunicati-

---

[54] Per una bibliografia riguardante le varietà miste di dialetti italiani e d'inglese cfr. Vignuzzi 1983. Ricordiamo qualche esempio di adattamento crudo: *giobba / job, ghella / girl, sciaràp / shut up, mpai mpai / by and by*; qualche reinterpretazione di parole: *buco / book, sciàbbula* (it. *sciabola*) / *shovel*; un esempio di frase ibrida: *let's go co' car* (dove *co'* è forma regionale in luogo di *con*). Per quanto riguarda i diversi esiti che possono avere alcune parole inglesi si osservi che, presso gli angloamericani, *ticket*, oltre che 'titolo di trasporto', vale spesso 'scheda per votare'; in Italia invece *ticket* è il termine che indica 'la quota fissa che deve corrispondere chi ha diritto all'assistenza sanitaria per fruire di alcune specialità farmaceutiche e prestazioni mediche'. Nel dialetto marchigiano, parlato da alcuni emigranti negli Stati Uniti, la forma adattata *tichetta* vale 'biglietto da viaggio'.

va [55]; al tempo stesso accanto ai tratti sintattici si sono individuati sempre più dei tratti pragmatici.

La situazione del lessico della nostra lingua presenta oggi caratteri diversi che si chiariscono soltanto quando: 1) sono riportati a tendenze di fondo dell'evoluzione linguistica (abbreviazione, condensazione, "irreggimentazione"); 2) sono riferiti a una particolare situazione sociale e culturale. Due aspetti vanno particolarmente sottolineati: la crescita d'importanza del fattore situazionale e la presenza della lingua inglese. Tuttavia le innovazioni alloglotte non hanno snaturato la nostra lingua, come affermano i puristi, troppo attenti alla materialità delle parole e spesso inconsapevoli che il mutamento avvenuto negli ultimi cinquant'anni riguarda soprattutto il contesto situazionale. Nei periodi di evoluzione sociale il primo fattore di mutamento consiste nell'inversione di prestigio. Come nei primi secoli dell'era volgare l'ideologia dei cristiani modificò la gerarchia delle varietà linguistiche anteponendo alla lingua dei classici modelli vicini al parlato, in modo simile, nei nostri tempi, l'accresciuto successo della scienza e delle tecniche ha fatto sì che la lingua letteraria tradizionale discendesse nella scala del prestigio lasciando spazio a varietà diastratiche e diafasiche particolari e di carattere medio. Al tempo stesso l'informalità propria dell'interazione verbale ha visto crescere sempre più il suo valore; i tabù situazionali sono caduti modificando il gioco delle interdizioni.

Nei primi decenni dell'Ottocento l'italiano era assediato dal francese, come oggi lo è dall'inglese. Eppure accanto alla precisione degli scritti scientifici si era riusciti a conservare l'eleganza degli scritti letterari. Scriveva il Leopardi: «La nostra lingua […] è capacissima dello stile preciso, non meno che dell'elegante» [56]. Vorremmo che questa capacità ci accompagnasse alla soglia del secondo millennio.

---

[55] «Atto illocutivo» è quello che si compie realizzando un enunciato; «indessicali» sono detti i tratti linguistici che rivelano le caratteristiche personali di chi parla o scrive.

[56] *Zibaldone*, 2014. Secondo il Leopardi la precisione può andare insieme alla purezza, ma non all'eleganza, come dimostra l'esempio del Galileo, «che dovunque è preciso e matematico quivi non è mai elegante, ma sempre purissimo italiano». Cito da G. Leopardi, *Zibaldone di pensieri*, ed. critica e annotata a cura di G. Pacella, 3 voll., Garzanti, Milano, 1991: I, 1132.

Bibliografia

Albano Leoni, F.-De Blasi, N. (a c. di) (1981), *Lessico e semantica. Atti del XII Congresso internazionale di studi della Società di linguistica italiana (Sorrento, 19-21/5/1978)*, 2 voll., Bulzoni, Roma.

Alinei, M. (1974), *La struttura del lessico*, Il Mulino, Bologna.

Altieri Biagi, M.L. (1965), *Note sulla lingua della pubblicità*, in «Lingua nostra», 26: 86-93.

Antoine, G.-Martin, R. (a c. di) (1985), *Histoire de la langue française (1880-1914)*, Ed. du C.N.R.S, Paris: 41-98.

Arcaini, E. (1968), *Dalla linguistica alla glottodidattica*, SEI, Torino.

Bandini, M. (a c. di) (1987), *Le fantaparole*, Armando, Roma.

Banfi, E.-Sobrero, A.A. (a c. di) (1992), *Il linguaggio giovanile degli anni Novanta*, Laterza, Roma-Bari.

Bastuji, J. (1974), *Aspects de la néologie sémantique*, in Guilbert 1974: 6-19.

Beccaria, G.L. (1968), *Spagnolo e Spagnoli in Italia. Riflessi ispanici sulla lingua italiana del Cinque e Seicento*, Giappichelli, Torino.

Beccaria, G.L. (a c. di) (1973), *I linguaggi settoriali in Italia*, Bompiani, Milano.

Becks, D.G. (1981), *Contributo a un'analisi strutturale del dominio dei trasporti nel lessico italiano*, in Albano Leoni-De Blasi 1981: 351-362.

Bencini, A.-Citernesi, E. (1992), *Parole degli anni Novanta*, Le Monnier, Firenze.

Berruto, G. (1976), *La semantica*, Zanichelli, Bologna.

Berruto, G. (1987), *Sociolinguistica dell'italiano contemporaneo*, La Nuova Italia Scientifica, Roma.

Berruto, G. (1989), *Tra italiano e dialetto*, in Holtus, G.-Metzeltin, M.-Pfister, M. (a c. di), *La dialettologia italiana oggi. Studi offerti a M. Cortelazzo*, Narr, Tübingen: 107-22.

Bombi, R. (1987-88), *Alcune tipologie di calchi sull'inglese dell'italiano*, in «Incontri linguistici», 12: 43-44.

Bombi, R. (1989-90), *Calchi sintagmatici, sintematici e semantici sull'inglese in italiano*, in «Incontri linguistici», 13: 97-149.

Bonnafous, S.-Honoré, J.-P.-Tournier, M. (1985), *Vocabulaire du pouvoir*, in Antoine-Martin 1985: 41-98.

Bortolini, U.-Tagliavini, C.-Zampolli, A. (1971), *Lessico di frequenza della lingua italiana contemporanea*, IBM Italia, Milano.

Bruni, F. (1984), *L'italiano. Elementi di storia della lingua e della cultura*, UTET, Torino.

Burger, H. (1990), *Sprache der Massenmedien*, De Gruyter, Berlin-New York.

Cabasino, F. (1981), *Modelli linguistici francesi nella stampa contemporanea*, in Guţia-Senes-Zappieri-Cabasino 1981: 171-261.

Calabrese, O. (1974 [1989]), *Il marinismo in serie. Una lingua tra neoarcaismo e paleo-neologismo*, in Pignotti, L., *Il supernulla. Ideo-*

logia e linguaggio della pubblicità, Guaraldi, Firenze; poi in Chiantera 1989: 159-78, da cui si cita.

Calvet, J.-L. (1980), *Les sigles* («Que sais-je?», 1811), PUF, Paris.

Cardona, G.R. (1974), *La lingua della pubblicità*, Longo, Ravenna.

Cartago, G. (1981), *"Design, Disegno"*, in «Studi di lessicografia italiana», 3: 167-91.

Carter, R. (1987), *Vocabulary. Applied Linguistic Perspectives*, Allen & Unwin, London.

Castellani, A. (1985), *Capitoli d'un'introduzione alla grammatica storica italiana*, II: *L'elemento germanico*, in «Studi linguistici italiani», 11: 1-26 e 151-81.

Castellani, A. (1987), *Morbus anglicus*, in «Studi linguistici italiani» 13: 137-49.

Castellani, A. (1991), *"Vendistica" e il concetto di bizzarro*, in «Studi linguistici italiani», 17: 139-41.

Chiantera, A. (a c. di) (1989), *Una lingua in vendita. L'italiano della pubblicità*, La Nuova Italia Scientifica, Roma.

Cicioni, M. (1991), *A sociolinguistic analysis of loan-words in contemporary Italian*, Tesi non pubblicata, La Trobe University, Melbourne.

Cortelazzo, M. (1970), *L'influsso linguistico greco a Venezia*, Pàtron, Bologna.

Cortelazzo, M. (1983), *Aspetti, problemi e tendenze dell'italiano contemporaneo*, in *Atti del secondo Convegno degli italianisti in Finlandia (Helsinki, 29-30/10/1982)*, Publications du Département des Langues Romanes, Université de Helsinki: 71-85.

Cortelazzo, M.-Zolli, P. (1979-88), *Dizionario etimologico della lingua italiana*, 4 voll., Zanichelli, Bologna.

Cortelazzo, M.-Cardinale, U. (1989), *Dizionario di parole nuove (1964-1987)*, 2ª ed., Loescher, Torino.

Cortelazzo, M.A. (1987), *Retrodatazione di neologismi*, in «Studi linguistici italiani», 13: 236-62.

Cortelazzo, M.A. (1990), *Lingue speciali: la dimensione verticale*, Unipress, Padova.

Corti, M. (1973), *Il linguaggio della pubblicità*, in Beccaria 1973: 119-139.

Coseriu, E. (1967 [1971]), *Lexikalische Solidaritäten*, in «Poetica», 1: 293-303 (trad. it. *Solidarietà lessicali*, in Id., *Teoria del linguaggio e linguistica generale. Sette studi*, a c. di R. Simone, Laterza, Bari: 303-16).

Coseriu, E. (1973), *Einführung in die strukturelle Betrachtung des Wortschatzes*, 2ª ed., Narr, Tübingen.

Cottez, H. (1985), *Le vocabulaire des sciences biologiques*, in Antoine-Martin 1985: 99-127.

Coveri, L. (1992), *Gli studi in Italia*, in Banfi-Sobrero 1992: 59-69.

D'Achille, P. (1991), *Sui neologismi. Memoria del parlante e diacronia del presente*, in «Studi di lessicografia italiana», 11: 269-322.

Dardano, M. (1978a), *La formazione delle parole nell'italiano di oggi*, Bulzoni, Roma.

Dardano, M. (1978b), *(S)parliamo italiano?*, Curcio, Roma.

Dardano, M. (1982), *Einige Überlegungen zu den multilexikalischen Einheiten im Italienischen*, in «Folia Linguistica», 16: 137-47.

Dardano, M. (1986a), *Il linguaggio dei giornali italiani*, 3ª ed. con due appendici su: *Le radici degli anni Ottanta* e *L'inglese quotidiano*, Laterza, Roma-Bari.

Dardano, M. (1986b), *The influence of English on Italian*, in Viereck-Bald 1986: 231-52.

Dardano, M. (1987), *Linguaggi settoriali e processi di riformulazione*, in Dressler, W.U.-Grassi, C.-Rindler Schjerve, R.-Stegu, M. (a c. di), *Parallela 3. Linguistica contrastiva. Linguaggi settoriali. Sintassi generativa. Atti del 4° incontro italo-austriaco dei linguisti a Vienna (15-18/9/1986)*, Narr, Tübingen: 134-45.

Dardano, M. (1988), *Italiano: Formazione delle parole*, in Holtus-Metzeltin-Schmitt 1988: 51-63.

Dardano, M. (in stampa), *I linguaggi scientifici*, in Serianni, L.-Trifone, P. (a c. di), *Storia della lingua italiana*, vol. II, Einaudi, Torino.

Dardano, M.-Giovanardi, C.-Pelo, A. (1988), *Per un'analisi del discorso divulgativo: accertamento e studio della comprensione*, in De Mauro, T.-Gensini, S.-Piemontese, M.E. (a c. di), *Dalla parte del ricevente: percezione, comprensione, interpretazione. Atti del XIX Congresso SLI (8-10/11/1985)*, Bulzoni, Roma: 153-64.

Dardano, M.-Giovanardi, C.-Pelo, A.-Trifone, M. (1993), *Testi misti*, in Moretti-Petrini-Bianconi 1992: 323-52.

Dardi, A. (1992), *Dalla provincia all'Europa. L'influsso del francese sull'italiano tra il 1650 e il 1715*, Le Lettere, Firenze.

Dauzat, A. (1946), *L'appauvrissement de la dérivation en français*, D'Artrey, Paris.

De Mauro, T. (1971), *Senso e significato. Studi di semantica teorica e storica*, Adriatica, Bari.

De Mauro, T. (1979), *Storia linguistica dell'Italia unita*, 2ª ed., Laterza, Roma-Bari.

De Mauro, T. (1988), *Linguaggi scientifici e lingue storiche*, Introduzione a Guerriero 1988: 9-19.

De Mauro, T. (1989), *Guida all'uso delle parole*, 10ª ed. aggiornata, Editori Riuniti, Roma.

De Mauro, T.-Mancini, F.-Vedovelli, M.-Voghera, M. (1993), *Lessico di frequenza dell'italiano parlato*, Etaslibri, Milano.

Devoto, G.-Altieri Biagi, M.L. (1968), *La lingua italiana. Storia e problemi attuali*, ERI, Roma.

Devoto, G.-Oli, G. (1990), *Il dizionario della lingua italiana*, Le Monnier, Firenze.

Dings, J. (1986), *Antonimia lessicale*, in «Quaderni di semantica», 7; 333-80.

Diz. Enc. = *Dizionario Enciclopedico Italiano*, 12 voll., 1955-63 + 2 voll.: *Supplemento*, 1974; *Secondo Supplemento*, 1984, Istituto dell'Enciclopedia Italiana, Roma.

Duro, A. (1977), *Lessicologia*, in Gambarara, D.-Ramat, P. (a c. di), *Dieci anni di linguistica italiana (1965-1975)*, Bulzoni, Roma: 209-220.

Duro, A. (1986), *Vocabolario della lingua italiana*, Istituto della Enciclopedia italiana, Roma 1986-91 [pubblicati 3 voll. fino a *rytòn*].

Fanfani, M.L. (1991-93), *Sugli anglicismi dell'italiano contemporaneo*, in «Lingua nostra», 52: 11-24 , 73-89 e 113-18; 53: 18-25, 79-86 e 120-21; 54: 13-20.

Fantapié, A.-Brulé, M. (a c. di) (1984), *Dictionnaire des néologismes officiels*, Franterm, Paris.

Ferrario, E. (1990), *La metafora zoomorfa nel francese e nell'italiano contemporanei*, La Scuola, Brescia.

Ferreri, S. (1983), *Lessico colloquiale: una indagine sul campo*, Centro di studi filologici e linguistici siciliani, Palermo.

Ferrero, E. (1991), *Dizionario storico dei gerghi italiani*, Mondadori, Milano.

Filipović, R. (a c. di) (1982), *The English Element in European Languages* (vol. II, *Reports and Studies*), Institute of Linguistics, University of Zagreb.

Fluck, H.R. (1985), *Fachsprachen*, 3ª ed., Francke, Tübingen.

Fochi, F. (1966), *Lingua in rivoluzione*, Feltrinelli, Milano.

Folena, G. (1964 [1989]), *Aspetti della lingua contemporanea. La lingua e la pubblicità*, in «Cultura e scuola», 9; poi in Chiantera 1989: 107-20, da cui si cita.

Folena, G. (1983), *L'italiano in Europa. Esperienze linguistiche del Settecento*, Einaudi, Torino.

Galli de' Paratesi, N. (1964), *Le brutte parole. Semantica dell'eufemismo*, Giappichelli, Torino.

Gawełko, M. (1977), *Les déficiences de l'adjectif dénominal en français*, in «Studia neophilologica», 49: 271-85.

GDG 1987 = *Grande Dizionario Garzanti della lingua italiana*, Garzanti, Milano.

Geckeler, H. (1971 [1979]), *Strukturelle Semantik und Wortfeldtheorie*, Fink, München (trad. it. *La semantica strutturale*, a c. di G. Klein, Boringhieri, Torino).

Gilbert, P. (1985), *Dictionnaire des mots contemporains*, Le Robert, Paris.

Giovanardi, C. (1987), *Linguaggi scientifici e lingua comune nel Settecento*, Bulzoni, Roma.

Gotti, M. (1991), *I linguaggi specialistici*, La Nuova Italia, Firenze.

Groult, M. (a c. di) (1988), *Transfert de vocabulaire dans les sciences*, Ed. du CNRS, Paris.

Guerriero, A.R. (a c. di) (1988), *L'educazione linguistica e i linguaggi scientifici*, La Nuova Italia, Firenze.

Guespin, L. (1971), *Problématique des travaux sur le discours politique*, in «Langages», 23: 3-24.

Guilbert, L. (1967), *Le vocabulaire de l'astronautique*, Publications de l'Université de Rouen, Rouen.

Guilbert, L. (1969), *Dictionnaires et linguistique: essai de typologie des dictionnaires monolingues français contemporains*, in «Langue française», 2: 4-29.

Guilbert, L. (1971), *De la formation des unités lexicales*, in *Grand Larousse de la langue française*, sous la direction de L. Guilbert, R. Lagane, G. Niobey, 7 voll., Larousse, Paris 1971-78; vol. I: IX-LXXXI.

Guilbert, L. (1973), *La spécificité du terme scientifique et technique*, in «Langue française», 17: 5-17.

Guilbert, L. (a c. di) (1974), *La néologie lexicale*, Didier-Larousse, Paris [= «Langages», 36].

Guilbert, L. (1975), *La créativité lexicale*, Larousse, Paris.

Guingay, M. (1979), *Dizionario di informatica inglese-italiano*, ed. it. a c. di F.A. Schreiber, Masson, Milano.

Guiraud, P. (1967), *Structures étymologiques du lexique français*, Larousse Paris.

Gusmani, R. (1981-83), *Saggi sull'interferenza linguistica*, 2 voll., Le Lettere, Firenze.

Guţia, I.-Senes, G.M.-Zappieri, M.-Cabasino, F. (1981), *Contatti interlinguistici e mass media*, La Goliardica, Roma.

Haller, M. (1993), *Una lingua perduta e ritrovata. L'italiano degli italo-americani*, La Nuova Italia, Firenze.

Halliday, M.A.K. (1976 [1987]), *System and Function in Language*, Selected papers ed. by G.R. Kress, Oxford University Press, Oxford (trad. it. *Sistema e funzione nel linguaggio*, Il Mulino, Bologna).

Hartmann, R.R.K. (a c. di) (1983), *Lexicography: Principles and Practice*, Academic Press, London-New York.

Higa, M. (1979), *Sociolinguistic aspects of word-borrowing*, in Mackey, W.F.-Ornstein, J. (a c. di), *Sociolinguistics. Studies in Language Contact*, Mouton, The Hague: 277-92.

Holtus, G. (1989), *Natura e funzione dei prestiti lessicali in italiano*, in Foresti, F.-Rizzi, E.-Benedini, P. (a c. di), *L'italiano tra le lingue romanze. Atti del XX Congresso internazionale di studi della SLI (Bologna, 25-26/9/1986)*, Bulzoni, Roma: 279-304.

Holtus, G.-Radtke, E. (a c. di) (1985), *Gesprochenes Italienisch in Geschichte und Gegenwart*, Narr, Tübingen.

Holtus, G.-Metzeltin, M.-Schmitt, Chr. (a c. di) (1988), *Lexikon der Romanistischen Linguistik*, vol. IV: *Italienisch, Korsisch, Sardisch*, Niemeyer, Tübingen.

Iacobini, C.-Thornton, A.M. (1992), *Tendenze nella formazione delle parole nell'italiano del ventesimo secolo*, in Moretti-Petrini-Bianconi 1993: 25-55.

Italiani parlati (1987) = AA.VV., *Gli italiani parlati. Sondaggi sopra la lingua di oggi (Firenze, 29-3/31-5-1985)*, presso l'Accademia della Crusca, Firenze.

Italiano d'oggi (1974) = AA.VV., *Italiano d'oggi. Lingua non letteraria e lingue speciali*, Lint, Trieste.

Janni, P. (1986), *Il nostro greco quotidiano. I grecismi e i mass-media*, Laterza, Roma-Bari.

Junker, A. (1955), *Wachstum und Wandlungen im neuesten italienischen Wortschatz*, Universitätsbund, Erlangen.

Junker, A. (1958), *Allerneueste Präfixbildungen im Italienischen*, in Lausberg, H.-Weinrich, H. (a c. di), *Romanica. Festschrift für G. Rohlfs*, Halle/S.: 216-20.

Kalverkämper, H. (1982), *Fachsprachen und Textsorten*, in Høedt, J.-Lundquist, L.-Picht, H.-Qvistgaard, J. (a c. di), *Proceedings of the 3rd European Symposium on LSP, "Pragmatics and LSP" (Copenhagen, August 1981)*, The LSP Centre, Copenhagen: 105-68.

Klajn, I. (1972), *Influssi inglesi nella lingua italiana*, Olschki, Firenze.

Kleiber, G.-Tamba, I. (1990), *L'hyponimie revisitée: inclusion et hiérarchie*, in «Langages», 98: 7-32.

Klein, G. (1986), *La politica linguistica del fascismo*, Il Mulino, Bologna.

Lakoff, G. (1986 [1991]), *A figure of thought*, in «Metaphor and Symbolic Activity», 1, 3: 215-25 (trad. it. *Una figura del pensiero*, in Cacciari, C. (a c. di), *Teorie della metafora*, R. Cortina, Milano: 215-28).

Landau, S.I. (1989), *Dictionaries. The Art and Craft of Lexicography*, Cambridge University Press, Cambridge-New York.

Laurian, A.-M. (1985), *Le vocabulaire des techniques*, in Antoine-Martin 1985: 157-73.

LEI = M. Pfister, *Lessico etimologico italiano*, Reichert, Wiesbaden 1979 sgg.

Leso, E. (1991), *Lingua e rivoluzione. Ricerche sul vocabolario politico italiano del triennio rivoluzionario (1796-1799)*, Istituto veneto di scienze, lettere ed arti, Venezia.

Lingua in movimento (1982), *La lingua italiana in movimento (Firenze, 26-2/4-6-1982)*, presso l'Accademia della Crusca, Firenze.

Lintner, O. (1974), *Influssi del linguaggio pubblicitario sulla creazione di neologismi e su alcune strutture della lingua italiana*, in *Italiano d'oggi* 1974: 277-312.

Lurati, O. (1988), *Italiano. Aree linguistiche III: Lombardia e Ticino*, in Holtus-Metzeltin-Schmitt 1988: 485-516.

Lurati, O. (1990), *3000 parole nuove. La neologia negli anni 1980-1990*, Zanichelli, Bologna.

Lyons, J. (1977 [1980]), *Semantics*, 2 voll., Cambridge University Press, Cambridge (trad. it. del I vol.: *Manuale di semantica*, Laterza, Roma-Bari).

Mancini, M. (1992), *L'esotismo nel lessico italiano*, Università degli studi della Tuscia, Viterbo.

Mara, E. (1984), *Recenti influssi francesi nella stampa italiana*, in «Lingua nostra», 45: 67-84.

Marri, F. (1988-90), *Riflessioni sul lessico contemporaneo*, in «Lingua nostra», 49, 1988: 57-84 e 109-26; 50, 1989: 15-31 e 65-72; 51, 1990: 19-24.

Marri, F. (1992), *Giunte di lessico contemporaneo*, in «Lingua nostra», 53: 107-19.

Massariello Merzagora, G. (1983), *La lessicologia*, Zanichelli, Bologna.

Medici, M.-Cappelluzzo Springolo, S. (1991), *Il titolo del film nella lingua comune*, Bulzoni, Roma.

Menarini, A. (1947), *Ai margini della lingua*, Sansoni, Firenze.

Migliorini, B. (1960), *Storia della lingua italiana*, Sansoni, Firenze.

Migliorini, B. (1963), *Parole nuove*, appendice a A. Panzini, *Dizionario moderno*, 10ª ed., Hoepli, Milano.

Migliorini, B. (1968), *Dal nome proprio al nome comune*, ristampa dell'ed. del 1927 con un *Supplemento*, Olschki, Firenze.

Migliorini, B. (1973), *Lingua d'oggi e di ieri*, Sciascia, Caltanissetta.

Migliorini, B. (1990), *La lingua italiana del Novecento*, a c. di M.L. Fanfani, con un saggio introduttivo di G. Ghinassi, Le Lettere, Firenze.

Mioni, A.M. (1983), *Italiano tendenziale: osservazioni su alcuni aspetti della standardizzazione*, in *Scritti linguistici in onore di G.B. Pellegrini*, Pacini, Pisa: 495-517.

Moretti, B.-Petrini, D.-Bianconi, S. (a c. di) (1993), *Linee di tendenza dell'italiano contemporaneo. Atti del XXV Congresso internazionale della Società di linguistica italiana (Lugano, 19-21/9/1991)*, Bulzoni, Roma.

Mortara Garavelli, B. (1988), *Manuale di retorica*, Bompiani, Milano.

Müller, B. (1975 [1985]), *Das Französische der Gegenwart*, C. Winter, Heidelberg (trad. fr. *Le français d'aujourd'hui*, éd. révisée et augmentée, Klincksieck, Paris).

Nencioni, G. (1989), *Lessico tecnico e difesa della lingua*, in Id., *Saggi di lingua antica e moderna*, Rosenberg & Sellier, Torino: 265-80.

Orioles, V. (1984), *Su alcune tipologie di russismi in italiano*, Università degli studi di Udine, Istituto di glottologia e filologia classica, Udine.

Parisi, D.-Antinucci, F. (1973), *Elementi di grammatica*, Boringhieri, Torino.

Pegolo, C. (1987), *La struttura del campo semantico dei verbi di movimento in italiano*, Tesi, Zentralstelle der Studentenschaft, Zurigo.

Pellegrini, G.B. (1972), *Gli arabismi nelle lingue neolatine con speciale riguardo all'Italia*, Paideia, Brescia.

Peter, H. (1969), *Entstehung und Ausbildung der italienischen Eisenbahnterminologie*, Braumüller, Wien-Stuttgart.

Pfister, M. (1992), *Lessicologia e lessicografia*, in Mioni, A.M.-Cortelazzo, M.A. (a c. di), *La linguistica italiana degli anni 1976-1986*, Bulzoni, Roma: 293-308.

Pittàno, G. (1987), *Passaparole. Parole nuove e neonuove in economia, politica e costume*, Ed. del Sole-24 Ore, Milano.

Proietti, D. (1991), *Nuovi mestieri, nuove professioni*, Sovera Multimedia, Roma.

Prost, A. (1969), *Vocabulaire et typologie des familles politiques*, in «Cahiers de lexicologie», 14: 115-26.

Quarantotto, C. (1987), *Dizionario del nuovo italiano*, Newton Compton, Roma.

Raffaelli, S. (1978), *Cinema, film, regia*, Il Mulino, Bologna.

Ragazzini, G. (1986) *Il nuovo Ragazzini Rossi. Dizionario inglese-italiano / italiano-inglese*, Zanichelli, Bologna.

Rainer, F. (1989), *I nomi di qualità nell'italiano contemporaneo*, Braumüller, Wien.

Rando, G. (1984), *Le parlate degli Italiani d'Australia*, in «Lingua nostra», 45: 60-67.

Rando, G. (1987), *Dizionario degli anglicismi nell'italiano postunitario*, Olschki, Firenze.

Rüfe, E. (1981), *Gallizismen in der italienischen Terminologie der Modesprache*, Hain, Königstein/Ts.

Saltarelli, M. (1986), *Aspetti descrittivi dell'italiano negli Stati Uniti*, in «Il Veltro», 30: 111-19.

Sanga, G. (1981), *Les dynamiques linguistiques de la société italienne (1861-1980): de la naissance de l'italien populaire à la diffusion des ethnicismes linguistiques*, in «Langages», 61: 93-115.

Savarese, R. (1991), *Grafica quotidiana*, in Bonfantini, M.A.-Martone, A. (a c. di), *Specchi del senso. Le semiotiche speciali*, Edizioni Scientifiche Italiane, Napoli: 183-99.

Scalise, S. (1988 [1990]), *Generative morphology*, Foris Publications, Dordrecht (trad. it. *Morfologia e lessico*, Il Mulino, Bologna).

Scavetta, D. (1992), *Le metamorfosi della scrittura. Dal testo all'ipertesto*, La Nuova Italia, Firenze.

Schwarze, Chr.-Wunderlich, D. (a c. di) (1985), *Handbuch der Lexikologie*, Athenäum, Königstein/Ts.

Schifko, P. (1992), *Español: Lexicología y semántica*, in Holtus, G.-Metzeltin, M.-Schmitt, Chr. (a c. di), *Lexikon der Romanistischen Linguistik*, vol. VI, 1: *Aragonesisch, Navarresisch, Spanisch, Asturianisch, Leonesisch*, Niemeyer, Tübingen.

Schweickard, W. (1987), *Die "cronaca calcistica". Zur Sprache der Fußballberichterstattung im italienischen Sporttageszeitungen*, Niemeyer, Tübingen: 132-48.

Schweickard, W. (1992), *"Deonomastik". Ableitungen auf der Basis von Eigennamen im Französischen (unter vergleichender Berücksichtigung des Italienischen, Rumänischen und Spanischen)*, Niemeyer, Tübingen.

Sciarone, A.G. (1977), *Vocabolario fondamentale della lingua italiana*, Minerva Italica, Bergamo.

Scotti Morgana, S. (1981), *Le parole nuove*, Zanichelli, Bologna.

Sgroi, S.C. (1981), *I lessici fondamentali e di frequenza della lingua italiana*, in «Quaderni di semantica», 2: 281-95.

Sobrero, A.A. (1992), *Uscire dalla fubbia*, in «Italiano & oltre», 7: 59.

Stammerjohann, H. (1989), *"Letteratura" bis "linguistica". "Linguistik" bis "Literatur". Über neuere italienische Wörterbücher*, in «Italienisch», 22: 50-60.

Stati, S. (1979), *La sémantique des adjectifs en langues romanes*, Jean-Favard, Saint-Sulpice des Favières.

Stati, S. (1986), *Cinque miti della parola. Lezioni di lessicologia testuale*, Pàtron, Bologna.

Stati, S. (1988), *Italiano: Lessicologia e semantica*, in Holtus-Metzeltin-Schmitt 1988: 83-93.

Steger, H. (1984), *Sprachgeschichte als Geschichte der Textsorten*, in Besch, W.-Reichmann, O.-Sondegger, S. (a c. di), *Sprachgeschichte*, Band I, De Gruyter, Berlin: 186-204.

Tabossi P. (1993), *La comprensione delle parole ambigue in contesto di frase*, in Laudanna, A.-Burani, C. (a c. di), *Il lessico: processi e rappresentazioni*, La Nuova Italia Scientifica, Roma: 23-38.

Tesi, R. (1992-93), *"Catastrofe". Fortuna rinascimentale e percorsi moderni di un europeismo*, in «Lingua nostra», 53: 45-59, 97-106; 54: 3-10.

Ullmann, S. (1962 [1966]), *Semantics. An Introduction to the Science of Meaning*, Blackwell, Oxford (trad. it. *La semantica. Introduzione alla scienza del significato*, Il Mulino, Bologna).

Vassalli, S. (1989), *Il neoitaliano. Le parole degli anni Ottanta*, Bologna, Zanichelli.

Viereck, W. (1980), *Studien zum Einfluß des Englischen auf das Deutsche*, Narr, Tübingen.

Viereck, W.-Bald, D. (a c. di) (1986), *English in contact with other languages. Studies in honour of Broder Carstensen on the occasion of his birthday*, Akadémiai Kiadó, Budapest.

Vignuzzi, U. (1983), *Italiano e dialetti italiani fuori d'Italia*, in «Rivista italiana di dialettologia», 7: 309-23.

Voghera, M. (1992), *Sintassi e intonazione nell'italiano parlato*, Il Mulino, Bologna.

Widłak, S. (1974), *Sur les sources des homonymes en italien*, in «Zeszyty naukowe Uniwersytetu Jagiellońskiego», 340: 79-93.

Wunderli, P. (1990), *Französisch: Lexikologie und Semantik*, in Holtus, G.-Metzeltin, M.-Schmitt, Chr. (a c. di), *Lexikon der Romanistischen Linguistik*, vol. V, 1: *Französisch*: 94-112.

Zamboni, A. (1988), *Gli anglicismi nei dialetti*, in CNR/CSDI, *Elementi stranieri nei dialetti italiani. Atti del XIV Convegno del CSDI (Ivrea, 17-19/10/ 1974)*, vol. I : 79-125.

Zannino, G.D. (1990), *Aspetti sintattici e semantici nei costrutti con* intendere *e deverbali della prosa ottocentesca*, in «Studi e saggi linguistici», 30: 212-301.

Zing. 1970 = *Vocabolario della lingua italiana di N. Zingarelli*, 10ª ed., a c. di M. Dogliotti, L. Rosiello e P. Valesio, Zanichelli, Bologna.
Zing. 1983 = *Vocabolario della lingua italiana di N. Zingarelli*, 11ª ed., a c. di M. Dogliotti e L. Rosiello, Zanichelli, Bologna.
Zolli, P. (1986), *Le parole dialettali*, Rizzoli, Milano.
Zolli, P. (1991), *Le parole straniere*, 2ª ed. a c. di F. Ursini, con una presentazione di M. Cortelazzo, Zanichelli, Bologna.

Bice Mortara Garavelli

Strutture testuali e retoriche

1. Generalità

Ci occuperemo qui di costrutti e procedimenti etichettati come testuali, retorici, stilistici. Ad alcuni possiamo applicare esclusivamente o l'una o l'altra etichetta, ad altri, alternativamente, tutte e tre, secondo i caratteri che consideriamo pertinenti in relazione all'ambito disciplinare, alle basi teoriche, ai criteri e agli scopi della ricerca. Poiché gli ambiti testuale, retorico e stilistico hanno zone di confine che si lasciano sovrapporre (ma questo dipende soprattutto dagli interessi dei singoli studiosi) è abbastanza facile trovare classificato come «testuale» un fatto di cui si esamina il valore retorico oppure l'identità stilistica; o, viceversa, trovarlo identificato come «retorico» o come «stilistico» mentre se ne studia, poniamo, la funzione di connettivo testuale.

Le regole che governano i fatti linguistici qui presi in esame[1] costituiscono, nel loro insieme, la «grammatica del discorso». Di questa non possediamo formulazioni esplicite e complete all'interno di un particolare modello; disponiamo però di studi e approfondimenti riguardo ai suoi principali oggetti. Questi ultimi si possono distribuire in quattro raggruppamenti ad ampio raggio:

a) le relazioni intratestuali o co-testuali. Ne sono responsabili gli elementi e i fattori che sono stati indagati dalla linguistica testuale per i loro apporti alla costruzione della «testualità», cioè della coerenza semantica che è condizione di esistenza del testo[2]. Sul piano sintattico abbiamo a che fare con la coesione e la

[1] Sono regole «interfrastiche», vale a dire che vigono tra le frasi quali costituenti di un'unità *(testo/discorso)* di livello superiore alla frase.
[2] Per la nozione di coerenza testuale si veda Conte 1988: 29-44; per le teorie del testo, Conte 1981[2]. Un'introduzione sistematica alla linguistica testuale

connessione (o connessità) degli enunciati e coi mezzi che le attuano: connettivi, ellissi, relazioni endoforiche (ossia tra elementi compresenti nel testo) istituite coi procedimenti dell'anafora (cfr. più avanti), della catafora e della deissi testuale[3];

b) i rapporti tra le produzioni verbali e il con-testo, che è l'insieme delle condizioni pragmatiche esterne e pertinenti al testo. È facendo riferimento a queste che si riconosce e si valuta l'appropriatezza degli enunciati. Le relazioni esoforiche (ossia tra entità linguistiche e la realtà extralinguistica) sono dominio degli studi sulla deissi: il settore della pragmatica a cui necessariamente attingono le descrizioni delle regole della frase e delle regole del discorso;

c) i collegamenti tra le unità di contenuto rappresentate negli enunciati: distribuzione dell'informazione secondo le categorie di dato e nuovo (cfr. il saggio di P. Benincà in questo stesso volume), progressione tematica e continuità del 'topic' testuale, determinazione dell'«argomento del discorso», ecc.[4]. I collegamenti riguardano ognuna delle parti (o partizioni) del testo, ossia enunciati di vario formato e le cosiddette unità testuali intermedie, dette pure «unità retoriche»: paragrafi o capoversi (estendendo al parlato la terminologia in uso per lo scritto) e le loro ulteriori suddivisioni interne;

d) l'organizzazione del discorso dal punto di vista comunicativo. Essenziale a questo riguardo è la differenziazione di tipi e generi testuali[5].

I quattro blocchi di argomenti qui individuati sono intercon-

---

che ha avuto fortuna anche nelle applicazioni didattiche è Beaugrande-Dressler 1984.

[3] Basilare per lo studio delle relazioni coesive come fattori della *texture* nella lingua inglese è stato (e rimane) Halliday-Hasan 1976. Per i temi a cui qui accenniamo rimando pure alla chiara trattazione, argomentata con esempi da varie lingue (italiano, inglese, arabo, greco antico, latino), di Simone 1990a: 375-460. In particolare si vedano: sull'ellissi Marello 1984, 1989 e 1990; sui connettivi Berretta 1984, Bazzanella 1985 e 1990; sull'anafora Conte (a c. di) 1988: 21-44, 1990; Berretta 1990, e gli altri studi di vari autori raccolti in Conte 1990.

[4] Sulla progressione tematica rinvio a Conte 1988: 49-56. Una varietà di proposte riguardo all'articolazione *tema/rema* si trova in Stammerjohann (a c. di), 1986. La continuità del 'topic' testuale è oggetto di vari studi di T. Givón, tra i quali segnalo qui Givón 1983.

[5] Cfr. Mortara Garavelli 1988 e 1991. A Lavinio 1990 si devono interessanti proposte teoriche e operative.

nessi a diverso titolo: per esempio, le relazioni endo ed esoforiche qui catalogate rispettivamente in a) e in b) sono tutte quante
manifestazioni del fenomeno della referenza[6], e alle prime è affidato il mantenimento della continuità tematica a cui si è accennato in c); le operazioni rubricate in d) appartengono a uno stadio raffigurabile come una sorta di contenitore dei fenomeni
distribuiti sotto i punti precedenti, ma hanno le correlazioni più
strette con i procedimenti che stanno di casa in c).

Dalla seguente analisi elementare dell'esempio (1)[7] si può
avere una prima sommaria indicazione dei principali dispositivi
linguistici riconoscibili come fattori di testualità e di appropriatezza. Sono i legami pertinenti alla conformazione del «testo» in
quanto unità semantica e pragmatica: sono costitutivi della coesione tra i componenti del discorso; tale coesione è uno degli
aspetti della coerenza testuale[8].

(1)   Nel 1902 mio padre era in Argentina (a). Nel 1909 rimpatria
        per sposarsi (b). Nel 1910 ha il primo figlio, nel 1912 il secon-
        do, nel 1913 il terzo, nel 1914 il quarto, poi arriva la guerra
        se no chitava nen[9] (c). La mia famiglia non era ricca, più o
        meno tutte le famiglie della frazione Ambrosi erano come la
        nostra (d). Due vacche e una scrofa nella stalla: due giornate
        di terra e tre le affittavamo (e). Ma la nostra era una famiglia
        ordinata, mia madre era in gamba, imponeva una disciplina, e
        lavorava come un uomo (f). In casa mangiavamo (g).

[6] La referenza (o riferimento) è il rapporto fra un'espressione e l'oggetto
designato: tra un'entità linguistica, dunque, e una extralinguistica. Deissi e
anafora sono atti di riferimento, ma non ogni volta che «si fa riferimento» a
qualcosa si hanno deissi e anafore.
[7] Il passo è tratto da Revelli, N., *Il mondo dei vinti — Testimonianze di vita
contadina*, I, Einaudi, Torino 1977: 56. Si tratta, come è noto, di una rielaborazione di testi prodotti oralmente da 'testimoni' intervistati dallo scrittore. La
cui mediazione conforma il parlato alle regole grammaticali e stilistiche dello
scritto: non è né una trascrizione letterale, né una simulazione di parlato. Fedele
sia ai contenuti e alle strutture dei racconti sia alle intenzioni dei parlanti, conserva molti dei tratti retorici dell'oralità, mentre ne elimina gli elementi di
disturbo per la lettura.
[8] Nell'esempio (1) e, ove occorra, anche in altri successivi, contrassegno
con lettere in progressione alfabetica i segmenti di testo delimitati da punti
fermi. È una suddivisione puramente di comodo, che comprende sotto lo stesso titolo («segmenti di testo») porzioni di discorso strutturalmente non unifor-
mi. L'analisi qui proposta ne riprende e corregge una da me fatta tempo fa in
altra sede.
[9] «se no non smetteva».

Il passo è divisibile in due blocchi costituiti rispettivamente dai segmenti (a)-(c) e (d)-(g). Come giustifichiamo questi raggruppamenti che, intuitivamente, appaiono legittimi? Li giustifichiamo osservando che all'interno di ciascuno gli enunciati sono connessi da vincoli più stretti di quelli che uniscono un blocco all'altro. Possiamo formulare così un principio generale: un testo si può suddividere in parti secondo il grado di coesione degli enunciati e delle sequenze di enunciati in cui esso si attua.

I segmenti (b) e (c) di (1) sono legati ad (a) anaforicamente (ricordiamo che per *anafora* si intende il rinvio a entità a cui si è già fatto riferimento nel testo [10]). Gli anelli della catena anaforica di (b) e (c) sono costituiti dalla marca della III persona nelle voci verbali *ha* e *chitava* [= "smetteva"], che rimanda all'antecedente *mio padre*. In italiano questa è la forma tipica delle «riprese facili» (cfr. Berretta 1990: 95). In (c) si intreccia alla precedente una nuova catena anaforica il cui capo è il sintagma *il primo figlio* e gli anelli sono dati dalla pronominalizzazione degli ordinali (effetto della cancellazione di *figlio*). Altro fattore di connessione tra i membri di (c) è l'ellissi del verbo.

Nel segmento (d) sono legami coesivi tra le due frasi coordinate: la ricorrenza del lessema *famiglia* (nelle forme *la mia famiglia/tutte le famiglie*), l'ellissi che pronominalizza il possessivo (*la nostra*) e l'uso anaforico di quest'ultimo. In (e) sono i procedimenti ellittici a marcare fortemente la sintassi (omissione del verbo, cancellazione del sintagma *giornate di terra*). In (f) il principale fattore di coesione con (d), segmento iniziale del blocco (d)-(g), è la congiunzione *ma*. Se proviamo a cancellarla, otteniamo un enunciato accettabile anche come frase iniziale di un testo, e in tale caso *la nostra* avrebbe solo valore deittico. La presenza dell'avversativa *ma*, che oppone (f) a (d), rende anaforico il possessivo, facendo dunque dipendere l'enunciato dal co-testo antecedente. Questo è un bell'esempio di come una congiunzione possa funzionare da connettivo testuale.

Riguardo alla struttura tematica, il blocco (a)-(c) è caratteriz-

---

[10] Ma ci può essere anafora anche senza coreferenza (si veda la bibliografia alla nota 3). Quando il rinvio è ad elementi *del testo* (p. es. in espressioni come: «Secondo le parole che hai detto...», «Nel *paragrafo/capitolo/nella frase* che segue...») si ha una deissi testuale. In tale caso è il co-testo a fungere da con-testo (cfr. Conte 1988: 13-21).

zato dall'omissione del tema («mio padre») in tutti gli enunciati successivi al primo. Inoltre l'argomento (o 'topic') del discorso è anche il tema dei singoli enunciati e coincide con l'informazionc «data» rispetto all'informazione «nuova» apportata dal rema. Nel blocco (d)-(g) l'argomento del discorso è «la mia famiglia», che compare come tema di enunciato in (d), limitatamente alla prima unità frasale (*La mia famiglia non era ricca*). I temi dei rimanenti enunciati — [«noi (avevamo)»] in (e); «la nostra», «mia madre» in (f); «[noi] in casa = noi di casa» in (g) — sono semanticamente connessi all'argomento del discorso: l'espressione *la nostra* per coreferenza, *noi* per inclusione, *mia madre* per il rapporto «parte/tutto».

Dal punto di vista retorico si notano: sul piano dell'organizzazione discorsiva, la congruenza di questa con la struttura del genere (cronaca, racconto di esperienze personali e familiari) e del tipo (narrazione, con spunti descrittivi e argomentativi) a cui il testo appartiene; sul piano stilistico, il sottinteso che dà luogo a un'allusione nelle ultime due frasi di (c), gli effetti brachilogici dovuti all'omissione del verbo in (e) (o dei verbi, come si inferisce dalla punteggiatura) e degli indicatori di forza argomentativa in (e)-(g).

Nella trattazione che seguirà daremo veloci ragguagli su alcuni dei principali aspetti dell'organizzazione testuale e retorica dell'italiano d'oggi, cercando di distinguere i caratteri strutturali o «costituzionali» di costrutti e procedimenti dagli usi dei medesimi. Ad esempio, quel particolare atto di riferimento che si chiama *anafora* funziona come coesivo del testo, e tale è la sua identità dal punto di vista testuale. Gli usi marcati dai punti di vista retorico e stilistico potranno, almeno in parte, essere identificati con gli schemi, o «figure», del discorso apprestati dalle teorie retoriche e neoretoriche. Tra le ripetizioni che costituiscono anelli di una catena anaforica può avere luogo anche la ricorrenza della stessa espressione (parola singola o sintagma) all'inizio di segmenti successivi di un discorso, che viene identificata come *figura elocutionis* sotto il nome di *anafora*. Che l'anafora retorica funzioni *anche* come coesivo testuale è dovuto al fatto che essa è una delle forme (o «figure») della ripetizione, e la ripetizione è, costituzionalmente, un coesivo del testo.

Noteremo di volta in volta le eventuali corrispondenze tra le qualifiche di *retorico, stilistico, argomentativo,* e vedremo che in ogni caso è in gioco l'efficacia comunicativa. Sarà naturale riconoscere in quest'ultima il prerequisito della forza persuasiva, tratto caratterizzante, per definizione, di ciò che si intende per «retorica». Teniamo presente, però, che oggi si tende ad assorbire il «retorico» nell'area (pragmatica) del «discorsivo».

2. Aspetti macro- e microstrutturali

Chiamiamo «macrostrutturali» i caratteri che riguardano l'organizzazione del testo o un complesso unitario di fenomeni; «microstrutturali» sono le caratteristiche di fatti singoli o di loro particolarità.

In uno stesso fenomeno si può mettere in evidenza l'uno o l'altro aspetto (o ruolo). Per esempio, una citazione analizzata come occorrenza di una delle forme del discorso riportato (diretto o indiretto subordinato o indiretto libero) troverà posto tra i fatti microstrutturali, mentre sul piano delle macrostrutture sarà uno dei principi organizzatori di un genere testuale o di un tipo di discorso (funzioni del dialogo nei testi narrativi; titoli e slogan citazionali, ecc.).

Tra i fatti microstrutturali esamineremo quelli che meglio si prestano a cogliere dei mutamenti in atto: risultati dell'azione di forze, identificabili sul piano pragmatico, capaci di modificare, a breve o a lungo termine, le strutture linguistiche. Osserveremo, tra l'altro, particolarità di quel basilare coesivo testuale che è l'anafora, forme e usi della ripetizione, dispositivi tropici (cioè produttori di significati complessi), modi di citare, notandone, ove occorra, gli aspetti macrostrutturali.

2.1. Riprese anaforiche

Quali sono i tipi di ripresa anaforica che i parlanti hanno a disposizione nella lingua italiana? Berretta 1990: 94-97, sulla scorta di Givón 1983, elenca una serie di «strategie», dalla meno alla più esplicita e formalmente marcata (ne riproduco i titoli, aggiungendo in parentesi qualche sommaria spiegazione; per un commento approfondito rimando ancora a Berretta 1990):

(i) *Anafora zero* (solo per soggetti di frasi implicite):

(2)   Non credevo di [Ø] poter risolvere il problema, poi mi è venuta in mente la soluzione [Ø] ripensandoci.

(ii) *Accordo sul verbo* (per il soggetto sintattico) *e pronomi atoni* (per i complementi o per il soggetto della predicazione quando non coincide col soggetto sintattico: si veda, in (4), il clitico *le*):

(3)   Aveva messo in guardia Piero, ma non *le* ha dato retta.

(4)   Era avvilita, non credeva di poter risolvere il problema, poi *le* è venuta in mente la soluzione ripensando*ci*.

(iii) *Pronomi tonici* (personali, dimostrativi, numerali, indefiniti, relativi che introducono relative non restrittive):

(5)   Ho comprato un soprabito a Mario. *Lui* non voleva, ma si è arreso alle mie buone ragioni, e *questo* mi ha fatto piacere.

(6)   Non c'è cibo a sufficienza per umani e bestie. E *le seconde* finiscono per servire da cibo *ai primi* («La Stampa», 5.2.93: 11).

(7)   Le maschere di Re Peperone e signora apriranno la sfilata allegorica. Ce ne sarà *una* anche a Rivoli, e a Montanaro, *che* lunedì organizza un corteo sotto le stelle («la Repubblica», 18.2.93: XI).

(iv) *Sintagmi nominali definiti dislocati a destra* (ripresa lessicale, ove il nome, marcato obbligatoriamente come definito, cioè preceduto, se è un nome comune, dall'articolo determinativo o da un dimostrativo, può essere modificato da aggettivi, quantificatori, relative, sintagmi preposizionali):

(8)   I gelati sono pronti da un bel po': *li* volete o no, *questi gelati/questi due gelati/gli speciali gelati casalinghi che vi ho preparato/i miei gelati di crema*?

(v) *Sintagmi nominali definiti in posizione non marcata* («è la ripresa lessicale tipica, e per essa valgono tutte le possibilità citate qui sopra», Berretta 1990: 96):

(9)   Due anziani coniugi hanno tentato [...] di togliersi la vita con i barbiturici e con il gas [...]. All'origine del *gesto* [11], la dispe-

---

[11] In questo contesto, *gesto* funziona come «incapsulatore», cioè come sostituente dell'intero enunciato a cui rinvia anaforicamente (cfr. Simone 1990a: 217-18).

razione dell'*uomo* per le condizioni di salute della *moglie* («La Stampa» 5.2.93: 41).

(vi) *Sintagmi nominali definiti dislocati a sinistra:*

(10)   Fruttero ha la televisione — per meglio dire: detiene un apparecchio atto a ricevere le trasmissioni televisive — mentre io [...] *la televisione* non ce *l'*ho, *il funesto apparecchio* non *lo* detengo né detenni o deterrò mai («La Stampa», 5.2.93: 1).

(vii) *Sintagmi nominali definiti in posizione di «topicalizzazione contrastiva»:*

(11)   GIOVANNI ho incontrato, non Maria [come seguito, p. es., di enunciati come: «L'ultima persona che avrei voluto vedere era Giovanni, quando sono andato a cercare Maria, e invece...»].

(viii) *Sintagmi nominali definiti in frasi scisse:*

(12)   È *Giovanni* che ho incontrato, non Maria [nelle stesse condizioni viste per l'es. (11)].

Non rientrano in questo elenco i rinvii anaforici mediante possessivi e forme riflessive (occorrenze in (5) e in (9), rispettivamente).

2.1.1. La frequenza, altissima, dei procedimenti anaforici e la varietà delle forme o strategie con cui ricorrono in ogni tipo di discorso giustificano l'abbondanza degli studi sull'anafora dai punti di vista sintattico e testuale. Atto di riferimento e mezzo per attuare quella fondamentale relazione coesiva che è la sostituzione, l'anafora è il fenomeno linguistico che mostra con la maggiore evidenza le interdipendenze possibili di sintassi, semantica e pragmatica.

Da sottoscrivere l'osservazione di Berretta (1990: 105) secondo la quale la selezione della proforma, nei casi in cui «dipendenza sintattica e dipendenza pragmatica — o 'retorica' — non coincidono», pare governata più dalla pragmatica che dalla sintassi. In tali casi «la proforma forte compare nella frase pragmaticamente, e non sintatticamente, principale», contro la regola che prevede riprese deboli (o 'facili') nelle frasi subordinate a quelle che contengono l'antecedente (tipico il caso dell'anafora zero). Nell'es. (13) si ha una proforma forte (*il telefono*) nella completiva, che ha maggiore salienza retorica della reggente (*Ti dirò*) in quanto contiene l'informazione principale:

(13)   hai trovato il [mio] telefono occupato, eh + me l'hanno già
        detto altri. Ti dirò che qualche volta io stacco *il telefono*:
        quando, per esempio, devo vestirmi (Co In, 1c)[12].

In presenza di antecedenti marcati dai punti di vista sintattico o pragmatico, è funzionalmente adeguata una ripresa con pronome atono. Come si vede nell'esempio (14), la salienza del tema dislocato a sinistra nel primo enunciato giustifica una ripresa
debole (il clitico *lo*) nel secondo enunciato (si può pure notare
che il recupero dell'antecedente sembra favorito anziché ostaco-
lato dall'aver lasciato sottinteso il complemento di *fornito*):

(14)   «TuttoUniversità» lo trovi / all'inizio di ogni mese / nelle
        principali edicole / della tua città. / Se il tuo giornalaio non è
        fornito / *lo* può richiedere / al distributore di zona. (Locandina
        in «TuttoUniversità» 2/1993: 4.)

Le analisi delle catene anaforiche in quanto coesivi testuali
mettono in luce legami di dipendenza tra frasi che, dal punto di
vista sintattico, sono principali o coordinate a una principale. Si
tratta di dipendenza semantica, per cui diciamo che un dato enunciato, e precisamente quello che contiene una proforma, è interpretabile rispetto al co-testo.
La dipendenza è totale se è in gioco una proforma debole,
come in (14). Aumentando il grado di esplicitezza formale delle
proforme la dipendenza co-testuale diminuisce: si veda l'es. (10).
Ma non tutte le riprese lessicali dipendono ugualmente dal co-
testo per quanto riguarda la loro interpretabilità. L'indipendenza
è massima quando la ripresa è una copia[13] dell'antecedente, come
in (10), (11), (12), (13), minima quando la ripresa è un nome
generale che funziona da incapsulatore: come *gesto*, in (9), o *la
cosa* nel seguente passo tratto dalla stessa fonte di (13):

(15)   Sai, mi hanno detto che dovrò provare a muovermi con le
        stampelle, e *la cosa* mi terrorizza... (Co In, 1b).

---

[12] Sigle adottate nell'esemplificazione: Co In (= conversazione informale) /
Conf (= conferenza) / LU (= lezione universitaria), seguite da una cifra e da una
lettera indicanti le suddivisioni interne alla raccolta; IR (= intervista radiofoni-
ca), IT (= intervista televisiva), con la data della trasmissione; AP (= atti parla-
mentari; resoconto stenografico, edizione non definitiva) con l'indicazione della
data e della pagina.
[13] Vedi più avanti, § 2.2.

La dipendenza dal co-testo è anche sintattica, oltre che semantica, quando frasi che hanno il ruolo di principali sono ellittiche del predicato. In tali casi un'anafora può costituire il legame esplicito necessario per assegnare statuto di frase a sintagmi o a loro sequenze. Esempi pertinenti si trovano in turni di conversazione del tipo:

(16)   — E tutto questo bel pasticcio lo ha combinato il nostro caro
         Luigi...
         — *Lui*?
         — Proprio *lui*, sicuro.
         — Con tutte le *sue* promesse...; ma no, via!

2.1.2. Domandiamoci ora quali tra le riprese anaforiche abbiano fatto registrare mutamenti indicativi di tendenze nell'uso odierno, in quali tipi compositivi e generi testuali.

Nel parlato e nello scritto sorvegliati appaiono in regresso le riprese costituite da pronomi personali tonici di III persona, singolare e plurale (qui censite sotto il tipo (iii), in § 2.1). Al loro posto troviamo o anafore qui comprese nel tipo (ii), e precisamente quelle che consistono nell'accordo sul verbo, o riprese lessicali, preferibilmente del tipo (v), oppure riprese con pronomi dimostrativi e, ove il contesto lo permetta, numerali, come nell'es. (6).

Il fenomeno è conseguenza diretta della ben nota tendenza ad evitare l'uso dei pronomi soggetto di III persona *egli, esso, ella, essa, essi, esse* quando non sembri congruente con lo stile di scrittura l'impiego delle forme *lui, lei, loro*, tipiche del parlato e perciò dei testi letterari o paraletterari che simulino o riproducano «atti comunicativi reali» [14]. I seguenti tre esempi illustrano l'uso comune di tali pronomi per soggetti preverbali riferiti a esseri animati: come deittici in (17), come anaforici in (18) e (19); in funzione contrastiva in (17) e (18), in alternativa alle riprese anaforiche del tipo (ii) in (19) (benché sul piano stilistico non si tratti di vera alternativa, dal momento che la presenza del

---

[14] Cfr. Sabatini 1985: 159. Sull'uso dei pronomi personali in italiano sono rimandi d'obbligo Durante 1970, oltre a Serianni 1988: 237-66. Contributi importanti per valutare i movimenti della norma nell'italiano contemporaneo sono i saggi raccolti nella Parte prima (*Aspetti dell'italiano contemporaneo*) di Lepschy 1989.

pronome appare marcata, sia pure leggermente, rispetto all'ellissi del pronome stesso):

(17)   *Lui* lo sapeva, *lei* no, ma *loro* li credevano tutti e due d'accordo

(18)   Stamattina Luca voleva giocare con due bambini molto più grandi di lui; *loro*, naturalmente, non ne volevano sapere, ma alla fine *lui* è riuscito ad averla vinta.

(19)   L'avevo avvertito, ma *lui* non mi ha dato retta/L'avevo avvertito, ma non mi ha dato retta.

Una delle condizioni che consentono riprese anaforiche (o cataforiche) costituite dal solo accordo sul verbo è che fra queste e l'antecedente non interferiscano altri referenti testuali [15], a meno che tali interferenze possano venire annullate dalla salienza tematica (e pragmatica) dell'antecedente, indipendentemente dal ruolo sintattico della frase a cui appartiene. Si veda, nel seguente esempio, tratto dalla registrazione di un dibattito, l'espressione *il teologo*, che si trova in una frase sintatticamente subordinata, il cui risalto pragmatico è dovuto soprattutto alla ripetizione (*ciò che ha scritto*) nell'enunciato successivo, inserita per di più in una struttura parallelistica (*se... se...*) [16]:

(20)   Non si tratta di accettare o rifiutare ciò che il teologo ha scritto poco più di trent'anni fa in questo libro ammirato e contestato. Si tratta di vedere, prima di tutto, se ciò che *ha* scritto abbia ancora un senso oggi, se le idee che *ha* esposto allora con tanta forza di persuasione meritino ancora di essere discusse. (Conf. 2a)

Le catene anaforiche ora descritte abbondano nei testi giornalistici. Uno sveltimento — complice lo sfoltimento — dell'espressione sembra l'effetto stilistico più immediato. Sul piano dell'articolazione testuale, la continuità tematica è garantita dalla possibilità stessa di sottintendere il tema; e per quanto riguarda le giunture del discorso, il risultato è quello di compattare in un solo blocco (o «unità retorica») le diverse unità di con-

---

[15] Conte 1988: 32: «Referenti testuali sono quelle entità, alle quali in un testo si sia fatto riferimento e che, quindi, siano suscettibili di ripresa anaforica (di riferimento anaforico) nella prosecuzione di quello stesso testo. Referente testuale, dunque, è, in un testo, ogni possibile termine di anafora».

[16] È la classica figura retorica denominata anafora.

tenuto. Il seguente esempio (21) mostra inoltre che quando compare (istituito, qui, da un nome proprio, nel penultimo enunciato) un nuovo possibile referente testuale, la ripresa con la sola marca morfologica di persona del verbo non è più possibile, e si ricorre allora a una copia parziale (*Riina*) del nome che funziona da capocatena (*Salvatore Riina*):

(21)   Dopo ventiquattro anni Salvatore Riina, «Totò La Belva», non è più il signore delle ombre. L'ultima volta che gli capitò di dover sedere sul banco degli imputati fu a Bari, anno 1969. *Era* accusato di otto omicidi. *Fu* assolto. [...] Per ventiquattro anni *è stato* un fantasma, un incubo sempre presente, il «puparo» di tante tragedie e di troppo sangue. Ora *è* lì, in piedi, dietro i riflessi di un vetro antiproiettile. *Cerca* il microfono. *Parla* con l'avvocato. *Chiede*: «Ma che processo è?». «Mattarella», gli risponde Nino Fileccia. Riina ghigna. («la Repubblica», 2.3.93: 11.)

Dai punti di vista testuale e retorico, l'ellissi del pronome personale soggetto interessa dunque per la sua rilevanza nella formazione di catene anaforiche. Sfruttando la possibilità di marcare grammaticalmente la persona con la sola desinenza verbale, si riduce il tasso di ridondanza della lingua, il che comporta una riduzione della marcatezza (o esplicitezza) formale e un potenziamento dell'implicito.

L'alternativa vincente rispetto all'uso dei pronomi personali tonici sono le riprese lessicali del tipo (v), a cui si è appena accennato. Il fenomeno è antico ed è tuttora in pieno rigoglio. Nel parlato spontaneo pare limitato alla sostituzione di un nome proprio col nome comune relativo alla specie, o alla professione, alla carica, alla condizione ecc. dell'individuo nominato (p. es. *l'uomo, il nostro gatto, l'oculista, il presidente, l'imputato, la mia amica*, ecc.); comune anche la sostituzione di un nome più specifico con uno più generico (*l'omicidio... il/questo delitto*) o con un incapsulatore (*il fatto, la cosa*). In discorsi orali con un grado piuttosto alto di formalità si hanno, oltre a queste, le sostituzioni sinonimiche caratteristiche dello scritto: tecniche fornite delle credenziali retoriche a cui si è ancorata la precettistica dello stile dall'antichità ad oggi. *Variatio* contro *repetitio* (lo vedremo tra poco), la prima come *remedium* alla seconda.

Il tipo di rinvio oggi clamorosamente in voga nelle cronache giornalistiche di ogni sorta e argomento è la catafora. In partico-

lare, quella procedura che chiamerei con discutibile approssimazione «ellissi cataforica del tema». Vediamo l'attacco di un articolo di seconda pagina, e si noti che il personaggio a cui si
rimanda cataforicamente col pronome *lui* non è nominato né nel
titolo né nell'occhiello:

(22)   *Lui* che fa il professore s'è ritrovato nella parte dell'alunno.
        Naturalmente un alunno speciale, sempre attento e preparato:
        esposizioni chiare e convincenti. La manovra economica sarà
        equa, i poveri pagheranno assai meno dei ricchi, ecco le misu-
        re a sostegno dell'occupazione [...]. L'esame *a Giuliano Amato*
        s'è concluso a tarda ora nel gruppo parlamentare socialista a
        Montecitorio. («la Repubblica», 24.2.93: 2.)

Un susseguirsi di «rinvii in avanti» a livelli differenti si trova
nell'incipit di un altro articolo tratto dalla stessa sede. Uno dei
rinvii consiste nella posticipazione dell'argomento del discorso
(segnalato qui col grassetto) rispetto agli enunciati iniziali (*Non
è... ma è*), che funzionano da predicati rematici rispetto a un soggetto tematico sottinteso interpretabile come: "il fatto di cui parleremo" / "l'atteggiamento del premier inglese", ecc.: una sorta
di incapsulatore che, rimanendo implicito, rimanda cataforicamente all'argomento del discorso [17]. Un altro «spostamento in
avanti» si rileva sul piano della struttura grammaticale, come
indicano le marche sintattico-testuali (qui evidenziate dal corsivo)
dei rinvii cataforici relativi al nome proprio (*John Major*) che
funziona da capocatena:

(23)   Non è una Canossa, non è nello stile inglese. Ma è una pro-
        posta di pace a un presidente che ha mosso al *suo* paese una
        mezza guerra fredda. E che non rifugge dalle provocazioni,
        come indica l'annuncio che Clinton invierà nell'Irlanda del
        Nord uno dei suoi predecessori [...] a mediare nella guerra fra-
        tricida. [Ø]Arriva*to* ieri sera da Londra, **John Major si
        recherà oggi alla Casa Bianca con la mano tesa.** («la
        Repubblica» 24.2.93: 12.)

È ovvio che non si può datare con esattezza l'affermarsi di
quest'uso; si può però osservarne l'incremento rispetto alla scrit-

---

[17] Né il titolo (*Major-Clinton, il grande freddo*) né la didascalia di una foto
nella stessa pagina (*Un difficile vertice fra il presidente Bill Clinton e il premier britannico John Major*) danno espliciti preannunci dell'argomento del
discorso, ma indicano l'iperargomento in cui questo si inserisce.

tura giornalistica di almeno dieci anni fa (per farlo non occorre essere specialisti). Alle radici di tale procedura stanno le tecniche narrative della suspense. Prevedibile il loro impatto su un modo di presentare le notizie che insegue con accanimento modelli narrativi sempre più lontani dall'anonimato dei dispacci di agenzia e dal compassato burocratismo della «scrittura di regime»[18].

La diffusione, talvolta lo sperpero, delle catafore tematiche sembra però un fenomeno di riporto nella pubblicistica dei giornali, tanto vi appaiono evidenti i richiami allo stile pubblicitario. Penso specialmente alle presentazioni di film, ricalcate in grande abbondanza sullo schema «predicato rematico-soggetto tematico».

Sul piano delle microstrutture, il «rinvio in avanti» caratterizza la configurazione sintattica (marcata) della dislocazione a destra, ove il tema dell'enunciato viene anticipato da un pronome clitico. Un solo campione, da un monologo espositivo orale:

(24)   *Li* vedremo tra poco *i principali fattori* di cui si è tenuto conto nelle ricerche sull'apprendimento delle lingue in contesto naturale. (LU, 1 p)

L'uso disinvolto della dislocazione a destra (un uso disinibito rispetto alle remore puristico-scolastiche della scrittura media giornalistica, non certo del giornalismo d'autore, di appena una quarantina di anni or sono) denuncia, come si sa, l'avvicinamento dello scritto al parlato. Sfruttato consapevolmente, come è nella maggior parte dei casi, rivela l'intenzione di dare alla scrittura una patina di vivacità e di immediatezza, prerogative presunte di un parlato ideale (o di un ideale di parlato). Alla «finzione del parlato», cioè al carattere macrostrutturale dominante in quel grande contenitore che è la scrittura giornalistica, riporteremo fra poco (cfr. § 2.3) un altro dei fenomeni retorico-stilistici emergenti: il prevalere del discorso diretto nei titoli.

Daremo appena un cenno ad anafore riconducibili o alla «referenza implicita»[19], o alla «introduzione implicita di un deter-

---

[18] Sui problemi della scrittura giornalistica rimane fondamentale Dardano 1986.
[19] Questa si ha quando con un referente «introdotto esplicitamente sono implicitamente dati altri referenti». Per es., nella sequenza: *Ieri c'è stato un matrimonio. La sposa portava un abito bianco lungo*, il referente testuale *un matrimonio* «include una referenza implicita alla sposa» (cito da Conte 1988: 27).

minato referente testuale», fenomeni che Conte (1988: 28) propone di tenere distinti. Al primo si può ascrivere l'es. (25), al
secondo l'es. (26):

(25)   [L'intervistata ha appena detto di essere stata chiamata «in
        ospedale» presso il fratello moribondo] Sono andata nel *repar-
        to*, ho aspettato che aprissero *'sto portone*... (IT, 10.3.93).

(26)   Ho letto a questo proposito delle affermazioni francamente
        stravaganti. Mi sono sentito chiedere perentoriamente per
        quale ragione ci occupiamo dei paesi arabi ed abbiamo una
        così grande attenzione nei loro confronti. Cosa abbiamo da
        dirci? ha chiesto *questo illustre intellettuale dei miei stivali.*
        (AP, 6.11.85: 7).

In (26) l'espressione evidenziata è una ripresa anaforica priva
di antecedente. Il parlante ha potuto evitare di introdurre un referente testuale esplicito perché questo era presente nel suo «orizzonte epistemico» (Conte 1988: 74), era un referente pragmaticamente «saliente». Il dimostrativo *questo*, oltre a rendere anaforico l'intero sintagma marcandolo come «definito», è un indicatore di empatia (negativa, dato il senso degli altri modificatori).
Empatico è anche l'uso di *'sto* in (25), qualificazione soggettiva,
spia di un atteggiamento a cui sarebbe facile dare un nome, col-
locando l'enunciato nel suo contesto.

Saggi di anafora empatica [20] istituita mediante *codesto* (un
dimostrativo che, fuori di Toscana, è relegato ormai al registro
burocratico) si trovano nel libro di Giorgio Manganelli pubblicato postumo col titolo *Il presepio* (Adelphi, Milano 1992).
Empatica è la connotazione di lontananza mentale ed emotiva in
cui «chi dice io» si colloca rispetto all'entità indicata con una
forma del dimostrativo *codesto*, e insieme di prossimità della
medesima alla sfera degli «altri»: «codesto Natale», «codesto
Dio», «codesta festa» scrive Manganelli, allontanando da sé
l'oggetto del discorso per presentarlo come psicologicamente
vicino alla sua controparte ideale, cioè a coloro che «fanno festa»
al Natale, che credono «in un loro Dio». Nel passo che qui si
riporta (solo uno fra i molti citabili) non sono anafore empatiche
quelle coi dimostrativi *questo/esso*:

[20] Di anafora empatica ha parlato per prima Conte 1988: 73-78.

(27)   In verità, perché di *codesto* Natale non si possa fare a meno
non è chiaro [...]. A *questa* festa presiedono dei sacerdoti [...]
questi sacerdoti [...] affermano che *codesta* festa è voluta dalla
religione stessa che professano [...]; intendendo, se ben capi-
sco, che, essendo *codesta* religione voluta da un loro Dio, è
codesto Dio colui che esige una festa natalizia; ma aggiungendo che *codesta* festa cara al Dio [...] è tale da recar confor-
to al cuore dei fedeli [...]; resta da vedere se non vi sia del
vero, in quel che appare la più stravagante affermazione, che
essa festa sia voluta e imposta da un Dio. (pp. 12-13)

L'anafora empatica è, di per sé, un dispositivo retorico, per la
sua costituzionale marcatezza pragmatica e semantica; nel testo
di Manganelli lo diventa ancor più per il suo ricorrere ossessivo,
in opposizione alle riprese 'neutre'.

Tra le forme più diffuse in cui possono presentarsi le riprese
anaforiche, due se ne trovano, che coincidono, sia pure parzialmente, l'una con la figura retorica detta «anafora», l'altra con
quella dell'anadiplosi. Le vedremo trattando della ripetizione.

2.2. Forme della ripetizione

La varietà tipologica e la distribuzione del fenomeno in ogni tipo
e genere testuali dissuadono dal tentarne qui una sia pure sommaria descrizione complessiva[21]. Dovremo perciò limitarci ad occasionali annotazioni sugli aspetti strutturali, che invadono una
parte considerevole della grammatica del discorso, e isolare qualche caratteristica dell'uso attuale che sembri fertile di sviluppi e
indicativa di tendenze.

Fra tutti i fenomeni discorsivi, la ripetizione è forse l'unico di
cui si possa affermare l'universalità e, relativamente ai singoli
sistemi linguistici, la permanenza delle funzioni e delle procedure fondamentali attraverso il tempo. Le differenze in diacronia
relative ai procedimenti e ai risultati della ripetizione come atto
di riferimento e tipo di sostituzione riguardano le possibili alter-

---

[21] Segnalo soltanto, oltre a Frédéric 1985 e agli articoli raccolti nel fascicolo monografico di «Text» 3 (Johnstone 1987), alcuni studi pertinenti alle
osservazioni a cui dovrò limitarmi: Simone 1990b; Bazzanella 1992; Voghera
1992a e 1992b. Da questi si potranno ricavare altre utili indicazioni bibliogra-
fiche.

native dell'uso, la distribuzione in contesti diversi, soggetta, pragmaticamente, alla variabilità delle concrete situazioni di discorso e alle abitudini comunicative dei parlanti. Differenze 'retoriche', dunque, di cui saltano all'occhio vari gradi di marcatezza o, in termini tradizionali, di enfasi e di carico figurale/stilistico.

In prima approssimazione possiamo distinguere la ripetizione come coesivo testuale dalla ripetizione in quanto manifestazione del parallelismo di elementi a qualsiasi livello linguistico. Della prima si occupano la linguistica testuale e la pragmatica; quest'ultima, in particolare, nel settore dell'analisi della conversazione.

Il secondo tipo di ripetizione è tema di indagini linguistico-letterarie (ancora attivi, su queste, oltre a spunti psicanalitici di varia provenienza, gli influssi dei celebri studi di R. Jakobson sul parallelismo) e retoriche (cfr. Frédéric 1985). Per le classificazioni tradizionali la disposizione in parallelo riguarda segmenti del discorso (*figurae elocutionis* costruite *per adiectionem* che consistono nella «ripetizione dell'uguale», opposte alla «accumulazione del differente», Lausberg 1969: 130-58; cfr. pure Mortara Garavelli 1989: 186-216), suoni (allitterazione, omoteleuto e rima), schemi prosodici e metrici e unità tematiche (oggetti, rispettivamente, della *compositio* nelle teorie classiche dell'ornatus e della *dispositio* per quanto riguarda le strutture argomentative [22]). Il dominio dell'iterazione (o meglio della «iterabilità») si estende così alle forme più disparate dell'attività linguistica (ci limitiamo, naturalmente, a questa, resistendo alla tentazione di stabilire facili analogie con altri campi semiotici). Tra le conseguenze più interessanti, gli aspetti iconici del parallelismo di suoni o di schemi: il «valore concettuale» delle figure risulterebbe rafforzato, come annota Segre (1985: 58), mediante «un raddoppiamento o un sovraccarico di segni».

In questa sede ci soffermeremo sulla ripetizione come coesivo testuale. La sua funzione è il mantenimento della referenza e, quindi, della continuità del topic testuale.

Simone (1990b: 72) richiama l'attenzione sull'alta frequenza

---

[22] Discussioni e proposte teoriche e applicative riguardo ai testi argomentativi in Colombo 1992.

e sulla precocità con cui appare nell'esercizio delle capacità linguistiche il fenomeno da lui detto *effetto copia*, che si ha quando «la coesione di una catena anaforica si realizza mediante la pura e semplice ripetizione (la replica, la "copia", appunto) di un sintagma pieno (non composto cioè da materiale pronominale né da elementi zero) già menzionato che opera come punto di attacco [23] della ripresa anaforica». Quando la ripresa non è identica all'antecedente, ma ne costituisce una «parziale rielaborazione superficiale», si ha l'effetto «quasi-copia». L'innovazione terminologica serve a qualificare una classe nell'ambito più generale della ricorrenza, ove il fenomeno «copia» si distingue da altri apparentemente simili, che abbiamo appena rubricato come ripetizioni parallelistiche: tipiche delle espressioni formulari, delle sequenze litaniche e in genere degli schemi iterativi dedicati all'intensificazione espressiva e non al mantenimento della referenza. Nell'insieme dei meccanismi testualmente coesivi l'effetto copia e quasi-copia, argomenta Simone, è il più elementare: tra le riprese anaforiche, ha l'impiego più semplice, attestato dalla sua preminenza nel parlato infantile e dalla sua frequenza nel parlato in genere, e inoltre dalla sua riduzione nel passaggio dall'orale allo scritto ove le copie vengono sostituite da sinonimi o da pronomi, oppure cancellate, quando la struttura sintattica lo permette, dando luogo ad anafore zero o a riprese mediante accordo grammaticale.

Comparando gli usi infantili con gli usi adulti della ripetizione e in particolare tenendo presente la distribuzione delle copie, si ricavano dati importanti per capire se sia vero che «il parlato conservi alcune delle caratteristiche più tipiche del linguaggio infantile» [24] e per valutare il grado di funzionalità discorsiva delle ripetizioni che si fanno parlando. È fuori strada chi le giudica in base ai modelli dello scritto formale privilegiati da abitudini scolastiche di antica data. Utile (pur con qualche riserva sulla sua riduzione semplificante) la disposizione scalare suggerita da Voghera 1992b: 124 a partire dai caratteri propri del parlato infantile, collocati nei primi due stadi («autoripetizione ad eco

---

[23] Il «punto di attacco», nella terminologia di Simone 1990a, corrisponde a ciò che si intende per antecedente.
[24] La questione è discussa da Voghera 1992b, da cui traggo gli spunti per le osservazioni che seguono.

orientata egocentricamente» e «autoripetizione orientata eccentricamente come presa di contatto con il destinatario») a cui subentrano gli altri due, che rispondono a necessità intrinseche all'uso parlato della lingua («ripetizione di enunciati altrui per dare coerenza e coesione al discorso» e «autoripetizione di tipo automatico come meccanismo di controllo della programmazione del discorso») [25].

I fenomeni che si riscontrano nelle ripetizioni dialogiche (cioè in quelle che si fanno in turni di conversazione diversi, adiacenti o no) mettono in campo una varietà di strategie e di scopi; vi accennerò appena, più avanti, ma fin d'ora rimando alla circostanziata tipologia di Bazzanella 1992.

2.2.1.   Tra le caratteristiche notevoli dell'uso attuale si rileva la tenace persistenza e la diffusione in ogni tipo e genere di testo, orale e scritto, di una costruzione classificata dai retori come *anadiplosi* [26]. Sotto questa etichetta sono comprese forme che appartengono ad entrambi i tipi di ripetizione da noi inizialmente distinti. Il cui incremento nel parlato radiofonico e televisivo non ha mancato di provocare irose reazioni di fastidio (cfr. Manacorda 1980: 7-20); e certo, se si valuta «a orecchio» o si esamina caso per caso l'utilità o la necessità di certe reduplicazioni enfatiche, si deve ammettere che l'impressione di avere a che fare con autentiche zeppe è ben giustificata. Ma né le virtuose censure, né il sarcasmo sulle male abitudini di chi parla in pubblico e sul conformismo espressivo dei linguisticamente sprovveduti aiutano a capire il perché della vitalità di fenomeni coi quali, piacciano o no, dobbiamo pur fare i conti.

Berretta 1990: 96, in un corpus comprendente testi orali di divulgazione scientifica e, in minor misura, conversazioni informali e notiziari radiofonici, rileva «una consistente presenza di relative costruite aggiungendo quale testa una ripetizione dell'antecedente in forma di sintagma nominale indefinito»; questa

---

[25] Sono rimandi d'obbligo, riguardo ai problemi teorici e alle analisi del parlato, Nencioni 1976, Sornicola 1981, Voghera 1992a; in prospettiva storico-filologica, D'Achille 1990; retorico-letteraria, Testa 1991. Si vedano pure gli interventi raccolti sotto il titolo *Il parlato* in «Italiano e Oltre», VII, 1992: 201-208; 218-20.

[26] Cfr. Lausberg 1969: 136-38 e Mortara Garavelli 1989: 193-95.

sembrerebbe «una strategia per prendere tempo nella pianificazione del discorso». L'esempio ivi addotto è il seguente:

(28)   questa + signorina [...] aveva seguito per lungo tempo la sorella durante la sua malattia, *una malattia* che poi condusse la sorella alla morte.

Un caso analogo è illustrato da (29):

(29)   Ce l'ho messa tutta, ma proprio tutta, a preparare questo esame + *esame che* non sono riuscita a dare perché all'ultimo mi sono spaventata. (Co In, 2 a)

Anziché da una copia dell'antecedente, la testa (o punto di attacco) della relativa può essere formata da un incapsulatore, come in (30) e (31), o da un sinonimo, come in (32) (segnalo col grassetto l'antecedente, col corsivo la ripresa):

(30)   Ho finito per rassegnarmi a **stare in carrozzella**, *una soluzione che* adesso mi sembra fin troppo comoda. (Co In, 1a)

(31)   ma come faceva a continuare a negare di **aver preso i soldi**, *cosa che* tutti erano stufi di sapere. (Co In, 3b)

(32)   dal momento che il segreto di un'alimentazione corretta è nella **giusta combinazione** fra i vari alimenti che compongono il pasto quotidiano. *Equilibrio che* diventa particolarmente importante per gli studenti universitari. («TuttoUniversità», 2/1993: 4.)

Per gli ultimi tre esempi non si può più parlare di indugi nel pianificare il discorso, dal momento che le riprese impiegate comportano strategie cognitive più fini di quelle richieste dall'effetto copia. Parlerei, per casi come questi, di «preferenza per i nessi appositivi»: dove le relative possono equivalere, dal punto di vista retorico, ad aggettivi. Elementari manipolazioni basterebbero a confermare tale equivalenza: cancellazioni del pronome relativo e del verbo copulativo in (30) e (32): «una soluzione adesso fin troppo comoda»; «equilibrio particolarmente importante»; una riformulazione nominalizzante in (31): «cosa ben nota a tutti». Gli anelli delle catene anaforiche risultano indubbiamente più serrati se al posto di principali o di coordinate che contengano una ripresa formata da dimostrativo + nome («e *questa soluzione* adesso mi sembra...», «*Tale equilibrio* diventa...») si hanno nessi appositivi nome + relativo, che possono anche essere preceduti da una pausa forte (indicata nello scritto da un punto fermo) con funzione enfatica. Nel caso illustrato da (31) il nesso appositivo tiene il posto di una subordinata provvista di sia pure debole forza argomentativa («dal momento che/ tanto più che questa cosa tutti erano stufi di saperla»)[27].

Potremmo qualificare come 'legato' lo stile di discorso che si profila, attraverso tali preferenze, anche nella conversazione non formale. È sintomo di un «parlato in marcia verso lo scritto»[28], un altro aspetto della riduzione progressiva della distanza fra i due mezzi.

Sotto lo stesso titolo potremmo collocare altre forme della ripetizione: quelle, ad esempio, a cui si attribuisce una funzione predicativa se si considera come ripresa anaforica l'accordo grammaticale (oppure si postula l'ellissi di un pronome anaforico). Schema: «Ha preso una risoluzione. È *una risoluzione* che...». Berretta (1990: 107), propone di considerarle come varianti delle «relative con testa ridondante», con funzione «definitoria o esplicativa» (tra le possibili varianti, la formula *si tratta di* al posto del verbo *essere*) e le interpreta come una «strategia che permette l'inserimento di una ripresa lessicale [...] anche là dove normalmente non la si avrebbe». In ogni caso abbiamo una focalizzazione sull'elemento ripetuto.

L'incremento delle focalizzazioni si avvia a diventare un carattere costante in vari tipi compositivi (espositivo, narrativo, descrittivo). Nello scritto è all'origine dello stile franto, con frequenti punti fermi che istituiscono pause forti là dove normalmente si aspetterebbero interpunzioni deboli; normalmente, cioè nei casi in cui la punteggiatura segnala le articolazioni sintattiche di enunciati non marcati.

Altro sintomo di un'elaborazione stilistico-retorica insensibile

---

[27] Secondo la terminologia di Lo Cascio 1991: 252, le congiunzioni *dal momento che* e *tanto più che* sarebbero indicatori di forza argomentativa: un «giustificatore», la prima, un «rafforzatore» la seconda.

[28] L'espressione è di A.A. Sobrero, che nella rubrica *Parlando parlando* di «Italiano e Oltre», VII, 1992: 200, scrive: «Uomini e donne che si incontrano per caso, e per ingannare il tempo chiacchierano tra di loro, ripetono fraseologie di stampo giornalistico, portano nel discorso comune scampoli di 'lingua dell'ufficio', dispongono gli argomenti e organizzano le argomentazioni come farebbero intervenendo in un dibattito pubblico. [...] In questo modo la media delle produzioni orali, fuori casa, si sposta sensibilmente verso la formalità, cioè verso l'avvicinamento al modello scritto».

a confini diamesici e diafasici sono le reduplicazioni enfatiche. I parlanti sembrano produrle con più abbondanza quando si trovano davanti a un microfono e non se ne sentono intimiditi. Scatta allora la molla della ricerca dell'effetto oratorio, sul modello dei registri «alti» diffusi via radio e televisione. Dei quali ecco qualche esempio:

(33)   Questo non spetta a me dirlo, spetta dirlo ai magistrati che hanno applicato il nuovo codice (C. Pisapia, IR, 14.3.93).

(34)   ma quante volte! dieci anni fa, quindici anni fa, sette anni fa (G. Napolitano, IT, 12.3.93).

Di solito i meccanismi iterativi (la «coazione a ripetere») scattano col crescere del coinvolgimento emotivo. È esperienza comune, ed è perfino superfluo esemplificarla:

(35)   nel lavorare insieme, nell'uscire insieme, nell'andare a cogliere funghi insieme (IT, 15.3.93).

La retorica classica ha dato il nome di *epifora* all'iterazione della parte finale di segmenti discorsivi (*insieme*, in (35)) e ha chiamato *anafore* le iterazioni iniziali (*nel* lavorare... *nell'*uscire... *nell'*andare...); quando, come in (35), le due figure sono combinate nello stesso segmento si ha una *simploche*. L'ipertrofia nomenclatoria rivela una notevole attenzione ai processi iterativi, ma le classificazioni antiche si basano per lo più sulla disposizione lineare delle parole, senza intuizioni apprezzabili riguardo alla struttura sintattica e semantica[29]. Per questo fra le anafore retoriche rientrerebbero anche le riprese costituite da copie, purché ricorrenti all'inizio di enunciati successivi.

2.2.2. Ho già accennato all'alternativa *repetitio/variatio*, uno dei classici temi dell'insegnamento retorico. Quale dei due termini del contrasto sembra oggi vincente? Anche a questo proposito è decisivo distinguere fra parlato e scritto, fra tipi di testo, fra registri o stili all'interno di ciascuno (legati, come è noto, alle occasioni del comunicare)[30] e via seguitando.

---

[29] Si basano pure sulle modificazioni del «corpo» della parola, come attestano le partizioni lausberghiane, per identificare le possibili combinazioni di *repetitio* e di *variatio*.
[30] Si vedano anche in questo vol. il saggio di Alberto A. Sobrero, e nel vol.

Nel parlato spontaneo il criterio della funzionalità determina
il prevalere dell'una o dell'altra procedura. Per quanto riguarda le
ripetizioni, le scelte (stilistiche) consapevoli sembrano riguardare
le intensificazioni espressive più che le riprese anaforiche, se è
vero che l'impiego di copie e quasi-copie nei testi monologici
orali anche di registro alto è necessario a chi parla per assicurarsi il mantenimento della referenza nelle catene anaforiche e per
favorire il recupero degli antecedenti da parte degli ascoltatori.

Porre l'alternativa *repetitio/variatio* nella conversazione non
ha senso, almeno per quelle ripetizioni che marcano le strategie
interattive, segnalano inizi, continuazioni, interruzioni, riprese,
alternanze, reciprocità ecc. dei turni, coinvolgimento o, viceversa,
distacco dei partecipanti: insomma per (quasi) tutte le funzioni
che si trovano elencate nella ricca tipologia di Bazzanella 1992,
ripresa poi in interventi successivi della medesima studiosa.

La variazione sinonimica o, in generale, parafrastica prevale
in testi, orali e scritti, dove si eserciti un forte controllo del-
l'espressione e dove le sostituzioni non ne pregiudichino l'uni-
vocità e la chiarezza, e non nuocciano all'esattezza dei concetti.
Anche qui sono determinanti le convenzioni dei singoli generi
testuali e la natura degli argomenti trattati. È ovvio che non possano essere sostituiti i tecnicismi che non abbiano doppioni; ed è
altrettanto comprensibile che in certi contesti l'uso di perifrasi,
anche se esattamente equivalenti al termine per cui stanno, possa
sembrare strano o inopportuno. Uno dei criteri tipologici relativi
ai testi è proprio il grado di sostituibilità degli elementi lessicali.

La tendenza alla variazione mediante sinonimi, antonomasie,
perifrasi, ecc. persiste nel parlato radiofonico e televisivo [31] e nelle cronache giornalistiche (abbiamo tutti in mente gli stereotipi

IIC. La variazione e gli usi i due saggi di Gaetano Berruto. Nel campo della
traduzione, in particolare della traduzione in italiano (dove la normativa scolastica ha sempre privilegiato la *variatio* come 'rimedio' alle ripetizioni non reto-
ricamente marcate) dall'inglese e dal tedesco (dove non si esita a ripetere le
stesse espressioni anche a breve distanza in un testo, a scanso di ambiguità), si
potrebbero raccogliere dati importanti per valutare abitudini stilistiche odierne.
Oggi sembra prevalere la tendenza a ridurre l'uso di sinonimi nel tradurre in
italiano, e a omettere, ove possibile, le copie avvalendosi di riprese deboli
(accordo grammaticale). La questione ha risvolti di grande finezza, come attestano gli interventi degli scrittori traduttori, primo fra tutti Montale.
[31] Esempi in Manacorda 1980a: 21-34.

a cui si ricorre per parlare della neve e delle nevicate, delle vacanze di massa e delle partenze massicce dalle città, ecc.). L'abuso delle antonomasie può perfino trasformare una banale cronaca in una sorta di 'pagina della sfinge'.

L'accumulazione sinonimica, tipica dell'oratoria politica, giudiziaria, religiosa, è senza tempo, e destinata a durare. L'es. (36) esibisce sia una ripetizione sia un'accumulazione come ingredienti della *correctio*. Un'accumulazione o *congeries* di aggettivi occupa (37):

(36)   Sarebbe stata sufficiente, altresì, *una maggiore serietà*, anzi *una serietà integrale* da parte della maggioranza, perché se ci sono dei colpevoli e dei responsabili, in questa triste e miserevole storia, questi sono *gli uomini, i rappresentanti, i deputati* della maggioranza... (AP, 26.2.86: 52.)

(37)   la crisi *più delicata, più antica, più vecchia, più faticosa e più pericolosa* resta in questo settore quella medio-orientale (AP, 6.11.85: 8).

Ci muoviamo, evidentemente, sul piano degli accorgimenti stilistici sfruttati come mezzi di persuasione. In questo ruolo sono attivi gli elementi della classica *dispositio* (partizioni del discorso, ordine adottato nella disposizione della materia e nella presentazione degli argomenti, ecc.), fondamentali per le strutture dell'argomentazione.

2.2.3. Abbiamo trattato fin qui di ripetizioni sull'asse sintagmatico. Sull'asse paradigmatico troviamo le repliche di enunciati *in absentia*, cioè le citazioni. Superfluo esemplificare: dalla propaganda politica e dalla pubblicità di ogni genere e specie, dai titoli giornalistici, dal parlato che ripete cliché della pubblicità televisiva o frasi famose divenute proverbiali, perciò avvertite come adespote perché parti di un patrimonio comune («adelante, dunque, ma con prudenza» ho sentito in un GR1 del 17.2.93, e mi sono chiesta quanti fra coloro che a scuola hanno letto *I promessi sposi* sarebbero stati capaci di riconoscere la fonte di questa citazione, peraltro non letterale).

Il «passare in proverbio» si oppone alla provvisorietà delle «parole effimere»; la cui alta produttività, osserva Sobrero 1992, «è una delle caratteristiche (strutturali?) dell'italiano contemporaneo». La 'variazione', o meglio la variabilità come struttura. Non si può non essere d'accordo (il lettore si sarà accorto che uso uno stereotipo di litote[32]. Variante solo apparentemente attenuativa: "è difficile non essere d'accordo") con Sobrero quando calcola la durata delle innovazioni in base ai filtri attraverso cui passano al consumatore: «di vita brevissima, le novità introdotte dai generi 'alla moda' [...]; lente, e mediamente di vita più lunga, le novità filtrate nella lingua comune dai linguaggi speciali 'classici'». Il che è vero anche per i fenomeni testuali e non solo per il lessico. È vero per le citazioni che dilagano nei titoli e negli articoli della stampa quotidiana e periodica: penso alla fortuna del modulo ricavato dal titolo di García Márquez *Cronaca di una morte annunciata*; penso alle passeggere fortune di espressioni ricavate da slogan pubblicitari, da titoli di trasmissioni televisive, riconoscibili solo a distanza ravvicinata come citazioni. In questi casi si perde non solo il ricordo della paternità dell'espressione, come capita per le massime e le frasi d'autore, ma anche la percezione della loro natura citazionale.

2.3. L'allestimento teatrale del discorso

Blanche-Benveniste (1991: 259) descrive le «strutture di citazione» con una metafora teatrale:

l'emittente anima uno spettacolo di citazione operando contemporaneamente come autore del messaggio, attore, e impresario. Egli deve svolgere differenti ruoli a cui corrispondono interlocutori diversi e operazioni di codificazione molto più sofisticate di quelle che possiamo trovare in un messaggio in cui vi è soltanto un parlante e un interlocutore.

Ad esempio, chi parla può commentare una propria battuta di discorso, spiegando che questa era rivolta non all'interlocutore, ma a qualcun altro. Chi cita «crea un attore», nel senso che, nel suo discorso, «fa parlare» un altro: «gestisce per lui uno 'spazio di parola', in cui l'«Io» si riferisce all'attore, così come il 'qui' ed 'ora' si riferiscono al tempo e allo spazio dell'attore. Ogni

---

[32] La litote in quanto struttura retorica meriterebbe di essere trattata in questa sede. Mi limito invece a segnalare l'importante contributo di Caffi 1990.

attore può creare un altro attore, dando ad esso un nuovo spazio di parola, inserito nello spazio precedente» (Blanche-Benveniste 1991: 262) [33].

Le dinamiche del riportare enunciati, verificabili sintatticamente [34], fanno investimenti sostanziosi nei domìni della pragmatica e della retorica, essendo la determinazione dei centri deittici (si veda oltre) costitutiva delle varie forme del discorso riportato, e dipendendo la scelta dell'una o dell'altra, oltre che da restrizioni strutturali, dagli scopi del parlare e dal tipo e genere di testo.

2.3.1. Le differenze strutturali tra i vari tipi del discorso riportato (tradizionalmente, le forme dirette e indirette, e il discorso — o stile — indiretto libero) si determinano in relazione alle coordinate personali, spaziali e temporali (l'*ego-hic-nunc* dell'enunciazione), il cui punto di incontro costituisce il «centro deittico» del discorso.

Perché si possa dire che un enunciato è citato/riprodotto in forma diretta bisogna che nella riproduzione si conservi immutato il centro deittico della produzione originale: gli indicatori di persona (pronomi, marche del verbo), di tempo (avverbiali e tempi verbali) e di luogo (avverbiali, verbi come *andare* e *venire*, ecc.) devono essere gli stessi negli enunciati citati e in quelli che si postulano come originali. Da questa, che è la condizione pragmatica di esistenza del discorso diretto, dipendono i caratteri strutturali del medesimo.

In un testo che contenga citazioni dirette i centri discorsivi sono sempre almeno due: uno appartiene al contesto citante, l'altro agli enunciati citati. Se questi ultimi contengono a loro volta altre citazioni dirette (p. es.: *Maria mi ha confidato: «Luigi mi ha minacciata: "Se voglio, io posso rovinarti"»*) il numero dei centri deittici corrisponde a quello dei parlanti che dicono o potrebbero dire *io* nelle enunciazioni riportate (resta inteso che mi riferisco, convenzionalmente, al ruolo di «parlante», non all'eventuale pluralità di individui indicata con la I persona plu-

---

[33] Sulla citazione come proprietà interconnessa a quella della narratività ed «esclusivamente tipica delle lingue verbali» rimando a Simone 1990a: 81-84.

[34] Per la grammatica del discorso riportato si veda, da ultimo, Mortara Garavelli, in stampa.

rale). Nell'esempio in parentesi, le marche della I persona rimandano a tre personaggi diversi: il soggetto enunciante (parlante₁),
Maria (parlante₂), Luigi (parlante₃). Nel discorso indiretto il centro deittico è unico: è quello della frase reggente o quello della
frase da cui dipende, o a cui appartiene, il sintagma introduttore
del discorso riportato (chi dice o potrebbe dire *io* è solo parlante₁); di qui il passaggio dalla I alla III persona nelle citazioni
indirette di enunciati attribuibili a soggetti diversi da parlante₁
(nell'es. precedente: *Maria mi ha confidato che Luigi l'ha/
l'aveva minacciata dicendole che, se voleva, poteva rovinar-
la*). Il discorso indiretto libero è caratterizzato dall'intersezione
delle coordinate dei vari centri deittici: su quello del contesto
narrativo citante si regolano, ad esempio, le relazioni di persona
(parlante₂ fa riferimento a sé con la III persona) mentre la scelta
delle espressioni deittiche di tempo e di luogo e dei dimostrativi
è conforme al centro deittico dell'enunciazione citata. Il che
rende possibile la presenza di costrutti incompatibili con la struttura dell'indiretto subordinato (forme ellittiche, esclamazioni,
interiezioni, ecc.). Esistono infatti precise restrizioni strutturali
alla trasposizione, nel discorso indiretto subordinato, di enunciati citati in forma diretta [35].

Oltre che dalla struttura di frase, la preferenza per l'uno o per
l'altro modo di riportare è determinata da ragioni retoriche, comprendendo in queste le opportunità stilistiche e, sia pure per
estensione, anche il fenomeno della commutazione di codice. In
conversazioni spontanee dove il dialetto è usato nelle parti nar-
rative/descrittive/espositive, accade che si passi all'italiano quando si citano nelle forme o del discorso diretto o dell'indiretto
libero espressioni originariamente prodotte in lingua italiana.
Meno frequente il procedimento inverso, e addirittura marginale
(almeno secondo le prime provvisorie statistiche da me abbozza-
te) la commutazione di codice col discorso indiretto subordinato.
Questo ha a che fare, verosimilmente, con l'omologazione degli
enunciati citati alle strutture del contesto citante, dove il punto di
vista è quello di chi riporta.

Sempre sul piano retorico osserviamo che i tipi di testo si dif-

---

[35] Di tali restrizioni e delle tecniche traspositive si dà conto nell'articolo cit.
alla nota 34.

ferenziano *anche* per le eventuali incompatibilità con determinate forme citazionali. Ad esempio, la presenza del discorso diretto attribuito a personaggi (ad attori della comunicazione) caratterizza il genere testuale «cronaca», nelle sue svariate tematiche, mentre è escluso o è limitato alla citazione di parti di testo date come documenti, e perciò da riportare «alla lettera», nella trattatistica storiografica e nei commenti a fatti di cronaca. Per non parlare del dialogo, che è sia un tipo compositivo sia un genere; o della cosiddetta drammatizzazione di testi narrativi; o, infine, del genere «sceneggiatura», nato col cinematografo.

La 'messa in scena' tipica dei discorsi forensi, dei dibattiti politici e giudiziari, ha richiesto, dall'oratoria antica in poi, un impiego mirato del discorso diretto nelle argomentazioni: come una delle possibili attuazioni della *mimesis* o *imitatio*, nelle forme drammatiche e negli artifici descrittivi della *sermocinatio* (imitazione delle abitudini espressive di un dato personaggio oppure simulazione di dialoghi), della *percontatio* (finzione di uno scambio di domande e risposte tra l'oratore e l'avversario o tra l'oratore e il pubblico), ecc. In questo, fatta salva la differenza delle etichette, le moderne tecniche argomentative non sono cambiate di molto. Si vedano i seguenti passi da un articolo di fondo, ove gli argomenti sono introdotti quasi tutti secondo le formule della *percontatio*:

(38)   Poi stupisce l'altra reazione: «Lo sapevamo». Ma che cosa sapevamo? Sospettavamo, questo sì [...]. Allo stesso modo, stupisce un'altra reazione, che è corollario della precedente: «Finalmente». Finalmente cosa? Finalmente che si indaga [...]? Finalmente che qualcosa si viene a sapere [...]? O finalmente che Belzebù è stato preso per la coda [...]? («La Stampa», 29.3.93: 1-2.)

2.3.2.   Che cosa è cambiato oggi nel costume citatorio? Intanto, dobbiamo osservare che i cambiamenti dipendono da fatti di struttura: e questi consistono essenzialmente nella possibilità, per la lingua italiana, di attenuare o addirittura di eliminare, nelle procedure narrative, i confini tra contesto citante, discorso indiretto subordinato e non subordinato e stile indiretto libero, oltre che di alternare, con un procedimento di antica tradizione, forme citazionali dirette e indirette. Sono strategie letterarie, praticate con successo nella narrativa dalla metà dell'Ottocento in poi, ma

anticipate, con intenti imitativi del parlato, già da autori del
Seicento, e reperibili ancor prima, sia pure saltuariamente, in testi
trecenteschi, in conseguenza dell'allentarsi dei rigidi legami
subordinativi del periodare latineggiante.

Non mi occuperò qui della fenomenologia del «racconto di
parole» nel discorso letterario, connessa in maniera determinante, e con esiti tali da caratterizzare interi filoni della narrativa italiana attuale, ai problemi del «punto di vista» e delle enunciazioni polifoniche o plurivoche (compresenza di più voci nel
discorso attribuibile a un'unica fonte). Mi basterà richiamare
l'attenzione su qualche applicazione scritta del modo di riportare
più diffuso nella comunicazione orale: in primo luogo, l'irruzio-
ne del discorso diretto nelle pagine di cronaca giornalistica, nella
narrazione di fatti e, sia pure in minor misura, anche nei commenti. Gli indicatori grafici tradizionali vengono usati con molta
libertà: virgolette citazionali sia per gli enunciati che si vogliono
far passare per autentici sia per quelli che sono dichiaratamente
parafrasi (in forma diretta) degli originali. Persiste, naturalmente,
l'uso consueto delle virgolette «di riserva» o «di distanziamen-
to», così vitale da poter essere esplicitato oralmente: quando si
dice "tra virgolette", tavolta mimandone con un gesto la forma
grafica. Noto di passata il carattere metacomunicativo di tale
espressione, da accostare, in quanto verte sull'enunciazione di
parole, ad un'altra abbastanza diffusa: «il condizionale è d'obbligo», in riferimento all'uso del condizionale di riserva, che *di per
sé* è costitutivo di citazione.

D'altra parte, si danno discorsi diretti privi dei consueti indicatori grafici: il riconoscimento è affidato alla sola struttura sin-
tattico-pragmatica (di solito, l'uso della I persona nelle frasi citate). Un solo esempio:

(39)   Duro e puro [...]. Manda un messaggio chiaro: non ci ferme-
         remo, nessuno ci fermerà. («la Repubblica», 4-5.4.93: 6.)

Rientra nello stesso ambito l'affermarsi di una formula che
mi sembra bene avviata verso una florida longevità, perché nasce
dalla riduzione delle distanze fra scritto e parlato: i titoli giornalistici in forma di discorso diretto. Caratteri e risultati: il forte
potere indicale (la «deitticità») delle enunciazioni dirette, tipiche
del parlato; l'economia e la semplificazione sintattica degli enun-

ciati, oltre al fatto di poter riportare in forma diretta qualsiasi enunciazione (il che non accade per gli altri tipi citazionali); la drammatizzazione del racconto. Tanto basta per fare apparire quest'uso come un equivalente della «presa diretta». Il tempo dell'enunciazione citata non viene trasposto facendolo dipendere dal tempo della enunciazione citante; chi legge ricava inconsapevolmente un'impressione di simultaneità fra l'avvenimento e la sua ricezione. È la differenza, sperimentata in secoli di letteratura, fra diegesi e mimesi.

Bibliografia

Bazzanella, C. (1985), *L'uso dei connettivi nel parlato: alcune proposte,* in Franchi de Bellis, A.-Savoia, L.M. (a c. di), *Sintassi e morfologia della lingua italiana d'uso. Teorie e applicazioni descrittive,* Bulzoni, Roma: 83-94.

Bazzanella, C. (1990), *Phatic Connectives as Interactional Cues in Contemporary Spoken Italian,* in «Journal of Pragmatics», 14: 629-647.

Bazzanella, C. (1992), *Aspetti pragmatici della ripetizione dialogica,* in Gobber 1992: 433-54.

Beaugrande, R.A. de-Dressler W.U. (1984), *Introduzione alla linguistica testuale,* trad. it., Il Mulino, Bologna.

Berretta, M. (1984), *Connettivi testuali in italiano e pianificazione del discorso,* in Coveri 1984: 237-54.

Berretta, M. (1990), *Catene anaforiche in prospettiva funzionale: antecedenti difficili,* in Conte 1990: 91-120.

Blanche Benveniste, C. (1991), *Le citazioni nell'orale e nello scritto,* in Orsolini, M.-Pontecorvo C. (a c. di), *La costruzione del testo scritto nei bambini,* La Nuova Italia, Firenze: 259-73.

Caffi, C. (1990), *Modulazione, mitigazione, litote,* in Conte, M.-E.-Giacalone Ramat, A.-Ramat, P. (a c. di), *Dimensioni della linguistica,* Angeli, Milano: 169-99.

Colombo, A. (1992), *Per una definizione e analisi pragmatica dei testi argomentativi,* in Gobber 1992: 475-500.

Conte, M.-E. (1988), *Condizioni di coerenza. Ricerche di linguistica testuale,* La Nuova Italia, Firenze.

Conte, M.-E. (1990), *Pronominale Anaphern im Text,* in Conte 1990: 141-54.

Conte, M.-E. (a c. di) (1981²), *La linguistica testuale,* Feltrinelli, Milano.

Conte, M.-E. (a c. di) (1990), *Anaphoric Relations in Sentence and Text,* in «Rivista di Linguistica», 2, 1.

Coveri, L. (a c. di) (1984), *Linguistica testuale*, Bulzoni, Roma.

D'Achille, P. (1990), *Sintassi del parlato e tradizione scritta della lingua italiana. Analisi di testi dalle origini al secolo XVIII*, Bonacci, Roma.

Dardano, M. (1986), *Il linguaggio dei giornali italiani*, Laterza, Roma Bari.

Durante, M. (1970), *I pronomi personali in italiano contemporaneo*, in «Bollettino del Centro di Studi filologici e linguistici siciliani», XI: 180-202.

Frédéric, M. (1985), *La répétition. Étude linguistique et rhétorique*, Niemeyer, Tübingen.

Givón, T. (1983), *Topic Continuity in Discourse: An Introduction*, in Id. (a c. di), *Topic Continuity in Discourse: Quantitative Cross-Language Studies*, Benjamins, Amsterdam-Philadelphia: 1-41.

Gobber, G. (a c. di) (1992), *La linguistica pragmatica*, Bulzoni, Roma.

Halliday, M.A.K-Hasan, R. (1976), *Cohesion in English*, Longman, London.

Johnstone, B. (a c. di) (1987), *Repetition*, «Text» 3.

Lausberg, H. (1969), *Elementi di retorica*, trad. it., Il Mulino, Bologna.

Lavinio, C. (1990), *Teoria e didattica dei testi*, La Nuova Italia, Firenze.

Lepschy, G. (1989), *Nuovi saggi di linguistica italiana*, Il Mulino, Bologna.

Lo Cascio, V. (1991), *Grammatica dell'argomentare. Strategie e strutture*, La Nuova Italia, Firenze.

Manacorda, M.A. (1980), *Il linguaggio televisivo ovvero la folle anadiplosi*, Armando, Roma.

Marello, C. (1984), *Ellissi*, in Coveri 1984: 255-70.

Marello, C. (1989), *Ellipsis between Connexity and Coherence*, in Conte, M.-E.-Petöfi, J.S.-Sözer, E. (a c. di), *Text and Discourse Connectedness*, Benjamins, Amsterdam-Philadelphia: 119-35.

Marello, C. (a c. di) (1990), *L'ellissi in prospettiva testuale*, in «Studi Italiani di Linguistica Teorica e Applicata», XIX, 2: 311-404.

Mortara Garavelli, B. (1988), *Textsorten/Tipologia dei testi*, in Holtus, G.-Metzeltin, M.-Schmitt, C. (a c. di), *Lexikon der Romanistischen Linguistik*, IV, Niemeyer, Tübingen.

Mortara Garavelli, B. (1989), *Manuale di retorica*, Bompiani, Milano.

Mortara Garavelli, B. (1991), *Tipologie dei testi: categorie descrittive e generi testuali*, in Lo Duca, M.G. (a c. di), *Scrivere nella scuola media superiore*, La Nuova Italia, Firenze: 9-23.

Mortara Garavelli, B. (in stampa), *Il discorso riportato*, in Renzi, L.-Salvi, G.-Cardinaletti, A., *Grande grammatica italiana di consultazione*, III, Il Mulino, Bologna.

Nencioni, G. (1976), *Parlato-parlato, parlato-scritto, parlato-recitato*, in «Strumenti critici» 29: 1-56; ora in Nencioni, G., *Di scritto e di parlato. Discorsi linguistici*, Zanichelli, Bologna 1983: 126-79.

Sabatini, F. (1985), *L'«italiano dell'uso medio»: una realtà tra le varietà linguistiche italiane,* in Holtus, G.-Radtke, E. (a c. di), *Gesprochenes Italienisch in Geschichte und Gegenwart,* Narr, Tübingen: 154-84.

Segre, C. (1985), *Avviamento all'analisi del testo letterario,* Einaudi, Torino.

Serianni, L. (1988), *Grammatica italiana. Italiano comune e lingua letteraria,* UTET, Torino.

Simone, R. (1990a) *Fondamenti di linguistica,* Laterza, Roma-Bari.

Simone, R. (1990b), *Effetto copia e effetto quasi-copia,* in «AIΩN. Annali del Dipartimento di Stùdi del Mondo Classico e del Mediterraneo Antico», 12: 69-83.

Sobrero, A.A. (1992), *Parole t < 2a,* in «Italiano e Oltre», VII: 106.

Sornicola, R. (1981), *Sul parlato,* Il Mulino, Bologna.

Stammerjohann, H. (a c. di) (1986), *Tema-Rema in italiano,* Narr, Tübingen.

Testa, E. (1991), *Simulazione di parlato,* Accademia della Crusca, Firenze.

Voghera, M. (1992a), *Sintassi e intonazione nell'italiano parlato,* Il Mulino, Bologna.

Voghera, M. (1992b), *Repetita iuvant,* in «Italiano e Oltre», VII: 121-125.

Alberto A. Sobrero

Pragmatica

1. Premessa

La pragmatica studia gli usi comunicativi reali, cioè le modalità concrete con le quali si realizza la comunicazione. In particolare, studia: a) le strategie che sono messe in atto sia da parte di chi parla che da parte di chi ascolta, per consentire la riuscita di ogni atto linguistico [1]; b) le relazioni tra lingua e contesto, codificate nella struttura linguistica.

L'esigenza di allargare lo studio della comunicazione dalle strutture linguistiche a quelle pragmatiche nasce da una considerazione intuitiva. Per comunicare non basta conoscere fonetica, morfologia, sintassi, lessico, e saper produrre e riconoscere frasi. Nell'uso normale di una lingua si riscontra una serie di fatti e fenomeni che non possono essere spiegati dall'analisi strettamente linguistica, e che pure sono indispensabili per far 'funzionare' la comunicazione. Ad esempio:

a) *l'ambiguità*: molte espressioni sono ambigue, e tocca a chi ascolta decidere quale sia il significato — fra i molti possibili — che chi parla vuole mettere in atto in quel momento: la disambiguazione non è un processo linguistico, ma extralinguistico, e dipende strettamente dal contesto;

b) *l'ironia*, *il sarcasmo*, e in genere *l'uso non letterale* di parole ed espressioni: un'espressione come

(1)   Bravo! Bell'esempio!

può avere anche il significato opposto a quello letterale (ad esempio se il destinatario è un adulto che incoraggia il figlio ad attraversare con lui, a semaforo rosso), e anche in questo caso l'ana-

---

[1] Per la definizione di «atto linguistico» cfr. § 2.

lisi strettamente linguistica non può dare nessun aiuto all'identificazione del significato con il quale essa va intesa;

c) moltissime parole dei testi che produciamo acquistano un significato reale solo se sono collegate a referenti precisi dislocati nel mondo reale, cioè a *riferimenti diretti e specifici al contesto*. In

(2)   Egli si ritirò a vita privata

'egli' si riferisce a mio zio, a Napoleone, al personaggio di una soap opera, o ad altri? Il significato letterale della frase non me lo dice: il parlante deve preoccuparsi di mettere a disposizione dell'ascoltatore indizi utili a capire il riferimento preciso, e chi ascolta deve seguire precise strategie per inferirlo dal contesto (cioè dagli enunciati precedenti, dall'ambiente in cui si trova, dal periodo storico, dal tipo di testo, ecc.);

d) per capire il significato 'vero' di un enunciato bisogna conoscere l'*intenzione comunicativa* di chi parla (e, reciprocamente, chi parla deve assicurarsi che chi ascolta disponga degli elementi necessari per conoscere effettivamente la sua intenzione comunicativa). A tutti è noto come l'intenzione reale sia spesso molto diversa da quella apparente. Un esempio classico è all'inizio del cap. VI dei *Promessi sposi*:

(3)   «In che posso ubbidirla?» disse don Rodrigo, piantandosi in
             piedi nel mezzo della sala. Il suono delle parole era tale; ma
             il modo con cui eran proferite, voleva dir chiaramente: bada a
             chi sei davanti, pesa le parole, e sbrigati.

Padre Cristoforo capisce benissimo l'intenzione del suo interlocutore: ma non lo aiuta la sua competenza linguistica (l'intenzione apparente, rivelata dall'analisi linguistica, è quella di fare una domanda, per giunta con formula di cortesia e di rispetto), bensì la sua competenza paralinguistica (relativa, in questo caso, al significato di quel particolare tono della voce) e cinesica (relativa al significato di quel suo «piantarsi in piedi in mezzo della sala»). Padre Cristoforo inferisce l'intenzione reale del suo interlocutore non dalle parole che ode ma dall'insieme di toni di voce, atteggiamenti, comportamenti, che Manzoni definisce — subito dopo — «maniera arrogante». Ed è questa, in realtà, la chiave di lettura della domanda, il suo vero significato (in questo caso, contrario al significato apparente);

e) a volte i *messaggi* sono *indiretti*, e anche in questi casi il loro vero significato è del tutto diverso da quello letterale. Se pronuncio la frase

(4)   Sono rimasto senza fiammiferi

rivolgendomi a un amico, fumatore come me, in realtà non lo voglio informare della mia situazione ma voglio fargli una richiesta indiretta: il significato reale dell'enunciato è "fammi accendere". Una frase come

(5)   Domani ho compito in classe di matematica

può essere utilizzata come un messaggio indiretto, il cui significato varia considerevolmente a seconda del contesto e degli interlocutori: può essere una richiesta di aiuto per esercizi di ripasso, o una richiesta di aiuto per consentire un passaggio di compiti durante l'esecuzione della prova, o il cortese rifiuto di un invito — da amico ad amico — a giocare a pallone, o il rifiuto di un invito — da ragazzo a ragazza — a uscire, il pomeriggio precedente il compito; o altro ancora.

In tutti i casi citati, e in molti altri, si usano atti linguistici indiretti per formulare una richiesta, o un rifiuto, in modo gentile, nel rispetto di certe regole di cortesia linguistica, regole tassative che governano l'organizzazione degli scambi conversazionali nella lingua italiana;

f) il significato di certi messaggi non è situato sul piano della comunicazione, ma direttamente sul piano dell'*azione*: quando il tenente dice all'allievo ufficiale

(6)   Allievo, stia punito!

non dà un ordine, né esorta, ma infligge una punizione, cioè attraverso le parole compie un'azione. Anche in casi come questi, la lingua non è usata per trasmettere un messaggio (sicuramente, non solo per questo): è usata direttamente *per fare*.

Per comunicare bisogna dunque che emittente e ricevente conoscano le *convenzioni comunicative*, che sole consentono di disambiguare porzioni di testo ambigue, di risalire dal messaggio indiretto e dal significato letterale al significato reale del testo prodotto dal parlante, di collegare il testo linguistico alla situazione e al mondo reale in cui viene prodotto, di riconoscere la reale intenzione comunicativa di chi parla, di intendere certi messaggi non come mezzi per comunicare ma come azioni vere e proprie.

Se il nostro interesse si rivolge al processo della comunicazione, dobbiamo dunque studiare non la semplice competenza linguistica del parlante, ma la sua *competenza comunicativa*, che è data dall'integrazione della competenza linguistica con la competenza pragmatica.

In riferimento alla lingua italiana, è evidente che come si parla di regole e di variazioni della struttura linguistica, si dovrà anche parlare di regole e variazioni della struttura pragmatica (o, meglio ancora, di covariazione delle une e delle altre). In questo capitolo esporremo alcune di queste 'regole': tra i fatti analizzati nelle non numerose ricerche che sono state fatte in Italia [2] — dove gli sviluppi della pragmatica, e in particolare della pragmatica linguistica, sono molto recenti e perciò meno impetuosi che altrove — ne sceglieremo solo alcuni, con l'intento di dare un'idea sia delle molteplici potenzialità dell'analisi pragmalinguistica, sia del dinamismo di alcuni fenomeni e di alcune strategie 'emergenti' nell'italiano di oggi, a loro volta evidenziate dall'approccio pragmatico alla lingua [3].

---

[2] La linguistica pragmatica, o pragmalinguistica, si è diffusa in Italia a partire dagli anni Settanta, con le prime traduzioni dei lavori classici di Searle e Austin (e poi di Schlieben Lange), e i primi lavori originali di Maria-Elisabeth E. Conte, di Marina Sbisà, e poi di Franca Orletti. La ricerca, che coinvolge sempre aree disciplinari tra loro confinanti (linguistica, filosofia, semiotica), conquista negli anni successivi nuovi studiosi — non numerosissimi, ma spesso di rilevanza internazionale, come attesta la presenza di numerosi titoli pubblicati in prestigiose sedi internazionali —, si specializza e si approfondisce negli anni Ottanta, dando luogo a una produzione ormai molto ricca, della quale non è possibile dare conto in questa sede.

Per un'informazione critica abbastanza aggiornata, ricca e adeguatamente selettiva si rimanda alle voci *Pragmatica linguistica* (di Marina Sbisà) e *Analisi della conversazione* (di Paolo Leonardi) in Mioni-Cortelazzo 1992: 365-93.

Per un ulteriore aggiornamento, e un panorama dello stato reale della ricerca (in attesa che siano pubblicati gli Atti del Convegno di Linguistica pragmatica organizzato da Franca Orletti a Roma nel dicembre 1989), cfr. Gobber 1992. Un'ottima veduta d'insieme sulla pragmatica della lingua italiana è in Sornicola 1988.

[3] In realtà, molti lettori sanno che le cose non sono così semplici. La pragmatica è una disciplina molto giovane, nata al confine fra tre versanti disciplinari: la filosofia, la linguistica, l'antropologia, e soffre ancora di una notevole incertezza sia sullo statuto della disciplina che sull'identificazione e sui limiti dell'oggetto della ricerca, che sono variamente definiti a seconda dell'imposta-

2. Atti linguistici

Chi parla compie, attraverso l'uso della lingua, atti di volontà di diverso tipo: vuole convincere, chiedere, invitare, rifiutare, ecc. Atto linguistico è dunque un'unità discreta del discorso, caratterizzata non da fatti linguistici ma da un'unità di volontà espressiva.

In relazione al tipo di volontà espressiva gli atti consistenti nel produrre enunciati dotati di significato (ovvero *atti locutori*, o *locuzioni*) si distinguono in atti illocutivi e atti perlocutivi. Sinteticamente, con Austin, si può dire che la locuzione è l'atto *del* dire qualcosa, l'illocuzione è l'atto compiuto *nel* dire qualcosa (pregare, chiedere, ecc.), e la perlocuzione è l'atto compiuto

zione di base (filosofica, linguistica, antropologica) dei singoli studiosi. Il risultato è che della pragmatica si danno tuttora definizioni e si definiscono ambiti d'uso diversi. La discussione è apertissima.

Storicamente, la fortuna della pragmatica è legata alle reazioni al chomskismo (anni Settanta), ma l'origine sul versante antropologico e filosofico è anteriore agli anni Cinquanta, ed è inquadrabile nella reazione al positivismo logico.

Epistemologicamente, affonda le sue radici nella semiotica di Morris, dalla quale si dipartono più ramificazioni, che di volta in volta hanno privilegiato l'approccio filosofico, il rilievo dei fatti psicolinguistici e sociolinguistici, la deissi, o altri temi/approcci/metodi. Questi diversi sviluppi hanno portato all'apertura di linee di ricerca che sono state perseguite con intensità molto diversa: ad esempio, il notevole grado di approfondimento degli studi sulla deissi contrasta con la quasi totale assenza di ricerche sul rapporto tra intonazione e pragmatica, o fra pragmatica e sintassi; la ricchezza di studi dell'area anglo-americana contrasta con la scarsità di studi originali dell'area romanza, ecc.

Allo stato attuale si può dire che i linguisti hanno fatto propria la definizione sintetica di Levinson, secondo il quale «la pragmatica è lo studio di quelle relazioni tra la lingua e il contesto che sono grammaticalizzate o codificate nella struttura della lingua stessa» (Levinson 1985: 30; il volume è utilissimo per chi voglia disporre di un inquadramento generale della pragmatica). A questo ambito ci terremo nel presente lavoro, con un'avvertenza preliminare.

Poiché il dominio della pragmatica ha tuttora estensioni incerte, ricchezze improprie e carenze inspiegabili, nonché varietà di approcci e una certa poliedricità di metodi, in questo lavoro selezioneremo solo alcuni argomenti che: in primo luogo rientrino negli obiettivi del volume di cui questo capitolo fa parte; in secondo luogo non richiedano pre-conoscenze specialistiche particolari.

Un terzo criterio di esclusione è banalmente legato a esigenze di spazio. Si noterà perciò l'assenza di argomenti 'classici' della pragmalinguistica, come: implicazioni, presupposizioni, sintassi e semantica, interazione comunicativa (brevi cenni nel § 6), apprendimento, ecc. Sarà chiaro, a questo punto, che una certa disomogeneità negli approcci inerisce, al momento, alla disciplina stessa: non si è ritenuto opportuno nasconderla.

col (per mezzo del) dire qualcosa (comminare una punizione, battezzare, ecc.).

2.1. Atti illocutivi

Un atto linguistico con il quale il parlante esprime la sua volontà di affermare, chiedere, ordinare, offrire, promettere, rifiutare, ecc. è un atto illocutivo. Ogni atto illocutivo è caratterizzato da una certa *forza illocutiva*, che è la tensione imposta all'enunciato (forza di affermazione, richiesta, offerta, promessa, ecc.) ed è resa visibile, di solito, da un *indicatore di forza illocutiva*: una particella, o una certa intonazione, o la scelta di un modo verbale, che facilita in chi ascolta il riconoscimento, appunto, di un atto di affermazione, richiesta, comando, ecc. In

(7)   Hai comprato i fiori?

l'indicatore di forza illocutiva è l'*intonazione* interrogativa, mentre in

(8)   Chiudi quella porta!

l'indicatore di forza illocutiva è la scelta del *modo del verbo*, in questo caso il modo imperativo.

Anche un enunciato come

(9)   I prati sono fioriti

in realtà contiene, nell'indicativo presente, un operatore modale che esprime la forza illocutiva, e andrebbe rappresentato (o esplicitato) così:

(10)   Io dichiaro che - i prati sono fioriti.

2.1.1. Sono indicatori di forza illocutiva anche le *modalità*: in frasi come

(11)   Potresti passarmi il sale?

(12)   Mi vorresti accompagnare?

i verbi modali *potere* e *volere* uniti all'intonazione interrogativa identificano una richiesta effettuata con cortesia.

L'intonazione interrogativa da sola, in realtà, contiene una modalità:

(13)   Mi accompagni?

che può essere potenziata e resa esplicita, ad esempio, con una formula di cortesia:

(14)   Per favore, mi accompagni?

Alcune modalità espresse da verbi sono ambigue, e la loro forza illocutiva reale può essere esplicitata solo dal contesto: ad esempio

(15)   Devo tornare a casa

può valere "mi hanno ordinato di andare a casa" oppure può a-vere il valore aspettuale "sto per andare a casa". La decodifica è affidata al contesto.

Le modalità, come indicatori di forza illocutiva, sono espresse soprattutto dai verbi. Ma per lo stesso scopo l'italiano dispone anche di avverbi:

(16)   Possibilmente, mi richiama?

o di predicati che reggono un'intera proposizione:

(17)   È possibile che mi richiami?

Infine, non dimentichiamo che si usano come indicatori di forza illocutiva, con forte potere disambiguante, anche segni non linguistici convenzionali: l'enunciato

(18)   Signora!

se è accompagnato da un inchino assume il significato di un atto di ossequio, o di congedo; se è pronunciato a bassa voce, a un funerale, ed è accompagnato da una stretta di mano prolungata e da un'espressione facciale improntata a mestizia assume il significato di un atto di condoglianza; se è accompagnato dalla 'spinta dell'avambraccio' (noto gesto di scherno) diventa un atto volgare di scherno, derisione, disprezzo.

2.2. Atti perlocutivi

Certi atti linguistici, pronunciati in determinate circostanze, servono non solo a dire ma a *fare* direttamente qualcosa, cioè sono atti illocutivi che producono anche effetti diretti. Si tratta degli atti perlocutivi, dotati di *forza perlocutiva*:

(19)   Io ti battezzo nel nome del Padre, del Figliolo e dello Spirito Santo

(20)   Con i poteri conferitimi dalla legge La dichiaro Dottore in Scienze economiche.

La forza perlocutiva di un messaggio varia a seconda delle condizioni di enunciazione. In contesti molto formali come quelli in cui vengono pronunciate le frasi ora citate (battesimo, esame di laurea) si usa direttamente un *verbo performativo* (cioè un verbo che ha il potere di compiere — mentre viene pronunciato — l'azione che esso stesso descrive: appunto, battezzare, o conferire un titolo di studio).

In contesti meno istituzionali, ma caratterizzati da rapporti di ruolo rigidi e fortemente asimmetrici, si trovano verbi la cui forza performativa è minore: sia perché viene definita, di volta in volta, dal contesto specifico in cui l'atto è realizzato (ed è dunque variabile), sia perché l'atto deve essere perfezionato da atti successivi (ed è dunque annullabile). Se il datore di lavoro dice al suo dipendente

(21)   Lei è licenziato!

fa contestualmente l'azione di licenziarlo, ma per fortuna del lavoratore l'esecutività dell'atto non è né immediata (avverrà qualche ora, o qualche giorno, dopo, con l'emanazione di una disposizione scritta, che diversamente dall'enunciazione verbale avrà la massima forza performativa) né sicura (con atti successivi può anche essere sospesa, o addirittura annullata).

In contesti più informali, e al di fuori dai poteri convenzionalmente attribuiti a certe formule linguistiche — come quelle ora citate — il confine tra illocuzione e perlocuzione diventa addirittura incerto. Ad esempio se A dice a B

(22)   Sparagli!

e B spara, si può dire che attraverso l'uso dell'imperativo A ha impresso al suo messaggio una notevole forza perlocutiva. Ma A può ottenere per effetto la soddisfazione di un suo desiderio anche con un atto apparentemente dotato solo di forza illocutoria. Ad esempio: se A, parlando di C, dice a B

(23)   È un negro!

il suo messaggio può avere una forza perlocutiva nulla (se B non

ha pregiudizi razzisti) o massima (se B è razzista). La forza perlocutiva dell'enunciato, in questo caso, è del tutto esterna al testo linguistico, e si rintraccia: a) nel background culturale e nelle caratteristiche mentali di B — razzista e psicolabile; b) nelle
associazioni convenzionalmente stabilite in una certa comunità
fra concetti di per sé eterogenei, come: colore della pelle, odio,
pulizia etnica, sparo.

3. Testo, contesto e uso: i deittici

Enunciati come

(24)   Io ci credo

(25)   Lo yen è stato svalutato

(26)   C'è stato un terremoto

non possono essere del tutto compresi senza l'indicazione di chi
asserisce l'enunciato (24), di quando (25) e dove (26) esso è asserito, del concetto a cui si riferisce (24); o meglio, del luogo,
del tempo, ecc. a cui il parlante intende riferirsi[4].

I mezzi che si usano per indicare i rapporti fra la struttura
della lingua e i contesti in cui essa viene usata sono chiamati
deittici. Secondo Bar-Hillel (1973) almeno il 90% degli enunciati dichiarativi di una lingua ha a che fare con l'indessicalità (cioè
con la deissi). I deittici in senso stretto sono: *spaziali, temporali*
(situano l'enunciato nel tempo e nello spazio), *personali* e *sociali*. Ma sono deittici anche altri elementi, che indicano il rapporto
fra enunciati (o punti) diversi all'interno del testo: ad esempio gli
articoli e i *dimostrativi*.

3.1. L'articolo

La scelta fra articolo determinativo (DET) e articolo indetermina-
tivo (INDET) è determinata dalle caratteristiche del referente (la

---

[4] Infatti, posso pronunciare la frase (26) osservando il telegiornale, che parla di un terremoto avvenuto a migliaia di chilometri di distanza dal luogo dove
avviene la mia enunciazione: quello che conta per la comprensione non è il luogo in cui parlo, ma il luogo a cui mi riferisco.

cosa o la persona a cui l'articolo si riferisce) e dall'organizzazione informativa del testo. Se il referente è costituito da una categoria generale si usa DET:

(27)   *Il* gatto è un felino

se invece è costituito da un termine che indica un individuo specifico si usa INDET:

(28)   Ho visto *un* gatto nero.

Ma bisogna anche distinguere a seconda a) del tipo di referenza; b) della struttura informativa del testo. Se la referenza è univoca si usa DET: l'espressione

(29)   Qua *la* mano

ha come referente univoco quella delle due mani che è abilitata a compiere un'azione di rilevanza sociale, come lo stringere un patto: la destra. Altrimenti si usa INDET:

(30)   Si è ferito a *una* mano.

Per quanto riguarda la struttura informativa, se l'articolo si riferisce a un *dato*, cioè a un referente già menzionato nello stesso testo, o a un referente ben noto a chi ascolta, o presente nella situazione specifica in cui avviene lo scambio comunicativo, si usa DET: in

(31)   C'era una volta un re... Allora *il* re ordinò...

(32)   Stamattina *la* professoressa era molto elegante

(33)   Chiudi *la* finestra

il referente è, rispettivamente, già menzionato nel testo (31), presente nel contesto virtuale (32) (l'esistenza di una certa professoressa fa parte delle conoscenze condivise dai parlanti, del loro mondo) e presente nel contesto comunicativo specifico (33).

Se invece l'articolo rimanda a un referente *nuovo*, cioè menzionato per la prima volta in quel punto del testo, o non presente nell'insieme delle conoscenze condivise dai parlanti, o presente nel contesto ma non a tutti e due i locutori, si usa INDET:

(34)   C'era una volta *un* re

(35)   Al posto della nostra professoressa è arrivata *una* supplente[5]

(36)   Guarda bene nell'armadio: ci dev'essere *una* caffettiera col manico rosso.

Schematicamente, si ha[6]:

3.2. Deissi personale: i pronomi

La deissi personale è realizzata soprattutto attraverso i pronomi, tonici e atoni. In particolare, i tonici di prima e seconda persona sono tipicamente deittici (rimandano sempre a un elemento del contesto situazionale). La terza persona può essere sia deittica che anaforica[7].

Dal punto di vista lessicale si osserva la ricchezza potenziale della III persona singolare, che dispone di tre coppie: *lui/lei*; *egli/ella* (riferiti a persone); *esso/essa* (riferiti a cose, e qualche volta ad animali).

Tuttavia, la coppia *egli/ella* è sottoposta a restrizioni d'uso particolari. Questi due pronomi:

— non possono essere coordinati con altri sintagmi nominali: non è accettabile la frase *Egli e Giuseppe/ *Giuseppe ed egli non vanno d'accordo*;

---

[5] Per un'esposizione analitica si vedano Renzi 1976 e Sornicola 1988.

[6] In realtà la situazione è più complessa, ed è tutt'altro che esclusa l'azione concomitante di altri parametri, diversi da quelli qui elencati.

[7] Cioè può essere usata per riferirsi a un elemento che viene menzionato esplicitamente in un'altra parte del testo, e che ne costituisce il riferimento, o antecedente: *egli* o *loro* possono infatti riferirsi a persone fisicamente assenti, ma di cui già si è parlato, nello stesso testo.

— non possono trovarsi in posizione postverbale: *L'ha rubato egli! *È stata ella!*

— non possono essere focalizzati, cioè non possono essere messi in rilievo con costruzioni sintattiche particolari: *Ci voleva ella per risolvere il problema!*

Questa severa lista di limitazioni ha certamente contribuito a fare di questa zona del sistema pronominale un punto di particolare complessità, e perciò di particolare debolezza, sul quale ha agito e agisce con singolare forza la tendenza alla *semplificazione*, che governa molti processi linguistici nell'italiano d'oggi [8]: infatti la coppia *egli/ella* nel parlato è ormai sistematicamente sostituita dalla coppia *lui/lei* [9]. Parallelamente, la coppia *esso/essa* ha acquistato connotati di arcaicità e formalità, e quanto a frequenza d'uso si è andata riducendo, per lasciare il posto al grado 0: alla formulazione (37), sentita come scolastica e pedante, si sostituisce la formulazione (38) o altra simile, che consente la 'cancellazione' del pronome:

(37)   L'Italia è una penisola che si protende nel mare Mediterraneo centrale: essa si estende per oltre 300.000 chilometri quadrati

(38)   L'Italia è una penisola che si protende nel mare Mediterraneo centrale. Si estende per oltre 300.000 chilometri quadrati [10].

In definitiva, la consistenza complessiva dei pronomi tonici

---

[8] Si vedano anche i saggi di Ramat, Simone e Berretta in questo stesso volume.

[9] Si vedano i dati, molto significativi, del LIP in De Mauro-Mancini-Vedovelli-Voghera 1993. Su un campione di circa 500.000 occorrenze di lemmi relativi al parlato si trovano le seguenti occorrenze del pronome di III persona singolare:
— *egli* 39, solo in testi 'formali': 6 nei testi di tipo C (assemblee, dibattiti, interrogazioni, interviste, esami) e 33 nei testi di tipo D, che sono in assoluto i più formali (lezioni, relazioni, comizi, omelie, conferenze, arringhe);
— *lui* 764, in tutti i tipi di testo: 216 nei testi di tipo A (conversazioni in casa e sul lavoro), 177 nei testi di tipo B (conversazioni telefoniche), 191 nei testi C, 79 in D e 101 in E (trasmissioni radiofoniche e televisive);
— *ella*: 0.
— *lei*: 777, in tutti i tipi di testo.
Questi dati si commentano da soli: se il rapporto *egli/lui* è mediamente di 1/20 (ma *egli* è assente dai testi meno formali), *ella* risulta definitivamente scomparso.
[10] In tutto il corpus del LIP, citato nella nota 9, *esso* ha solo 14 occorrenze, e *essa* 10. Entrambi sono completamente assenti dai testi A e B (conversazioni).

di terza persona si va riducendo, e omologando a quella delle altre persone.

Analoghi processi di semplificazione interessano i pronomi atoni. Il paradigma generale dei pronomi atoni è il seguente:

	SINGOLARE			PLURALE		
	I	II	III	I	II	III
accusativo	mi	ti	lo, la	ci	vi	li, le
dativo	mi	ti	gli, le	ci	vi	(loro), gli
			?ci			?ci
genitivo			ne			ne
locativo			ci, vi, ne			ci, vi, ne

I pronomi atoni sono usati per riprese anaforiche, ma solo a breve distanza dall'elemento a cui si riferiscono: fra il riferimento e il pronome che lo riprende c'è al massimo un solo confine di frase [11], e le due frasi interessate sono quasi sempre sintatticamente connesse (Berretta 1985). Inoltre si usano solo se l'antecedente ha un certo rilievo nel 'contenuto' del testo, e se la ripresa anaforica non è marcata da enfasi (39); se la realizzazione fosse enfatica si userebbe infatti il pronome tonico (40):

(39)   Si discute di Beautiful: ti piace?

(40)   Si discute di Beautiful: a te piace? (enfasi sul pronome)

Si tratta dunque di un ruolo anaforico debole [12], al quale si accompagna una debolezza di fondo: i pronomi atoni sono dei clitici, cioè dei monosillabi che compaiono o preposti o posposti a una forma verbale, alla quale si appoggiano nella pronuncia. Le regole che li collegano al verbo a cui si appoggiano sono molto complesse: dal punto di vista dell'apprendimento, la fatica dell'impararli non è compensata da una resa funzionale forte. Un indebolimento del sistema dei pronomi atoni è segnalato, in particolare, dalla grande diffusione di forme scorrette, risultanti dal-

---

[11] La presenza di un secondo confine è eccezionale; è comunque invalicabile il confine di periodo.

[12] Al contrario, per quanto riguarda la distanza fra l'antecedente e la ripresa, se l'anafora viene realizzata p. es. da un sinonimo la 'gittata' è molto più lunga. Si può dire *Napoleone* all'inizio della prima frase e poi riprendere con *l'Imperatore* anche dopo tre o quattro frasi.

l'incertezza nell'applicazione delle regole che governano l'enclisi e la proclisi, e in particolare — spesso — dall'uso simultaneo
di entrambe le serie, tonica e atona. *A me mi piace, a noi ci dicono* sono formule tanto 'normali' che il loro uso si estende fino
all'accusativo: *a noi non ci prendono*, o fino alla caduta della
preposizione: *Lei ci manca una rotella.*

Studi recenti (Berretta 1985, 1986) hanno evidenziato un processo avanzato di semplificazione, che tende a ridurre la complessità del sistema, e persino l'inventario delle forme, nonché u-
na lenta 'deriva' che sta ulteriormente indebolendo il ruolo anaforico dei pronomi atoni.

In un ampio corpus di parlato, rilevato in un campione colto
di area settentrionale, il sistema risulta ormai così semplificato
(Berretta 1985: 209):

	SINGOLARE			PLURALE		
	I	II	III	I	II	III
accusativo	mi	ti	lo, la	ci	vi	li, le
dativo	mi	ti	gli, (le)	ci	vi	gli
genitivo			ne			ne
locativo			(vi)			(vi)[13]

I clitici stanno perdendo la funzione anaforica, per scivolare
verso altre funzioni, p. es. nella morfologia verbale. Costrutti come *non ci deve c'entrare* (per "non deve entrarci" ovvero "non
ci deve entrare"), ormai diffusissimi nel parlato informale e presenti anche nel parlato e persino nello scritto colto[14], segnalano
che è ormai pressoché ultimata la fusione tra il clitico e il verbo,
che ha dato luogo a una forma nuova, in cui il pronome non ha
più alcuna autonomia. È un passo più avanti dello stesso processo che ha già dato luogo a forme verbali come *volerci, entrarci,
averci, metterci*, dove i clitici non hanno più valore anaforico ma
modificano il significato del verbo. Nei rilevamenti di Berretta
solo il 17,5% dei clitici del corpus[15] ha funzione realmente e

---

[13] Le forme tra parentesi sono poco attestate nel corpus, e prevedibilmente
in via di scomparsa nel paradigma di III persona.

[14] *C'entrare* per "entrarci" si è letto recentemente anche in un titolo del
quotidiano «la Repubblica».

[15] Si tratta del corpus di parlato: ma per lo scritto si stima un dato solo leggermente superiore, il 25%.

strettamente anaforica. Per tale funzione, nel parlato si va affermando l'uso della ripresa lessicale (o di dimostrativi o pronomi tonici), come mostra bene questo frammento (Berretta 1985: 219):

(41)   Si è preso un *orologio atomico*, l'abbiamo messo vicino a cinque confratelli di buone specchiate caratteristiche, in maniera da vedere appunto il comportamento di *questo orologio*, poi con tutte le cure possibili *questo orologio* è stato portato...

3.3. Deissi personale: gli allocutivi

Nella deissi personale ha un ruolo centrale il riferimento *al rapporto di ruolo* che lega i partecipanti all'interazione. A sua volta, il rapporto di ruolo è legato alla valutazione sociale che ogni parlante fa del suo interlocutore. Poiché «gli esseri umani non sono individuati solo dal nome o da un solo nome, ma anche, ad esempio, dalla funzione o dalle funzioni che svolgono nella società» (Benigni-Bates 1977: 156) i pronomi deittici si caricano anche di una valenza sociale, e hanno il compito di dare una idea precisa del rapporto (gerarchico — di vario livello — o paritario) fra gli interlocutori, sia come singole persone che come attori sociali.

Gli allocutivi sono i pronomi che si usano per rivolgere la parola a qualcuno. Si dividono in: allocutivi *naturali* (usati nei rapporti paritari) e *di cortesia* (usati nei rapporti gerarchici). Il sistema italiano, schematicamente, è questo:

	NATURALI	DI CORTESIA
sing.	tu	Lei/Ella/Voi
plur.	voi	Voi/Loro

Attraverso la scelta dell'allocutivo chi parla segnala la propria valutazione: a) del rapporto di ruolo esistente fra lui e l'interlocutore; b) del ruolo sociale dell'interlocutore; c) del grado di formalità della situazione.

Il sistema delle opposizioni è complesso, ed è soggetto a variabilità su molti parametri:

— in diatopia: nell'area meridionale il *tu* ha una estensione d'uso molto maggiore che nell'area centro-settentrionale, mentre

fra gli allocutivi di cortesia *Voi* è di gran lunga più usato di *Lei*;
— in diastratia: le diversità di sesso, di età e di classe sociale iscrivono nell'area del *tu* i giovani e giovanissimi, e in certi
casi (residui di tradizioni antiche) le donne e gli appartenenti a
classi sociali basse (soprattutto disoccupati, immigrati, ambulanti
occasionali); il *Lei* seguito dal nome proprio (e non dal cognome) segnala un rapporto gerarchico 'dall'alto al basso' (non viceversa);
— in diacronia: «darsi del tu» è diventato consuetudine dif-
fusissima: in progressiva leggera espansione fino agli anni
Sessanta, ha subìto una brusca accelerazione con le esperienze
politiche e sociali degli anni Settanta, e ha successivamente pro-
seguito lungo la stessa direttrice;
— in diafasia: rapporti di intimità, o di frequentazione, ma
anche solo di conoscenza superficiale — e spesso di conoscenza
o di vicinanza occasionale — danno luogo a registri informali,
che realizzando varietà colloquiali della lingua orientano decisamente verso il *tu*;
— in diamesia: *Ella*, allocutivo di rispetto che segnala la distanza massima fra i due interlocutori, è usato praticamente solo
nello scritto, e solo nel linguaggio burocratico. I problemi di accordo relativi a questo pronome sono tutt'altro che risolti: un aggettivo o un participio che segua, deve andare al femminile —
per accordo con *Ella* — o deve concordare con il sesso della persona a cui il pronome si riferisce? La risposta è oscillante: e non
si può escludere che anche questa incertezza, oltre all'incontesta-
bile patina di arcaicità che ricopre il termine, contribuisca a una
fortissima riduzione d'uso, ormai evidente anche nei testi burocratici.
    Il sistema tende comunque alla semplificazione: *Voi* come al-
locutivo singolare (come si è detto, di area meridionale) tende ad
essere sostituito dal *Lei*; la coppia *Ella/Loro*, di registro molto alto, è di uso ormai rarissimo (nel parlato si può sentire il *Loro* solo in elocuzioni solenni di altissime cariche dello Stato, o in lezioni accademiche di professori anziani); il *tu* tende a perdere la
forza di marcatore sociolinguistico, per diventare semplice — e
generico — indicatore di informalità (o semiformalità).
    Allo stato delle cose, la semplificazione va nella direzione di
un sistema ancora a quattro posti ma a tre sole voci:

	NATURALI	DI CORTESIA
sing.	tu	Lei
plur.	voi	Voi

3.4. Deissi spaziale

La deissi spaziale riguarda la codifica delle collocazioni spaziali relativamente alla posizione dei parlanti, nell'evento comunicativo. La specificazione spaziale è fondamentale. Per riferirsi a un oggetto, il parlante — oltre che nominarlo — può solo situarlo nello spazio. L'oggetto a cui ci si riferisce può essere situato relativamente a un punto fisso:

(42)   Termoli è situata a 42 gradi di latitudine nord e a 15 gradi di longitudine est

oppure relativamente al luogo in cui avviene l'interazione e alla posizione dei partecipanti presenti all'enunciazione. Questo secondo caso è il più frequente, ed è anzi normale negli scambi conversazionali quotidiani, informali. La collocazione spaziale relativa viene fatta attraverso i *deittici spaziali*, organizzati in un sistema che utilizza simultaneamente un parametro semantico, il grado di indeterminatezza della designazione, e due parametri pragmatici: il grado di vicinanza relativa al luogo in cui si trovano i parlanti, e il grado di vicinanza relativa ai singoli parlanti, e precisamente all'emittente e al destinatario.

Il sistema prevede anche la possibilità di attribuire valutazioni negative su una persona designata deitticamente. Inoltre, come strumento deittico, può essere rinforzato (o, all'occorrenza, disambiguato) dalla gestualità.

Gli elementi principali del sistema sono gli avverbi e i pronomi personali deittici di luogo:

— *qui* (mette a fuoco un luogo, circoscritto e ben determinato, vicino a chi parla)/*qua* (un luogo, non ben circoscritto, vicino a chi parla), *lì* (un luogo non lontano da chi parla e da chi ascolta)/*là* (un luogo piuttosto lontano sia da chi parla che da chi ascolta): situano l'oggetto rispetto al luogo in cui si trovano i parlanti;

— *questo/codesto/quello* situano l'oggetto rispetto ai singoli interlocutori: *questo* indica cosa o persona vicina a chi parla (anche accompagnato da gesto ostensivo) [16], *quello* indica cosa o persona distante sia da chi parla che da chi ascolta (anche accompagnato da gesto ostensivo); *codesto*, tipico dell'area toscana, indica cosa o persona vicina a (ma anche relativa a) chi ascolta:

(43)   O che sono codeste menzogne?

— *costui/costei/costoro* e *colui/colei/coloro* situano l'oggetto rispetto agli interlocutori, ma nell'italiano moderno hanno una connotazione negativa rispetto a *questo* e a *quello*.

In molti casi i significati sono definiti dal ricorso alla gestualità (il luogo indicato da *lì* è di solito identificato con precisione dal gesto della mano, o da un movimento della testa).

In un sistema già così complesso, le interazioni fra rapporti deittici e non deittici, sommate a problemi specifici della deitticità spaziale (la specularità, la scelta del centro deittico, la soggettività della valutazione delle distanze, ecc.) sono numerose. Basta pensare a una frase come

(44)   Tizio è l'uomo alla sinistra di Caio [essendo Caio in posizione frontale rispetto a chi parla]

La frase è ambigua, se non si esplicita il punto di ancoraggio rispetto al quale si effettua l'osservazione. Questo può essere collocato: a) presso il parlante; b) presso una persona o un oggetto 'pivot', la cui collocazione nello spazio sia già sicuramente definita.

Il pivot può fare da riferimento oggettivo: nel nostro caso Caio è una persona sicuramente identificata nello spazio tanto da chi enuncia quanto da chi recepisce il messaggio (44), perciò viene utilizzato come riferimento spaziale per designare la collocazione nello spazio di Tizio.

È evidente che il significato reale del messaggio è diverso, a seconda che il parlante scelga la possibilità *a* (Tizio, dal punto di vista di chi parla, è alla sinistra di Caio; perciò, visto da Caio, è alla sua destra) o quella *b* (Tizio, visto da Caio, è alla sua sinistra).

Anche questo sistema è sottoposto a ristrutturazioni, che al momento sembrano privilegiare la direzione della semplificazio-

---

[16] Per estensione, si riferisce a ciò che è presente o vicino (nel tempo o nello spazio).

ne del sistema verbale: fra *qui* e *qua* (come fra *lì* e *là*), nell'uso comune si perde spesso la distinzione di significato: *qui* e *qua* tendono a diventare varianti stilistiche, relative a un unico significato: "vicino al luogo in cui si trova chi parla"; *codesto* — com'è noto — ha già ceduto la sua area di significato a *quello* e, in parte, a *questo*; *colui, colei* e *coloro* sono scivolati nella famiglia degli arcaismi, a cui attingono ormai solo alcune lingue speciali (burocratica, omiletica) e i registri più aulici. Ma anche *costui, costei* e *costoro* sono di uso molto ridotto, e hanno via via acquisito connotazioni di affettazione/arcaicità.

La specificità che si perde con la diminuzione dei lessemi a disposizione viene recuperata, per lo più, per via para- ed extra-linguistica: nel parlato colloquiale la vicinanza/lontananza e una eventuale connotazione spregiativa vengono spesso segnalate (o, se si preferisce, recuperate) attraverso l'intonazione, un movimento degli occhi, un'espressione del viso, un gesto della mano.

Ci sono poi ragioni più complesse di asistematicità, o meglio di instabilità/variabilità del sistema. La deissi spaziale è anche legata alla percezione individuale dello spazio, la quale — oltre che a fattori psicologici — a sua volta è legata alla rappresentazione mentale dello spazio che l'individuo acquisisce nelle prime fasi dell'apprendimento: dunque la scelta deittica dipende, in ultima analisi, anche dalla storia e dalla cultura (in senso antropologico) della famiglia e della comunità a cui appartiene il parlante. Ad esempio, per l'area salentina è stato dimostrato (Sobrero 1989, De Masi 1992) che esiste un legame statisticamente significativo tra variabili sociolinguistiche — uso del dialetto, livello di istruzione, ceto sociale, appartenenza a una piccola comunità rurale — e l'uso di deissi gestuale integrativa [17]: fanno maggiore uso di gestualità con fini deittici spaziali le persone meno istruite, le persone di ceto basso e le persone anziane nelle comunità rurali, e in genere coloro che usano abitualmente il dialetto.

Ma non solo. L'uso deittico della gestualità, a sua volta, è legato alle diverse rappresentazioni mentali dello spazio: nelle indagini ora citate si è rilevato un legame stretto fra uso della gestualità e parametri di valutazione delle distanze: chi dà un'indi-

---

[17] A rigore, come si è già sottolineato, si dovrebbe parlare di integrazione della deissi verbale con la deissi gestuale.

cazione stradale a un passante, se fa scarso uso di gesti per indicare la strada è molto probabile che, alla richiesta di valutare la distanza fra due punti («ma è molto lontano?») risponda con una valutazione metrica («saranno duecento metri», «più o meno un chilometro»); viceversa, se usa molto i gesti è probabile che dia valutazioni più generiche o approssimative della distanza («sì, è lontano», «no, non tanto», e simili).

Questo vale soprattutto in paese, mentre il legame è meno forte in città, a conferma del fatto che la rappresentazione mentale dello spazio — con le sue conseguenze sulle scelte linguistiche e non linguistiche relative alla deissi — varia in funzione dello 'stile cognitivo' di ogni singola comunità: in spazi ridotti e ben conosciuti la rappresentazione mentale dello spazio avviene secondo processi in parte diversi, in parte più semplici di quelli attivati in spazi molto grandi e poco conosciuti.

L'evoluzione del sistema della deissi verbale dipende dunque da fattori in gran parte extralinguistici, ed ha a che fare, in modo più direttamente riconoscibile che ogni altro sottosistema linguistico, con variabili pragmatiche, sociali, storiche, psicologiche, culturali.

4. La struttura tematica

4.1. Tema e rema

Dal punto di vista dell'emittente, il contenuto informativo di una frase è organizzato in una struttura, la cui forma-base è costituita dalla coppia *tema-rema* (ovvero, secondo una terminologia diversa, *topic-comment*). *Tema* (o topic) è l'elemento dato per già noto, *rema* (o comment) è la nuova informazione, ovvero ciò che si dice a proposito del tema.

L'italiano dispone di diversi mezzi per rendere riconoscibile il tema.

a) la posizione nell'enunciato: il tema occupa la posizione iniziale dell'enunciato (45) o la prima parte di una frase scissa (46):

(45)   La ragazza_{TEMA} che mi piace di più

(46)   È quella_{TEMA} la ragazza più bella

b) il ricorso a una segnaletica soprasegmentale: una pausa dopo il tema, come in (46), o un'intonazione enfatica, di solito accompagnata dalla posizione iniziale (47), o interna a una frase scissa (48):

(47)   TU sei il peggiore di tutti

(48)   è TUO MARITO che si dovrebbe vergognare

   c) la scelta e l'uso dei pronomi: in italiano i pronomi atoni, in quanto non sono dotati di un corpo fonico consistente, cioè non hanno salienza fonica, non possono costituire il tema di un enunciato (che per sua natura è un elemento saliente). Sono invece usati come pronomi di ripresa (cfr. § 3.2):

(49)   Sì, il preside l'ho visto

4.1.1. La prevalente posizione iniziale, la prominenza enunciativa, il rapporto con il rema, inducono spesso a credere che il tema coincida con il soggetto grammaticale. Così non è: o almeno, non sempre. In

(50)   Gianni è uscito

di Gianni (tema e soggetto) si dice che è uscito (rema e predicato); in

(51)   Le sigarette, Gianni le ha comprate

a proposito delle sigarette (tema, ma non soggetto) si dice che Gianni le ha comprate (rema). Come si vede, la coppia tema-rema può corrispondere alla coppia soggetto/predicato (come in (50)), ma può anche non corrispondervi (come in (51)). Ciò è dovuto al fatto che con i termini «soggetto» e «predicato» si designano delle funzioni sintattiche, mentre con «tema» e «rema» si designano delle funzioni pragmatiche. E non sempre categorie sintattiche e pragmatiche coincidono.

4.2. La dislocazione a sinistra

Spesso i criteri pragmatici fanno premio su quelli sintattici. In questi casi si realizza una disposizione degli elementi diversa da quella 'naturale' prevista dalla sintassi [18].

---

[18] Si vedano anche i saggi di Ramat, Simone e Berretta.

4.2.1. L'ordine degli elementi nella frase è significativamente classificato dalla retorica classica in due grandi categorie: *ordo naturalis*, o legge dei termini crescenti (le parti della frase si susseguono secondo l'ordine «consueto e normale»):

(52)   Maria compra le patate

e *ordo artificialis*, o legge dei termini decrescenti (le parti della frase si susseguono secondo un ordine «non consueto e non comune» [19]):

(53)   Le patate compra Maria

La stessa retorica aveva individuato il maggiore potere informativo dei costrutti marcati (in questo caso: ordo artificialis) rispetto a quelli non marcati (ordo naturalis).

La presenza, e anzi la notevole frequenza, di costrutti marcati caratterizza il parlato (è molto più rara nello scritto, e pressoché esclusiva dei testi che volontariamente o involontariamente si avvicinano al parlato). I due fenomeni tipici di marcatezza dell'ordine delle parole, frequenti nel parlato, sono: la *dislocazione* del tema *a destra*, a volte obbligatoria:

(54)   Sono le otto

(55)   C'era una volta un re

a volte quasi-obbligatoria, com'è per le frasi esclamative:

(56)   Com'è bello questo tramonto!

a volte facoltativa:

(57)   Ha ragione papà

molto spesso con ripresa pronominale:

(58)   Mario l'ha mangiato, il gelato

e la *dislocazione a sinistra*:

(59)   Il gelato, Luigi l'ha mangiato

Percentualmente, è molto più diffusa la dislocazione a sinistra.

Alcune di queste costruzioni marcate sono state recentemente riesaminate dal punto di vista eziologico, con strumentazioni

[19] Si cita da Lausberg 1969: 47.

pragmatiche: si sono ottenuti risultati interessanti, spesso decisamente innovatori e più convincenti rispetto alle diagnosi fornite dall'analisi linguistica tradizionale.

4.2.2. È il caso, ad esempio, della dislocazione a sinistra. In questa costruzione il tema è anticipato rispetto all'ordine 'naturale' dell'italiano (SVO): è collocato a sinistra, cioè nella parte iniziale dell'enunciato, e — nella realizzazione più frequente — viene poi ripreso con un clitico, prima del verbo.

Nella grande maggioranza dei casi viene dislocato un gruppo nominale con funzione di oggetto diretto (come in (59)), o indiretto [20]:

(60)   Il cavallo se non ci dai da mangiare...

ma l'elemento anticipato può anche essere un pronome, con la funzione di oggetto diretto:

(61)   Questo bisogna dirlo

o di oggetto indiretto:

(62)   A me, che ero caporalmaggiore, mi avevano dato il comando

o altro. In particolare, è abbastanza frequente la dislocazione a sinistra del pronome di prima persona singolare:

(63)   Io sul ponte del Piave non volevano farmi passare.

L'analisi linguistica tradizionale (da Fornaciari a Migliorini a Battaglia-Pernicone) si limitava a rilevare la coloritura espressiva ottenuta con questa costruzione, o a osservare che essa consente di dar rilievo al complemento diretto del verbo senza ricorrere alla forma passiva (De Mauro).

Ora, appurato che la presenza di questa inversione nell'ordine sintattico normale non è apparentemente soggetta a variabilità né nello spazio (varietà geografiche della lingua) né nella società (varietà diastratiche) né nei vari tipi di testo, e che compare, oltre che nel parlato, anche nei testi scritti stilisticamente più vicini al parlato (ad esempio nel linguaggio giornalistico), ci si chiede in primo luogo quale ne sia la funzione pragmatica [21].

---

[20] Gli esempi che seguono sono tratti da Berruto 1985b: 71-72.
[21] Si noti che l'espressione «dislocazione a sinistra» è di per sé inesatta, perché implica un ordine 'normale' dell'enunciato, rispetto al quale si prende

Secondo alcuni (Agozzino 1985) la mancata differenziazione sociolinguistica e la forte prevalenza di tali costrutti nel parlato rispetto allo scritto depongono a favore di una loro caratterizzazione in funzione del *grado di formalità* (o meglio, di informalità) del discorso; si tratterebbe insomma di un fenomeno dovuto alla progettazione a breve raggio, legata a sua volta al tipo di testo e al contesto situazionale. Per Guglielmo Cinque (1979) e altri la dislocazione a sinistra ha invece la funzione di portare a tema un costituente che, nell'ordine 'naturale', non marcato, non lo sarebbe; Duranti e Ochs (1979), considerando l'uso quasi esclusivamente parlato di questo costrutto, lo attribuiscono a una strategia conversazionale (cfr. § 6): sarebbe un espediente per la 'conquista del banco' da parte di uno degli interlocutori.

Berruto (1985b) dimostra che quello che viene anticipato è spesso, ma non necessariamente, il tema: infatti nell'ampio corpus da lui studiato solo nel 60% dei casi l'elemento dislocato è chiaramente e sicuramente il tema, mentre in un quarto non lo è, e nel rimanente 15% l'identificazione del tema è dubbia. D'altra parte, esaminando da vicino la casistica a disposizione, lo studioso torinese rileva che gli elementi dislocati mancano di alcune caratteristiche fondamentali del topic. In altre parole, le dislocazioni a sinistra spesso sembrano, ma probabilmente non sono, fatti di tematizzazione in senso stretto.

Berruto ricorre invece, per la spiegazione, alla categoria pragmatica di 'centro (o focus) di interesse comunicativo del parlante'. Già Keenan e Schieffelin (1976) avevano analizzato il tema come 'centro di interesse', in una prospettiva empatica che lo caratterizza come l'elemento testuale più vicino al parlante. Secondo la loro analisi, nei momenti di maggiore coinvolgimento emotivo, si dislocano nel tema gli elementi più significativi. È rilevante la novità della prospettiva, sia in Keenan e Schieffelin che in Berruto: mentre la categoria di tema-rema riguarda lo sviluppo della struttura informativa, e dunque l'organizzazione inter-

---

un elemento e lo si sposta, anticipandolo. In realtà si tratta della sistemazione degli elementi in un certo ordine, che a seconda della funzione pragmatica prevalente può prevedere una collocazione dell'elemento in esame prima o dopo il verbo. La frequenza di questo costrutto nel parlato informale depone a sfavore della sua eccezionalità; né vi è traccia, nei rilevamenti fatti, che il parlante avverta alcunché di 'spostato' (o dislocato) in una frase che contenga la cosiddetta dislocazione a sinistra.

na della frase, la categoria di 'focus di interesse' riguarda il rapporto fra l'enunciato e il parlante. In questa ottica, viene dislocato il costituente che, nell'organizzazione mentale dell'informazione, è considerato dal parlante, in quel momento, in quella situazione, a quel punto preciso dell'interazione comunicativa, come il suo centro d'interesse, cioè come l'argomento che più lo coinvolge emotivamente.

Questo fenomeno rientra fra le caratteristiche della «sintassi egocentrica» tipica del parlato (si veda anche Berruto 1985a). Secondo le parole di Berruto (1985b: 76-77) il principio generale può essere così enunciato: «il parlante può mettere in rilievo il centro d'interesse nel proferire una data frase enunciandolo anticipatamente sulla sinistra della frase, e anche senza legami relazionali e funzionali con la configurazione sintattica della frase stessa» [22]:

In conclusione:

a) tra i fattori che, nel parlato, determinano l'assetto di strutture sintattiche fondamentali, come l'ordine delle parole, bisogna annoverare in primo luogo il coinvolgimento emotivo del parlante, ovvero la dimensione dell'empatia. Per dirla con Agozzino (1985: 29) «La progressione testuale si caratterizza costantemente in riferimento al parlante e questo fenomeno sembra avere dei corrispettivi linguistici [...] anche nella sfera segmentale, relativamente ad esempio a questioni di ordinamento lineare, utilizzazione di determinate strutture testuali, oltre ad avere, naturalmente, influenza sulla distribuzione dell'informazione»;

b) con l'apertura del fronte pragmatico l'attenzione dell'analista si sposta dal versante stilistico originario (dove gli strumenti euristici a disposizione — ad esempio le classificazioni della retorica classica — sono piuttosto adeguati all'analisi letteraria e para-letteraria che all'analisi del testo parlato) al versante comunicativo, e in particolare alla dinamica conversazionale, con un

---

[22] Già Manlio Cortelazzo, commentando il fenomeno della 'collocazione distintiva', e in particolare dell'anticipazione di un elemento nei confronti degli altri, nei testi di 'italiano popolare' aveva ricondotto il fatto a motivazioni psicologiche, quando osservava: «Anticipando un elemento della frase, togliendolo dalla sua posizione 'regolare', si delude l'attesa dell'ascoltatore o del lettore, se ne acuisce l'attenzione, lo si costringe ad una diretta ed intensa partecipazione al centro focale d'interesse, che in quel momento ci anima» (Cortelazzo 1972: 135).

deciso ampliamento di prospettive, e con una migliore comprensione dei fenomeni.

5. *Pragmatica e strutture linguistiche e paralinguistiche*

La competenza comunicativa, com'è noto, è la capacità del parlante di avvalersi appropriatamente della sua competenza linguistica sia verbale che non verbale, tenendo conto degli interlocutori, del contesto, della situazione specifica, degli argomenti, ecc. (Hymes). Uno dei campi di studio della pragmatica è, fra gli altri, il rapporto fra il contesto e le prestazioni verbali e non verbali; in altre parole, lo studio del significato complessivo di una prestazione linguistica (verbale + non verbale) in relazione alle intenzioni del parlante, alle condizioni di produzione del messaggio, ai meccanismi di comprensione messi in atto dal ricevente.

Nella costruzione del significato ha un ruolo importantissimo l'insieme degli elementi paralinguistici (intonazione, velocità, pause, ecc.) e gestuali che accompagnano (e, nel caso dei gesti, qualche volta sostituiscono) le realizzazioni linguistiche: nell'interazione faccia a faccia l'informazione che passa da chi parla a chi ascolta non è affidata solo al canale verbale, ma all'insieme degli stimoli visivi e uditivi, miscelati secondo dosi che in parte variano per scelte stilistiche personali, ma in parte variano per 'regole' culturali specifiche, che rientrano nella competenza degli interlocutori [23].

5.1. *Gestualità*

Concentrando l'attenzione sul sistema dei gesti [24], si può ragionevolmente sostenere che a una maggiore ricchezza e accuratezza

---

[23] Una curiosità: Mehrabian (1977) ha calcolato persino le percentuali di rilevanza, ai fini del significato complessivo, degli stimoli visivi e degli stimoli uditivi: impatto vocale 38%, impatto verbale 7%, impatto facciale 55%. Per quanto questi calcoli siano contestabili — sia perché il metodo di calcolo non è dichiarato, sia perché, come si vedrà di seguito, ogni componente ha peso ben diverso nelle diverse comunità — essi contribuiscono a richiamare l'attenzione sulla quantità di significato veicolata attraverso canali non verbali.

[24] Per la componente paralinguistica si veda il saggio di Bertinetto e Magno Caldognetto, in questo volume.

dell'esecuzione linguistica corrisponde una minore significanza gestuale (significato più generico, minore durata e ampiezza, minore coinvolgimento di parti diverse del corpo), e viceversa.

5.1.1. Chi parla produce quasi sempre, contemporaneamente agli enunciati verbali, dei gesti, ai quali affida parte del suo intento comunicativo (a livello semantico e frasale). Tali gesti sono dotati di un grado vario di codificazione: i gesti simbolici (ad esempio una stretta di mano, in apertura di un incontro) sono socialmente codificati, mentre al contrario i gesti espressivi, legati al singolo parlante e a una situazione specifica, esprimono particolari stati emotivi. Tranne i gesti espressivi, a codificazione bassa e situata, tutte le altre categorie gestuali presentano connessioni molto strette e sistematiche con le unità di contenuto, con la struttura dell'enunciato e con i processi di pianificazione del parlato, in relazione alla situazione. A seconda delle funzioni comunicative, seguendo Ekman-Friesen (1969) e Magno Caldognetto (1988), si distinguono:

— gesti *simbolici*, dotati di un significato preciso, socialmente condiviso (p. es. il segno della croce, o il gesto dell'O.K.!). Il significante (gesto) e il significato sono legati da regole di corrispondenza precise, proprio come i segni verbali. In relazione al significato si distingue fra: *gesti simbolici referenziali*, che si riferiscono a oggetti, azioni, ecc.: p. es. i gesti 'classici' che si usano per indicare "prigione" (mani incrociate ai polsi) o "silenzio!" (indice verticale, teso, perpendicolare alle labbra chiuse); e *gesti simbolici modalizzatori*, ai quali corrisponde una frase, o un concetto che si può rendere con più frasi (ad esempio il gesto della 'mano a borsa', con mano oscillante, che si può tradurre "ma che cosa vuoi?" oppure "ma ti sembra possibile?" o con altre frasi inizianti con *Ma*, il cui prosieguo è inferibile solo dal contesto verbale (o situazionale);

— gesti *mimetici*: descrivono forma e/o dimensioni di un *referente* (p. es. la sovrapposizione incrociata dei due indici che accompagna la frase «ci ho messo la croce sopra» — nel senso traslato "l'ho accantonato, non ci penso più"); oppure riproducono un'*azione*, di cui si parla o a cui ci si riferisce (p. es. mimare la guida dell'auto fingendo di impugnare il volante): il significato è trasparente. Sono considerati gesti mimetici anche quelli che non

mimano direttamente l'azione o la cosa a cui si riferiscono, ma un suo effetto, o una metafora: p. es. accompagnare la parola 'scegliere' con la pantomima dell'azione di soppesare qualcosa;
— gesti *deittici*, che indicano oggetti o persone, e le loro collocazioni nello spazio (cfr. § 3). Sono trasparenti solo all'interno del contesto specifico in cui sono prodotti;
— gesti *batonici* (McNeill 1985): movimenti di un dito, di una mano o di un avambraccio, che mettono in rilievo, o commentano, una parola o una frase: per chi ascolta sono dei segnali di accentuazione, che indicano i punti d'enfasi (o, al contrario, i punti di pausa e di cambio di strategia) del discorso.

I gesti deittici e i batonici, diversamente dai simbolici e dai mimetici, non hanno significato proprio: la loro analisi rientra, a rigore, fra i compiti di quella sezione della pragmatica che studia la conversazione.

L'insieme dei gesti simbolici, in quanto segni, dà luogo a quella «semantica dei sistemi mimici» su cui Jakobson (1973: 118) richiamava l'attenzione, ma che a tutt'oggi non è stata esplorata con la dovuta attenzione, soprattutto in Italia.

Il rapporto fra il gesto e la componente linguistica è vario. Il gesto può:

a) accompagnare l'enunciato verbale, con un abbinamento fisso [25] o — più spesso — variabile;

b) rinforzare (o, al contrario, contraddire) il significato trasmesso dalle parole [26]. Si noti che quando vi è contraddizione fra il significato del messaggio verbale e il significato del messaggio non verbale s'intende vero quello veicolato dal non verbale;

c) sostituire la componente verbale, specialmente quando il parlante vuole evitare espressioni-tabù [27] o deve superare impedimenti particolari [28].

Il sistema dei gesti simbolici, come il sistema linguistico, si

---

[25] Ad esempio: all'espressione «sono cambiato da così a così» corrisponde sempre la mano rovesciata a palma in su.
[26] Un esempio di messaggio contraddittorio: facendo le corna dietro la schiena — o altri gesti localmente convenzionali — il parlante dichiara falso l'enunciato verbale che contemporaneamente lui stesso sta producendo.
[27] Ad esempio, il gesto che designa un omosessuale.
[28] Ad esempio, in chiesa durante una funzione liturgica, o quando emittente e destinatario sono lontani (più di 4-5 metri).

articola in varietà: diatopiche (§ 5.1.2), diacroniche (§ 5.1.3), diafasiche e diastratiche.

5.1.2. Il set di gesti simbolici disponibili alla competenza linguistica del parlante è variamente ricco e complesso, in ragione delle macroaree culturali presenti in Italia. È di dominio comune la maggiore ricchezza del sistema dei gesti simbolici, e la maggiore frequenza d'uso, nell'area meridionale (con punte particolarmente significative nel Napoletano)[29]. Tale percezione ha tuttora riscontro nella realtà: Pierangela Diadori ha studiato recentemente la presenza dei gesti simbolici attualmente più diffusi in ambito panitaliano — dunque, indipendentemente dalle risorse del sistema gestuale specifico di ogni regione —, analizzando la gestualità degli attori protagonisti 'nativi' (nel senso che ogni attore impersonava un personaggio della sua stessa area: Benigni un toscano, Troisi un napoletano, ecc.) in undici film 'brillanti' prodotti in Italia negli anni Ottanta. Le conclusioni si possono così riassumere:

> La maggiore frequenza di gesti si registra nel caso di film interpretati da attori meridionali e, in misura decrescente, centrali e settentrionali [...]. Particolarmente ricco il linguaggio gestuale degli attori romani (Carlo Verdone e Christian De Sica in *Borotalco* e *Compagni di scuola*) e napoletani (Massimo Troisi in *Non ci resta che piangere*), più misurato quello degli attori toscani (Roberto Benigni in *Non ci resta che piangere*, Francesco Nuti in *Stregati*, Renzo Montagnani in *Amici miei Atto II*), ancora più ridotto quello degli attori settentrionali (Adriano Celentano in *Il bisbetico domato*, Nick Novecento in *Sposi*, Jerry Calà in *Vacanze di Natale*) [...]. In due film con attori settentrionali non è stato trovato addirittura nessun gesto che si potesse definire un 'emblema' [cioè nessun gesto simbolico] (*Ho fatto splash*, *Passione d'amore*) (Diadori 1992: 7).

---

[29] Il testo base per l'area napoletana risale addirittura al 1832: Andrea De Jorio, *La mimica degli antichi investigata nel gestire napoletano*, Fibreno, Napoli (ultima ristampa anastatica: Forni, Bologna 1979). Vi sono elencati 120 significati fondamentali, per ciascuno dei quali sono descritti i gesti simbolici dell'area napoletana, accompagnati da notizie sulla frequenza, le accezioni, la distribuzione e l'occasione sociale in cui ogni gesto è usato. Per la Sicilia lo studio classico è quello di Giuseppe Pitré, *Usi, costumi, credenze e pregiudizi del popolo siciliano* (sez. *I gesti*: 341-77), Pedone-Laurel, Palermo 1889 (ultima ristampa anastatica: Forni, Bologna 1961).

5.1.3. Disponendo di testimonianze accurate del secolo scorso, relativamente all'area meridionale (cfr. nota 29), è possibile studiare la variazione nel tempo di questo sistema gestuale.

Un'accurata indagine compiuta da Lamedica (1982) sulla vitalità attuale e sui cambiamenti di significato subiti nel corso dell'ultimo secolo da alcuni dei gesti storicamente attestati per Napoli e per la Sicilia, ha portato a queste conclusioni:

a) in generale si riscontra una riduzione delle varianti, sia nell'uso che nella conoscenza dei gesti 'classici';

b) si riduce il numero dei gesti, e l'area del significato di ogni gesto si amplia: prima si allarga la sfera della sinonimia (gesti specifici ma di significato affine perdono la loro specificità, diventando sinonimi) poi fra i sinonimi si crea una gerarchia d'uso che prelude alla sopravvivenza di uno solo di essi[30];

c) opera anche nella dinamica sociolinguistica dei gesti la fenomenologia tipica dei fatti di lingua (e di dialetto): innovazioni, spesso estranee alla cultura locale e introdotte da fattori esterni — mass media, per lo più TV — soppiantano le forme locali; si registrano abbandoni (come per le parole, tendono ad essere abbandonati i significanti il cui referente esce dall'orizzonte dell'esperienza comune: ad esempio 'l'asino') e conservazioni, stereotipia, distribuzione diseguale nella società, ecc.;

d) il gesto che coinvolge più parti del corpo tende a ridursi a un fatto di mimica facciale (dunque il sistema nel suo complesso perde di potenza);

e) diacronicamente agiscono fattori di semplificazione, che privilegiano gesti di esecuzione semplice.

È evidente il legame strettissimo che unisce le sorti del canale verbale a quelle del gestuale. In realtà, si tratta di un unico canale comunicativo, risultante dalla presenza simultanea di livelli diversi (linguistico, paralinguistico, cinesico). Lo studio delle

---

[30] Si veda il caso dei gesti relativi a "amore": nel De Jorio ricadono nel campo semantico amore/affetto/amicizia/ quattro gesti diversi (più o meno corrispondenti ai significati "amicizia", "frequentazione intensa", "unione" "fare l'amore"), tutti gesti che oggi sono considerati sinonimi, e conosciuti solo passivamente. Nell'uso si registra invece la divisione dello stesso campo semantico fra due soli gesti: "amicizia" (che comprende tutti i rapporti stretti, ma non sessuali) e "rapporto sessuale" (concetto realizzato peraltro con un gesto innovativo, di tipo osceno).

condizioni e delle modalità di funzionamento, nonché degli usi e
delle variazioni nell'uso, soprattutto in Italia — dove gesti simbolici e mimetici, deittici e batonici sono variabilmente presenti in
modo significativo — dovrebbe interessare simultaneamente tutti
i livelli di realizzazione e di funzionamento del segno (compresi i
livelli extralinguistici), e il sistema delle loro interrelazioni.

5.2. Fonetica

La realizzazione fonica di un messaggio, secondo i modelli correnti in linguistica, trasmette l'informazione dall'emittente al destinatario. Questa asserzione si basa sul presupposto che tra realizzazione fonetica e forma fonologica vi sia una corrispondenza
sostanziale, viziata solo dalla presenza eventuale di difficoltà articolatorie (che rendono difficile la produzione) o di qualche disturbo ambientale o uditivo (che rende difficoltosa la ricezione). La
ridondanza (fonetica, semantica, ecc.) e il contesto, secondo questo modello, suppliscono a tali difficoltà, assicurando la comprensione.

5.2.1. In realtà, nell'esecuzione concreta di un enunciato, il ritmo naturale di elocuzione, spesso veloce (tempo 'allegro'), dà
luogo all'esecuzione di forme fonetiche ridotte rispetto alla forma fonologica corrispondente[31]. Albano Leoni e Maturi (1992)
hanno mostrato la distanza tra forma fonologica e forma fonetica reale nell'italiano, confermando che tale divario non dipende
da difficoltà articolatorie, disturbi ambientali, difficoltà uditive,
ecc. Dipende invece da realizzazioni di 'tempo allegro', che nel
parlato sono del tutto normali. Nel loro esperimento un intervistato di buona cultura, italofono con tratti regionali campani, nel
corso di un'intervista realizza fra l'altro, in italiano, i sintagmi

(64)   giornalisti

(65)   siamo

(66)   nell'amministrazione

---

[31] Per i rapporti tra fonetica e fonologia si veda il saggio di A.M. Mioni in
questo volume.

La mera percezione acustica, acontestuale, rilevabile dalla lettura dei sonagrammi relativi, è la seguente:

(64a)   tʃɛ'laese [32]

(65a)   sɛɔ

(66a)   nɛämesə'tsɛ:

L'ascolto acontestuale, come si vede, è largamente insufficiente alla ricostruzione del lessema [33].

Dunque la ridondanza, il contesto ambientale e il co-testo (cioè l'interno del testo, sotto il profilo semantico, testuale, ecc.), e in generale il sistema delle attese che opera nel destinatario, diventano determinanti per il riconoscimento della sequenza fonica prodotta dal parlante. L'informazione, come per i gesti, si ripartisce fra dimensione pragmatica e dimensione verbale (nel caso dei gesti, si tratta del livello semantico e frasale, in questo caso del livello fonico). Nel complesso, l'intelligibilità del parlato è data dalla somma dell'informazione fonetica (che dipende dal segnale acustico) e dell'informazione recata dal contesto linguistico ed extralinguistico (che è indipendente dal segnale acustico, e pertiene al livello pragmatico).

5.2.2. I *fatti soprasegmentali* (pause, quantità, ritmo, variazioni del tono e della velocità, ecc.) hanno funzioni importantissime nel processo di comprensione di un enunciato: segnalano l'intenzione (interrogativa, assertiva, ironica, ecc.) di chi parla, e segnalano i confini interni all'enunciato. In

(67)   Domani / ma non dirlo a nessuno / mi dò ammalato

le due pause e la riduzione dell'altezza del volume segnalano i confini dell'inciso; in (68) gli elementi soprasegmentali indicano punti di enfasi, o punti di contrasto con altri elementi del contesto

(68)   L'amica, dici? **L'amante!**

---

[32] Nei frammenti di parlato riportati da altri testi si rispetta di norma la grafia originaria; le uniche modifiche eventuali consistono nella semplificazione di finezze notazionali che siano superflue in questa sede.
[33] Anche perché, nello stesso parlante, lo stesso segmento può corrispondere a fonemi diversi: ɛ in (64a) realizza il fonema /o/, in (65a) realizza /ja/, in (66a) realizza tanto /e/ che /jo/.

mentre in (69) danno luogo a sottolineature ironiche (o sarcastiche):

(69)   Una casa proprio **pulita!**

I fattori soprasegmentali forniscono anche indicazioni psicolinguistiche importanti, 'scoprendo' stati emotivi e ansiogeni del parlante, al di là — e al di sotto — della sua consapevolezza. La velocità di dizione, ad esempio, è sensibile in primo luogo all'interlocutore, in secondo luogo all'argomento [34].

Inoltre, i fatti soprasegmentali hanno una funzione importantissima, che riguarda la struttura informativa del testo.

La distribuzione dell'informazione in un testo semplice, come si è visto (§ 4.1), è fondamentalmente basata sulla struttura tema-rema. Sia il confine fra tema e rema, sia — nel caso di costruzioni enfatiche — i fatti di dislocazione sono resi riconoscibili nella percezione da fatti soprasegmentali, come una breve pausa, o una variazione della frequenza fondamentale (F0: cfr. il saggio di P.M. Bertinetto e E. Magno Caldognetto), in corrispondenza del segmento interessato.

Si realizzano così dei profili intonativi tipici, che caratterizzano ogni sequenza informativa: nell'italiano medio un topic di norma presenta un F0 con questo andamento: salita a valori massimi, seguita da discesa rapida e, facoltativamente, da una leggera ripresa; mentre l'F0 di un comment inizia da un valore molto basso, sale fino al massimo valore apicale in corrispondenza dell'elemento di più alto rilievo informativo (ma il valore massimo è pur sempre minore dell'apice di un topic), e ridiscende a zero; in un comment interrogativo inizia a salire partendo da valori alti, poi discende, e infine registra una risalita interrotta (Cresti 1987); e così via.

---

[34] Un esempio. In Sobrero 1988 si analizza un caso in cui il parlante, nel corso di un'intervista su molteplici argomenti, con un interlocutore estraneo alla sua comunità, segnala con una forte accelerazione e un abbassamento del tono di voce la sua partecipazione emotiva a due degli argomenti toccati: «campagna elettorale» e «comportamento linguistico del prete», mentre per contrasto la sua dizione si fa più lenta e accurata in corrispondenza di argomenti impegnativi ma emotivamente neutri, come «definizione di dialetto», e «considerazioni sociolinguistiche sulla comunità». Il diverso coinvolgimento emotivo è spiegato con le convinzioni ideologiche e l'immagine pubblica dell'intervistato nella comunità, in rapporto al momento specifico dell'intervista (vigilia di elezioni).

Un blocco d'informazione, dunque, è costituito da una sequenza informativa segnalata da una certa intonazione. È stato dimostrato (Cresti 1987 e 1992) che a un cambiamento di unità tonale non corrisponde un cambiamento di funzione sintattica (soggetto, oggetto diretto, ecc.) o comunque grammaticale, ma corrisponde un passaggio dal tema al rema[35]; e che costituenti sintattici diversi possono avere lo stesso profilo tonale.

Si arriva così a una conclusione importante: la realizzazione dell'enunciato non si basa, in prima istanza, su una struttura sintattica, ma su una struttura informativa. Ad esempio, sono i valori informativi realizzati dall'intonazione che consentono all'ascoltatore di interpretare correttamente un enunciato come

(70)   Siccome lei/a me mi piace le bionde

(detto da un venditore ambulante a una ragazza bionda che sta passando), dove i costituenti linguistici non hanno certo una struttura sintattica unitaria.

Anche in questo caso dobbiamo concludere che una sequenza parlata viene prodotta — e recepita — in primo luogo come successione di unità di informazione: i fattori soprasegmentali, cooperando all'identificazione delle funzioni informative di ogni segmento dell'enunciato, consentono di dare una lettura pragmatica del modo in cui concretamente si realizza una catena fonica. E consentono di risalire all'intenzione del locutore: il quale, al momento di avviare l'enunciato, programma un topic, che riempie di materiale lessicale e sintattico e che realizza con un profilo intonativo tipico (scelto fra quelli disponibili nel repertorio della comunità: nel nostro caso, nella comunità italiana), così da rendere facilmente riconoscibile al destinatario la sua intenzione comunicativa.

5.3. Morfologia

La correlazione tra fatti strutturali e fatti pragmatici della lingua italiana risulta particolarmente evidente al livello morfologico[36].

---

[35] O ad altra struttura informativa, come l'*appendice*, di cui qui non si dà conto per ragioni di spazio.
[36] Lo studio dei rapporti tra morfologia e pragmatica, o morfopragmatica,

Scegliamo, a scopo esemplificativo, il fenomeno dell''intensificazione' (Dressler-Merlini Barbaresi 1992). Semanticamente, corrisponde all'aumento di quantità (A è molto/A è più x) o di precisione (A è proprio/veramente/assolutamente x); morfologicamente rientra nella categoria dell'alterazione, comprendendo — all'interno di questa — gli accrescitivi e i diminutivi; dal punto di vista della tipologia testuale (o stilistica) rientra nell'uso normale del discorso 'brillante'. Questa collocazione particolare spiega alcune caratteristiche inattese, che si riscontrano analizzando campioni di parlato spontaneo.

In primo luogo, nel discorso brillante, l'intensificazione non si applica solo agli aggettivi graduabili (*giovanissimo, cattivissimo*), come vorrebbe la grammatica normativa dell'italiano, ma anche ai non graduabili (*sposatissimo, ultimissimo*) e ai participi (*ammiratissima*). In secondo luogo — contrariamente alle regole di affissazione della nostra lingua — gli elativi in *-issimo* non si applicano solo agli aggettivi ma si estendono a una serie numerosa di nomi, avverbi, ecc. Questo accade in particolare nella pubblicità (*offertissima*), nel commercio (*Diorissimo, affarissimi*), nel 'politichese' (*governissimo*), e in genere nel parlato brillante: *nessunissimo, subitissimo* [37].

La funzione più rilevante di questa categoria sovraestesa — come ha dimostrato Dressler 1992 — è pragmatica: riguarda il buon funzionamento dell'interazione verbale, ed è la *funzione rielaborativa*, che caratterizza spesso il secondo elemento di una coppia di battute (domanda-risposta, affermazione-negazione, affermazione-adesione, ecc.). Il parlante B riprende l'asserzione (o risponde alla domanda) del parlante A e la rielabora in vario mo-

---

deve moltissimo ai lavori di Wolfgang Dressler e dei suoi allievi e collaboratori: si vedano ad esempio Dressler 1986; Dressler-Merlini Barbaresi 1987, 1990 e 1992.

[37] Dal punto di vista pragmatico, i superlativi dei nomi sembrano utilizzabili solo all'interno di un contesto pragmatico (tanto contestuale quanto co-testuale) che ne garantisca una connotazione positiva, o comunque non negativa. Si veda il caso di *governissimo*, che designa un governo forte, garantito dalla presenza dei segretari dei partiti, ovvero — in altra versione — da alte personalità 'istituzionali': significativamente, al tempo in cui nell'arena politica italiana circolava questa proposta, gli oppositori del progetto non adottavano mai la forma con elativo lanciata dai sostenitori (o la usavano fra virgolette, oppure la accompagnavano con formule attenuative).

do: condivide, afferma, nega, rafforza, attenua, modifica... Un mezzo particolarmente efficace per rendere trasparente, e facilmente interpretabile, il contributo di B allo sviluppo dell'interazione è proprio la rielaborazione, *con esagerazione* (per lo più, sotto forma di iperbole):

(71)   Giusto? No davvero: è sbagliatissimo!

(72)   A - Via, un tema del genere non è attuale
         B - Attualissimo! (*smentita, con iperbole*)

(73)   A - Ha un'aria così dolce, carina...
         B - Carinissima! (*adesione, con iperbole*)

(74)   A - Ma è regolare?
         B - Assolutissimamente (*affermazione, con rafforzamento*)

Dal punto di vista dell'organizzazione della conversazione, in questo modo l'interlocutore B assicura — e anzi rafforza — la convergenza con l'interlocutore A.

Adempiono alla stessa funzione anche gli accrescitivi in *-one*, che sono caricati, nel discorso scherzoso-brillante, di connotazioni varie: ironico-antifrastica (*Perbacco, che fettona, hai proprio paura di ingrassare!*), riduttivo-antifrastica (*ecco il mio volumone!*), bambinesco (*vieni dal tuo zione!*), oltre alla solita, fondamentale, funzione rielaborativa:

(75)   A - Ne vuoi una fetta?
         B - Sì, una fettona

In questo modo può accadere che i significati attesi dalla semantica siano ribaltati dalle funzioni pragmatiche del livello morfologico: in altre parole, che morfologia e pragmatica facciano premio sulla semantica.

Il fatto è particolarmente interessante, perché l'estensione di questo, che sembra un micro-fenomeno, è tutt'altro che limitata.

L'uso di accrescitivi e diminutivi, come si è detto, è particolarmente frequente: a) nella conversazione faccia a faccia, di registro informale; b) nel cosiddetto 'discorso brillante', pressoché normale nei testi pubblicitari, nei titoli 'strillati', in molte — se non, addirittura, nella maggior parte — delle trasmissioni radiofoniche e televisive. Ora, in conseguenza dell'espansione dell'uso reale della lingua, l'italiano da una parte sta occupando via via

tutti gli usi semi-formali e informali prima riservati al dialetto (o
a varietà fortemente regionalizzate di italiano), dall'altra alimen-
ta in modo sempre più massiccio e sofisticato le produzioni linguistiche dei mezzi di comunicazione di massa, a loro volta in
posizione centrale nell'esperienza comune. Ne deriva che la frequenza d'uso del 'discorso brillante', sia negli usi parlati che negli usi scritti, è oggi in notevole e costante incremento. È dunque
del tutto ragionevole — anche in mancanza di dati certi — ipotizzare che l'intensificazione vada occupando nella lingua parlata e scritta un ruolo crescente: sicuramente, ha già oggi un posto
più centrale (se non altro per il numero delle esecuzioni) di quello che attualmente gli riservano le grammatiche descrittive della
nostra lingua.

S'intende che questo è solo un piccolo esempio. Le stesse osservazioni valgono anche per altri mezzi linguistici di cui si avvale il discorso brillante, per 'spingere' l'effetto pragmatico fino
al limite delle potenzialità della lingua: figure retoriche, espe-
dienti prosodici, scelte lessicali, ecc.

6. La conversazione

A un'interazione sociale fra interlocutori che si trovano in relazione diretta, senza interposizioni di tempo, di spazio o di persona, si dà il nome di *interazione faccia a faccia*. Il comportamento di coloro che partecipano a un'interazione faccia a faccia si
realizza simultaneamente su diversi piani: linguistico, paralinguistico, cinesico, prossemico, sociolinguistico, psicologico, culturale (nel senso di antropologico), che a loro volta interagiscono fra
di loro.

L'interazione faccia a faccia si realizza in molte forme: l'incontro *en passant*, il litigio, il rapporto sessuale, ecc. Ma la maggior parte delle interazioni verbali consiste in *conversazioni*, naturali (madre e figlio, in casa; amici, per strada, ecc.) o in vario
modo strutturate (interrogazione scolastica, dialogo medico-pa-
ziente, richiesta di informazione stradale, ecc.). L'analisi conversazionale studia il comportamento linguistico (in qualche caso
anche paralinguistico e cinesico) delle conversazioni, sia naturali
che strutturate.

6.1. I turni

Fare quattro chiacchiere è solo apparentemente un'attività 'casuale', libera da ogni forma di regolazione. In realtà i parlanti, quando sono impegnati in una conversazione, applicano un insieme di regole che garantiscono il procedere dello scambio verbale, e fanno ricorso a un ampio repertorio di strategie del discorso, di mosse, di 'trucchi' con i quali, all'interno di quelle regole, operano per raggiungere il proprio scopo comunicativo (convincere, giustificarsi, minimizzare, informare, esaltare, ecc.).

Consideriamo le conversazioni più semplici, con due partecipanti. La procedura di base, che bisogna conoscere e applicare bene per poter davvero conversare, è quella che determina l'alternanza del ruolo di parlante (e di ascoltatore). Quella che nel linguaggio teatrale è una 'battuta', nell'analisi conversazionale si chiama *turno*. Un turno inizia quando il locutore inizia a parlare (per la precisione: quando il suo enunciato diventa udibile agli altri partecipanti) e termina quando un altro partecipante prende la parola. L'ordine dei 'turni di parola' è regolato da un meccanismo, che noi adulti usiamo inconsapevolmente[38], e che ha il compito essenziale di evitare le sovrapposizioni, garantendo la prosecuzione ordinata dello scambio, e assicurando un buon rendimento alla macchina 'conversazione'[39].

Anzitutto: quando può avvenire il cambio di turno? L'avvicendamento può avvenire solo in corrispondenza di confini di unità minime, la cui esatta natura è peraltro *sub iudice*: si tratta comunque di unità del livello sintattico (frasi, clausole, sintagmi nominali, particelle olofrastiche, ecc.) segnalate dall'intonazione e dalla prosodia.

Questi punti, nei quali può avvenire il cambio di turno, si chiamano *punti di rilevanza transizionale* (PRT). I PRT più facilmente riconoscibili sono situati subito dopo:

---

[38] Le difficoltà dei bambini piccoli — fino a 4-5 anni — a gestire il sistema dei turni è la prova più evidente che le regole della turnazione conversazionale fanno parte del curricolo di apprendimento linguistico 'naturale', e sono relativamente complesse.

[39] Si calcola che, in una conversazione spontanea, non più del 5% del parlato sia occupato da interventi sovrapposti. Se vogliamo proseguire con la metafora, possiamo osservare che in fisica solo pochissime macchine possono vantare un rendimento pari o superiore a 0,95.

— una domanda (la domanda implica il passaggio del turno all'interlocutore, da cui ci si aspetta una risposta);
— un saluto (ci si aspetta un saluto di risposta);
— un'asserzione (ci si aspetta una conferma, o una negazione):

(76)   A - Carino, quel film!
        B - Bellissimo, vuoi dire

— un turno di scuse (ci si aspetta un'attenuazione, o una minimizzazione):

(77)   A - Scusate il ritardo
        B - Avevamo appena cominciato

— il silenzio:

(78)   A - Chi viene, con me?
        B - [silenzio]
        A - Ho capito, nessuno

Per l'avvicendamento dei turni ci sono regole specifiche, caratteristiche di ciascuno dei tipi di scambio conversazionale più codificati (l'interazione preside-alunno ha regole specifiche proprie, diverse da quelle del rapporto fra giocatori della stessa squadra, ecc.), e regole generali, comuni a tutte le conversazioni, di qualunque tipo.

Le regole generali che governano ogni cambio di turno sono solo due, ma sono molto rigide, e inoltre vanno scrupolosamente applicate secondo il loro ordine gerarchico.

Regola 1:

a) se chi sta parlando (P) seleziona il parlante successivo (S) nel corso del suo turno, P deve smettere di parlare e far proseguire S. Il passaggio avviene al primo PRT successivo alla selezione di S;

b) se P non seleziona il parlante successivo un altro partecipante qualsiasi può auto-selezionarsi: in tal caso il primo che parla ottiene il turno successivo;

c) se P non seleziona S e nessun altro si auto-seleziona, P può continuare a parlare.

Regola 2:

se non ha operato né 1a né 1b ma solo 1c (e, dunque, il locutore ha ripreso a parlare), allora la regola 1 si applica nuovamente al successivo punto di rilevanza transizionale, e così via di seguito (Sacks-Schegloff-Jefferson 1974).

Il rischio di sovrapposizione, in questo modo, è limitato ai brevi momenti in cui, in applicazione di 1b, due o più parlanti si auto-selezionano simultaneamente. Le loro voci si sovrappongono, di norma, per poche frazioni di secondo (al massimo per uno-due secondi), durante le quali i due locutori 'negoziano' la presa di turno, con diversi mezzi: linguistici (l'altezza della voce, il ritmo, l'allungamento delle vocali) ed extralinguistici (lo sguardo, e a volte cenni, o gesti). Al termine della negoziazione uno dei due cede e si ritrae, interrompendo l'enunciato che aveva avviato. Questo dimostra, fra l'altro, che il sistema dei turni, oltre alle regole necessarie per il funzionamento, ha in sé anche la previsione di conflitti (o di errori) e le procedure per risolverli.

Ulteriori regole, più sofisticate, si applicano all'apertura, al mantenimento e, soprattutto, alla chiusura delle conversazioni.

In certi tipi di conversazioni, molto formalizzate, la legge generale sul cambio di turno viene momentaneamente sospesa, e sostituita da regole che fanno parte della tipologia testuale specifica. Ad esempio, in una lezione universitaria, o in una cerimonia sacra, o durante un'udienza in tribunale la successione di turni è rigidamente prefissata, e violarla costerebbe una grave sanzione sociale (cerimonia sacra), un'inappropriatezza o un segnale di incompetenza pragmatica (lezione universitaria), o una violazione di procedure passibile di conseguenze anche gravi (un'udienza in tribunale).

Naturalmente la sospensione della legge sui cambi di turno vale solo per la durata della situazione che lo richiede; gli stessi parlanti, al di fuori del contesto specifico (finita la Messa, o l'udienza, o la lezione), riprendono a rispettare scrupolosamente le regole conversazionali generali.

6.2. *Il cambio di codice*

All'interno della conversazione si ha «cambio di codice» (o *code-switching*) quando uno dei due locutori passa da una lingua a un'altra (di solito, all'inizio di un nuovo turno, o ai confini di frase all'interno dello stesso turno). Il fenomeno è chiaro e semplice quando nel repertorio linguistico dei parlanti coesistono lin-

gue o dialetti nettamente differenziati e ben identificabili (ad e-
sempio, l'inglese e il francese a Montréal o, per restare in Italia,
il ligure e il sardo nelle colonie linguistiche liguri in Sardegna).

È molto più complesso quando tra lingua nazionale e dialetti la separazione non è nettissima ma, come accade oggi in Italia,
in seguito alla diffusione della lingua nazionale, all'italianizzazione dei dialetti e all'articolazione dell'italiano in varietà regionali,
le strutture linguistiche dei due codici in gioco in ogni comunità
— la lingua e il dialetto — si sono avvicinate notevolmente.
Molti enunciati, oggi, sono di difficile attribuzione: spesso il passaggio — o lo 'scivolamento' — da un codice all'altro (o meglio
da una varietà all'altra) è continuo, apparentemente casuale, in-
controllato, e avviene nello stesso parlante, all'interno della stessa battuta, della stessa frase, a volte della stessa parola. In questi
casi, più che di *code-switching*, si parla di *code-mixing*, o *parlato mistilingue*.

Cambio di codice e mistilinguismo sono diffusissimi e vitali,
e costituiscono forse il fenomeno più appariscente dell'oralità in
Italia. Tuttavia, per descriverli e analizzarli non sono sufficienti
gli strumenti euristici del linguista, ma bisogna ricorrere all'analisi delle condizioni pragmatiche dell'enunciazione.

6.2.1. Perché avviene il cambio di codice? Per molti motivi,
spesso concomitanti, spesso difficili da identificare. Gumperz
(1982) identifica due tipi di cambio, ognuno dei quali avviene
per motivi diversi:

— *cambio situazionale*: il cambio di codice è associato a un
cambiamento nella situazione comunicativa. Si può verificare
quando il parlante cambia interlocutore (Gumperz 1982, Auer
1984) e, per segnalare la propria *convergenza conversazionale*,
adotta il codice che ritiene più gradito — o più abituale — per
l'altro [40]:

(79)   A - Prima non si chiamava... [rivolgendosi alla moglie] *me
          k'as tʃamava prim:a?*
          (PIEM.: "come si chiamava prima?")

---

[40] Nelle citazioni che seguono, tratte da Grassi-Pautasso 1989, Berruto
1990, Tempesta 1993, Alfonzetti 1992a e 1992b, si indicano con il corsivo le
parti in dialetto.

— *cambio conversazionale*: non è associato a cambiamenti della situazione comunicativa, ma a fattori interni allo scambio conversazionale: cambio di argomento (Scotton 1976, Sornicola 1977), riferimento a oggetti, concetti, modi di dire tipici della cultura dialettale (o, simmetricamente, nazionale):

(80)   ... Neppure nel quarantotto, che era il dopoguerra, che c'erano... che c'erano proprio umori tremendi. Mai si era verificato. *N'awtra kosa t-aj a 'k:jediri*, G. [nome dell'interlocutore]. Cambiamo discorso. Io continuo a telefonare a M.... (*cambio di argomento*)

(81)   Proprio *ʃent ad kü'rin, testa gros:a e ʃir'vel fin* (PIEM.: "gente di Curino, testa grossa e cervello fino") (*riferimento a un modo di dire locale*).

Un'altra motivazione è legata allo statuto sociolinguistico dei due codici. In Italia, oggi, in ogni comunità bilingue (italiano-dialetto) con forte persistenza dialettale, il parlante, nelle conversazioni con estranei alla comunità, tende ad aprire con il codice 'alto', di maggior prestigio, l'italiano: e solo più avanti — in funzione del comportamento linguistico dell'interlocutore — cambia codice, o definitivamente o saltuariamente.

Varie sono le *funzioni* stilistico-pragmatiche di volta in volta assolte dal cambio di codice, all'interno di uno scambio conversazionale. Tra le più importanti ricordiamo:

— *l'incomprensione* da parte dell'interlocutore:

(82)   A - *j-è stajt litʃen'sjaj, no?*
(PIEM.: "sono stati licenziati, no?")
B - Scusi, non ho capito
A - Quelli che sono stati licensiati, no?

— la *competenza sbilanciata* dei due codici in gioco: il parlante non è in grado di mantenere la fluenza e l'appropriatezza — linguistica e pragmatica — della sua produzione verbale nel codice alto, che usa raramente (di solito l'italiano) e preferisce passare a quello che gli è più abituale (di solito il dialetto).

In questi casi il cambio di codice è una strategia adeguata alla necessità di superare difficoltà oggettive di comunicazione. In altri casi, invece, il cambio risponde a esigenze stilistico-retoriche, a volte 'libere' e occasionali, a volte inquadrate in tradizioni stilistiche locali (e dunque attese, e prevedibili, come tutte le

formule 'di routine'). Tra le funzioni più facilmente riconoscibili troviamo:

   espressioni di cortesia

(83)   - Guardi, ci ho queste... *tajuma?* Grazie
           (PIEM.: macellaio ad una cliente: "...tagliamo?...")

— *allocutivi:*

(84)   - Bongiorno *mun's:ü*. È con la signora o posso servire?
           (PIEM.: "... Signore...")

— *imprecazioni*

(85)   Ci aveva un ufficio qua, in via... *orku faws*... non mi ricordo
           più
           (PIEM.: esclamazione, lett. "porco falso!")

— *commento*: il parlante esprime valutazioni o osservazioni
personali sui fatti raccontati:

(86):   ...dice «Mamma, così mi ha fatto» «Vattene a casa tua e non
           venire mai più in questa casa»... *komu na pats:a skat:jata*. Al
           che mi sono fatta raccontare...
           (SICIL.: "come una pazza forsennata")

— *pre-chiusura* (chi parla segnala la propria disponibilità a
concludere lo scambio conversazionale: le mosse successive consistono di norma nell'accettazione della pre-chiusura, nella sospensione del meccanismo di avvicendamento dei turni, e nel
passaggio alla chiusura vera e propria):

(87)   Non tutti possono accettare quello che lei sta dicendo. Non
           sono tutti che lo possono accettare. *k:u k:istu kjuru e m:i n:i
           vaju a t:ravag:jari*
           (SICIL.: "con questo chiudo e me ne vado a lavorare")

— *commento esplicativo:*

(88)   C'è lo stesso motivo di prima, cioè *tf'ɛ n:i kapimu mej:u,
           no?*
           (SALENT.: "c'è che ci capiamo meglio, no?")

— *espediente narrativo*: durante un racconto, si segnala con
il cambio di codice il passaggio da una fase a un'altra della narrazione (dall'esposizione dei fatti a una considerazione personale, o a un cambio del piano temporale, o a una parentesi descrittiva, ecc.);

— *espressioni di affetto, enfasi, formule di routine*, ecc.

6.2.2. Il *code-mixing*, diversamente dal *code-switching*, di norma non è condizionato da cambiamenti nella situazione, avviene all'interno di un turno (in qualunque punto della catena parlata) e coinvolge un elemento qualunque, sia del livello morfosintattico che lessicale (avverbio, nome, sintagma...):

(89)   *vajre* ne abbiamo oggi?
         (PIEM.: "quanti"...)

(90)   *'l pulman l-e nen k-a* cammina tanto forte
         (PIEM.: "il pullman non è che"...)

È particolarmente frequente in comunità dotate di repertori nei quali — come accade nel caso italiano — le strutture dei codici in gioco sono simili. Si è osservato che in tali repertori, proprio a causa della convergenza linguistica, si registrano forme la cui appartenenza all'uno o all'altro codice è indecidibile (omofoni). Gli omofoni sono particolarmente frequenti al confine fra il segmento dialettale e quello italiano:

(91)   *ma pi'k:i non m-a pot:i n* **campagna** quest'estate
         (SICIL.: "ma perché non me la porti in **campagna**"...)

Per questa loro caratteristica essi hanno un ruolo importante nel parlato mistilingue, in quanto sembrano facilitare la transizione da un codice all'altro.

6.2.3. In una situazione complessa come la nostra, non sempre i parlanti sono consapevoli di passare dall'italiano al dialetto, o viceversa. In una ricerca condotta recentemente in Salento (Sobrero 1992a), sono state registrate 64 interviste, contenenti complessivamente 488 cambi di codice. Successivamente, ogni intervista è stata fatta riascoltare al parlante che l'aveva rilasciata, con la richiesta di identificare i passaggi dall'italiano al dialetto, e dal dialetto all'italiano, e di spiegarne la ragione. È stato riconosciuto solo il 58% dei cambi di codice effettivi. Fra le motivazioni fornite le più ricorrenti sono state le seguenti: *naturalezza* (nel 62% dei casi); *funzionalità* (14%); *coinvolgimento* (7%); *formalità* (5%)[41].

---

[41] Le categorie sono state costruite a posteriori, raggruppando le risposte effettivamente fornite. Ad esempio, abbiamo raccolto sotto l'etichetta 'naturalezza' tutte le motivazioni del tipo «così è venuto fuori», «mi viene naturale, spon-

Altri tipi di motivazione (esibiti in percentuali trascurabili): *incompetenza* nell'italiano standard, *prestigio* dell'italiano, *italianizzazione* del dialetto (spiega l'uso di numerose forme italiane all'interno di frasi dialettali), ecc.

Con raggruppamenti ulteriori delle motivazioni, si arriva a una motivazione di 'naturalezza' in senso esteso (che comprende anche, ad esempio, considerazioni di naturalezza sociolinguistica e conversazionale) alla quale è riconducibile oltre il 70% delle dichiarazioni, mentre le altre motivazioni (funzionalità, coinvolgimento, formalità, incompetenza), molto frammentate, non raggiungono il 30%.

La motivazione della naturalezza fa pensare che il parlante percepisca come assolutamente non marcato un cambio di codice italiano-dialetto all'interno degli enunciati: le altre motivazioni implicano un grado di consapevolezza del confine fra i codici, che rimanda a veri e propri cambi di codice intenzionali.

Ma la percentuale del 70% è nettamente superiore alla percentuale di enunciati mistilingui — non marcati — effettivamente prodotti. Da questo, e dalla bassa percentuale dei cambi riconosciuti, si deduce che in gran parte del campione considerato, qualunque fatto di alternanza di codice italiano/dialetto, nella coscienza e nell'intenzionalità del parlante è tendenzialmente vissuto come *un fatto occasionale, reversibile, naturale*, non significativo e non impegnativo sul piano conversazionale. E i due codici sono percepiti come ampiamente intercambiabili.

Il cambio di codice, in definitiva, sembra confermare che italiano e dialetto nella conversazione, oggi, in buona parte della nostra società non sono codici alternativi, ma sono utilizzati — all'interno dell'organizzazione conversazionale — come strumenti preziosi per ampliare il quadro delle opportunità stilistiche e funzionali [42].

taneo», «sono abituato così», «l'ho fatto involontariamente» e simili. Risposta-tipo per la funzionalità «Perché la frase dialettale esprime meglio il concetto». Risposta-tipo per il coinvolgimento «Mi stavo accalorando, e così sono passato al dialetto». Risposta-tipo per la formalità «Perché è un'intervista» (spiega il passaggio dal dialetto all'italiano?)

[42] A conclusioni analoghe giungono anche Alfonzetti 1992b e Giacalone Ramat 1991.

Bibliografia

AA.VV. (1987), *Gli italiani parlati. Sondaggi sopra la lingua di oggi*, Accademia della Crusca, Firenze.

Agozzino, D. (1985), *Analisi delle strutture informative nel parlato*, in Franchi De Bellis-Savoia 1985: 19-31.

Albano Leoni, F.-Maturi, P. (1992), *Per una verifica pragmatica dei modelli fonologici*, in Gobber (a c. di) 1992: 39-50.

Alfonzetti, G. (1992a), *Per un approccio polifunzionale al «code switching» italiano-dialetto*, in Gobber (a c. di) 1992: 163-207.

Alfonzetti, G. (1992b), *Il discorso bilingue. Italiano e dialetto a Catania*, Angeli, Milano.

Auer, P. (1984), *Bilingual conversation*, John Benjamins, Amsterdam.

Bar-Hillel, Y. (1973), *Espressioni indicali*, in Bonomi, A. (a c. di), *La struttura logica del linguaggio*, Bompiani, Milano: 455-77.

Benigni, L.-Bates, E. (1977), *Integrazione sociale e linguaggio: analisi pragmatica dei pronomi allocutivi italiani*, in Simone-Ruggiero 1977: 141-63.

Berretta, M. (1985), *I pronomi clitici nell'italiano parlato*, in Holtus-Radtke 1985: 185-224.

Berretta, M. (1986), *Pronomi atoni: una prospettiva funzionale*, in «Italiano e oltre», 1: 26-29.

Berruto, G. (1985a), *Per una caratterizzazione del parlato: l'italiano parlato ha un'«altra» grammatica?* in Holtus-Radtke 1985: 120-153.

Berruto, G. (1985b), *«Dislocazioni a sinistra» e «grammatica» dell'italiano parlato*, in Franchi De Bellis-Savoia 1985: 59-82.

Berruto, G. (1990), *Italiano regionale, commutazione di codice e enunciati mistilingui*, in Cortelazzo-Mioni 1990: 105-30.

Cinque, G. (1979), *Left dislocation in Italian: a syntactic and pragmatic analysis*, in Cinque, G., *Studi di sintassi e pragmatica*, CLESP, Padova: 97-146.

Cortelazzo, M. (1972), *Avviamento critico allo studio della dialettologia italiana*. III. *Lineamenti di italiano popolare*, Pacini, Pisa.

Cresti, E. (1987), *L'articolazione dell'informazione nel parlato*, in AA.VV. 1987: 27-90.

Cresti, E. (1992), *Le unità d'informazione e la teoria degli atti linguistici*, in Gobber 1992: 501-30.

De Masi, S. (1992), *Fatti conversazionali, variabili socioculturali e scelte linguistiche nell'indicazione stradale*, in Sobrero 1992b: 173-193.

De Mauro, T.-Mancini, F.-Vedovelli, M.-Voghera, M. (1993), *Lessico di frequenza dell'italiano parlato*, Etaslibri, Milano.

Diadori, P. (1992), *La gestualità nella nuova commedia all'italiana: uno specchio degli usi comunicativi dell'Italia contemporanea*, in «Culturiana», IV, 14: 6-10.

Dressler, W.U. (1986), *Explanation in Natural Morphology*, in «Linguistics», 24: 519-48.

Dressler, W.U.-Merlini Barbaresi, L. (1987), *Elements of Morphopragmatics*, LAUD A 194, Duisburg.

Dressler, W.U.-Merlini Barbaresi, L. (1990), *Grammaticalizzazione morfopragmatica. Teoria e tipologia con particolare riguardo ai diminutivi nell'italiano, tedesco, inglese*, in AA.VV., *Parallela*, Gunter Narr, Tübingen: 135-45.

Dressler, W.U.-Merlini Barbaresi, L. (1992), *Intensificazione e rielaborazione: effetti morfopragmatici*, in Gobber 1992: 51-60.

Duranti, A.-Ochs, E. (1979), *«La pipa la fumi?». Uno studio sulla dislocazione a sinistra nelle conversazioni*, in «Studi di grammatica italiana», VIII: 269-301.

Ekman, P.-Friesen, W.V. (1969), *The Repertoire of Nonverbal Behaviour: Categories, Origins, Usage and Coding*, in «Semeiotica», 1: 49-98.

Franchi De Bellis, A.-Savoia, L.M. (a c. di) (1985), *Sintassi e morfologia della lingua italiana d'uso. Teorie e applicazioni descrittive*, Atti del XVII Congresso SLI, Bulzoni, Roma.

Giacalone Ramat, A. (1991), *Code switching in dialectal communities: effects on language shift*, in *Papers for the workshop on broader considerations. Network on code switching and language contact*, European Science Foundation, Brussels: 189-223.

Gobber, G. (a c. di) (1992), *La linguistica pragmatica*. Atti del XXIV Congresso della SLI, Bulzoni, Roma.

Grassi, C.-Pautasso, M. (1989), *Prima roba il parlare... Lingue e dialetti dell'emigrazione biellese*, Electa, Milano.

Gumperz, J. (1982), *Discourse Strategies*, Cambridge University Press, Cambridge.

Holtus, G.-Metzeltin, M. - Schmitt, C. (a c. di) (1988), *Lexicon der Romanistischen Linguistik*, Max Niemeyer, Tübingen.

Holtus, G.-Radtke, E. (a c. di) (1985), *Gesprochenes Italienisch in Geschichte und Gegenwart*, Gunter Narr, Tübingen.

Jakobson, R. (1973), *Essais de linguistique generale*, Minuit, Paris.

Keenan, E.L.-Schieffelin, B.B. (1976), *Topic as a Discourse Notion: a Study of Topic in the Conversation of Children and Adults*, in Li, C.N., *Subject and Topic*, New York: 335-84.

Lamedica, N. (1982), *Variazioni significative di gesti omologhi in due repertori gestuali dell'Italia meridionale*, in «Bollettino filosofico» (Università della Calabria), 1: 97-129.

Lausberg, H. (1969), *Elementi di retorica*, Il Mulino, Bologna (ed. orig.: *Elemente der literarischen Rhetorik*, Max Hueber, Monaco 1949).

Levinson, S.C. (1985), *La pragmatica*, Il Mulino, Bologna (ed. orig.: *Pragmatics*, Cambridge University Press, Cambridge 1983).

Magno Caldognetto, E. (1985), *La gestualità coverbale in soggetti nor-*

mali ed afasici, in «Quaderni del Centro di Studio per le Ricerche di Fonetica», Edizioni Libreria Progetto, Padova: 351-93.

McNeill, D. (1985), *So you do Think Gestures are Nonverbal?*, in «Psychological Review», 92: 350-71.

Mehrabian, A. (1977), *La comunicazione senza parole*, in «Psicologia contemporanea», 20: 9-12.

Mioni, A.M.-Cortelazzo, M.A. (a c. di) (1992), *La linguistica italiana degli anni 1976-1986*, Bulzoni, Roma.

Renzi, L. (1976), *Grammatica e storia dell'articolo italiano*, in «Studi di Grammatica Italiana», 5: 5-42.

Sacks, H.-Schegloff, E.A.-Jefferson, G. (1974), *A Simplest systematics for the Organization of Turn-Taking*, in «Language», 50: 696-735.

Scotton, C. (1976), *Strategies of neutrality: language choice in uncertain situations*, in «Language», 52: 919: 41.

Simone, R.-Ruggiero, G., *Aspetti sociolinguistici dell'Italia contemporanea*, Atti dell'VIII Congresso SLI, Bulzoni, Roma.

Sobrero, A.A. (1988), *Conversational microconvergences between dialect and language*, in Auer-di Luzio 1988: 195-216 (anche in Sobrero 1992b: 95-114).

Sobrero, A.A. (1989), *Rural pattern and urban pattern in route directions*, in «International Journal of the Sociology of Language», 76: 63-74.

Sobrero, A.A. (1992a), *Alternanza di codici, fra italiano e dialetto. Dalla parte del parlante*, in Gobber 1992: 143-61.

Sobrero, A.A. (a c. di) (1992b), *Il dialetto nella conversazione. Ricerche di dialettologia pragmatica*, Congedo, Galatina.

Sornicola, R. (1977), *La competenza multipla. Un'analisi microsociolinguistica*, Liguori, Napoli.

Sornicola, R. (1988), *Italienisch: Pragmalinguistik. Pragmalinguistica*, in Holtus-Metzeltin-Schmitt 1988: 169-88.

Tempesta, I. (1993), *Pragmatica italiana*, Istituto della Enciclopedia Italiana, Roma.

Glossario

Affricate o semiocclusive Consonanti con un'articolazione complessa, che consiste di una prima fase di occlusione, che non viene però risolta con un'improvvisa esplosione come nelle **occlusive** (*v.*) vere e proprie, ma con una 'distensione ritardata' che permette lo sfregamento dell'aria contro le pareti, comportando così una seconda fase fricativa. Per es., l'affricata apicodentale sorda [dz] (è la *z* sonora dell'italiano, come in *manzo*) ha un primo momento di occlusione simile a una [d] e uno di frizione simile a una [z] dentale (è la *s* italiana di *sdebitarsi*), ma i due momenti sono così fusi da non giustificare un'analisi di questa affricata come una [d] più una [z]. In italiano, le affricate lunghe allungano solo il primo momento occlusivo. Siccome le denominazioni di classi fonetico-fonologiche sono basate di solito su criteri articolatori, c'è chi, per coerenza, preferisce il termine articolatorio di «semiocclusiva» a quello, piuttosto acustico, di «affricata».

Allofoni *v.* **Foni.**

Allomorfia Fenomeno per cui uno stesso **morfema** (*v.*) si realizza in forme (morfi) diverse; il prefisso di negazione *in-* assume forme diverse (allomorfi) quali *ir-* (*irregolare*), *il-* (*illegale*) per assimilazione alla consonante iniziale sulla base a cui si applica.

Anafora Relazione fra due espressioni, una che (generalmente) precede e determina ciò di cui si parla, e un'altra che ad essa rinvia; la forma di rinvio può essere costituita da un pronome, un dimostrativo, un nominale definito, e altro ancora (ess.: *Ho comprato* dei libri: *voglio leggerli in vacanza. Entrarono nel mio scompartimento un ragazzo e* una ragazza; la ragazza/lei *prese posto accanto a me*).

Anaforici, tempi Tempi del verbo che fanno riferimento non al momento dell'enunciazione bensì ad un altro momento del tempo definito nel contesto (*v.* **Anafora**); sono t. a. p. es. i trapassati (l'evento è anteriore rispetto ad un momento del tempo a sua volta precedente il momento dell'enunciazione; es.: *vi* avevo avvertito *e non mi* avevate creduto: *ora s'è visto che avevo ragione*) e il futuro anteriore (l'evento è appunto anteriore rispetto ad un futuro).

Approssimanti La fonetica più recente chiama approssimanti tutti quei foni che siano articolati con cavità orale relativamente aperta, la cui articolazione non implichi dunque un grande restringimento del canale come avviene nelle costrittive o fricative, o una chiusura, ma solo un piccolo avvicinamento dell'organo articolatore verso il punto di articolazione. Esse sono o approssimanti laterali ([l ʎ]) oppure non laterali, come le semiconsonanti ([j w]) e alcune varietà di [r]; sono approssimanti anche le vocali. Le consonanti non approssimanti sono dette *ostruenti*.

Arciforma Forma il cui ambito d'uso si allarga a coprire anche i contesti e significati di altre forme più specifiche, con neutralizzazione di opposizioni: p. es. il presente indicativo quando serva anche da futuro e da passato (presente storico); il pronome atono *gli* usato sia per «a lui» che per «a lei» e «a loro». Si candidano al ruolo di a. le forme non marcate (*v.* **Marcato**).

Aspetto Modo con cui viene vista soggettivamente dal parlante l'azione indicata dal verbo (p. es. *parlava* indica azione continuata in un tempo passato, *parlò* indica un evento che si è verificato in un tempo conchiuso).

Aspetto imperfettivo *v.* **Imperfettivo, aspetto.**

Aspetto perfettivo *v.* **Perfettivo, aspetto.**

Aspetto progressivo *v.* **Progressivo, aspetto.**

Attante Elemento nominale che entra come basico nella predicazione verbale, che la 'satura' come 'valenza'. In *Piero dà un libro a Maria*, Piero (sogg.), libro (ogg. diretto) e Maria (ogg. indiretto) sono i tre attanti della predicazione.

Centri deittici Le espressioni deittiche (*v.* **Deissi**) sono ancorate a punti specifici dell'evento comunicativo. I punti di ancoraggio 'normali' (non marcati) costituiscono il centro deittico: di norma la persona centrale è il parlante, il tempo centrale è quello in cui il parlante produce l'enunciato, il luogo centrale è il punto in cui si trova il parlante al momento dell'enunciazione.

Clitici Elementi appartenenti a categorie grammaticali ben precise (in italiano, solo pronomi) che hanno una posizione fissata nella frase relativamente a una categoria grammaticale o sintattica: in italiano i pronomi clitici devono stare adiacenti al verbo, proclitici o enclitici rispettivamente a seconda se il verbo ha flessione personale o meno (compreso in quest'ultima categoria l'imperativo). Essi funzionano da veri e propri pronomi o da ripresa di elementi spostati.

'Code-switching' (o cambio di codice) L'uso alternato di due lingue, o di due varietà di lingua (o dialetto), all'interno di un evento linguistico.

Comment (o rema) *v.* **Topic.**

Commutazione Metodo di scoperta e dimostrazione dell'inventario fonologico di una data lingua, basato sulla prova di sostituzione: se io commuto, in un dato contesto, un **fono** (*v.*) con un altro e il significato della frase viene mutato o reso irriconoscibile, questo significa che i due foni appartengono a due **fonemi** (*v.*) diversi. Risultato della prova di commutazione è solitamente una lista di coppie minime che esemplificano l'opposizione tra tutti i fonemi di una data lingua o almeno tra quelli che sono tra loro più simili per caratteristiche articolatorie, acustiche o percettive. *Coppia minima* è una coppia di parole che si differenziano tra loro per un solo fonema (es. *patto batto*); sarà detta *serie minima* un insieme di tre o più parole che si distinguono per un solo fonema (es. *pizzo pezzo pazzo pozzo puzzo*) e *coppia subminima* l'insieme di due parole che si distinguono per più di un fonema (es. *mozzo* (della ruota) ['mod:zo] *mozzo* (apprendista marinaio) ['mot:so]). Il metodo della commutazione è applicato (esplicitamente o tacitamente) anche a componenti della lingua diversi da quello fonologico ed è complementare a quello della **distribuzione** (*v.*).

Completive (o complementari), proposizioni Proposizioni subordinate, che adempiono all'interno del periodo la stessa funzione che i complementi indiretti svolgono all'interno della frase (es.: proposizioni temporali, finali, ecc.).

Consonanti *v.* **Vocali.**

Contesto L'insieme delle informazioni extralinguistiche che permettono di comprendere il significato di una parola, o di un'espressione, o di una frase.

454 Glossario

Continue Foni la cui articolazione non prevede un blocco totale del passaggio dell'aria, per cui possono essere pronunciati senza interruzione: si tratta di tutte le vocali e delle consonanti non plosive. Le plosive sono invece non continue o «interrotte». Problematico è lo status delle consonanti nasali, che sono potenzialmente continue nel loro flusso d'aria attraverso il naso, ma sono interrotte nella loro articolazione orale, che è di natura occlusiva; secondo alcuni sarebbero da considerare interrotte anche le [r] plurivibranti.

Coppia minima *v.* **Commutazione.**

Coreferenza La relazione che esiste fra due o più elementi di una frase (o di un testo) che hanno lo stesso referente, cioè che rinviano allo stesso elemento del mondo extralinguistico (oggetto, concetto, situazione, ecc.): ad esempio nella frase *ho comprato un panettone e l'ho mangiato* sono coreferenti il complemento diretto *un panettone* e il clitico che lo riprende (*l'*).

Costrittive *v.* **Fricative.**

Cotesto La parte di testo che precede (e che segue a breve distanza) l'enunciato in esame.

Deissi Rinvio al contesto situazionale attuato mediante forme linguistiche interpretabili appunto solo in base alla situazione, come i dimostrativi, i pronomi (e i morfemi verbali) di prima e seconda persona, forme come *qui, là,* (deissi spaziale), *ieri, oggi, domani* (deissi temporale: *v.* anche **Deittici, tempi**).

Deittici, tempi Tempi del verbo che prendono come punto di riferimento il momento dell'enunciazione, rispetto al quale collocano gli eventi in una fase anteriore (passati), simultanea o sovrapposta (presenti) o successiva. Come gli altri elementi deittici (*v.* **Deissi**), non possono essere compresi se non in connessione alla situazione in cui sono prodotti.

Deontica, modalità Qualificazione data dal parlante ad una proposizione in termini di necessità o permesso: p. es. *chi è malato deve rimanere a casa* (per il suo bene, o per rispetto di una norma), *chi è malato può rimanere a casa.*

Diacronia Variazione linguistica lungo l'asse del tempo.

Diafasia Variazione linguistica relativa ai diversi registri (colloquiale, formale, solenne, ecc.).

Diagrammaticità Indica la trasparenza e la analizzabilità di un costrutto grammaticale (onde si parla anche di «iconismo grammaticale»): p. es. è diagrammatica la costruzione del plurale mediante una marca aggiuntiva come in *boy-s*. Non è diagrammatica nel sistema morfologico inglese, invece, la formazione di un plurale come *feet* (sing. *foot*).

Diamesia Variazione linguistica legata al mezzo usato per comunicare (tipicamente: scritto vs. parlato).

Diasistema Sistema (o supersistema) di sistemi linguistici tra loro vicini. La descrizione di un diasistema consente di render conto della variabilità diatopica dei fenomeni dialettali in un'area limitata.

Diastratia Variazione linguistica legata a fattori di rilevanza sociologica: età, istruzione, ceto sociale, sesso.

Diatopia Variazione linguistica legata alla variazione geografica (ad esempio: l'italiano regionale veneto vs. l'italiano regionale siciliano).

Diglossia Coesistenza, nella stessa comunità, di due lingue (o di due varietà), che hanno diversa importanza socio-culturale: una varietà 'alta', usata nella scrittura e nelle situazioni più formali, e una 'bassa', di uso orale e nelle situazioni informali. Tipicamente, in una società diglottica, la lingua è varietà alta e il dialetto e varietà bassa.

Disfemismo Uso di espressioni offensive con significato affettuoso. Il contrario di eufemismo.

Dislocazione a sinistra Costruzione che antepone un nominale completo dei suoi indicatori grammaticali: la proprietà, che distingue questa costruzione dal **tema sospeso** (*v.*) è visibile con gli argomenti preposizionali. La ripresa deve essere fatta con un pronome clitico, ed è obbligatoria solo con il complemento oggetto.

Distribuzione Metodo di scoperta e dimostrazione dell'inventario fonologico di una data lingua, basato sul confronto tra i contesti in cui appaiono due o più foni simili tra loro acusticamente, articolatoriamente o percettivamente, per decidere se essi appartengono allo stesso **fonema** (*v.*) oppure a due fonemi diversi. La prova della distribuzione è solitamente basata su una tabulazione dei contesti di distribuzione, cioè di ricorrenza, che dà una rappresentazione schematica della presenza e/o assenza dei foni sotto analisi in determinati contesti ritenuti critici, al fine di vedere se tali foni siano in distribuzione complementare e quindi totalmente condizionata dal contesto (nel qual caso possono appartenere a uno stesso fonema), o se possano anche essere presenti nello stesso contesto (distribuzione distintiva), nel qual caso appartengono a due fonemi diversi. Il metodo della distribuzione è applicato anche a componenti della lingua diversi da quello fonologico ed è complementare a quello della **commutazione** (*v.*).

Enciclopedia Conoscenze del mondo condivise fra i parlanti, su cui si fa affidamento nella comunicazione. Per es. se una persona che aveva perduto la borsa ci dice con sollievo *l'ho ritrovata: i soldi naturalmente non c'erano più, ma il resto sì,* noi 'sappiamo' per enciclopedia a che cosa si riferisce con *il resto* (documenti e oggetti personali) e sempre per enciclopedia capiamo il suo sollievo (è meno grave la perdita di denaro che dei documenti).

Epistemica, modalità Qualificazione data dal parlante ad una proposizione in termini di attualità (verità, realtà) o non attualità (p. es. ipotesi, congettura, ecc.), nonché in termini di tipo di prova cui il parlante spesso si appoggia (p. es., testimonianza personale vs. d'altri). Cfr. *è arrivato ieri* (attuale) vs. *deve essere arrivato ieri* (inferenza basata su indizi o deduzione), *può essere arrivato ieri* (ipotesi), *sarà arrivato ieri* (congettura), *sarebbe arrivato ieri* (per 'sentito dire').

Ergativo Caso che, in alcune lingue, indica l'agente di azioni espresse con verbi intransitivi, o con il passivo.

Evento linguistico Sequenza di atti linguistici prodotti all'interno di una situazione sociale, definita nel tempo. L'evento linguistico è condizionato da molti fattori (partecipanti, argomento, scena, chiave, intenzionalità, ecc.), dà luogo a una unità discorsiva strutturata ed è delimitato da segnali di apertura e di chiusura: ad esempio, l'evento «incontro casuale di due amici» è delimitato da formule di saluto e di commiato.

Fonemi I suoni di una data lingua (*v.* **Foni**) si raggruppano in classi che partecipano della stessa capacità di distinguere significati: sono i fonemi, che sono oggetto della fonologia o fonemica o fonematica. La fonologia studia quindi i suoni delle lingue in base alla funzione distintiva (o oppositiva) che essi hanno in un determinato sistema linguistico. Per stabilire il sistema fonologico di una lingua si parte da un inventario dei foni della stessa, si raggruppano questi foni secondo le loro somiglianze articolatorie, acustiche e percettive e si decide, in base ai metodi della **commutazione** (*v.*) e della **distribuzione** (*v.*), in quali e quanti fonemi diversi essi si possano raggruppare: i foni che appartengono allo stesso fonema sono i suoi allofoni. I fonemi, notati tra sbarre (/ /), sono trascritti anch'essi — di solito — con i simboli di un qualche alfabeto fonetico, ma potrebbero anche essere teoricamente designati con simboli arbitrari (p. es. con numeri); per simboleggiare un fonema di solito si adotta il segno fonetico dell'allofono più tipico o più frequente, oppure quello più semplice tipograficamente. Ad es., il fonema italiano /a/ ha un allofono lungo [a:] in sillaba tonica aperta (purché la sillaba non sia finale) e uno breve [a] in tutti gli altri contesti, come pure uno più o meno fortemente nasalizzato [ã] in sillaba chiusa da consonante nasale: per notare il fonema si usa il segno della [a] semplice; così, in inglese il fonema simboleggiato con /p/ ha un allofono aspirato [pʰ] in posizione iniziale di parola e all'inizio di sillaba tonica, un allofono o aspirato [pʰ] o glottidalizzato [p'] o non esploso [p'] in finale di parola, un allofono non aspirato, non glottidalizzato e pienamente esploso [p] in tutti gli altri contesti. Nelle fonologie generative e postgenerative il termine di fonema è sostituito da quello di *segmento*.

Foni Sono i suoni delle lingue considerati in base alle loro caratteristiche fisiche (articolatorie, acustiche e percettive), indipendentemente dalla capacità di distinguere sequenze foniche (parole o unità maggiori) con significati diversi, che essi hanno nel sistema fonologico di una data lingua. Essi sono studiati dalla fonetica. Le trascrizioni fonetiche, di solito effettuate in un alfabeto fonetico (il più usato dei quali è l'alfabeto dell'International Phonetic Association, detto IPA o API, adottato anche in questo volume) sono poste tra parentesi quadre ([ ]). Una volta che si sia assegnato un fono a un dato **fonema** (*v.*), si dice che esso è *allofono* di quel fonema, in distribuzione complementare (cioè condizionata dal contesto; p. es., in italiano il fonema /l/ ha un allofono dentale davanti alle consonanti dentali [t d ts dz] e uno alveolare negli altri contesti), o libera (senza condizionamenti contestuali, ma piuttosto a causa di caratteristiche dialettali, regionali o personali del parlante, o in dipendenza da scelte stilistiche o situazionali; p. es., molte lingue hanno un solo fonema /r/, che può essere realizzato anche con allofoni molto diversi, p. es. con un qualche tipo di 'r moscia', senza che ciò muti il potere distintivo del fonema); ma *v. anche* **Fonema**.

Frase pseudoscissa *v.* **Pseudoscissa, frase.**

Frase scissa *v.* **Scissa, frase.**

Fricative o costrittive   Foni consonantici prodotti con un restringimento (costrizione) del canale articolatorio, che non giunge fino alla chiusura completa, per cui l'aria viene compressa provocando uno sfregamento contro le pareti. Ad es., [f] è una fricativa labiodentale sorda, in quanto è attuata mediante un contatto del labbro inferiore con i denti superiori, con l'aria che passa da ambedue i lati e attraverso gli interstizi dei denti. Siccome le denominazioni di classi fonetico-fonologiche sono basate di solito su criteri articolatori, c'è chi, per coerenza, preferisce il termine articolatorio di «costrittiva» a quello, piuttosto acustico, di «fricativa».

Ideofono   Parola o espressione fonosimbolica: p. es. *glu glu, splash, bum.*

Imperfettivo, aspetto   Aspetto del verbo col quale l'azione o evento è visto nel suo svolgimento, senza contemplarne la conclusione; in italiano è espresso nella morfologia solo al passato, con l'imperfetto. Sono sottocasi dell'a. i. l'aspetto abituale (es. *da ragazza andavo spesso a sciare*), l'a. progressivo (*v.*) e l'a. continuo (es. *aveva freddo* [durativo] e *batteva le mani per scaldarsele* [iterativo]).

Interrotte   *v.* **Plosive, Continue.**

Marcatezza   Indica che un fenomeno linguistico (a qualsiasi livello: fonologico, morfologico, sintattico) risulta statisticamente poco diffuso o addirittura raro; quindi raramente occorrente nelle lingue naturali in generale (sono p. es. marcati da un punto di vista della fonologia naturale i 'click' avulsivi delle lingue bantu) — ovvero in particolare all'interno di un determinato sistema linguistico: p. es. in italiano l'ordine VSO (*mangia Pierino la mela*) risulta fortemente marcato.

Marcato   Di un elemento (una forma, una categoria) si dice che è marcato: 1. (formalmente) perché reca una marca, ad esempio un elemento morfologico (p. es. *i libri* è m. come definito dall'articolo e come plurale dalla desinenza); oppure: 2. nel senso che è forma collaterale nel sistema, p. es. è forma più specifica, e/o ha un ambito d'applicazione più ristretto (p. es. l'imperativo rispetto all'indicativo), o è legata ad una specifica varietà di lingua.

Modalità   Nozione che riassume l'atteggiamento del parlante nei confronti di una proposizione, in termini di fattualità (a seconda che si tratti di evento reale o non reale) e di possibilità, necessità, intenzione, volontà, ecc. La m. si esprime mediante il modo del verbo (p. es. l'indicativo esprime la realtà, il condizionale l'irrealtà [m. controfattuale]) o attraverso il lessico, in particolare mediante i verbi modali.

Morfema La più piccola unità costituita da una associazione di significante e significato (quindi: segno linguistico minimo); p. es. nella parola *libreria* abbiamo il m. lessicale (anche: monema) *libr-*, il m. grammaticale derivativo *eri-* e il m. grammaticale flessivo *-a*.

Morfo *v.* **Allomorfia.**

Nasali Sono nasali quei foni che, oltre alla loro normale articolazione orale, sono pronunciati con il velo palatale abbassato, permettendo perciò il passaggio dell'aria anche attraverso il naso e aggiungendo quindi al fono una risonanza nasale aggiuntiva. Le consonanti nasali, per quel che riguarda la loro articolazione orale, sono di solito delle occlusive, a cui si aggiunge una fuoriuscita di aria per il naso, che diminuisce la pressione dell'aria stessa permettendo perciò anche la sonorità spontanea: per questo le consonanti nasali sono delle **sonoranti** (*v.*). Ad es., l'occlusiva nasale bilabiale [m] è la corrispondente nasale dell'occlusiva orale [b]. Si hanno anche delle vocali nasali o nasalizzate, che in alcune lingue (come in francese) sono distintive, in altre (come in italiano) solo allofoniche (*v.* **Fono**).

Neutralizzazione Fenomeno per cui in taluni contesti non opera una data opposizione tra due o più fonemi, riscontrabile invece in contesti diversi. Così, in italiano, l'opposizione tra vocali medioalte e mediobasse (/e/ ~ /ɛ/, /o/ ~ /ɔ/) vale solo in sillaba tonica, mentre si neutralizza in sillaba atona, come pure quella tra tutte le consonanti nasali (che in altri contesti dimostrano chiaramente di appartenere a tre diversi fonemi /m n ɲ/) si neutralizza davanti a una consonante, dato che in questo contesto il punto di articolazione della nasale non è distintivo, in quanto totalmente condizionato da quello della consonante che segue.

Occlusive Foni consonantici prodotti con una chiusura totale in qualche punto dell'apparato articolatorio, mediante un organo articolatore che tocca il luogo di articolazione. Ad es., [k] è un'occlusiva dorsovelare sorda, perché per articolarla si attua una chiusura tra il dorso della lingua e il velo del palato (palato molle). L'ostacolo dell'occlusione viene superato accumulando aria dietro ad esso, fino a giungere a un'esplosione; per questo sono chiamate anche *esplosive*. Anche le **nasali** (*v.*) sono di solito occlusive.

Operatore Elemento (pro)nominale che fa riferimento non a «oggetti» o a «individui» reali o fittizi, ma a caratteristiche di tipo logico che questi elementi devono avere: operatori sono fondamentalmente i pronomi *qualcuno, nessuno, tutti, molti*; i numerali, ecc.: le lingue usano poi questi pronomi anche come aggettivi, modificando in certo qual modo la loro funzione logica, e attribuiscono alla categoria degli operatori anche gli elementi interrogativi e relativi, sulla base di una analogia di valore logico e semantico e di somiglianza di comportamento sintattico.

Ostruenti È l'opposto di **approssimanti** (*v.*).

Paradigmi suppletivi Sono s. i paradigmi (verbali, nominali, aggettivali, ecc.) fortemente irregolari, che comprendono forme di radice diversa. Per es. nel paradigma di *essere* il part. pass. *stato* è forma s., che fa le veci di un inesistente part. pass. regolare. Le forme diverse riunite nei p. s. possono essere effettivamente non correlate dal punto di vista etimologico (come *vado* vs. *andare, andato*; *migliore* e *ottimo* vs. *buono*), ma possono anche essere il risultato di evoluzioni divergenti che hanno reso opaco un rapporto originario, come in *Ivrea- eporediese* o anche *cuore-cordiale-cardiaco* (quest'ultimo caso è di suppletivismo debole, ai limiti con l'allomorfia).

Perfettivo, aspetto Aspetto del verbo col quale l'azione o evento sono visti come conclusi, nella loro globalità; nell'a. p. si distinguono, a seconda che si metta a fuoco o no il perdurare del risultato, un a. compiuto (es. *l'albero è caduto*) e un a. aoristico (*l'albero cadde*).

Plosive Consonanti prodotte con una chiusura totale in qualche punto del canale articolatorio: possono essere **occlusive** (*v.*), **affricate** (*v.*) o (consonanti) **nasali** (*v.*). Hanno la caratteristica di essere «interrotte», contrariamente a tutte le altre consonanti e alle vocali, che sono «continue» (ma vi sono opinioni contrastanti sullo status di «continuità» delle nasali e di alcune *r* e *l*).

Portmanteau, morfo [pɔːt'mæntou] Si dice p. un morfo che realizza simultaneamente più valori morfologici, come p. es. la desinenza -*e* di *maestr-e* o *gatt-e* che esprime insieme /femminile/ e /plurale/.

Pragmatica Parte della linguistica che studia le tecniche, gli effetti, gli scopi, ecc. della reale comunicazione intersoggettiva. Si usa «pragmatica» anche per indicare la parte del significato della frase che ha a che fare con le sue relazioni col cotesto e col contesto. Ha ad esempio rilevanza pragmatica il fatto che un dato elemento linguistico si riferisca a qualcosa che è stato appena detto, o che è ben presente alla mente di chi ascolta (dislocazione a sinistra), ovvero contraddica qualcosa che viene dato per scontato (topicalizzazione).

Proforma Un'espressione linguistica che sta al posto di un'altra: tipicamente, un pronome o un avverbio (*là*, *così*).

Progressivo, aspetto Aspetto del verbo che indica un'azione o un evento visti nel loro svolgimento, con messa a fuoco di un singolo momento: es. *stavo sognando/sognavo, quando è suonata la sveglia.*

Pseudoscissa, frase Struttura analoga a quella della **frase scissa** (*v.*), ma con i costituenti invertiti: p. es. *che facevo da mangiare ero io.* Il soggetto di *essere* in questa sequenza ha forte valore rematico.

Referenza *v.* **Coreferenza.**

Referenza estesa Fenomeno di **anafora** (*v.*) o di **deissi** (*v.*) riferito non ad un singolo referente, ma ad una frase intera, o ad una porzione di testo, o ad un segmento esteso di mondo (p. es. *la cosa mi preoccupa*, detto in riferimento a una situazione prima descritta; *un giorno tutto questo sarà tuo*, detto indicando un possedimento).

Referenza omoforica Fenomeno di **deissi** (*v.*) che si ha quando nell'ambito di conoscenze dei parlanti esiste un unico referente possibile (o una classe di referenti); si usano in questo caso sintagmi nominali definiti. Ess. *il sole*, *la luna*, *le stelle*; anche *il gatto* per «il nostro gatto» (detto in, o in riferimento a, un ambiente domestico ove vi sia un gatto).

Relativa appositiva Frase r. la cui testa già individua un proprio referente o propri referenti, e che porta quindi informazione aggiuntiva, come una apposizione. Es.: *mia sorella, che La conosce, mi ha pregato di salutarLa.*

Relativa restrittiva Frase r. che restringe l'insieme di oggetti designati dall'elemento nominale che ne è la testa; la testa e la sua relativa r. concorrono all'individuazione del referente (o dei referenti); p. es. *penso all'articolo che devo scrivere*; *ho incontrato una ragazza che era stata mia compagna di scuola.*

Relativa, frase Frase subordinata che funge da modificatore di un elemento nominale.

Rema *v.* **Comment.**

Riprese transfrastiche Rinvio anaforico tra espressioni che appartengono a frasi diverse. *V.* **Anafora.**

Scissa, frase Struttura frasale costituita da due nuclei, l'uno introdotto dal verbo *essere* e contenente un elemento a cui viene attribuito valore rematico, l'altro introdotto da un *che* pseudorelativo e contenente la parte preposizionale vera e propria; p. es. *ero io che facevo da mangiare*. La scissione risponde ad un principio di semplicità, l'esigenza di non avere più elementi rematici in un unico nucleo frasale.

Segmenti *v.* **Fonemi.**

Semiocclusive *v.* **Affricate.**

Socioletto Varietà caratteristica di un gruppo sociale.

Sonoranti (o sonanti) Sono sonoranti tutti i foni che hanno un'articolazione così aperta da permettere una vibrazione spontanea delle corde vocali (sonorità spontanea): si tratta di tutte le approssimanti (e quindi anche delle vocali), di tutti i tipi di vibrante e delle nasali.

Soprasegmentali, tratti I tratti prosodici (intensità, altezza, durata, ecc.) che accompagnano la realizzazione dei segmenti fonici, nella catena parlata.

Stop *v.* **Plosive.**

Suppletivismo *v.* **Paradigmi suppletivi.**

Tema *v.* **Topic.**

Tema sospeso Costruzione che si distingue dalla **dislocazione a sinistra** (*v.*) in quanto antepone un argomento nominale senza i segni della sua funzione grammaticale. Questa proprietà è visibile con argomenti preposizionali: se l'elemento spostato non ha la sua preposizione sarà un tema sospeso. Il pronome di ripresa è inoltre obbligatorio e con argomenti non preposizionali. Il tema sospeso si distingue per il fatto che il pronome di ripresa può essere un pronome tonico.

Tempi anaforici *v.* **Anaforici, tempi.**

Tempi deittici *v.* **Deittici, tempi.**

Testa L'elemento che costituisce il nucleo di una costruzione; p. es. in un sintagma nominale (*la muraglia cinese*) la testa è costituita dal nome (*muraglia*).

Testa sintattica L'elemento che costituisce il centro di una costruzione sintattica e ne determina la natura; rispetto alla t. gli altri elementi hanno ruolo di modificatori. Il verbo è t. del sintagma verbale, formato da verbo e oggetto; il nome è t. del sintagma nominale, dove articoli, aggettivi, specificazioni, frasi relative sono modificatori; la parte finita di verbi composti (ausiliare) o di complessi verbali (verbo modale) ne è la t.; la preposizione è t. del sintagma preposizionale.

Topic (o tema) L'elemento della frase che è dato per noto e a proposito del quale si predica qualcosa (cioè si dà informazione nuova: «comment»).

Topicalizzazione contrastiva Costruzione che si ottiene spostando all'inizio della frase un costituente su cui si pone un'enfasi intonativa. Il costituente spostato non viene ripreso con un pronome.

Vocali Una vocale è caratterizzata da varie proprietà di natura articolatoria, acustica, percettiva e combinatoria che la distinguono da una consonante: l'articolazione vocalica è molto aperta, il flusso d'aria è solo modificato da piccoli innalzamenti/abbassamenti e avanzamenti/arretramenti del dorso della lingua; dal punto di vista acustico esse sono caratterizzate da una struttura formantica, cioè dall'addensarsi di energia articolatoria in alcune fasce di altezza (significative per le vocali sono soprattutto le posizioni delle prime tre formanti), tipiche per ciascuna vocale; dal punto di vista percettivo, esse sono i foni meglio udibili e discriminabili; dal punto di vista combinatorio, esse possono da sole formare una sillaba o se formano una sillaba con una o più consonanti, di solito ne costituiscono il nucleo, cioè l'elemento che costituisce il picco di intensità sonora. Queste loro caratteristiche fanno sì che le vocali siano continue (assenza di ostacolo che blocchi l'aria), approssimanti (articolazione aperta) e sonoranti (sonorità spontanea). Non è difficile percepire la radicale differenza tra una vocale tipica come [a] e una consonante tipica come [t], ma in realtà ciascuna delle singole proprietà, ma mai tutte assieme, delle vocali sopra elencate può essere condivisa con una o più classi di consonanti. Ad es., per quel che riguarda la funzione nella sillaba, si ricordi che suoni vocalici possono anche non essere nucleo di sillaba (vocali asillabiche: semivocali e semiconsonanti, che però sono pronunciate più chiuse e più brevi delle corrispondenti vocali) e, viceversa, in alcune lingue anche le sonoranti (come laterali, vibranti o nasali) possono fare da apice di sillaba (consonanti sillabiche, come in inglese *little* ['lɪt.l̩] o nel nome slavo di Trieste: *Trst*).

Indici

Indice dei nomi

470

Indice dei nomi

Kori, S., 149, 154, 157, 161-2, 164 e n, 169, 171.
Kučanda, D., 30n.
Kuhl, P.K., 155n.
Kuno, S., 5n.

La Fauci, N., 84n, 199n, 236.
Labov, W., 252n.
Ladd, D.R., 160-1, 167-8, 179.
Lakoff, G., 306.
Lamedica, N., 432.
Landa, R., 262.
Landau, S.I., 297n.
Laurian, A.-M., 331, 337.
Lausberg, H., 387, 389n, 424n.
Laver, J., 157, 158 e n, 159.
Lavinio, C., 211n, 372n.
Lazzeroni, R., 237.
Lee, C.K., 157-8.
Lehiste, I., 155.
Lehmann, C., 195n, 230.
Léon, P., 160.
Leonardi, P., 406n.
Leone, A., 262.
Leone, G., 114.
Leopardi, G., 11, 42n, 53n, 256n, 282, 360 e n.
Lepschy, A.L., 73n, 103, 194 e n, 199n, 247n.
Lepschy, G.C., 4, 73n, 103, 154n, 169-171, 175, 178, 194 e n, 199n, 247n, 380n.
Leso, E., 322, 332.
Levinson, S.C., 407n.
Lewy, E., 32-3.
Lieberman, P., 155n, 168, 179.
Lintner, O., 335n, 346, 347n.
Lo Cascio, V., 391n.
Lo Duca, M.G., 53n, 211n.
Lombardo Radice, L., 207n, 212, 215.
Lorenzo, E., 93.
Lurati, O., 327, 338.
Lutero, M., 9.
Lyons, J., 310-1, 312n.

Machiavelli, N., 15, 29, 264.
Maffei Bellucci, P., 101n.
Magno Caldognetto, E., 141n, 156, 161-2, 164 e n, 168-9, 171, 174, 178-9, 182-4, 428n, 429, 435.
Malagoli, G., 153.
Manacorda, M.A., 389, 393n.

Mancini, M., v, 297, 350, 414n.
Manganelli, G., 385-6.
Manzelli, G., 20.
Manzoni, A., 29, 64, 67, 69, 256n, 264, 283, 404.
Mara, E., 350.
Marcelli, E., 30.
Marello, C., 372n.
Marigo, A., 48n.
Marotta, G., 123, 149.
Marri, F., 338, 344-5.
Massariello Merzagora, G., 297n.
Matteo, evangelista, 8.
Matthews, P.H., 195n.
Maturi, P., 178, 433.
Mayerthaler, W., 238.
Mazzoleni, M., 213.
McNeill, D., 430.
Medici, M., 331.
Mehrabian, A., 428n.
Meillet, A., 7n.
Menarini, A., 358.
Mendicino, A., 152.
Meriggi, P., 268.
Merlini Barbaresi, L., 437 e n.
Messner, R., 223.
Metzeltin, M., v.
Migliorini, B., 107n, 297, 332n, 336, 338, 345n, 347, 349n, 425.
Mila, M., 205n, 207n, 210-1, 223, 235-236.
Miller, M., 145.
Mioni, A.M., 106-8, 120, 193, 325, 406n, 433n.
Moise, G., 282.
Molinelli, P., 33.
Monelli, P., 16n.
Montale, E., 393n.
Moravia, A., 81.
Moretti, B., 291n.
Morisi, P., 210n, 222.
Morris, C., 407n.
Mortara Garavelli, B., 306, 372n, 387, 389n, 396n.
Mühlhäusler, P., 205.
Muljačić, Ž., 41n, 107, 125.
Müller, B., 334.
Müller, F.E., 154.
Mussafia, A., 282.
Mussolini, B., 118n.

Indice analitico

Indice analitico

Occlusive, 110.
Omofonia, 70.
Omografia, 302-3.
Omonimia, 302-3, 347.
Onomasiologia, 308.
Operatori, 268-9, 273
— logici, 270.
Opposizioni fonologiche, 135.
Ordine
— aggettivo-nome, 76-8
— degli elementi, 86 sgg.
— delle parole, 17-8, 253 sgg.
  marcato, 174
— marcato/non marcato, 87-9
— naturale, 34
— soggetto-predicato, 77, 85-7.
Ordo
— artificialis, 424
— naturalis, 424.

Palatali, 113, 116.
Paradigma
— a cumulo, 341
— a ventaglio, 341.
Paralinguistica, 147.
Parametro PRO-DROP, 26
Parlato, 62-3
— informale, 96
— mistilingue, 443, 446
— radiofonico, 393
— televisivo, 393.
Parole
— colte, 297
— popolari, 297.
Particelle pronominali, 204.
Passato
— prossimo, 63
— remoto, 62.
Passé
— composé, 63, 67
— simple, 67.
Passivo, 84-5.
Pause, 88, 182 sgg.
— silenti, 182-3
— vocalizzate, 183.
Percontatio, 398.
Periodo ipotetico, 66.
Placiti cassinesi, 88.
Pleonasmi, 74 sgg.
Plosive, 111.
Polisemia, 304 sgg., 347.
Pragmalinguistica, 406n.

Pragmatica, 23, 359, 403.
Pre-chiusura, 445.
Prefissazione, 342.
Prefissi, 52, 346.
Prefissoidi, 13, 347.
Prestigio, 325
— linguistico, 349 sgg.
Prestiti, 7
— dal francese, 350
— dall'inglese, 351 sgg.
— di regole, 284 sgg.
— linguistici, 286, 291, 357
— semantici, 354
  omonimici, 355; sinonimici, 355.
Pretérito indefinido, 67.
Profili intonativi, 435.
Proforma, 378.
Progressione tematica, 372.
Progressività, 61.
Pronomi, 413
— atoni, 77, 204, 226, 423
— clitici, 263 sgg., 268, 280
— di cortesia, 225
— dimostrativi, 235-6
— forme atone, 226
— interrogativi, 273-4
— neutri, 224
— personali, 222 sgg.
  tonici, 203
— possessivi, 203, 229-30
— relativi, 8, 205, 230 sgg., 279
— riflessivi, 228
— semplificazione, 223
— soggetto, 68
— tonici, 71, 73, 280.
Pronuncia, 105
— standard, 137.
Prosodia, 143.
Protonia, 176.
Prova di commutazione, 107.
Punti di rilevanza transizionale, 440.

Quantità, 143, 145.

Raddoppiamento
— sintattico, 131-2.
Rapporti paradigmatici, 310.
Rapporti sintagmatici
— antonimia, 312 sgg.
— iperonimia, 314-5

Indice del volume

Fonetica e fonologia
di Alberto M. Mioni

Ritmo e intonazione
di Pier Marco Bertinetto e Emanuela Magno Caldognetto

Strutture testuali e retoriche
di Bice Mortara Garavelli

Pragmatica
di Alberto A. Sobrero